董仲舒与儒学研究

魏彦红 主编

卫立冬 耿春红 李建明 副主编

第三辑

巴蜀书社

衡水学院举办"2012·全国董仲舒思想高端学术论坛"

"2012·全国董仲舒思想高端学术论坛"开幕,由魏彦红教授(右一)主持开幕式

衡水学院王守忠院长(左七)为董学专家颁发聘书后合影

"2012·全国董仲舒思想高端学术论坛"专家合影

与会董学专家在景县董子大殿前合影

与会董学专家在枣强县董仲舒艺术碑廊前合影

衡水学院李奎良书记(左)和魏彦红教授被邀参加国际儒联大会

衡水学院代表参加国际儒联大会合影

魏彦红教授与国际儒联理事长季塔连科(俄罗斯)先生(右)合影

《衡水学院学报》魏彦红主编、卫立冬副主编(左)与香港孔教学院汤恩佳院长(中)合影

魏彦红教授与牟钟鉴先生(右)合影

魏彦红教授在国际儒联大会做学术发言

衡水学院李奎良书记（左二）和《衡水学院学报》魏彦红主编、卫立冬副主编陪同滕文生会长（中）视察景县董子园

魏彦红教授在香港孔圣诞环球庆祝大典上和汤恩佳院长（右）合影

魏彦红教授代表衡水学院向香港孔教学院赠送礼品

魏彦红教授被邀参加东亚人文学国际学术研讨会做学术发言并与哲学组发言专家合影

魏彦红教授在国际儒学论坛上和韩国著名学者金周昌先生(左)合影

魏彦红教授在河北省董仲舒研究会成立大会上发言

卫立冬副主编与河北儒教研究会常务副会长高士涛先生(左)合影

卫立冬副主编与葛荣晋先生(中)、孔子基金会副理事长牛廷涛先生(右)合影

卫立冬副主编在河北首届儒学论坛上与张立文先生(中)、魏常海先生(右)合影

周桂钿先生多次到衡水学院讲学

钱耕森先生到衡水学院讲学

日本北九州大学邓红先生到衡水学院讲学

吴光先生到衡水学院讲学

余治平先生多次到衡水学院讲学

郑万耕先生到衡水学院讲学

目 录

序　盛世文化的代表 …………………… 周桂钿（001）
序 ………………………………………… 蒋重跃（004）

儒学研究

儒学与儒教 ……………………………… 周桂钿（003）
宋学与董仲舒 …………………………（日本）邓　红（008）
礼仪家教：构建礼仪之邦的基点 ………… 陈卫平（023）
论中国古代经典诠释之最初体式 ………… 蒋国保（038）
儒学与当代文化的发展和不同文明的对话
——在北京纪念孔子诞辰2565周年国际学术研讨会上的讲话
　………………………………（香港）汤恩佳（056）
儒学复兴及其当代价值
——纪念孔子诞辰2565周年国际学术研讨会综述
　………………………………………… 白立强（071）
士人的使命与儒家和谐思想的传承 ……… 张利明（081）

董仲舒著作研究

董仲舒《春秋繁露》考辨 …………………… 黄朴民（093）

关于《春秋繁露》的伪书说
………………（日本）斋木哲郎　胡亦名　（日本）邓红（107）

关于《春秋繁露》五行诸篇的考察
………………（日本）田中麻纱巳　秦祺　（日本）邓红（118）

《春秋繁露》五行诸篇伪作考
——和董仲舒的阴阳、五行说的关联
…………（日本）庆松光雄　张亮　杨宪霞　（日本）邓红（136）

董仲舒春秋学研究

董仲舒的正统与大一统论 ………………… （日本）邓　红（157）

董子"王正月"与"《春秋》新王"论 ………………… 余治平（172）

董仲舒"三统说"与西汉大一统王朝的构建 ……… 臧　明（195）

董仲舒哲学研究

董仲舒的人性学说并非是"中民之性" … 黄开国　苟奉山（213）

试论董仲舒的"经权"、"平衡"观 ………………… 黄朴民（224）

董仲舒思想外儒内法考论 ………………………… 杨德春（234）

论董仲舒的"阳德阴刑"思想 ……………………… 肖红旗（248）

十议董仲舒 ………………………………………… 董寅生（258）

董仲舒政治思想研究

更化与整合
——董仲舒的治道思想 ……………………… 韩　星（271）

贾谊与董仲舒行政伦理思想的比较分析 ………… 张雪莲（286）

董仲舒感应与谶纬思想研究

"天人感应"与"天人合一" ………………………… 黄朴民（301）

董仲舒"天人感应"思想新论 ……………………… 臧　明（314）

董仲舒祥瑞思想探析 ………………………………… 石　越（333）
董仲舒灾异说对后世的影响 …………………………… 牛秋实（341）
《春秋纬》对《春秋繁露》阐释模式的继承和发展 … 徐栋梁（349）
论《春秋纬》对《春秋繁露》受命改制思想的继承和发展
　……………………………………………………… 徐栋梁（356）

董仲舒宗教思想研究

"自然""神灵"映衬下的道德实体
　——再论董仲舒的哲学之天 ………………………… 藏　明（371）
董仲舒神学化自然观的逻辑进程 ……………………… 路高学（388）

董仲舒生态思想研究

董仲舒生态思想研究 …………………………………… 曹迎春（403）

董仲舒伦理思想研究

理想化、理性化与悲剧化
　——董仲舒伦理思想特性与人生格调述评 ………… 王传林（413）
重新审视董仲舒在"孝"传播过程中的作用
　………………………………………………… 李现红　黄雁鸿（426）

董仲舒与汉代学术研究

从董仲舒哲学看汉代儒学的基本特征 ………………… 周桂钿（443）
董仲舒与汉代新儒学的发展 …………………………… 黄朴民（457）
秦汉时期的家庭伦理与社会生活 ……………………… 李祥俊（472）

董仲舒养身观念研究

治身不敢违天
　——董仲舒的养身理念及性教育思想 ……………… 余治平（497）

董仲舒与现代社会研究

以德为本，知行合一
　——培育践行社会主义核心价值观的理论思考 … 吴　光（511）

董仲舒思想中现代公民素养教育资源的开发
………………………… 高春菊　郭文飞　石柱君（522）
董子文化产业开发研究 ……………………… 曹迎春（529）

董学研究心路
我为什么研究董仲舒 ………………………… 周桂钿（543）

董仲舒故里研究
董仲舒故里乃河北省枣强县考证 …………… 张希敏（567）
董仲舒籍里辨析 ……………………………… 宫瑞华（577）

国际董学研究动态
日本的董仲舒否定论之批判 ………………（日本）邓　红（589）
揭开全方位、高水平董学研究的大幕
——评《董仲舒研究文库》 ……………… 余治平（618）
2013年董仲舒研究综述 ……………………… 曹迎春（629）

序　盛世文化的代表

周桂钿

　　两千多年前的儒家提出最高的社会理想和现实的社会理想。最高理想是"大道之行也，天下为公"的大同社会。最高理想很难实现，现实社会是"大道既隐，天下为家"的家天下。家天下也有兴衰成败的问题，兴盛时，社会安定，经济发展，人民安居乐业。这叫小康社会。如果天下分裂，社会大乱，爆发战争，经济崩溃，人民流离失所。这就是乱世。中国历史上经常出现乱世与治世的交替。大乱后有大治，治以后又乱，分久必合，合久必分。治理得好，可以安定数百年。治理不好，连续动乱，难有安定的日子。中国人的梦想首先是实现小康的现实理想，而最高理想只是追求的目标，时过两千多年，还没实现，再过两千年，也未必能实现。因此，我们要争取的首先是现实理想，那就是小康社会。

　　儒家认为尧、舜之前是公天下的大同社会，就是公有制的原始社会。从禹开始出现家天下，这是私有制的社会。儒家还认为，在禹、汤、文武、成王、周公执政时期是小康社会。这时的家天下，社会安定，没有战争，秩序良好。这是三代的前期。接着后来就逐渐变坏了。夏桀和商纣当政都是乱世，才被汤、周武王所取代。特别在周朝末期，天下大乱，周天子没有权威性，礼崩乐坏，各诸侯分裂割据，年年纷争，大国强国吞并小国弱国，最后只有七国进入战国时代，最终由秦国吞并六国统一天下。建立秦朝，筑长城，统一文字与度量衡，改封建制度为郡县制度。秦虽然统一了，由于政权缺乏德教，不久又陷入大乱，秦朝很快又灭亡了。继承秦朝的是汉朝，虽然改朝了，而家天下的格局没有改变，一直延续到清朝，达四千五百多年。家天下在四千多年中，虽然不断改朝换代，家天下的格局没有变化，虽有改革与创新，只是在完善这种制度。新朝代刚建立往往比较好，社会安定，经济发展，人民安居乐业，呈现盛世状况。延续一段时间后，就逐渐腐败，进入乱世，被人民推翻，被有德者取代。在中国历史上有汉唐盛世。汉朝与唐朝的前期与三代前期相似，都可以称为盛世即小康社会。

大同是儒家的最高理想，很难达到，虽经两千多年，还未能实现。小康则是可以实现的现实的理想社会。大同与小康就成为古今中国人的共同之梦。

尧舜之前还没有出现私有制的原始社会，儒家称为"天下为公"的时代。当时社会状况，我们不清楚。夏、商、周三代，孔子对于夏、商的社会制度已经不太清楚，礼制大概已经出现。后代考古可以确定商代有甲骨文和祭祀文化。至于周代，孔子有比较多的了解，主要的有周公制礼作乐，创造礼乐文化，又实行分封建国的封建制度，细节保存在儒家的典籍中。秦王朝建立时，实行郡县制，取代封建制，同时废除许多礼乐细节。春秋时代已经礼崩乐坏，这时改朝的冲击，使礼乐细节荡然无存。

汉代秦之后，许多儒生企图恢复周礼，由于资料不全，他们采取收集残篇断简,加上想象猜测,重新创造出与时代相适应的礼乐制度来。"礼之用,和为贵",礼乐的作用最重要的就是使社会和谐。汉初统治者为了巩固得来不易的政权,采取了一系列措施,协调各种社会关系,消除危险因素。在稳定的条件下,发展生产,保障供给,让人民安居乐业。人民富裕以后,就开始奢侈,而当官的就抢先腐败,教育就变得特别亟须。正如孟子所说,生活好了,不接受教育,就会变得与禽兽差不多。刘邦巩固政权,文、景时代使百姓富裕,汉武帝开始独尊儒术,大办教育,发展文化事业。汉初这三阶段形成了盛事景象:社会稳定,经济发展,文化提高。

文化提高,培育了史学家。史学家记述了盛世景象。由于司马迁、班固等著名史学家,保存了汉代社会的状况。在盛世之下有许多社会问题,是动乱的萌芽,任其发展,就会毁灭这个盛世。这里有丰富的经验与教训。还有一些著作,如陆贾《新语》,贾谊《新书》、《盐铁论》等,都从不同角度阐述了治理天下的深刻理论。特别是董仲舒,不置产业,专心理论探索,提出一些重要思想,对后代有深刻的影响,如"大一统论",形成民族意识,为民族统一做出贡献的,是民族英雄;分裂民族,出卖民族利益的,是民族败类、汉奸卖国贼。又如"独尊儒术",奠定了以儒学为主干的中华民族精神。因此,董仲舒被称为经学大师,"为儒者宗","为群儒首",上承孔子,下启朱熹,堪称中华文明史上三大圣之一。

孔子生于春秋时代的乱世,朱熹生于南宋末世,只有董仲舒生于西汉前期的盛世。因此,董仲舒哲学即董学不愧为盛世文化的代表。

董仲舒故里广川,今属河北衡水市,衡水学院的学者们重视本地先贤,潜心研究,又组织全国性会议,交流研究成果和体会。现将这些论文汇集出版。编辑邀我作序,我以为好事,当即应允,在视力很差的情况下,闭目思考,写下以上文字,权充序,请读者指正!

序

蒋重跃

《衡水学院学报》主编魏彦红教授要我为他们将要出版的《董仲舒与儒学研究》系列文集作一篇序，其中的文章多出自他们学报的特色专栏"董仲舒与儒学研究"。我欣然接受了这项任务。为什么呢？一来是因为这个主题与我的学术领域相关，对于它的学术意义和价值，我多少还能有所了解；二来是因为办特色栏目对于高校社科学术期刊的发展具有重要的意义，作为全国高等学校文科学报研究会理事会的负责人，我的确感到有话可说。

毫无疑问，董仲舒是中国古代历史上第一流的学者和思想家。在他生活的时期，王朝统治正在从"清静无为"向"以孝治天下"（其实是"以霸王道杂之"）过渡，很自然地，学术思想上也就要从黄老之学向儒学转向。董仲舒的思想就是儒学向意识形态最高地位攀升的代表。他的"天人三策"对于汉武帝实施思想统治产生了重大影响；他对《春秋》学的研究继承了先秦公羊家传统，被当时的思想界和学术界公认为一家，并进而规范了两汉公羊学的基本走向。董仲舒在当时的政治、思想、文化、教育、学术等诸多方面都留下了影响。他在世时就受到最高统治者和学界的隆重礼遇,身后,长期受到尊崇。不过,在特定的历史时期,他也会遭遇相反的命运,受到世人的批评、误解,甚至污蔑和谩骂。时至今日,关于董仲舒,仍有许多问题需要不断地探索和研究。例如,他对天人关系的认识究竟是毫无价值的宗教迷信,还是饱含真知灼见的理性反省?他的一统思想、三统论、三世说究竟是稀奇古怪的歪理邪说,还是别有会心的奇思妙想?他对公羊家法有怎样的贡献?他的学术活动在人类知识发展史上占有怎样的地位?他的思想在今天还有哪些意义和价值?这些问题的确大有研究的必要。

在中国历史上,像董仲舒这样的大思想家并不多见,如果回眸两千多年的悠久历程,放眼中国乃至全世界的广袤地域,这个话题就更显得弥足珍贵了。在我国当下的中等学校和高等院校文史哲的相关教材和学术著作中,是不会丢掉董仲舒的。专以董仲舒为题的学术著作也有十几种出版,学术论文就更多了,以董仲舒本人为题的每年都会有五十篇左右在正式学术期刊发表,但却没有一种学术期刊是专以董仲舒及与董仲舒相关的思想文化现象为主题的,这不能不说是一个缺憾。怎么办呢?

2007年,就在董仲舒的家乡,《衡水学院学报》创设了"董仲舒研究"专栏,弥补了学术界的这个缺憾。为了办好这个栏目,《衡水学院学报》的主编和编辑不辞辛劳,做了大量工作。他们在全国范围内发出征稿函和约稿函,专程拜访董学专家,参加相关学术研讨会,举办全国董仲舒思想高端学术论坛,还通过网络(博客、微博等)挖掘稿源。他们的努力得到了丰厚的回报,许多著名的董学专家学者纷纷把自己的研究心得贡献出来。在短短的几年里,他们与众多董学研究知名学者建立并保持了良好的合作关系,专栏共刊登了一百多篇董仲舒研究论文，其中不乏精品力作，所以才有本文集的系列出版。

《衡水学院学报》创办"董仲舒与儒学研究"专栏是一个有代表性的案例，它说明，综合性学术期刊创办特色栏目是必要的，更是可行的。

首先，在我国的学术研究和学术期刊界，有一个问题一直困扰着人们，即一方面是有许多学术专题研究成果需要发表，另一方面却是没有足够的与之相应的专题期刊以供论文发表。这样的研究课题和领域有许多，历史人物方面涉及思想家、教育家、文学家、政治家、军事家等等，地域文化方面涉及齐鲁、闽越、河海、三晋、关陇、巴蜀、岭南等等，行业文化方面涉及盐铁、纺织、印刷、演艺等等。与此相适应，各个主题下的研究队伍也相对集中。但与之相对应的专题性学术刊物却不多。那么，怎样才能更有效地把众多优秀的专题论文发表出来，以满足学术研究的需要呢？在现有的管理体制下，唯有在综合期刊中考虑创办专题栏目这条路可走。

其次，随着高等教育的快速发展，如何为提高高校的学术研究水平和教学的学术含量服务，也成了摆在高校学术期刊人面前的一个大问题。要做到这一点，提高自身的学术水平就是当务之急。除了少数办刊历史悠久、学术资源丰厚的"大刊""名刊"，对于众多创刊时间短、经验相对欠缺、资源相对薄弱的学术期刊来说，要想在短时间内取得整体进步是不现实的。如果结合各自的实际，发挥某一方面的优势，创办特色栏目，先把一个或少数几个栏目办好，然后再把优势扩展到全刊，最终推动全刊整体进步，倒是切实可行的。

正是因为瞄准了以上两点，2003年以来，教育部哲学社会科学名刊建设工程中才专门设立名栏建设计划，至今已经评选出三批共五十余家学报。同时,全国高等学校文科学报研究会在三届评优活动中,专门设立"特色栏目"一项,2014年,共评选出217个优秀特色栏目,鼓励高校学术期刊在创办特色栏目上大胆探索。其中《衡水学院学报》的"董仲舒与儒学研究"专栏连续两届入选研究会评选的特色栏目。政府主管部门和行业组织的这些举措,极大地激发了高校学术期刊创办特色栏目的积极性。目前,许多高校学术期刊都在出点子,想办法,一个争相创办、办好特色栏目的活动正在蓬蓬勃勃地开展起来。《衡水学院学报》的"董仲舒与儒学研究"毫无疑问是其中的一个优秀代表。

创办特色栏目当然要有热情。不过,话又说回来了,创办特色栏目不能脱离实际,要认真研究选题的可行性,切实掌握研究基础和学术队伍的实际情况,保证刊发的学术成果是水到渠成的,而不是揠苗助长出来的。简单说,要在特色和学术水平两者之间形成一个合理的张力或平衡,这才叫质量,才值得去做,才有望获得成功。从本系列文集所选的论文可以看出,《衡水学院学报》在追求特色和水平之间的平衡上做出了他们的努力,应该给予充分肯定。

以上就我所知,对本系列文集的缘起和背景略作介绍,希望对读者的阅读和了解有所助益。

儒学研究

儒学与儒教

周桂钿

儒学是否儒教？中国学术界讨论了多年，没有达成共识。多数人反对儒教说，问题出在哪儿？问题就出在如何定义儒学与儒教，或者说在于如何定义哲学与宗教。对于什么是哲学，什么是宗教，是按一般的理解，还是根据西方观念来定义？笔者以为，按西方的观念来定义，是以偏概全，多有不妥。例如，什么是餐具？什么是乐器？按西方的标准，中国的筷子不是餐具，中国的笛子不是乐器。同样道理，按西方的标准，中国没有哲学，即使有，也都是唯心主义，是落后的、错误的。按西方基督教的标准，中国儒家不信上帝，就不是宗教，甚至没有真正的纯粹的信仰。这是殖民地意识。这种意识产生于中国落后挨打之后。按这种意识，中国事事不如西方，民族自信心难以建立。但如果我们摆脱西方观念的束缚，解放思想，重新考察这些问题，那就可能会有新的发现。

一、转变观念，重新分析中西哲学的差异

有的哲学家认为，对于人生最切要的问题进行理论研究，这门

学问就是哲学。什么是人生最切要的问题，因不同的看法，那么对哲学也会有不同的分类。笔者以为人生最切要的问题是真、善、美。那么就可以分哲学为求真的哲学、求善的哲学和求美的哲学。求真的哲学是科学哲学，求善的哲学是政治哲学与宗教哲学，求美的哲学是艺术哲学。

西方传统的哲学，主流是求真的科学哲学。科学哲学研究的是客观世界，最终要探讨宇宙本源的问题，认为宇宙本原是物质性的东西，就是唯物主义，认为宇宙本原是精神性的东西，就是唯心主义。如果认为有两个本原，就是二元论。恩格斯认为这些概念只能用于有关宇宙本原的问题，用到其他地方就会造成思想混乱。恩格斯又说唯物主义哲学家要跟科学家结成联盟，这都说明了西方传统哲学的主流是求真的科学哲学。中国古人不重视探讨宇宙本原问题，因此被认为没有哲学，讲的多是心性问题，又被视为唯心主义。实际上，中国古代许多哲学不探讨宇宙本原，不存在唯心主义与唯物主义。中国古代哲学家产生于春秋乱世，重视的是社会问题，研究乱是怎么产生的，如何消除混乱，建立太平，维持和谐，给人民提供安居乐业的生活环境。这就是求善的政治哲学。求善的政治哲学的核心是民本思想。

总之，西方传统哲学求真的科学哲学有丰富的思想值得中国学习，中国传统的求善的政治哲学也有深刻的理论与丰富的经验可供西方人借鉴。各有所长，可以互补。中国也有求真的哲学，如东汉王充哲学；也有求美的艺术哲学，如先秦的庄子哲学。当然西方也有求善的宗教哲学与求美的艺术哲学。

二、摆脱西化模式，重新认识中西宗教的不同

中国有宗教传统，只是与西方不同。人类早期没有宗教是不可理解的。中国最早的原始崇拜就是祖先崇拜，祭祀祖先是在孔子创立儒学之前就存在了。孔子继承了这一传统，作为最根本的道德——孝。再从孝推出仁，以仁为中心发展成儒学思想体系。荀子讲礼有三本：天地者，生之本也。祖先者，类之本也。君师者，治之本也。天地是生命的根本，祖先是人类的根本，师进行礼的教育，君将礼实施于社会，使人际和谐，社会安定，人民获得安居乐业。后来发展成为祭祀的重要对象：天地君亲师。亲代表祖先到父亲。后来是中人要给天地和祖先上供，每家每户过年过节都有这一礼节。结婚典礼上，新婚夫妇要先拜天地，再拜高堂（父母），然后夫妻互拜，经过三拜，最后才入洞房。拜天地拜祖先，就是中国最初的信仰，也就是原始宗教。为了孝的教育，儒家继承了这一传统，强调"孝"要做到：生，事之以礼；死，葬之以礼，祭之以礼。天地君亲师，也有发展。天地扩大为祭祀山川河流，特别是祭泰山最为有名。各地也祭祀当地的最高山，形成一个传统。从君扩大为臣，忠勇报国，民族英雄，死后也成为祭祀对象，如诸葛亮、岳飞都被作为神来崇拜，有人来祭祀。东汉时代的曹娥是个孝女，体现孝的美德，现有豪华的曹娥庙，是进行孝教育的基地。福建的马祖庙等都成为地方宗教。

春秋战国时代，儒家很盛行，被称为"显学"。那时只是学术团体，没有宗教性质。汉代独尊儒术以后，历代统治者都以儒学作为行政的指导思想，逐渐形成后代信仰儒家的传统。先在孔子生活的地方建立祭祀孔子的庙宇，许多皇帝到孔庙祭祀。后来扩大范

围，许多地方创办儒学教育机构、学校或书院，同时建立孔子庙，称夫子庙、圣庙、文庙。据孔祥林研究记载，19世纪，中国有1730所孔子庙，朝鲜有300多所孔子庙，越南有160所孔子庙，日本有100多所孔子庙[①]。中国各地有许多庙，有许多祭祀活动，怎么能说没有信仰，没有宗教呢？特别是天坛、地坛、日坛、月坛等，都是皇帝祭祀的地方。关于信仰，所有人都有信仰，有明的，有暗的。农民种地，希望风调雨顺，也是一种信仰；做买卖经商，希望顺利赚钱，向财神爷烧香，也是一种信仰；商人供着财神爷，也不是没有道理的。把信仰上帝，视为真正的纯粹的信仰，其他信仰都不是真正的纯粹的信仰，这是没有道理的，是一种偏见。拜金主义、科学主义也都可以是一种信仰。总之，说中国人没有宗教，也没有信仰的理论，显然是站不住脚的。

三、儒学与儒教并存

理清以上思路，改变现有的观念，再来讨论儒学与儒教的问题，就有了思想基础。

哲学讲理性，宗教讲信仰，各不相同，又相互联系。中国传统思想产生于春秋战国时期，儒家就是当时一个影响较大的学术团体，儒学被称为"显学"。当时儒学只是理性的政治哲学，也可以说是政治智慧。汉代独尊儒术以后，儒学更受重视，在两汉之际就产生了迷信儒学的纬书，对孔子与儒学加进了一些神奇的内容。从那以后，历代当政者都要到孔子庙祭祀孔子，这就产生了信仰儒学的儒教。简单地说，历代书院是传承理性的政治智慧，各地的孔子

---

① 孔祥林著《世界孔子庙研究》，中央编译出版社2011年版。

庙则是出于信仰儒教，祭祀孔子的地方。这就可以明确儒学在书院中传承，儒教在孔子庙中持续，并存之于世。现在河北人民出版社出版的《中华大典》中《宗教典·儒教分典》有一千多万字，六大册，大量资料证明了儒教的存在，应该说这就下了定论，谁想否定儒教，那是相当困难。1993年在美国芝加哥召开了世界宗教领袖会议，当时任香港中文大学哲学系主任的刘述先先生代表儒教参加会议。会议结束时，通过发表《世界伦理宣言》，其中收入孔子的一句话"和而不同"，受到代表们的认同并给予很高的评价。联合国就此承认儒教是世界几大宗教之一。现在韩国、马来西亚、印尼等国都有儒教。儒教既然得到世界承认，我们如何能否定它的存在呢？经过这些考察，笔者以为儒教难以否定。儒学与儒教并存于世，可以相互配合，也可以各自发展，不必强求统一。

原文载于《衡水学院学报》2013年第5期。

周桂钿（1943－），男，福建长乐人，北京师范大学哲学与社会学学院教授、博士生导师。国际儒联顾问、中国哲学史学会副会长、中华孔子学会副会长、朱子学会副会长、中国政法大学国际儒学院副院长、衡水学院特聘教授。

宋学与董仲舒

(日本)邓 红

　　董仲舒(前183？—前115？)向汉武帝进言"抑黜百家，独尊儒术"，使得儒教成为中国唯一的正统思想，这一点常为人们津津乐道。但是，在思想领域中董仲舒给予后世的影响，却很少被人提到。朱子夸奖董仲舒为"醇儒"，也只是指的"正其谊不谋其道，明其道不计其功"① 而已。宋代以后的儒家道统论，忽视从汉到唐千余年的历史，认为程朱理学与陆心学都是直接从先秦儒家的孔子、孟子原始儒学那里发端，就是一个典型的例子。

　　笔者认为，董仲舒在思想领域给予后世的最大影响，在于他发明的"天道"、天人合一以及"天"与儒教理念的一体化构造，也就是"天不变道亦不变"②。

---

　　① 朱熹：《拙斋记》，《朱文公文集》冈田武彦编，日本明德出版社，1983年版，卷七八。
　　② 《汉书·董仲舒传》"天人对策三"。本篇中所谈及的有关董仲舒的观点，请参见笔者关于董仲舒的两本拙著：一是日语版的《董仲舒思想の研究》，人と文化社1995年版，一是《董仲舒的春秋公羊学》，中国工人出版社2001年版。

但是,"天不变道亦不变"构造的理论缺陷在于,一旦"变天",一旦至上无上的人格神之"天"的神圣性和绝对性为人们怀疑,儒教理念就会失去其哲学本体,天道秩序,也就是正统思想的伦理秩序也会土崩瓦解。实际上,到宋代为止,天之神秘性绝对权威,受到了道教多神教世界的建立、佛教"真谛""佛性",以及魏晋玄学"天道无为"观念的严重挑战。譬如佛教就认为,"策万行,惩恶劝善,同归于治,则三教(注:道儒佛)皆可遵行。推万法,穷理尽性,至于本源,则佛教方为决了"①。同时,儒家内部也有越来越不承认天之人格神性的倾向。王充的"天道自然无为"说就是一个好例。因为儒家始祖孔子、孟子就很少言及天之人格神性。

一旦式微的儒教在宋学那里得以中兴,而宋学却以"孔孟"为儒家思想的开创者,认为孔子言仁,孟子言性善,正是儒家心性论的根本大纲。如陆九渊所言:"夫子以仁发明斯道,其言浑无罅缝。孟子十字打开,更无隐遁,盖时不同也。"② 其实仔细追究起来,宋学里面的以董仲舒为首的汉儒的阴影是非常浓厚的。譬如"天理"一词,在董仲舒的《春秋繁露》里就频频出现,如果要说"天道",那就更多了。又如阴阳五行,众所周知,董仲舒是讲究阴阳五行的大师。尽管在董仲舒以后,汉儒的一部分走上了谶纬之邪道,阴阳五行说看来有些声名狼藉,但是宋学在构筑自己的理论体系时,却丝毫离不开阴阳五行。远的不说,太极图说的推理须臾不离阴阳五行,《朱子语类》一开篇也大讲阴阳五行,张载的"气"学,说穿了是什么"气"呢,还是阴阳五行之"气"。那么,此"天理"与彼"天理",此阴阳五行和彼阴阳五行有什么联系呢?本

---

① 《原人论序》,《原人论》,镰田茂雄译,日本明德出版社,1973年版。
② 陆九渊:《陆九渊集》,中华书局1980年版,第98页。

篇的宗旨就在比较讨论董仲舒和宋学的继承关系。

一、"天道"与"天理"

董仲舒的"天道"说的基本点可归纳为以下三点。

1. 天为至上无上的人格神。
2. 天是儒教思想的最高概念和哲学本体。
3. "天神"之道即"天道"。天道是"天"和儒教理念的一体化。

可以说，宋学，无论是理学还是心学，大都否认天的外在于人而且越人之人格神性的。

朱子说："苍苍之谓天，运转周流不已。"① 张子说："天本无心。其生成万物，则须归功于天。曰：此天地之仁也。"② 又说："天之明莫大于日，故有目接之，不知其几万里之高也。天之声莫大于雷霆，故有耳属之，莫知其几万里之远也。天之不御莫大于太虚，故必知廓之，莫究其极也。"③ 陆象山也说："天覆地载，春生夏长；秋敛冬肃，具此理也。"④ 都是指天苍苍在上，不知其多么高远广大之无限，而且是作春夏秋冬运动之时空。这种天为近似于自然之天的看法，和董仲舒的人格神之天是不太一样的。

自儒家国教化成为儒教以来，天和道的关系一体化为"天不变

---

① 朱熹：《朱子语类》，中华书局1986年版，卷一。有人问朱子经传中的"天"字的意思，朱子曰："要人自看得分晓，也有说苍苍者，也有说主宰者，也有单训理时。"其实这种解释经传中"天"概念的三分说法，相当接近于董仲舒的"天"概念。
② 《经学理窟·气质》，《张载集》，中华书局1978年版，第266页。
③ 《正蒙·大心》，《张载集》，第25页。
④ 陆九渊：《陆九渊集》，第450页。

道亦不变",也即是说,天为儒教思想的最高概念和哲学本体。只是在董仲舒那里,天是至上无上的人格神,人的主宰。以这样的天神作为儒教的最高概念和哲学本体,靠的是"人副天数"的天人直接感应,或是人君行恶政、天降灾异之"天人谴告",缺少精密论证和形而上之思辨性。

于是,宋学思想体系首先从克服儒教的这一缺点着手发端。这就是超越自然理法之天和人格神之天,吸收道家的宇宙生成演化论和佛教思辨哲学的"佛性"等,精密地论证"太极=天理",并以之为最高概念和哲学本体。树立"天理"之理论过程诸家均有详证,在此不必赘述,但是它的内容和性质基本如下。

首先,是关于"理"。"天者理也"①,"万物皆只是一个天理"②。也就是天即理,这天理带有"无情意、无计度、无造作"③之纯思辨性,但又带着天神原有的神圣超越,或者是自然理法之天的权威之自然绝对性。天理又叫"太极","圣人谓之太极者,所以指夫天地万物之根也"④,也就是万物的"所以然"。

先秦儒家之天论,有一个内在思路,如孟子"万物皆备于我","存其心,养其性,之所以事天也"⑤,修养自身的仁义道德,就可亦事天,体贴天意。同时,还有一个外在思路,就是荀子所说,天外在于人,谓礼仪之"本"。董仲舒说的天超越人,可以干涉人间社会的事务,循的是外在思路。而宋学的"天理"说,则是宇宙自然、人间社会及人间自身混然同体。

---

① 《二程集》,中华书局1981年版,第132页。
② 同上,第30页。
③ 《朱子语类》卷一。
④ 朱熹:《与杨子直》,《朱子文集》卷四五。
⑤ 《孟子·尽心上》。

> 在天为命，在义为理，在人为性，主于身为心，其实一也。①
>
> 乾称父，坤称母。予兹藐焉，乃混然中处。故天地之塞吾其体，天地之帅吾其性。民吾同胞，物吾与也。②
>
> 天地大德曰生，则以生物为本者，乃天地之心也。③
>
> 道塞宇宙，非有所隐遁。在天曰阴阳，在地曰柔刚，在人曰仁义。仁义者，人之本心也。④

总之，如果说朱子的"宇宙之间，一理而已"⑤还有些外在思路的痕迹的话，陆九渊所说"理""根诸人心，达之天下"就和孟子的"万物皆备于我"之内在思路是基本一致的。

朱子将世界的万事万物分为"物"和"理"。"物"则日月星辰、山川禽兽等，即由形而下之气构成。"理"为"物"之存在的"所以然"之理，生成万事万物之形而上之道。故"理"在"物"即自然天地人间之先之上，支配着自然天地人类。

> 未有天地之先，毕竟也只是理。有此理便有此天地，若无理，便亦无天地，无人，无物，都无该载了。有理便有气流行，发育万物。⑥

这一理论的前提是，天必须保持有至高无上性。所以天理虽然表面上已经不是董仲舒所说的"天神"那样的人格神，但在自然天地人类社会之根本、生成万物这一点上是完全一致的，或者叫"新

---

① 《二程集》，第204页。
② 《西铭》，《张载集》，第62页。
③ 同上，第113页。
④ 陆九渊：《陆九渊集》，第9页。
⑤ 朱熹：《读大纪》《朱子文集》卷七〇。
⑥ 《朱子语类》卷一。

瓶装老酒"。

正因为如此,"天理"时而酷似"天神"。"天为万物之祖,王为万法之宗"①,"万物皆本乎天,人本乎祖,故以冬至祭天而祖配之"②。总之在理为天地万事万物之根本、带有绝对性和最高权威这一点上,和董仲舒的超越性的"天神"没有什么区别,董仲舒说:"天地者,万物之本,先祖之所出也。……君臣、父子、夫妇之道取之于此。"③ 对此,宋学内部,无论程朱理学,还是心学,也是没有什么分歧的④。

所以,"天理"在自然界为自然理法。

> 天之道,以其气下际,故能化育万物,其道光明。⑤

> 太极只是天地万物之理,在天地言则天地中有太极,在万物言则万物中各有太极。⑥

> 夫太极者,实有是理。……其为万化根本固自素定。⑦

在人类社会里,"天理"为最高伦理秩序。

> 阴阳尊卑之义,男女长少之序,天地之大经也。⑧

> 圣人定之以中正仁义,(圣人之道、仁义中正而已矣)而主静,(无欲故静)立人极焉。故圣人与天地合其德,日月合其明,四时合其序,鬼神合其吉凶。⑨

---

① 《二程集》,第698页。
② 同上,第1227页。
③ 《春秋繁露·观德篇》。
④ 朱陆理学心学之别,笔者认为在于学问的方法上或者是在人格道德论上,而本体论世界观上,是没有什么根本分歧的。所以本篇通称"宋学"。
⑤ 《二程集》,第773页。
⑥ 《朱子语类》卷一。
⑦ 陆九渊:《陆九渊集》,第23页。
⑧ 《二程集》,第666页。
⑨ 《太极图说》。

可以说，"天理"以否定"天神"的人格神性的形式继承了天之神圣化和绝对性。所以剥开"天理"的纯粹思辨性之外表，其内在还是儒教伦理道德和天的神圣性的结合。

> 宇宙之间，一理而已。天得之而为天、地得之而为地。而凡生于天地之间者，又各得之以为性，其张之为三纲、其纪之为五常。盖皆此理之流行，无所适而不在。①

> 天理，只是仁义礼智之总名，仁义礼智便是天理之件数。②

> 父子君臣，天下之定理，无所逃于天地之间。③

> 此理塞宇宙，谁能逃之？顺之则吉，违之则凶。其蒙蔽则为昏愚，通彻则为明智。④

以上论述的理论套路，是董仲舒将"天神"和儒教哲学结合时就论证好了的。"仁，天心也"，"仁之美者在于天，天，仁也"，"天有和，有德，有平，有威，有相受之意，有为政之理，不可不审也"⑤。

概言之，"天理"的内在君臣、父子、夫妇及仁义礼智信，所谓三纲五常之儒教基本观念和道德理想（无独有偶，三纲五常之理论概括也是董仲舒完成的）。三纲五常之伦理道德，本来是儒家总结出来的（不是儒家自己的）人类的社会关系和人与人之间的关系的基本原理和规则。董仲舒的理论实质在于，他将这样的儒教理念和至上无上的神祇和哲学本体天神结合，使儒教理念和天神之道天道一体化。通过天神和儒教理念的直接结合，天根据儒家理念可以

---

① 朱熹：《读大纪》，《朱子文集》卷七〇。
② 朱熹：《答何叔京》，《朱子文集》卷四〇。
③ 《二程集》，第77页。
④ 陆九渊：《陆九渊集》，第418页。
⑤ 分别见《春秋繁露》的《俞序》、《王道通三》、《威德所生》篇。

对人类进行干涉，这就是他的著名的天人谴告论。同时，儒家理念不是人类社会的社会现象，而被说成是天的性质、意志、运行。换言之，儒教理念就是天的性质、意志在人类社会的再现，向君主圣人呈示的天命。借天神的超越性，树立儒教理念三纲五常的神圣绝对权威，可谓"神道设教"①也。

宋学不但同样主张三纲五常之儒教理念为现实政治的统治思想，有维持社会秩序的功能，还要将之说成是所有社会形态都通用，处理任何社会关系和人与人之间的关系的普遍原则，以及天地宇宙生成运行的基本理法和万事万物的本源。要做到这一点，不得不借助天神的神圣性和绝对权威，但又要在表面上否定天的人格神性的形式，于是便对天之超越性权威性作了高度的抽象和理论思辨，对理的哲学本体性作了精密的论证。这一论证便是天和理的结合，故曰"天理"。程明道曾经得意地说过，"吾学虽有所受，天理二字，却是自家体贴出来"②。陆九渊也说："天以是理畀人，而举世莫任其责，则人极殆不立矣。"③

所以我们说，董仲舒的天道和宋学"天理"理论，都有天和儒教理念的一体化构造作为理论体系的支柱。

二、天道天理与阴阳五行

董仲舒的阴阳五行说中，阴阳五行和"天"的关系可概括如下。

---

① 《周易·系辞传》。
② 《二程集》，第424页。
③ 陆九渊：《陆九渊集》，第127页。

1. 阴阳五行为"天"之客体化构造的一部分。"天意难见,其道难理",因而若要知晓天意、天道、天志,必须要明辨阴阳五行气之"入出、实虚之处"、"本末、顺逆、小大、广狭"。也就是说,阴阳五行为传达"天道"、天意的道具和表述系统。

2. 一旦天道由阴阳五行来表述传达的话,天道就带上了阴阳五行的性格。这叫作天道的阴阳五行化。

尽管在董仲舒以后,汉儒的一部分走上了谶纬之邪道,阴阳五行说看来有些声名狼藉。但是宋学在构筑自己的理论体系时,也丝毫离不开阴阳五行。只是在构筑时,他们首先理顺阴阳五行和"天理"("无极"、"太极")的关系。以"理"(太极)为本体,以阴阳五行为与"理"对立的"气",将"气"和"理"的关系理顺为本末关系。

关于气和理的关系,《太极图解》说:"无极之真,二五之精,妙合而凝。乾道成男,坤道成女。二气交感,化生万物,万物生生而变化无穷焉。"都是以阴阳五行为气,以气的来源为无极、太极,万事万物由阴阳五行气的运行、变化生成。"二气五行,化成万物。五殊二实,二本则一。"① 陆九渊也有类似的说法:"二气五行,化成物。五殊二实,二本则一,曰一,曰中。即太极也。"②

同时,阴阳五行和理为本末关系,形而下之器和形而上之道的关系。具体而言,理、道太极为形而上,气、器之阴阳五行为形而下。

  一阴一阳之谓道,道非阴阳也。所以一阴一阳者,

---

① 《通书·理性命》。
② 陆九渊:《陆九渊集》,第22页。

道也。①

离了阴阳更无道。所以阴阳者，是道也。阴阳，气也。气是形而下者，道是形而上者。②

天地之间，有理有气。理也者，形而上之道也，生物之本也。气也者，形而下之器也，生物之具也。③

也就是说，阴阳（五行）非"道"，而是道的表现，反之，道是阴阳的根据。道是生物之"本"，阴阳气为生物之"具"。而"道""理"可以通过体察形而下的阴阳（五行）气来认识，来表现。这就是陆九渊所说的"道塞宇宙，非有所隐遁。在天曰阴阳，在地曰柔刚，在人曰仁义"④。

从另一方面来说，道理和阴阳五行因此有了不可分离的关系。"夫太极之所以为太极，却不离乎两仪、四象、八卦。如'一阴一阳之谓道'，指一阴一阳为道则不可，而道则不离于阴阳也。"⑤陆九渊一方面说："道塞宇宙，非有所隐遁"，又说："塞宇宙之间，何往而非五行"⑥，都是同一说法。

总之，"理"（太极）和阴阳五行之气之间的关系，是体和用、本和末、形而上和形而下、"道"和"器"的关系，但两者时刻不可分离，互相浸透，互相依存，时而看上去犹如一物，宛然一体。

以上这种关系，实际上是在董仲舒那里就阐述明白了的。董仲舒曰："天意难见也，其道难理，是故明阳阴入出、实虚之处，所

---

① 《二程集》，第67页。
② 同上，第162页。
③ 朱熹：《答黄道夫》，《朱子文集》卷五八。
④ 陆九渊：《陆九渊集》，第483页。
⑤ 《朱子语类》卷七五。
⑥ 陆九渊：《陆九渊集》，第182、483页。

以观天之志；辨五行之本末、顺逆、小大、广狭，所以观天道也。"那么，天道天志真的是非常难懂吗？不是。"天志人，其道也义。"① 所以，宋学在这一方法上是全面继承。而董仲舒说的"天地之气，合而为一，分为阴阳，判为四时，列为五行"（五行相生篇），就可说是陆九渊"二气五行，化成万物。五殊二实，二本则一，曰一，曰中。即太极也"之说的直接源头。

三、天人合一

"天人合一"是董仲舒的杰作。此说的主要内容可这样概括：

一是"人副天数"，"天人一体"。一年四季、十二个月、三百六十六天，和人体的四肢、十二关节和三百六十六块骨骼之间有着神妙的共同处。

二是天人谴告。人间的统治者犯了恶政，天就要降下灾异来谴告甚至惩罚。于是"天人三策"之一有着"观天人相与之际，甚畏也"的感叹。

三是人和自然天地、阴阳、五行一起，构成大"天"，即天神的一个组成部分。董仲舒曰：

> 天、地、阴、阳、木、火、土、金、水，与人而十者，天之数毕也。②
> 天人之际，合而为一。③

---

① 以上均见《春秋繁露·如天之为》。
② 《春秋繁露·天地阴阳篇》。
③ 《春秋繁露·深察名号》。

如果说，董子天人合一说的第一内容，由于内容简陋而为后人们所扬弃，第二个内容为统治者所厌恶而为学子们所忌讳的话，那第三个内容却为宋学所充分发挥。张载说：

> 义命合一存乎理，仁智合一存乎圣，动静合一存乎神，阴阳合一存乎道，性与天道合一存于诚。①

又说：

> 因明致诚，因诚致明，故天人合一。致学而可以成圣，得天而未始遗人。②

正因为"天人合一"，"诚"才为天人之间的精神纽带，实际上宋学的"天"还是和董仲舒的"天"一样，带有人格神性，只不过不和人同一样的身体而已：

> 天之知物不以耳目心思，然知之之理过于耳目心思。③

周敦颐说：

> 无极之真，二五之精，妙和而凝。乾道成男，坤道成女。二气交感，化生万物，万物生生而变化无穷焉。唯人也得其秀而最灵。形既生矣，神发知矣。五性感动而善恶分，万事出矣。④

周子已经明确指出，人得天地之秀气而最灵，有神而知，有感动之情感，有善恶之道德之分。而这一说法在董子那里也可找到根据。

董仲舒说：

> 天地之精所以生物者，莫贵于人。人受命乎天也，故超然

---

① 《张载集》，第20页。
② 同上，第183页。
③ 同上，第14页。
④ 《太极图说》。

有以倚。物疢疾莫能为仁义,为人独能为仁义。物疢疾莫能偶天地,唯人独能偶天地。①

朱子则说:

> 盖仁之为道,乃天地生物之心即物而在。情之未发,而此体已具;情之既发,而其用不穷。诚能体而存之,则众善之源,百行之本,莫不在是。此孔门之教所以必使学者汲汲于求仁也。②

这样的"天人"之心同一个仁、同一个理的论调,在董仲舒那里比比皆是。董仲舒说:

> 安诸侯,尊天子,霸王之道,皆本于仁,仁,天心。③
> 天志仁,其道也义。④

而陆九渊对"天人合一"的体验,则是他那句惊天动地的格言:"吾心即是宇宙,宇宙便是吾心。"如果说董仲舒的"天人合一"还需要烦琐地去数人的四肢、关节、骨头,周敦颐还要一个个地去列举形、神、知、性、善恶的话,陆九渊只用了一个"心"字,就把人的全部妙处包括进去了。"心"在超然的自我感受中,以个体之"心"直接通向宇宙的神秘方式和万物世界宇宙连成了一体。

他还说:

> 此理在宇宙间,未尝有所隐遁。天地之所以为天地者,顺此理而无私焉耳。人与天地并立而为三极,安得自私而不顺此理哉?⑤

---

① 《春秋繁露·人副天数》。
② 朱熹:《仁说》,《朱子文集》卷六七。
③ 《春秋繁露·俞序》。
④ 《春秋繁露·如天之为》。
⑤ 陆九渊:《陆九渊集》,第142页。

刚才我们已经说过，由于阴阳五行只是体现天理的工具和表述系统，所以天人合一的方式，是"人与天地并立而为三极"，和董仲舒说的"人"为天地阴阳五行为天之一端的说法，就有共同之处。天地既然和人、心并立，作为天地间最灵通聪明知情达理分辨善恶的人就必须懂得"天地之才等耳。人岂可轻？人字又岂可轻？"又要"大人者，与天地合德"，做到"宇宙内事乃己分内事，己分内事乃宇宙内事"。这种意境，又类通于董子说的天人合一的最高境界："天人之际，合而为一。同而通理，动而相益，顺而相受，谓之德道。"①

所以，我们想借一个现成观点来概括宋学的"天人合一"观。张载的"天地之塞吾其体"之"气"说是"天人一气"，程朱的"所以为万物一体者，皆有此理"之"理"学是"天人一理"，陆九渊的"宇宙便是吾心"之"心"学，是"天人一心"②。而相对而言，董仲舒的"天地之符，阴阳之副，常设于身，身犹天也。数与之相参，故命与之相连"③就是"天人一体"了。这一点倒既是宋学与董仲舒的联系，也是一个重大区别所在。

结　语

综上，我们比较了在天道、阴阳五行说和天人合一说上董仲舒和宋学的共通点。当然，由于属于不同的思想体系，两者也有明显的区别。譬如"天人合一"，董仲舒的"天"和宋学的"天"固然

---

① 《春秋繁露·深察名号》。
② 陈来：《朱子哲学研究》，中国社会科学出版社1993年版，第418页。
③ 《春秋繁露·人副天数》。

有很大的区别,董子所说的"人",也只是指的是"人君":"受命之君,意之所予也。"① 然而宋学所说的"人",一般是指的儒家理论的研修者和实践者之"圣人"本身(当然最理想的是儒家道统的"圣人君子"和"天命"承受者"天子"的统一)。像陆九渊说的"吾心",更可以理解为个体的"人"。由于文章篇幅的关系,对这些就不再详细叙述了。我们只是想指出,宋学(无论理学心学)的起点,不像道统论者所说,是从孔孟原始儒学那里直接发端的。其中既有道家传统,又有佛教影响。而儒家本家内部的继承,不能忽视董仲舒这一道关口。

原文载于《走向世界的陆象山心学》,人民出版社 2008 年版。
邓　红(1958—),男,重庆人,日本北九州市立大学研究生院社会系统研究科教授,哲学博士。

---

① 《春秋繁露·深察名号》。

礼仪家教：构建礼仪之邦的基点

陈卫平

当今社会流行的"家教"，是以给孩子请家庭教师补习文化知识为内涵的。其实，在中国本来的传统中，评价某个人是否有家教，主要不是指文化知识，而是指道德修养，其外在的表现就是行为举止是否合乎礼仪，通俗地讲就是懂礼貌或懂礼数。传统家教的名著《颜氏家训》就贯穿着礼仪教育。作者颜之推指出："吾家风教，素为严密"，其礼仪家教十分系统，"晓夕温清，规行矩步，安辞定色，锵锵翼翼，若朝严君焉"。即早晚实行奉养父母的温清之礼，行走言谈都要合乎礼仪的要求，神色安详，谦恭谨慎。颜之推编撰这本家训，是为了使这样的家教门风得以传承，"整齐门内，提撕子孙"。中华民族以礼仪之邦而著称。孟子说："天下之本在国，国之本在家，家之本在身。"（《孟子·离娄上》）礼仪家教正是儒家修身的第一课，是构建中华民族礼仪之邦的基点。现在重振礼仪之邦已成为培育践行社会主义核心价值观的重要课题，只有让礼仪回归家教，中华民族礼仪之邦的传统才能得到继承和发扬。

一、礼仪之邦：儒学价值观制度化的产物

中华民族成为礼仪之邦，是儒学价值观制度化的产物。这是礼仪家教作为构建礼仪之邦基点的前提。

孔子主张"道之以德，齐之以礼"（《论语·为政》），即以礼治国，这一主张在汉代以后一直主导着中国社会。儒家之礼仪集中表现于"三礼"即《周礼》、《仪礼》、《礼记》三部经典，内容包罗了政治制度、宗教仪式、法典刑律、道德规范、日常生活准则等。广义的制度是指组织人类共同生活、规范和约束个体行为的一系列规则，儒家之礼仪正可以这样的制度概念予以概括。对于价值观念之"仁"和制度规范之"礼"的关系，孔子认为前者必须通过后者才能得以普遍实现："克己复礼为仁。一日克己复礼，天下归仁焉。"（《论语·颜渊》）。因此，礼仪的实施就是儒家价值观制度化的落实，礼仪之邦就是在这落实的历史进程中形成的。

显然，礼仪之邦形成的历史起点是儒学价值观成为主流价值观；而这又是通过确立礼仪即儒学价值观制度化而实现的。儒学价值观成为主流价值观无疑是在汉代。但这并非如一般人们印象中那样简单：汉武帝采纳了董仲舒"独尊儒术"的建议，于是儒学三纲五常的价值观就得到了确立。历史的事实是：汉武帝宣示"独尊儒术"的53年以后，在公元前81年召开的盐铁会议上，官位仅次于丞相的御史大夫桑弘羊和贤良、文学等儒生展开激辩，前者批驳后者的儒家重"仁义"的价值观，并明显地占据了上风。这表明儒学价值观即使在最高领导层内也没有得到普遍认同。盐铁会议是在汉昭帝时召开的，继汉昭帝之后的汉宣帝还是强调："汉家自有制度，本以霸王道杂之，奈何纯任德教，用周政乎。"（《汉书·元帝纪》）

历史从西汉演进到东汉，公元78年召开了白虎观会议。这距盐铁会议已经有近百年之遥。陈寅恪认为根据这次会议编撰的《白虎通义》标志着儒家三纲五常价值观通过制度化而得以确立。他说："吾中国文化之定义，具于《白虎通》三纲六纪之说"；"夫纲纪本理想抽象之物，然不能不有所依托，以为具体表现之用；其所依托以表现者，实为有形之社会制度"①。在他看来儒学价值观在汉代以后的有效确立，不在其思想学说之精深（就此而言不如佛道），而在其社会历史过程中的制度化："儒者在古代本为典章学术所寄托之专家。李斯受荀卿之学，佐成秦治。秦之法制实为儒家一派学说之所附系。《中庸》之'车同轨、书同文，行同伦'（即太史公所谓'至始皇乃能并冠带之伦'之'伦'）为儒家理想之制度，而于始皇之身，而得以实现之也。汉承秦业，其官制法律亦袭用前朝。遗传至晋以后，法律与礼经并称，儒家《周官》之学说悉采入法典。夫政治社会一切公私行为，莫不与法典相关，而法典实为儒家学说之具体实现。故两千年来华夏民族所受儒家学说之影响，最深最巨者，实在制度法律公私生活之方面，而关于学说思想方面，或转有不如佛道二教者。"②所谓"制度法律公私生活之方面"，就是指儒家礼仪对于政治制度、法律制度和生活制度的影响，这说明了儒家价值观依托礼仪而成为了制度化的存在，由此深入地左右了中国社会。同时也使中国社会成了礼仪之邦。

汉代儒生认为儒学要成为主流价值观，必须通过礼仪而使其制度化，由此奠定了儒学价值观制度化的基础和礼仪之邦的基础。汉

---

① 陈寅恪：《王观堂先生挽词·序》，《寒柳堂集》附录《寅恪先生诗存》，上海古籍出版社1982年版，第6页。
② 陈寅恪：《冯友兰〈中国哲学史〉审查报告三》，《陈寅恪史学论文选集》，上海古籍出版社1992年版，第511页。

初的陆贾、贾谊、公孙弘等提出，汉朝要长治久安，必须汲取秦朝"不施仁义"导致二世而亡的教训；确立儒家仁义价值观则必须依靠礼仪："道德仁义，非礼不成；教训正俗，非礼不备；分争辩讼，非礼不决；君臣、上下、父子、兄弟，非礼不定；宦学事师，非礼不亲；班朝治军，莅官行法，非礼威严不行；祷祠祭祀、供给鬼神，非礼不诚不庄。"（贾谊：《新书·礼》）① 因此，公孙弘制定了朝廷和宗庙的礼仪，他的弟子撰成后被收入《礼记》的《王制》。贾谊草拟了易服色、改正朔等礼仪制度，但未被采纳。在这前后不断有人提出同样的建议，但在浓厚的黄老之学氛围中均遭到失败。不过，由此可见汉代儒生意识到，只有通过礼仪来把儒学价值观制度化，儒学才能成为主流。董仲舒秉承这样的理念，在提出"独尊儒术"的同时，再次要求制定易服色、改正朔的礼仪制度，得到了汉武帝的赞同。但是"是时上方征讨四夷，锐志武功，不暇留意礼文之事"（《汉书·礼乐志》）。因而制礼的实际工作进展不大。董仲舒之后，一方面王莽建明堂等，"制度甚盛"（《汉书·王莽传》），把汉儒的制礼推向高潮；另一方面戴德、戴圣等对《仪礼》、《礼记》的整理，以及后来刘向、刘歆父子推崇《周礼》为周公致太平之书等，使得礼仪的制定更具操作性、可行性和权威性。由此我们可以明白何以直至白虎观会议，才标志着儒学价值观作为主流价值观得到了广泛，是因为经过汉儒上述的持续不断的礼仪建设，它显示了"由单纯的理论体系到制度体系的跨越具有决定性意义"②。在汉代文献中，可以看到不少地方官员以礼仪建设使得儒家价值观

---

① 值得注意的是，这段话以后也出现在《礼记·曲礼》中，可见汉儒对于以礼仪而使得儒家价值观制度化的一贯努力。

② 姜广辉主编：《中国经学思想史》第 2 卷，中国社会科学出版社 2003 年版，第 378 页。

因制度化而得到落实的记载。如《后汉书·循吏秦彭传》说：秦彭"以礼训人……每春秋飨射，辄修升降揖让之仪。乃为人设四诫，以定六亲长幼之礼。有尊章教化者擢为乡三老"。这也表明了儒学价值观因礼仪得以制度化而影响社会，同时促成了礼仪之邦的形成。

家庭礼仪是礼仪的重要部分。如果说礼仪建设是儒家价值观的制度化，那么礼仪家教则是这样制度化的落小、落细、落实。所谓落小，是因为礼仪家教以社会的微小细胞家庭为载体；所谓落细，是因为礼仪家教渗透于日常生活细节中；所谓落实，是因为礼仪家教落实于家庭成员从出生、成长到死亡的生命每一环节。礼仪之邦是儒学价值观制度化的产物，而礼仪家教是这一制度化的落小、落细、落实，由此礼仪家教就成为了构建礼仪之邦的基点。

二、礼仪家教：文明的养成与化习惯为德性

礼仪家教作为构建礼仪之邦的基点，就其作为个体德性培养的作用而言，主要是文明养成的最初实践；就其作为个体德性培养的过程而言，主要化习惯为德性的自然而然。

重视礼仪家教对于文明养成的作用，是与中国传统社会以家族为本位的特点分不开的。在以家族为本位的基础上形成的以儒家为主导的传统文化，如著名历史学家钱穆指出的：它有两个西方文化没有的概念，一个是"礼"，一个是"族"；"在西方语言中没有'礼'的同义词。它是整个中国人世界里一切习俗行为的准则，标志着中国的特殊性。正因为西语中没有'礼'这个概念，西方只是用风俗之差异来区分文化，似乎文化只是其影响所及地区各种风俗习惯的总和。如果你要了解中国各地的风俗，你就会发现各地的风

俗差异很大。……然而,无论在哪儿,'礼'是一样的。'礼'是一个家庭的准则,管理着生死婚嫁等一切家务和外事";"中国文化还有一个西方文化没有的概念,那就是'族'",家族的形成是与"礼"所规定的准则从家庭成员延伸到所有亲戚相联系的,"只有'礼'被遵守时,包括双方家庭所有亲戚的'家族'才能存在。换言之,当'礼'被延伸的时候,家族就形成了,'礼'的适用范围再扩大就成了'民族'。中国人之所以称为民族,因为'礼'为全中国人民树立了社会关系的准则"①。这就是说,由于作为全民族社会关系准则的"礼",首先是以家庭为原点,然后扩展到家族和民族,所以,中国传统的家教就把礼仪放到极其重要和突出的位置了。俗话说"国有国法,家有家规"。家规的形成和延续无疑是依赖于家教的,各家的家规会有不同,但它们都是以普遍性的"礼"为依据的。因此,旧时所谓书香门第,在住宅的大门上,往往写着"诗礼传家"四个字,以标榜门风家教。这样的家教传统在孔子那里就已经存在了。《论语·季氏》记载,陈亢问孔子的儿子孔鲤:"你是老师的儿子,一定得到老师特别的传授吧?"孔鲤回答道:"父亲对我的教育,其实和大家是一样的。如果说有单独的传授,那只有两次。有一次,他老人家独自站在庭中,我从他面前走过。他问我:'学诗了吗?'我说:'没有。'他说:'不学习诗,就不会说出有文采的话。'于是我开始学习诗。不久,他又站在庭中,我又从他面前走过,他问我:'学礼了吗?'我说:'没有。'他说:'不学礼,就不能在社会上立足。'于是我又开始学礼。我独自受到父亲教导,就是这两次。"陈亢听后高兴地说:"我问了一件事,却得到了三件事,我知道了诗、礼的用处,知道了君子要求孩子继承

---

① 邓尔麟:《钱穆与七房桥世界》,社会科学文献出版社1995年版,第7页。

的家风是诗和礼。"以后儒家思想被称作"礼教",其中的重要含义就是以礼为教,即通过礼制而实现教化的价值。因此,传统社会把礼仪作为家教的基本内容,并以是否知书达理来评价某个孩子是否有家教。

在《论语》中孔子几次强调"不知礼,无以立",把对于礼仪的家庭教育看作是孩子将来立足于社会的根基,是有见于人和动物的区分。人在呱呱坠地时是自然人,也就是说只具有类似动物的本能,要从这样的自然人成长为被社会所认同的人,就必须按照社会通行的行为准则即礼仪来规范自己。这就是说,家庭礼仪教育是孩子走向文明的第一步。所以,《礼记·冠义》说:"凡人之所以为人者,礼义也。"《礼记·曲礼》说:"鹦鹉能言,不离飞鸟。猩猩能言,不离禽兽。今人而无礼,虽能言,不亦禽兽之心乎?……是故圣人作,为礼以教人,知自别于禽兽。"认为人与动物的区分不是语言的有无,而是是否有礼。就是说,如果没有礼仪的规范,人只是衣冠禽兽。正是有见于此,传统礼仪的有些规定是为了抑制人依然遗留着的动物习性。如《礼记·曲礼》中的如下规定:"毋抟饭,毋放饭,毋流歠,毋咤食,毋啮骨,毋反鱼肉,毋投与狗骨,毋固获,毋扬饭,饭黍毋以箸,毋嚃羹,毋絮羹,毋刺齿,毋歠醢。"取饭时不要把饭抟成团,不要把手中的余饭放回食器,喝汤时不要倾流不止。上菜时舌头不要在口中作声,不要把骨头啃得有响声,不要把咬过的鱼肉放回食器,不要把肉骨扔给狗,不要专吃最好的食物,不要用手扬去饭的热气,吃黍时不要用错餐具,吃羹时不要连羹中的菜都不嚼就吞下去,不要重调主人已经调好的羹,不要当别人面剔牙,不要重调主人已经调好的肉酱。如此详尽的规定,是为了使人们自觉意识到,即便吃饭,也应该在端饭举筷之际体现有别于动物的进食习惯。就是说,家庭作为孩子文明养成的最初的摇篮，首先是从养成其合乎礼仪的行动规范开始的。《论语·宪问》记载：有位"阙党童子"常为党正（基层行政单位负责人）传信，孔子见其行为不合乎礼仪，大模大样地与长辈并排同坐和并肩而行，于是断定他只是急于出人头地，成人后无论在学问上还是在品德上都将不足为道："吾见其居于位也，见其与先生并行也，非求益者也，欲速成者也。"这个童子有如此举止，显然是缺少礼仪家教所致。可见，没有礼仪家教的最初文明养成，小孩子很难真正地健康成长。

如上所述，儒家的礼仪建设是为了将其价值观念制度化，因而礼仪教育的目的在于涵养个体的德性。礼仪家教的重要在于使礼仪涵养德性的过程成为化习惯为自然的过程，而不是空洞生硬的说教。

《礼记·乐记》说："德辉动于内，而民莫不承听；礼发诸外，而民莫不承顺。"道德的光辉从内心萌动，礼的准则表现在仪表上，民众就不会不听从的。这是告诉我们，外在的礼仪教育是为了培养内在的德性。礼仪家教也是如此。人们常常把中国称作"礼仪之邦"，这固然是不错的。但是，我们还要进一步说，中国更是"礼义之邦"。这是因为中国传统文明不只是讲究形式上的礼仪，更注重的是"礼"以及与之相联系的"义"，就是说，更强调礼所依据和蕴含的道德之义理，因为这是礼之所以成立的伦理基础。所以，《礼记·仲尼燕居》说："礼也者，理也。"《礼记·乐记》说："礼也者，理之不可易者也。"前述汉儒编撰的《礼记》就是专门论述礼仪之义。其首篇取名《曲礼》，意谓礼仪蕴含着迂回曲折的义理，需要认真思考领会。后来《礼记》在"三礼"中的地位越来越高，意味着儒家越来越看重礼仪之义理。其实，孔子早就强调重视礼仪不能停留于玉帛这些举行礼仪时使用的器具："礼云礼云，玉帛云乎哉？"（《论语·先进》）但是，"礼义"又是和"礼仪"相联系的：只有从礼仪着手，才能让礼之义理在行动的体验中入耳入脑。儒家的《仪礼》和《礼记》正体现了礼仪和礼义的结合，前者是讲如何做，后者是讲为何要这样做。

礼仪家教正体现在这两者的统一基础上，因为它从培养礼仪的行为习惯入手，达到把礼仪内化为德性的目的。道德规范是当然之则，道德教育是要人们懂得这些当然之则的义理，即为何应当如此。但是这对于儿童显然是不太容易明白的，而从行为准则尤其是家庭生活的行为准则入手，对于儿童来说，比较容易达到遵守道德规范的目的。因为在起居、就餐等家庭生活琐事中，每天按照礼仪来规范自己，久而久之就成了习惯，由习惯而成自然，遵守这些习惯仿佛成了他的第二天性，如孔子所说："少成若天性，习惯若自然。"（《颜氏家训》）于是，就能"从心所欲，不逾矩"，举手投足似乎并不刻意而为，但却合乎礼仪，由此这些礼仪蕴含的道德规范就内化为了人们的德性。如《礼记·曲礼》说："邻有丧，舂不相；里有殡，不巷歌。"古人舂米，喜欢唱送杵的号子，当邻里有殡丧之事时，应该默舂，不在巷中歌唱。这样的家礼包含着同情他人的同哀之心。宋代朱熹的《家礼》、《童蒙须知》，明代屠羲英的《童子礼》，对衣着、盥洗、洒扫、行走、语言、视听、饮食等等的行礼之法都有详细的规定，以此作为家庭礼仪教育的内容，如："凡着衣服，必先提整衣领，结两衽纽带，不可令有缺落。"（朱熹：《童蒙须知·衣服冠履第一》）"走，两手笼于褎内，缓步徐行，举足不可太阔，毋得左右摇摆，致动衣服。"（屠羲英：《童子礼·行》）这里表现的是约束自我的道德自律精神。再如，"凡弟子须要早起晏眠"，"凡对父母长上朋友，必自称名；凡称呼长上，不可以字"，"凡侍长上出行，必居路之右，住必居左"。这都表达了尊敬长辈的道德品质。因此，无论是富贵还是贫贱的家庭，如果有效地进行了礼仪教育，就能培养他们良好的品德，"富贵而知好礼，则不骄不淫；贫贱而知好礼，则志不慑"（《礼记·曲礼》）。

由于儒家的礼仪教育是由养成习惯来培育德性，因而就十分注意生活习俗与礼仪的关系。人们常常把"礼俗"连在一起，这是有一定道理的。因为礼既源于俗，又是对俗的变易。《说文解字》云："俗，习也。"俗，就是生活习惯。人们在特定的自然环境、社会环境中生活，久而久之，形成了各自的风俗。《礼记·王制》就对东、西、南、北四方的生活风俗作了描述。周公制作礼乐，就是要通过移风易俗来提升社会的文明程度。不过，儒家的移风易俗不是简单地把原来的风俗彻底破除，而是主张"因俗制礼"，即尽量利用原有的风俗形式和其中的合理部分，灌注新的精神，加以整理、提升，从而在人们本来熟悉的习俗中受到教化。很多家庭礼仪中也是这样的。比如冠礼，在远古氏族社会时代，曾流行过"成丁礼"。氏族中的未成年人享受氏族对他们的抚育，不用参加生产劳动和战争，但在他们达到成人年龄后，氏族要用一些方法来测定他们是否具备了生产、战争的技能，以确定他们是否能够成为氏族的正式成员。在社会发展的过程中，这样的"成丁礼"在很多地区消失了，而儒家看到了它的合理性，将它加工改造成冠礼。举行冠礼，不仅意味着生理上进入成年人的年龄，而且意味着应当具备与承担成年人社会责任相一致的道德品行。《礼记·冠义》说："成人之者，将责成人礼焉也。责成人礼焉者，将责为人子。为人弟，为人臣，为人少者之礼行焉。将责四者之行于人，其礼可不重欤？"可见，将原来的成丁礼变易为冠礼，是赋予其提示行冠礼者，从此要践履为人子，为人弟，为人臣，为人少者的德行，担当起自己的社会角色。

三、让礼仪回归家教

自"五四"以来,传统礼仪在家教中基本上已经退出了。这有着很多原因,如传统礼仪的形式化和烦琐化,与现代社会生活节奏不相适应;还有对于传统礼教的封建性的批判,导致人们完全把传统礼仪当作糟粕予以抛弃。同时,由于西方礼仪随着西方文明涌入中国而广泛流行,改行西方礼仪成为"时髦",还由于西方文明近代以来在全球占据主导地位,学习西方礼仪也成了中国与世界"接轨"的重要方面。于是,人们对于传统礼仪已经很生疏,甚至完全遗忘了。下面的故事可以印证这一点:1925年正在北京女子师范大学授课的鲁迅收到该校学生许广平的信,鲁迅在回信中称"广平兄",许广平疑惑不解,在接着的回信中问道:"先生之意何居?弟子真是无从知道。不曰'同学',不曰'弟',而曰'兄',莫非也就是游戏么?"① 其实鲁迅并没有与其开称兄道弟的玩笑,"兄"在传统书信礼仪中,和"同学"、"弟"一样,也是老师对学生辈的普通称呼。当时离清朝的推翻只有14年,离"五四"新文化运动至多也只有10年光景,许广平已经完全不知道这一传统师生礼仪的称呼了。现在人们对仍在使用的传统礼仪的称呼的无知,更是比比皆是。如常常有人在正式场合向他人介绍自己妻子时说:"这是我的夫人。"依据《礼记·曲礼》,天子的妃子称为"后",诸侯、大夫、士、庶人的配偶分别称为"夫人"、"孺人"、"妇人"、"妻"。后来人们把他人的配偶称为"夫人",是沿袭先秦礼仪而来的尊称,因而称自己的妻子为"夫人",是自大的表现,完全违背了传统礼

---

① 《鲁迅全集》第11卷,人民文学出版社1981年版,第17页。

仪尊重他人的精神。可见，由于传统礼仪不再成为家庭日常教育和学校教育的组成部分，中国作为"礼仪之邦"已经出现了名存实亡的危机。

克服这一危机的起点是继承以礼仪家教的传统，让礼仪回归家教。当年朱熹面对中国传统礼仪遭受佛教巨大冲击时感叹道："呜呼！礼废久矣。士大夫幼而未尝习于身，是以长而无以行于家。长而无以行于家，是以进而无以议于朝廷，施于郡县，退而无以教于闾里、传之子孙。"（《朱子文集》八十三《跋三家礼范》）因此，他专著《家礼》，要求礼仪成为人们年幼时家教的必修课。今天让礼仪回归家教，并非要回归"三礼"乃至汉、唐、宋、明乃至清代的家庭礼仪。从"二十四史"的《礼乐志》的记载来看，传统礼仪有两大发展趋势：一是形式日益烦琐复杂；二是服从皇权和特权的等级性日益明显。而且两大趋势交织在一起，即形式的繁复是为了彰显皇权和特权的等级性。这也反映在家庭礼仪中，从《红楼梦》、《儒林外史》等有关描写中对此是不难感受到的。那么，今天应当如何让礼仪回归家教呢？

首先要将传统礼仪中蕴含的合理思想提炼出来。传统礼仪中有不少值得挖掘的至今仍有价值的思想：如反对把践行礼仪当作外在的形式，而要以内在的德性修养为灵魂，上述的"德辉动于内"而"礼发诸外"的观点就表现了这一点，还有"礼，与其奢也，宁俭"（《论语·八佾》），即将节俭作为礼仪的根本要求的观点。据《仪礼·士昏礼》记载，即使是作为"礼之本"（《礼记·昏义》）的婚礼虽然隆重，但也是相当简朴，不仅夫妇成婚的菜肴仅有数品，而且没有庆贺和举乐的仪式。再如强调礼仪"节"和"文"的观点，即礼是和人的情感是相称的，对情感、欲望起着有所节制和文饰美化的双重作用，如《礼记·坊记》所说："礼者，因人之情而为之节文。"《中庸》也说，礼的作用在于，使喜怒哀乐之情"发而皆中节谓之和"。《荀子·礼论》对于礼的解释是："称情而立文，因以群饰"。儒家讲"礼让"，就是注意到了礼的节制作用。孔子说："不能以礼让为国，如礼何？"（《论语·里仁》）北宋学者邢昺对此解释道："礼节民心，让则不争。"人们之间的欲望、利益是有矛盾的，这就需要由礼仪予以节制，从而使得人们的行为起到促进人际关系和谐的作用。孔融让梨就是一个典范，这也是传统家教在进行礼仪教育时，经常讲述的故事。儒家礼乐并举，是为了使礼成为美化的艺术形式，从《论语》等古代文献中可以看到，儒家的一些礼仪就是以歌舞、诵诗为载体的，于是人们在艺术的陶冶下认同了礼仪所表现的伦理关系。这些珍贵的思想遗产应当在今天礼仪家教中发扬光大。

其次，可以借鉴司马光、朱熹等对传统礼仪简化、改革的经验，把礼仪纳入学校教育中去。隋唐以来，佛、道两教盛行，乡风民俗多为其所化。司马光、朱熹等意识到，如果听之任之，儒家传统的礼仪之邦很有可能不复存在。司马光首先编撰了家庭礼仪的《书仪》和《家范》，对烦琐的传统礼仪进行了大刀阔斧的删减，以《仪礼》为本，选择冠、婚、丧、祭四礼作为家庭基本礼仪，同时参酌宋代习俗予以变化。朱熹的《家礼》则在此基础上，进一步使其适用于普通百姓家庭，"虽贫且贱，亦得以大节，略其繁文，而不失其本意也"（《朱子文集》八十三《跋三家礼范》）。由此受到广泛的欢迎，成为进行礼仪家教的教材。我们应当汲取他们的做法，选择与日常生活紧密相关的家庭礼仪，融入一些具有传统色彩的礼仪，使礼仪家教在与时俱进中得到延续。还可以借鉴宋、明、清的韵语化蒙学读物，编写能够朗朗上口的进行礼仪家教的读本，在中小学校推广。

再次，把礼仪家教与培育好家训、好家风结合起来，使礼仪家教更加凝练，也更加个性化。中国传统中，礼仪家教和家训、家风往往是合二为一的，著名的《颜氏家训》、《袁氏世范》、《朱子家训》、《弟子规》，还有上述司马光、朱熹的《书仪》、《家礼》等，既是礼仪家教的教材，也是家训、家风的体现。如司马光的《家范》不仅讲述了很多家庭礼仪，而且也宣示了家训："以义方训其子，以礼法齐其家。"这是因为家训、家风的实质就是对礼仪家教提出的行为规范以及所体现的价值观念予以提炼，使其更加凝练生动。同时礼仪家教与家训、家风结合，使得礼仪家教彰显出各家各户的个性，这有助于激发家庭的礼仪自觉，也使得礼仪家教不是千篇一律而具有丰富性。事实上，现在很多地方正在开展的好家训、好家风活动，就是和礼仪家教紧密联系在一起的。

第四，家庭和社区联手，在举办青少年的活动中，融入传统的礼仪。每个家庭都有自己所在的社区，礼仪家教的有效性往往和社区的道德熏陶有关，"孟母三迁"讲的就是这个道理。这方面韩国的经验值得研究。至今韩国大约有234所乡校，与中国传统的民间乡校、社学相类似。这些乡校每逢假期要为7岁到14岁的少年开设忠孝礼仪体验课程，学生必须穿着传统韩服上课，学习传统的生活礼节；也为成年人举行传统成年礼仪和传统婚礼，还举办耆老宴并表彰孝行者和善行者。总之，"乡校通过各种中小规模的课程和传统仪式，为当地居民提供实践传统儒家礼节的标准，使得一般韩国人能够体会到儒教的生活方式与儒教的价值观念"[①]。显然，这样的体验课程会加深人们对传统礼仪的理解。射箭在韩国青少年中

[①] ［韩］金惠林：《韩国儒家文化的保护及弘扬》，《社会科学报》2007年4月26日。

非常普及，这就和这些乡校把射箭和传统射礼的教育相结合有关。《礼记·射义》说："发而不中，则不怨胜己者，反求诸己而已矣。"这就是在射箭的活动中，使青少年体悟射礼中所蕴含的什么是君子式的竞争，以及如何对待竞争遭遇失败的哲理。

中国正在大力推进城市化的进程，这就更加需要让礼仪回归家教。因为城市化进程不是简单的造城、扩城，也不仅仅是经济的升级更新。它在本质上是社会文明程度提升的过程。城市化的进程，从人口流动来说，是越来越多的家庭进入了城市。因此，随着城市化进程的加速，城市的家庭教育如何与城市文明建设相适应，就成为一个非常需要正视的问题。城市化的进程，就人际关系来说，是越来越多的互不认识的陌生人汇聚在一起，陌生人之间应当以怎样的文明方式进行交往，也成为城市文明建设的重要问题。中国传统社会崇尚礼仪，提出了以文明交往的礼仪来养成和体现良好的道德品性，而礼仪教育首先是从家庭教育开始的。这里蕴含着道德建设的传统智慧：在家庭的日常生活场景中，以温情和亲情来塑造道德人格；在以礼仪培养习惯的过程中，使道德行为成为自然而然的行为。就此而言，让礼仪回归家教，就是让道德回归生活、回归自然。这样的智慧应当成为"礼仪之邦"的传统在当代中国复兴的源头活水。

原文载于《衡水学院学报》2015年第2期。

陈卫平（1951-），男，浙江上虞人，华东师范大学哲学系教授，博士生导师。

论中国古代经典诠释之最初体式

蒋国保

从发生学的意义上来讲，中西哲人之原创思想的产生，在形式上有着明显的不同，西方哲人是径直发表自己的独到见解，而中国哲人则不会将自己的独到见解径直说出来，往往要"代圣人立言"，借解释圣人的言语而间接地表达自己的思想。这种做法，自孔子之"春秋笔法"到康有为的《论语》、《孟子》注，概不例外。这势必造成中国学术思想的两大形式特征，一是以诠释表思想，二是以诠释成经典（有原创思想的典籍）。既然中国学术思想之产生与拓展如此离不开诠释，那么研究中国哲人的诠释思想与诠释方法，就是研究中国古代学术思想的应有之事。这就是国人在世纪之交开始重视研究中国诠释学的根本原因所在[①]。但以往的中国诠释学研究，泛泛之论多，却缺乏对于中国特有之诠释方法的具体分析。有鉴于此，本文准备具体就中国古代经典诠释的最初体式——传——进行

[①] 一般以为中国诠释学之研究的兴起，是伴随着西方诠释学输入我国并被推崇的产物，但笔者认为：不应该将中国诠释学研究的兴起，只视为回应西方诠释学的刺激，它更是中国学术思想研究之深入所必然的趋势。

认真的分析,以揭示其诠释特征及其对于中国古代经典诠释思想传统形成的奠基意义。

一

欲探讨中国的经典诠释,就必须具体探讨中国古代经典诠释的体式。而要探讨中国古代经典诠释的体式,就必须首先弄清楚中国古典诠释的最初体式是什么。可困难的是,汉语的文章体裁有一百五十多种,而属于狭义诠释体式范畴者也有一二十种;即便照张舜徽先生在《中国古代史籍校读法》中的列举,中国古代诠释体式也有十种——传、说、故、训、记、注、解、笺、章句、集解——之多,那么我们如何能在众多的古代诠释体式中确立一个最初的诠释体式?通常的做法是从现存的古代诠释典籍之年代的早晚来确定,将年代在最前的诠释典籍所运用的诠释体式定为最初体式。按照这个办法,左丘明的《春秋左氏传》(简称《左传》)、《墨子》中的《经说上》、《经说下》,韩非子的《解老》、《喻老》,因为都属于中国早期的诠释性的著作,都可以用来分析这个问题。"解"与"喻"在明白、了解这一层上含义是相同的,则《解老》、《喻老》所运用的诠释体式其实是相同的,因而无论称之为"解"体还是称之为"喻"体都无妨。"解"与"喻"在韩非那里既然体式相同,那么进一步要弄清的只是在传、说、解三种体式中,究竟哪一种体式是中国古代经典诠释的最初体式?《墨子》之《经说》,《韩非子》之《解老》、《喻老》,可以确定为战国后期的著作,而按照司马迁的记载,《左传》是春秋末期的左丘明的著作。战国后期距春秋末期有两百多年,则《左传》也就早于《经说》、《解老》、《喻老》两百多年。由此也就不难断定左丘明在《左传》中所使用的"传"的诠释体式是中国古代经典诠释之最初体式。

至于有人不信司马迁，否定《左传》系左丘明著作；还有些今文经学家，以为"左氏不传《春秋》"①，否认《左传》是解释《春秋》的诠释性著作，因为不属于本文论域所必须论述的问题，这里就不予以辩驳。但是，有必要在这里表达我对这两个否定的否定性看法，否则，它们将消解我关于"传"是中国古典诠释之最初体式的论断。我认为，既然《论语》明确记载有："子曰：巧言、令色、足恭，左丘明耻之，丘亦耻之。匿怨而友其人，左丘明耻之，丘亦耻之。"②则从此话的语气看，左丘明应年长于孔子。这足以证明左丘明的确是春秋末期人；而春秋末期的左丘明著《春秋左氏传》，是司马迁在《史记》中明确记载的。既然有良史之誉的司马迁已认定《左传》为左丘明所著，那么除非以后有出土文献可以推翻司马迁的说法，目前我们没有任何理由不相信司马迁的说法。

以"传"为中国古代经典诠释的最初体式，还有一条坚实的史料根据。这条史料即《汉书·景十三王传》中的记载："河间献王德……修学好古，实事求是。……或有先祖旧书，多奉以奏献王者，故得书多，与汉朝等。……献王所得书皆古文先秦旧书，《周官》、《尚书》、《礼》、《礼记》、《孟子》、《老子》之属，皆经传说记，七十子之徒所论。"③这条记载说明：在先秦，除了称为"经"的著作，已经形成了传、说、记体式的著作。传、说、记体式的著作，有别于"经"的著作，当是诠释"经"的著作。问题是：同为诠释"经"的著作，为何又再分为传、说、记？传、说、记的分

---

① 徐复观：《徐复观论经学二种》，上海书店出版社2002年版，第190页。
② 孔子：《论语·公冶长》。
③ 班固：《汉书》第八册，中华书局1962年版，第2410页。

法，是否意味着这三种诠释体式的依次关系，即先有"传"，后有"说"、"记"；而且"说"、"记"之进一步诠释皆是作为"传"之补充与拓展。虽然没有足够的史料让我十分确切地解决这个问题，但通过仔细推敲《汉书·艺文志》的书目排列次序，还是能找到解决这个问题的端倪。《汉书·艺文志》所列书目，不仅证明了传、说、记为三个相对独立的诠释体式，而且证明了这三个相对独立的诠释体式应该存在着先后相续的关系，应该先有"传"体然后依次出现"说"、"记"二体。《汉书·艺文志》书目的排列次序可以证明这一点。在《汉书·艺文志》内，凡以传、说、记列目的书籍，都归在《六艺略》，这表明它们都是释"经"性质的著作。而这三种释经著作，《汉书·艺文志》在列目时，遵循以下排列原则：经传说记四类书籍均列目的情况下，是按照经、传、说、记次序排列，如《书》类书籍，先列《尚书古文经》、《经》，紧随其后列《传》四十一篇，然后再列《欧阳说义》二篇，紧接《欧阳说义》之后列《五行传记》；在无"传"体的书籍的情况下，是先列"经"再列"记"最后列"说"，如《礼》类著作，先列《礼古经》，接着列《记》百三十一篇，然后再列《中庸说》二篇和《明堂阴阳说》五篇；在无"说"的情况下，是先列"经"再列"传"最后列"记"，如《春秋》类著作，先列《春秋古经》十二篇、《经》十一卷，接着依次列左氏等人的八种《传》，然后再列《公羊杂记》、《公羊颜氏记》。这样的列目次序，似乎要告诉后人，"传"是释"经"之作，而"说"和"记"则是对释"经"的"传"的再述说和补记。需要说明的是，《六艺略》中的书目，不是按照经、传、说、记次序排列的，唯有《诗》类的著作。《诗》类的著作共列十四种，依次为《诗经》、《鲁故》、《鲁说》、《齐后氏故》、《齐孙氏故》、《齐后氏传》、《齐孙氏传》、《齐杂记》、《韩故》、《韩内传》、《韩外传》、《韩说》、《毛诗》、《毛诗故训传》。从这一列目次序来看，鲁诗系统无"传"体著作，而齐诗、韩诗系统都是将"故"体著作列在"传"体著作前。可这不足以证明先有"故"体后有"传"体，"传"体是对"故"体的完善和发展。何以见得？通过颜师古的注可以解明。颜师古注《鲁故》云："故者，通其指义也，它皆类此。今流俗《毛诗》改故训传为诂字，失真耳。"① 根据颜氏此注，则《诗》之有"故"，好比《书》之有《传》、《易》之有《易传》，"故"体实际上也就是传统经书指义的"传"体。既然"故"体实为"传"体，那么齐诗、韩诗系统为何"故"体、"传"体均有？这很可能是因为：释《诗》之"故"体较之释《春秋》的"传"体要晚，它在保持"传"体的主要特征的同时，对"传"体有所补充和完善，后人据此遂将它作为另一种诠释体式，同"传"体并列，殊不知"故"体来源于"传"体，即便并列，也应列在"传"体之后，不能列在"传"体之前。"故"体既然应晚于"传"体，则按照经、传、说、记的次序来断，"传"体就是古人最早用以解释经典的诠释体式。

那么，为了了解古代经典诠释的特质，就必须首先弄清"传"体诠释的主要特征。"传"是传述的意思，但它非泛泛言之，乃特指对"经"的传述。那么，它如何传述？《汉书·艺文志》载"《鲁》二十篇，《传》十九篇"，意即"鲁论语"有二十篇，而作为"鲁论语"之"传"者则有十九篇。对"鲁论语"的传，颜师古注云："解释《论语》意者。"② 按照颜氏的解释，"传"对"经"的传述侧重在解释"经"的大意。这种解释的主要特征，正如前人所

---

① 班固：《汉书》第六册，中华书局1962年版，第1708页。
② 同上，第1717页。

断,"传者,体宗《春秋传》",它在《春秋左传》、《春秋公羊传》、《春秋穀梁传》内有充分的体现。但"春秋三传"产生有先后,则从《左传》早于《公羊传》、《公羊传》早于《穀梁传》来讲,《公羊传》、《穀梁传》二传又取法于《左传》是无疑的。因此,通过对"春秋三传"的分析比较,就能具体把握"传"体的诠释特征,即记载本事、传达师说、阐发义理。按照徐复观的见解,作为"传"体的经典诠释,"春秋三传"诠释特征虽大体一致,但亦有明显的不同之处:《左传》以四种方式①传经,而《公羊传》、《穀梁传》二传只是以《左传》四种方式中的后三种方式传经,而不取增补《春秋》这一方式。这表明《公羊传》、《穀梁传》二传在取法《左传》诠释方式的同时,有意识地将"补《春秋》"之方式(即所谓"以事传经"、"以史传经")同其他三种传经方式区别开来,以便排斥"以史传经"之方式,将"传"体诠释限制于传达师说、阐发义理。《公羊传》、《穀梁传》二传在诠释方式上的这一改变,虽是为了将《左传》首创的这四种诠释方式变为相互依存与排斥的两类诠释方式,却使后人认识了"传"体统括其他诠释体式的意义。后儒严守"我注六经"与"六经注我"的区别。这被习惯地解释为分别继承了《左传》与《公羊传》、《穀梁传》二传的诠释传统,但追根求源都是对《左传》诠释传统的继承,因为《公羊传》、《穀梁传》二传的诠释方式原本就是取法于《左传》。

---

① 即以下四种:补《春秋》以传之、以书法解释之、以简洁的断语传之、以"君子曰"字样传之。参见《徐复观论经学二种》,第196—197页。

二

《公羊传》、《穀梁传》二传对《左传》的诠释传统的继承，从徐复观所说的三点（即以书法解释之、以简洁的断语传之、以"君子曰"字样传之）来看，都属于方法论原则范畴。如果进而从具体的诠释形式来论的话，我认为：《穀梁传》诠释形式是照搬《公羊传》，而《公羊传》的诠释形式，却明显不同于《左传》。为了证明这一点，不妨从两方面来说，首先说说表面文字上的不同。这方面的不同，可以概括为五点：1.《左传》于隐公元年"经"文之前添加有"传"文，它只是左丘明为了便于理解隐公元年"经"文而特意增加的说明文字，并不是直接用来解"经"文的，而这种形式，均不见于《公羊传》与《穀梁传》；2.《左传》的早期版本，"经"和"传"是分开的，而《公羊传》、《穀梁传》均是"经"文和"传"文混而不分，只以字体的大小来区分"经"文和传文；3.《左传》为了区分"经"文和"传"文，在"经"文之前添加"经"这个字，"传"文之前添加"传"这个字，而《公羊传》、《穀梁传》均无这一添加；4.《左传》中有少数文字，例如"庄公二十六年"传文中的一些文字，看不出系对上面"经"文的解释文字，只是对历史记载的续补，这种现象被有些学者称为"传不解经"，而《左传》之"传不解经"现象，均不见于《公羊传》、《穀梁传》；5.《左传》记载截止于鲁哀公二十七年，而《公羊传》、《穀梁传》都是截止于"获麟"之年即鲁哀公十四年，《左传》记载历史要比《公羊传》、《穀梁传》记载历史多出十三年。而《左传》关于这多出的十三年记载，又作了不同的处理：以鲁哀公十六年为界限，此前的记载在《左传》里既有"传"文又有"经"文，此后的记载则只有"传"文而没有"经"文。这就留给后人一个费解的问题：多出的那十三年"传"文，固然可以视为左丘明的补传，即左丘明添加的文字，然而那多出来的两年"经"文，是《春秋》原有的文字，还是左丘明伪造的文字？左丘明伪造的可能性不大。那么不见于《公羊传》、《穀梁传》而只见于《左传》的那两年（即鲁哀公十五年、十六年）之"经"文，就只能是《公羊传》的作者公羊高在编纂该著时特意删去的①，以便将《春秋》的记载结束在"获麟"之年。这一删，却体现了两种诠释立场的冲突。这是后面要论的，这里暂不表。

其次不妨对三传做一比较，看其诠释形式有什么差异。为比较方便，先客观表述三传关于隐公元年正月之"经"文的诠释。《春秋》隐公元年正月的经文只有六个字："元年春，王正月。"为解释这六个字，《左传》先在"经"文前添加了这么一段"传"文："惠公元妃孟子。孟子卒，继室以声子，生隐公。宋武公生仲子，仲子生而有文在其手，曰：为鲁夫人。故仲子归于我，生桓公而惠公薨。是以隐公立而奉之。"②然后再正式解释云："元年春，王正月。不书即位，摄也。"③而《公羊传》与《穀梁传》，都是径直诠释经文，不过，二传解释各有侧重。《公羊传》这样解释：

元年者何？君之始年也。春者何？岁之始也。王者孰谓？谓文王也。曷为先言王而后言正月？王正月也。何言乎王正月？大一统也。公何以不言即位，成公意也。何成乎公之意？公将平国而反之桓。曷为反之桓？桓幼而贵，隐长而卑，其为

---

① 不大可能是《穀梁传》的作者穀梁赤所删，因为《穀梁传》后于《公羊传》而且学《公羊传》。
② 《十三经注疏》上，中华书局1980年版，第1712—1713页。
③ 同上。

尊卑也微，国人莫知。隐贤又长（又有本作"隐长又贤"），诸大夫扳隐而立之，隐于是焉而辞立，则未知桓之将必得立也。且如桓立，则恐诸大夫之不能相幼君也。故凡隐之立为桓立也。隐长又贤，何以不宜立？立适以长不以贤，立子以贵不以长。桓何以贵？母贵也。母贵则子何以贵？子以母贵，母以子贵。①

而《穀梁传》的解释却这样说：

虽无事必举正月，谨始也。公何以不言即位？成公志也。焉成之？言君之不取为公也。君之不取为公，何也？将以让桓也。让桓正乎？曰不正。《春秋》成人之美，不成人之恶。隐不正而成之，何也？将以恶桓也。其恶桓何也？隐将让而桓弑之，则桓恶矣。桓弑而隐让则隐善矣。善则其不正，焉何也？《春秋》贵义而不贵惠，信道而不信邪。孝子扬父之美，不扬父之恶。先君之欲与桓，非正也，邪也；虽然既胜其邪心以与隐矣，已探先君之邪志，而遂以与桓，则是成父之恶也。兄弟天伦也，为子受之父，为诸侯受之君，已废天伦而忘君父，以行小惠，曰小道也。若隐者，可谓轻千乘之国，蹈道则未也。②

《春秋》经文只有"元年春，王正月"六字。就《春秋》本义来说，这六个字无非是表达这样的意思：对于隐公朝的政事从他执政第一年之春季第一个月开始记载。记载什么？没有下文，留给后人去解释。三传的解释，目的相同，都是要揭示隐藏在这六个字背后的历史真实。《左传》以"不书即位，摄也"七字解释之。这样

---

① 《十三经注疏》上，第2196—2197页。
② 同上，第2365页。

的解释，是要告诉人们：在本来应记载有"即位"的年月里，并没有记载着"即位"一事，是因为隐公实际上是以摄政的方式执政，在他开始执政治国时，并没有正式宣誓践国君位。鲁隐公为何实际执国政却又不宣誓"即位"，只凭那七个字，是无法理解明白的，所以左丘明在"经"文前添加那一段文字，以交代隐公与桓公的关系：隐公与桓公是同父异母的兄弟。其父惠公与原配孟子未生子，他们都是其父与继室所生。隐公母亲声子生隐公在先，桓公母亲仲子生桓公在后，则隐公为兄，桓公为弟。但桓公母亲仲子为宋武公之女，且天生注定"为鲁夫人"，身份要比隐公母亲声子高贵。惠公逝世，隐公以长子身份继父执政，然而仍敬奉桓公母亲仲子。通过这一补充交代，即便不熟悉鲁国历史的人，大约也可以推想出隐公之所以不宣誓即位，一定是因为他觉得这样做才是处理他与桓公关系的最合宜的方式。

《左传》的解释，无丝毫的情感流露，更无任何价值评断，只是客观地叙述。而《公羊传》则无意于坚持《左传》这样价值中立之客观叙述的诠释范式，开始站在儒家的立场，以自设问自作答的方式直接揭示历史事件背后的真相。通过《公羊传》的解释，人们对隐公处理他与桓公关系的用心得以透彻地了解：隐公之所以以摄政方式执政，不宣誓正式即位，是为了实现其父本来要让桓公继位的心愿，想在桓公成人后再将君位归还给桓公。为什么隐公非要将君位归还给桓公？这是因为隐公所以能继其父以执国政，是由于鲁国民众对决定他与其弟孰尊孰卑的微妙关系并不十分清楚，大夫们攀附隐公而立他为国君，只是根据他是长子而又贤能，而没有考虑根据"子以母贵"之儒家伦理，其弟虽年龄小于他身份却比他高。当大夫们拥立隐公为君时，并不知晓惠公有将君位传给桓公的心愿，隐公此时若断然拒绝大夫们的拥立，桓公也未必被立为国君；

即便被立，也不能确保大夫能真心辅助年少的国君（桓公）。正是基于这些考虑，隐公接受了大夫们的拥立，但他却以摄政的方式执政，不正式宣誓即位。这表明"隐之立为桓立也"，隐公摄政的本心就是为了方便在其弟（桓公）成人时将君位归还给其弟。不说禅让而说归还，是因为如按惠公的意愿，君位本是桓公的。

《公羊传》的解释，与《左传》的价值中立的诠释相比的话，其显著的特色是贯彻了价值评判原则。但它的价值评判，还落在对隐公行为的认可上，并没有涉及桓公。而《穀梁传》之解释，在解释形式上（自设问自作答）和解释原则上（贯彻价值评判），可以说完全学《公羊传》，但它改变了《公羊传》价值评判的对象，将《公羊传》对隐公的一味赞许转变为对桓公与隐公的批评。通过《穀梁传》的解释，人们清楚：隐公不宣誓即位，是想成全其父生前的心愿，在桓公成人后，将君位转让给桓公。但转让君位是不正当的。既不正当，那为什么《春秋》还要肯定隐公这么做呢？这是为了揭露桓公的坏。桓公的坏是什么？桓公的坏就是隐公准备将君位转让给他而他却为了夺君位把隐公杀了。从桓公杀其兄和隐公想让位给其弟，就可以判定桓公是恶人，而隐公是善人。像隐公这样一个善人，为什么还会做让位这样的事呢？这是因为隐公虽然不把一个中等国力的国家的君位放在眼里，但他却不能遵循《春秋》所表彰的儒家的道义。按照儒家的道义，一个有道德的人，当"成人之美，不成人之恶"，只应该帮助别人成就美德美行，不应该助长别人的恶念恶行，但隐公的父亲因私爱想把君位传给桓公，这本是其父的邪念，既然他父亲自己后来克服了邪念，将君位传给了隐公，在这种情况下，隐公既然探知其父想传位给桓公这一邪志（不正当的意志），仍然准备将君位转让给桓公，以成全其父不正当的愿望，这不是不成其父之美却成其父之恶吗！隐公与桓公，因为同一个父亲，形成兄弟天伦（自然的伦常），但他一旦接受君位成为诸侯，就与其父形成君臣关系，隐公让位，只是行小慧，遵循做人的小原则，而破坏了天伦、忘却了君臣大义。这表明隐公未能践行儒家的大道。

这一节的比较分析说明：《公羊传》、《穀梁传》的诠释，在贯彻价值评判原则上、在自设问自作答的方式上，完全相同，但《穀梁传》价值评判之儒家立场的贯彻，要比《公羊传》更彻底、更坚决，这可能与《公羊传》属齐学而《穀梁传》属鲁学不无关系。虽然《公羊传》、《穀梁传》由于地域文化的差异，各自在做价值评判时各有侧重，但它们同样以鲜明的价值评判立场凸显了其诠释的特色。这与《左传》所着力彰显的诠释特色——价值中立的是客观叙述——形成了显著的差别与对立。

三

上面以比较的方法分析了"传"体的诠释特点。下面当阐述其影响与意义。但这是很难说清楚的问题。之所以很难说清楚，并非仅因为"传"体在后来[①]衍生了许多类型，有所谓大传、小传、内传、外传、别传之分，更因为对于"传"体所奠定的中国特色的诠释学思想传统，一时还难以准确把握。但是，本文总得结束，思之再三，下面就这个问题（"传"体的影响与意义）谈三点初步认识。

首先，必须充分认识"传"作为中国诠释学基本范畴的意义。所以要明确树立这个认识，是因为我们在热衷于大谈建构中国特色的诠释学时，并没有清醒地认识到中国特色的诠释学具体的讲就起

---

① 特指汉初以后，或者说在《春秋公羊传》、《春秋穀梁传》以后。

始于"传"体。要改变这一认识的缺失，就要牢固树立"传"是中国诠释学基本范畴这一意识，从而保证中国特色的诠释学之建构在路径上的正确性。否则，就会因为对"传"体的解释方法、解释特点、解释原则缺乏正确认识，而使中国特色的诠释学之建构变得不切实际，失却其应有的中国特色。

为确定"传"之中国诠释学基本范畴的意义，固然要先改变原先认识缺失，重视"传"体价值，还必须进一步就"传"本身加以区分，以明确文学范畴的"传"与诠释学范畴的"传"之界限，从而确保对于"传"的诠释学意义上的理解。"传"的本义是指古代驿站的车马，它的基本作用就是传送人物或信息，后来就从它的基本作用的意义上引申为对于解释体式的特称。成为解释体式特称之后，像颜师古注《汉书·淮南王安传》"使为《离骚传》"有云："传，谓解说之"，学者们就逐渐习惯了将它作为诠释学的范畴来理解与使用。待到司马迁作《史记》，他又创造了一种专用以叙述人物生平事迹的文体，称作"列传"。我们将由司马迁开创而一直沿用至今的"列传"体意义上的"传"视为文学范畴的"传"。此"传"（"列传"体意义上的"传"）非彼"传"（作为诠释学范畴的"传"），此"传"，正如明徐师曾所论："按字书云：'传者，传（平声）也，记载事迹以传于后世也。'自汉司马迁作《史记》，创为'列传'以记一人之始终，而后世史家卒莫能易。嗣是山林里巷，或有隐德而弗彰，或有细人而可法，则皆为之作传以传其事，寓其意；而驰骋文墨者，间以滑（音骨）稽之术杂也，皆传体也。故今辩而列之，其品有四：一曰史传（有正变二体），二曰家传，三曰托传，四曰假传，使作者有考焉"[1]，是一种文学体裁，虽自身又

---

[1] 徐师曾：《文体明辨序说》，人民文学出版社1982年版，第153页。

可再分品类，但它都是以叙述的形式记述人物事迹以传于后世；而彼"传"，乃是一种诠释体式，正如有学者所指出的，它不是以叙述为形式，而是以解释为形式；而且其解释不是为了将人物事迹以传于后世，而是为了"传载本事，传述师说，传递文本的语义信息"①。正确地区分文学范畴的"传"与诠释学范畴的"传"，是我们正确认识后一种"传"之影响与意义的起始。

其次，必须把握"传"的衍生。由《左传》创始而由《公羊传》、《穀梁传》推进与完善的"传"这一诠释体式，所以对后来的中国古代经典诠释的影响既深远又深刻，就因为它在两汉以后仍然为学人所使用，一直承续了两千多年而不衰。"传"体在传承的过程中，衍生出多种形态，先后拓展出了"大传"、"小传"、"内传"、"外传"、"别传"等。最早的"大传"特指解释《周易》之"易理"的《系辞传》，后扩展为对"十翼"（易传）的统称；而稍晚于《系辞传》者则收于《礼记》中《大传》篇。无论从专解"易经"的《易大传》还是从泛解"六经"大旨的《大传》来看，"大传"一称固然是为了尊大其解，但更为了凸显其解释的宏观视角，以表示其诠释非附丽于经文的琐细的训解，而是对于经义的整体性的通解。对于经义的通解，"大传"在解释原则上坚持突出重点、凸显主旨、彰显中心，并注重论证上的"整体性、系统性、对比性"，以落实其解释原则。

"小传"作为"大传"相反的诠释体式，就现在所见到的史料而论，它并非一开始就伴随着"大传"的出现而产生，而是在很晚才出现，因为从"四库全书"中只检索到《七经小传》。《七经小传》三卷，为北宋刘敞所著。从此著来看，"小传"的称谓，未必

---

① 参见周庆光《中国古典解释学导论》。

如有些学者所说,是自轻其解,更可能是强调其解不属于整体性、系统性的通解,而只是"杂论经义"。吴曾《能改斋漫录》曰:"庆历(庆历元年为公元1041年)以前,多尊章句、注疏之学,至刘原甫为《七经小传》,始异诸儒之说,王荆公修经义,盖本于原甫。"① 吴氏这里应该不是从思想内容上将刘敞的经义解释与他之前的经义解释区别开来,而应是从解释形式上区别这两种解释。而研读《七经小传》可明,刘敞的解释,在形式上不同于章句、注疏似的解释,就在于它不是附丽于经文的一章一句之逐次解释,而是先选择经文某句或某论断,然后作统贯性的解释,例如其解有:"'仁者安仁,知者利仁。'仁者生而静其为仁,安之而已矣。知者动而复者也,动而复则利而后仁。利者,非利于为仁之可以得仁也。利犹动也,知者必动而后仁";又有:"'惟仁者能好人能恶人。'以其无好恶故能定好恶。"② 由此可明,"小传"与"大传"的相通,就在于其在解释形式上都不是附丽经文的逐句解释而是思想上的整体性的统贯解释,只是《大传》的统贯性解释论域更广博,而《小传》的统贯解释往往局限于某一个具体的论题。

如同"大传"与"小传"对称一样,"内传"与"外传"亦相对为称。既相对为称,则"外传"应伴随"内传"而出现。《汉书·艺文志》"六艺略"《诗》家著作内载有《韩内传》四卷、《韩外传》六卷;《春秋》家著作内载有《公羊外传》五十篇、《穀梁外传》二十篇、《国语》二十一篇(下注"左丘明著")。应如何看此记载?当这么看:《韩内传》、《韩外传》显然是指汉人韩婴所著《韩诗内传》、《韩诗外传》;而《公羊外传》、《穀梁外传》显然是相

---

① 转引自"四库全书"刘敞《七经小传提要》。
② 刘敞:《七经小传》卷三。

对《公羊传》、《穀梁传》而命名的；《国语》之列于《春秋》家著作内，似表明：左丘明释《春秋》的著作，除了《左传》还有《国语》①。如果这一理解不误的话，那么可以这么推断："内传"与"外传"之分，始于汉初，那时学人眼中的《春秋》之"公羊内传"、"穀梁内传"，就是指《春秋公羊传》、《春秋穀梁传》；《春秋》之"左氏内传"就是指《左传》，而《春秋》之"左氏外传"就是指《国语》。但径直冠以"内传"、"外传"名的汉初解释著作，现只存《韩诗外传》一种。明末清初的王夫之所著的《周易内传》、《周易外传》，却全都传流至今。

从这三部著作（即《韩诗外传》、《周易内传》、《周易外传》）来分析"内传"、"外传"在解释形式上的差异，可以看出它们的主要不同在于："内传"中的解释，是紧密附丽于经文的解释，这一解释即便有主观上的发挥，其发挥也只是就经文本有的论域来发挥，决不突破经文本有的论域任意发挥；而"外传"中的解释，最显著的特征就是脱离经文的限制任意发挥，其发挥虽然亦不免以经文为标榜或以经文为归结、为依据，但这些形式只是它任意发挥的由头或幌子，无非是用来掩盖其解释的主观性或显示其主观解释的权威性、经典性。

在上述四种解释体式之外，"传"体还衍生出"别传"。"别传"始于何时，一时难以考证清楚，唯有在"四库全书"中检索到元余琰所撰《易外别传》一卷。从此著来看，"别传"之解释，也是脱离经文的任意发挥，但正如余琰在该书后序中所说"名之曰《易外别传》，盖谓丹家之说虽出于《易》，不过依仿而讬之者，非易之本

---

① 前人亦有这样的说法：左丘明以《左传》为"内传"，以《国语》为"外传"。

义也"①，其任意发挥的主观程度，已远胜于"小传"。"小传"的解释在形式上还标榜以经文为归结、为依据，而"别传"则连这一标榜也抛弃了，将经文变成了某种思想的注脚或表达某种思想的符号，例如《易外别传》只是用易学的图表与范畴来"阐明丹家之旨"②，对道教内丹说的阐释才是它的目的，而揭示《周易》本义或者易理并不在它的论域之内。

再次，必须透过"传"体的衍生来把握中国古代经典诠释的思想传统。这个传统，借用陆象山的说法，不妨谓之"我注六经"与"六经注我"。"我注六经"偏重的是客观的诠释，而"六经注我"偏重的是主观的诠释。它们都源于《左传》，当《左传》以补史的方式来解《春秋》经文，它即使用客观的诠释；当它以"君子曰"的方式来解《春秋》经文，它即使用主观的诠释。由《左传》开启的这两个传统，在"传"体的衍生过程中，却形成了复杂的关系，并非一种解释体式相应地就传承一种解释传统，例如"内传"因为是附丽于经文的解释，它就一定为坚持客观解释原则而完全排斥主观发挥；而"外传"既然注重主观发挥，就一定彻底排斥客观叙述。"大传"与"小传"，也是如此。但就主要倾向来说，"内传"、"大传"之解释，属于客观的解释，其发挥再主观，也不会突破经文的论域；而"外传"与"小传"的解释，属于主观的解释，其主观发挥至少在意识里不设定经文论域上的限定，而以任意发挥为期许。中国学人将这两种解释立场，分别以内、外、大、小名之，其有深意在，它说明中国学人在价值上更重视客观的解释。这或许与"述而不作"、代圣人立言价值取向有一定的关系。而较之西方诠释

---

① "四库全书"余琰《易外别传提要》。
② 同上。

学,"我注六经"可以对应其《圣经》文本诠释学,而"六经注我"可以对应其哲学诠释学。在"我注六经"与"六经注我"之比较上,中国学人既然更重视"我注六经",则说明中国诠释学偏重在作为方法论的诠释学而非哲学的诠释学。偏重于方法论的诠释学,这就是中国诠释学的中国特色之所在。

原文载于《衡水学院学报》2015年第2期。

蒋国保(1951-),男,安徽无为人,苏州大学哲学系教授,博士生导师。

儒学与当代文化的发展和不同文明的对话
——在北京纪念孔子诞辰2565周年
国际学术研讨会上的讲话

（香港）汤恩佳

各位领导、各位专家同道、各位朋友：

欲复兴中华民族，必先复兴中华文化；欲复兴中华文化，必先复兴儒家文化。对于儒家文化的伟大价值，习近平主席说："要通过研读优秀传统文化书籍，吸收前人在修身处世、治国理政等方面的智慧和经验，养浩然之气，塑高尚人格，不断提高人文素质和精神境界。"今天是孔子诞辰2565周年纪念日，国际儒学联合会、中国孔子基金会、联合国教科文组织联合举办纪念孔子诞辰2565周年国际学术研讨会，大家要努力精进，研究、传播、践行、运用、发展儒家文化，使儒家文化成为当代文化的重要组成部分。在此，我代表香港孔教学院祝会议圆满成功！

一、运用儒学建设当代道德文化

何谓道德？道得之于己，内化于心，见之于行，就是德。道在何处？道就在儒家经典之中。2011年5月9日，时任国家副主席的习近平考察贵州大学中国文化书院，在与师生座谈时说："我们的一切学习都是为了学以致用，中华民族连绵不断的五千年文化，是我们的自豪所在，一定要发扬光大，使之成为推动中华民族伟大复兴的巨大动力。学习国学的目的，不是为了把它当古董摆设，也不是食古不化、作茧自缚，而是要变成内心的源泉动力，做到格物穷理、知行合一、经世致用。"格物穷理、知行合一、经世致用等观念，正是弘扬儒家文化的正确途径与方法。儒家文化提供了丰富的治国经验，提供了修身处世的基本原则，需要每一个中国人认真学习。2013年11月26日，习近平主席来到曲阜和孔子研究院参观考察，在孔子研究院同专家座谈时表示："研究孔子和儒家思想要坚持历史唯物主义立场，坚持古为今用、去粗取精、去伪存真、因势利导、深化研究，使其在新的时代条件下发挥积极作用。"习主席强调："一个国家、一个民族的强盛，总是以文化兴盛为支撑的，中华民族伟大复兴需要以中华文化发展繁荣为条件。对历史文化特别是先人传承下来的道德规范，要坚持古为今用、推陈出新，有鉴别地加以对待，有扬弃地予以继承。"习主席认同儒家制定的道德原则，这对儒家文化的传播具有重要的指导意义。

儒家的道德观念得到了全世界人民的认同。美国出版的《世界名人大辞典》和英国出版的《人民年鉴手册》将孔子列为世界十大思想家之首。美国总统里根曾说："孔子高贵的行谊与伟大的伦理道德思想，不仅影响了他的国人，也影响了全人类。孔子学说世代相传，提示全世界人类丰富的为人处世原则。"英国行政官员庄士敦认为，中国人如果"不崇敬孔子"、"不诵习孔教之奇经伟典"，就会成为"中国人之祸害"。英国汤恩比说："中国文化如果不能取代西方成为人类的主导，那么整个人类的前途就是可悲的。"

当代人类面临着极其深重而且日益扩大的道德危机，出现拜金主义、享乐主义、个人主义、消费主义、见利忘义、损公肥私、不讲信用、欺诈讹骗、以权谋私、暴力横行、自杀增多、犯罪猖獗、对立冲突、流血战争、恐怖袭击、邪教肆虐、环境污染、吸毒贩毒等现象。而要克服以上种种道德危机，只能大力发扬孔子儒家的五伦五常之道。"五伦"是基本的五种人伦关系，即父子、君臣、夫妇、兄弟、朋友五种关系。《孟子·滕文公上》："父子有亲，君臣有义，夫妇有别，长幼有序，朋友有信。"孟子认为，父子之间有骨肉之亲，君臣之间有礼义之道，夫妻之间挚爱而又内外有别，老少之间有尊卑之序，朋友之间有诚信之德。具体的要求就是：为臣的，要忠于职守；为君的，要礼待他们；为父的，要慈祥；为子的，要孝顺；为夫的，要主外；为妇的，要主内；为兄的，要照顾兄弟；为弟的，要敬重兄长；为友的，要讲信义。

二、运用孔教建设当代宗教文化

在世界各大宗教中，孔教在培养人的道德观方面有博大精深的理论与践行。先贤康有为先生、陈焕章先生力挽狂澜，提出"保国、保种、保教"，掀起了孔教复兴运动。陈焕章先生将孔教定义为神道之教与人道之教，所谓人道之教，即是道德宗教，是入世之教，是教化之教，是礼乐之教。

儒学一直存在着，但儒学常常存在于学术圈子中，与广大人民相脱离。有些儒学研究者借用西方的逻辑、概念、方法，将儒学变成抽象的知识，运用深奥晦涩的诠释方式，加入专家学者才能懂的术语，反而为儒学的传播制造障碍。所以，在儒学之外，应当大力推进孔教复兴。

儒学与孔教相辅相成，在培养中国人的道德观、培养民族精神、增强民族凝聚力各方面有着不可替代的伟大价值。任何宗教都有其理论形态，如孔教有儒学，佛教有佛学。其实，孔教本身已包括了儒学，儒学就是孔教的理论形态。张岱年先生在《孔学论集》中作序指出："孔子提出人生必须遵从的为人之道，使人民有坚定的生活信仰。在这一意义上，孔子学说又具有宗教功用，可以说孔学是一种以人道为主要内容，以人为终极关怀的宗教。"这就清楚说明了孔教与儒学的内在关系。台湾地区和日本、韩国，儒释道三教是他们的传统宗教，而且经济相当发达。在日本，洋教徒只占0.2%，但日本人民团结一致，同心合力建设现代化。台湾地区在保护自己的传统宗教方面也做得好，只有2%的人接受外来宗教，其成功经验值得我们学习。

清末民初，以康有为、陈焕章为代表的一批学者，致力于从理论上彰显儒学的宗教性。在康氏看来，儒教（孔教）同其他宗教一样，也有自己的教主、教义、教仪、信仰以及众多的教徒。孔子是儒教的创始人，是儒学的倡导者，"为神明，为圣王，为万民作师，为万民作保，为大地教主"（《孔子改制考·序》）。又说："昔者吾国人人皆在孔教中，鱼相忘于江湖，人相忘于道术，则勿言孔教而教自在也。"（《孔教会序》）钱穆先生所著《孔子与论语》一书说："一种哲学，博得多数人信仰，便成为一种宗教。"这些是说明孔教与儒学是一体两面的关系。

传播儒家文化，我们要高举孔教和儒学两面旗帜。在学校、公众论坛、大众媒体上，如不讲孔教，可以讲儒学。而在孔庙等宗教场所，我们就以孔教的方式推广儒家文化。如果这样，就开辟了儒家文化传播的广阔渠道。信不信孔教，是个人自由。不信孔教，可信儒学，但不能否定孔教（儒教）是宗教，正如我不信基督教，但不能否定基督教为宗教的道理一样。所以，儒学学者，绝对不要去贬低或否定孔教，孔教信徒也不可去贬低儒学学者，大家都是在弘扬孔子儒家文化。

三、运用儒学建设当代价值体系

2014年5月，习近平主席在北京大学师生座谈会上发表讲话，他说："中华文明绵延数千年，有其独特的价值体系。中华优秀传统文化已经成为中华民族的基因，植根在中国人内心，潜移默化影响着中国人的思想方式和行为方式。今天，我们提倡和弘扬社会主义核心价值观，必须从中汲取丰富营养，否则就不会有生命力和影响力。比如，中华文化强调'民为邦本'、'天人合一'、'和而不同'；强调'天行健，君子以自强不息'、'大道之行也，天下为公'；强调'天下兴亡，匹夫有责'，主张以德治国、以文化人；强调'君子喻于义'、'君子坦荡荡'、'君子义以为质'；强调'言必信，行必果'、'人而无信，不知其可也'；强调'德不孤，必有邻'、'仁者爱人'、'与人为善'、'己所不欲，勿施于人'、'出入相友，守望相助'、'老吾老以及人之老，幼吾幼以及人之幼'、'扶贫济困'、'不患寡而患不均'等等。像这样的思想和理念，不论过去还是现在，都有其鲜明的民族特色，都有其永不褪色的时代价值。"上述习近平主席的讲话所引用的经典语句，百分之百都是儒家的经典语句，其中大部分是孔子的语录。由此可见，习近平主席非常认同儒家的价值观。

人的生命之所以高于动物、植物，是因为人有价值观。荀子说："水火有气而无生，草木有生而无知，禽兽有知而无义，人有气有生有知亦且有义，故最为天下贵也。"（《荀子·王制》）中国和西方由于是不同的文化体系，在价值观上有重大的差别。但是，中西方文化都为人类贡献了伟大的价值,仁爱、诚信、忠孝、自由、平等、人权、法治、民主、健康、智慧、勇敢、道义、正直、公平、文明、幸福、和谐、互助、信赖、友善、责任等等。当代儒家完全认同以上这些价值。这些价值观存在于何处?就存在于经典之中。《大学》讲:"自天子以至于庶人,一是皆以修身为本。"修身不可能凭空进行,只能依照经典的教导来展开。新加坡政府1991年颁布的《共同价值观白皮书》中所提出的"国家至上,社会优先;家庭为根,社会为本;关怀扶持,同舟共济;求同存异,协商共识;种族和谐,宗教宽容",正是将儒家价值观与西方价值观融合的产物。儒家通过经典教育,培养君子人格。按孔子的要求就是:"志于道,居于德,依于仁,游于艺。"按孟子的要求就是:"富贵不能淫,贫贱不能移,威武不能屈。"

当今教育强调,要让学生从经历的各类事件中获得认知与体验,并通过处理这些事件,培养他们正面的价值观和积极的生活态度。这种"生活事件方式"教育是有价值的,但我们认为也有明显的不足之处:现今世风败坏,存在着大量的消极的"生活事件",例如:各种丑闻、流行的庸俗文化、暴力、色情、诈骗、高消费等等,对这些"生活事件",学生难免从中接触到各种有害的思想观念,更有甚者,有人却去尝试那些不良行为。这些精神毒素,直接影响到年轻学生。补救之道是,推行以"四书五经"为主要内容的中华传统经典教育,通过经典熏陶,树立一个理想的、道德的精神世界,使学生从中汲取力量去抗拒败坏的世风。

四、运用儒学建设当代政治文化

建设当代中国文化,最重要的举措就是将传统文化经典作为当代文化的基础。2013年11月26日，习近平主席到曲阜和孔子研究院参观考察，在孔子研究院看到《孔子家语通解》和《论语诠解》两本书，他拿起翻阅，然后说："这两本书我要仔细看看。"总书记带头读《论语》，全国的党员干部也应当一起学习《论语》。在政治上，孔子认为道统高于政统，倡导"以道事君，不可则止"（《论语·先进》）。孔子认为，君臣双方互尽义务而不是臣下对于君上的单方面服从，提出"君使臣以礼，臣事君以忠"（《论语·八佾》）。如果君王有错，臣下应当加以纠正。郭店楚简《鲁穆公问子思》中子思说："恒称其君之恶者，可谓忠臣矣。"内圣是以仁为核心的高尚的道德品性，而外王则是生命个体对外产生积极的作用，产生利国利民的成果。在现代社会，科学与民主，首先必须以道德质量为基础，在人的善良动机之下去运用，才有正确的方向；同样，内在的道德质量如果不借助科学与民主向外发生作用，就不可能产生经世济用的效果，就会流于虚玄与空谈。黄梨洲《明夷待访录》提出了以学校作为议政机构以制约君权的设想，"必使治天下之具皆出于学校"，并以学校作为最终裁决是非的机构，学官则由选举产生而非政府任命。孙中山先生的三民主义，是以孔孟思想为基础，适应时代的需要而提出的。他说："两千多年前的孔子孟子，便主张民权、民主选举；孔子说，'大道之行也，天下为公'，便是主张民权的大同世界。"《论语》中的"选贤与能"等于提倡自由选举。近现代儒家，如康有为、章太炎、梁启超、熊十力、梁漱溟、牟宗三和唐君毅没有一个不赞成宪政民主原则的，说明儒家具有民主的传统。

现行国际政治奉行的原则是"弱肉强食"的社会达尔文主义，霸权主义、军国主义、种族歧视、恐怖活动严重地威胁人类的安全。儒家伦理倡导的"仁者爱人"、"忠恕之道"、"和而不同"三大原则，是孔教的基本教义，也是解决世界错综复杂的各种矛盾，维持人类和谐安宁的灵丹妙药。如果世界各国、各大宗教、各民族都能共同认同并遵行这三大原则，就能重建世界的良好秩序，引导世界走上永久和平之路。

五、中华文明与西方文化的对话

习近平主席在联合国教科文组织总部就文明对话发表重要演讲，阐释了儒家"和而不同"的道理，他说："文明是多彩的，人类文明因多样才有交流互鉴的价值。""文明是平等的，人类文明因平等才有交流互鉴的前提。""文明是包容的，人类文明因包容才有交流互鉴的动力。"

在当代社会，儒家文化完全可以同西方文化相辅相成，共同促进人类的进步。儒家文化崇尚礼教，西方文化崇尚法治；儒家文化崇尚道德，西方文化崇尚力量；儒家文化崇尚责任，西方文化崇尚权利；儒家文化崇尚智能，西方文化崇尚知识；儒家文化崇尚天人合一，西方文化崇尚天人对立；儒家文化是家庭本位，西方文化是个人本位；儒家追求和谐，西方追求竞争；儒家文化崇尚秩序，西方文化崇尚自由。梁漱溟先生认为："旧中国社会秩序之维持，第一不是靠教会的宗教，第二不是靠国家的法律，或者只可说是靠道德习惯。"靠的是自律而不是他律，靠的是内在约束（道德、廉耻），而不是外在约束（法律、宗教）。当然，我们也要看到，现代社会很复杂，人既需要道德的内在制约，也需要法律的外在制约。

在社会生活中，儒家倡导礼乐文化。现代化绝对不能是西化，抗拒全盘西化的有力手段就是儒化。早在20世纪初，辜鸿铭就说过："洋人决不会因为我们割去发辫，穿上西装，就会对我们稍加尊敬。我完全可以肯定，当我们中国人变成西化者洋鬼子时，欧美人只能对我们更加蔑视。事实上，只有当欧美人了解到真正的中国人——一种有着与他们截然不同却毫不逊色于他们文明的人民时，他们才会对我们有所尊重。"《孔子集语·劝学》说："子曰：……不敬无礼，无礼不立。"至于礼乐中的"乐"，音乐的主要功能之一就是陶冶性情、导人向善，通过心性的和谐而达致社会和谐。儒家提倡的是"德音"，即具有道德教化效果的音乐。荀子《乐论》说："乐行而志清，礼修而行成。"说明礼乐文化的作用在于陶冶性情、培育道德，形成良好的行为习惯，最终的结果是导向社会和谐。

六、儒家文明与基督教文明的对话

儒释道三教同为中国本土宗教，应当成为中国的主体宗教。在当今西化浪潮之下，儒释道三教的生存与发展都面临着一定的压力。在宗教领域，如果不用中华传统的宗教去弘扬，必然使人民生命信仰无法建立，更为外来宗教的传播大开方便之门。在宗教领域，儒释道三教若得不到国家的强力支持，在宗教竞争中就会明显处于劣势。

全世界的宗教应呈现多元发展。关于儒家文明与基督教文明，我的看法是，按孔子"和而不同"的理念，儒教并没有排他性，儒家文明与基督教文明是不相冲突的，但一定要摆正两者的关系。中华民族应当信仰儒释道三教，而且应当以儒教为主体，因为儒教与中华民族的历史传统、传统文化、民族特性密切相关；西方民族信仰基督教，以基督教为主体宗教，因为基督教与西方民族的历史传统、传统文化、民族特性密切相关。王炳燮在同治年间说道："中国之人自有中国之教，为中国子民即当尊重中国圣人之教，犹之为外国人也世守外国之教也。"

可惜，基督教传到中国时，有些传教士并不尊重中国传统的宗教信仰。清末西方来华传教士宣称："欲求吾道之兴，必先求彼教之毁。"他们最反对尊孔祭祖。

全盘西化浪潮席卷中国，中国有一些文人政客否定自己的宗教文化。在各种势力的打击下，儒教在中国丧失了立足之地，佛教、道教也随之衰微。于是，宗教文化的阵地让出来，让外来宗教大举进入。

日前，来自美国普渡大学中国宗教问题学者杨凤岗的一项研究预测受到了国际媒体的关注。他预测说：中国的基督徒将在2025年达到1.6亿，到2030年超过2.47亿，"中国将在15年后超过美国，成为世界上信仰基督教人数最多的国家"。

基督教在中国传播是可以的，中国政府也采取了很宽大的政策。但是，如果中国成了世界第一大基督教国家，就会造成严重失衡。中国会步非洲大陆的后尘，变得更加贫穷。非洲人民感叹："白人来的时候，我们有黄金，他们有圣经；白人走的时候，我们有圣经，他们有黄金。"

中国人民给人类的最大贡献就是孔子儒家思想。法国思想家伏尔泰崇拜孔子，对中国的道德及政治制度极其向往，对西方神学、神的启示不遗余力地进行抨击，他赞美孔子只诉诸道德，不宣传神怪，而欧洲教会恰恰相反，因此不能像中国人一样，真是不幸。他认孔子为天下唯一的师表，在自己的礼拜堂悬挂孔子像，写诗赞美，朝夕礼拜。百科全书派的另一位代表人物，法国哲学家霍尔巴哈主张以儒家理性道德观念代替基督教神性道德观念，并且像中国那样把政治和道德结合起来。他说在中国，道德成为唯一宗教。他强调"欧洲政府非学中国不可，中国是世界上唯一的将政治和道德结合的国家"。

本来，中国"天人合一"的生存模式是人类的希望。如果西方文化主导了中国，中国也会随着西方走自我毁灭的道路。按日本（神道教和佛教）与中国台湾地区（孔、道、佛的一贯道及其他本土宗教）的经验，在本土宗教昌盛的情况下，外来宗教很难发展。日本的基督教信徒只占人口的0.2%，天主教占总人口的0.02%。我国应当汲取经验，以儒教为中国国民的主体宗教，外来宗教只能作为补充。

七、儒家文明与印度文明的对话

中国佛教是由印度传过来的，但已不是印度佛教的原样，而是印度佛教同中国的儒家文明、道家文明相结合，形成中国佛教。孔教所主张的"仁、义、礼、智、信、忠、孝"等道德观念，是中华民族传统道德观的主要内容，也是当代中国精神文明建设的基础。佛教传入中国之后，正是认同了以上伦理观念，佛教才具备了丰富的伦理观。在宋代，理学家走的是儒释道三教通融的道路，并没有削弱儒教，反而推动儒教达到了鼎盛时期。赵朴初先生、星云大师倡导"人间佛教"，表明了佛教汲取了儒家现实生活伦理观，关注现实人生。现在，许多佛教、道教的朋友，在宣传本教教义的同时，都在宣传孔子儒家思想。当然，儒教在当代社会要发展，也应当汲取佛教中的优秀成分。

儒释道三教都追求和谐、和平，在中国几乎没有宗教战争。佛教主张"和谐世界，从心开始"。净空法师的《和谐拯救危机》电视节目，运用佛教原理，结合儒家思想，在中国产生很大的影响。在宗教领域，儒教就是孔子贡献给人类的精神珍品。儒教是属于全人类的，因为，儒教是最符合人性的宗教，因而可以超越国界、超越时空、超越民族，成为全人类宝贵的精神财富。孔子儒家思想"和而不同"的原则，不强求各种文化在内容上和形式上的相同，而是承认各种文化在内容上和形式上各自具有不同的特色，只要坚持"和为贵"的原则，采取宽容的态度，就能保护和发展世界各族人民的民族文化，避免世界文化的单一化和平面化，按照"和实生物"的原理，达致世界多元文化共存共荣。

在中国历史上，以儒教为国教，以佛教、道教为两翼，三教互补，各得其所，大道并行不悖。此是中国宗教界的优良传统，我们应当继承和发扬。在香港，有六宗教联席会议，表现出宗教界团结合作之精神。儒释道三教互补，这是中国宗教界的优良传统，我们应当继承及发扬。我们希望儒释道三教团结起来，共同弘扬中华传统优秀文化，共同促进中国宗教文化事业的发展。在日本，儒释道三教与神道教和谐相处，保持了国家的团结与稳定，没有宗教的冲突与纷争，促进了经济的繁荣。在祖国内地、台湾地区、香港特区、澳门特区，儒释道三教和谐共存，共同发展，有助于保持中华民族的民族特性，弘扬民族精神，培养传统道德，促进社会的和谐。

中国当下最迫切需要的，就是通过重建儒释道三教，形成中国人民的文化认同，并通过文化认同进而形成国家认同。中国内地人民和港澳台同胞同时信仰儒释道三教，就能达到同心同德的局面。中华民族要实现伟大复兴，首要的问题就是要保持国家的团结与统一。保持国家的团结与统一，就需要国家认同。美国哈佛大学亨廷顿教授说，要用英语和基督教来形成美国的国家认同。相应的，我们也应当认识到，要用孔子儒家思想与汉语来构建中国的国家认同。统一的中华民族需要有一个强而有力的精神轴心，这个精神轴心就是孔子儒家思想。

回顾人类历史，世界上每个国家、每个民族都有自己的传统文化、传统思想、传统宗教信仰、民族精神轴心。唯有这样，国家民族才有根基，才能自立于世界民族之林。否则，就会走向民族虚无，最后被外来势力颠覆，不战而败，与苏联一样，瓦解成15个国家。

八、儒教与伊斯兰教的对话

明末清初，中国的穆斯林学者相继开展了以汉文译著伊斯兰教经籍的活动。他们著书立说，"以儒诠经"，将儒家文化与伊斯兰教结合起来，被称为"中阿兼通"，"怀西方（指伊斯兰教）之学问，习东土之儒书"的"回儒"。出现了一大批代表人物和代表作品：如张中的《归真总义》，王岱舆的《清真大学》，伍遵契的《归真要道》，刘智的《天方性理》、《天方典礼》，马注的《清真指南》，蓝煦的《天方正学》等，影响甚广。

对于至上神，孔教与伊斯兰教有相同的看法。孔教的至上神是昊天上帝，简称为"天"。孔子即是昊天上帝在人间的使者，孔子说："巍巍乎唯天为大。"（《论语·泰伯》）"天何言哉，四时行焉，百物生焉，天何言哉！"（《论语·阳货》）"获罪于天，无所祷也。"（《论语·八佾》）"予所否者，天厌之，天厌之。"（《论语·雍也》）"不怨天，不尤人，下学而上达。知我者其天乎？"（《论语·宪问》）昊天上帝无形无象、无所不在。伊斯兰教认为宇宙之间是有主宰的，宇宙万物是由大仁大慈、普育众生、绝对独一的"安拉"所创造，"安拉"无形象、无方位，也是无所不在。

社会和谐主要体现在"五伦"关系中，明末清初的伊斯兰教学者刘智在《天方典礼》一书中，用了大量篇幅论述他的"五典"之说。所谓"五典"，实际上是指"君臣、父子、夫妻、兄弟、朋友"五个方面的人伦关系。儒家非常重视家庭和谐，倡导齐家之道，倡导"夫义妇顺"。伊斯兰文化重视家庭价值，认为家庭是男女双方情投意合共同生活的合法正道。儒家非常重视孝道，认为孝道是"天之经"、"地之义"，孝道是行仁之始，主张父慈子孝。《古兰经》中也主张对父母要孝敬，要谦卑，要和颜悦色相待，并时时感激双亲抚育之恩。孔教儒家主张仁政，对残疾人、病痛者、老人等特殊群体实施"皆有所养"政策。伊斯兰文化主张对贫者弱者要慷慨解囊，赠予财物。"天课"是穆斯林的五项天职之一，每人每年将净收入的2.5％的钱财捐出，这是一个非常重要的制度。孔子具有人类最早的平等意识，他主张"有教无类"、"仁者爱人"。伊斯兰教则主张，任何不同的种族肤色、不同性别的人，无论尊卑富贫，都应享有平等人权，在安拉真主面前人人平等。

我坚信孔子儒家思想有六大主要功能：

1. 能促进世界和平；
2. 能提升全人类道德素质；
3. 能与世界多元文化共存共荣；
4. 是中国56个民族、13亿人民的精神轴心；
5. 能促进中国和平统一；
6. 能达致与世界各宗教文化平起平坐。

本院现在及将来要做的重点工作是：

第一、筹建孔子纪念堂（香港孔庙），以此作为向海内外宣传孔教儒学的基地。

第二、向香港特区政府申请，将万世师表孔圣诞定为公众假期及教师节。

我们恳请在座各位给予精神上的大力支持！如同心同德表示赞成，则请热烈鼓掌。谢谢各位，并祝各位事业进步，身心康泰！

原文载于《衡水学院学报》2014年第6期。

汤恩佳（1934—），男，广东三水人，香港孔教学院院长，管理学博士。

儒学复兴及其当代价值
——纪念孔子诞辰 2565 周年国际学术研讨会综述

白立强

2014 年 9 月，由国际儒学联合会、联合国教科文组织以及中国孔子基金会主办，中国人民外交学会、北京外国语大学中国海外汉学研究中心协办的纪念孔子诞辰 2565 周年国际学术研讨会暨国际儒联第五届会员大会在北京召开，来自全球五十余个国家和地区的三百多名学者参加了会议，围绕儒学及其发展等方面进行了深入交流与探讨。现就其主要内容综述如下。

一、仁爱忠恕的道义观

与会学者认为，儒学道统思想的发展演变形成了鲜明的中国文化特色。即使在致富、利益问题上，也须遵循"义以为上"的标准，即以德性作为基本尺度。这集中体现为儒学重仁义、守道德的"务本尚德"观念。

台湾义守大学方俊吉先生认为，儒家思想以"人"为本，重视

"伦理"、讲求"道德"。中华民族传统教育以儒家思想为依归，儒家教化法则灵活且多方，旨在引导世人由"内修己"而"外安人"。这不仅维系了中华文化重视"人文精神"之特色，亦凸显其"务本尚德"之精神。当前，重申儒家之教育法则，大兴"务本尚德"的教化特色，对于促进社会和谐发展大有意义。

俄罗斯－中国友好协会主席、俄罗斯科学院远东研究所所长М·季塔连科先生以《两个文明千年的天才对话》为题，指出：儒家伦理中最重要的概念是"仁"，即仁和人性化。在家庭和社会中人与人之间应彼此信任、相互宽容。为此，有学者指出，孔子的仁爱思想，从自爱而爱人，是达到个人幸福、家庭和乐、社会安详的不二法门。

韩国孔子学会金学权先生认为：儒家伦理的基本精神是博爱，儒家伦理的履行需要忠恕的实践，儒家伦理的目标就是实现至善世界。曾作为中国人精神支柱的传统儒家伦理，其核心思想为人生而有德。正是在此意义上，中国社会科学院李存山先生认为，以儒家思想为主流的中国文化，是崇尚道德、以人为本的"道德性的人文主义"文化。"仁者爱人"，忠恕之道是"为仁之方"，其具有人类道德的普适价值。

中国人民大学向世陵先生、辛晓霞先生指出，博爱的观念孕育于中国本土。作为仁的根本性内涵，儒家博爱适应于人道关爱与和谐群体的社会发展需要。博爱以爱人先于爱己和爱的互惠性为基本蕴含。

鉴于此，有学者认为，原始儒家孔、孟、荀都是温和的和平主义者，他们都具有相同的人文情怀，以"仁道"谋求天下和平，又相信"圣人感人心而天下和平"。以"感人心"谋求天下和平是原始儒家和平主义留给后人的积极思想启示。

二、天人合一、和而不同的和谐观

北京师范大学郑万耕教授指出，中国哲学是在《周易》的沃土中成长起来的。"太极"的研究与阐释，形成并完善了中国哲学的宇宙论和本体论体系；道器范畴对中国哲学本体论的形成和发展产生了极为深刻的影响。中国孔子研究院杨朝明先生认为，"中庸"作为孔子心目中的"至德"，集中体现了"孔子的智慧"，"庸"即用，"中庸"就是"用中""使用中道"。

相应的认识论注定了儒学思想中天人合一、和而不同的和谐观念。

在人与自然关系方面，清华大学陈来先生认为，儒学已经从审美性的自然态度发展为伦理性的自然态度，由此逐渐演变成为宋明儒学的万物一体说，亦可谓"道德的生态观"。这体现了人在天地间的道德定位，"尽心"与"万物一体之仁"乃"仁者"的最高境界。

与会代表一致认为，儒学思想包含了丰富的仁民爱物、民胞物与的生态情怀。这具有超越时空的永恒价值，有助于当前的全球生态伦理乃至宇宙生态伦理建设。

对于许多学者都将"天人合一"视为儒学中的生态伦理思想，有学者认为，"天、地、人"的"三才"思想才是儒学的环境哲学理念。无独有偶，也有学者指出，就基本原则和哲学本体意义而言，"天人合一"可以视为解决环境问题的指导思想，但其论域与今天的环境问题存在相当的距离。因为它所提供的乃是哲学本体上的论证——有助于提高人的精神境界，却不能为如何做到人与自然的和谐，特别是解决当前的环境问题提供具体的方法和途径。

在人与人之间关系方面，儒学就是引导人们追求和谐的文化。于此，张岂之先生认为，孔子的理想与实践就是用教育文化来改造社会；孔子"和而不同"文化观、儒家的"民本"情怀和"忧患"意识都是以"人"为核心的道德文化，是重视教育和人才培养的文化。

在国际关系层面，国际儒学联合会理事长徐正燉先生认为，儒学包含了丰富的"和平"思想；同时，有学者指出，儒学的天下观，即国际观，包括了丰富的协调智慧。它以仁爱和谐为基础，具有中和理性，相信人类能够友爱共处。西方的实用理性如能吸收儒家的协调智慧及其中和理性，从"利和"入手，进而"法和"、"文和"，实现"政和"，必将有益于树立新型国际观，推动世界走向和平。河北省董仲舒研究会李奎良教授、魏彦红教授认为，儒学和谐理念的价值取向是"道"，其具体表现是"中"与"和"，这对于促进各国和谐相处能起到很好的协调作用。

正如中国人民大学张践先生所言，大同理想是中华民族千百年来共同追求的"中国梦"，也是全人类的共同理想。大同理想就寓于现实社会的改革和发展之中，需要在人类的长期发展中得以实现。

三、儒学的普适价值与现代发展

儒学思想作为轴心时代的文明精华，内在地包含了人类文明的普适性价值。上海同济大学邵龙宝先生认为，儒学不仅具有中华民族母体性、根源性、民族性和特殊性，又具有人类普遍性的超越价值。儒学在历史上曾经向世界贡献过许多思想、理念和价值，今后必然能向世界贡献更多的、更好地与世界共享的价值观，其中包括对"忠恕之道"、"天人合一"、"自强"、"厚德"、"包容"、"道德自觉"的内在超越,"道"的智慧和"仁义"的德性等理念的创造性诠释和转换。中国模式的深层内蕴在于以儒学为主的中国传统文化的驱动力和平衡机制。中国现代化建设的决策和行动的高效与儒学传统的"大一统"、"整体和谐"、"以民为本"、"生"和"化"、"自强和厚德"等价值有关;我国在外交上的"因时而变、以变求胜、纵横捭阖、左右逢源"的实践智慧与"中庸之道"中的权变思想有关。在实现中国梦的文化复兴中,儒学的"仁爱"、"忧患意识"、"天人合一"、"内圣外王"、"革故鼎新"和"阴阳协调、整体和谐、直觉顿悟、有机论"的思维模式等"道文化"智慧正在发挥深层文化的动力和平衡机制的有机统一效用。同时,如宁夏大学李伟先生指出,儒学的文化特质表现在开放性、包容性、实践性以及与时俱进的特性。这意味着,儒学必将随着社会发展而发展。

中国人民大学宋志明先生认为,中国在现代化的进程中,可以把儒学的普适性价值发挥出来,使之与市场经济相适应,从而成为促进中国现代化的精神动力。认同儒学与市场经济的兼容性,是现代新儒家的共识。面对"后现代"社会到来,加拿大文化更新研究中心梁燕城先生指出,发展"后新儒学"成为必要。而中国哲学本身具有"本体-诠释学"模式,这亦是中国哲学突破现代哲学和新儒家框框的出路。中央社会主义学院李道湘先生认为,在当代条件下,实现自身的创造性转化和创新性发展,才能体现中国特色、中国品格。

在儒学现代化方面,不同学者各有其侧重点。新加坡儒学会陈荣照先生认为,当前,发展儒学文化需要:一是发掘儒学资源,加强道德建设;二是弘扬儒学之人道精神,推进政治文化建设;三是高扬儒学人文精神,强化科学文化建设。北京师范大学李祥俊教授认为,儒家家庭核心精神可以概括为家庭整体论、差异秩序论和亲情本体论三个方面。融合中西伦理文化实现儒家家庭伦理重构势在必行。加拿大《文化中国》执行主编张志业先生认为,文化中国广泛参与世界的全方位对话,儒学是参与对话的主力。而语境是否有嬗变的方向或意愿,将是儒家文化能否更新的重要指数。山东大学黄玉顺教授认为,儒学最核心的观念结构是"仁→义→礼→乐"。"仁"是仁爱精神,"义"即正义原则。这两条原则是普遍理念,无需变革。而"礼"与"乐"是需要变革的。

儒学现代化最具典型性的是社会主义核心价值观。正如肖群忠先生所言,"仁义信和、民本大同"的传统美德,构成了社会主义核心价值的源头活水。吴光先生也认为,社会主义核心价值观是综合吸收了"全人类智慧"的中国梦核心价值观,而儒家思想则是这个核心价值体系的重要源泉。

四、儒学的推广与践行

儒学的生命力根植于人民大众之中。浓郁的人文情怀与深切的终极关怀是其鲜明特色,为此,南京大学洪修平先生认为,儒学兼具人文性和宗教性两个方面。北京大学张学智先生也指出,相对于同时期西方典型宗教对人格神上帝的注重,理学更是"关于人的宗教",具有即凡而圣,即超越即内在,以天、太极这些人格性、超越性较弱的观念代替上帝的特点。严格说它不是宗教,但从现代宗教的较宽泛的视域看,它对终极实在的关怀,对追求终极实在所具有的精诚心态的强调,都使它带有鲜明的宗教性。

就此而言,儒学就是生活,生活离不开儒学。唯此,儒学的推广与践行才得以实现。这体现在学理与现实两个层面。

华东师范大学高瑞泉先生指出,面对近代以来的价值失范和秩序解体，儒学就开始在新的条件下重建秩序。熊十力走的是学院哲学的路径，从经学去发掘现代秩序原理，梁漱溟则从恢复古风——儒家讲学与民众运动结合——的路径，试图从乡村建设的实践中探索社会秩序的重建。值得注意的是，中国社会科学院赵法生先生总结了近年来进行的乡村儒学建设过程：一是建立了定期化的乡村儒学讲堂；二是构建了完整的乡村儒学传播体系（行孝、读经、习礼、乐教、乡约、救助、熏陶）；三是乡村儒学实验取得了初步效果（孝亲敬老的家风渐浓、村风好转）。当然，乡村儒学发展的方向是需要完成由外在推动到内在生成的转化，由传统家族道德到现代公共道德的转变。

至于儒学的实践方式，邵明先生认为，在现实的经验历程中，人们在"学"和"习"的实践历程中通过自身的"道德努力"，以提升自己的精神境界和扩充自己的意义空间。北京师范大学于述胜先生认为，儒学之学以物我感通为根本机制，此学非以知识为本，而以情意为本。在此意义上，华东师范大学杨国荣先生认为，儒学的进路就是学以成人。从而实现如美国普林斯顿大学郑锦玉先生、李淑芬先生所倡导的，弘扬儒学真谛，实践伦理道德，寓教于乐，进修、陶冶、变化气质。

儒学作为生命宇宙法则，是人的生活圭臬。践行儒学过程就是领略生命美感体验的过程。鉴于此，清华大学方朝晖教授认为，先秦时期的"人性"概念包括本能属性和成长法则两个含义，成长法则就是生命健全、完整发展所必须遵循的规律，是与生俱来的。性善论是指人性是个好东西，其逻辑根据是：人都希望实现生命的健全、完善发展，即"尽其性"；在道德意义上，只有为善才能"尽其性"。所以，北京大学王中江先生认为，孔子及其弟子从对陈蔡之厄境的体验出发，认为追求美德和自我完善本身就是幸福快乐的。为此,坚持不懈追求美德,在自我反思中不断完善,过心安理得的生活,即"和顺道德而理于义,穷理尽性以至于命"。

五、儒学中的政治思想与现代转向

与会学者探讨了儒学与当代政治的内在关联,一致认为,儒学中丰富的政治思想对于今天国家治理具有指导意义。

"王道"是儒学重要的政治哲学范畴,美国夏威夷大学成中英先生认为,儒学以人为本,其目的在于积极实践个人的道德人格,实现全人类的合作互助与繁荣和平,达到天下一家、世界大同的理想目标。儒学的政治哲学发萌于人性中的道心,从克己复礼中掌握人性、确立智性、认识正义、讲求文明与和谐,体现礼乐之道。要实现世界和平,有志之士须反躬自省,从格物致知、诚意正心做起,以至于修身齐家治国平天下。儒家的王道哲学、仁政实行、守中致和的精神,是儒家奉行的达至世界和平之道。儒家哲学精神可以化约为五种力量,以求从国家层面来实现世界和平,即自然之力、刚健之力、柔和之力、智慧之力、道德之力,分别对应于维护生态、防卫国土、繁荣经济、鼓舞文化、坚持道德。今天在建设国际政治新秩序的全球格局下,南开大学张荣明先生认为,"新王道"是对当前中国内外策略的总体概括和战略构想。新王道应该建设新型政府,法律治国,富国强兵;应该伸张道德正义,借鉴优秀的传统文化以重建现代道德和文明秩序,重树礼仪之邦的民族形象。对于"王道"思想的实质,台湾辅仁大学黎建球先生认为,儒家的王道思想就是仁政,就是行仁。为此,江苏省委党校杨明先生认为,儒家传统政治文化是典型的"伦理政治型"或"政治伦理型"文化。儒家传统政治伦理文化坚持政治与道德同一性原则,紧紧围绕德主刑辅的价值立场进行政治秩序的设计和规划，确立德治传统的合法性。就实践模式而言，儒家遵循以"修身"为核心的"差序格局"推行模式，即"正心←诚意←致知←格物←修身→齐家→约乡→治国→平天下"的实践序位。当前，有必要对儒家传统政治伦理文化进行现代性重塑，即在面向当代中国道德建设实践的现实社会生活中实现对中国传统伦理道德的理性扬弃。

儒家的政治治理方式源于家国同构，如中国人民大学彭永捷先生所言，儒家政治哲学的特质是以仁义及建立其上的民本、仁政、王道等思想为核心，求索建立家庭秩序和社会秩序的最佳方式。儒家当代政治哲学应当秉承儒家的核心义理，探索在当代社会实现仁义之道的方式，这就是儒家政治哲学的历史使命。

在政治、德治、法治以及德政关系层面，中国农村杂志社总编辑冀名峰先生认为，孔子主张德治与法治并重。而德国杜伊斯堡·埃森大学杜仑先生认为，"德政"和"礼治"是先秦儒家的治国思想。"德政"而非"德治"。"礼治"相当于今天的"法治"。"德政"和"礼治"相辅相成。辽宁孔子学会王恩来先生认为，孔子所言"刑"并不完全等同于今天的"法"，而且以严酷和针对平民为主要特征；孔子虽将道德和礼制视为治本之策，但并没有否定政令与刑罚的作用；"礼"在中国古代具有习惯法的性质，有一定的外在强制作用。

六、儒学的当代复兴与意义

儒学的当代复兴存在着必然性。山西大学刘毓庆先生认为，一是以儒学为主体的中华文化代表着人类文化的主脉；二是以儒学为主体的中华文化代表着超越于西方"科学智慧"的"仁学智慧"，其视天人为一体，万物同一本，有利于解决当下人类因利益竞争而出现的集体性自杀难题；三是物极必反，使以儒学为代表的人类积累了数千年才得以形成的文明成果，在人类普遍道德缺失、智慧缺失的呼唤中必然再度复兴。

北京师范大学周桂钿教授指出，实现中华民族的中国梦，需要发展文化教育，而儒学特长就是文化教育，就是治国平天下，现在复兴中华文化，重点就是复兴儒学。复兴中华文化有三个步骤：领导干部带头；教育领域先行；普及大众、移风易俗。香港孔教学院院长汤恩佳博士也强调，欲复兴中华民族，必先复兴中华文化；欲复兴中华文化，必先复兴儒家文化。为此，一是运用儒学建设当代道德文化；二是运用孔教建设当代宗教文化；三是运用儒学建设当代价值体系；四是运用儒学建设当代政治文化；五是中华文明与西方文明展开对话。

清华大学彭林先生认为，礼乐是中国传统文化之心。礼乐的人文内涵是培养人的博爱之心，表达对他人的敬爱之心。礼乐文明于今具有重要意义：有利于和谐社会建设；有利于人心和谐；有利于改变社会无序状态；有利于树立中华民族形象。

至于儒学复兴的方式，山西社会主义学院李祥熙先生认为，这在很大程度上取决于儒学自身在大众化、通俗化、简约化、生活化、普适化等世俗面上有多大改变和创新。从某种意义上说，世俗化就是儒学与社会大众密切结合，并内化为社会民众的思维方式、生活方式，成为某种文化自觉。这才是当代儒学发展的正确方向。

原文载于《衡水学院学报》2014年第6期。

白立强（1970-），男，河北武邑人，衡水学院国学研究所副教授，法学博士。

士人的使命与儒家和谐思想的传承

张利明

士、士人是中国古代社会的特殊群体，他们中的优秀分子以坚守、维护传统社会的基本价值、基本准则为己任。是一批具有强烈责任感和使命感的堪做民族脊梁的人，中国古代士人的使命感和责任感不仅对他们所处的时代产生重大影响，这种影响对近代以来的新型知识分子的影响也十分深远。

一

儒家的思想对中华民族核心价值思想、核心民族精神、核心道德情操的培养起着巨大作用。有学者认为，儒家思想的实质是以治平为本，以仁为核，以和为贵。儒家的文化传统是中华民族精神的源头活水之一，是礼乐文明的重要依据，价值观念的是非标准，伦理道德的规范所依，是中华民族基本精神价值的构成[1]。儒家认为弘扬治平之道的根本在人，特别是用儒家思想塑造的、具有使命感和责任感、懂得所肩负重任的士人。

曾子曰：士不可以不弘毅，任重而道远，仁以为己任，不亦重乎？死而后已，不亦远乎？（《论语·泰伯》）

直到今天，仍有不少知识分子对儒家这种自策、自警、自勉表示高度认同。士人的"任重而道远"不仅仅是维护、弘扬社会的基本价值和基本准则，还有义务使这些仁德普及于社会，这就是治国平天下的责任。

孟子曾说："如欲平治天下，当今之世，舍我其谁也？"（《孟子·公孙丑下》）这种冲天豪气透露出胸怀天下的高度责任感。孟子所言："居天下之广居，立天下之正位，行天下之大道；得志，与民由之；不得志，独行其道。富贵不能淫，贫贱不能移，威武不能屈，此之谓大丈夫。"（《孟子·滕文公下》）孟子的大丈夫具有无所畏惧的人格气势，"善养浩然之气"，这种气"至大至刚"、"直养而无害"、"塞于天地之间"，是因道德情操而表现出的精神气质，是凛然正气。"富贵不淫，贫贱不移，威武不屈"，这种人格仪容风度大义凛然，威风凛凛，弘大刚强，叱咤风云。不同于孔子所推崇的文质彬彬、气象平和、庄严肃穆、谨守礼节的君子。虽然"大丈夫"与"君子"人格气质不同，但其使命却无二致。

荀子对"士"进行了划分，从政的为"仕士"、在野的为"处士"，他认为"仕士"应是"厚敦者也，合群者也，乐富贵者也，乐分施者也，远罪过者也，务事理者也，羞独富者也"（《荀子·非十二子》）。而"处士"则是"德盛者也，能静者也，修正者也，知命者也，箸是者也"（《荀子·非十二子》）。先秦儒家对士在才干、能力和道德上都有要求，在这些因素中首重道德。

孔子曾说："德之不修，学之不讲，闻义不能徙，不善不能改，是吾忧也。"（《论语·述而》）士必须恪守的道德是仁义、忠信、孝悌、友爱、宽厚、守礼、知耻等。儒家所重视的修德，其目的就是使士人成为道德完善的人，成为具有健全人格的人。《中庸》说：
"博学之，审问之，慎思之，明辨之，笃行之。"强调人生的修养在
"博学"、"审问"、"慎思"、"明辨"、"笃行"过程中实现，人们只
要按照儒家提出的仁义礼智努力修身践行，就可以成就高尚的道
德。《大学》讲：古之欲明明德于天下者必先治其国，欲治其国者
必先齐其家，欲先齐其家者必先修其身，欲修其身者必先正其身，
欲正其身者必先诚其意，欲诚其意者必先致其知。致知在格物，物
格而后知至，知至而后意诚，意诚而后心正，心正而后身修，身修
而后家齐，家齐而后国治，国治而后天下平。自天子以至于庶人，
一是皆以修身为本，其本乱而末治者，否矣；其所厚者薄，而其所
薄者厚，未之有也。修齐治平的次序是欲治国平天下当从修身敬德
做起，士人担当修齐治平使命的起点也在修身敬德。

在勇于承担责任的担当精神之时，士人只有具有高尚的品质，
才能承担自己的使命；只有具有高尚的品质，才能获得社会的信任
和支持，从而产生实实在在的社会影响。

二

自先秦儒家始，中国士人始终以守道、行道、卫道、弘道为己
任，在漫长的历史发展中，这种意识对中国社会的民族精神和民族
性格产生了巨大而深远的影响。

《中庸》记载"仲尼祖述尧舜，宪章文武"。孔子遵循尧舜之
道，效法文武之制，传承上至尧舜下到文武周公的文化，孔子思想
的出发点是恢复周代所确立的礼仪法度，使社会各阶层按礼行事，
以达到社会的和谐稳定。先秦儒家以文、行、忠、信这"四教"为
内容传承后世弟子。文教主要是传授诗、书、礼、乐等各种专门知

识；行教主要是传授各种修身的知识；忠教乃君子必备之品格教育，即"言思忠"（《论语·季氏》），"与人忠"（《论语·子路》）；信教主要是诚信不欺之品格教育。可见，孔子的"四教"都具有道德教育的性质，这个品格教育在民族性格和民族心理形成上有巨大影响。孔子编纂《诗》、《书》、《礼》、《乐》、《春秋》、《易》，除《乐经》亡佚外，皆成为中国传统社会的基本教科书，士人世代诵读。孔子整理六经，述而不作，对中国文化的传承做出了巨大贡献，孔门诸多弟子以及其后的孟子、荀子等大儒对于上古文化和孔子思想的整理、阐释、传播均有重大贡献，儒家以文化传承为责任的传统被后世士人所继承发扬，从孔孟至韩愈、柳宗元到周敦颐、二程、朱熹都以儒家道统为己任，正是儒家的道统说，才使古代士人有了认同意识、正统意识和弘道意识，也是中华文化延续发展了几千年，成为世界上从古至今唯一未曾中断的文化的重要因素之一。

孔子曰"使民如承大祭"（《论语·颜渊》），主张恤民和利民，他曾说"养民以惠，使民以义"和"博施于民而济众"（《论语·宪问》），这些"民为邦本"的理念在后世士人都得到继承，后世士人主张轻徭薄赋，使民以时，爱惜民力，让民众"乐岁终身饱，凶年免于死亡"（《孟子·梁惠王上》），但封建帝制决定了统治阶层与广大民众的矛盾，为维护道义，坚守民本而为民请命成为优秀士人的一项重大任务。为解决社会现实矛盾，古代士人或慷慨陈词，或陈说利害，或猛烈抨击，以引起统治者关注，引起社会反响。如整顿吏治、打击贪腐、铁面无私的包拯；如匡正时弊、忧国忧民、犯颜直谏，直接向嘉靖奏疏《直言天下第一事疏》的海瑞。儒家重视文功武治，儒家"伸其义战"、"仁者无敌"的军事思想对维护国家安定也有重大意义，在儒家思想熏陶下的儒将如先轸、周瑜、李靖、范仲淹、岳飞、王阳明等，他们的事迹名垂青史。这些士人对维护社会正义、助长社会正气、协调社会矛盾、保持社会稳定起到了重要作用，古代士人这种匡救时弊的使命感是古代社会屡屡摆脱社会危机的济世良药。

儒家认为，衡量一个国家政治好坏的一个重要标准，就是看这个国家的社会风气是否淳厚；反过来说，培养良好的社会风气也是实现政治目标的重要手段之一。孔子说："道之以政，齐之以刑，民免而无耻；道之以德，齐之以礼，有耻且格。"（《论语·为政》）如果民众的服从并不是出于其内心自愿，而是迫于外部的强制，这是治标，这样建立起来的秩序也是不稳固的，并没有从根本上解决政治问题，所以是不可取的；而以道德去教育、引导民众，就能在他们心中培养和树立正确的善恶是非观念，使他们耻于犯罪，自觉从善，只有这样做才能真正形成良好的社会风气与和谐的社会秩序，这才是治本。所以士人还担负"以教化人"的使命。

传统社会是以广大乡村为主体的农业社会，古代中国广大乡村是由于士绅维持，士绅是乡村权力结构的主体，乡学、社学则是普及文化、导民善俗、促民成德的场所，乡村士人倡导的"乡规民约"则是提升民德、维护社会稳定和谐的重要依据。还有士人制定的家训、家规等，如《颜氏家训》、《袁氏世范》、《治家格言》等不仅影响一家一族，对后世也有教化之德。先秦儒家重视的礼乐教化、以正风俗到宋元兴起的戏剧、小说、说唱艺术都有"醒世"、"觉世"、"警世"的功能和效果，也是士人教化民众的工作之一。

儒家认为身为士应该有远大的政治抱负，时刻不忘以个人所学服务百姓、回报社会。孔子说："士而怀居，不足以为士矣。"（《论语·宪问》）《论语》记载，子路问君子，子曰："修己以敬。"曰："如斯而已乎？"曰："修己以安人。"曰："如斯而已乎？"曰："修己以安百姓。修己以安百姓，尧舜其犹病诸！"（《论语·宪问》）当子路问"桓公杀公子纠，召忽死之，管仲不死"，是不是管仲不"仁"？孔子说："如其仁，如其仁。"（《论语·宪问》）对管仲的做法给予了高度肯定。齐桓公和公子纠都是齐襄公的弟弟，齐襄公无道，二人都逃离齐国。召忽和管仲侍奉公子纠逃到鲁国。齐襄公被杀，齐桓公回齐国继位后，兴兵伐鲁，逼迫鲁国杀了公子纠。召忽自杀，管仲则归附齐桓公当了宰相。子路问同样是公子纠属下，召忽自杀殉忠，管仲却投降了，是不是不仁呢？孔子回答说齐桓公多次主持诸侯会盟，称霸诸侯，匡正天下，百姓至今还受他的好处，都是管仲的功劳，这就是管仲的"仁"之所在。孔子认为与管仲的作为和历史贡献相比，召忽自杀只能算是小仁小义，寻常百姓所为。管仲造福天下苍生，才是大仁大义。我们记得在《论语·八佾》中孔子批评管仲不知礼，这里孔子又肯定其为仁，在个人名节与造福社会之间，足见孔子重视个人对社会的贡献、对百姓的造福。

今天，在社会大变革、大发展的时期，当代学人应当在民族复兴和中国特色社会主义现代化建设中发挥积极作用，成为战略思维的先锋，把中华民族所特有的"为天地立心，为生民立命，为往圣继绝学，为万世开太平"的"士"的精神发扬光大。

当代学人应梳理总结中国改革开放以来的学术、思想和理论成果，促进中西文化交流，为推动我国先进文化建设和中国特色社会主义建设，提供丰富的实践经验、珍贵的价值理念、有益的学术参考和创新的思想理论资源。当代学人应致力于人类文化的高端和前沿，放眼世界，具有全球胸怀和国际视野。经济全球化的背后是不同文化的冲撞和交融，是不同思想的激荡和扬弃，是不同文明的竞争与共存。从历史进化的角度看，交融、扬弃、共存是大趋势。一个民族、一个国家总是在坚持自我特质的同时,汲取其他民族、国家异质文化的养分。当代学人有责任采撷当今世界优秀文化成果,致力于中国特色社会主义和现代化建设,形成具有时代精神与中国气派的理论体系,为中华民族的复兴贡献自己的智慧与力量。

三

儒家文化对今天的经济生活、政治生活与伦理生活仍有深远的影响,以我们今天提倡的和谐社会为例。作为一个历史悠久的文明古国,儒家有着独具特色的文化传统,而和谐则是这一传统中最重要的命题与核心价值。这里选取几点来谈谈儒家"和谐"思想。

儒家认为,人在自然界中虽然超拔万物,"最为天下贵也"(《荀子·王制》),但是人与宇宙万物一样,是自然界的一个组成部分。人类要以仁爱之心,关爱同情自然界的一切生物。孟子曰:"亲亲而仁民,仁民而爱物。"(《孟子·尽心上》)张载云:"民吾其胞,物吾与也",提出人民是我的同胞,万物是我的朋友,人类要本着"以仁体物"的态度,"平物我,合内外",平等地看待一切生命。荀子说过"制天命而用之"(《荀子·天论》),主张发挥人的主观能动性,充分利用自然,改造自然,造福人类。但是自然界有其内在的运行法则,不以人的意志为转移,天地造化之功有其人力无法企及的精妙之处,所以人类的一切利用自然的行为都要顺天而动,尊重自然界的运行规律。儒家自然观彰显出儒家一贯的伦理道德关切、和谐共生的价值理念以及积极有为的人生进取态度,包含着丰富的生态哲学智慧,蕴含着无限的可资当代人利用的文化资源。

西周末年的史伯是第一个对和谐理论进行探讨的思想家。史伯说:"和实生物,同则不继。以他平他谓之和,故能丰长而物归之。"

(《国语·郑语》)不同事物相互配合而到达平衡,就叫作"和","和"才能产生新事物。这就是最早的"和而不同"的思想,后来被孔子继承,在《论语》里,他认为"君子和而不同,小人同而不和"。春秋末年齐国的晏婴用"相济"、"相成"的思想丰富了"和"的内涵。他说:"君所谓可,而有否焉,臣献其否,以成其可;君所谓否,而有可焉,臣献其可,以去其否。"(《左传》昭公二十年)君臣可否相济便是"和",使君臣保持"政平而不干"的和谐统一关系。孔子继承了这种重和去同的思想,主张"礼之用,和为贵"(《论语·学而》),但强调"君子和而不同"。《易传》提出的"天下百虑而一致,同归而殊途"也是重和去同思想的体现。

《易传》高度赞美并极力提倡和谐思想,说:"乾道变化,各正性命,保合太和,乃利贞。"这里明确提出了"太和"观念。这种思想后来被宋代的张载所继承,他在《正蒙·太和》说:"太和所谓道。"现在北京故宫"太和殿"的名称也许与此有关。儒家的《中庸》也讲"和",不过是与"中"联系在一起。《中庸》说:"喜怒哀乐未发谓之中,发而皆中节谓之和。中也者,天下之大本也;和也者,天下之达道也。致中和,天地位焉,万物育焉。"达到中和的状态,人类社会和自然万物就能各安其位、各得其所了。

儒家的"和谐"不仅讲自然的和谐,其实更注重人类社会的和谐。儒家倡导"礼之用,和为贵。先王之道,斯为美;小大由之。有所不行,知和而不和,不以礼节之,亦不可行也"(《论语·学而》)。和的作用就在于使人能从心理上得到平衡,使人精神上获得享受和愉悦,培育道德主体行为的和谐,人民没有争夺之心,则社会安定,政治平和。史伯说:"商契能和合五教,以保于百姓者也。""五教"就是父义、母慈、兄友、弟恭、子孝,他们之间和合才能使百姓和睦幸福。这是伦理道德层面讲和。孟子提出了"天时不如地利，地利不如人和"、"得道者多助，失道者寡助"（《孟子·公孙丑下》）的观点。只有把握儒家思想深层内涵，儒家文化传承的生命智慧和道德精神的源头活水便不断流淌出来。

儒家的礼乐文化，就是用来培养人的行为规范和道德意识。我国传统的成年礼、婚礼、相见礼等等，都蕴含着丰富的人文理念，让人在喜闻乐见的仪式中感受亲情、感觉责任。平时对师长、父母、老人行礼如仪等，都是要在潜移默化之中培养人们尊老敬长的意识和修养。

数千年前的儒家提出建立一个和谐美好的"大同世界"。这样描写道："大道之行也，天下为公。选贤与能，讲信修睦。故人不独亲其亲，不独子其子。使老有所终，壮有所用，幼有所长，矜寡孤独废疾者皆有所养，男有分，女有归。货恶其弃于地也，不必藏于己；力恶其不出于身也，不必为己。是故谋闭而不兴，盗窃乱贼而不作，故外户而不闭。是谓大同。"（《礼记·礼运》）郑玄注："大同"之同，"犹和也"。所以，大同世界也是大和世界，这种和美经济生存环境和人文生态环境，意味着道家的自爱、儒家的仁爱与墨家的兼爱，和爱是大同世界的底蕴。儒家设计的这种理想世界的蓝图，在当时虽然不可能实现，但这种构建和谐社会的理想，对我们的影响却是十分深远的。

儒家崇尚和平，反对不义战争。卫灵公请教孔子排兵布阵的事宜，孔子云："军旅之事，未之学也。"（《论语·卫灵公》）然而据《礼记·射义》和《史记·孔子世家》所载，孔子不仅有很高的军事技能，而且还具备相当的军事指挥知识，他的"军旅之事，未之学也"，所表明的只是一种对不义战争的不屑态度。孟子说："争地以战，杀人盈野；争城以战，杀人盈城。此所谓率土地而食人肉，罪不容于死。故善战者服上刑。"（《孟子·离娄上》）认为不义战争使百姓承受苦难、生灵涂炭,穷兵黩武之人应该服最重的刑罚。不仅孔孟,历史上的儒家反战言论史不绝书,班固指责"孙、吴、商、白之徒,皆身诛戮于前,而功灭于后",是他们"因势辅时,行为变诈"的"报应"(《汉书·刑法志》)。陈师道称孙吴之书是"盗术",要求朝廷"循大禹之事服下惠之言,而却兵家之书"(《后山集》十四《拟御试武举策》)。这些儒家学者反对不义战争,因战争所带来的危害而迁怒于兵家,此做法固然欠妥,但儒家对和平的向往和追求由此亦可见一斑。

费孝通先生曾大声疾呼中国人要有对中国文化的自觉、自信、自尊。不要一提中国文化就认为不如西方文化。应该看到,中西文化各有所长。中国文化强调"和为贵",是一个贵和的哲学,现在则越来越显示出它的现实性,甚至未来性。儒家文化中"国家兴亡、匹夫有责"的爱国精神,"与时俱进、自强不息"的进取精神,"安不忘危、存不忘亡"的忧患意识,"兼善天下"的力行意识和实践品格,这些优秀的文化传统通过创造性转化都可成为我们建设社会主义伟大事业的不竭源泉和精神支撑。只要我们保持对中国文化的自信,以开放的心态面对和吸收其他民族的优秀文化,始终不懈地走创新之路,我们所建设的和谐文化就一定会以中国特色、民族智慧,对人类社会的总体发展做出贡献。

参考文献:

[1] 罗安宪. 中国孔学史 [M]. 北京:人民出版社,2008:1.

原文载于《衡水学院学报》2014年第3期。

张利明(1980—),男,山东莘县人,吉林师范大学马克思主义中国化研究中心助理研究员,《社会科学战线》杂志社编辑。

董仲舒著作研究

董仲舒《春秋繁露》考辨

黄朴民

董仲舒是西汉著名的经学家和政治理论家,专治《公羊春秋》。汉景帝期间为《春秋》博士,"下帷讲诵",以课徒讲学为业。汉武帝时期,其著名的"天人三策",为汉代"大一统"帝国的统治指明了方向。对策之后,董仲舒先后出任江都、胶西地方诸侯国的国相,尝试将自己的政治理念,落实到地方的治理上。晚年的董仲舒致力于讲学著书,学生中著名者有褚大、吕步舒、殷忠等,后来大多数成为西汉王朝的一些重要管理人才。

在学术上,董仲舒最擅长《春秋》之学,为两汉最著名的公羊学家之一(另一位是东汉后期的何休),"故汉兴至于五世之间,唯董仲舒名为明于《春秋》,其传公羊氏也"(《史记·儒林列传》)。董仲舒的思想,对于两汉政治产生了重要的影响,并作用于后世儒学的发展与演变。我们研究董仲舒的思想,正确评说其地位与价值,就离不开对他的代表作《春秋繁露》的考辨。

一、《春秋繁露》传本的真伪问题

董仲舒的著述，除了传世的《春秋繁露》十七卷八十二篇（中有阙篇）之外，只有《汉书》本传所收录的著名"天人三策"以及《汉书·食货志》所载的《限民名田说》等等（后人曾依据上述的内容，编成《董胶西集》二卷）。这些是董仲舒学说的集中反映，也是我们在今天研究和评述董仲舒儒学思想的根本依据。"天人三策"与"限民名田议"的内容比较可靠，而对《春秋繁露》一书的重要性与真实性，历史上曾经有过一些争论。直到今天，学术界仍有人表示自己的怀疑观点，认为《汉书》中有关董仲舒的记载应该打上折扣，而《春秋繁露》则是一部"存在疑问的著作"，唯有《史记》才是研究董仲舒思想的可信史料[①]。笔者认为，要充分论证董仲舒儒学理论的内容与意义，首先要对《春秋繁露》一书作比较深入的考证，从各方面证实他确实是董仲舒思想的集萃，然后方可进一步讨论其他问题。

我们认为，《春秋繁露》的体例和内容虽然存在着经过后人整理的某些痕迹，但是总的说来，它的确是董仲舒本人的作品，是研究其学说的第一手材料。

第一，从其著录的情况来看，它的基本内容在汉代即已存世并流传，而正式冠以今天的书名，则最迟于初唐时就为公私目录书以及正史有关志典所著录了。考《汉书·艺文志》，其《六艺略·春秋类》著录"公羊董仲舒治狱十六篇"，又《诸子略·儒家类》著录"董仲舒百二十三篇"。这充分表明，在东汉中叶，《春秋繁露》

[①] 张志康：《董仲舒建立新儒学质疑》，《中国史研究》1991年第3期。

一书的名称虽尚未正式出现,但是董仲舒本人有著述传世,而且规模不小,却是不会有任何问题的。

《汉书》本传尚云:"仲舒所著,皆明经术之意,及上疏条教,凡百二十三篇。而说《春秋》事得失,《闻举》、《玉杯》、《蕃(繁)露》、《清明》、《竹林》之属,复数十篇,十余万言,皆传于后世。"这条记载,明白地告诉我们,《汉书·艺文志》所著录的"百二十三篇",原先与传《春秋》者无涉,传《春秋》者只有《闻举》、《玉杯》、《竹林》、《清明》等篇。而且据此可知董仲舒的著述在当时的数量比流传于今的要多得多,其著述在历史上是有严重散佚的。另外,更引人注意的是,在《汉书》本传中《竹林》、《玉杯》等与《蕃(繁)露》为并列关系,而在今传本《春秋繁露》之中,它们之间却成了从属关系,《玉杯》、《竹林》、《清明》均成为其书中的篇名。

但是到了《隋书·经籍志一》里,唐朝初年之学者就明确著录了:"《春秋繁露》十七卷,汉胶西相董仲舒撰",其卷数且与今所见《春秋繁露》的卷数相吻合。自此以降,历代正史《经籍志》或《艺文志》以及有关公私目录书均有著录,不曾更改。有人所宣称的《隋书·经籍志》"未见此书名"的说法,显然是治学空疏,未曾翻检复核《隋书》所致[①],是史实征引上的一则笑话,不足为据。

第二,我们对《春秋繁露》考证研究的结果,可以充分证明其书的真实可信,对它的种种怀疑不能成立。

由于《汉书·艺文志》的著录中没有《春秋繁露》数目,而《蕃露》、《玉杯》、《竹林》、《清明》在本传中皆系"说《春秋》事

---

① 张志康:《董仲舒建立新儒学质疑》,《中国史研究》1991年第3期。

得失"之书名,而今本则不然,因而使得一些人对其书的真伪问题产生了很大的疑虑:"故《崇文书目》颇疑之,而程大昌攻之尤力。"(《四库全书总目提要》卷二九)宋代《崇文书目》怀疑其书为后人所"取而附著":

  案其书尽八十二篇,义引宏博,非出近世,然其间篇第已舛,无以是正;又即用《玉杯》、《竹林》题篇,疑后人取而附著云。

宋代著名目录学家晁公武,在其著作《郡斋读书志》中,对《春秋繁露》一书的形成由来,则无可奈何地表示"皆未详"。

北宋大文豪欧阳修指出,传本《春秋繁露》一书问题很多:"今其书才四十篇,又总名《春秋繁露》者,失其真也。""乃知董生之书流散而不全矣。"(《六一先生〈春秋繁露〉书后》)

程大昌《秘书省书〈繁露〉书后》更是进一步否定了其书传本的真实性。理由有以下几点:1."辞意浅薄"。"臣观其书,辞意浅薄,间掇董仲舒策语,杂置其中,辄不相伦比,臣固疑非董氏本书。"2. 与《汉书》本传所著录之书名不相符合:"《玉杯》、《蕃露》、《清明》、《竹林》各为之名,似非一书,今董□进本,通以《繁露》冠书,而《玉杯》、《清明》、《竹林》特各居其篇卷之一,愈益可疑。"3. 书中的内容颇有出入:"他日读《太平寰宇记》及杜佑《通典》,颇见所引《繁露》语言,顾今本皆无之。"程大昌本人最后得出的结论是:"臣然后敢言今书之非真本也。"

另外有些人对于判断《春秋繁露》传本的真伪问题表示了无能为力。例如,北宋庆历年间的楼郁声称:"本传称《玉杯》、《蕃露》、《清明》、《竹林》之属,今其书十卷,又总名《繁露》,其是非请俟贤者辨之。"(《春秋繁露·序》)

但是也有不少人对程大昌等人的观点表示不敢苟同。如清代

《四库全书总目提要》的作者认为:"今观其文,虽未必全出仲舒,然中多根极要理之言,非后人所能依托也。"然而其所列举的理由,尚不免是大胆臆测,显得比较单薄和主观,缺乏必要的说服力。

不过,南宋的楼钥却有力地考实了《春秋繁露》的可信性,它的肯定性结论建立在认真分析、仔细比较、翔实征引、客观论证的基础上,发隐烛微,提玄钩要,具有很强的说服力。他于《〈春秋繁露〉跋》中写道:他开始也信从程大昌的意见,认为《春秋繁露》一书纯系后人摘抄依托而成,"遂以为非董氏本书,且以其名,谓必类小说家"。后来因为机缘凑合,见到胡仲方所刻的罗氏兰堂本,又访得一潘氏善本,遂改变了原先所持的看法。楼钥进而征引许多具体史料来论证《春秋繁露》"其为仲舒所著无疑":

> 余又据《说文解字》"王"字下引董仲舒曰:"古之造文者,三画而连其中谓之王。三者,天地人也;而参通之者,王也。"许叔重在后汉和帝时,今所引在《王道通三》第四十四篇中。其本传中对越三仁之问;朝廷有大议,使使者及廷尉张汤就其家问之;求雨,闭诸阳,纵诸阴,其止雨反是。"三策"中,言天之仁爱人君,天道之大者在阴阳,阳为德,阴为刑,故王者任德教而不任刑之类,今皆在其书中。则为仲舒所著无疑,且其文词亦非后世所能到也。

楼钥这种以参照"天人三策"等内容的途径,来论定《春秋繁露》传本系董仲舒著作真实可靠,应该说是比较客观科学的,值得我们信赖的。因为"天人三策"等资料没有疑问,真切反映了董仲舒的思想,假如《春秋繁露》的主要观点和文字与其相一致,那么其书的真实性程序,也就比较可信从了。更何况《春秋繁露》中涉及的董仲舒的生平活动,又同《汉书》本传所记载的完全吻合呢!

除了楼钥所指出的《春秋繁露》与《汉书》本传的记载相一致

外，两者间相同之处尚有很多。例如，《重政》篇云：

> 是以《春秋》变一谓之元，元，犹原也；其义以随天地始也……故元者为万物之本。

这在《汉书》本传的"对策"中是：

> 臣谨案《春秋》谓一元之意，一者，万物之所以从始也；元者，辞之所谓大也。谓一为元者，视大始而欲正本也。

又如两者都高度强调社会政治生活中教化的重要性与迫切性，把教化视为治国为政之要务。本传"对策一"有云：

> 是故南面而治天下，莫不以教化为大务……渐民以仁，摩民以谊，节民以礼。故其刑罚甚轻而禁不犯者，教化行而习俗美也。

《为人者天》则云：

> 圣人之道，不能独以威势成政，必有教化。故曰：先之以博爱，教以仁也。难得者，君子不贵，教以义也。虽天子必有尊也，教以孝也。必有先也，教以弟（悌）也。此威势之不足独恃，而教化之功不亦大乎！

关于"更化""改制"问题，两者之间也没有什么区别。《楚庄王》篇有云：

> 今所谓新王必改制者，非改其道，非变其礼，受命于天，易姓更王，非继前王而王也……故必徙居处，更称号，改正朔，易服色者，无他焉，不敢不顺天志而明自显也。若夫大纲、人伦、道理、政治、教化、习俗、文义尽如故，亦何改哉！故王者有改制之名，无易道之实。

《汉书》本传中的"对策三"对此则说得更为简洁明了，揭示了董仲舒有关政治与道德上的纲常伦理问题"天不变，道亦不变"的本质主张：

改正朔,易服色,以顺天命而已,其余尽循尧道,何更为哉!故王者有改制之名,亡变道之实……道之大原出于天,天不变,道亦不变。

在鼓吹灾异谴告说方面,《春秋繁露》与"对策"更无不同。《必仁且智》篇云:

凡灾异之本,尽生于国家之失。国家之失,乃始萌芽,而天出灾害以谴告之。谴告之而不知变,乃见怪异以惊骇之。惊骇之尚不知畏恐,其殃咎乃至。

在"对策一"中,董仲舒也把灾异现象的发生同国家政治的得失直接联系起来,认为这是上天警恶劝善的重要象征与通常途径。他说:

国家将有失道之败,而天乃先出灾害以谴告之;不知自省,又出怪异以警惧之;尚不知变,而伤败乃至。

在重要的"义利"观问题上,两者亦基本一致,重义而轻利。《对胶西王越大夫不得为仁》篇云:

仁人者,正其道不谋其利,修其理不急其功,致无为,而习俗大化。

按,《汉书》本传则作:

夫仁人者,正其谊不谋其利,明其道不计其功。

值得引起注意的是,"致无为而习俗大化"这一句,在本传中被摈弃掉了。其原因很可能是董仲舒所处的时代接近汉初,当时黄老之学在社会上还拥有一定的势力,像著名的黄老之术信奉者汲黯,就与董仲舒是同时代之人。故其在著书的过程中不免偶尔透露出受新道家思想影响的痕迹,留下了"致无为"这样一类文字。而到了东汉班固撰著《汉书》时,儒学早已受到"独尊",新道家的影响已近乎销声匿迹,为了突出董仲舒一代"醇儒"的形象,故有意将"致无为"这一类的文字删去。这恰好反映了《春秋繁露》的确代表董仲舒的思想,班固《汉书》本传所载来源于董仲舒自己的著述。

又,在《汉书》本传中,"修其理不急其功"一句,被改动为"明其道不计其功"。"急"与"计"虽然只有一字之差,但语意上却起了很大的变化。所谓不"急"者,仅仅表明董仲舒主张在对"功利"的追求上,不要太操之过急,不要见利忘义,而并非从根本上拒言"功利"、否定"功利"。而所谓不"计"者,则是意味着将"功利"彻底置之度外,绝口不言。这实在太绝对化了,极端偏颇无以复之。从当时的政治形势来看,董仲舒对汉武帝所推行的那一套做法基本是持肯定和赞成态度的。汉武帝过分热衷于"功利",董仲舒只会奉劝其不要太急于求成,而要有所节制,让"利"服从于"义"而已;不可能从根本上反对汉武帝积极有为、追求功利。否则董仲舒的儒学思想就显得太古板、太迂腐,也不会被武帝所接受、所尊崇了。

再参照《春秋繁露》中其他谈到"义利"问题的文字,也可知董仲舒的本意应该是不"急",而不是什么不"计"。如《身之养重于义》篇云:"天之生人也,使之生义与利。利以养其体,义以养其心。心不得义不能乐,体不得利不能安。义者,心之养也;利者,体之养也。体莫贵于心,故养莫重于义,义之养生人大于利矣。"由此可见,董仲舒本人也认为"利"可以"养体","体不得利不能安",并没有完全排斥"利"。而只是主张不要颠倒了"义"与"利"的主次从属关系,让"利"服从于"义"而已。基于这一认识,董仲舒提倡不要过分热衷于对"利"的追求。这正是董仲舒"义利"观的全面体现。班固对董氏原意虽然稍有歪曲,但无论在句式方面还是用意上,都显然是对董仲舒原作的沿袭,这恰好从一个侧面证实了《春秋繁露》一书的真实性,也透露出其书在本质上是董仲舒思想的真实反映,是汉代儒学的最重要文献之一,对它的怀疑是不能成立的。

当然,《春秋繁露》与《汉书》本传所反映的董仲舒思想、言论的一致或基本相似处,还远远不止于楼钥和笔者以上所列举的那一些。《春秋繁露》中所论及的诸如"制乐"、"王者配天"、"爱有等差"、"举贤"、"君权神授"、"事物循环"等一类内容,无一不能在《汉书》本传中寻找到相互对应的文字。而《五行相生》篇中以"五行"配"仁、义、礼、智、信",与"对策一"所云"仁谊礼知信,五常之道"的对应,亦复如斯。凡此等等,不一而足,限于篇幅与体例,兹不一一罗列分析。但是,就凭以上征引的楼钥所言与笔者所分析的情况而言,已足以证明《春秋繁露》一书绝非后人依托,而当为董仲舒本人之著述,是董仲舒儒学思想的集中体现。它应该被视作为和《汉书》本传一样,是我们在今天了解和研究董仲舒儒学思想的最基本材料之一。对它的种种怀疑和否定,乃是缺乏依据的。

二、《春秋繁露》的体例和内容分类

以上笔者论证了《春秋繁露》一书作为史料的可靠性,肯定它是董仲舒儒学思想的主要载体和集萃。然而,这并不意味着我们对该书的零乱、冗繁、混杂、自相矛盾等问题和缺陷的视而不见。笔者认为《春秋繁露》就全书的体例与内容来说,是很不纯醇的,在它身上的确有经过后人整理、补充的一些痕迹。

产生这种现象的重要原因,主要是"公羊学"在汉代以后很长一段时间里都悄声匿迹,几成绝学。《隋书·经籍志》云:

> 晋时……谷梁范宁注，公羊何休注，左氏服虔、杜预注，俱立国学。然公羊、穀梁，但试读文，而不能通其义，后学三传通讲，而左氏唯传服义。至隋，杜氏盛行，服义及公羊、穀梁浸微，今殆无师说。

梁启超也指出：今文学之中心在《公羊学》，而《公羊传》家之言，真所谓"其中多非常异义可怪之论"；"自魏晋以还，莫敢道焉"，魏晋之后，已经成为绝学，"《公羊传》之成为绝学，垂二千年矣"（《清代学术概论》二十二节）。董仲舒是以传《公羊传》而著名的，在这种情况之下，他的著作未能得到应有的重视也便十分自然了。《四库全书》的编纂者曾对《春秋繁露》作过一番认真的整理，《四库全书总目提要》作者对此有以下扼要的记载：

> 是书宋代已有四本，多寡不同。至楼钥所校，乃为定本。钥本原阙三篇，明人重刻，又阙第五十五篇及第五十六篇首三百九十六字，第七十五篇中一百七十九字，第四十八篇颠倒一页，遂不可读。其余讹脱不可胜举。盖海内藏书之家，不见完本三四百年于兹矣。今以《永乐大典》所存楼钥本详为勘订。凡补一千一百二十一字，删一百二十一字，改定一千八百二十九字。神明焕然，顿还旧籍，虽曰习见之书，实则绝无仅有之本也。

介绍得头绪清晰，甚为细详，然而也自负得可以。不过人们在肯定其成绩的同时，还是认为该书问题颇多，阅读困难。清代公羊学家凌曙《春秋繁露注·自序》云："今其书流传既久，鱼鲁杂糅，篇第剥落，致卒读。"为此，他也用力做了一番整理订正工作：

> 遂乃购求善本，重加厘正，又复采列代之旧闻，集先儒之成说，为之注释。及隋、唐以后诸书之引《繁露》者，莫不考其异同，校其详略。

凌曙的本子，算是比较好的，面世后颇为流传，但是问题仍然很多，其中颠倒、讹脱、衍夺，以及释义不当之处时可发现。清代其他著名学者，如惠栋、纪昀、卢文弨等人对《春秋繁露》也作过校注。晚清之时，苏舆撰有《春秋繁露义证》，其书广征博引，考证详审，阐发义理，实为《春秋繁露》最有价值的本子。今有中华书局"新编诸子集成"本。此外尚有谭献的《董子定本》（浙江图书馆藏手抄本）、张宗祥的《董子改编》（杭州图书馆藏手抄本），也具有一定的文献与学术价值。

后人整理、排比的结果之一，便是使得《春秋繁露》不复再为一部专门阐发《春秋》公羊学的典籍，而是成为了一部既传《春秋》，又是董仲舒他本人自由阐述与发挥自己学说的重要著作了。从这个意义上说，其书之体例殊为不纯。《四库全书总目提要》的作者在这方面倒是颇具有真知灼见的，他将《春秋繁露》从历来的经解类中剔除出来，而置于《春秋》类附录之中。他这样做的主要理由是："案《春秋繁露》，虽颇本《春秋》以立论，而无关经义者多，实《尚书大传》、《诗外传》之类。向来列之经解中，非其实也，今亦置之于附录。"

今详考《春秋繁露》一书，可知其在体例结构上至少由三大部分组成。第一部分，是董仲舒据"公羊学"义理对《春秋》所作的解释与阐发，这就是那些"本《春秋》立论"者。这在全书中，基本上集中于前半部分。其中又可以分为两类：一类是对《春秋》所载之史实的具体解释、阐发，这方面主要的篇目有《楚庄王》、《玉杯》、《竹林》、《玉英》、《精华》、《王道》、《灭国》、《随本消息》、《会盟要》、《奉本》、《观德》、《郊义》、《郊祭》、《顺命》等。另一类是对《春秋》主旨的抉微与总结，扼要论述《春秋》之微言大义对现实社会政治生活的指导意义。如果说，前一类篇章近似于对

《春秋》一书的微观研究，那么这一类内容则可以视作为对《春秋》一书的宏观把握。这类篇章主要有《正贯》、《十指》、《重政》、《俞序》、《二端》、《符瑞》、《仁义法》等。

第二部分，记载了董仲舒的一些言行，通过这些言行，董仲舒的基本思想同样得到了比较充分的反映。同时，这些言行大多能在《史记·儒林列传》和《汉书》本传中得以证实。笔者认为，这部分内容可能是其门生或后人所为，透露出其书经由后人编辑整理的曲折消息。其主要篇目有：《郊事对》、《对胶西王（按，应为江都易王）越大夫不得为仁》、《五行对》（对河西献王）、《止雨》（告内史中尉）、《尧舜不擅移，汤武不专杀》（此篇似是其在讲学时回答弟子的质疑之辞）等。

第三部分，是董仲舒在坚持儒家基本原则的前提下，以"公羊学"义理为取舍标准，汲取阴阳家、墨家、道家（包括秦汉之际的黄老新道家）、法家、名家等学派中某些因素，结合当时社会政治生活的需要而创立的新说。这部分在《春秋繁露》中所占的比重最大，为全书的主体构成部分。其主要的篇目有：《循天之道》、《实性》、《深察名号》、《五行相生》、《五行相胜》、《天辨在人》、《祭义》、《阴阳终始》、《阴阳义》、《王道通三》、《阳尊阴卑》、《为人者天》、《天容》、《五行五事》、《五行变救》、《基义》、《威德所生》等，此处不再全部列举。在这些篇章中，董仲舒暂时摆脱了由于局囿于解释《春秋》而造成的掣肘，尽情地发挥自己的思想，构造自己庞大复杂的理论体系。

由此可见，《春秋繁露》一书在体例与结构上是相当杂糅的，三大部分互不统属，没有严谨的内在逻辑联系。为什么会造成这种情况呢？笔者认为这或许是《春秋繁露》的编纂整理者，将《汉书》本传所提到的董仲舒那两大类著述中的各一部分合并在一起了。一类著述是"皆明经术之意,及上疏条教,凡百二十三篇",这大概是今本《春秋繁露》中我们所说的第二、第三部分。另一类便是本传所称说的"说《春秋》事得失,《闻举》、《玉杯》、《蕃(繁)露》、《清明》、《竹林》之属,复数十篇,十余万言"。这大概是今本《春秋繁露》中的第一部分,即专论《春秋》的那一部分。从而我们也可以断言,前人那些解释《春秋繁露》书名的说法,纯属臆说,不可信从。例如《周礼》贾公彦云:"前汉董仲舒作《春秋繁露》。繁,多。露,润。为《春秋》作义,润益处多。"又《中兴馆阁书目》曰:"谓繁露,冕之所垂,有连贯之象。《春秋》比事属辞,仲舒立名,或取诸此。"很显然,当属于是郢书燕说,向隅虚构。因为《春秋繁露》一书,并非纯粹本宗《春秋》以立论。

由于其书体例的芜杂、结构的混乱,其内容的正确性也因而受到了损害。在这里笔者仅举一个例子。《五行相生》篇言:"南方者,火也,本朝。"又《五行顺逆》篇云:"火者,夏,成长,本朝也。"此处所言"本朝"当然是指"刘汉"。其实,在汉武帝前期,所信奉的仍是"汉为土德"说,与文、景时期相同。言汉为"火德"的,主要还是在西汉晚期,顾颉刚先生《五德终始说下的政治和历史》一文(载《古史辨》第五册,有上海古籍出版社新版本)对此论述甚详,笔者在《两汉五德终始说诸种及其实质》一文中亦有讨论(载《历史教学》1989年第4期),兹不赘述。所以,董仲舒在当时是不可能明确宣称"火也,本朝"的。显而易见,"火也,本朝"之类的言辞,当系后人的羼入。书中类似这样的问题,当然还有许多,这里就不再具体罗列和辨析了。

以上笔者对《春秋繁露》一书的真伪、体例、结构、分类等问题,做了一些必要的考索和探讨。尽管其书存在着这样或那样的一些问题,但是总的来说,它反映着董仲舒儒学理论的基本面貌,则是没有任何问题的。今天我们要开展以董仲舒为主要代表的汉代儒学思潮的研究，它实在是一部价值珍贵、不可或缺的基本典籍。

原文载于《衡水学院学报》2014年第6期。

黄朴民（1958－），男，浙江绍兴人，中国人民大学国学院教授，博士生导师。

关于《春秋繁露》的伪书说

(日本)斋木哲郎

胡亦名　译　　(日本)邓红　校

古今以来,对《春秋繁露》一书的来历和真伪一直有争议,受到如此质疑的书物可谓绝无仅有。对其书名、篇章、阴阳五行说方面的怀疑明显降低了《春秋繁露》一书的可信度,乃至现今的《春秋繁露》研究,一开始都必须涉及这些伪书说,但却都没有从根本上解决这个问题。如果不对这个伪书说作任何反驳的话,这个伪书说似乎就是有说服力的,那么迄今为止的《春秋繁露》研究成果,好像就要被修正、被回收似的。所以,本文专门考察这些伪书说的来源,质疑在其学说上的可能性,重新确认作为董仲舒著作的《春秋繁露》的资料性价值。

一、《春秋繁露》的历史

众所周知,作为董仲舒的著述在《汉书·艺文志》能见到《公羊董仲舒治狱》十六篇和《董仲舒百二十三篇》这两种。关于前者，宋代王应麟说"仲舒《春秋决狱》，其书今不传"①，可以认为它在宋之前已经失传。而关于后者，并没有记载这一百二十多篇的具体内容，但在数量上符合《汉书·董仲舒传》所说的"仲舒所著，皆明经术之意，及上疏条教，凡一百二十三篇"。《汉书·董仲舒传》又说："说《春秋》事得失，《闻举》、《玉杯》、《蕃露》、《清明》、《竹林》之属数十篇，十余万言，皆传于后世"，认为除"明经术之意"的和"上疏条教"的一百二十三篇以外，尚有"说《春秋》事得失"的《闻举》、《竹林》等数十篇十余万言存在，其中《竹林》为现行《春秋繁露》的一篇，根据上述说法，可以认为"说《春秋》事得失"的数十篇十余万言和"明经术之意"的"凡一百二十三篇"被拼合成一本书，成为现在所流传下来的《春秋繁露》的原型。

《春秋繁露》的书名最先记载于书目的，是《隋书·经籍志》（沿袭梁代阮孝绪《七录》）中记载的"《春秋繁露》十七卷，董仲舒撰"。这说明董仲舒的著作早在班固之后不久就被编辑为《春秋繁露》了。与此相关，不能不提到的是，这本书为什么使用"繁露"一词。至今为止的说法是，"繁露"之名早已作为董仲舒著作中的一篇文章，出现在《汉书·董仲舒传》中，所以将之用作书名是理所当然的了。为此，《四库全书总目》有：南宋"《中兴馆阁书目》谓繁露，冕之所垂，有联贯之象；《春秋》比事属辞，立名或取诸此。亦以意为说也"（卷二十七），表现春秋哲理是贯穿天地宇宙的根本原理的意思，程大昌认为"繁露也者，古冕之旒，似露而垂，是其所从假以名书也"（《书秘书省繁露书后》)②，说是描绘了春秋之义像雨露纷落大地浸润万物的景象。即使都是些望文生义的解释，但都可以说是从董仲舒创造、概括春秋之义的多样性中得到的适当说法，正因为有这样的判断，所以"繁露"这样的美名被选作为了董仲舒著述的书名（《西京杂记》卷二中说"董仲舒，梦蛟龙入怀，乃作春秋繁露词"，可见早在六朝时对他的著述就使用"繁露"一语来概括）。《旧唐书·经籍志》、《新唐书·艺文志》、北宋的《崇文总目》也有和《隋书·经籍志》同样的记载。

据赖炎元对其后《春秋繁露》的历史（《春秋繁露今注今译·自序》三页之后）所作概括③，作为木版本的书名始见于文献的，是宋仁宗庆历七年（1047）太原王氏的刻本（楼郁《春秋繁露序》），一个半世纪后有了罗氏的兰台本，胡榘加入了关于此书的考证，于南宋宁宗开禧三年（1207）在萍乡的县庠加以重刻，但其卷数仅有十卷三十七篇（楼钥《跋春秋繁露》）。三年后楼钥得到了潘景德的藏本，其中三篇欠缺，但一共由十七卷八十二篇组成，符合隋志以后的著录。楼钥将之作为底本，和以前得到的手抄本、京师的印本以及胡榘的刻本进行了相互对校，做成了定本，嘉定四年（1211），胡榘嘱托其兄胡槻将这个定本在江右的漕台印刻，从而广泛流传于世。《永乐大典》收藏的《春秋繁露》就是楼钥的这个定本。到了明代，出现了嘉靖蜀中本、程荣本、兰雪堂活字本、王道焜本等版本，清朝乾隆三十八年（1773），四库馆臣勘订《永乐大典》的楼钥本而加以刊行，世称聚珍版本。之后，卢文弨、陈桂林、段玉裁等十二人用聚珍版和明朝的嘉靖蜀中本、程荣本以及何允中本相互对校，将之做成抱经堂丛书的一册刊行，被称作现今最好的善本。

以上是《春秋繁露》流传到今天的概略，《春秋繁露》伪作说实际上首先在这样的过程中出现。指出这一点并至今仍有重大影响的，如《四库提要》所指出的那样，是宋代的程大昌。程大昌的具体论点载于《繁露书后》中：

　　右《繁露》十七卷，绍兴间董某所进。臣观其书，辞意浅薄……臣固疑非董氏本书。……今董某进本，通以《繁露》冠书，而《玉杯》、《清明》、《竹林》特各居其篇卷之一，愈益可疑。他日读《太平寰宇记》及杜佑《通典》，颇见所引《繁露》语言，顾今书皆无之。《寰宇记》曰："三皇驱车抵谷口。"《通典》曰："剑之在左，苍龙之象也……"此数语者，不独今书所无，且其体致全不相似，臣然后敢言今书之非本真也。

如上所见，文中看到的董某的进贡本《春秋繁露》没有标出年代，卷数也少，大概属于太原王氏刻本系统，这段记载中程大昌提出的《春秋繁露》伪书说的依据，最值得注意的是他认定《太平寰宇记》、《通典》所引用的"繁露"的话在董某的进贡本《春秋繁露》中看不到。但是关于这一点，楼钥在《跋春秋繁露》中这样写道：

后见尚书程公《跋》语，亦以篇名为疑。又以《通典》、《太平御览》、《太平寰宇记》所引《繁露》之言，今书皆无之，遂以为非董本书。……开禧三年，今编修胡君仲方榘宰萍乡，得罗氏兰台本，刊之县庠，考证颇备。先程公所引三书之言，皆在书中，则知程公所见者未广，遂谓为小说者，非也。①

如果是这样的话，程氏的疑义就已经消除了，之所以说它"辞意浅薄"，是仅就宋代人的感触而言的。更重要的是，黄震在现行本《春秋繁露·服制象》篇里找到了程大昌所说的当时书里没有的"三皇驱车"等文字，却又发出了别的疑问：

愚按，今书惟对胶西王越大夫之问，辞约义精，而具在本传。余多烦猥，至于理不驯者有之。如云"宋襄公由其道而败，春秋贵之"，襄公岂由其道者耶。……如以"王正月"之王为文王，恐春秋无此意。……于理皆未见其有当。⑤（《黄氏日抄》卷五六）

然而，这首先是把董仲舒的儒者形象放在理想的高度，再以此来权衡《春秋繁露》的内容而得出疑问，如徐复观指出的（《两汉思想史》卷二，第313页）那样⑥，应被叫作最"荒谬不伦"的观点吧。因为董仲舒所修的《春秋》是公羊学，黄震认为不可能受到尊重的宋襄公，在《公羊传》僖公二十二年中被认为是"偏战者日尔，此其言朔何？《春秋》辞繁而不杀者，正也。何正尔……故君子大其不鼓不成列。……以为虽文王之战，亦不过此也"，受到了称赞。在黄震看来，把"元年，春，王正月"的王变成文王，在春秋经里是没有依据的，然而在《公羊传》隐公元年里却记载为"元年者何？君之始年也。……王者孰谓？谓文王也"。如果看来，黄震抱有的疑虑，反而提高了董仲舒《春秋繁露》的可信度（见徐氏该书，同解）。

二、对于《春秋繁露》的书名和阴阳五行说的疑义

再从《春秋繁露》的内容方面对伪书说加以探讨。对《春秋繁露》在内容方面所抱有的疑问，粗略地说来源于对这本书的书名和五行阴阳说等方面。首先，对书名的疑问是因为：

其最可疑者，本传载所著书百余篇，《清明》、《竹林》、《繁露》、《玉杯》之属，今总名曰《繁露》，而《玉杯》、《竹林》则皆其篇名，此决非其本真。（《直斋书录解题》卷三）

由上可见，原本是作为一篇文章篇名的"繁露"，在其后如何变成书名，对这一过程阐述不清而产生出的疑问。明代的胡应麟对此有极其详细的叙述：

余读汉艺文志，儒家有仲舒百二十三篇，而东汉志不可考。隋志西京诸子凡贾谊、桓宽、扬雄、刘向篇帙往往具存，

独仲舒一百二十三篇略不著录，而春秋类特出繁露一十七篇。今读其书，为春秋发者仅仅十之四五，自余王道、天道、天容、天辩等章，率泛论性术治体，至其它阴阳五行沴胜生克之谭尤众，皆与春秋大不相蒙。盖不持繁露冠篇为可疑，并所命春秋之名亦匪实录也。余意，此八十二篇之文即汉志儒家一百二十三篇者。仲舒之学究极天人，且好明灾异，据诸篇见解，其为董居然，必东京而后，章次残缺，好事者因以《公羊治狱》十六篇合于此书，又妄取班所记繁露之名系之。而儒家之董子世遂无知者。后人既不察一百二十三篇之所以亡，又不深究八十二篇所从出，徒纷纷聚讼篇目间，故咸失之。当析其论春秋者，复其名曰董子可也。⑦（《少室山房笔丛》丙部"九流绪论"中）

根据胡氏所述，现行本《春秋繁露》八十二篇来自于汉志的"仲舒百二十三篇"，"说《春秋》事得失"的《闻举》、《玉杯》等数十篇不在其中。反言之，汉朝以后随着一百二十三篇逐渐残缺，好事者添加了《公羊治狱》二十三篇，并胡乱地加以了"繁露"之名来概括。与现行版《春秋繁露》不同的是，《春秋决狱》的辑佚有进展（《玉函山房辑佚书》、《汉魏遗书抄》、《九朝律考》），且两者之间没有任何类似性，所以这一点可以忽略。只是应该注意的是，不光"繁露"之名让我们产生疑念，"春秋"之名也不符合该书内容错综复杂的事实，甚至可以从《春秋繁露》一书中把与"春秋"无关的部分抽出来，单独称它为《董子》这一点。然董仲舒春秋学的特质，在于不是将春秋经义作为过去的遗训来墨守成规，而是去不断地追求和发现，不断地扩大化它的价值。董仲舒将之称为"指"，最终用十指掌控春秋大意。这是从产生变化的原因及其对应方法来阐述君权的强大、贤才的任用、文质、阴阳五行和自然的关系、灾异和天意等，这些十指是"统此而举之，仁往而义来，德泽广大，衍溢于四海，阴阳和调，万物靡不得其理矣。说春秋凡用是矣，此其法也。"（《春秋繁露·十指》）在这个层次上的春秋，已经从指向人伦秩序的支配性教典，转向到了更广泛的表现宇宙和自然样态的原理之书。绝非胡应麟考虑的只限于性数、治体那样的低层次的东西。胡氏所说的思想内容的庞杂性，正是知识的丰富性，体现了董仲舒拓展出的《春秋》价值的博大性。如果是这样的话，只有把《春秋繁露》的"春秋"以外的部分称之为"董子"才是恰当的，同样，《汉书·艺文志》"儒家"的一项中已经有了"董子"一书，那么回避这个名字就是理所当然的了。另外像金德建指出的（《伪书通考》春秋类所引）那样，《论衡·超奇篇》说"董仲舒著书不称子者，意殆自谓过诸子也"⑧，认为董仲舒的学术活动超越了诸子。既然东汉时已经对董仲舒的著述给予了这样的评价，那么这之后不久被归纳为一本书时，就不可能另起和《春秋繁露》不同的，叫《董子》的书名吧。

其次是阴阳五行说方面，从这方面主张《春秋繁露》伪书说的骁将是我们日本的庆松光雄氏和民国的戴君仁氏⑨。两者的学说上有共通的部分，他们都着眼于《汉书·董仲舒传》里的"贤良三策"和《春秋繁露》阴阳五行说的怪异。在庆松氏看来，研究董仲舒的资料价值，《汉书·董仲舒传》的"贤良三策"胜于《春秋繁露》，"贤良三策"里提到阴阳，但一次也没说到五行说，所以五行思想频频出现的现行本《春秋繁露》不可能是董仲舒的述作（《〈春秋繁露〉五行篇伪作考》，《金泽大学法文学部论集》，哲学史学编6）。戴君仁跟庆松一样，以完全相同的理由认为董仲舒所著的《春秋繁露》是伪书（《董仲舒不说五行考》，《中央图书馆馆刊（新）二—二》）。乍一看会以为是极其妥当的说法，但是其中却有重大的缺陷。关于这一点徐复观有过论述，即《汉书·董仲舒传》的"贤良三策"主要是用来说明"任德教而不任刑"，《春秋繁露》里说到刑和德的时候，同"贤良三策"一样，没有用阴阳说来阐发。所以"贤良三策"和《春秋繁露》之间是没有任何的矛盾的。且《盐铁论·论灾篇》提到"文学曰：始江都相董生推言阴阳，四时相继，父生之，子养之，母成之，子藏之"。这里文学引用的是《春秋繁露·五行对》篇的文章，如果董仲舒不讲五行的话，文学就不可能有这样的发言（见《两汉思想史》卷二，第314页），是讲得非常正确。

除此之外，田中麻纱巳氏把《春秋繁露》中讲五行说的"五行对"篇之后的九篇分为前四篇和后五篇，认为前四篇根据五行相胜、相生的两种说法来立论，由此它们和董仲舒有关联，而后五篇是既不属于相胜、也不属于相生，所以不是董仲舒的著述（《两汉思想的研究》，第二节后）⑩。对于田中氏提出的疑问，前面提到的徐复观氏也作过详细的说明。他对田中所说既非五行相生、也非相胜所以不是董仲舒之作的"五行顺逆篇"以后的五篇，做了如下说明："五行顺逆篇"把五行配入四季，把土当作夏中，如果这个顺序是木火土金水的话，那就是相生说。再下面的"治水五行篇"是以冬为标准（不是四个季节），根据天数，五行各自负责了七十二天，根据木→火→土→金→水的顺序来说明其特性，显然是相胜说。"治乱五行篇"讲如果不遵从五行相生、相胜的顺序的时候，就会有发生灾祸，从中看出它的根基是五行相胜、相生说。"五行变救篇"是源于政治的，并不拘泥于五行上的变化，但五行排列的顺序仍然是相生说的次序。最后的"五行五事"篇确实来源于《尚书·洪范》五行说，这个五事的部分完全和洪范的部分相同，但是五行的排列被改变成了木、金、火、水、土的相胜顺序，由此看来田中的《春秋繁露》伪书说在这个地方也失去了根据。

据上所述，由阴阳五行思想得出的《春秋繁露》伪书说的证明全部以失败告终。但是，我在展开五行思想的过程中，发现了一部分足以证明现行本《春秋繁露》有疑问的资料。《春秋繁露·阳尊阴卑》说："为人子者，视土之事火也。虽居中央，亦岁七十二日之王。"这是讲土德一年的配置的五行观，也即土德支配属于木德的孟春、仲春、季春九十日里的十八日，火德支配的孟夏、仲夏、季夏九十日里的十八日，金德支配的孟秋、仲秋、季秋里九十日的十八日，水德支配的孟冬、仲冬、季冬九十日里的十八日，合计七十二日，其他的木水金火之德也各自在春夏秋冬一个季的九十日中配置除去土德的十八日后的七十二日（根据苏舆《春秋繁露义证》）。这样的五行排列通常认为始于《白虎通·五行》的"土王四季，各十八日"。像《春秋繁露》所说的"水为冬，金为秋，土为季夏，火为夏，木为春"（《五行对》），土仅限于季夏的三十日。因此，从这个立场上来说的话，《春秋繁露·阳尊阴卑》篇就有掺杂了东汉的五行说的可能性。然而这样的说法也是以土配四时各十八日，合计为七十二日的思想始于东汉的定说为前提的，那就恐怕不是那么回事了。其实也可以说西汉以后的思考方法，大概都是董仲舒开始尝试的，他在形形色色的领域里留下了这样的考察的痕迹。譬如东汉何休的春秋学（三科九旨说）是在董仲舒的引导下发生的，就是一个很好的例子。还有五行说，把五行的各个德分配到七十二日的说法在《春秋繁露·治水五行》篇里也可以看到，结果也可说《白虎通·五行》篇那样的配置法也是滥觞于董仲舒的（或许董仲舒的七十二日说是从 360/5 得到的数值，还没达到《白虎通》那样的理解）。

结 语

通过以上论述，可见《春秋繁露》伪书说没有一点根据。尽管如此，由于董仲舒的著述是以何种形式被归纳为《春秋繁露》这一点还没有得到充分的说明，所以董仲舒的著书和现行版本之间还是存在着一些疑窦。但是，这同《春秋繁露》以外的各种书物，比如说《史记》当初被称作《太史公书》，《淮南子》当初被称作《淮南王书》（不过东汉时《吕氏春秋》高诱注上可见《淮南子》的书名）等相比，难道不是五十步和一百步那样的差异吗？还有就是如果把《春秋繁露》看作伪书有积极理由的话，那是想把将儒教升格为国教的董仲舒推崇为"醇儒"的意识，与《春秋繁露》的繁杂性和难解性之间产生了乖离，从而在感情的层面上给人们根植了伪书的意识。那是一种不欲推崇董仲舒在儒家发展史上的地位，只把他当作汉代的一个平庸思想家的做法，应该加以断然否定。即使如此还是有人要相信《春秋繁露》是伪书而不提出任何疑问的话，那么这个人在主张《春秋繁露》是伪书的同时，必须担负起明确阐明为什么一定要主张《春秋繁露》是伪书的理由，以及它经历了什么样的过程这样的责任来。

注释：（原文无注，因原文引用错误很多，译校者以注释的形式来修正。）

① "从王应麟的《汉书·艺文志考证》、《玉海》所收"，不确。应为《九朝律考》："考《汉志》有《公羊董仲舒治狱》十六篇，《七录》作《春秋断狱》五卷，《隋志》作《春秋决事比》，并十卷。是书宋初尚存，后不知佚于何时……应麟《困学纪闻》云，仲舒《春秋决狱》，其书今不传……"

②原文为《春秋繁露书后》，据苏舆《春秋繁露义证》改正之。

③原文仅有"《春秋繁露今注今译·自序》三页之后"的字样,据查赖氏的《春秋繁露今注今译》为台湾商务印书馆 1984 年版。

④原文中的这段引文有几处错误,据苏舆书改之。

⑤原文中的这段引文有几处错误,据苏舆书改之。但"于理皆未见其有当"一句为另一段话后面的评语,与"王正月"无关。

⑥台湾学生书局 1972 年版。以下同。

⑦这一段引文错误很多,连书名《少室山房笔丛》也变成了《小室山房笔丛》。现根据《少室山房笔丛》丙部"九流绪论"中改正之。

⑧原文如此,应为《论衡·案书篇》。

⑨庆松论文发表于 1959 年,戴文发表于 1968 年。

⑩原载《集刊东洋学》二二号,题为《对〈春秋繁露〉五行诸篇的一个考察》,后收入《両漢思想の研究》(斋木误做《両漢思想史研究》),研文出版 1986 年版。

原文载于日本古典研究会编《汲古》第十七号,1990 年 6 月号。

斋木哲郎(1953—),男,日本鸣门教育大学学校教育学部教授。

胡亦名(1989—),男,上海人,日本北九州大学研究生院社会系统研究科语言文化专攻硕士一年级研究生。

邓　红(1958—),男,重庆人,日本北九州市立大学研究生院社会系统研究科教授,哲学博士。

关于《春秋繁露》五行诸篇的考察

(日本) 田中麻纱巳

秦祺 译 (日本) 邓红 校

一

关于董仲舒时代的五行思想，首先可以举出百年前的《吕氏春秋》十二纪的各首篇，其按照所谓相生顺序，将五行配当四季。但是在五行之外，还以方位、数量、颜色、味道、音律等配置于四季，可见五行只是被当作配置四季的要素之一。换言之，《吕氏春秋》十二纪的各首篇里，并没有形成有组织成体系的五行思想，但是包含了相生的顺序和方位、颜色等组合，包含了后来的构成五行思想的主要因素（《吕氏春秋》十二纪首篇是以时令说为基础的，所以在那里能看出五行的要素与时令说有着潜在的关系。所谓时令说，是指四个季节的自然影响是固定的，政治措施也必须与之相对）。其次，与《吕氏春秋》十二纪同时，也存在讲王朝之德的五德终始说①。这是相当明确的五行思想，以相胜说为基础。只是应注意的是，这个五德终始说里面，五德所配置的颜色和数量等，和《吕氏春秋》十二纪首篇的篇章包含着共通的要素。可见五德终始说和《吕氏春秋》十二纪首篇的五行要素，都同样以五行为基础②。再次，在五德终始说形成时，还存在着《尚书》中的《洪范》篇，这篇文章里陈述的五行思想，我认为也应该和当时的其他学说同步③。换言之，大致存在三种五行思想，这就是根据相胜的顺序来讲王朝之德的五德终始说，与王朝德性无关的讲相生顺序的五行思想要素，以及属于《尚书》学的一部分的五行思想，它们并存于秦代，在汉代得到了继承。

  进入汉代后，五德终始说在文帝时期被朝廷所采纳④，在汉武帝的太初元年有了现实性功用⑤。《吕氏春秋》十二纪首篇的五行思想要素，为《淮南子·时则篇》继承，后来几乎就以原有的形式被《礼记·月令篇》所采用。《尚书·洪范》的五行的思想，则被《尚书》系统的学者运用于灾异说。这在《汉书·五行志》里有着总结性记载，那些被称作"传曰"、"说曰"的文字，应该就是汉武帝时候的东西，其中也包括一些时令思想⑥，可说是受到了《月令》篇的（指《吕氏春秋》十二纪首篇的内容为后来的《礼记·月令篇》采用）影响吧⑦。其同五德终始说一样，都是些把五行的思想运用于其他的理论方法和手段那样的具有实际应用性的东西。在这个时代，还出现了与这些不同的五行思想，那就是《淮南子》的月令部分以外的东西，在那里，不但有明确的五行相生论，相胜也与王朝之德分割开来⑧，且随着相生、相胜的思想的深化，两者有机地结合起来了⑨。这些是将五德终始说的相胜理论和《吕氏春秋》十二纪首篇的五行思想的要素加以深化的结果，而并不是在别的方面上利用五行的思想的结果，可称为五行说的理论性探索吧（关于类似的记述，在比《淮南子》晚四五十年的政论性文章《盐铁论》中也可看到)[10]。

换言之,从形态上看董仲舒时代的五行思想,大致可以分为《月令》关于五行思想要素的记述,将相生、相胜的思想以复杂理论化那样的非应用性和非实用的东西,以及运用于灾异说和历史理论的五德终始说那样的应用性、实用性的东西,它们之间也有一定的相互联系[11]。

二

《春秋繁露》[12]中以论述五行为主的文章有九篇,分别是《五行对第三十八》、《五行之义第四十二》、《五行相生第五十八》、《五行相胜第五十九》、《五行顺逆第六十》、《治水五行第六十一》、《治乱五行第六十二》、《五行变救第六十三》、《五行五事第六十四》。有人只注目《汉书·五行志》(卷二七)董仲舒的论述中没有解释五行这一点,就认为这九篇是假托于董仲舒的东西,形成于东汉之后,六朝末之前[13]。我不赞成这个说法。董仲舒和五行说的关系,有必要加以更加详细的考察。

读了这九篇讲五行的文章,可以发现其内容可大致分为《五行对第三十八》、《五行之义第四十二》、《五行相生第五十八》、《五行相胜第五十九》的前四篇,和剩下的五篇两个部分。前四篇和后五篇在内容上有着本质上的区别。这里我们想分别考察前四篇和后五篇各篇的内容,再对照《汉书》董仲舒本传(卷五六)和《五行志》等,考察其和董仲舒的关联。

前四篇中,首先《五行对第三十八》是以问答形式,解说《孝经》的"夫孝,天之经也,地之义也"这一句话。前段讲"孝"为"天之经"之处,首先说天有"木火土金水"五行,"木生火、火生土、土生金、金生水"，叙述了相生，再讲"水为冬，金为秋，土为季夏，火为夏，木为春"，以五行配对四季，最后讲"春主生，夏主长，季夏主养，秋主收，冬主藏"之季节的自然现象。这样的思想是在《月令》、《淮南子》等书中也能见到的一般性东西，而以"生"配置春，"长"配置夏，则可于《汉书》本传记载的董仲舒对策文中里的"春者天之所以生也……夏者天之所以长也"，在先前提到过的《盐铁论》记载的董仲舒的话里也可以看到。但是这篇文章的特色，在于其在此之上讲"是故父之所生，其子长之，父之所长，其子养之，父之所养，其子成之"，根据季节的变化讲子承父业，阐述"诸父所为，其子皆奉承而续行之，不敢不致如父之意尽为人之道也"，最后得出"由此观之，父授之，子受之，乃天之道也。故曰，夫孝者天之经也。此之谓也"结论。也就是说，对五行相生的构造加以具体的季节变化，以此来讲父子关系，说明孝为"天之经"。这样以季节的变化来讲父子关系的思想，按照《盐铁论·论菑篇》"始江都相董生推言阴阳，四时相继，父生之，子养之，母成之，子藏之。故春生、仁。夏长、德。秋成、义。冬藏、礼。此四时之序，圣人之所则也"的记载，可认为是董仲舒的想法。《五行对第三十八》的后半段，讲大地发出风雨等实际性动作，但又把这个荣誉归结于天，讲"土者火之子也"，得出"此谓孝者地之义也"的结论。文章里也有一些不甚明了之处⑭，但以地为天尽力，来说明火之子土尽孝，所以孝是"地之义"，使用的是相生原理（我认为以"地之义"为忠的说法更妥当一些，这里是对《孝经》进行了强辩性诠释）。换言之，这篇文章关于五行的思考，不出《月令》、《淮南子》之外，但其特点在于以五行思想来解释《孝经》里的一句话，说明孝的德目，也就是以五行来解释四季的变化这样的支配人的自然原则，再以这样的原则来证明人类道德存在的根据⑮。

《五行之义第四十二》的思想和《五行对第三十八》相符合，我认为两篇有着密切的关联。所以两篇类似的词语也很多，譬如《五行之义第四十二》里的"天有五行"，"木生火，火生土，土生金，金生水，水生木，此其父子也"之类，但《五行之义第四十二》和《五行对第三十八》相比，对五行相生有着更深入的考察和合理的诠释。"是故木受水，而火受木，土受火，金受土，水受金也。诸授之者，皆其父也。受之者，皆其子也。……土之事火，竭其忠。故五行者，乃孝子忠臣之行也"，不仅以五行来讲孝，也讲忠，"是故木居东方而主春气，火居南方而主夏气，金居西方而主秋气，水居北方而主冬气"，将五行和四季、方位都组合在一起，这些都比《五行对第三十八》更为详细。《五行之义第四十二》的内容有一些不一致的地方，也很难找出一贯的主张，但主要是以五行相生来说明孝和忠。只是应该注意的是，这篇文章有一些"土者五行之主也"那样重视土的文字。《五行对第三十八》也有"五行莫贵于土"、"土者，五行最贵者也"之类的主张，这篇更加强调"是故圣人之行莫贵于忠，土德之谓也"。这是因为在圣人的行为中，忠最为重要，而忠为土德。最先主张汉之土德的是贾谊和公孙臣，儿宽和司马迁接受了这一理论。他们的主张以五德终始说为基础，司马迁虽是其中之一，但他另外还有"太史公曰，夏之政忠。忠之敝，小人以野，故殷人承之以敬。敬之敝，小人以鬼，故周人承之以文。文之敝，小人以薄，故救薄莫若以忠。三王之道若循环，终而复始。周秦之间，可谓文敝也。秦政不改，反酷刑法，岂不谬乎。故汉兴，承敝易变，使人不倦，得天统矣"(《史记》卷八《高祖本纪》)等。也就是说，司马迁在讲汉之土德时，也主张运用政治上的忠。前者是继承了贾谊、公孙臣的说法，后者则是接受了其师董仲舒的思想。这可从董仲舒的对策文中的"然夏上忠,殷上敬,周上文者,所继之抹,当用此也。……今汉继大乱之后,若宜少损周之文,致用夏之忠者"中看到这一点。董仲舒没有在理论上直接运用五德终始说的痕迹,但在那个时代可以认为其受到过贾谊等人的主张的影响。讲汉代的忠,可以想见他是赞成汉之土德说的。从这个意义出发,重视土而以忠为土德的《五行之义第四十二》,是与董仲舒多少有些关联的一篇文章。

《五行相生第五十八》以相生的顺序,讲述了五行各行的官位职务内容之间的相互关系,值得注意的是"东方者木,农之本。司农尚仁……南方者火,本朝也[16]。司马尚知……西方者金,大理司徒也。司徒尚义……北方者水,执法司寇也。司寇尚礼……"将相应的德目配置于五行之官。这样的仁知信义礼在董仲舒的对策文中也可以看到:"夫仁谊礼知信五常之道,王者所当修饬也。"后世经常提及这样的五常[17],其无疑是在孟子的仁义礼知四德中加了一个信而来的。在董仲舒之前,也有把五常和五行作为同样的意义使用的[18]。《吕氏春秋》十二纪首篇也对五行配置过德目,其德目也是仁义礼知信[19]。尽管如此,将五行称作五常、对五行配以各自德目,由此可见是董仲舒运用五行说将五常和五个德目结合在一起的。因为在董仲舒之前,看不到以五常为五德那样的相关记载。《五行相生第五十八》按照五行里给官员配置德目的方式(这和《汉书·律历志》见到的刘歆的配置方法是一致)[20],和《吕氏春秋》十二纪首篇所记载的配置五行的形式有所不同。《吕氏春秋》以礼为火配夏,以知为水配冬,《五行相生第五十八》则是以礼为水配司寇,以知为火配司马,礼和知的配当相反。前面考察《五行对第三十八》时提到的《盐铁论·论菑篇》中的董仲舒的说法,是"冬藏、礼",以礼为水配冬。也就是说,《五行相生第五十八》中给五行之官配以德目这一点上，可以看到董仲舒把仁义礼知信称为五常以前的，以仁义礼知信配置五行那样的说法。另外，这一篇除了上述五行思想外，还有"木生火"、"火生土"、"土生金"、"金生水"、"水生木"等讲相生的地方。

《五行相胜第五十九》叙述了五行之官搞乱了职务时的状况，以及此时其他官必须要诛灭这个官。其构成与《五行相生第五十八》是一样的，两篇的内容互为表里。其中也可以看到"金胜木"、"水胜火"、"木胜土"、"火胜金"、"土胜水"那样的相胜之说。

综上所述，前四篇的内容是利用五行相生来说明德目，用五行相生和相胜之说来阐述官职的相互关系，其中使用的五行思想，没有比《月令》和《淮南子》等更复杂的东西，所以没有必要将他们看作是《淮南子》之后的东西。再就是参照前面中所考察的内容，这些文章和《月令》、《淮南子》等一样，不是单纯的五行说，而是运用历史理论和灾异说（在利用相生、相胜之理这一点上接近于运用于历史理论），同样都是些具有应用性和实用性东西。而且它们的重点都不在五行说本身，而在于使用它们来说明事情的缘由。

在后五篇中，首先是《五行顺逆第六十》，其讲按照五行的各自的季节，人君在为政方面的好的行为和坏的行为，以及与之相应的自然界的作用，从五行方面来看，也就是将五行配置于四季，再讲人君好的行为恩及各自的五行，带来虫类方面的实惠和嘉瑞，以及人君坏的行为给五行带来的恶劣影响，带来相应虫类时的灾害和异变。这一篇在论述配置五行的每个季节时，使用了和《汉书·五行志》中的"传曰"、"说曰"部分相同或类似的语言，和《淮南子》的也非常相像。例如这一篇文章在论述"木"时这样说道："如人君出入不时，走狗试马，驰骋不反宫室……饮酒沉湎，纵恣不顾政治，事多发役以夺民时，作谋增税以夺民财……工匠之轮多伤败",这部分和《五行志》相通。而"挺群禁,出轻系,去稽留,除桎梏,开门阖,通障塞",以及"出入不时,走狗试马驰骋",则与《淮南子》有共通点。而在火的地方㉑,说"如人君……至杀世子……逐功臣㉒,以妾为妻,弃法令",和《五行志》相通。而"举贤良,进茂才……赏有功,封有德,出货财,振困乏……使四方",又和《淮南子》有相通之处㉓。《汉书·五行志》的"传曰",是伏生的《洪范·五行传》的文章,"说曰"是记载欧阳、大小夏侯的话,虽然尚存在疑义,至少也是前汉武帝时期利用五行思想来解释灾异的《尚书》系统的学者们的见解㉔("传曰"应该比"说曰"更早)。只是基于《尚书·洪范》的记述的,既存在于"传曰",也被记载于"说曰"的《尚书》系统关于"土"的部分的"稼穑不成",以及讲金的"金不从革"等思想,在《五行顺逆第六十》里看不到,可见这篇文章的内容与《尚书》的内容不是那么接近,但关于土还是有"五谷不成",关于金有"铸化凝滞,冻坚不成"(苏舆认为这是"金不从事"之意)等意思相同的语言,所以也可以说这篇与"传曰"、"说曰"是相吻合。另外,虽然《五行志》也收入了董仲舒的学说,但可确切说是属于他的内容来看,有六成是在讲灾异的直接原因是强臣的专制等导致人事方面的不正当行为,使用阴阳的东西不到三成㉕,而且解释不算太复杂。因此它们和董仲舒关于灾异的解释以及《五行顺逆第六十》的内容,似乎不太吻合㉖。这篇文章中与《淮南子》语言相同或类似的东西,看起来都是和时令有关的惯用句。譬如先前我们提到的讲春为木的个别地方与《淮南子》里春的言辞有相通的地方,讲夏之火也与《淮南子》中讲夏的地方有相通之处,关于《月令》似乎也有这种倾向㉗。再就是此篇具有刘歆《洪范·五行传》的特征㉘,这就是对木火土金水的五行,分别配置"鳞虫"、"羽虫"、"倮虫"、"毛虫"、

"介虫",刘歆的《洪范·五行传》也是如此㉑。刘歆的说法和《月令》配置一致,反之与伏生的《洪范·五行传》有所不同,可以认为是刘歆对伏生以来的《洪范·五行传》以《月令》的说法加以整理的结果㉒。既然如此,《五行顺逆第六十》可谓刘歆《洪范五行传》的先驱。总之这一篇文章中五行的配置方法,与《月令》多少有点关系。再就是根据先前的考察,从《五行相生第五十八》可以看到与《吕氏春秋》十二纪首篇,以及刘歆的说法有着不同的五行配置,可见其与董仲舒有些关联。也可认为刘歆对董仲舒的说法有着冷淡的一面和不同之处吧㉓。也即《五行顺逆第六十》和《尚书》系统的灾异学者们以及刘歆有相通的内容,在这一点上也能理解成他们和春秋学者董仲舒之间的不同。

《治水五行第六十一》、《治乱五行第六十二》与《淮南子》天文篇的文章比较类似。以下列举其中的一部分。

《治水五行》:

> 日冬至七十二日,木用事,其气燥浊而青。七十二日,火用事……七十二日,复得木。木用事,则行柔惠,挺群禁。至于立春,出轻系,去稽留,除桎梏,开门阖,通障塞,存幼孤,矜寡独,无伐木。

《天文篇》:

> 壬午冬至,甲子受制,木用事,火烟青。七十二日,丙子受制……七十岁而復至甲子。甲子受制,则行柔惠,挺群禁,开阖扇,通障塞,毋伐木。

《治乱五行》:

> 火干木,蛰虫蚤出,蚳雷蚤行;土干木,胎夭卵殰,鸟虫多伤;金干木,有兵;水干木,春下霜。

《天文篇》:

丙子干甲子，蛰虫早出，故雷早行。戊子干甲子，胎夭卵㲉，鸟虫多伤。庚子干甲子，有兵。壬子干甲子，春有霜。

《天文篇》以甲子、丙子等来展开论述，而《治水五行》、《治乱五行》则以五行来展开论述，是为两篇的不同之处，其他方面则非常相似。《治水五行第六十一》和《治乱五行第六十二》在《春秋繁露》中前后放置的位置一样，《天文篇》相应的文字也以同样的顺序记载。再就是《治水五行第六十一》讲"木用事……"、"火用事……"等，以木火土金水的顺序叙述各个季节的执政时期，这和《五行顺逆六十》考察时令时的语言是同样的（引用木的地方说，"挺群禁，出轻系，去稽留，除桎梏，开门阖，通障塞"等）。《治乱五行第六十二》论述的是五行各行受到其他四行干犯时会发生的灾害与异变，例如"金干木，有兵"，用金去预想秋，"水干木，春下霜"，用水去预想冬，然后双方都用木去预想春，这些和《月令•季春纪》的"（季春）行秋令……兵革并起"，《孟春纪》里是"（孟春）行冬令……雪霜大挚"有相通之处，都是以时令的思想为基础。根据时令的思想用五行解说灾异的地方比较引人注目。《治水五行》和《治乱五行》两篇的内容在《淮南子》时就已经存在了，不像某个人特有的东西。

《五行变救第六十三》论述了五行各行出现异常情况时的灾害和异变，将其原因看作是人君的恶政和不义，讲究为了挽救这些灾变人君必须要采取的措施。这一篇和前篇以及《淮南子》，有着类似的、共通的地方。这篇关于火的地方，有"举贤良……赏有功，封有德"，和《治水五行顺逆第六十》有关火的"举贤良，封有德，赏有功"，《治水五行第六十一》有关火的地方的"举贤良，封有德，赏有功"，这些和《淮南子》都是一致的。可见是当时在一定领域里经常被使用的语言吧。这篇文章记述木火土金水时，设想了春夏秋冬四个季节，可以认为是以关于时令的想法作为基础，运用五行来解释灾异的。

《五行五事第六十四》运用五行五事论述了王者执政和自然界的作用的关系，可以认为这个五行五事之说，是以《尚书·洪范》、《汉书·五行志》收录的据说是伏生写的《洪范五行传》为基础的。这篇的内容可分成三节。第一节有关于五行的各行的"木不曲直"、"火不炎上"等，使用了和《五行志》的"传曰"相同之语言（在第三节里也有"金从事"、"水润下"等类似的用语）。第二节的"五事，一曰貌，二曰言……各得其宜也"则明显为《洪范》的解说文，与第三节的貌言视听相当的地方则有"于时阴气为贼"、"于时阳气为贼"、"于时寒为贼"、"于时暑为贼"，"阴气"、"阳气"、"寒"、"暑"说的分别是秋春冬夏（秋春冬夏对应的是春夏秋冬），与五行中的金木水火相当，所以可以得知是根据"传曰"里讲貌言视听对应"金沴木"（服虔曰：沴，害也）、"木沴金"、"水沴火"、"火沴水"的（也就是说，《洪范·五行传》在"貌"的地方，在春里活动的是属于木的"龟"），春和木的颜色为青，所谓"青眚青祥"，也有关于"金沴木"的句子，这个木为春，所以金为秋，故貌作为季节相当于春，相对于此则以秋为害。另一方面，《五行五事第六十四》第三节，也是在貌之处配置春，以"阴气"即秋为害。在第一节中也将貌言视听配置木金火水）。被认为是伏生的作品的《洪范·五行传》中，五事和五行的组合还有不清晰之处，既有刚才提到过的以貌言视听思配置木金火水土的，也有配置木土火金水的地方。然而同样著述《洪范·五行传》一书的刘歆，用月令整理了他之前的理论，以木金火水土的顺序加以配置和总结。从这一点来看，《五行五事第六十四》采用了木金火水土的顺序，和刘歆的理论相近。另外，这篇文章的一、三两节也有时令的要素。如

第三节中的"秋行春政,则华。行夏政,则乔。(孙诒让云,乔,疑稿之借字,谓枯槁也。)行冬政,则落",和《月令·仲秋纪》的"仲秋行春令……草木生荣……行夏令,则其国乃旱……行冬令……草木早死",虽然非常简单,但内容相通。且第一节的五行和商角之类的五音结合,和月令也是一致的。

下面总结一下关于后五篇的研究考察结果。

后五篇关于五行的思想在武帝以前没有出现过,五篇的内容也不完全一样,但是它们使用了基本一致的惯用句和常用句,也似乎使用了一些在公共场合才有的固定句型(后五篇中完全没使用固有名词,而前四篇中除《五行之义第四十二》以外的三篇中则有固有名词的出现)。也没有使用五行相生和相胜的词语。换言之,在没有使用相生说和相胜说方面,它们和前四篇是不同的。加之它们都用五行讨论灾异,和《尚书》系统的灾异学者的文章有着类似性,和刘歆的文章有着共同点,都以时令思想作为基调。所以就此而论,这些文章跟董仲舒似乎没有什么关联。(董仲舒还是有时令思想的,在被认为和他有关联的前四篇文章中也可以找到。其中,他和同时代的司马谈关于时令思想的论述也有共同点㊸。只是司马谈将时令认作是阴阳家的思想,且使用"阴阳"、"四时"、"八位"等词语,却没有使用"五行"。就此而论,在司马谈和董仲舒的时代,五行思想还没有和时令思想结合在一起的灾异说发生联系,只是一部分学者的见解而已,至少可以推定董仲舒是没有这些东西的。)

我们再来考察一下九篇以外的文章和五行关系九篇的关联。《春秋繁露》中九篇以外提到五行的一共有八篇。其中,仅罗列五行的有《官制象天第二十四》和《天地阴阳第八十一》㊹,部分提到过五行的有《十指第十二》、《人副天数第五十六》和《天地阴阳第八十一》的个别地方㊺,以五行说明四季循环和四季自然运作的有《天辨在人第四十六》、《阴阳终始第四十八》、《循天之道第七十七》⑱,其中以五行说明四季的变化的和《五行对第三十八》、《五行之义第四十二》有相通之处。并且,以五行说孝、忠的,和这两篇有联系的,是讲"土若地,义之至也。……臣之义比于天,故地为人臣者,视地之事天也。为人子者,视土之事火也。……傅于火以调和养长,然而弗名者,皆并功于火。火得以盛,不敢与父分功美,孝之至也。是故孝子之行忠臣之义,皆法于地也"的《阳尊阴卑第四十三》,和以五行讲官职的《五行相生第五十八》、《五行相胜第五十九》相通的是《天地阴阳第八十一》的"列官置吏必以其能,若五行。……官职之事,五行之义也"这段话。以上的八篇看到的和五行有关的记述,虽然是些断片性的东西,但可看到和九篇中的前四篇有相通的地方,但和后五篇没有关联。仅从五行方面来看,后五篇的内容在《春秋繁露》中似乎是孤立的一群。

三

现将上面的考察总结如下。《春秋繁露》中主要以五行来进行论述的文章有九篇,这些五行说可认为是和《淮南子》以及汉武帝时代同时代的,也就是董仲舒时代的东西。九篇的内容可分成两部分,《五行对第三十八》以下有四篇,《五行顺逆第六十》以下有五篇。前四篇的内容与董仲舒多少有些关联,其用五行相生、相胜说讲述德目和官职,而后五篇的内容找不到与董仲舒相关的地方,并没有采用相生、相胜的说法,解释灾异时使用的几乎都是时令说,比较符合《尚书》系统解释灾异的文章。再就是前四篇的记述与《春秋繁露》的其他文章有类似之处,但是后五篇里则没有。董仲舒时代的五行思想,一般都具有应用性实用性,后五篇则利用五行来解释灾异，而前四篇在利用五行说方面可以看出它们的独特之处。

以上的考察内容和结论，还需要从其他方面加以更为广泛的考察。本考察的意义，在于指出了《春秋繁露》中和五行有关的论述有两种，都是考察前汉思想时非常有价值的资料，后五篇的内容则在考察前汉的灾异和时令说时有一定的作用，再就是明确指出了《春秋繁露》里面存在疑义的地方。

注释：

①《吕氏春秋》成立于公元前239年，提倡五德终始说的邹衍是前300—前245年左右的人物。（钱穆《先秦诸子系年》"诸子生卒年世先后一览表"）。五德终始说可见于《吕氏春秋》的应同篇，《史记》的封禅书、历书和始皇本纪等。

②小林信明著《中国上代阴阳五行思想研究》认为，五德终始说和月令有着密切的关联，前者在后者之下（讲谈社1951年版，第172、173页）。

③关于《尚书·洪范》，松本雅明著《春秋战国时代尚书的展开》认为成立于战国中期（前4世纪末－前3世纪初）（风间书房1966年版，第462页）。前面提到的小林的著作也认为，《洪范》的五行应该比邹衍更早一些，《洪范》的五行又先于《月令》的五行（第200、201、233页）。

④在《史记》的《孝文本纪》、《封禅书》、《张丞相传》、《屈原贾生传》中，张苍、公孙臣、贾谊等人都是根据五德终始说来论述汉之德的。

⑤在《史记·孝武本纪》、《汉书·郊祭志赞》等中都可以看到武帝太初元年时汉之土德说得到了公认。

⑥在金的地方有一处讲"说曰，金，西方，万物既成，杀气之始也。故立秋而鹰隼击，秋分而微霜降。其于王事，出军行师"。

⑦前面提到过的小林的著作认为，伏生《洪范·五行传》的五行思想和《月令》相同，从《尚书·洪范》发展到《洪范·五行传》时，《月令》说起到了很大的作用（第89—92页）。

⑧"水生木，木生火，火生土，土生金，金生水"（《天文篇》），"木胜土，土胜水，水胜火，火胜金，金胜木"（《地形篇》），"夫火热而水灭之，金刚而火销之，木强而斧伐之，水流而土遏之"（《主术篇》），"金胜木者，非以一刀残林也。土胜水者，非以一璞塞江也"（《说林篇》）。另外，下面的引文和注释使用刘文典的《淮南鸿烈集解》。

⑨"木壮，水老火生，金囚土死。火壮，木老土生，水囚金死。土壮，火老金生，木囚水死。金壮，土老水生，火囚木死。水壮，金老木生，土囚火死。"（《地形篇》）

⑩"文学言刚柔之类，五胜相代生。……金得土而成，得火而死。"（《论蓄篇》）

⑪前面提到过的小林的著作考察了《汉书》的五行志、郊祀志、天文志、律历志，认为到前汉末期为止，五行思想大都没有超出《洪范·五行传》、《月令》和五德终始说的范围（第57页）。

⑫以下所列篇目，参考苏舆的《春秋繁露义证》。

⑬庆松光雄著《春秋繁露五行诸篇伪作考——和董仲舒的阴阳·五行说的关联》（《金泽大学法文学部论集》哲学史学篇6）。这篇论文认为五行九篇的成立时间为前汉中期开始到六朝末年之间，我认为这个说法太过于漠然，所以没有多大的意义。关于这个问题我曾直接询问过作者本人，他答复我说，在写出这篇论文以后，就再也没有研究过这个问题了。

⑭关于这篇的这一部分，俞樾认为从文意来看是其他的篇章的脱简，苏舆对之持否定态度。

⑮参照重泽俊郎的《董仲舒研究》，《周汉思想研究》，弘文堂书房1943年版，第220-222页。

⑯根据苏舆的说法，把"也本朝"改为"本朝也"。

⑰仅后汉的著作就有如下例子。"五常者何，谓仁义礼知信也。"（《白虎通·情性篇》）"五常之道，仁义礼知信也。"（《论衡·问孔篇》）"协之五行，则角为木，五常为仁，五事为貌。商为金，为义，为言。徵为火，为礼，为视。羽为水，为知，为听。宫为土，为信，为思。"（《汉书·律历志》）而

《律历志》一开始就说"……使羲和刘歆等典领条奏，言之最详。故删其伪辞，取正义，著于篇"。颜师古注："班氏自云作志取刘歆之义也。自此以下讫于用竹为引者事之宜也，则其辞焉"，由此可见是刘歆之说。

⑱"天有六极五常"（《庄子·天运篇》），成玄英疏："五常，谓五行。金木火水土，人伦之常性也"，"合生气之和，道五常之行"（《礼记·乐记篇》），郑玄注曰"五常，五行也"。

⑲郭沫若《十批判书》将《吕氏春秋》十二纪首篇的记述事项列成了表格，春夏中秋冬之德分别对应木火土金水，性对应仁礼信义知。然后说"五性与五事只有孟夏纪里而有'礼'与'视'两项，其他也是据别种资料补充的"（第412、412页）。所谓"别种资料"是指什么不得而知，这里遵从该书的配置。另外，对于孟夏纪的"其性礼，其事视"，俞樾说"盖五行配置五行五事，自古有此说。窃疑吕氏原文每纪皆有之。后人据《月令》删去，而《孟夏纪》尚存此二语，则删之未尽者耳"（《诸子平议》卷二二《吕氏春秋》）。

⑳《律历志》中的五行和德目的配置，与《吕氏春秋》十二纪首篇相同。

㉑"传曰……出入不节……说曰，若及田猎驰骋不反宫室，饮食沉湎不顾法度，妄兴徭役以夺民时，作为奸诈以伤民财……蓋工匠之为轮矢者多伤败。"（《汉书·五行志》上）"条风至，则出轻系，去稽留"，"甲子受制，别行柔惠，挺群禁，开闭阖，通障塞，毋伐木。"（《淮南子·天文篇》"仲春之月……去桎梏"，"东方之极……其令曰，挺群禁，开闭阖，通穷窒，达障塞"（《时则篇》）。"是故人主……不爱民力，驰骋田猎，出入不时。"（《主术篇》）

㉒根据苏舆的说法"忠"改为"功"。

㉓"传曰，弃法律，逐功臣，杀太子，以妾为妻。"（《汉书·五行志上》）"清明风至，则出币帛，使诸侯。景风至，则爵有德。（根据俞樾改"位"为"德"）赏有功。""丙子受制，则举贤良，赏有功，立封侯，出货财。"（《淮南子·天文篇》）"南方之极……其令曰，爵有德，赏有功，惠贤良，救饥渴，举力农，振贫穷，惠孤寡，忧罢疾，出大禄。"（《时则篇》）

㉔"《五行志》先引经曰一段，是《尚书·洪范文》。次引传曰一段，是伏

生《洪范·五行传》文。又次引说曰一段，是欧阳大小夏侯等说。"（王鸣盛《十七史商榷》卷一三《五行志》所引）清朝的赵冀认为《洪范·五行传》是夏侯始昌的著作（《廿二史劄记》卷二）。前面提到的小林的著作根据以前的说法，也认为是伏生的东西（第20页）。这里将《汉书·五行志》的"说曰"看作是汉武帝时的东西，而《洪范·五行传》中的"传曰"，至少可以认为是汉武帝时期总结出来的。

㉕《五行志》记载的董仲舒的说法，除记为"董仲舒以为"以外，还记为"董仲舒刘向以为"、"董仲舒指略同"。其中可以确定是董仲舒的"董仲舒以为"的四十二条中，有二十四条只举出灾异的原因是非正常或不正之事引起的，没有使用天和阴阳之类的词语，有十一条涉及阴阳、六条提及天、一条涉及气。这个比例，是经过《五行志》的作者筛选后的结果，与董仲舒的著作未必一致，但可以窥见大体趋势。

㉖苏舆根据《五行志》，也认为《五行顺逆第六十》的风格和董仲舒不太符合，而与刘向、刘歆符合。

㉗注㉑引用的《淮南子》天文篇的"条风至……"之处，高诱注曰"立春，故出轻系"，在此之前有"距日冬至四十五日，条风至"，以及"甲子受制……"之前有"壬午冬至，甲子受制，木用事，火烟青。……庚午受制（根据王引之的说法改'子'为'午'），岁迁六日，以数推之，七十岁而复至甲子，可以认为都是关于春的记述。《时则篇》的"东方之极……其令曰……"，用包含中央的五方位的东来设想春。注㉓的《淮南子》的文章也有对夏的记述。《月令·仲春纪》有"省囹圄，去桎梏"，《季春纪》有"修制堤防，道达沟渎，开通道路，无有障塞"，《孟夏纪》有"行赏，封侯庆赐……赞俊杰，遂贤良，举长大，行爵出禄，必当其位"。

㉘参照小林的著作（第60-66页）。

㉙即使是《后汉书》志第十三《五行一》，在讲"金·言"时，引用了提及"介虫"的《洪范五行传》，说"介虫，刘歆传以为毛虫"。志第十四《五行二》讲"火·视"的地方也引用了"赢虫"的传文，说"赢虫，刘歆传以为羽虫"，指出了不同之处。

㉚参照小林的著作（第65页）。

㉛在《汉书·董仲舒传赞》中，刘向将董仲舒比作伊尹、吕望，认为管仲、晏婴也不及他，但是刘歆却认为他比不上子游和子夏，评价较低。《五行志》里"董仲舒刘向以为"之处可见刘向继承了董仲舒的说法，但刘歆并没有如此。

㉜根据前面提到的小林的著作，在《尚书大传》"龟"的地方，郑玄的注是"龟，虫之生于水而游于春者也，属木"。见该书第81、82、85页。

㉝《史记》太史公自序所载"六家要旨"，可以看到有关阴阳家的项目。

㉞"曰天有十端……火为一端，金为一端，木为一端，水为一端，土为一端……"（《官制象天第二十四》）"天地阴阳木火土金水九，与人而十者，天之数毕也。"（《天地阴阳第八十一》）

㉟"木生火，火为夏，天之端……木生火，火为夏……"（《十指第十二》）"内有五藏，副五行数也。"（《人副天数第五十六》）"辨五行之本末顺逆小大广狭，所以观天道也。"（《天地阴阳第八十一》）

㊱"如金木水火各奉其所主以从阴阳……故少阳因木而起，助春之生也。太阳因火而起，助夏之养也。少阴因金而起，助秋之成也。太阴因水而起，助冬之藏也。阴虽与水并气而合冬，其实不同。故水独有丧而阴不与焉。"（《天辨在人第四十六》）"故至春，少阳东出就木，与之俱生。至夏，太阳南出就火，与之俱暖。……少阳就木，太阳就火。火木相称……至于秋时，少阴兴而不得以秋从金。从金而伤火功。虽不得以从金……太阴（根据苏舆的说法，改"阳"为"阴"）乃得北就其类而与水起寒"（《阴阳终始第四十八》）。"故冬之水气，东加于春而木生，乘其泰也。春之生，西至金而死，厌于胜也。生于木者，至金而死。生于金者，至火而死。""冬水气也。……乘于水气……火夏气也。……乘于火气……"（《循天之道第七十七》）

原文载于1969年《集刊东洋学》二二号。

田中麻纱巳（1937—），男，原日本大学教授。

秦祺（1989年—），女，湖南衡阳人，日本北九州大学研究生院社会系统研究科语言文化专攻硕士一年级研究生。

《春秋繁露》五行诸篇伪作考
——和董仲舒的阴阳、五行说的关联

(日本)庆松光雄

张亮　杨宪霞　译　(日本)邓红　校

要　旨

　　我一直对《春秋繁露》中有关五行的几篇文章出自董仲舒之手这一说法抱有疑问。众所周知并得到广泛承认的说法是，现行四库全书收入的十七卷八十二篇（其中第三九、四○、五四等三篇欠缺）的《春秋繁露》，并非原来的体例，也不是董仲舒亲自著作。尽管如此，一般人还是认为那是董仲舒的著作，因为书中的一些篇章可能出自仲舒，只是不知在何时、经过谁的手编撰成如今的样子。虽然谁也没有掌握董仲舒著作过《春秋繁露》这本著作的确实证据，反之能对之进行否定的疑窦却一直缠绕着该书，而且该书确实在编撰时期、方法、编者三个方面存在着不少疑点。在论述本文中心思想之前，这里想先谈一下我的怀疑。我将现行的《春秋繁露》中的有关阴阳（请参照注②）和五行的几篇文章加以比较，发现两者都具有不相上下的比重，而且两者也并非单独的东西，而是有着明显的关联。因之可以推测，董仲舒在当时不仅是公羊学者的第一人，即精通阴阳说，对五行说也颇有造诣，堪称阴阳五行兼备的大家，开创了自己独自的学说。带着如此观念，再去翻阅《汉书》本传和《五行志》，人们都会有如下发现，那就是在本传或《五行志》中，他的阴阳说随处可见，然在那有名的《答武帝对策》、以五行为题的《五行志》里，却找不出片鳞半爪五行说来。以上是我对《春秋繁露》五行诸篇产生怀疑的主要理由，对此，《汉书》是远比《春秋繁露》更值得信赖的资料，以之可以作为检验《春秋繁露》的证明。再加之我不相信那些以现行的《春秋繁露》在南朝末便成立了、其中的一些文字在唐宋的古典里被人引用过之类的理由，来证明《春秋繁露》出自董仲舒。因为我的这篇"五行诸篇伪作考"认为，《春秋繁露》早在以前的时代，也即六朝末以前、西汉中期以后便成立了。同样，即使现行的《春秋繁露》的文中可以看到一些汉代古典，这也是和五行诸篇不相干的一些东西，所以也不能解开我的疑窦。

序

以下的文本，只不过是以上"要旨"的敷衍而已。其实有心的读者只要看看"要旨"便可以了。所以本文在执笔时，尽量避免引用史料，论述也以平铺直叙为宗旨。东洋史方面的论文长篇累牍，往往使读者望而却步，所以本文干脆来个单刀直入，以让读者马上有指出错误的机会，只是我深知我的史笔欠缺。

将《春秋繁露》五行诸篇和《汉书》本传以及《五行志》加以比较

一般认为,现行的《春秋繁露》是西汉董仲舒的著作,是知晓他的学识和思想最重要的线索。但是自古以来,关于这一书物的成立就存有众多疑问,尤其对全部文章是否都是经过董仲舒的手,更是议论纷纷。不可思议的是,尽管存在这样的疑念,学者们在论述董仲舒时,还是毫不犹豫地直接引用之来作为自家学说的根据。对此至少我是有所踌躇的。我认为,凡是有志于董仲舒研究的学者,只要是想根据《春秋繁露》来立论的话,首先都应该先涉猎一下此书的文献基础研究。换言之,可从该书的史料批判开始着手。这样的文体从重泽俊郎氏的董仲舒研究[①]那里却得不到任何解答,他甚至对此是漠不关心的。下面我想对上述问题发表一些己见,这不是关于《春秋繁露》的整体问题,而只是对该书的五行部分提出的一些疑问。

我对我们现在看到的《春秋繁露》的五行诸篇是董仲舒的著作一事,抱有相当大的疑问。而这些文章如果不可信的话,关于董仲舒的五行说的资料便无处可寻,诸般学者关于董仲舒的五行说的论述,会完全失去根基。我之所以能对董仲舒有些深入研究,是因为我对中国阴阳五行说作了一些历史性的考察。以之和前面论述的构想相敷衍,我们发现阴阳说和五行说完全不一样。如果除开包括《春秋繁露》中的阴阳说以外,关于董仲舒阴阳说,还可以随时在《春秋繁露》之外的地方找到值得信赖的史料。譬如《史记·儒林传》中的本传、《汉书》本传、《汉书·五行志》等比比皆是。而且如前所述,即使在信赖度不高的《春秋繁露》那里找到的关于阴阳思想的部分，都可以在信赖度很高的《史记》，特别是《汉书》那里找到佐证。这和五行说部分大相径庭。不但是前面提到过的重泽氏，其他有关董仲舒学说的论著，有的论述公羊学和汉帝国统一强化的关系，有的探讨给武帝的对策中设太学的意义，有的评价其作为刑法学者的一面等等，却找不到在论述阴阳学说时关于五行说的研究，甚至连对五行说提出疑问的也没有。而且如果将各位学者引用的《繁露》的阴阳或五行部分的资料，和《史记》，特别是《汉书》的同种资料相对比的话，就会发现我们前面论述过的可疑之处。我不能容忍那些忽视或者是故意抹拭这些疑点的态度。如果真是各位学者所说的那样，如现行《春秋繁露》明示的那样②，五行说和阴阳说相提并论，且有五行相胜、五行相生、五行顺逆、五行治水那样以五行为表题的有系统的思想的话，在他那倾注了一生心血的给武帝的三个对策中，五行说就应该和阴阳说齐驱并驾，得以明确的论述，然而其中五行说却没有片鳞寸爪。不但对策如此，包含对策的《汉书》本传中，也找不到《繁露》那样的、能看得出他拥有五行思想那样的资料。

　　加深上述怀疑的决定性材料是《汉书·五行志》。《汉书·五行志》开正史设《五行志》之嚆矢，论述西汉武帝时代的《史记》里没有《五行志》，而出现在东汉初期的《汉书》里，就不仅仅是司马迁和班固个人的问题，而应该是他们背后的社会，以及当时社会一般思想的反映。与此相关的是董仲舒和司马迁大体是同一时期的人物，《汉书·五行志》是西汉末东汉初的五行思想盛行一时的反映，其企图用五行思想对历史事件加以说明和编织，为此将许多个别的历史事件以五行来分类统括，并网罗了将对各个事件加以解释的西汉学者们的五行思想。在这样的《五行志》中，那个董仲舒的五行思想究竟在哪儿呢？赘言之，如果他的思想当中果真有在《春秋繁露》那里见到过那样的有系统的五行说的话，在他死后肯定会流传下来，经过西汉末乃至东汉初期，被班固继承下来，在《汉书·五行志》这样的著作中反映出来。而且在汉代诸儒中，董仲舒特地被《汉书》的作者描述成一个大儒，表明董仲舒是一个特殊存在。问题是这个《五行志》，如果真如现行《春秋繁露》见到的那样，董仲舒和重视阴阳一样重视五行、并建立了一个完整的体系的话，其资料必然会被班固所搜集，在《汉书》初次设立的《五行志》中以明确的形式采用，因为《汉书·五行志》中没有使用"阴阳"的名义而冠以了"五行"之名！然而如此《五行志》中，看不到董仲舒的五行说，对此该做如何解释呢？

各家学者论述的董仲舒学说，无论是中国哲学史的教科书还是特殊研究③，无不论及他的五行说，而其根据都只有《春秋繁露》而已，似乎不知有《汉书·五行志》似的。然而董仲舒是一个实践家，而不是后来的人们描绘的那样只有抽象的理论。我认为，董仲舒的思想其实没有五行说或阴阳五行说结合那样复杂的体系。其思想中那有名的灾异说，不出单纯阴阳说的范围。不知我的意见正不正确，总之他以自己的思想理论对历史事件作了解释，对他生存的时代现实作了正面的回应。他在《汉书·五行志》中，对春秋所载的历史事实作了自己独特的解释，虽然时间和场所不一，他对建元六年中发生的辽东高庙以及高园便殿的火灾，根据自家思想做出了甚至差点被武帝判处死刑那样具有历史意义的解释。遇到需要求雨或止雨时，他不是限于口头空论或向别人讲述理论，而是自己身体力行。又如决狱，需要断定罪人的是非时，即使在退出一切公职隐居之后，国家或武帝也对他依靠有加，他也不厌其烦地加以对应回答，《汉书》本传对此有众多叙述，《艺文志》里也记载有他的著述，他的治狱也说明他既是理论家也是实践家。

班固在著述《五行志》时，一定搜集了许多汉儒基于阴阳和五行思想对众多历史事件进行的解释的资料。从《五行志》可以看出，在他搜集的无数资料中，属于董仲舒的部分占有相当分量，对此班固也加以了特别的注意。如上所述，董仲舒与其说是抽象的理论家，还不如说是针对具体事物论述自己的思想理论更加准确。那么他真是如《春秋繁露》披露的那样拥有阴阳五行思想吗，为编撰《五行志》而搜集的资料中就一定会有和阴阳并列的有关五行的思想，并得到具体的运用，犹如《五行志》中到处都有阴阳说在展开一样。然而当我们具体考察《五行志》时，得到的是什么样的结果呢？其中勉强可以找到一条运用五行思想的例子①。而且唯一有关五行的事例还是刘向的，和董仲舒无关。所以可以得出结论，在这个《五行志》里，在那满载董仲舒思想的资料中，完全看不到《春秋繁露》那样的有体系、整齐明白、丰富多彩的五行思想。而且这个结论，不但可以作为刚才从《汉书》本传那里得到的推论的佐证，而且打着《五行志》的名义，对大儒董仲舒有着特别关心，在东汉初那样的时代，根据班固那样无比周到的史家的周密安排下搜集的资料，完全可以作为判定董仲舒有无五行思想的决定性材料。在班固的时代里，阴阳和五行已经完全发展到了难分难离的程度而盛行开来。正因为这样，编撰《汉书·五行志》时，关于董仲舒的资料中单单注意到了阴阳部分而忽视五行部分的资料那样的事情不可能发生。我们考察《五行志》后，对这个问题会看得更加清楚。关于京房、刘向、刘歆的部分，和董仲舒部分一样记载有运用阴阳的解释，同时也有基于五行思想的解释，单独记载运用五行思想来解释的地方也不少。所以我们再三想强调的是，尽管从《汉书·五行志》得到了上述那样的推论，现行《春秋繁露》却有整齐完整的五行关系的诸篇，这一事实完全说明现行《春秋繁露》的这个部分是十分可疑的。

关于《汉书·五行志》我还想多说一句。《史通》卷十九外篇，以"《汉书·五行志》错误"为题，说"班氏著志，抵牾者多。在于《五行》，芜累尤甚"，并举出具体事例加以了说明。这似乎说明《汉书·五行志》有许多不备之处，不足为据。现在我们没有时间来检查刘知几的说法是不是妥当，但即使如此，也推翻不了我考察包括《五行志》在内的董仲舒关系的资料后得出的前述结论。

我从包括《五行志》在内的许多材料中找出了属于董仲舒名下的解释，逐一考察了其中有没有五行思想⑤，才得出了先前的结论，其实这样繁杂的手续是不必要的，《五行志》（上）的"序文"中编撰者的话，早就证明过了：

> 汉兴，承秦灭学之后，景、武之世，董仲舒治《公羊春秋》，始推阴阳，为儒者宗。宣、元之后，刘向治《穀梁春秋》，数其祸福，传以《洪范》，与仲舒错。至向子歆治《左氏传》，其春秋意亦已乖矣⑥；言五行传，又颇不同。

可见在《五行志》的序文里，在讲述汉初以来的情况，提到董仲舒时，也单只是说他"推阴阳，为儒者宗"，没有提到五行。而关于《春秋传》，提到董仲舒治《公羊春秋》，刘向治《穀梁春秋》，刘歆治《左氏传》，是因为《五行志》中收录了许多见于春秋的事件，所以将三位先生的三传并收，显示了编者的意图。在这样的场合，不单要注意春秋三传解释的不同，而且要特别注意在汉代学问兴起时期的武帝时代，董仲舒调配阴阳，到西汉末期刘向始言《洪范》，其子刘歆的五行说也和其父的理解就不一样。《洪范》是《尚书》中的一节，也是有关我们现在讨论的课题五行思想最多的一篇，堪称五行思想的渊源。于是在《汉书·五行志》中，在刚才提到的关于汉代五行学说发展史的论述后进入本文，首先引用《洪范》的文章，说"经曰，初一曰五行，一曰水，二曰火，三曰木，四曰金，五曰土"，再引用伏生《洪范·五行传》的文章。为此再让我们来看一下刚才提到的《五行志》序文："汉兴，承秦灭学之后，景、武之世，董仲舒治《公羊春秋》，始推阴阳，为儒者宗。"其后又说"宣元之后，刘向治《榖梁春秋》，数其祸福"。值得注意的是，刘向在以《榖梁传》为依据的经传中，凡出现春秋时代的事件时，都要一一叙述它们的吉凶⑦，再次是"传以《洪范》，与仲舒错"。"错"，根据颜师古的解释，为"不相同"的意思。同样说的是春秋事情，所据传相异，吉凶的判定也不同，这可以日食为例。《汉书·五行志》结尾处有"凡春秋十二公，二百四十二年，日食三十六。榖梁以为朔二十六，晦七，夜二，二日一。公羊以为朔二十七，二日七，晦二。左氏以为朔十六，二日十八，晦一"。根据这一记述，班固认为董仲舒和刘向的说法不一，是因为《公羊传》和《榖梁传》的不同，引起了春秋祸福判定的不同，《五行志》的编者想强调这一点，我也赞成"传以《洪范》，与仲舒错"的说法。如本文注⑥所记述的那样，关于这个"传"字，注释里认为是"作传"的意思，但是我看到的各种本子里都没有"作"的意思，而且刘向著有五行传记（《汉书·艺文志》），还有《洪范》五行传论（《汉书》本传），这个"传"字还应该是"传"（译者注：也就是作动词）的意思，也即"解释"。

班固想说的，大概是"在景帝武帝的时代，董仲舒以《公羊传》解释春秋，并贯之以阴阳之理，所以才成为了诸位学者景仰的大儒。但是随着时代的迁移，到了宣帝元帝之后，出来了一个刘向，领先于时代。他依据《榖梁传》，所以对春秋的解释当然也和董仲舒相异。而且和董仲舒只依据阴阳思想不一样的是，刘向还引用了《洪范》的五行说，所以对春秋的解释当然不一样，所以对祸福的判定两者产生较大差异也就是自然的了"。如是,班固认为董仲舒之后,刘向"传以《洪范》",虽然没有使用"五行"的字眼,但也就等于是"传以五行思想"之意了。至此,才开始出现和《五行志》相称的以五行思想解释春秋的情况了。所以其后讲刘歆时,因为他采用的是《左传》,又产生了新的变化,说"言五行传,又颇不同",意思已经非常清楚了。班固在记述刘向和刘歆的区别时,不单单是强调《穀梁传》和《左传》的不同,两者虽然都有五行思想,但也注视先行解释产生的相异带来的不同这一事实,因为在前文中相对董仲舒的阴阳,出现了刘向的五行,读者们对此已经注意到了吧。对我们来说重要的是,对董仲舒、刘向、刘歆三人分别以阴阳、五行来分类,相对董仲舒的阴阳,刘向、刘歆则是列举的五行,随着时代的推移,东汉初期的班固指出了这一事实。还有就是刚才已经提到过,《汉书·五行志》里,记载有刘向著述五行传记十一卷,刘向本传里记载有《洪范》五行传论十一篇,我想这已经足以推察上述内容了⑧。

以上根据《汉书·五行志》(上)的序文进行了论述,关于《五行志》还有一点需要注意的。那就是《五行志》(中之上)的开头部分,堪称为序文的这样一段文章:"孝武时,夏侯始昌通五经⑨,善推五行传,以传族子夏侯胜,下及许商,皆以教所贤弟子。其传与刘向同,唯刘歆传独异。"据此在西汉时代,广推五行之理来解释五经的,可追溯到武帝时代的夏侯始昌。根据《汉书》"夏侯始昌传",他在董仲舒、韩婴死后受到武帝的重用,可见是和董仲舒同时代的人。班固对这两个著名学者分别评论,说董仲舒是"治公羊春秋,始推阴阳",又说夏侯始昌"通五经,善推五行传"。夏侯始昌据说是伏生一派的,同为《尚书》学者,夏侯始昌继承的是《尚书》、《洪范》五行传的学统,所以《汉书·五行志》才这样肯定他。这也证明我们前面说的，从现行《春秋繁露》来看，董仲舒不只是精通阴阳，也通五行，而且是阴阳五行通讲综论的大师。如果是事实的话，《五行志》对他的论述绝不止局限于阴阳这一面，关于五行也绝不会只提到和董仲舒同时代的夏侯始昌以及门流，以及后代的刘向、刘歆。一定会和阴阳说一起彰显董仲舒的五行说。没有这样做，是因为班固手上没有搜集到如此资料。也即董仲舒在生前没有，从死后到东汉班固时，也没有人承认过他一向是推五行之理的学者。

以上论述了我对《春秋繁露》中有关五行诸篇的怀疑意见以及理由，同时也陈述了本文的主旨。如果说前人之说还有什么不清楚的地方的话，这里已经完全加以补足了。下面一节只是对本文的傍证，多少也算一点补正吧。

关于《春秋繁露》五行关系各篇成立的一些私见

通过上述对现行《春秋繁露》中的五行问题的讨论，已经使我确信它们并非董仲舒所作，剩下的问题在于这些文章是什么时候、通过什么形式，变成现在我们看到的样子的？要回答这个问题必然先要叙述《春秋繁露》本身是如何形成和流传下来的。关于这个问题，自宋代以来就是书录解题的中心课题，出现了众多的考察。我对这些考察也有一些批判性意见，下面想加以陈述，遗憾的是可能因为文面的关系不能深入。但既然上面的论考已经完成，近来想以"《春秋繁露》的成立和传承"为题，另外写一篇论文，以飨关心这个问题的读者。下面想只对五行关系诸篇的成立开陈一些己见。

在西汉学问的开花季节，董仲舒开创了彰显春秋公羊传、以阴阳来解经之大道。另一方面，源于文帝时伏生《尚书》大传系统的以五行来解经的风潮日益盛行。和董仲舒同时代的夏侯始昌一边精通阴阳，同时也用五行来解五经。这样造成了以阴阳五行结合来解经的方式流行起来，集大成者大概是刘向，从《汉书·五行志》可看到当时的一些真实情况，这一股西汉末期形成的潮流，经过东汉、三国时代，流入了南北潮。于是梁朝阮孝绪的《七录》里，记载有《春秋繁露》十七卷。虽然同为十七卷，但是不是和现在的八十二篇内容相同则值得大大的怀疑，何况说现行本的体裁在六朝初期就已经形成，也未免太唐突了。总之，六朝末期的书录里记载有《春秋繁露》之名是事实。正是这个从六朝开始上溯到西汉末期，为我们的说法提供了时期上的重大线索。

通观一部中国经学史，这一时期正是以阴阳解经为主，辅以五行思想的时代。阴阳说可以追溯到集大成者董仲舒那里，五行说却如前所述的理由，不能归结于他。所以关于大儒董仲舒就残留下了许多疑问。从和董仲舒属于同一时代的司马迁写的《史记·儒林传》中的本传，可见到他"盖三年董仲舒不观于舍园，其精如此"之类的表现。《汉书》本传也同样有"盖三年不窥园，其精如此"。根据补注沈钦韩引《论衡》儒增篇⑩，有"夫言不窥园菜，实也；言三年，增之也"的字眼。根据同一补注，《太平御览》六四一依据《汉书》的出典，也有"十年不窥园圃，乘马三年不知牝牡"的文句。当然《汉书》没有这样的文字，显然是在添油加醋。所以如《论衡》所述，董仲舒不是什么家庭菜园的种植家，当时的学者先生们不窥菜园应该是家常便饭吧。但是三年不窥视自家庭园，实际上不可能。假使如此，《史记》、《汉书》这样值得信赖的史书，对于这样的传说也毫不犹豫地加以了记载。到了《太平御览》那里，不但借用《汉书》之名，不窥园的三年也变成了十年，再添加上了三年乘马不知牝牡。三年或十年不窥视自家庭院的大师，三年之间频繁地乘马也是非常奇怪的事情。这里我想指出的是,在宋朝这个新时代,在多少增加了一些实证精神的王朝初期,动员天下学者编著的供天子御览的大部头著作《太平御览》,事关董仲舒先生,用的是证明其真是大师的《汉书》里的话,也就居然对十年不窥家园、三年乘马不知雌雄这样的事情不觉得奇怪了。当然我也认为《太平御览》的引用也只是泛泛而指,内藤湖南先生的"加上原则"[①]在这里即使非常适用,对本文也无关宏旨。但是以上事情使我想到两点:一是宋以前的西汉中期以后,经过东汉到六朝末,那是学者们的脑袋被阴阳五行结合的思想强烈支配的时代,五行说单独或者和阴阳说结合在一起被编入了经学,出现了许多假托大师董仲舒而成立的著作。今天我们认为假托是不洁的、有罪恶感的、会被后世嘲笑的事情,但是在那遥远的六朝以前,应该说世间一般对此是容忍的。也就是说将之冠以卑贱者之名,还不如假托大师的高名乃是常道。在中国,假托文王、周公、孔子的传说、著作很多,日本也有冠以圣德太子、行基、弘法太师等名的行迹、说话、著作之类,都可看作是殊途同归。今天我们看到的伪作一类,其实都可看作是对伟大的先人们尊崇的产物。如是,则西汉中期以降五行思想盛行以后,董仲舒先生仅只是阴阳之祖已经不够了,将之认作五行的大师也不足为奇,甚至不这样做似乎就不够意思。

  当然,我也不会说出在中国历史上,连阴阳说也不是出自董仲舒这样愚蠢的话。我想说的是,随着武帝对大汉统一帝国的强化,儒学相对于其他学问取得了理论上的优势地位,儒者们成为了帝师和国家理论的指导者,在以后的时代便会对他们的开山祖师董仲舒加以放大,于是他的学说到了后世,特别是在西汉末年到东汉初期,作用重大起来了的阴阳、五行问题便突出起来了。"十年不窥园圃,乘马三年不知牝牡"那样的俗话,到了宋初居然成为《汉书》的经典话语而为人相信，居然被收入了《太平御览》。况且像五行思想那样深奥的学说为人重视的六朝末以前的时代，五行学说得到了各种各样的编织和发展，其中假托董仲舒先生的东西多起来，也不足为奇了。所以在现在 20 世纪后期，在这科学思想横溢的时代，将《春秋繁露》五行诸篇、《汉书》本传以及《五行志》相比较，揭穿其真相的人不容易出现，一些大师无条件先行信奉以董仲舒之名著述的《春秋繁露》的五行关系诸篇，说他不但是公羊学者和阴阳思想家，也是五行思想家也就不足为奇了。

再说一点，宋初编撰的《太平御览》中，假托《汉书》之名的东西居然如前所述被记入其中，这个《太平御览》，或者是将唐宋以前的古典中散见的《春秋繁露》的文章搜集起来，再和现行的《春秋繁露》相对比，其如果在现行本中还存在的话，就认为那些文章是董仲舒的，或再跳跃认为现行《春秋繁露》就是董仲舒著述的中国书志学的方法论，我对之是持否定态度的，至少认为存在着极大的盲点。对此我还有许多话要说，但还是让给前面我提到的另一篇文章吧。

最后要说的是，关于董仲舒"乘马三年不知牝牡"这个问题，我从增井经夫教授那里得到了教示。根据教授的说法，这句话在《史通》里面也假托《汉书》而被引用，自己感到疑问后去查找，发现最初不是出自《汉书》，而是一个叫"邹子"的书物。我也为此特地翻阅了《汉书》本传，发现"三年不窥园，其精如此"的补注，在《史通》叙事篇里也有出现，而御览八四〇那个有问题的文章，其实也是引自于"邹子"。当增井教授还说，即使像精通史学史的刘知几那样有智慧的人，一遇到董仲舒那样的大家便不能自持，和《汉书》捆绑在一起的话，即使是那样的蠢话也不感到奇怪。后世中国学者如此尊崇董仲舒权威，或可作为窥测假托大师过程的一个例子。这对刚才我论述的假托董仲舒学说的情况是如何出现的问题，也是一个佐证，值得感谢。

注释：

①《周汉思想研究》，弘文堂1943年版。重泽氏在其中题为"董仲舒研究"的论考冒头设有"关于董仲舒的年代著作等"一节，其中第152－153页提到了《春秋繁露》。其要旨为"最初称该书为《繁露》，是在梁朝阮孝绪的《七录》记载《春秋繁露》十七卷时。而《隋志》以上历代书志都有其名，可见今本是在六朝初期确定下来的"，对"繁露"作了进一步的肯定。

与上述问题有关的是，将与《春秋繁露》有关的史料或"繁露"的引用文细心地收集起来，再考察历代书志、书录解题等，搞清楚了《春秋繁露》成立传承的，莫过于苏舆的《春秋繁露义证》一书。

②阴阳方面的文章有如下六篇：卷第十一的《阳尊阴卑第四十三》、《阴阳位第四十七》，卷第十二的《阴阳终始第四十八》、《阴阳义第四十九》、《阴阳出入上下第五十》，卷第十七的《天地阴阳第八十一》。

五行方面的有九篇：卷第十的《五行对第三十八》，卷第十一的《五行之义第四十二》，卷第十三的《五行相胜第五十八》、《五行相生第五十九》、《五行顺逆第六十》、《治水五行第六十一》，卷第十四的《治乱五行第六十二》、《五行变救第六十三》、《五行五事第六十四》。

可见五行方面的文章在数量上占有优势。而没有冠以五行，但内容明显是在阐述五行思想的，至少还有卷六《保位权第二十》，卷十三的《人副天数第五十六》、《同类相动第五十七》等。

③狩野直喜著《中国哲学史》（昭和二八年，岩波书店）第四篇第四节"关于董仲舒"说："他在讲伦理说也运用了五行"，狩野先生的说法完全根据《春秋繁露》卷十《五行对第三十八》。

山口察常著《支那思想、哲学思想》（东洋思潮，昭和一〇年，岩波书店）下卷100页、西田保笔著《董仲舒》（东洋历史大辞典，昭和十三年，平凡社）也论述了董仲舒的五行说。

重泽俊郎氏在《周汉思想研究》一书中特别设了"五行说"一节,文章以"董仲舒关于五行的基本论说,在五行对、五行之义、五行相生、五行相胜、五行顺逆、治水五行、治乱五行、五行变救、五行五事等文章里见到"这样的话开头。这些文章都是注释②里面提到的五行诸篇,也是重泽氏论述董仲舒五行说的根据。

④从注释⑤举出的《五行志》的众多资料中,可以看出《五行志》中董仲舒思想的资料有三种形式,并列举了历史(包含董仲舒的时代)事实。

第一是"董仲舒以为"的部分。这表示是董仲舒自己的解释,无疑可作为第一史料。第二是"董仲舒、刘向以为"的部分。有的是关于某个事件的董仲舒的解释,刘向再重复了一遍,或站在自己的立场解释,但大都和董仲舒的解释一致。班固将它们放在一起,其作为史料与第一种形式相比稍差了一点,但对理解董仲舒的思想也是好材料。第三部分,前面举出历史事件,其后单记"刘向以为",没有出现董仲舒的名字,然后是刘向的解释,最后写一句"董仲舒说略同"或"董仲舒指略同"或"略皆从董仲舒说"。这一部分和第一、二部分不太一样,以之作为董仲舒的说法时需要小心。因为"略同",并不是全部一样,也有可能不同。而且如果董、刘两说完全相同的话,第二部分已有"董仲舒、刘向以为"的写法。班固之所以设定了第三种形式,可能是想说明同一事件董仲舒和刘向的不同的解释,更有可能是针对董说,刘向有自己的说法。

本文列举的《五行志》所有资料中,第三形式中有一条能证明董仲舒五行说,且是唯一的一个例子。但是把这一条作为史料需要谨慎。这一条为《五行志》(下之上):"史记,周幽王二年,周三川皆震。刘向以为金木水火沴土者也。"所谓"史记",指同书周本纪的出典,原载于《国语·周语》,《五行志》在刘向的话后面有"伯阳甫曰:周将亡矣"云云的长文,本来也是从"史记"那里引用来的,也应该是出自于《国语》吧。《五行志》的编者将这段有名的周幽王二年地震的记事从"史记"那里引用而来时,在"周幽王二年,周三川皆震"和"伯阳甫曰"之间,加入了刘向"金木水火,沴土者也"的解释。刘向的引用没有以这个插入句而完结。在"是岁三川竭,岐山崩"的所谓史记文章完了之后，再加上了一段"刘向以为阳失在阴者，谓火气来煎枯水"，表明是刘向的见解。然而，在通读了《五行志》的这一段有关"周幽王二年。周三川皆震"记事的全文之后，发现"史记"的引用文之外，作为汉儒的解释只有刘向而已，没有董仲舒或其他人，于此引用这一段文字这件事本身似乎有些可疑。刘向的解释中能找出五行思想是不奇怪的，奇怪的是，这一段文章的后面，《五行志》又记载了"《春秋经·文公九年》：九月癸酉，地震"，是因为两者都是在讨论同一性质的问题。关于这个问题刘向的解释完全没有五行思想，说原因在于"诸侯皆不肖，权倾于下"，可见是以当时的君为阳，臣为阴，阴胜阳的常识来解释的，也就是以阴阳说来解释地震。对此我想说的是，在记载了刘向对文公九年地震的解释后，班固说的"诸震，略皆从董仲舒说也"这一句，也可作反面的解释。首先从文体来看，说是"诸震"，但是在《五行志》里除了这个文公九年地震，以及先前作为地震记述的"周幽王二年"，没有别的，也即只是指的周幽王二年和鲁文公九年的两次地震而已。而关于这两次地震，董仲舒的解释没有明确说明，很难知道详细之点。从"诸震，略皆从董仲舒说也"来看，两个解释都是依据的董仲舒的解释，大概班固读过刘向的说法，再比较了两者的结果。可见刘说依据董说颇多。但是这种"董仲舒、刘向以为"的形式，没有收入第二种形式，而收入第三种形式，所以需要尤其谨慎。应该说刘向是尊崇董仲舒，但是也有独到见解。

那么关于两次地震，董仲舒和刘向的解释到底有哪些不同呢？关于文公九年的记事，只附加了阴阳论的解释，思想上没有什么差异。那么对"周幽王二年"的解释，就似乎有些问题了。这段史料根源于《国语》中的伯阳父（伯阳甫）关于地震的解释。显然，这一段话是根据阴阳说进行的解释。这一段话显示了中国人对地震解释的最古老的形式，甚至可以断言这是以阴阳解释地震的最早的例子。董仲舒是一个阴阳学者，所以赞赏伯阳父的见解。但刘向对周幽王二年地震的解释，显然是将其放在董仲舒系统进行了阴阳式的解说。但是这种解释里也出现了五行说。

那么，对刘向的五行解释"略从董仲舒说也"中的"从"如何解释，是不是"略"字中含有不一样的要素在里面呢？我认为，这一部分特地加了一个"略"字，才能把两次地震联系起来，所以班固才把它放在了第三种形式，也就是说这一部分也许不是尊崇的董仲舒解释。所以可以认为这一段话和董仲舒没有关系，是刘向的个人解释。我的怀疑在于"金木水火渗土者也"和"火气来煎枯水"之类的文章，在《五行志》以外的其他文章里，或者是《汉书》"董仲舒传"里，都找不到类似的东西，相反在《五行志》以及其他关于刘向思想的资料里面却比比皆是。

我的长注在此结束，关于这一点还可以参见我在本文中对《五行志》（上）的序文的解释。

⑤这里将《汉书·五行志》中有关董仲舒的资料全部列举如下，请读者们细心阅读理解。（译者注，请查看原书，这里全部省略）。

⑥这里的原文"言五行传又颇不同"的上文"言五行传"，如本文所记，可有两种读法。一是"以说五行来传之"，二是"说五行传"。我认为赞成后者的人多一些，对之我也不否定。但是我还是赞成前者，想把"传"作为动词来理解。因为这在《五行志》中是一贯的，且和前面的"刘向治《穀梁春秋》，数其祸福，传以《洪范》"中的"传"字的用法一致。读完本文，就知道我是如何解释这个字的。关于这个"传"字，刘师古的书中读成"传"（名词），并有解释。而钱大昕也赞成这一读法。"传（chuán）"也可作"传（zhuàn）"，但我不太赞成（参照本文）。总之这两种读法是非如何，无关本文的宏旨。而"言五行传"，这里也不是特指五行和伏生《洪范》五行传以及刘向五行传记，而是广泛地解释五行的意思，整体上都可作"在运用五行来做的解释也非常相同"的意思。对《汉书·五行志》序文的读解，也可参考《晋书·五行志》（上）的序文，《晋书》正是像我那样解释《汉书》之文的。下面是《晋书》的文章："汉兴，承秦灭学之后，文帝时，宓生创纪《大传》（尚书大传），其言五行庶征备矣。后景武之际，董仲舒治《公羊春秋》，始推阴阳，为儒者之宗。宣元之间，刘向治《穀梁春秋》，数其祸福，传以《洪范》，与仲舒多所不同。至向子歆，治《左氏传》，其言《春秋》及五行，又甚乖异。"

⑦《汉书》卷三六《刘向传》关于这件事的记录不太清楚,但还是有"周室卑微二百四十二年之间。日食三十六。地震五。山陵崩弛二。彗星三见"之说。

⑧《汉书·刘向传》曰:"向见《尚书》、《洪范》箕子为武王陈五行阴阳休咎之应,向乃集合上古以来历春秋六国至秦汉符瑞灾异之记,推迹行事,连传祸福。著其占验比类相从,各有条目,凡十一篇,号曰:洪范五行传论,奏之。"

⑨原文为夏侯始昌"通五经,善推五行传"。这里的"善推五行传"的读法,和注释⑥说的情况一样,"善推五行而传之"或"善于推行五行传"。我认为都可以,但是还是认同前者。即使是理解成"善于推行五行传",夏侯始昌属于伏生一派的学者,但不能认为那就是伏生的《洪范》五行传。这也和注释⑥说的有关,"善推五行传"或"善于解释五行传",或可认为是"很好地理解了五行的道理,并经常运用来解释现实中发生的事情,以及解释经典中的一些历史事实"。总之,"通五经"和"善推五行传"不是没有关系的,刚才提到的《晋书》就是像我说的那样,认为夏侯始昌是在解释五经时运用了五行思想。

《汉书》第七十五《夏侯始昌传》:"始昌明于阴阳,先言柏梁台灾日,至期日果灾",表明夏也有阴阳思想的一面。但是《汉书》本传只有非常简单的记载,《五行志》的文章可弥补这一缺陷,值得重视。再就是关于这个问题,我想不单单是夏侯始昌那样的汉儒,历代中国人大多拥有这样的共通思想。

⑩《论衡·儒增篇》:"儒书言:董仲舒读《春秋》,专精一思,志不在他,三年不窥园菜。夫言不窥园菜,实也;言三年,增之也。仲舒虽精,亦时解休,解休之间,犹宜游于门庭之侧,则能至门庭,何嫌不窥园菜?闻用精者,察物不见,存道以亡身,不闻不至门庭,坐思三年,不及窥园也。"对时人尊崇的董仲舒这样的大师,以批判精神来追求实事求是,非常痛快。

⑪内藤湖南著《大阪の町人学者富永仲基(一)》"加上原则"(《先哲の学问》,昭和二十一年,弘文堂)。

原文载于 1959 年 3 月《金泽大学法文学部论集》哲学史学编（6）。

庆松光雄，(1907—2009)，男，原日本金泽大学法文学部教授。

杨宪霞（1981—），女，山东青岛人，日本北九州大学研究生院社会系统研究科思想文化专攻博士三年级研究生。

张亮（1985—），男，辽宁大连人，日本北九州大学研究生院社会系统研究科思想文化专攻博士二年级研究生。

邓　红（1958—），男，重庆人，日本北九州市立大学研究生院社会系统研究科教授，哲学博士。

董仲舒春秋学研究

董仲舒的正统与大一统论

(日本)邓 红

古人写史,无论正野,必先设定正统。"正统"一词,虽由欧阳修说出,但在此之前,就已有表示其含义的说法。如皇甫湜所说"王者受命于天,作主于人,必大一统,明所授,所以正天下之位,一天下之心"(皇甫湜《东晋元魏正闰论》),即指出正统之标准,至少有两个:一是"王者受命于天"的"天命",二是"一天下之心"的大一统。

饶宗颐先生在《中国史学上之正统论》一书中指出,"中国史学上之正统说,其理论之主要根据有二。一为采用邹衍之五德运转说,计其年次,以定正闰。……另一依据《公羊传》加以推衍,皇甫湜揭示'大一统所以正天下之位,一天下之心'。欧公继之,标'居正'、'一统'二义"(香港龙门书店1977年版)。

在我们看来,饶氏所揭正统说之二据,皆与董仲舒有关。邹衍之五德运转说,曾予董仲舒的学说以极大影响。以至有人说董仲舒

"三统"说，是戕割了其五分之三而成的①。又，董仲舒为春秋公羊学最大家。皇甫之说，正统当察"天命"和"大一统"，和饶氏所说同义。究"三统"即为顺天命，而"大一统"在某种意义上可说是董仲舒的发明。

本文试图探求董仲舒的正统与大一统论的内容和意义。

一

首究正统论的欧阳修就"正统"之本义曰，"《传》曰，君子大居正。又曰，王者大一统。正者，所以正天下之不正也，统者，所以合天下之不一也"（欧阳修《原正统论》）。这里所说的《传》，即《春秋公羊传》，"君子大居正"，见隐公三年。"王者大一统"，见隐公元年"何言乎王正月？大一统也"。

董仲舒关于"正""统"，有许多论述，现列举如下：

> 春秋曰王正月。……曰，王者必受命而后王。王者必改正朔，易服色，制礼乐，一统于天下。所以明易姓非继人，通以已受之于天也。（《三代改制质文》第二十三）

> 三代改正，必以三统天下，曰三统五端，化四方之本也。天始废始施，地必待中，是故三代必居中国，奉天法本，执端要以统天下，朝诸侯也。……其谓统三正者，曰，正者，正也，统致其气，万物皆应而正，统正，其余皆正，凡岁之要，在正月也，法正之道，正本而末应，正内而外应，动作举错，靡不变化随从，可谓法正也。（《三代改制质文》第二十三）

> 臣谨案春秋之文，求王道之端，得之于正。正次王，王次

---

① 见顾颉刚《五德终始下的政治与历史》（《古史辨》第五册下）。

春。春者，天之所为也。正者，王之所为也。其意曰，上承天之所为，而下以正其所为，正王道之端云尔，然则王者欲有所为，宜求其端于天。天道之大者在阴阳……（《对策》一）

春秋深探其本，而反而贵者始。故为人君者，正心以正朝廷，正朝廷以正百官，正百官以正万民，正万民以正四方。四方正，远近莫敢不一于正，而亡有邪气奸其间者。（《对策》一）

春秋大一统者，天地之常经，古今之通谊也。（《对策》三）

托于春秋正不正之间，而明改制之义，一统乎天子，而加忧于天下之忧也，务除天下所患，而欲以上通五帝，下极三王，以通百王之道，而随天之终始。（《符瑞》第十六）

综上所述，董仲舒之言"正"至少有以下几义：

1. 正为"正朔"，即关于正月与朔之学问。对王者来说，即位必要受"命"，作为受命之标记，王须改"正朔"，此谓"王者必受命而后王，王者必改正朔……明易姓非继人，通以已受之于天"（《三代改制质文》第二十三）。

2. 不仅改正朔，正月还为一年之始，一年之要，故曰，"正者，正也，统致其气，万物皆应而正，统正，其余皆正。凡岁之要，在正月也"。这里的正，似与"统"相通。

3. "托于春秋正不正之间"，"仲尼之作春秋也，下明得失，起贤才，以待后圣，故引史记，理往事，正是非"（《俞序》第十七）之"正不正"、"正是非"是为动词。有不正就需用"正"，并要"正是非"。此处之"是非"，即是指以春秋之道德标准来衡量历史之结果。

4. 从要"正"的内容来看，正还负有"正名"之使命。"正名说"是将孔子的"名不正，言不顺"之正名论传统加以继承，并加以政治之发展，谓"治国之端，在正名"（《玉英》第四）。还延伸为一种统治思想的政治伦理，谓"以仁安人，以义正我"（《仁义法》第二十九）。

具体地说，正"名"正"是非"之重要性，一方面在于名号指统治者的等级制。尊从它即为"正"，是政治秩序成立的必要条件。董仲舒把"人"分为"王"、"诸侯"、"大夫"、"士"、"民"，认为各自有"分"。如"诸侯"以"宜谨视所候奉之天子"为己之"分"，"天子"以"宜视天为父，事天以孝道"为"王"之"分"，大夫以"宜厚其忠信笃，敦其礼义，使善大于匹夫之义，足以化也"（《深察名号》第三十五）为己"分"。

另一方面，"名分"、"是非"的重要性还在于其和"天"相连。此曰"是非之正，取之逆顺，逆顺之正，取之名号，名号之正，取之天地。天地为名号之大义也"（《深察名号》第三十五）。这和《对策》所说"上承天之所为，而下以正其所为，正王道之端云尔，然则王者欲有所为，宜求其端于天。天道之大者在阴阳……"是一致的。

"统"也有多义。

1."三统"的一环谓"统"。据三统说，新王朝一设立，必改正朔等。"统"即为"正朔"及与正朔配套的"服色"、"国号"（或首都）、"礼乐"等象征新王朝之系统。是谓"王者改制作科"，"王者必受命而后王。王者必改正朔，易服色，制礼乐，一统于天下。所以明易姓非继人，通以已受之于天也"（《三代改制质文》第二十三）。

2.《公羊传》何休注曰，"统者，始也。……莫不一一系于正月，故云政教之始"（隐公三年）。此处的"统"是谓元年，与"正"相应，可说是将新王朝支配开始之时间概念加以延伸，意味着一年之始若正，政教也会顺利进行。

3. "统"和"一"合为"一统"。据考证，"一统"之语起源于秦。若"夫以秦之强，大王之贤，由灶上扫除，足以灭诸侯成帝业，为天下一统，此万世之一时也"（《史记·秦始皇本纪》，吕不韦语），是指支配区域之统一空间而言，"议海内为郡县，法令由一统"（同上，李斯语）则是指政治上的专制体制。"天下一统"作为秦王国最大政治理想和目标，经秦始皇之手得以实现，秦王朝却二世而亡。汉承秦制，最重要的也是继承并发展了其"天下一统"之支配体制。故《公羊传》称颂"王者大一统"。但是，董仲舒为汉争"正统"大"一统"，进而将"大一统"论与天命和改制联系起来，称"何以谓之王正月？王者必受命而后王。王者必改正朔，易服色，制礼乐，一统于天下"（《三代改制质文》第二十三），是一大发挥。

总之，诚如苏东坡所说"正统之论起于欧阳子"，即以欧阳修之说为正统论确立的起点，在此之前"正""统"各有其特定含义。就董仲舒的时代而言，"正""统"论是以维持和强化汉王朝"天下一统"之统治体制为目标的，故称"大"一统。但董仲舒又是一个儒者，其"大一统"理论是在儒家春秋公羊学与阴阳五行结合下创建的。故在其理论深层，既有为现实政治提供统治思想的一面，又有引"天命"（含阴阳五行）[①]入儒学，或纳正统于儒教体系之企图。

[①] 《汉书·五行志》曰，"景武之世，董仲舒治公羊春秋，始推阴阳，为儒者宗"，也就是说，董仲舒能成为"儒者宗"是因为他"始推阴阳（五行）"入儒学体系。而在我们看来，阴阳五行只不过是传达表述"天道"、"天意"之工具而已，因为董仲舒再三说"天道难见，其道难理。是故明阴阳入出、实虚之处，所以观天道也。辨五行之本末、顺逆、小大、广狭，所以观天道也"（《天地阴阳》第八十一）。

二

试举董仲舒的"正统论"或"大一统"论并在以下三个方面加以论述。

1. 孔子改制论

孔子改制论是公羊学者的一大发明,《公羊传》最后写道:"君子曷为为春秋。拨乱世反诸正,莫近诸春秋,则未知其为是与。其诸君子乐道尧舜之道与。末不亦乐乎尧舜之知君子也,制奉秋之义以俟后圣,以君子之为,亦有乐乎此也。"(哀公十四年)首先是将孔子作《春秋》的目的说成是"拨乱世反诸正"。然后说获麒麟是"拨乱世反诸正"成功的瑞符。于此,何休注曰,"人道浃,王道备,必止于麟者,欲见拨乱功成于麟"。又讲"末不亦乐乎尧舜之知君子也,制春秋之义以俟后圣",本来孔子离汉高祖的即位,距三百年之久,却说孔子预知其事而乐于为汉立法。

作为公羊学集大成者,董仲舒可能就是孔子改制论的始作俑者。他再三说,"故春秋应天作新王之事"(《三代改制质文》第二十三),"是故孔子立新王之道,明其贵志以反和,见其好诚以灭伪,其有继周之弊,故若此也"(《玉杯》第二)。一是将孔子为新王立法说成是"应天"即与他的"天命论"挂上钩。二是从周之"质"到新设"文"之文化更替,孔子改制又和三统论融为一体。最后,董仲舒提出了"春秋大一统者,天地之常经,古今之通谊也"(《对策》三)。

总而言之,孔子改制论之目的,有人说是"明是有意谄媚汉室，以保持其独霸大学经席的卑鄙手段"①。当然也有人说是为汉王朝的存在寻找历史的理由②。在我们看来，董仲舒的时代，汉王朝已经在政治、经济上安定下来，年轻有为的汉武帝正欲指向内外"一统"。董仲舒的孔子改制论提出"春秋大一统"，就是为适应这一要求，将"大一统"作为"天地之常经，古今之通谊"的。董仲舒鼓吹的"大一统"，固然是以政治的一统为目的，却是以思想的一统为核心的。具体来说，有以下几方面的意义。

一是以思想之一统来建立维持政治之一统秩序。董仲舒说"臣愚以为诸不在六艺之科，孔子之术，皆绝其道，勿使并进，邪辟之说灭息，然后统纪可一而法度可明，民知所从"（《对策》三）。"诸不在六艺之科，孔子之术，皆绝其道，勿使并进，邪辟之说灭息"，是指以儒教来一统思想界。为何必如此？譬之，董仲舒以孔子为汉立法之素王，也就是"圣人"，而"正朝夕者视北辰，正嫌疑者视圣人。圣人之所名，天下以为正"（《深察名号》第三十五），即是以圣人为中心建立人道和王道。董仲舒在对策中还提出了"立学校之官"、"州举孝廉之才"等方策。按照董仲舒的理论，儒教为民众提供一种言动的行为标准，因而儒教的伦理道德又可成为实现政治一统的绝好道具，这就是只要"独尊儒术"，即"统纪可一而法度可明，民知所从"。

孔子改制与孔子立"新王之法"之说，又可以说是希求文化一

---

① 如傅隶朴著《春秋三传比义》"哀公十四年比义"主是说（中国友谊出版社1984年版）。此类说法比较简便，只是针对《春秋》三传之地位而言的。退一步说，如确有媚汉王室之疑，而当时《春秋》之政治舞台上只有公羊学，也就不存在想独霸之嫌。

② 日原利国氏之说，《汉代思想の研究》（研文出版）"中世の思想"。这一理由经常在董仲舒的研究里被提及，但汉王朝的存在是一现实事实而非因论证才能存在之辩证，所以说"大一统"才是董仲舒想强调的。

统的一种尝试。"孔子立新王之道，明其贵志以反和，见其好诚以灭伪，其有继周之弊，故若此也。"(《玉杯》第二) 所谓"新王之道"，是以《春秋》为经典，以孔子为"素王"，以鲁为正统（王鲁）。然其目的，既以孔子为汉立法，作为汉王就必须据孔子之道去改制。而孔子所立之法是一成不变的，"若夫大纲，人伦道理，政治教化，习俗文义尽如故，亦何改哉"。又，"王者必受命而后王。王者必改正朔，易服色，制礼乐，一统于天下"(《楚庄王》第一)，二者虽然表面看来相互矛盾，但改制易服显示着一种新的文化。虽"道理"一致，然又"见其好诚以灭伪，其有继周之弊，故若此也"(《三代改制质文》第二十三）。周偏重于"文"，显示了弊病，故汉要改为"先质"，以示汉与周之文化不同，才能一统使天下服。

另外，公羊学颇重"夷华之辨"。"夷华"本是一地域观念，以汉民族居住的中原地方为"中华"，以少数民族居住的地方为"夷"。而董仲舒则说"春秋无通辞，从变而移。今晋变为夷狄，楚变为君子，故移其辞以从其事"(《竹林》第三），即是以儒教礼仪为判断标准。尊重儒教礼仪，虽居"四方"也称华夏。反之，违反礼仪虽居中原也是"夷"。故可说此企图是以"礼"来一统"华夷"，实现海内一家之地域一统。

2. "天"与"大一统"

"天"是董仲舒创立的儒教之至高无上的神祇，又是其哲学之本体①。因而"天"本身，天之道"天道"及天之命"天命"等在董仲舒论证"大一统"时，不能不占有相当重要的位置。同时，如

---

① 请参见拙论《董仲舒における天思想》(《九州中国学会报》第三十卷）和《董仲舒の天人合一とその政治的功能たついて》（九州大学《中国哲学论集》一九集）。

前所述,"天命"又为定正统的要因之一。

按一般原则来说,得天命者则为正统,就是"君权天授"论。如果说这是历史与现实政治中之基本,那么董仲舒对论证"天"与大一统的关系,是动了一番脑筋的。他是这样展开论证的。

"大一统"首先是一统于王,"置王于春正之间,非曰,上奉天施而下正人,然后可以为王也云尔"(《竹林》第三)。而王为受"天命"的天之子,即"唯天子受命于天,天下受命于天子"(《为人者天》第四十一)。再者,"三画而连其中,谓之王。三画者,天地与人也,而连其中者,通其道也,取天地与人之中以为贵,而三通之,非王者孰能当是"(《王道通三》第四十四),又是以王为大一统支配体制的核心。故说"春秋之法,以人随君,以君随天。……故屈民而伸君,屈君而伸天"(《玉杯》第二)。

又,董仲舒强调人本身和天之一统性,这就是他的"天人合一"论。"人下长万物,上参天地","人主之大,天地之参"(《贤良对策》),既讲人是"副天数"而成,是有肉体和思维的小天;又讲"天亦有喜怒之气,哀乐之心"(《同类相动》第五十七),又讲天又是仿人之精神和肉体而成的,即天是一个大人。但是董仲舒所说的"人",一般都是指"王","人之得天得众者,莫如受命之天子"(《奉本》第三十四),"王者唯天之施,施其时而成之,法其命而循之诸人,法其数而以起事,治其道而以出法,治其志而归之于仁"(《王道通三》第四十四),都是讲"人—王"若领天命、法天数、天道、天志,即可一统天下,建立起"德施方外,延及群生"(《对策》一)的"王道"秩序。

一统天下之法令原则称为"王道",其皆从天出。譬如,"仁义制度之数,尽取之于天。……王道之三纲,可求于天"(《基义》第五十三),"为人主者,法天之行"(《离合根》第十八),"天地者,万物之本，先祖之所出。君臣、父子、夫妇之道，取之于此"（《观德》第三十三）。根据董仲舒的"天道"和儒教伦理道德一体化之原理，三纲五常固为儒教之基本理论，又为"取天"、"求天"而来，故说王者只要遵从纲常原理，即可使"四方正"，实现"天地之间被润深而大丰美，四海之内闻盛德而皆徕臣，诸福之物，可致之祥，莫不毕至，而王道终矣"（《对策》一）式的一统。

康有为曾对董仲舒之大一统论中天和天道天命的作用这样评论道："大一统，无不统于天，故孔子本天。"因为，一是"所尊皆天，亦统于天也，故孔子本天"。二是"盖制度皆本于天"（《春秋董氏学》卷六）。大一统谓天命也，孔子改制论中的孔子为汉预先制定礼乐制度之说，只是上应"天命"，下供人需而已。

3. 阴阳五行的应用——三统说

关于三统说本身的论述，顾颉刚等人的论述颇详[①]，这里不再赘述。本文只想对三统说的历史意义、三统说与"正统"及"大一统"之关系加以论述。

三统说详见《春秋繁露》的《三代改制质文》第二十三，是董仲舒为确立正统，即为汉争正统而建立的。如前所述，"正"和"统"的含义绝大部分出自三统说。诸如"正朔"、"统正其余皆正"及"春秋应天作新王之事"等等。

然更重要的是，三统说的前身五德终始论是邹衍创立的。董仲舒之三统说，从形式上讲诚如顾氏所说是取五德终始说而成，并且

---

① 关于三统说，请参见顾氏的《五德终始下的政治与历史》（《古史辨》第五册下）和以下的著作：1. 韦政通《世界哲学家丛书·董仲舒》，台湾东大图书公司1985年版。2. 林丽雪《中国历代思想家·董仲舒》，台湾商务印书馆1979年版。3. 内山俊彦《董仲舒たおける历史意识の问题》（《哲学研究》第五五九期）。

是一种历史循环论,但在实质上,两者有根本之区别①。

邹衍的五德终始论,是将五行等同于五德,认为王朝的更替,是领有不同的德目之帝王,按五行相胜的原理进行循环或取代。这里的五德和五行具有一致性,即五行是天德本身。而董仲舒则认为,五行(阴阳)虽重要,但终究不过是传达天道天志天意之工具,他说,"天道难见也,其道难理。是故明阳阴入出、实虚之处,所以观天之志也。辨五行之本末、顺逆、小大、广狭,所以观天道也"(《天地阴阳》第八十一)。在三统交替之背后,有着不变的天道天意,这就是他再三强调的"若夫大纲、人伦道理、政治教化、习俗文义尽如故,亦何改哉"(《三代改制质文》第二十三)。

所以,三统之交替,并非简单的循环,而是按天道之普遍原则来进行的。而在董仲舒那里,天道又是等同于儒教伦理道德的,故把儒教原理引进了三统循环。一方面是循环的动力,强调遵循儒教伦理道德的重要性,迫使欲得天下者去遵循它。遵循者得天下,从而将之抬到至关天命授受之高度。另一方面是循环之方向,并非单纯的不变之连续循环,而是面向未来,认为天道天命在一定的时代有不同的表现形态,要不断地观察它、把握它,特别是明察五行(阴阳)之变化,故有改正朔、易服、改历与礼乐等必要。

三

董仲舒正统与大一统理论,有着多方面的意义。从政治的角度来说,固可以说其是为确立汉帝国之专制主义体制,以及密切衔接

---

① 一般的论述都忽略了这一点。如内山俊彦氏将三统说说成是"不变之连续循环"的历史观〔参见《董仲舒たおける历史意识の问题》(《哲学研究》第五五九期)〕。

儒家和现实权力的关系而创立的。但问题并非这样单纯。

我们认为,追究正统与大一统,既有为汉王朝提供政治支配的正统根据的一面,又有纳正统即现实王权王统入儒教之统的企求。

众所周知,中国历史上,在打天下时,"枪杆子里面出政权"是绝对的真理。但打下政权以后,就需要用一种正当性的外衣来装饰。这就是讲"君权天授"之天命论。如何讲现实之政权拥有"天命",当为讲正统之主要任务和目的。

再说,儒家本身之正统即后来韩愈等所鼓吹的"道统论",则是讲作为官方哲学——儒教的传承脉络。

按照儒教的说法,到周公为止,正统和道统之本是同一谱系谱。即领有天命的尧舜禹汤文武,同时也是儒教之鼻祖。但到了春秋时代,王道失传,而孔孟出现,正统和道统,"天命"与"道"分离了。因而到了汉代,现政权初步稳定之后,以董仲舒为代表的儒家对正统之追究就成为正统向"道统"的复归,"天命"和"道"的再结合。也可说是以"天道"儒教理论来论证正统和大一统,即以思想一统于儒教来获得政治、文化、地域的一统,其中或有人们所说以儒教理念特别是天来限制君权之动机和因素。

如前所述,就孔子改制论而言,说孔子是"应天作新王之事",预先为汉立法。那么孔子所立之法,自然也是以儒教伦理道德为核心的。于是董仲舒说,"孔子明得失、差贵贱,反王道之本,讥天王以致太平,刺恶讥微,不遗小大,善无细而不举,恶无细而不去,进善诛恶,绝诸本而已矣"(《王道》第六)。是以伦理道德为判断现实政治好恶的主要标准;也是以《春秋》经传之价值理想,作为支配体制之政治目标。进而认为,"元者,始也,言本正也。道,王道也。王者,人之始也。王正,则元气和顺、风雨时、景星见、黄龙下;王不正,则上变天、贼气并见"(《王道》第六)。能按《春秋》理念行事，既能上使天出瑞祥，又能下以王道一统天下。

董仲舒对大一统顺序之设定，是以思想之一统来纲领政治、文化、地域之一统的。就政治的一统来说，一统的方式是"春秋之道，大得之则以王，小得之则以霸"（《俞序》第十七）。但是如独尊儒学，则"邪辟之说灭息，然后统纪可一而法度可明，民知所从"（《对策》三），也可说是"安诸侯、尊天子、霸王之道，皆本于仁"（《俞序》第十七）。关于文化之一统，则是讲周重视"文"之文化，出了弊病，故汉之文化，要"先质"，而"质"之文化，就是儒教文化本身。主要是以儒教之仁义礼乐来教化百姓，"南面而治天下，莫不以教化为大务。立太学以教于国，设庠序以化于邑。渐民以仁，摩民以谊，故其刑罚甚轻而禁不犯者，教化行而习俗美也"（《对策》一）。而地域之一统，则是以儒教礼仪作为判断"华夏"与"夷狄"之标准的。

董仲舒讲的"天"，是儒教之至上神祇与哲学本体，天之道"天道"又与儒教伦理道德具有一体化构造。这就是他反复说"仁义制度之数，尽取之于天。……王道之三纲，可取之于天"（《基义》第五十三）的道理。在他看来，"行天德者，谓之圣人。为人主者，居至德之位，操杀生之势，以变化民"（《威德所生》第七十九），只行天德即儒教伦理道德，就可泽被于天下。这和《对策》所说的"夫仁义礼知信五行之道，王者所当修饬也。五者修饬，故受天之佑，而享鬼神之灵，德施于方外，延及群生也"是一样的。既受天命，就得"行天德"，修饬儒教伦理，才可一统天下。但这也给君王提供了专制之武器，即领天命，"居至德之位"、"行天德"是专制一统之理论前提。这样，董仲舒为君王们设计了一个怪圈，供他们去两难选择。

另外，如前所述，董仲舒还将儒教理念引入了三统循环系统。所以君王不应为三统循环之系统本身所迷惑，而应遵从纲常律令，固守天道原则。

结　语

乾隆皇帝对董仲舒的"大一统"论特别赞赏，他说董仲舒的儒学"最醇"①，曾以董仲舒的"以一贯三为王"为乾隆四十年的科举试题。乾隆帝对董仲舒的"大一统"论如此感兴趣，正因当时乾隆的处境，与武帝大有相似之处。也就是如何去"大"一统的问题同时烦恼着两位。清是少数民族入主中原，而汉是继承无道之秦而立，故同忧"三代受命，其符安在"之"天命"正统。又清不断地开拓西部边疆，而汉内有诸侯国的尾大不掉，外有长期困扰着的匈奴问题，故共有"何修何饬而膏露降，百谷登，德润四海……施乎方外，延及群生"（《对策一·武帝之策问》），即有以什么去一统天下的问题。

董仲舒之儒学，因其以"天"为至上神祇和哲学本体，又将儒教理念与天之道"天道"一体化，故我们称之为儒教。这是儒教与先秦儒家之本质区别，也是儒教能克服先秦儒家"迂远而阔于事情"之弊病，成为统治思想的先决条件。就政治而言，董仲舒提出的正统和大一统论，简而言之是以与"天"一体化了的儒教伦理道德去争正统、去"大"一统。这就顺利地解决了汉王朝如何实现专

---

① 关于清代康熙、雍正、乾隆三朝的一统理论倾向和乾隆帝对董仲舒"大一统"论的评价，请参考李凤全的《乾隆期の思想文化政策たついて》一文（见《九州中国学会报》卷三一）。

制一统帝国之政治理论问题，而且也解决了古来的正统与天命问题。这样，儒教不但在理论上获得了新的生命，成为新时代的支配思想，也成为汉帝国乃至两千年来"汉"民族的精神支柱。

原文载于《传统文化与现代化》1994年第5期。
邓　红（1958－），男，重庆人，日本北九州市立大学研究生院社会系统研究科教授，哲学博士。

董子"王正月"与"《春秋》新王"论

余治平

董仲舒的思想广博而深邃,具有极强的穿透力和深远的影响力。尽管《春秋繁露》的文本究竟是不是董仲舒本人亲撰,还一直存在争议,但要想真正读懂它,也不是一件易事。要真正读懂董仲舒则必须回到传统经学的理路和脉络。本文将集中探讨董子春秋学的两个重要问题,即"王正月"与"《春秋》当新王",聚焦于董学诠释《春秋》的义理、法统,努力把董仲舒归还于春秋学的谱系中去。

一

新王改制,不可回避的一件大事就是建正朔。因此,"王正月"的问题便受到历来公羊学家的重视和研究。三微之月,即冬季子、丑、寅之月,万物端倪初现,生机萌发,因而也最适宜于建元。董仲舒说:"《春秋》何贵乎元而言之?元者,始也,言本正也。"①

---

① 董仲舒:《春秋繁露·王道》,上海古籍出版社1989年版,第25页。

"《春秋》谓'一元'之意,一者,万物之所从始也;元者,辞之所谓大也。谓一为元者,视大始而欲正本也。"① 夏、商、周三代更易,似乎一直以此为根据而建立自己的历法正统。"凡岁之要,在正月也。法正之道,正本而末应,正内而外应。"② 王者建正朔,具有正本清源的功能、意义和作用。及至南宋,朱熹在将三微之月配以天、地、人三统的时候就说过,"子是一阳初动时,故谓天统;丑是二阳,故谓之地统;寅是三阳,故谓之人统。"③ 三正一旦整合进了阴阳之道,则越加显得复杂、深奥。

所谓"王正月"是春秋公羊学的一大经典命题。《公羊传》开篇就说"元年,春,王正月"。《春秋左传》称"王正月",实为"王周正月"④。按照何休《春秋公羊传解诂》所说,"元者,气也。无形以起,有形以分,造起天地,天地之始也。"而"春者,天地开辟之端,养生之首,法象所出,四时本名也"⑤。而其中的"王"字,《公羊传》解曰:"王者孰谓?谓文王也。"⑥ 即周文王,延伸而泛指包括文王、武王、周公在内的周王。文王接受天命而统治天下,改正建子。周礼草创于文王,最终完成于武王、周公。所以何休说:"文王,周始受命之王,天之所命,故上系天端。方陈受命制正月,故假以为王法。"《春秋左传》中,"不问天子、诸侯,皆得称元年",但在《春秋公羊传》,"唯天子乃得称元年,诸侯不得

---

① 班固:《汉书·董仲舒传》,岳麓书社1993年版,第1097页。
② 董仲舒:《春秋繁露·三代改制质文》,上海古籍出版社1989年版,第42页。
③ 黎靖德编:《朱子语类·为政篇下》,第一册,岳麓书社1997年版,第537页。
④ 《春秋左传·隐公元年》,见杜预《春秋左传集解》,上海古籍出版社1997年版,第4页。
⑤ 《十三经注疏》,何休、徐彦:《春秋公羊传注疏》,北京大学出版社1999年版,第6、7页。
⑥ 《春秋公羊传·隐公元年》,辽宁教育出版社1997年版,第1页。

称元年"。然而,《春秋》开篇即是"隐公元年",鲁隐公原本只是一方诸侯,德、能平平,又没能善终,何以配称"元年"呢?因为面对王道衰微而勃兴艰难的现实,孔子只有着《春秋》而托王于鲁,虚设一位受天命之王,存亡继绝,以示人世间还存在着泯灭不掉的天理与正义。

"王正月"在《春秋》一书中,凡九十七见①。《春秋》一经为什么如此强调"王正月"呢,并且,为什么要加一个"王"字于"正"之上呢?《公羊传》的回答很干脆,说是"大一统"的需要。关于"统",其原意是合在一起的许多丝的头绪,引申为丝绪的总束。《淮南子·泰族训》曰:"茧之性为丝,然非得工女煮以热汤而抽其统纪,则不能成丝。"②何休《解诂》曰:"统者,始也,总系之辞。"统是事物的纲领、纲要、统率、总领。"夫王者,始受命改制,布政施教于天下,自公侯至于庶人,自山川至于草木昆虫,莫不一一系于正月,故云政教之始。"在公羊家那里,岁初年头绝不仅仅是一个单纯的时间刻度,不能被匀质化为一种枯燥的时间单位,而更意味着王道政治的开端,甚至还蕴含着激发人们希望和理想的生活信念。董仲舒说:"正者、正也,统致其气,万物皆应而正,统正,其余皆正。"③而统一旦不正,其余则皆不正。"《春秋》大一统者,天地之常经,古今之通谊也。"④一个称职的君王如果想要让自己的统治意志被天下所接受并且还能够深入人心,最好的办法就是从人们日用须臾不离的计时方式抓起,确立王朝运行的基

---

① 刘尚慈:《春秋公羊传译注·隐公元年》,中华书局2010年版,第2页。
② 《淮南子·泰族训》,见《百子全书》,第三册,岳麓书社1993年版,第2989页。
③ 董仲舒:《春秋繁露·三代改制质文》,上海古籍出版社1989年版,第42页。
④ 班固:《汉书·董仲舒传》,岳麓书社1993年版,第1107页。

本秩序，建立自己的时间传统，整合并提升意识形态的统御力量。尽管隐公元年之时，为公元前722年，周室衰微，进入诸侯争霸的春秋时代也都已经快五十年了，平王之位存而无用，威权不再，几乎仅只保留天子的一点象征意义罢了。但孔子修订《春秋》还是要口口声声说"王正月"，表面上是在为延续一个垂死王朝的脉络而作最后的努力，其实是要在现实的王权之外创立一个具有超越性质的、寄托了王道理想的崭新政统①。

帝王易代，无不改正朔，三代之中，夏建寅，孟春月为正月；殷商建丑，以季冬月为正月；周朝建子，以仲冬月为正月。

夏	建寅	孟春月	正月
商	建丑	冬　月	正月
周	建子	仲冬月	正月

正月为岁首，是建元、更元的起点，历来帝王都非常重视。董仲舒说："四时等也，而春最先；十二月等也，而正月最先；德等也，则先亲亲。"② 一年之计，春天最重要，而在春天当中，正月又最重要。得正月，则可得一年一岁之根本。《史记·历书》说："夏正以正月，殷正以十二月，周正以十一月。盖三王之正若循环，穷则反本。天下有道，则不失纪序；无道，则正朔不行于诸侯。"③ 正朔之建与不建，直接关涉到天下秩序之有无，显然，建正朔是天

---

① 而孔安国则指出，《春秋》"王正月"意在贬抑那位无德、无能的鲁隐公。"加王于正者，《公羊》言'大一统'是也。"实际上，"国君逾年改元，必行告庙之礼，国史主记时政，必书即位之事"。但是，"隐公阙焉，是仲尼削之也"。"《春秋》首绌隐公，以明大法，父子君臣之伦正矣。"引文见《春秋胡氏传·隐公元年》，浙江古籍出版社2010年版，第2、3页。

② 董仲舒：《春秋繁露·观德》，上海古籍出版社1989年版，第57页。

③ 司马迁：《史记·历书》，岳麓书社1988年版，第174页。

下有道的一大重要标志。三正循环，推演出活生生的人类历史。

然而，为什么只有冬季的十一月、十二月、正月，三者挑其一，才是正朔确立的唯一选择呢？为什么不可以选择春季、夏季或秋季的其他九个月份呢？其理由则大致是，冬季的三个月，阴气极盛而至太阴，阳气初发，少阳孕育，万物都在此时酝酿、生长，真元初成，因而是物之为物的开端，最适宜作为一岁之始。《春秋》一书非常强调"元"的决定作用和意义，董仲舒说："谓之一元，大始也。"① 真元之时，即为万物之初始状态。"元，犹原也。其义随天地始终也。"元之确立，根据于天道。"故元者，为万物之本。"② 物之为物，都拥有自己的元初、开始状态。如此强调某一个时间节点的重要性，把一定的价值和意义注入到某一个时间节点之中，秦汉公羊家们可能与阴阳家有一定的师承关系，至少应该接受过阴阳学术的影响。《白虎通·三正》篇曰："不以二月后为正者，万物不齐，莫适所统，故必三微之月也。"③ 冬令三微之月，天地积聚阴气，而阳气尚未开显流行，万物未发，其形态、性状还没有生成、呈现出来，有待于发生发展。"三微者，何谓也？阳气始施黄泉，万物动微而未着也。"按照《白虎通·三正》篇所排定的历史谱系：

	建正朔	阴阳	万物	色	正统
夏	十三月	阳气	始达	黑	人正
商	十二月	阴气	始芽	白	地正
周	十一月	阳气	始养	赤	天正

---

① 董仲舒：《春秋繁露·玉英》，上海古籍出版社1989年版，第19页。
② 董仲舒：《春秋繁露·义证》，上海古籍出版社1989年版，第68页。
③ 《白虎通·三正》，见《百子全书》，第四册，岳麓书社1993年版，第3557页。

这里，阴阳元素显然已经被拖了三正建构中来，并且还可以成为王朝演绎的推动力。董仲舒说："天地之常，一阴一阳。"① 人类的历史尽管纷繁复杂，其实也无外乎阴与阳之间的不断推行与流转。在《三正》篇看来，"十一月之时，阳气始养根株，黄泉之下，万物皆赤。赤者，盛阳之气也，故周围天正，色尚赤也"。周于十一月建正朔，获天德，主阳气，万物孕育而尚未最终形成，于是便推崇赤色。而"十二月之时，万物始牙而白。白者，阴气，故殷为地正，色尚白也"。殷商主阴气，立地德，于十二月建正朔，万物初露端倪，呈现发芽状态，所以色尚白。"十三月之时，万物始达，孚甲而出，皆黑，人得加功，故夏为人正，色尚黑。"② 夏于十三月建正朔，主阳气，得人事，万物已呈现出自身之为自身的雏形，甲虫之类先后出洞，黑色一片，所以色尚黑。选择三微之月作为新王治理天下的开端，最容易收到事半功倍的效果，君王"法天奉本，执端要以统天下"③，天子自己的行为端正了，黎民百姓也便跟着学好了。而且，十一月、十二月、十三月（正月）之间，天、地、人之间，黑、白、赤之间，所蕴含的是一种此起彼消、循环往复的关系。掌握了天道，才能调节好人道。识得人伦秩序之大体，才能照顾到礼乐典章之细节。所以《三正》篇才说："三正之相承，若顺连环。孔子承周至弊，行夏之时，知继十一月者，当用十三月也。"于是，孔子著《春秋》，撇开周道，而继承夏统，崇尚黑色，在汉代已经被所有儒生所理解和接受。

---

① 董仲舒：《春秋繁露·阴阳义》，上海古籍出版社 1989 年版，第 71 页。
② 《白虎通·三正》，见《百子全书》，第四册，岳麓书社 1993 年版，第 3557 页。
③ 董仲舒：《春秋繁露·三代改制质文》，上海古籍出版社 1989 年版，第 42 页。

二

非天子不议礼，孔子有圣德而无王位，竟然变周之制，其意欲无非"明大法"，而使"父子、君臣之伦正矣"①。《春秋》"王正月"之目的也是要正人伦纲纪，尤其要引导人们尊尊。孔子嫌这个道理从自己嘴巴里说出来，力度不够，于是便搬出天命。假借其神力而使天下人心服口服。《三代改制质文》篇曰：

《春秋》曰："王正月。"

《传》曰："王者孰谓？谓文王也。曷为先言王而后言正月？王正月也。"

何以谓之王正月？曰：王者必受命而后王。王者必改正朔，易服色，制礼乐，一统于天下，所以明易姓，非继人，通以己受之于天也。王者受命而王，制此月以应变，故作科以奉天、地，故谓之王正月也。②

改正朔的习惯，早已存在，夏、商、周代代更元，及至汉代，人们似乎已经普遍相信新王受命必改制的政治逻辑。司马迁在《史记·历书》里说："王者易姓受命，必慎始初。改正朔，易服色，推本天元，顺承厥意。"③《白虎通·三正》也说："王者受命必改朔，何？明易姓，示不相袭也；明受之于天，不受之于人。所以变易民心，革其耳目，以助化也。"④ 至于王者改正朔的理由，一般

---

① 胡安国：《春秋胡氏传·隐公上》，浙江古籍出版社2010年版，第3页。
② 董仲舒：《春秋繁露·三代改制质文》，上海古籍出版社1989年版，第41页。
③ 司马迁：《史记·历书》，岳麓书社1988年版，第174页。
④ 《白虎通·三正》，见《百子全书》，第四册，岳麓书社1993年版，第3556页。

都无外乎这样：新王已经从上天那里获得授权而成其为天下人之主，而非沿袭前朝或人为争夺就可以赢来的，天意不可违拗，只得顺承，因而新王之为政、治民也必须区别于旧王、旧政权。为使新王知道自己王朝的根本与源头，也为造就一个崭新的历史起点，新王必须拥有一个新的开端，必须重视把自己的主导意识形态有机融入天下百姓的日用生活当中去，从而使自己的政治统御获得一个良好的初始状态。既能"变易民心"，让百姓也无条件地顺承天意，又能"革其耳目"，使他们在日用常行中耳濡目染于王道教化，更容易被引导和驯服，这就是新王建正朔的最大益处。

在《三代改制质文》篇中，董仲舒说：

> 凡岁之要，在正月也。法正之道，正本而末应，正内而外应，动作举措，靡不变化随从，可谓法正也。故君子曰："武王其似正月矣。"
>
> 改正之义，奉元而起。古之王者受命而王，改制称号正月，服色定，然后郊告天地及群神，远追祖祢，然后布天下。
>
> 诸侯庙受，以告社稷、宗庙、山川，然后感应一其司。①

于是乎，新王建正朔的目的不能仅仅理解成时间学意义上的一日之计在于晨、一岁之计在于正月，或如谚语所说"好的开头就是成功的一半"，而一定与王道政治、教化理想密切相关联。树根不正，则不足以正枝叶，新王建正朔、改制度、易服色之后，则很容易起到正本清源、上下互动、内外感通的作用和效果。董仲舒说："故为人君者，正心以正朝廷，正朝廷以正百官，正百官以正万民，正万民以正四方。四方正，远、近莫敢不壹于正，而亡有邪气奸其

---

① 董仲舒：《春秋繁露·三代改制质文》，上海古籍出版社1989年版，第42页。

间者。"① 君王的行为端庄，那么整个朝野上下的人们的行为都不敢不端庄。治理天下的起点在君王自身，而不在外围人群。实际上，一切王者的统治功效最先都是从自己的所作所为而发散、推开出去的，治人不如先治己，自己好了，别人就自然会跟着好起来，儒家内圣之学一向相信由内而外的工夫逻辑，落实于外王事功，当然也相信同样的逻辑，由个人而家庭，而部族，而社会，而邦国，而全人类，逐级放大，层层递增，君王则是最中心的那一个原点，原点如果立不正，外围人群的表现则一定好不到哪里去！这就是《春秋》"贵元"的最基本原因。

而更为独特的是，董仲舒还要把新王改制的一系列结果用一种近乎宗教仪轨的方式非常虔诚地告知天地神灵、先祖宗庙和山川大地，以使新王政权更加深入天下人心。皇家祭祀，当数"郊祭"为最大，董仲舒说："郊义，《春秋》之法，王者岁一祭天与郊。"② 而且，因为"郊因于新岁之初"，故"郊必以正月上辛"③。受命而王、改制、称号正月、定服色一类的大事情，必须借助于郊祭而获得正式确定，确定之后再敬告天地、众神、祖先，进而颁布天下使百姓知晓，同时，也必须让诸侯在宗庙之所隆重举行改正朔、易服色之礼仪，以此而敬告社稷、宗庙、山川，目的就是要让天地万物都能够感应、感通于新王之政。我们从如此烦琐的礼仪规定中，可见其重要性非同一般。董仲舒第一次把"王正月"带进了准神圣、准宗教的意义领域。

---

① 班固：《汉书·董仲舒传》，岳麓书社1993年版，第1097页。
② 如遇特殊情况，天子可以取消其他一切祭祀活动，唯独侍奉天的郊祭仍必须正常进行，即便父母之丧也不能例外，"唯祭天为越丧而行事"，古来今来，天子都"畏敬天而重天郊"。引文见董仲舒《春秋繁露·郊祭》，上海古籍出版社1989年版，第82页。
③ 董仲舒：《春秋繁露·郊祭》，上海古籍出版社1989年版，第82页。

而实际上,建正朔应该只与月份相关,引申意义也不过新王受天之命而应当拥有崭新的开端。君王受命,必奉天、地。于是,董仲舒便从"地"的特性来解释月份,他说:"王者受命而王,制此月以应变,故作科以奉天、地,故谓之王正月也。"新王尊命,是奉天,对天算有了交代;而改正朔,动月份,从冬季三月中选择一月,而确立为新朝的第一个月,即正月,显然是奉地之举。王应天,人应地;王在上,民在下,治理百姓生活之事,不可忽略历法的作用。沿袭自夏代开始的改正朔传统,而运用周朝建子之正统,说明孔子编《春秋》有根有据、有典有律,并非出于一己之杜撰。所以胡安国说:"以夏时冠月,垂法后世;以周正纪事,示无其位不敢自专也,其旨微矣。"① 《春秋》之"王正月"一句,看似简单,其寓意非常深刻,其弘扬王道之作用也非常重大。

三

进入春秋时代,诸侯逞强,周王式微,天下无法一统,王道不能畅行。董仲舒说:"王者改制作科奈何?曰:当十二色,历各法而②正色,逆数三而复,绌三之前曰五帝,帝迭首一色,顺数五而相复,礼乐各以其法象其宜,顺数四而相复。咸作国号,迁宫邑,易官名,制礼作乐。"按照苏舆的解释,因为"年十二月,故云十二色。每月物色各不同",不仅冬令三月的主色不同,其余各月的主色也都不同,而新王即位,则应当"于十二色中,取三微之月,

---

① 胡安国:《春秋胡氏传·隐公元年》,浙江古籍出版社2010年版,第2页。
② 苏舆指出,这里的"而"字,疑当作"其",故谓"历各法其正色"。见《春秋繁露义证·三代改制质文》,中华书局1992年版,第185页。

各法其一，以为正色，而改历也"①。这显然是一种普遍性的要求，而具体到《春秋》一经，则应当继周而起，正黑统而取代赤统。董仲舒说：

> 故《春秋》应天作新王之事。
>
> 时正黑统。
>
> 王鲁。
>
> 尚黑。
>
> 绌夏、亲周、故宋。
>
> 乐宜亲《招武》，故以虞录亲。
>
> 乐制②宜商，合伯、子、男为一等。

这些方面构成了孔子著《春秋》，在政治现实之外单独开辟理想化、圣王化的一个法统的基本内容。仅从字面含义上，我们就直接可以解读出：

首先，孔子编《春秋》，完全是一种天命使然，不是他自己想要这么做，而是上天让他必须这么做。东周无孔子，人们还会在黑暗中摸索很久。唯有圣人才可以感知天命，揣摩天德，应合天理。董仲舒说："故《春秋》受命所献制者，改正朔，易服色，所以应天也。"③ 孔子编《春秋》，目的性很强，就是要执行、布施、最终成就出一代天子之事。

其次，孔子要告诉人们的是，周王退出历史舞台之后，代替赤统而兴起的正是黑统，符合黑、白、赤三统循环、交相替代的天道规律，任何人都不可违拗、背离。苏舆引司马谈语曰："董生三统

---

① 苏舆：《春秋繁露义证·三代改制质文》，中华书局1992年版，第185页。

② 聚珍版中，卢文弨注曰："乐制，疑当制爵。"见董仲舒《春秋繁露·三代改制质文》，上海古籍出版社1989年版，第41页。

③ 班固：《汉书·董仲舒传》，岳麓书社1994年版，第1101页。

迭用，既以《春秋》当一代，正黑统，汉当亲黑统、正白统也。"①

再次，《春秋》异内外，孔子内其国而外诸夏，假托一新王行事于破败不堪的鲁国。《史记·孔子世家》曰："乃因史记作《春秋》，上至隐公，下讫哀公十四年，十二公。据鲁，亲周，故殷，运之三代。"② 以鲁为寄托，以鲁为依据，通过鲁十二公所经历的人与事，或进退，或褒贬，因以正是非曲直，明一王之法。

第四，超越于周制赤统，《春秋》新王一切的服色度制皆崇尚黑色，非黑勿用，非黑勿制，黑为《春秋》素王的主色调。但苏舆却分析出《春秋》正黑统的别样缘由，他说："鲁为侯国，汉承帝统，以侯拟帝，嫌于不恭，故有托王之说。云黑统则托秦尤显。盖汉承秦统，学者耻言，故夺黑统归《春秋》。"③

第五，隐公元年，何休作《文谥例》云："三科九旨者，新周，故宋，以《春秋》当新王"④，这里已经有一科三旨了。新周，当为亲周⑤。从《春秋》自身开始，上溯两朝，在宋、鲁两邑分别赐予商、周二王之后，保存其文明传统，运之三代，合成三统，于是，夏远了，周近了。按照惯例，远者，封地相对小一些；近者，封地则相对大一些。

第六，《招武》即《韶舞》，指《韶乐》。《论语·卫灵公》记，颜渊问"为邦"。孔子曰："行夏之时，乘殷之辂，服周之冕。乐则

---

① 苏舆：《春秋繁露义证·三代改制质文》，中华书局1992年版，第188页。
② 司马迁：《史记·孔子世家》，岳麓书社1988年版，第420页。
③ 苏舆：《春秋繁露义证·三代改制质文》，中华书局1992年版，第187页。
④ 《十三经注疏》，何休、徐彦：《春秋公羊传注疏·隐公元年》，北京大学出版社1999年版，第5页。
⑤ 卢文弨指出，"亲周，何休注《公羊》作新周。然以《春秋》当新王，不当更云新周。且上文云：亲夏，故虞；下文又云：亲赤统，亲黑统。可证亲字之是"。参见苏舆《春秋繁露义正》，中华书局1992年版，第189页。

《韶舞》。放《郑声》，远佞人。《郑声》淫，佞人殆。"这里的"乐则韶舞"，则表明了孔子乐制的基本倾向与特点。《论语·述而》记曰，"子在齐闻韶，三月不知肉味，曰：'不图为乐之至于斯也。'"韶乐原本为舜帝所制作。商以神农为帝，周以轩辕为帝，《春秋》则应当以虞舜为帝。

第七，《春秋公羊传》，桓公十一年，曰："《春秋》，伯、子、男，一也。"① 周制，爵有公、侯、伯、子、男五等，而商制则约简，只有公、侯、子三等。《春秋》行一王之法，当从商，合伯、子、男为一等，而不从周。

孔子身处春秋时代，周王虽衰微，但毕竟有王室存在着，可孔子却撇开周之时王，而另以《春秋》一书"因鲁史记，设素王之法"，标榜"天子之事"②，假文王制式，单立法统，以区别于周，不应该算作一种不忠、僭越、犯上或大不敬，而只应该理解为不借此则不足以伸张王道。孔子不这么做，王道正义就揭示不出来，起码还得被遮蔽很长一段时间。

按照公羊家的理论，生活于乱世之布衣孔子，"不当王者之位、无斧钺之伐，无尺土之封"③，正因为晚年"西狩获麟"④ 的天命符瑞，被强烈的文化使命感和道义责任感所驱使，便只能著作《春秋》一书而加王心，假托一新王而制义法，对天下诸侯之所作所为施行天子褒贬进退、存亡继绝之权。鲁庄公二十七年，《春秋》记

---

① 《春秋公羊传·桓公十一年》，辽宁教育出版社1997年版，第15页。
② 《十三经注疏》，赵岐、孙奭：《孟子注疏·滕文公下》，北京大学出版社1999年版，第178页。
③ 蒋庆：《公羊学引论》，辽宁教育出版社1995年版，第92页。
④ 《春秋经传引得·公羊传·哀公十四年》，上海古籍出版社1983年版，第487页。

曰"杞伯来朝。"《公羊传》未加任何解释,而董仲舒却由此发明了新王之义,他指出:"王者之后称公,杞何以称伯?《春秋》上绌夏,下存周,以《春秋》当新王。"① 杞国国君惠公,《史记·陈杞世家》作"德公",立"十八年"② 而卒。杞姓原本夏禹之后,按照"存二王之后"之惯例,周时当称其为"公"③。但因继商、周两朝之后,《春秋》单立出一个法统,虽无王位但却可自许为王,由此,不包括自身在内前溯两代,于是杞王显然已不再是"存二王之后"的对象了,超出了优待的范围,属于新朝之前的第三代了,因为太久、太远,所以便无法继续享受在政治、经济方面的一系列特殊礼遇了。于是,《春秋》便借杞惠公前来朝见鲁庄公之事而行贬杞王为"伯"的天子之权。《三代改制质文》解释说:

《春秋》当新王者,奈何?

曰:王者之法,必正号,绌王谓之帝,封其后以小国,使奉祀之。

下存二王之后以大国,使服其服,行其礼乐,称客而朝。

凌曙引"隐三年"注曰:"王者封二王之后,地方百里,爵称公,客待之,而不臣也。"④ 苏舆《义证》亦曰:"二代前不追尊,使小国奉祀而已。"⑤ 新王继位之后,或出于尊敬先王之功业,或出于安抚前朝遗老遗少之人心,或出于保存不同服色习惯与礼乐传统之需要("服其服"、"行其礼乐"),即维持现实与历史、前朝与

---

① 董仲舒:《春秋繁露·三代改制质文》,上海古籍出版社1989年版,第42页。
② 司马迁:《史记》卷三六《陈杞世家》,岳麓书社1988年版,第285页。
③ 公之位,高于伯、子、男三爵。《春秋公羊传·隐公五年》曰:"天子三公称公,王者之后称公,其余大国称侯,小国称伯、子、男。"辽宁教育出版社1997年版,第5页。
④ 凌曙:《春秋繁露注·三代改制质文》,中华书局1975年版,第244—245页。
⑤ 苏舆:《春秋繁露义证·三代改制质文》,中华书局1992年版,第198页。

当朝的连续性和一贯性，或出于最朴素的人道关怀，对前两朝王室成员，往往念其不事稼穑，无从收获，而给予相应的优待，继续享有一定的特权。孔广森《公羊春秋经解通义》曰："杞，夏后氏之后，周初封公，未知何时降爵为伯。《春秋》因而不褒，又不为录灾异与宋比者，亦将托新义为后法有王者起，当在所黜也。"① 后王既起，"存二王之后"，也应当依次前溯二代。因为周王"存禹之后于杞"、"存汤之后于宋"，现在的《春秋》法统则应当只存商、周二王之后了。《春秋》既改称"杞公"为"杞伯"，则说明已把自己算作一代新王，而夏王之后则自然就被逐出"客待"之行列。

四

既然已成为新王，《春秋》则当改制，变名号，易服色，另立一法统，以区别于前朝旧王。《三代改制质文》则具体交代曰：

> 《春秋》作新王之事，变周之制，当正黑统。而殷、周为王者之后，绌夏，改号禹谓之帝，录其后以小国，故曰：绌夏，存周，以《春秋》当新王。不以杞侯，弗同王者之后也。称子又称伯，何？见殊之小国也。

当此之时，殷、周已经为前朝，如果说殷为白统、周为赤统，那么紧接着的《春秋》则应该为黑统，三统循环，往复生成，所以必然与历史上的夏代法统相一致。但按照"存二王之后"的惯例，《春秋》只能赐殷、周王室之后以故国，礼遇之、客待之，而不得不废除夏王室之后的一切特权，称呼夏禹为"帝"，但仍然会把小

---

① 孔广森：《公羊春秋经解通义·庄公二十七年》，清嘉庆刻本影印，见《续修四库全书·经部·春秋类》，第一二九册，上海古籍出版社2002年版，第54页。

一点的国分封给他的后裔,使他们可以单独祭奉他们的禹王,而把大一点的国分封给殷、周二王之后。这就是距今年代有远、有近的差别。鲁庄公二十七年,《春秋》记曰"杞伯来朝"而非"杞侯来朝",目的就是为了让他区别于殷、周二王之后。正因为杞国是刚刚被贬抑的夏禹之后,所以《春秋》一书中,有时称杞国之君为"子",有时则称"伯",不过,当此之时的杞国仍还是一个颇受待见、各方面情况相对特殊的小国。

在《三代改制质文》中,董仲舒还通过帝王谥号来论证、阐发"《春秋》当新王"的思想。他指出:

故同时称帝者五,称王者三,所以昭五端,通三统也。

是故周人之王,尚推神农为九皇,而改号轩辕,谓之黄帝,因存帝颛顼、帝喾、帝尧之帝号,绌虞而号舜曰帝舜,录五帝以小国;下存禹之后于杞,存汤之后于宋,以方百里,爵号公,皆使服其服,行其礼乐,称先王客而朝。

黄帝之先谥,四帝之后谥,何也?曰:帝号必存五,帝代首天之色,号至五而反。周人之王,轩辕直首天黄号,故曰黄帝云。帝号尊而谥卑,故四帝后谥也。

帝,尊号也,录以小,何?

曰:远者号尊而地小,近者号卑而地大,亲疏之义也。

新王继起,大多会封先王以一定名号,以示对前人的尊敬和爱戴,这显然属于笼络天下人心之善举。在董仲舒看来,对于新王而言,同时被称为"帝"的只能有五个,而同时被称为"王"的只能有三个。只有这样才能使"五始之道"澄明透彻("昭五端"),使黑、白、赤三统顺畅通达("通三统")。譬如,当初周人称王的时候,就上推至远祖神农氏,号为"九皇";改变轩辕氏的名号,称其为"黄帝";依旧保存了颛顼、帝喾、帝尧的帝号;废除虞舜,而称其为"帝舜"。再把小一点的国分封给这五帝的后代。另外，还把杞国分封给夏禹王的后代，把宋国分封给商汤王的后代，使他们分别保持自家本朝的服色习惯和礼乐传统，当他们朝见周天子的时候则一律被称为"先王客"，而不称其为臣子。

周人将轩辕氏的谥号放在帝号的前面，称为"黄帝"，而颛顼、帝喾、帝尧、虞舜的谥号则放在帝号的后面。"帝代首天之色"一句中，苏舆案曰："帝，疑作黄。黄者，首天之色；帝者，首天之号。"① 一朝之内，帝号王位只保存五个，黄色在各种自然色彩中排列于第一位，各种名号排到第五，就开始循环了。《白虎通·号》篇曰："黄帝始作，制度得其中和，万世常存，故称黄帝也。"② 作为人文始祖，黄帝初作度制礼法，恩泽后世，功勋卓著。《白虎通·谥》篇又曰："'黄帝'，先'黄'后'帝'者，何？古者顺死生之称，各持行合而言之，美者在上。黄帝始制法度，得道之中，万世不易，名黄自然也。后世虽圣，莫能与同也。后世得与天同，亦得称帝，不能立制作之时，故不得复称黄也。"③ 黄帝对于人类文明之贡献，非后世一般圣贤之主所能够比拟，不能为人类创设文明范式，则根本配不上一个"黄"字④。周人称王之时，轩辕氏就被冠以在自然色彩中排列于第一位的"黄"的名号，所以他的谥号就放在帝号之前而称"黄帝"了。相对而言，帝号比较尊贵，谥号比较卑微，所以颛顼、喾、尧、舜的谥号干脆就放在了后面。但

---

① 苏舆：《春秋繁露义证·三代改制质文》，中华书局1992年版，第200页。
② 《白虎通·号》，见《百子全书》，第四册，岳麓书社1993年版，第3520页。
③ 《白虎通·谥》，见《百子全书》，第四册，岳麓书社1993年版，第3522页。
④ 至于"黄"的含义，汉代应劭《风俗通义·五帝》解释说："黄者，光也，厚也，中和之色，德四季，与地同功，故先黄以别之也。"见《百子全书》，第四册，岳麓书社1993年版，第3590页。

既然帝号比较尊贵,又为什么被分封给小国呢?董仲舒以为,距今年代比较久远的帝王名号虽然尊贵,但其王室后裔的封地则相对狭小一些;而年代距今比较靠近的帝王,名号虽然卑微,但其王室后裔的封地则相对广大一些,这里面显然包含着公羊学别亲疏、异远近的基本道理。

新王即位,首开法统,以向全天下人标榜自己的政权基础及其合法来源,其为政、施教有根有据,这样的王,才配得上"天子"之名号。《三代改制质文》说:

> 故王者有不易者、有再而复者、有三而复者、有四而复者、有五而复者、有九而复者。
>
> 明此通天地、阴阳、四时、日月、星辰、山川、人伦,德侔天地者称皇帝,天佑而子之,号称天子。

在董仲舒看来,君王治理天下所凭借的法统渊源,有的是永远不变的,有的是质、文二者相互循环的,有的是子、丑、寅三正朔相互循环的,有的是夏商、质文四者相互循环的,有的是五帝相互循环的,有的是九皇相互循环的①。形式虽各有所异,但都有板有眼,有据可依。而只有那些通晓了天地、阴阳、四时、日月、星辰、山川、人伦的内在机理,德行能够与天地相并列、等齐的人,才可以被称皇、称帝。这样的人,上天也会保佑他、庇护他,并且将他看作是自己的儿子,所以他的名号就叫天子。儒家一向重视和强调精英分子或精英阶层对于伦常秩序建构和维护的积极作用,而皇帝无疑又是精英中的精英。借助于政统、王权的巨大力量,而对

---

① 关于"不易者"、"再而复者"、"三而复者"、"四而复者"、"五而复者"、"九而复者",苏舆分别注疏曰:"不改道"、"文质"、"正朔"、"一商一夏,一质一文"、"五帝"、"九皇",见《春秋繁露义证·三代改制质文》,中华书局1992年版,第200—201页。

整个社会、世道进行教化与匡正，事半功倍，其意义和效果远非普通人所能够比拟，可惜，一般的皇帝也都做不到这一点，只有圣王、明君才能够做到。而在这里，建立法统，让天下人做事有法则可依据，有准绳可看齐，是天子为政之初的一大急务。

　　故圣王，生则称天子；崩迁则存为三王；绌灭则为五帝，下至附庸，绌为九皇，下极其为民。有一谓之三代，故虽绝地，庙位祝牲犹列于郊号，宗于代宗。

　　故曰：声名魂魄施于虚，极寿无疆。①

　　大凡圣明的君王活着的时候被称为天子，死了还可以被加谥进"三王"，超过三代之后又可以被追封为"五帝"，其故都也下降为"附庸国"，再往后，则被排入"九皇"行列，而退至极点也还可以为普通百姓。所以天子之尊贵，天子对于人类生活、社会秩序之决定意义和重要作用，在任何时候都是毋庸置疑的，非一般人所能够企及。"有一谓之三代"一句，按照苏舆的解释："有，与又同"，"一，犹同也"，"三，疑先之误"。于是，即便时代久远了、封地没有了，这些圣明君王却仍然可以被后人称为"先代"，他们的宗庙牌位、祝祀牺牲仍然可以被列在新王祭天的名号中，他们同样也被尊崇于泰山祭祀礼仪中。他们人虽然死了，但其声名已复归于天地之间，将永远流传下去。天子立法统，法统正人类生活、正社会秩序，这恰好是董仲舒所极力弘扬和推广的公羊学主旨。

五

　　划分公卿等级，区别百官阶层档次，而便于有序治理。而芸芸

---

① 董仲舒：《春秋繁露·三代改制质文》，上海古籍出版社1989年版，第43页。

众生之中，唯有天子方可设爵授位。改周爵公、侯、伯、子、男五等为公、侯与伯子男三等，也是"《春秋》当新王"之后的一大标志性举措。《三代改制质文》中，董仲舒指出：

《春秋》"郑忽"，何以名？

《春秋》曰："伯、子、男，一也，辞无所贬。"

何以为"一"？

曰："周爵五等，《春秋》三等。"

据《春秋》记，桓公十一年，"郑忽出奔卫"。《春秋公羊传》曰："忽，何以名？伯、子、男，一也，辞无所贬。"① 鲁桓公十一年五月七日（癸未），郑庄公寤生去世，七月下葬。秋九月，庶子突在宋庄公的怂恿下回到郑国准备继承王位，迫于压力，嫡长子、已立为太子的公子忽则不得不逃亡卫国。

按照《春秋》之书例，先君下葬，新君一律降爵称子。又，根据《礼记·王制》篇，"王者之制，禄爵：公、侯、伯、子、男，凡五等"②，这是周王之礼制的基本规定，而及至孔子著《春秋》一书，则将爵位约减成三等，合伯、子、男三者为一等，皆从"子"。这是孔子新王改制的一项主要内容。所以《春秋》不呼其爵号，而直称"郑忽"之名，符合在丧降爵之周礼要求，对其本人也并无贬损、讥讽之意。但现在的问题是，《春秋》为什么要作这样的改变呢？董仲舒的理解是，"王者以制，一商一夏，一质一文。商质者，主天；夏文者，主地；《春秋》者，主人，故三等也"。君王治理天下的法统，往往表现为夏道与商道交替使用，质与文轮番流转。商道，推崇质朴，取法于天道，所以爵分三等；而夏道则推

---

① 《春秋公羊传·桓公十一年》，辽宁教育出版社1997年版，第15页。
② 《礼记·王制》，岳麓书社1989年版，第328页。

崇文饰，取法于地道，所以爵分五等；《春秋》继周代"文者，主地"的法统之后，当然又必然返回于"质者，主天"之统而取法于天道，所以爵分三等。于是，周王为一统，《春秋》也为一统，只有先、后差别，而并不存在《春秋》重复周制、直接取法于周礼的问题。

朝代	德运	所主	所法	爵位
夏	文	地	五行	五等
商	质	天	三光	三等
周	文	?	五行	五等
《春秋》	质	人	三光	三等

董仲舒在这里的说法，显然不同于《白虎通·三正》篇以夏主人、殷主地、周主天之论。这是第一个矛盾的地方。而第二个矛盾的地方则在于，如果夏主天、商主地、周主人，那么，继周而起的《春秋》则应该要么从质而主地，要么从文而主天，无论如何都不应该主人，这显然不能自圆其说。凌曙、苏舆两人都没有指出这句话在版本刻写、文字抄录方面有什么遗漏或过失，因此基本可以排除错简、误排、脱落之类的可能，苏舆似乎已经发现了这个漏洞，而只得说："董不以《春秋》为主地，而云主人，又异说也。"① 但在这里，有趣的一点倒是，夏、商、周、《春秋》四者，与质、文两种道统之规定，再与天、地、人三者，交替转换，关联互动，彼此催生，错落有致，因而呈现出一幅绚丽多彩的历史画卷。

爵位究竟是五等，还是三等，则随礼制所法之不同而不同。《白虎通·爵》篇说："《易》曰：'伏羲氏之王天下也，爵有五等，

---

① 苏舆：《春秋繁露义证·三代改制质文》，中华书局1992年版，第204页。

以法五行也。或三等者，法三光也。'或法三光，或法五行，何？质家者，据天，故法三光。文家者，据地，故法五行。"① 公、侯、伯、子、男与五行相对应，因为五行而生五等爵位。而伯、子、男则与天、地、人相对应，因为三光而有三等爵位。周礼取法于地德，依据于五行；孔子之《春秋》则取法于天德，依据于三光。何休在解诂《春秋公羊传》桓公十一年时说："《春秋》改周之文，从殷之质，合伯、子、男为一。"显然，去周之文、法商而质，变五等爵为三等，则构成了孔子改制最重要的两项基本内容。何休指出：

> 故王者始起，先本天道以治天下，质而亲亲，及其衰敝，其失也亲亲而不尊。
>
> 故后王起，法地道以治天下，文而尊尊，及其衰敝，其失也尊尊而不亲，故复反之于质也。
>
> 质家，爵三等者，法天之有三光也。
>
> 文家，爵五等者，法地之有五行也。
>
> 合三、从子者，制由中也。②

孔子改制的原因与动力就在于周道太重文，太强调尊尊，而忽略亲亲，不返回到亲亲之道上来，则根本不足以矫枉过正。孔子本人的目睹、亲历，则加深了改周之制、变周道统、另立一个王法的决心。汉代纬书《春秋元命包》中亦曰："王者一质一文，据天、地之道也，天质而地文。"③ 但实际上，天、地、人三光与五行，

---

① 《白虎通·爵》，见《百子全书》，第四册，岳麓书社1993年版，第3516页。

② 《十三经注疏》，何休、徐彦：《春秋公羊传注疏·桓公十一年》，北京大学出版社1999年版。

③ 《春秋纬·春秋元命包》，见安居香山、中村璋八编《纬书集成》，河北人民出版社1994年版，第622页。

再加上阴、阳两性,同在董仲舒"十之数"之内。"天、地、阴、阳、木、火、土、金、水,九,与人而十者,天之数毕也。"①"十者,天数之所止也。"② 如果我们能够有效剔除掉这其中牵强、比附的成分,法三光与法五行之间,在本质上应该没有太大、太多的差别,因为它们都是构造世界万物最基本的元素,一样原始而本真,甚至,在严格意义上,五行也可以包罗在天、地、人的关系结构之内。它们之间最多只在被先天赋予的数量上有所不同而已。世间物事之生发,是秉承了天、地、人三光,还是秉承了五行之气,其后天表象上的区分,似乎没有董仲舒所设想的那么大。更何况,世间物事之生发,一定是同时被充塞进了天地人、五行、阴阳之气的,凡人仅从外在表象上,又何以能够强硬地区分、辨析出什么三光、五行、阴阳元素呢?!过分相信这一类学说,似乎也是"敝于文"之一种,显然属于文艺腔太浓,急需要拯救,而回归到一种理性主义的认识态度上来。

原文载于《河北学刊》2014年第1期。

余治平(1965—),男,江苏洪泽人,上海社会科学院哲学研究所研究员、哲学博士、博士后。

---

① 董仲舒:《春秋繁露·天地阴阳》,上海古籍出版社1989年版,第98页。
② 董仲舒:《春秋繁露·阳尊阴卑》,上海古籍出版社1989年版,第66页。

董仲舒"三统说"与西汉大一统王朝的构建

藏 明

一、董仲舒"三统说"的主要内容

"三统说"是董仲舒在对五德终始说进行吸纳和借鉴的基础上[①],结合并利用以往的古史系统与历法,以西汉社会的政治、经济发展状况为立足点,进而形成的一套关于历史发展的理论体系[②]。该理论以"白"、"赤"、"黑"作为朝代确立的象征,董仲舒言:"故汤受命而王,应天变夏作殷号,时正白统。……文王受命而王,应天变殷作周号,时正赤统。……故《春秋》应天作新王之事,时正黑统。"[1]186-187可见,董仲舒认为:商代以"白统"立国、周代以"赤统"立国、新王以"黑统"立国。除此之外,三统所对应的历法、礼乐也各不相同[2]330。

表1 "三统说"所规定的历法、礼乐

三统	正日月朔	岁首	尚色	牺牲	行冠礼处	昏礼视处	丧礼殡处	祭牲	荐尚物	日分朝正
黑统	营室	建寅	黑	角卵	阼	庭	东阶	黑牡	肝	半明
白统	虚	建丑	白	角茧	堂	堂	楹柱之间	白牡	肺	鸣晨
赤统	牵牛	建子	赤	角栗	房	户	西阶	骍牡	心	夜半

而且,董仲舒还根据帝王的亲疏远近,对三统说的君王谱系进行了扩展。董仲舒言:"故圣王生则称天子,崩迁则存为三王,绌灭则为五帝,下至附庸,绌为九皇,下极其为民。"[2]202可见,董仲舒创建的三统说"把黑统、白统、赤统与朝代相对应,并将朝代的发展置于三统的循环当中,朝代与哪个统相对应,就采取哪个统的礼乐制度。他把本代和前二代列为'三王'(即本届的三统),三王之前的五代列为'五帝',五帝之前的一代列为'九皇',一共是九代。所以三王,五帝,九皇,都不是固定的名称而是推移的名称,好像亲属之有高祖、曾祖和曾孙、玄孙一样"[3]224。更为重要的是,三统说"是一种天人感应说在历史领域的运用,是既带有进化又兼有循环的特色的,其目的是为汉王朝统治的合理性提供论证"[4]492。

二、董仲舒"三统说"的循环顺序

关于三统的循环顺序,学术界的观点大致可以分为两类。其一,三统循环的顺序是:赤—黑—白,起于赤统,终于白统,政权始于夏的前一代[5]443。其二,三统说的循环顺序是:黑—白—赤,起于黑统,终于赤统,政权始于夏代[2]330-331。但是,对"三统说"进行深入探究后却能发现,其循环的顺序是:白—赤—黑,起于白统,终于黑统,政权始于商代。

首先,在董仲舒《春秋繁露》帝德谱中出现的古代圣王中,"神农"是所有圣王中,历史最久远的一位。而董仲舒又言:"故汤受命而王,应天变夏作殷号,时正白统。亲夏故虞,绌唐谓之帝尧,以神农为赤帝。"[1]186 可见,如果"三统说"不是以商代的白统为始,自然不会把年代最久远的"神农"安排在这个朝代。

其次,商代是以神农为赤帝,而周代"尚推神农为九皇,而改号轩辕谓之黄帝"[1]199。按照此等顺序类推,周的下个朝代(汉)则应该是"推黄帝为九皇",在董仲舒的《春秋繁露·三代改制质文》中先有"圣王",而后有"天子",然后有"三王",再有"五帝",次有"九皇"。关于这些称谓又有什么衡量的标准呢?董仲舒认为是"远者号尊"、"近者号卑"[1]200。再者,在五德终始说中,黄帝是与土德相联系的,汉武帝也曾下诏认为,汉家与黄帝都是"率应水德之胜"[6]1260。可见,"汉武帝认为汉代与黄帝一样,都应隶属于土德"[7]112-114。所以说,新兴的帝王以黄帝为九皇,是与武帝朝的改历运动相契合的,而只有三统说始于商代,新兴的帝王(汉武帝)才能"推黄帝为九皇"。

最后,虽然董仲舒言:"三正以黑统初。"[1]191 但是,其言的三正非三统,顾颉刚也认为:"三统说是用三正说作骨干而又截取了五德说的一大半而作成的。"[3]120 何谓三正?董仲舒言:"其谓统三正者,曰:正者,正也,统致其气,万物皆应。"即正统;"法正之道,正本而末应,正内而外应,动作举错,靡不变化随从。"即治国之道;"凡岁之要,在正月也。"即正朔[1]197。

可见,董仲舒所认为的"三正"是指:正统、正朔、治国之道。"正统"统摄着万物的变化,正统正一切皆正;"法正之道"即为治国之道,其会根据白统、赤统、黑统的不同而做出相应的变化。

"正统"、"法正之道"确定以后,董仲舒又对正朔做出了规定。"三正以黑统初"的下一句话为"正日月朔于营室,斗建寅"[1]191,"建寅"即是以正月为岁首;而白统的正朔是"建丑",即以十一月为岁首[1]193;赤统的正朔是"建子",即以十二月为岁首[1]194。所以,"三正以黑统初"是在讲黑统的岁首要早于白统与赤统。更为重要的是,董仲舒所言的"三正以黑统初"意在强调,新兴的帝王(汉武帝)在改制的过程中要更正白统(商)、赤统(周)在正朔方面的缺点,以及在治国方面的不足③。

无论"三统说"的循环顺序是赤—黑—白,还是黑—白—赤,二者并不与白—赤—黑的循环顺序相矛盾。因为,董仲舒所言的"三统说"是"三而复"的,如果按照白—赤—黑的循环顺序,白统商的上一代应该是夏的黑统,这就是黑—白—赤的循环顺序;再以此类推,黑统的上一个朝代应该是赤统,这也就是赤—黑—白的循环方式,所以,三种循环方式的实质是相同的,只是由于选取的起始朝代不同,才造成了三种循环之间的差异。

表2 "三统说"的循环顺序

周后二代	周后一代	周	商	夏	夏前一代	代次
土德(尚黄)	水德(尚黑)	火德(尚赤)	金德(尚白)	木德(尚青)	土德(尚黄)	五德说
白统法夏	黑统法商	赤统法文	白统法质	黑统法夏	赤统法商	三统说
此一代,汉文帝以下之五德说为汉,三统说无文	此一代,五德说为秦(汉初说为汉),三统说为春秋				此一代,五德说为黄帝,三统说为帝喾	

三、董仲舒"三统说"与改制

董仲舒言:"王者必受命而后王。王者必改正朔,易服色,制礼乐,一统于天下,所以明易姓,非继人,通以己受之于天也。"[1]185

董仲舒在回答王者如何改制的问题时,一方面谈到"历各法而正色"、"作国号,迁宫邑",另一方面又谈到"礼乐各以其法象其宜"、"易官名,制礼乐"。可见,董仲舒认为,受命于天的君王,除了改正朔,易服色之外,还需要制定相应的礼乐制度,以便一统天下[1]185-186。

那么,"黑统"、"白统"、"赤统"究竟对应着何种礼乐制度呢?就"黑统"的改制而言,董仲舒认为:"故《春秋》应天作新王之事,时正黑统。王鲁,尚黑……乐制宜商,合伯子男为一等。"[1]187-191就"白统"的改制而言,董仲舒认为:"作濩乐,制质礼以奉天。"[1]186-187就"赤统"的改制而言,董仲舒认为:"作武乐,制文礼以奉天。"[1]187

可见,"黑统"对应的礼乐制度为"商","白统"对应的礼乐制度为"质","赤统"对应的礼乐制度为"文"。而"商"、"质"、"文"又是董仲舒所言的"四法"中的一种。所谓的"四法",即"一商一夏,一质一文",它们是四种不同的礼乐制度[8]91。

表3 "三统说"所规定的文、质、夏、商

文	质	夏(大)	商(常)	四法
进阴(地)	佚阴(天)	进阴(地)	佚阳(天)	其道
尊尊多[礼]文	亲亲多[质]爱	尊尊多[义]节	亲亲多[仁]朴	其德

续表1

文	质	夏（大）	商（常）	四法
同夏	同商	立嗣子孙，笃世子，妾不以子称贵号	立嗣予子，笃母弟，妾以子贵	行事
同夏	同商	字子以母。别眇，夫妇同坐而食	字子以父，别眇，夫妇对坐而食	昏冠礼
同夏	同商	合葬	别葬	丧礼
先秬鬯，妇从夫为昭穆	先嘉疏，夫妇昭穆别位	先亨，妇从夫为昭穆	先臊，夫妻昭穆别位	祭礼
文王赤	汤白	禹黑	舜赤	三统

董仲舒又言"故天将授舜，主天法商而王"、"天将授禹，主地法夏而王"、"天将授汤，主天法质而王"、"天将授文王，主地法文而王"。此处所提到的汤"主天法质"与上文所言的白统"制质礼以奉天"，都是在讲商朝应该遵从质礼，而文王"主地法文"与上文所提到的赤统"制文礼以奉天"，都是在讲周朝应该遵从文礼。并且"四法如四时然，终而复始，穷则反本"[1]212。如果，按照一商一夏、一质一文的循环顺序，白统（商朝）尊质礼，赤统（周朝）尊文礼，那么，继周而起的新兴王朝（汉朝）应该是"主天法商而王"，其礼乐制度则是"其道佚阳"，即主张盛阳；"亲亲而多仁朴"，即主张仁义质朴；"立嗣予子"，即把王位传给儿子；"笃母弟，妾以子贵"，即信任母弟，妾因子而显贵；"昏冠之礼，字子以父"，即在婚礼、冠礼时父亲给儿子命字；"别眇夫妇"，即辨夫妻之别；"对坐而食"，即夫妻对坐进食；"丧礼别葬"，即夫妻要分开而葬；"祭礼先臊"，即祭祀时用猪的肥肉肥油；"夫妻昭穆别位"，即夫妻分为左右而祭祀；最后是"封禅于尚位"，即在地势高的地方祭祀天地[1]205-208。

需要指出的是，"三统"不是独立运行的，而是与"四法"、"五帝"、"九皇"等相结合而存在的。何为"五帝"、"九皇"？

表4　"三统说"中的五帝、九皇

春秋 周 夏 ｛ 殷　1 　　　2 ｝殷三王 　　虞　3 　　唐　1 　　喾　2 颛顼　3 ｝殷五帝 轩辕　4 神农　5 　　　殷九皇	1 2 ｝周三王 　　3 　　1 　　2 3 ｝周五帝 　　4 　　5 周九皇	1 2 ｝春秋三王 　　3 　　1 　　2 　　3 4 ｝春秋五帝 　　5 春秋九皇

如表4所示：有一个新王起来，他要封前二代之王的后人为公，连自己的一代合成三王；又改号这三王前的五代之王为帝，是为五帝，封他们的子孙以小国；再把这五帝的前一代之王去了帝号，改号为九皇（从新朝倒数上去，至五帝的前一代，是第九代，故曰九皇；不是有九个皇）[3]124-125。

而且，"五帝"、"九皇"并不是固定不变的，"神农"在白统中为"赤帝"，在赤统中又是"九皇"，所以"五帝"、"九皇"不是特指具体的君王，而是随着"三统"不断变化的。董仲舒认为，王者有"再而复者"、"三而复者"、"四而复者"、"五而复者"、"九而复者"，君王只有了解"四法"、"三统"、"五帝"、"九皇"的相辅相成循环之道，才能"通天地、阴阳、四时、日月、星辰、山川、人伦"即体阴阳、查四时、辨日月、明人伦，进而"号称天子"，即真正的受命于天[1]200-201。

四、董仲舒"三统说"与更化

董仲舒言："今所谓新王必改制者……若夫大纲、人伦、道理、政治、教化、习俗、文义尽如故，亦何改哉？"[1]17-19 可见，董仲舒认为，新兴帝王改制的内容仅是正朔和服色，而不包括习俗、文义。所以，有的学者认为董仲舒的"三统说"只讲循环，不谈发展①。然而，董仲舒认为，只有在"尽如故"的情况下，习俗、文义才不需要发生改变，但如果"尽如故"的情况不复存在了，习俗和文义就需要更化改制了。董仲舒言："继治世者其道同，继乱世者其道变。"[9]2518-2519

所以，继乱世的圣王需要"扫除其迹而悉去之，复修教化而崇起之"，即对乱世的弊政进行更化[9]2504。

周代末期"大为亡道"，但秦不仅没有对周末的弊政进行更化，反而推酷刑、毁礼义、兴杀戮，使王道尽失。然而，西汉建立之初，同样没有对秦朝的弊政进行更化。贾谊认为，汉初之时，商人与官吏狼狈为奸，竞为奢靡，败坏了社会风气，使得道德沦丧。不仅如此，贾谊还意识到汉初社会存在着诸侯割据、匈奴侵扰、贫富差距严重等问题，社会形势犹如"抱火厝之积薪之下而寝其上，火未及燃，因谓之安"[9]2230。

因此，董仲舒认为"秦受亡周之弊，而亡以化之"，而"汉受亡秦之弊，又亡以化之"。秦、汉都没有对乱世的弊政进行更化，可见，武帝之时"夫继二弊之后，承其下流，兼受其猥，难治甚矣"[9]1332。

所以，董仲舒希望利用"三统说"来解决汉代所存在的诸多弊政。"三统说"认为"继治世者固然其道统守一，但继乱世者则因前代失道而必须更化"[10]91。

可见，按照"三统说"的要求，武帝朝应对秦与汉初的"乱世"进行更化和改革。

董仲舒进而认为，汉朝没有善治天下的原因在于"失之于当更化而不更化也"。所以，进行更化改制，解决西汉社会的诸多弊病，也就势在必行了。只有进行更化，才能"灾害日去，福禄日来"[9]2504-2505，西汉的社会才能长治久安。

再者，董仲舒言："是以禹继舜，舜继尧，三圣相受而守一道，亡救弊之政也。"[9]2518-2519可见，"三代因善于变道而国运长久的成功经验，也为董仲舒的改制提供了一定的借鉴价值"[11]159-166。所以，董仲舒才会言："然夏上忠，殷上敬，周上文者，所继之救，当用此也。"[9]2518可见，西汉社会的诸多弊病、以往社会的治世经验，都对"三统说"更化观的形成产生了影响。

可见，"三统说"既是一种历史观，又是董仲舒借以改制的重要手段。通过"三统说"，董仲舒的改制不仅仅包括改正朔、易服色、徙居处等，还包括政治、教育、人伦等多方面的问题和内容，其力图对汉武帝以前的诸多政策进行全面的革新[2]369。

五、董仲舒"三统说"的最终归宿

在董仲舒的"三统说"中，政权循环的顺序是：白—赤—黑。董仲舒将黑统置于政权循环的终点，其目的就在于希望新兴的帝王可以吸取白统、赤统的治世经验，做到趋利避害，善治于天下。所以，董仲舒才会言："《春秋》作新王之事，变周之制，当正黑统。"[1]199其又引孔子之言："殷因于夏礼，所损益可知也；周因于殷礼，所损益可知也；其或继周者，虽百世可知也。"[9]2518

可见，董仲舒认为，西汉王朝只有避除以往朝代的诸多弊政，才能完善自身的统治。

"三统说"截取了"五德终始说"的金德、火德、水德，而删除了木德与土德。有的学者认为，"三统说"对"五德终始说"进行截取的目的，在于利用五德说的影响力来宣传自身的学说[2]332。有的学者则认为，由于限于三正之数，三统说不得不把土德的黄和木德的青牺牲掉而已[3]120。但是，深究其因却能发现，"三统说"对木德与土德进行删除的真正目的，在于确保西汉政权的长治久安。白—赤—黑之间是相胜的循环，如果"三统说"中存在土德，那么按照五行相胜的原则，土（尚黄）克制水（尚黑），即土德会对汉朝所属的黑统产生相胜的克制作用，而且土德会代替黑统成为新生政权的象征。如果"三统说"中存在木德，那么按照五行相生的原则，水（尚黑）生木（尚青），即黑统会派生出木德，而且木德会代替黑统成为新生政权的象征。可见，"三统说"对木德与土德进行删除，既是为了防止其他政权对汉朝的克制，又是为了防止汉朝派生出新的政权。

无论是"三统说"白—赤—黑的循环顺序，还是"三统说"对木德与土德的删除，其目的就是要确保西汉王朝的长治久安。所以，董仲舒言："改正之义，奉元而起。"受命而王的天子，只有进行改制，才能"统天下"、"朝诸侯"、"逻方各衣其服而朝"，进而"明乎天统之义也"[1]195-197。

可见，董仲舒认为，君王只有按照"三统说"的要求，进行相应的改制，才能统一正朔、服色，外夷、诸侯、大臣才能臣服，君王自身才能真正做到受命于天，建立大一统的政权。所以，就像孙长祥所言的那样："三统说""尝试结合受命与改制的问题，解释如何确定汉朝法统的存在与新王朝成立的合法性问题，以及如何调和汉初以来封建与专制制度的争论，维持与保障汉代大一统政权合理而稳定的存在，并促使安和乐利理想社会的实现"。其实质是"曲折地把这种大一统的观念表述出来了"[12]58-66。

注释：

①就"三统说"与"五德终始说"的关系而言，在汉武帝时期，讲《春秋》之学的人对着五德说的流行颇眼红，就截取了它的五分之三，将汉的水德改为黑统，周的火德改为赤统，商的金德改为白统，使得五德说的法典都适用于这一说，见他们立说的有据。只是夏在五德说中为木德，在三统说中为黑统，有本质上的冲突。但他们说："不妨，孔子志在'行夏之时'，所以《春秋》用的是夏时，即此可以证明夏和《春秋》是同在一统的。"顾颉刚所言的截取"五德终始说"的学说，就是董仲舒的"三统说"。在董仲舒所著的《春秋繁露》中有"二十三篇，皆言阴阳五行，殆占全书之半。其中所含精深之哲理固甚多，要之半袭阴阳家言。而绝非孔孟荀以来之学术则可断也"。虽然，梁启超的论断存在偏颇，但是这也从一个侧面说明了董仲舒的思想在很大程度上受到了阴阳家的影响。而"三统说"同样受到了"五德终始说"的影响。侯外庐就认为："三统说对五德终始说有所继承。"徐兴无认为：董仲舒"运用了斗建的历学理论，在战国秦汉间流行的五德终始说中，插入极具儒学色彩的三统论"。范立舟则认为："'三统说'实际上不过是邹衍'五德终始说'的一种简化。"而且，有的学者还认为："董仲舒的'三统说'以邹衍'五德终始说'作为基础，并在历法革新、因循顺序等方面对其进行了发展。"

除此之外，顾颉刚认为："我们在明了了五德终始说以后再来看这种学说，不消说这是从五德说蜕化出来的。'三统说'在循环方式、制度建设、颜色属性等方面都与'五德说'相同，只不过'三统说'以三为一小循环、十二为一大循环，'五德说'则以五作为循环的基数。"杨向奎则认为："三统说的内容是由五德终始说蜕化出来的。五德说是以五为纪的循环，三统说是以三为纪的循环。不仅如此，三统说在颜色划分、礼乐制度等方面都与五德说相同。"可见,"五德终始说"确实对"三统说"的形成产生了巨大的影响。

就"三统说"对"五德终始说"的借鉴而言,首先,二者都以颜色作为朝代的象征。"在三统中,三色与朝代的配合,乃来自五德终始的五德之色,则至为明显。"在"三统说"中,商是白统、周是赤统、新王是黑统,而在"五德终始说"中,商属于金德、周属于火德、新王属于水德。那么,"三统说"中的"三统"与"五德终始说"中的"五德"在颜色的属性上究竟有何关系?墨子认为"青龙位于东方"、"赤龙位于南方"、"白龙位于西方"、"黑龙位于北方"。可见,墨子所言龙的颜色与"三统"的颜色相同,但其又与"五德"的颜色有何关系呢?如果用《管子·幼官》之语与其相参看,就会发现其中的奥妙。《管子·幼官》言"旗物尚青,兵尚矛","青"即为木用事;"旗物尚赤,兵尚戟","赤"即为火用事;"旗物尚白,兵尚刃","白"即为金用事;"旗物尚黑,兵尚胁盾","黑"即为水用事。可见,"三统说"所言的朝代隶属颜色与"五德终始"说是一致的。所以,有的学者认为:"三统说以赤、白、黑三色成为赤统、白统、黑统,则可确断为仲舒掺糅了五德终始的创说。"其次,二者都认为政权是按照相胜的顺序循环更迭的。"五德终始说"认为历朝历代都有自己所契合和对应的五德中之一德,它决定着该朝代的兴衰。历史发展是按照五行相胜的顺序,一代一代循环往复的。政权转移按照土、木、金、火、水依次相胜而具有矛盾性,又按照始于土终于水的循环往复而具有周期性。而"三统说"也认为政权转移是按照白统、赤统、黑统的顺序循环相胜的。所以,"二者都以循环论解释历史"的发展。再次,二者都比较注重"圣统"的建设。无论是"五德终始说"中的黄帝、禹、汤、文王,还是"三统说"中的汤、文王,这些人都是古代著名的圣王。"三统说"与"五德说"以他们作为朝代的象征,意在强调新生政权的合法性,并认为继位帝王会像圣王一样善治天下。最后,二者都意在为新王立命。"五德终始说"将未来的王朝设定为"水德",其目的是为燕昭王的称"北帝"运动提供相关的理论支持。而"三统说"则借鉴了"五德终始说"为新王立命的理论,其将新生的政权设定为"黑统",目的就在于为汉武帝的改历提供天命上的支持。

就"三统说"与"五德终始说"的区别而言,有的学者认为二者的区别在于"其一,五德之相克,是五种不同性质的君权和治术轮流当朝执政,其改制易服色象征着质的差别。而三统之改制,是有其改制之名而无改道之实。正统王道只有一个,三统在形式上的变易,不过是后一代为纠正前代的过失以回归天道的措施。其二,五德解释朝代之更替以武力之相克征服,三统解释君权之转移以天命之相授相承相继。其三,五行宇宙观的最基本原则是变易,三统的最基本原则是天与道之永恒不变。其四,五德所代表的五种君权与治术依次循环,各当其中,并无道德价值上的优劣。而三统否定秦,以及任何类似秦的'乱世',有历史的合理性"。

但是,上述的观点是值得商榷的,其一,"三统说"认为历史是不断向前发展的,并非原地踏步,"具有历史进化的意味"。其二,三统说也同样认为,朝代之间存在着相胜的革命关系。"相生的五行说,不曾被世主欢迎,因为它主张天道有一定的循环,而唯有德者可以承天命。相胜说则不然,可以力取,汉高祖就是因斩白蛇而得天命的。""三统说"主张为新王立命,其所言的"白统"商代与"赤统"周代之间就存在着相胜与相克的关系。其三,"三统说"并没有所谓的朝代优劣之分。"在汉初立五德说时,就以汉直接承周,不把秦当作一德。而董仲舒也有类似的看法,他认为孔子作《春秋》,是应天作新王之事,时正黑统,似在为汉立制。"因为,"三统说"在帝德谱中删除了秦朝,所以,"三统"中的"白统"、"赤统"、"黑统"均被认为是受命于天,它们之间并没有高低贵贱的区别。

而"三统说"与"五德终始说"的最大区别大致可以分为三点。首先,"董仲舒'三统说'所描述的历史更为久远,其在'九而复'的循环中,将古代的圣王追溯到了庖牺氏。而'五德终始说'以五代作为一个循环周期,只是将古代的圣王追溯到了黄帝"。其次,"三统说比较重视文物制度的历史循环,而五德终始说则更关心政权转移的规律和法则"。或许是由于文献的缺失,或许是由于自身的理论缺陷,与"三统说"相比,"五德终始说"在礼乐制度、历法制度建设等方面略显不足。最后,"'五德终始说'的侧重点在于政权的转移,而'三统说'的侧重点则在于政权的人文制度建设,以及新生政权对以往朝代弊政的更正与完善"。

②杨向奎认为："'三统说'的雏形在董仲舒之前就已存在，董仲舒所言的'三统说'发端于公羊学派，经董仲舒的发展最终成形。"（详见《西汉经学与政治》，第49—50页，独立出版社2000年版。）

③顾颉刚认为，汉武帝之所以采用建寅之制以正月为岁首的原因在于：1."汉初实行的《颛顼历》有很多弊端，太不实用。"（详见《秦汉的方士与儒生》，第13页，上海世纪出版集团2005年版。）2. "孔子主张行建寅之制。"[详见《五德终始说下的政治和历史》，载顾颉刚主编《古史辨》（第五册），第440页，上海古籍出版社1982年版。]

④冯友兰认为："三统"改制只是"表面上的事情"[详见《中国哲学史新编》（中册），第95页，人民出版社1998年版]。侯外庐认为："三统"的历史观"承认历史变迁的形式并没有改变实质。"[详见：侯外庐主编《中国思想通史》（第二卷），第109页，人民出版社1957年版。]丁首奎认为："三统说""没有前进，没有发展"（详见《两汉哲学新探》，第122页，四川人民出版社1988年版。）张秋升认为："在董仲舒的历史哲学中，既没有历史进化的明确表述，而且王者制礼乐仍旧是历史表层的变动，再者礼之损益也并不表明历史的进化，所以董氏的历史哲学并没有历史进化的意味。"（详见《董仲舒历史哲学初探》，载《南开大学学报》1997年第6期）。但是，有的学者却认为董氏的"三统说"具有历史进化的意味。汪高鑫认为："董仲舒的'三统说'是一种历史进化论，体现了一种变道救弊的主张，对汉朝政治当更化而不更化提出了批评。"（详见《"三统说"与董仲舒的历史变易思想》，载《齐鲁学刊》2002年第3期。）王永祥也认为："董仲舒的'三统说'具有变更时弊的主张。"（详见《董仲舒评传》，第211页，南京大学出版社1995年版。）雷家骥同样认为："董仲舒'三统说'的目的与意义在针对前代而救弊扶衰。"（详见《两汉至唐初的历史观念与意识》，第39页，书目文献出版社1987年版。）

参考文献：

[1] 苏舆. 春秋繁露义证 [M]. 北京：中华书局，1992.

[2] 王永祥. 董仲舒评传 [M]. 南京：南京大学出版社，1995.

[3] 顾颉刚. 中国上古史研究讲义 [M]. 北京：中华书局，2009.

[4] 张立文. 中国古代哲学 [M]. 北京：中国人民大学出版社，2006.

[5] 顾颉刚. 古史辨：第五册 [M]. 上海：上海古籍出版社，1982.

[6] 司马迁. 史记 [M]. 北京：中华书局，1959.

[7] 李汉三. 先秦两汉之阴阳五行学说 [M]. 台北：维新书局，1968.

[8] 李威熊. 董仲舒与西汉学术 [M]. 台北：文史哲出版社，1978.

[9] 班固. 汉书 [M]. 北京：中华书局，1962.

[10] 雷家骥. 两汉至唐初的历史观念与意识 [M]. 北京：书目文献出版社，1987.

[11] 汪高鑫. 董仲舒与汉代历史思想研究 [M]. 北京：商务印书馆，2012.

[12] 刘家和. 论汉代春秋公羊学的大一统思想 [J]. 史学理论研究，1995（2）.

原文载于《衡水学院学报》2014 年第 6 期。

藏　明（1982－），男，山东烟台人，邢台学院法政学院讲师，历史学博士。

董仲舒哲学研究

董仲舒的人性学说并非是"中民之性"

黄开国 苟奉山

《"中民之性":论董仲舒的人性学说》一文,在董仲舒人性论的研究领域外[①],又提出了一种新解。该文认为董仲舒的人性论体现在《深察名号》、《实性》两篇文章,所论人性只是"人之中的'民'之性",而将董仲舒的人性论归结为中民之性的学说;并批评学术界"误以为董仲舒所言的人性乃是儒家通常意义上的'人'之性,而未能细察其所谓的人性乃'民'之性"。其说虽新,却实难成立。

一、关于董氏人性论的两种说法

该文立论的出发点是将董仲舒论性分判为"人"之性与"民"

---

① 就笔者所知学术界关于董仲舒的人性论至少有如下说法:性三品说、性未善说、性善说、性待教而善说、性恶说、性有善恶说、性无善恶说、天赋善恶说、性有善恶之质说、民性说等。在董仲舒人性论与先秦儒家人性论的关系上,有孔子人性论的发展、接近的孟子人性论、与告子人性论一致、与荀子人性论同一、兼采孟子、荀子人性论、兼采孔子、孟子、荀子的人性论、综合孟子、告子、荀子的人性论等说。

之性两种说法：《春秋繁露》的《玉杯》、《竹林》、《玉英》等篇，只是"偶尔提及人性"，所言均为"人"之性。《深察名号》、《实性》的人性论，才是董仲舒对人性的"集中讨论"，只涉及中民之性，"真正代表董仲舒的人性学说"。

在讨论《玉英》等篇的"人"之性时，该文认为，董仲舒在这里所要表达的是，"人性根源于天，为天所塑造、决定，任何后天的人为都不可改变之；人性的内容是'德'，包括仁义等，其价值指向'善'；人性既是人之本性，同时也是人之为人的本质所在"。并由此判定："这种观点同孟子的性善论几无差别。"就是说《玉英》等篇的人性论所论对象是所有的人，以人性为善，接近孟子的性善论。

笔者认为，该文的解读完全是断章取义。文中引用《玉杯》等关于人之性的论述，见于如下三段话：

> 人受命于天，有善善恶恶之性，可养而不可改，可豫而不可去，若形体之可肥臞而不可得革也。是故虽有至贤，能为君亲含容其恶，不能为君亲令无恶。（《春秋繁露·玉杯》）

> 正也者，正于天之为人性命也。天之为人性命，使行仁义而羞可耻，非若鸟兽然，苟为生，苟为利而已。（《春秋繁露·竹林》）

> 凡人之性，莫不善义，然而不能义者，利败之也。故君子终日言不及利，欲以勿言愧之而已，愧之以塞其源也。（《春秋繁露·玉英》）

加点字的部分为该文所未引。结合该文未加点字来完整考察，并对照董仲舒的其他相关论述，就会得出与该文完全不同的看法。

《玉杯》的一段话是说天生人性，并非只具有仁义的善性，也有好利的恶的一面，即使如舜这样的圣君，也有瞽叟这样的恶父。

这是说人性有善有恶，而不仅仅是只有善的一面。虽然董仲舒以人体有肥臞来比喻人性的有善有恶是不恰当的，但承认人性有善恶的观念十分清楚明白。由此段话只能得出董仲舒的人性论不同于孟子性善论的结论。《竹林》中的一段话，是从人禽之别的意义上来说明人与禽兽区别的本质特点在于人有仁义，而不只是为生为利。《玉英》中的一段话讲人性的价值追求是善，由于有利于性善的实现，所以，董仲舒要求人们终日言不及利，以堵塞恶之源。由董仲舒的人禽之别、人性修养价值追求的讨论中，只能得出人与禽兽的本质区别在人有仁义的善及其人生的价值是对善的追求，而得不出人性善的结论。荀子反对人性善，主张人性恶，但在人与禽兽的本质区别与价值追求上，与董仲舒完全相同，若以董仲舒之说是性善论，荀子的人性论是否也是性善论呢？

综合该文所引的这三段话可以看出，董仲舒在《玉英》等篇中论"人"之性是针对所有的人而言。就人性来源来说，以人性本于天，这是他的人副天数说在人性论上的体现；就人性的属性来说，由天有阴阳，而推出性有善恶，并不只是孟子的性善论，也有荀子性恶论的成分。该文却说董仲舒的"人"之性的人性理论，与孟子性善论"几无差别"，这是将董仲舒"人"之性的善恶兼具，片面地误读为有善无恶。他甚至还提出了这样荒唐的臆说：董仲舒"人"之性的人性论述，"表面看似普遍意义上的'人'之性，实乃圣人之性"，都是指有善无恶之性。若董仲舒所说一般人的人之性与圣人之性没有区别，何须在一般人性外，再提什么圣人之性？《春秋繁露》再三强调圣王教化的合理性、合法性及其民性接受教化的必要性，岂不是无的放矢？该文还以此推论说："在董仲舒看来，没有抽象的统一的人，相应地，也就没有普遍的人性。"这不仅是将某些现代人的人性观念，强加给董仲舒的人性论，也根本不合董仲舒人性论的原意。董仲舒论一般人的"人"之性，如天生人性、天有阴阳、性有贪仁，都是全称肯定判断，包含所有的人，怎么不是讲普遍意义上的人性？该文自己也说，董仲舒论"人"之性时，"人性的主体是普遍意义上的'人'"，既然承认具有普遍意义，又说"没有普遍的人性"，岂非自相矛盾？

考察董仲舒的《深察名号》与《实性》这部分人性论时，该文将引用的史料分为两类文字："一类是'性'之前有性之主体"；"另一类是'性'之前没有性之主体"。并认为虽然表述不同，但都不是指"普遍意义上的'人'，而是指部分的'人'、特殊的'人'，也即'民'"。所以，董仲舒讨论的不是"儒家一般意义上的人性，而是人之中的'民'之性，也即中民之性"。

在董仲舒的著作中并不存在该文所谓两类文字的区分。该文引用来说明"性"之前没有性之主体的两段话，一段出自《深察名号》："民之号，取之瞑也。使性而已善，则何故以瞑为号？"尽管这段话的后半部分论性没有主体，但前半部分已经明确指出是就民而论性，并非没有主体，只是省略罢了。一段出自《实性》："性有善质，而未能为善也。"只要联系这段话的上下文来看，就可以看出这里是强调中民之性必须经过圣王教化，才能够将天生善质变成为现实的善，故此处之性也并非没有主体。

《深察名号》与《实性》也不是如该文所说，没有一般意义人性的论述。《深察名号》开端就有两段被经常称引的重要文字：

> 今世闻于性，言之者不同，胡不试反性之名？性之名，非生与？如其生之自然之资，谓之性。性者，质也。诘性之质于善之名，能中之与？既不能中矣，而尚谓之质善，何哉？性之名不得离质，离质如毛，则非性已，不可不察也。

> 桩众恶于内，弗使得发于外者，心也，故心之为名，桩

也。人之受气苟无恶者，心何椄哉？吾以心之名得人之诚，人之诚有贪有仁，仁贪之气两在于身。身之名取诸天，天两有阴阳之施，身亦两有贪仁之性。

这两段文字是从人性的来源与构成上来说明人性出于天，天有阴阳，阳为仁、阴为贪，故人性有善恶。人性构成的这一善恶皆有，是由天有阴阳所决定的，是人生自然兼具，故董仲舒将其称为自然之资。尽管董仲舒在这里以生训性，说性为自然之资，与告子、荀子人性论的语言相近，但含义却根本不同。告子所说的人性自然之资无所谓善恶，荀子以人之自然之资为恶，而董仲舒的自然之资则善恶兼具。一些论著仅看到董仲舒与告子、荀子的文句相近，就认定董仲舒接近告子或荀子的人性论，完全是对董仲舒人性论的误解。董仲舒这两段话，从性概念与天人的关系来讨论人性，并没有特指中民等人群，所论人性理应是指所有人的人性而言。董仲舒在此得出的人性有善有恶的结论，与在《玉英》等篇中得出的人性有善有恶的观念完全一致。所以，《深察名号》、《实性》并非没有关于一般人的"人"之性论述。

为了证明《深察名号》、《实性》只是关于中民之性的论述，该文还引用《深察名号》的"名性，不以上，不以下，以其中名之"与《实性》的"圣人之性，不可以名性；斗筲之性，又不可以名性；名性者，中民之性"来论证自己的观点。这两段话虽然讲名性以中，但同时也承认有圣人之性、斗筲之性，性有上中下三品之分。所以，根本不能作为"董仲舒所言人性乃是民性"的"直接的根据"，反而证明《深察名号》与《实性》绝不是只言中民之性，还涉及圣人之性、斗筲之性。

该文虽然看到了董仲舒论人性有论人之性与中民之性的不同，但机械地以《玉杯》等篇与《深察名号》、《实性》来区分二者，则不合董仲舒的本意。说《玉杯》等篇关于一般人的"人"之性实际上就是圣人之性，所言人性论接近孟子的性善论，则是误解董仲舒人性论的片面之词与毫无根据的臆说；其区分《深察名号》、《实性》的人性论有无主体的两个部分，并仅仅归结为中民之性，也缺乏根据。至于将董仲舒所言的人性归结为只是"部分人的性，也即'民'之性"，更是以偏概全之论。

二、关于中民之性

该文将董仲舒的人性论仅仅归结为中民之性，并在第二、第三部分重点论述了中民之性。而该文关于中民之性的讨论，也颇多曲解之说。

该文第二部分论述的题目是"'民'性有'情'"。但该文在论述这个问题时，所引用的材料绝大多数都不是董仲舒关于中民之性的论述。如该文引用《为人者天》的"人之情性有由天者矣"；《如天之为》的"夫喜怒哀乐之止动也，此天之所为人性命者"；《深察名号》的"身之有性情也，若天之有阴阳也。言人之质而无其情，犹言天之阳而无其阴也"、"天地之所生，谓之性情，性情相与为一瞑。情亦性也"、"身之名，取诸天。天两有阴阳之施，身亦两有贪仁之性"等，都是以天生人性、性为质朴之资为说，或是对性之名的分析，属于董仲舒论一般人的"人"之性的话语，而不是对中民之性的说明。该文用来论证中民之性，完全是郢书燕说。由董仲舒的这些论述，只能得出人性包含性情，而得不出"'民'性有'情'"说。而按该文的董仲舒论一般人的"人"之性实为圣人之性的说法，该文的这些论证实际上也就是论圣人之性，而不是讲中民之性了。

该文还进一步推论说,董仲舒的"'民'性有'情','民'性甚至是'情',无疑是对荀子人性论的继承和发挥"。不可否认,从形而上的天生民性来说,董仲舒所论中民之性,与一般人性有相同之处,都是性情兼具,贪仁皆有,带有综合孟子、荀子人性论的意义。但从民性的性情皆具而言,可以说民性有情,而绝不能说民性是情。在董仲舒的人性论中,阳、善、性连为一体,阴、恶、情密不可分。该文以民性有情与民性是情连称,实际上是以民性是情来替代民性有情,至少是以民性是情为重。若以民性是情,自然就会否认中民之性所包含的善质,得出中民之性是对荀子性恶论的发挥的片面之论。

该文论民性有情,也确实引用到了董仲舒关于中民之性的论述,但只有《实性》的如下一段话:"以麻为布,以茧为丝,以米为饭,以性为善,此皆圣人所继天而进也,非情性质朴之能至也,故不可谓性。"而这段话的重点在说明善与性的天人之别,性为天所为,善为圣王教化,而不是对中民之性包含性情的直接论说。

通过民性有情的"论说",该文还推论出圣人之性有性无情,斗筲之性有情无性,并认为"圣人之性善,与孟子性善同;斗筲之性恶,与荀子性恶同;中民之性似乎既善也恶、善恶相混,乃综合孟子性善和荀子性恶的产物"。仅就孟子、荀子没有圣人之性、中民之性、斗筲之性的区分而论,该文的比附之误就一目了然。这里讲斗筲之性与荀子性恶论同,前面讲中民之性时,又说是对荀子性恶论的发挥,岂不是说董仲舒的斗筲之性与中民之性都是性恶论的翻版?董仲舒是一代大师,其理论怎么会如此荒谬?前面既讲中民之性是性恶论的发挥,这里又说是综合孟、荀的产物,是有善有恶,到底中民之性该如何理解,连该文作者自己都没有弄清楚。

附带指出,该文的第一部分曾引用"人受命于天,有善善恶恶之性"来说明董仲舒关于一般人的人之性,但第二部分一开始,该文又引用此语来说明董仲舒人性论的"圣人之性的形上根源":"董仲舒在论及圣人之性的形上根源时曾言:'人受命于天,有善善恶恶之性。'"董仲舒这段话出自《玉杯》,并不见于讲圣人之性的《实性》。该文在第一部分明确指出,《玉杯》等篇是讲一般人的人之性,没有涉及中民之性等品级性的人性,这里却用来说明圣人之性,岂不是张冠李戴?让我们很难理解董仲舒这段话到底是讲一般人的人之性,还是讲的圣人之性呢?如果是讲圣人之性,该文就不应该作为讲一般人的人之性的材料加以使用。反之亦然。

该文的第三部分,正确地指出了董仲舒关于中民之性的最重要规定是"有善质而未善",揭示了董仲舒人性论"为王权作论证的政治目的"、"真正的立足点是政治而非学术"。但是,第三部分的立论是以第一、二部分为前提的,而该文的第一、二部分多无理据。同时,这部分的某些表述依然存在问题,如说"如果像孟子所言人性皆善,如果人性皆是圣人之性,有善无恶,天子就没有存在的价值了",这里以孟子的性善之善为圣人之善,是对孟子性善论的误解,因为孟子的人性皆善,是指尧舜与桀纣在内的所有人,并非仅指圣人。董仲舒在《深察名号》中批评孟子的性善论,就因为孟子的性善之善非圣人的人道之善。该文也看到了这一点,很难想象竟还会出现如此的误读。又如说"圣人之性至善无恶,无须天子教化",这是不明董仲舒人性论的圣人与天子的异名同实。天子所以有教化万民的资格,最根本的规定就在于具有可与天地媲美的圣人之性,《春秋繁露·顺命》说:"德侔天地者,皇天而子之,号称天子。"若无至善的人性,即使居于天子、诸侯之位的无德之人,董仲舒也是将其斥为"独身"的"一夫之人",当然更没有教化万民的资质。故《春秋繁露》在一段文字的前后,或是在不同段落,常常将天子、圣人作为同义语而互换使用，不仅讲天子教化万民，也有圣人教化万民之语。

三、症结所在

综上所论，该文将董仲舒的人性论归结为中民之性的新说，虽能在董仲舒的著作找到看似成立的文字，但通观董仲舒人性论的全部论说，该文这一新说不仅不能成立，反而暴露了该文的左支右绌。该文新说的混乱，究其根源而论，就在于与诸多董仲舒人性论的说法一样，都没有从儒学人性论发展逻辑的高度来全面认识董仲舒的人性论。如果不注意到这一点，人们以后还会从董仲舒的相关论述中找到其他"依据"，提出根本不能成立的所谓"新说"。

就儒学人性论的发展逻辑而言，经历了三个发展阶段，各个发展阶段都有基本理论形态，由此形成了儒学人性论发展正反合的逻辑进程。第一个阶段是先秦，基本理论形态是性同一说，承认人人皆具同一的人性，以孟子性善论与荀子的性恶论为代表；第二个阶段是汉唐，基本理论形态是以性三品说为代表的性品级说，是对性同一说的否定，以王充、韩愈为代表。第三个阶段是宋明，基本理论形态是性同一说（人人皆具同一的天命之性）与性品级说（因气质之性禀赋不同而形成的品级差异）的合一，是对性同一说否定之否定，以朱熹的人性论为集大成。

董仲舒的人性论处于儒学性同一说向性品级说转变的历史关节点上，既有性同一说的内容，也有性品级说内容。但是，性同一说所言之性是指人人兼具之性，无品级之分；性品级说之性所言之性则讲人的品级人性，而不存在人人同一之性。董仲舒关于天生人性、对性之名的论说，都是讲的人人同一之性，而圣人之性、中民之性、斗筲之性则是品级性人性的说明。研究董仲舒的人性论最重要的就是要认识到他言性的具体含义，分清说的是人人同一之性，还是部分人的品级性人性，而不能混在一起。

但董仲舒所谓的名性以中说，就犯了把一般人的同一人性与中民之性的品级性人性相混淆的错误。因为名性之性是讲人人所共具的同一人性，无所谓圣人之性、中民之性、斗筲之性的上中下之分。当讲圣人之性、中民之性、斗筲之性的品级性人性时，就不存在一般人所具的同一人性。此性非彼性，若彼此不分，就必然会导致不应有的混乱。而两千年来对董仲舒人性论研究，没有看出董仲舒名性以中是将性同一说之性与性品级说之性混在一起，而不可避免地出现了关于董仲舒人性论的众说纷纭。这些说法都只看到董仲舒人性论的性同一说或是性品级说的一个方面，甚至只看到一个方面的部分内容，尽管它们都可以在董仲舒人性论的论述中找到某些依据，却都不能全面、准确地说明董仲舒的人性论。

董仲舒之所以出现这一混淆，是有原因的。第一，董仲舒的人性论尽管综合先秦孔子、孟子、告子、荀子之说，对性同一说成功地做出了理论的总结，但他作为性品级说的开创者，其说处于初创，除了对中民之性有善质，善需后天王教而成有较多论说之外，对圣人之性、斗筲之性几乎不见直接的论述，更无从解决好性同一说与性品级说这两个方面的关系。第二，董仲舒论中民之性，与一般人的人性规定在诸多方面有重合交叉：（1）从形而上说，天所生一般人性是善恶兼具，包含性情，而天生中民之性也是善恶兼具、包含性情。（2）董仲舒论一般人的人性，强调论性不能离开自然之资，所谓"离质如毛"，而论中民之性也强调区分天所为与人所为之分，主张从"天所为"来认识中民之性。（3）董仲舒论一般人的人性以生训性，以性为自然之资，肯定有善恶二质，但反对善恶为说，而论中民之性也是反复用各种譬喻，如禾与米、茧与丝、卵与雏来说明性为天所为，有善质但不可称之为善。第三，董仲舒以圣人之性、中民之性、斗筲之性有上中下三品之分，按中民之性有善有恶，其上品的圣人之性当为有善无恶，如《三代改制质文》说舜"纯乎孝慈"，汤"质易纯仁"；而下品的斗筲之性如禽兽，就只能是"为生为利"的有恶无善，都不合于天生人性善恶兼具的规定，只有中民之性善恶皆有，看似合于天生人性的有善有恶。董仲舒所谓圣人之性、斗筲之性不可以名性，名性者中民之性之说，其根据可能就在于此。

我们不能苛责董仲舒人性论的不圆融，但如果能从儒学人性论发展逻辑的高度，将董仲舒的人性论定位于性同一说向性品级说转化的逻辑关节点上，看到他的人性论包含有性同一说与性品级说两种基本形态的内容，将其这两个部分各归其位，用性同一说来分析他关于一般人的人性论述，用性品级说来讨论他的圣人之性、中民之性、斗筲之性，就可以摆脱董仲舒名性以中之说的迷惑，而从性同一说与性品级说的两个方面，对董仲舒的人性论做出了合理的全面说明。

由董仲舒人性论研究的两千年困惑，给我们从事哲学史的研究者提供了一个极其重要的方法论启示：研究哲学家的某一问题，一定要把握到该问题的发展逻辑，明确该哲学家在其发展逻辑中所处的地位，特别要注意那些处于逻辑发展关节点上哲学家思想的复杂性，才可以不至被哲学家本身的理论混淆所迷惑。

原文载于《衡水学院学报》2013年第6期。
黄开国（1952－），男，四川大英人，四川师范大学政教学院特聘教授。
苟奉山（1984－），男，四川剑阁人，中国民用航空飞行学院飞行技术学院研究实习员，哲学硕士。

试论董仲舒的"经权"、"平衡"观

黄朴民

本文拟就董仲舒的"经权"、"平衡"理论作些论析。

一、关于"经""权"关系的要谛

"经""权"关系问题,其实质性的内涵,是体现如何正确地处理政治上的原则性与灵活性之间的关系。在政治生活中,一方面要强调原则性:"执中","执一"。另一方面,又必须注意灵活性:"权"。用形象化的语言说,即"嫂溺援之以手"。《礼记·大传》云:"立权度量,考文章,改正朔,易服色,殊徽号,异器械,别衣服,此其所得与民变革者。其不可得变革者则有矣:亲亲也,尊尊也,长长也。男女有别,此其不可得与民变革者也。"这实际上就是讨论"经""权"观在具体政治生活方面的运用。董仲舒对"经""权"关系同样给予充分注意,将它视作分析论证自己政治思想的一大关键,即在自己的政治理论中努力以正确处理"执一"与"权"的关系问题这一方式,来把握具体的事物。不但在评述历史事物时运用它，而且也将它用来观照现实政治生活。不仅如此，董仲舒还借阴阳之气消长的自然现象，来肯定这一原则。董仲舒首先强调了"执一"的必要性。他说："天之常道，相反之物也，不得两起，故谓之一。一而不二者，天之行也。阴与阳，相反之物也。故或出或入，或左或右，春俱南，秋俱北，夏交于前，冬交于后，并行而不同路，交会而各代理。此其文与天之道，有一出一入一休一伏，其度一也。""故常一而不灭，天之道"（《春秋繁露·天道无二》，以下凡引《春秋繁露》文字，仅注篇名）。由此推出的结论是："不一者，故患之所由生也。是故君子贱二而贵一。"（同上）于是，他充分肯定封建伦理纲常，封建统治秩序的绝对不可动摇："其余尽循尧道，何更为哉！故王者有改制之名，亡变道之实。"（《汉书·董仲舒传》）这些就是董仲舒对封建统治的"执一"。

但在强调"执一"的同时，董仲舒对"权"的地位也加以相当的肯定。他指出"权"与"经"是处理现实问题的两重手段，是无法偏废的。对此，他借用历史上有关"礼"制的坚持与变通事例加以论证："《春秋》有经礼，有变礼。为如安性平心者，经礼也；至有于性，虽不安于心，虽不平于道，无以易之，此变礼也。是故昏礼不称主人，经礼也。辞穷无称，称主人，变礼也。天子三年然后称王，经礼也。有物故，则未三年而称王，变礼也。妇人无出境之事，经礼也。母为子娶妇，奔丧父母、变礼也。"（《玉英》）

判断"礼制"如此，在君臣观上，董氏认为同样可以利用"经""权"关系论来予以约束。

他说："《春秋》固有常义，又有应变。无遂事者，谓生平安宁也。专之可也者，谓救危除患也。进退在大夫者，谓将率（帅）用兵也。徐行不反（返）者，谓不以亲害尊，不以私妨公也。"（《精华》）

这便是董仲舒通过对"经""权"关系的分析,来妥善解释在君臣关系问题上所存在的,诸如"大夫无遂事"与"出境有可以安社稷利国家者则专之可也"之类的矛盾观点。

由于"权"对政治活动来说具有必要性,董仲舒进而对历史上的某些"权"的事例给予了一定的肯定。谈论历史,其目的在于指导现实。董仲舒指出"经""权"之间的辩证关系,很显然是要通过它为自己的政治思想张目。

董仲舒清楚地知道,单单"执一"是无济于解决现实政治的新问题,于是,他大谈"更化"。他认为汉的统治"继秦之后,如朽木粪墙矣,虽欲善治之,亡可奈何"。要消除这一危机,就得"必变而更化之,乃可理也……当更化而不更化,虽有大贤不能善治也"(《汉书·董仲舒传》)。所谓"更化",比较具体地表现为"必徙居处,更称号,改正朔,易服色者。无他焉,不敢不顺天志而明自显也"(《楚庄王》)。这就是董仲舒对具体统治内容方面的"权"。

董仲舒这种"权"的观念,是与当时占经学统治地位的公羊学要义之一"实与而文不与"原则相一致的。在维护统治的根本原则的前提下,公羊学派肯定必要的变通,也就是行"权"。董仲舒身为公羊大师,自然知道利用"权"的必要性。所以,我们讲董仲舒对于如何推行封建统治这一问题,是既重视原则性,又讲究灵活性的。董仲舒对"执一"与"权"的关系曾有过明确的表述。《竹林》云:"《春秋》之道,固有常有变。变用于变,常用于常,各止其科。"《精华》云:"《春秋》固有常义,又有应变。""常"与"变","经"与"权",互为关系,同为一体。

但是,在董仲舒那里,"经""权","常""变"关系中,两者地位是不平等的,"经""常"是主导的,"权""变"必须在一定的范围内活动:"器从名,地从主人之谓制。权之端也,不可不察也。

夫权虽反经，亦必在可以然之域。不在可以然之域。故虽死亡，终弗为也"（《玉英》）。又：故诸侯在不可以然之域者，谓之大德。大德无踰闲者，谓正经。诸侯在可以然之域者，谓之小德，小德出入可也，权谲也。"（同上）唯有如此，方称得体："明乎经变之事，然后知轻重之分，可与适权矣"。（同上）由此可见，董仲舒的政治思想，在哲学观上守成多于进取。其实质乃是，在充分肯定封建统治的大前提下——"执一"，对个别具体的制度或理论做些羞羞答答的小修小补——"权"。这是他推衍演绎"经""权"，"常""变"观，指导现实政治生活的表现，也是根本符合新儒学的理论思维定式的。

二、关于事物相对平衡的理论

董仲舒生活的时代，地主阶级巩固了自己的统治，开始加强对广大劳动人民的剥削和压迫，阶级矛盾逐渐激烈。为了维护封建地主阶级的长远统治利益，董仲舒思考着如何将阶级矛盾、阶级冲突限制在适当的程度与范围之内。他所提出的保持事物相对平衡的理论就具有这方面积极的现实意义。这是新儒学作为统治思想成熟化的表现之一。

使事物保持相对的平衡，在处理接物方面遵循比较适中、不用偏颇的原则，是儒家所一贯提倡的，并力图将它贯彻于具体政治之中。《礼记·表记》曰："厚于仁者薄于义，亲而不尊，厚于义者薄于仁，尊而不亲。"《仲尼燕居》曰："达于礼而不达于乐，谓之素；达于乐而不达于礼，谓之偏。"《祭义》曰："祭不欲数，数则烦，烦则不敬。祭不欲疏，疏则怠，怠则忘。"这些带有辩证色彩的论述值得我们给予充分的注意。

董仲舒对于这么一种适中合时,不用偏颇的相对平衡的原则是加以重视和继承的。并且更加注意把它融入自己的具体政治学说之中。《度制》云:"有所积重,则有所空虚矣。大富则骄,大贫则忧,忧则为盗,骄则为暴,此众人之情也。圣者则于众人之情,见乱之所从生,故其制人道而差上下也。使富者足以示贵,而不至于骄,食者足以养生,而不至于忧。以此为度,而调均之。是以财不匮而上下相安,故易治也。"又《如天之为》言:

> 为人主者,居至德之位,操杀生之势,以变化民。民之从主也,如草木之应四时也。喜怒当寒暑,威德当冬夏。冬夏者,威德之合也;寒暑者,喜怒之偶也。喜怒之有时而当发,寒暑亦有时而当出,其理一也。当喜而不喜,犹当暑而不暑;当怒而不怒,犹当寒而不寒……喜怒之发,威德之处,无不皆中其应,可以参寒暑冬夏之不失其时而已。

前者,实际是从相对平衡"过犹不及"之原理,推导出以控制剥削之"度",来达到"上下相安"之目的的政治统治原则,带有浓厚的调和阶级矛盾的色彩。后者,若除去赏罚与四时相配的鬼话,则可以看出,这也不过是董仲舒将"适时"、"适中"的平衡要义贯彻到现实的德刑关系中去的一种努力而已。不仅在政治问题上要保持平衡,反对极端化,在其他问题上,这种相对平衡不趋极端的处世方式,也是值得提倡的。由此可知,相对平衡论并非董仲舒在个别政治问题上的权宜之计,而是他把握整个外界世界的基本原则之一。如在学习古代经典过程中,这一方法也同样适用。《玉杯篇》曰:

> 《诗》、《书》序其志,《礼》、《乐》纯其养,《易》、《春秋》明其知。六学皆大,而各有所长。《诗》道志,故长于质。《礼》制节,故长于文。《乐》咏德,故长于风(讽)。《书》著

功，故长于事。《易》本天地，故长于数。《春秋》正是非，故长于治人。能兼得其所长而不能遍举其详也。故人主太节则知暗，太博则业厌。两者异失同贬，其伤必至，不可不察也。是故善为师者，既善其道，又慎其行。齐时早晚，任多少，适疾徐，造而勿趋，稽而勿苦。省其所为，而成其所湛，故力不劳而身大成，此之谓圣化，吾取之。

需要指出的是，这种相对平衡观实质上是建立在绝对不平衡基础之上的。这在其具体的政治学说之论述中尤为明显。移如君臣、父子、夫妇诸范畴，董仲舒虽承认妇之于夫等等是同一体中的两个方面，但他又毕竟是在阴阳理论下人为地划分出主导与次要方面，并规定了其次要方面对主导方面的绝对服从。这显然是大一统封建帝国所欢迎的理论。

在应用相对平衡原则来阐述解释具体政治问题的基础上，董仲舒就自然地把"平衡说"的理性意义予以揭示和总结了。这就是所谓的"中和"理论：

成于和，生必和也。始于中，止必中也。中者，天下之终始也。而和者，天地之所生成也。夫德莫大于和，而道莫正于中。中者，天地之美达理也，圣人之所保宁也。（《循天之道》）

天地之道，虽有不和者，必归之于和，而所为有功；虽有不中者，必止之于中，而所为不失……阴阳之道不同，至于盛而皆止于中，其所始起必皆于中。中者，天地之太极也。日月之所至而却也，长短之隆，不得过中，天地之制也。兼和与不和，中与不中，而时用之，尽以为功。（同上）

国泰民安，位尊权大，是由于遵循了这条原则："是故能以中和理天下者，其德大盛。能以中和养其身者，其寿极命。"（《循天之道》）至于"泰（太）实则气不通"等十件不利之事，则是因为不能做到"中和"的缘故:"凡此十者,气之害也。而皆生于不中和。"(同上)要改变它,也只能以"中和"之道为准鹄:"故君子怒则反中而自说以和,喜则反中收之以正,忧则反中而舒之以意,惧则反中而实之以精。夫中和之不可反如此。"(同上)

三、"经""权"理论与相对平衡观指导下的庸俗历史观

董仲舒这种以"经""权"观认识事物的性质,以相对平衡说理解事物的态势为特征的价值思维,很容易推导出庸俗的历史循环论。他肯定"权""变"的意义,那么在历史观上,他就不免流露某些肯定历史进步的情绪。他主张"常""经",这又势必使他将历史视为最终凝固化了的东西,其变迁只是一种循环而已。从保持相对平衡立论,董仲舒允许历史有所变革,以追求平衡的有序状态。但依据不平衡绝对性的原则,他又对那些体现封建纲常本质的历史现象——即阶级关系、等级名分等等所导致的不和谐、不平衡,视之若素,奉为"正常"。

这种认识,导致了董仲舒充满矛盾的历史观,即既有进化的因素,更具循环僵化的实质。它与现实政治有密切的联系,成为董仲舒新儒学的有机组成部分。

就具体而言,董仲舒一方面对"法后王"的说法在实质上有所肯定。指出,凡为圣王者,与当今时代相隔愈远,关系就愈淡薄,逐渐失去意义。为此,董仲舒系统地为汉以前的各代规划了一幅"正某统"、"亲某"、"故某"、"绌某"的图画。像虞舜在殷代还是"故"的对象,可到了周代,其位置则由夏所替代,而成了"绌"的对象了。总之是随着时代的发展,而各代在新朝中的地位不断地依次降低。这实际上包含了某种历史进化论的思想。尽管它是机

械、庸俗的进化图式。

由于有这种三统循环、依次陵替的历史原则在发生作用，那么从逻辑上必然推导出天下非一姓之天下，征暴伐恶，受命新王完全合理的结论。当然这样做有时仍拿"天"的意志为幌子，可是其实质意义终竟在于："故夏无道而殷伐之，殷无道而周伐之，周无道而秦伐之，秦无道而汉伐之。有道伐无道，此天理也，所从来久矣。"(《尧舜不擅移，汤武不专杀》)

而"礼乐"的变革演化，董仲舒认为同样是基于进化、"适时"的原因：

> 舜时，民乐其昭尧之业也，故《韶》。《韶》者，昭也。禹之时，民乐其三圣相继，故《夏》。《夏》者，大也。汤之时，民乐其救之于患害也……文王之时，民乐其兴师征伐也。故《武》。《武》者，伐也。四者，天下同乐之一也。(《楚庄王》)

综上所述，我们说董仲舒的历史观念具有相当积极的因素，这并不过分。

但是另一方面，董仲舒又受他以"经""权"观分析问题的制约和局限，在古今观上流露了严重的复古情绪，他推崇"追古贵信"(《王道》)，明确宣称："《春秋》之道，奉天而法古。"为此，他又热衷于提倡"法先王"。

董仲舒这种既肯定机械性的历史进化，又鼓吹"善复古"的矛盾的历史观念，如果孤立地分析，的确令人困惑。然而如将它和董氏本人津津乐道的"经权"认识观与相对平衡目的论一对照，就能清楚地看到其间的主从关系。我们可以理解，他的这些观念落实到历史观上，势必衍生出既进化又保守，既重今又法古这么一种具有明显奇怪特征的历史哲学来。这正是儒学精髓的外化表现之一。董仲舒为公羊大师，他的矛盾化的庸俗历史观同样是与公羊学一方面鼓吹"张三世",另一方面又强调"善复古"的矛盾历史哲学相一致的。

董仲舒的"经""权"处事方法论和相对平衡的理论,决定了董仲舒新儒学理论在根本点上的保守性,对于新儒学形成一个封闭的大系统而言,具有认识论的基础,这是不容忽视的。在这个系统之中,所有具体的思想与观念,都已经被精心安排好了,都处于一个有序状态之中。事物的矛盾在这里被人为地掩饰了,一切关系都显得那样的和谐。于是乎,无必要思考,没有必要自我否定与更化,也就成了董仲舒理论的真实含义所在。所以在历史发展观上,其虽有某些"法后王"的庸俗进化因素值得我们作历史的肯定。但在本质上,却是凝固的和僵化的。他宣传的是机械循环论,即依据"五德始终"的理论,推衍出更简单更明了的三统观:"三王之道所祖不同,非其相反,将以救溢扶衰,所遭之变然也……然夏上忠,殷上敬,周上文者,所继之救,当用此也。孔子曰:'殷因于夏礼,所损益可知也。周因于殷礼,所损益可知也。其或继周者,虽百世可知也。'此言百王之用,以此三者矣。"(《汉书·董仲舒传》)于是汉承周后,只要"损文用忠"便可以了,"王者有改制之名,亡变道之实"嘛。假如有新的王朝代替汉朝,逻辑上说也只需"用敬损忠"便可以了。

这里,历史的进步完全被归纳入始而复返的机械循环模式之中了。这完全是一种形而上学的发展观念。在对事物矛盾关系的分析上,董仲舒的理论同样是十足的机械而静止的,这实际上是矛盾定位论。如阴阳关系,在他眼中,阳永远是占主导的,而阴永远是从属的。天意决定了双方的地位不能转化:"阳之出也,常悬于前而任事。阴之出也,常悬于后而守空处","此见天之亲阳而疏阴"(《基义》)。"阳贵而阴贱,天之制也。"(《天辨人在》)推广到社会人事方面，便是"不当阳者，臣子也；当阳者，君父是也"（同上）。恩格斯曾经指出："当我们把事物看成是静止而没有生命的，各自独立相互并列或先后相继的时候，我们在事物中确实碰不到任何矛盾。"① 董仲舒理论的很大不足，就是患了恩格斯所说的"不碰到任何矛盾"的毛病。因为他企图使所有的一切，都各得其所，不能怀疑，不能改造和发展。总之，让事物处于静止的机械的状态，而其实这样做，恰恰是束缚了后来者的思想，使之因循守旧，缺乏创造。追溯产生这些现象的根源所在，我认为，这在一定程度上，是基于董仲舒自己对事物的把握逻辑所致。他是通过对"经""权"互用、相对平衡观念的分析和阐述，来逻辑地推导出新儒学的封闭大系统的。我们今天重视对董仲舒有关"经权"关系和相对平衡问题的研究，其意义也正在这里。

原文载于《烟台大学学报》（哲学社会科学版）1990年第3期。

黄朴民（1958—），男，浙江绍兴人，中国人民大学国学院教授，博士生导师。

---

① 《马克思恩格斯选集》第3卷，第159页。

董仲舒思想外儒内法考论

杨德春

董仲舒是汉代著名思想家,董仲舒思想研究是中国思想史研究的重要方面,也是董仲舒研究的重要方面。关于董仲舒思想的性质和本质是董仲舒思想研究的重要问题,现就此问题研究之。

一、董仲舒《贤良对》的外儒内法本质

董仲舒《贤良对一》云:

> 国家将有失道之败,而天乃先出灾害以谴告之。不知自省,又出怪异以警惧之,尚不知变,而伤败乃至。以此见天心之仁爱人君而欲止其乱也,自非大亡道之世者,天尽欲扶持而全安之,事在强勉而已矣。[1]2498

董仲舒主张人君而欲止其乱,应当强力疾作,即硬干或奋力而为,天尽欲扶持而全安之,但大亡道之世则另当别论。这与法家的当今之世竞于气力而主张强力疾作是一致的,大亡道古来有几?可见,这是主张放胆干,止乱或拨乱反正可以不择手段。

董仲舒《贤良对一》又云：

> 孔子曰："德不孤，必有邻。"皆积善累德之效也。及至后世，淫佚衰微，不能统理群生，诸侯背畔，残贼良民以争壤土，废德教而任刑罚，刑罚不中则生邪气；邪气积于下，怨恶畜于上。上下不和，则阴阳缪盭而妖孽生矣，此灾异所缘而起也。[1]2500

> 臣闻命者天之令也，性者生之质也，情者人之欲也。或夭或寿，或仁或鄙，陶冶而成之，不能粹美，有治乱之所生，故不齐也。孔子曰："君子之德风也，小人之德草也，草上之风必偃。"故尧舜行德则民仁寿，桀纣行暴则民鄙夭。夫上之化下，下之从上犹泥之在钧，唯甄者之所为；犹金之在镕，唯冶者之所铸。绥之斯俫，动之斯和。此之谓也。[1]2501

> 臣谨案《春秋》之文求王道之端，得之于正，正次王，王次春。春者，天之所为也；正者，王之所为也。其意曰，上承天之所为而下以正其所为，正王道之端云尔。然则王者欲有所为，宜求其端于天。天道之大者在阴阳。阳为德，阴为刑；刑主杀而德主生。是故阳常居大夏，而以生育养长为事，阴常居大冬，而积于空虚不用之处。以此见天之任德不任刑也。天使阳出布施于上而主岁功，使阴入伏于下而时出佐阳；阳不得阴之助，亦不能独成岁。终阳以成岁为名，此天意也。王者承天意以从事，故任德教而不任刑。刑者不可任以治世，犹阴之不可任以成岁也。为政而任刑，不顺于天，故先王莫之肯为也。今废先王德教之官，而独任执法之吏治民，毋乃任刑之意欤？孔子曰："不教而诛谓之虐。"虐政用于下，而欲德教之被四海，故难成也。[1]2501-2502

董仲舒认为人或仁或鄙，不能粹美，良莠不齐，必须自上而下进行改造,与孔子所不同的是孔子主张以君子改造小人要潜移默化,董仲舒之德化是依靠政权之力量自上而下的暴风骤雨式的改造,而且是大批量的改造。所谓"犹泥之在钧,唯甄者之所为;犹金之在镕,唯冶者之所铸"。其中"唯甄者之所为"、"唯冶者之所铸"简直不把人当人看,一如对待自然物一般对待人,根本不考虑被改造者的反应和感受。这就背离了孔子思想的核心——忠恕而已,也就从根本上背离了人文思想而归于黄老刑名的自然思想。

董仲舒《贤良对一》又云:

> 臣谨《春秋》谓一元之意,一者,万物之所从始也。元者,辞之所谓大也。谓一为元者,视大始而欲正本也。《春秋》深探其本而反自贵者始,故为人君者,正心以正朝廷,正朝廷以正百官,正百官以正万民,正万民以正四方。四方正,远近莫敢不壹于正,而亡有邪气奸其间者。是以阴阳调而风雨时,群生和而万民殖,五谷孰而草木茂,天地间被润泽而大丰美,四海之内闻盛德而皆徕臣,诸福之物,可致之祥,莫不毕至,而王道终矣。[1]2502—2503

君主即位之第一年称元年本是史文之常,《春秋公羊传》以为重事,唯天子乃得称,于是有黜周王鲁之说。以天子之权予鲁。董仲舒为治春秋公羊学的学者,故其对策云:即位之一年必称元年,示大始而欲正本也。汉以下改元为大事,皆《春秋公羊传》所开启。称元年、示大始而欲正本就是为了主张更张更化,即从根本上施行社会变革,而不是进行渐进式的社会变革,这是与孔子的思想相左的。下面之引文董仲舒就提出了更张更化的主张。

董仲舒《贤良对一》又云:

> 至周之末世,大为亡道,以失天下。秦继其后,独不能改,又益甚之,重禁文学,不得挟书,弃捐礼谊而恶闻之,其

心欲尽灭先圣之道，而颛为自恣苟简之治，故立为天子十四岁而国破亡矣。自古以俫，未尝有以乱济乱，大败天下之民如秦者也。其遗毒余烈，至今未灭，使习俗薄恶，人民嚚顽，抵冒殊扞，孰烂如此之甚者也。孔子曰："腐朽之木不可雕也，粪土之墙不可圬也。"今汉继秦之后，如朽木粪墙矣，虽欲善治之，亡可奈何。法出而奸生，令下而诈起，如以汤止沸、抱薪救火，愈甚亡益也。窃譬之琴瑟不调，甚者必解而更张之，乃可鼓也；为政而不行，甚者必变而更化之，乃可理也。当更张而不更张，虽有良工不能善调也；当更化而不更化，虽有大贤不能善治也。故汉得天下以来，常欲善治而至今不可善治者，失之于当更化而不更化也。古人有言曰："临渊羡鱼，不如退而结网。"今临政而愿治七十余岁矣，不如退而更化，更化则可善治，善治则灾害日去，福禄日来。诗云："宜民宜人，受禄于天。"[1]2504—2505

董仲舒认为统治的对象——人民与工匠施工的对象一样。孔子认为宰我如朽木粪墙不可教，就不教了，并不主张对宰我施行肉体消灭或从根本上进行强制性改造。董仲舒主张更张更化，依靠政权的力量，通过包括杀戮在内的强制措施自上而下地正不正而反之正，从根本上施行社会变革。这与董仲舒《庙殿灾异对》之主张杀戮宗亲以正不正而反之正是完全一致的，只是《庙殿灾异对》明言诛杀，而《贤良对》较为隐讳。《庙殿灾异对》与此有关的文字如下，可对读。

昔秦受亡周之敝，而亡以化之；汉受亡周之敝，又亡以化之。夫继二敝之后，承其下流，兼受其猥，难治甚矣。又多兄弟亲戚骨肉之连，骄扬奢侈恣睢者众，所重难之时者也。陛下正当大敝之后，又遭重难之时，甚可忧也。故天灾若语陛下：

"当今之世,虽敝而重难,非以太平至公,不能治也。视亲戚贵属在诸侯远正最甚者,忍而诛之,如吾燔辽东高庙乃可;视近臣在国中处旁仄及贵而不正者,忍而诛之,如吾燔高园殿乃可"云尔。[1]1332

董仲舒《贤良对二》云:

> 臣愿陛下兴太学,置明师,以养天下之士,数考问以尽其材,则英俊宜可得矣。今之郡守、县令,民之师帅,所使承流而宣化也;故师帅不贤,则主德不宣,恩泽不流。今吏既亡教训于下,或不承用主上之法,暴虐百姓,与奸为市,贫穷孤弱,冤苦失职,甚不称陛下之意。是以阴阳错缪,氛气充塞,群生寡遂,黎民未济,皆长吏不明,使至于此也。[1]2512
>
> 夫长吏多出于郎中、中郎,吏二千石子弟选郎吏,又以富訾,未必贤也。且古所谓功者,以任官称职为差,非所谓积日累久也。故小材虽累日不离于小官,贤材虽未久,不害为辅佐。是以有司竭力尽知,务治其业而以赴功。今则不然。累日以取贵,积久以致官,是以廉耻贸乱,贤不肖浑殽,未得其真。臣愚以为使诸列侯郡守二千石各择其吏民之贤者,岁贡各二人以给宿卫,且以观大臣之能;所贡贤者有赏,所贡不肖者有罚。夫如是,诸侯、吏二千石皆尽心于求贤,天下之士可得而官使也。偏得天下之贤人,则三王之盛易为,而尧舜之名可及也。毋以日月为功,实试贤能为上,量材而授官,录德而定位,则廉耻殊路,贤不肖异处矣。[1]2512—2513

董仲舒主张贤者的迅速提升,毋以日月为功。反对累日以取贵,积久以致官。这是主张社会等级结构的迅速变化和根本变化,都是激烈的革命化的变动,与社会等级结构渐进式的改革格格不入,故这与儒家的基本思想相去甚远。另外,董仲舒主张贤者的迅速提升，毋以日月为功。这也是反对礼治的，即反对制度政治。这与儒家的基本思想也相去甚远。

董仲舒《贤良对三》又云：

> 故《春秋》变古则讥之，天令之谓命，命非圣人不行；质朴之谓性，性非教化不成；人欲之谓情，情非制度不节。是故王者上谨于承天意，以顺命也；下务明教化民，以成性也；正法度之宜别上下之序，以防欲也；修此三者而大本举矣。人受命于天，固超然异于群生，入有父子兄弟之亲，出有君臣上下之谊，会聚相遇，则有耆老长幼之施；粲然有文以相接，驩然有恩以相爱，此人之所以贵也。生五谷以食之，桑麻以衣之，六畜以养之，服牛乘马，圈豹槛虎，是其得天之灵，贵于物也。故孔子曰："天地之性人为贵。"明于天性，知自贵于物；知自贵于物，然后知仁谊；知仁谊，然后重礼节；重礼节，然后安处善；安处善，然后乐循理；乐循理，然后谓之君子。故孔子曰"不知命亡以为君子"，此之谓也。[1]2515-2516

二、董仲舒《灾异对》的外儒内法本质

董仲舒贤良对虽也说"故《春秋》变古则讥之"，但董仲舒更强调"义"和"权变"，由近及远，抓大放小。这样一来，孔子的仁学思想，在"义"和"权变"的借口之下被冷落了，董仲舒在"义"和"权变"的借口下完全可以为所欲为。

董仲舒撰《春秋繁露》卷一《王道》云：

> 《春秋》立义：天子祭天地，诸侯祭社稷，诸山川不在封内不祭。有天子在，诸侯不得专地，不得专封，不得专执天子之大夫，不得舞天子之乐，不得致天子之赋，不得适天子之

贵。君亲无将，将而诛。大夫不得世，大夫不得废置君命。立适以长不以贤，立子以贵不以长。立夫人以适不以妾，天子不臣母后之党。亲迎以来远，故未有不先近而致远者也。故内其国而外诸夏，内诸夏而外夷狄，言自近者始也。[2]112-116

何休在董仲舒的基础上提出三科九旨之说：新周，故宋，以春秋当新王，此一科三旨也。所见异辞，所闻异辞，所传闻异辞，此二科六旨也。内其国而外诸侯，内诸侯而外夷狄，此三科九旨也。这一套理论的核心就是由近及远，抓大放小。这一套理论的指导思想就是"义"和"权变"。这样一来，孔子的仁学思想，在"义"和"权变"的借口之下被冷落了，董仲舒在"义"和"权变"的借口下完全可以为所欲为。

宋洪迈撰《容斋续笔》卷七《董仲舒〈灾异对〉》条云：

汉武帝建元六年，辽东高庙、长陵高园殿灾，董仲舒居家，推说其意，草稿未上，主父偃窃其书奏之。上召视诸儒，仲舒弟子吕步舒不知其师书，以为大愚。于是下仲舒吏，当死。诏赦之，仲舒遂不敢复言灾异。此本传所书。而《五行志》载其对曰："汉当亡秦大敝之后，承其下流。又多兄弟亲戚骨肉之连，骄扬奢侈恣睢者众，故天灾若语陛下：'非以太平至公，不能治也，视亲戚贵属在诸侯远正最甚者，忍而诛之，如吾燔辽东高庙乃可；视近臣在国中处旁仄及贵而不正者，忍而诛之，如吾燔高园殿乃可'云尔。在外而不正者，虽贵如高庙，犹灾燔之，况诸侯乎？在内不正者，虽贵如高园殿，犹燔灾之，况大臣乎？此天意也。"

其后淮南、衡山王谋反，上思仲舒前言，使吕步舒持斧钺治淮南狱，以《春秋》谊颛断于外，不请，既还奏事，上皆是之，凡与王谋反列侯二千石豪杰，皆以罪轻重受诛，二狱死者数万人。呜呼！以武帝之嗜杀，时临御方数岁，可与为善。庙殿之灾，岂无他说，而仲舒首劝其杀骨肉大臣，与平生学术大为乖刺，驯致数万人之祸，皆此书启之也。[3]305

洪迈认为董仲舒《灾异对》"视亲戚贵属在诸侯远正最甚者，忍而诛之"、"视近臣在国中处旁仄及贵而不正者，忍而诛之"使汉武帝最后下决心派吕步舒持斧钺治淮南狱，以《春秋》谊颛断于外，不请，既还奏事，汉武帝皆是之，凡与王谋反，列侯二千石豪杰，皆以罪轻重受诛，二狱死者数万人。洪迈认为董仲舒首劝汉武帝杀骨肉大臣，与其平生学术大为乖刺。洪迈没有看出董仲舒平生学术儒法合一、外儒内法的系统性，这是洪迈的局限性。

马端临《文献通考》卷九十二《宗庙考》二"天子宗庙"云：

西山真氏曰：仲舒对策言天人相与之际，以为天心仁爱人君而欲止其乱。又谓人君所为美恶之极与天地流通而往来相应，此皆药石之至言也。至火灾之对，则傅会甚矣！况又导人主以诛杀，与前所谓尚德不尚刑者，何其自相戾邪也。夫亲戚之骄僭，近臣之专横，夫岂无道以裁制之？岂必诛杀而后快哉？史称仲舒居家推说其意，草稿未上，主父偃窃其书奏焉，上召视诸儒，仲舒弟子吕步舒，不知其师书，以为大愚，于是下仲舒吏，当死。诏赦之，仲舒遂不敢复言灾异。其后淮南衡山反，上思仲舒前言，使吕步舒持斧钺治淮南狱，以《春秋》谊颛断于外，不请，既还，事上皆是之。史又言淮南衡山江都谋反，迹见公卿，寻端治之，竟其党与，坐死者数万人。夫谋反，不过数人，而坐死者若是其众，岂非仲舒前言有以发帝之忍心与？[4]832

真德秀认为董仲舒贤良对策言天人相与之际，以为天心仁爱人君而欲止其乱。又谓人君所为美恶之极与天地流通而往来相应，此皆药石之至言。至《火灾之对》,岂必诛杀而后快?真德秀与洪迈一样,没有看出董仲舒平生学术儒法合一、外儒内法的系统性,这也是真德秀的局限性。

马端临《文献通考》卷一六三《刑考》二"刑制"云:

> 按汉儒如贾谊、董仲舒最为醇正,然至其论诸侯王,则皆主于诛杀。仲舒此对(指董仲舒《灾异对》)与天人三策议论迥别,真西山亦谓太史公言贾谊明申韩,今读《政事书》,蔼然有洙泗,典刑未见,其为申韩之学,至诸侯王皆众髋髀等语,然后知太史公之说不缪。孟子曰:子以为有王者作。将比今之诸侯而诛之乎?其教之不改而后诛之乎?圣贤处事固不同也。盖诸侯王虽汉初之深患,然根连株逮而诛锄之于后,固不若建法立制而防闲之于初也。孝文时淮南济北亦尚构逆,讨而戮之,罪止其身,未尚深竟党与,亦不闻复有后患,何必诛及二万余人哉![4]1416

马端临读《政事书》的感觉很有代表性,初读《政事书》,蔼然有洙泗之气象,典刑未见,至诸侯王皆众髋髀等语,然后知太史公之说其为申韩之学之不缪。马端临认为董仲舒《灾异对》与天人三策之议论迥别,没有看出董仲舒平生学术儒法合一、外儒内法的系统性,这也是马端临的局限性。

三、董仲舒《春秋繁露》的外儒内法本质

董仲舒主张先发制人,防患于未然。董仲舒《春秋繁露》的《俞序》云:

> 故予先言《春秋》详己而略人,因其国而容天下。《春秋》之道,大得之则以王,小得之则以霸。故曾子、子石盛美齐侯

安诸侯,尊天子。霸王之道,皆本于仁。仁,天心,故次以天心。爱人之大者,莫大于思患而豫防之,故蔡得意于吴,鲁得意于齐,而《春秋》皆不告,故次以言怨人不可迩,敌国不可狎,攘窃之国不可使久亲,皆为民除患之意也。[2]161-162

可见,董仲舒主张先发制人,以防患于未然为仁之大者,可见董仲舒主张仁义的虚伪性。防患于未然,即所谓诛心,没有犯罪之人,以防患诛之。董仲舒之前,萧何所定法律虽严酷,但尚有法可依,人没有犯罪,刑罚不加其身。董仲舒主张先发制人,讲究诛心,董仲舒弟子以《春秋》断狱,以诛心为断,以防患为口实,专杀于外,无须请示武帝,可谓无法无天。韩非主张"明主之国,无书简之文,以法为教;无先王之语,以吏为师"[5]452。法家还有法可依,董仲舒的外儒内法可谓无法无天,比法家还可怕。

《春秋》庄公三十二年:"秋,七月,癸巳,公子牙卒。"《春秋公羊传》云:

> 何以不称弟?杀也。杀则曷为不言刺?为季子讳杀也。曷为为季子讳杀?季子之遏恶也。不以为国狱,缘季子之心而为之讳。季子之遏恶奈何?庄公病,将死,以病召季子,季子至而授之以国政,曰:寡人即不起此病,吾将焉致乎鲁国。季子曰:般也存,君何忧焉?公曰:庸得若是乎?牙谓我曰:鲁一生一及,君已知之矣,庆父也存。季子曰:夫何敢!是将为乱乎?夫何敢!俄而牙弑械成。季子和药而饮之,曰:公子从吾言而饮此,则必可以无为天下戮笑,必有后乎鲁国。不从吾言而不饮此,则必为天下戮笑,必无后乎鲁国。于是从其言而饮之,饮之无傫氏,至乎王堤而死。公子牙今将尔,辞曷为与亲狱者同?君亲无将,将而诛焉。然则善之与?曰:然。杀世子母弟,直称君者,甚之也。季子杀母兄何善尔?诛不得辟兄,

君臣之义也。然则曷为不直诛而酖之，行诛乎兄，隐而逃之，使托若以疾死然，亲亲之道也。[6]2242-2243

《春秋公羊传》竟然以季子杀母兄为善，主张大义灭亲，根本不顾及血缘亲情。在杀戮亲人的具体手段上，以不见鲜血而自欺欺人地逃避伦理道德之困境，《春秋公羊传》以此为亲亲之道，则《春秋公羊传》所谓之亲亲之道实为大义灭亲之一块遮羞布，完全是表面文章，没有任何伦理道德之实质。董仲舒教武帝大义灭亲的思想与《春秋公羊传》的思想完全一致。

董仲舒迷信政权的力量，以政权的强制力量务除天下所患，实行强力急作式的或曰暴风骤雨式的更张更化。董仲舒《春秋繁露》的《符瑞》云：

> 有非力之所能致而自致者，西狩获麟，受命之符是也。然后托乎《春秋》正不正之间，而明改制之义。一统乎天子，而加忧于天下之忧也，务除天下所患。而欲以上通五帝，下极三王，以通百王之道，而随天之终始，博得失之效，而考命象之为，极理以尽情性之宜，则天容遂矣。百官同望异路，一之者在主，率之者在相。[2]131-132

董仲舒特别强调人君之权的重要性。董仲舒撰《春秋繁露》卷四《王道》云：

> 故道同则不能相先，情同则不能相使，此其教也。由此观之，未有去人君之权，能制其势者也；未有贵贱无差，能全其位者也。故君子慎之。[2]157-158

这都是强调借助于政权的强制力量以实行激烈的社会变革。

最能代表董仲舒外儒内法思想的著作当是《春秋繁露》卷六《保位权》。

董仲舒撰《春秋繁露》卷六《保位权》云：

民无所好，君无以劝（杨德春按：劝原作权，据文意改。）也。民无所恶，君无以畏也。无以劝（杨德春按：劝原作权，据文意改。），无以畏，则君无以禁制也。无以禁制，则比肩齐势而无以为贵矣。故圣人之治国也，因天地之性情，孔窍之所利，以立尊卑之制，以等贵贱之差。设官府爵禄，利五味，盛五色，调五声，以诱其耳目，自令清浊昭然殊体，荣辱踔然相驳，以感动其心，务致民令有所好。有所好然后可得而劝也，故设赏以劝之。有所好必有所恶，有所恶然后可得而畏也，故设罚以畏之。既有所劝，又有所畏，然后可得而制。制之者，制其所好，是以劝赏而不得多也。制其所恶，是以畏罚而不得过也。所好多则作福，所恶过则作威。作威则君亡权，天下相怨；作福则君亡德，天下相贼。故圣人之制民，使之有欲，不得过节；使之敦朴，不得无欲。无欲有欲，各得以足，而君道得矣。

国之所以为国者，德也。君之所以为君者，威也。故德不可共，威不可分。德共则失恩，威分则失权。失权则君贱，失恩则民散。民散则国乱，君贱则臣叛。是故为人君者，固守其德，以附其民；固执其权，以正其臣。声有顺逆，必有清浊；形有善恶，必有曲直。故圣人闻其声则别其清浊，见其形则异其曲直。于浊之中，必知其清；于清之中，必知其浊；于曲之中，必见其直；于直之中，必见其曲。于声无小而不取，于形无小而不举。不以著蔽微，不以众掩寡，各应其事以致其报。黑白分明，然后民知所去就，民知所去就，然后可以致治，是为象则。为人君者，居无为之位，行不言之教，寂而无声，静而无形，执一无端，为国源泉。因国以为身，因臣以为心。以臣言为声，以臣事为形。有声必有响，有形必有影。声出于

> 内,响报于外;形立于上,影应于下。响有清浊,影有曲直,响所报非一声也,影所应非一形也。故为君虚心静处,聪听其响,明视其影,以行赏罚之象。其行赏罚也,响清则生清者荣,响浊则生浊者辱,影正则生正者进,影枉则生枉者绌。击名考质,以参其实。赏不空施,罚不虚出。是以群臣分职而治,各敬而事,争进其功,显广其名,而人君得载其中,此自然致力之术也。圣人由之,故功出于臣,名归于君也。[2]172-176

这就是董仲舒从《春秋公羊传》总结出来的统治术。对民无须施以教化而要使民有欲,民有欲则君可以以奖赏制之,使民有所畏而以刑罚制之。设官府爵禄是为了施赏罚而不是为了施教化,以赏罚二柄治国,这是韩非治国的基本手段。立尊卑之制,以等贵贱之差,这是因天地之性情,孔窍之所利,因而尊卑之制、贵贱之差完全是物质利益的差别关系,这就使礼制完全物质利益化了。在孔子的思想中,礼制是人的道德价值的体现,礼制的核心是仁,由仁开辟价值之源,所以自天子以至庶民皆以修身为本,修身的目的在求仁,设官府的目的在施教化、行仁政。可见董仲舒的统治术是外儒内法,是与孔子的思想背道而驰的。

董仲舒《贤良对》之思想被前人称为醇正,董仲舒被前人称为醇儒,通过以上分析可见前人皆失之。董仲舒思想的本质是儒法合一、外儒内法,在"义"和"权变"的借口之下可以不择手段、为所欲为。由此入手便可洞察《春秋公羊传》与《春秋穀梁传》的本质区别。

参考文献:
[1] 班固. 汉书[M]. 北京:中华书局,1962.
[2] 苏舆. 春秋繁露义证[M]. 北京:中华书局,1992.

［3］洪迈. 容斋随笔［M］. 北京：中华书局，2005.
［4］马端临. 文献通考［M］. 北京：中华书局，1986.
［5］王先慎. 韩非子集解［M］. 北京：中华书局，1998.
［6］十三经注疏［M］. 阮元校刻. 北京：中华书局，1980.

原文载于《衡水学院学报》2013年第5期。

杨德春（1968－），男，河北遵化人，邯郸学院中文系副教授，文学博士。

论董仲舒的"阳德阴刑"思想

肖红旗

董仲舒根据天人感应论,来论证作为规律的人道之间有同构关系。天人之间不仅是同类,而且从规律论上来说还是同构的,即天人之间有同样的规律。《易传》中就提出过"一阴一阳谓之道"的命题来统摄天道与人道,从而应用好规律,造福国家与社会;而汉以前阴阳学说的核心也认为万物皆有对立的两个方面,且这两方面的关系是不平等的,它们是阴阳对立且阳尊阴卑的主从关系。董仲舒继承并发展了这种思想,运用天道阴阳关系来探讨人道,表现为政治统治方式上德刑思想,提出了阳德阴刑主张。

一、君承天意,法自君出

天道与人道的关系,表现为社会秩序的纲常名教。人类社会的君臣、父子、夫妇之间的等级尊卑、服从关系,董仲舒认为他们就是天道阴阳在人类社会关系的反映。君、父、夫为阳,臣、子、妇属阴,天道为阳尊阴卑,人道则君尊臣卑、父尊子卑、父尊子卑,此是天的意志，故天然合理。他说："君臣、父子、夫妇之义，皆取诸阴阳之道。君为阳、臣为阴；父为阳，子为阴；夫为阳，妇为阴。……王道之三纲，可求于天。"[1]《基义》

"君子受命于天，天下又受命于天子，一国则受命于君。"[1]《为人者天》人间一切都由天设定，现实中的君王理所当然是天选定的在人间的代言人，起着沟通天上人间的作用。三纲就是上天赐给君王维持的人间社会秩序之工具，就是"天意"，君主按三纲来统治人间就是秉承"天意"来行事，他说"王者承天意以行事"[1]《尧舜汤武》。他进一步解释"王"字的写法，可以沟通天和人，为君承天的意志统治人世，论证了君权的合法性。他说："三画连其中，谓之王。三画者，天地与人也。而连其中者，通具道也。取天地与人之中，以为贯而参通之，非王者孰能当是？"[1]《王道通三》虽有借字形进行牵强附会的说教，但在古代中国社会却有维持社会长治久安的效果，因为王权披上了神权的外衣，具有这样的效果："在专制的国家里，宗教的影响比什么都大。它是恐怖之上再加恐怖"[2]和"迷信的偏见强于其他一切偏见；迷信的理论强于其他一切理论"[2]72、344。

君主如何让天意在人世体现呢？他说："王者唯天之施，施其时而成之，法其命如循之诸人，法其数而以起事，治其道而以出法，法其志而归之于仁。"[1]《王道通三》也就是说，人间君王的思想、言行都代表天的意志，行事出法，教化百姓具有法的效力，法自君出是天意使然。天子"居至德之位，操杀生之势"[1]《威德所生》。在君与民之间，民仅有受教化、服从君主之义务，而天子则是承天意教化万民的最高立法者；人间的生杀予夺之权皆属上天在人间的代言人——君王，故整套国家机器都是君王承天意设定而协助君王统治万民。"民者，瞑也。"[1]《深察名号》广大百姓俯首听命于君王的统治，贯彻执行君王的命令,就是听从天意。

那如何判断百姓的是非,达到树立纲常名教的道德观念呢?董仲舒认为是非的标准就是"名"。他说:"欲审曲直,莫如引绳;欲审是非,莫如引名。名之审于是非也,犹绳之审如曲直也。"[1]《深察名号》名是君王的思想言论,表达天意,君王言出法立,具有法律效力,乃区分是非的标准。所以是非曲直不在于客观事实,而看他是否符合"名"。他还说:"事各顺于名,名各顺于天"[1]《深察名号》,事由名定,名由天定,名就是天意给客观事实定的名称:"鸣而施命,谓之名。"[1]《深察名号》

"春秋之法,以人随君,以君随天。"[1]《玉杯》神化皇权是法自君出的依据,也是封建社会立法的基本原则。"三纲"这一核心乃君承天意而为的立法原则,是阳德的最高体现,其他一切纲常名教和社会制度的架构都须以此为依据,否则就是违天意的行为,是"反天之道"。

董仲舒"君承天意、法自君出"的政治主张和法律观点切合当时社会发展的需要。新的社会思想和制度的构架毫无疑问是一种历史的进步,对于恢复生产、维持社会秩序都具有积极作用。这一思想符合当时人心思安、民欲生息的愿望,强化和健全君王体制有一定的进步意义。

二、任德不任刑

为了汉王室的长治久安,董仲舒努力探索、总结秦王朝骤亡的历史教训,认为汉朝如果继续沿用秦制,循而不改,则必然还会出现"法出而奸生,令下而诈起,如汤止沸,抱薪救火"[3]《董仲舒传》的局面而不可收拾。因此,他认为汉王朝应以秦为鉴,用儒家仁德代替法家的严刑,并找到了自然哲学上的理论依据。董仲舒从天道阴阳得出阳尊阴卑来论证统治者应采用德治为主的统治形式,提出了他的思想主张"阳德阴刑"。

"天道之大者在阴阳。阳为德,阴为刑;刑主杀而德主生。是故阳常居大夏,而以生育养长为事;阴常居大冬,而积于空虚不用之处。以此见天之任德不任刑也。"[3]《董仲舒传》他把阴阳看成是"天"的两个基本因素,德、仁爱、生养等看成是天之阳的体现,而刑、杀则为天之阴的表现。天意寓含欲生不欲杀,以示天之仁爱之德。故君王应效法天意,执政当以德化为本,即任德不任刑,从而形成他的"阳德阴刑"思想。虽强调德化,但并不意味着遗弃刑法,而是希望统治者阴阳互补,采取德治与法治两手,只不过着重以仁义道德教化百姓为主;在此基础上推行宽猛相济、恩威并使的政策,他说:"刑者德之辅,阴者阳之助也。"[1]《天辨在人》

"天数佑阳而不佑阴,务德而不务刑。"[1]《阳尊阴卑》即是说,天始终把阳当作主导而把阴当作次要的附属,阳主导万物之养育生长,阴体现万物之收藏;阳表现为天的恩德,阴则表现天之刑罚,天尚德不尚刑,故阳主阴从,阳尊阴卑,阳德阴刑。又说:"阳之出也,常县于前而任事;阴之出也,常县于后而守空处。而见天之亲阳而疏阴。是故仁义制度之数,尽取之天。"[1]《基义》德化政策乃是天的意志,君应当秉承,施仁政与德行教化。

董仲舒说:"教,政之本也;狱,政之末也。其事异域,其用一也,不可不以相顺,故君子重之也。"[1]《精华》道德教化是本,为政者应以他为主;刑狱是末,应置之于辅助地位。德行并用和主次本末的排位,正是董仲舒吸取秦亡教训和从古代先贤那里总结的德教而国治的经验,强调德教的重要性。刑也是天意的表现,虽处辅助地位,它的作用不容忽视。"是故王者上谨于天承天意,以顺命,下务民教化民，以成性；正法度之宜，别上下之序，以防欲也。修此三者，而大本举矣。"[3]《董仲舒传》就是说君王的大本有"三"，第一为承天意以顺命，即尊天；第二是明教化以成就万民人性；第三是正法度，确立上下级关系和尊卑次序，以防备统治者的不合理之欲。其中的第三就是刑的问题，刑是君王"举大本"必要手段之一，绝不是可有可无的东西，一旦被统治者触及统治者的根本利益，则刑罚成为统治者理所当然的权力，是国家治理中不可或缺的手段，应毫不手软用刑来镇压，且这是天意使然；所以刑的另外一个作用就是让百姓恐惧害怕，即"设刑以畏之"，"刑罚以威其恶"[3]，同时还要"务刚其气"[1]《天地之行》，德不代刑，"庆赏刑罚之不可不具也，如春夏秋冬不可不备也"[1]《四时之副》。德刑并用，软硬兼施，乃是社会长治久安之方式。

　　如何施行德与刑呢？董仲舒认为人性是不同的，故应根据人性而有所侧重。他继承了前人的观点，又有自己的独创；他认为人性总有善的本质，可以发展为善而不是已经达到了人性的善。他说："善如米，性如禾，禾虽出米，而禾为可谓米也。性虽善，而性为可谓善也。米与善，人之继天而成于外也，非天所为之内也。天所为，有所至而止，止之内谓之天，止之外谓之王教。王教在性外，而性不得不遂。故曰，性有善质，而为能为善也。"[1]《实性》禾能出米，是禾里原本就有米；性能出善，是因为人性中本来就有善。这种善的内因就是"善质"，不过必须经过教化，才能真正成为善。他还说："性者，天质之朴也；善者，王教之化也。无其质，则王教不能化，无王教，则质朴未能善。"[1]《实性》在他看来，民性乃天质之朴；善者，王教之化。无其质，则王教不能化；无其王教，则质朴不能善。这种人性说他称之为性待善论。

　　董仲舒还从天人关系上进行了人性待善的探究。他说："仁、贪之气，两在于身。身之名，取诸天。天两，有阴阳之施；身亦两，有贪、仁之性。"[1]《深察名号》这就说，人身就像天有阴阳一样存在着贪、仁两种性。仁性叫性，贪性则为情、为欲，也就是说人身上同时存在可以向善的性和向恶的情，即性善情恶或者说阳仁阴恶。怎么让人弃恶从善呢？如何控制这种人性导向呢？他说："天有阴阳禁，身有情欲栣，与天道一样。"[1]《深察名号》天道有阴阳变化的规律，人则有控制自己的思想行为主观能动性，就是加强自身的道德修养。于是在此基础上提出了他独创理论"性三品"说。

"圣人之性，不可以名性；斗筲之性，又不可以名性；名性者，中民之性。中民之性如茧如卵，卵待覆二十日后能为雏，茧待缫以涫汤而后能为丝，性待渐于教训而后能为善。善，教训之所然也，非质朴之所能至也，故不谓性。"[1]《实性》其中圣人之性天生纯善，能遵三纲王化，无须别人教化而是去教化别人的。斗筲之性，贪性很重则是恶的，即使加以教化也不能改为善，所以不需教化，直接用刑罚措施迫使他们服从。中民之性则是"性"中有善质的质朴之性，他们既可以向善，也可以为恶，因此，他们可以通过自身的道德修养导向善，也可通过王者的教化导向善，且王者的天职也就在此——"厚其德而减其刑。"[1]《基义》如果中民之性教化不成，则"发刑罚，以立其威"[1]《威德所生》。直接用重刑，强迫服从王化。

当然，刑罚只是统治者抑制百姓欲望的最后保障，就是说社会各方面的生活主要还是依靠道德教化为主或说是任德不任刑。他说："天令之谓命，命非圣人不行；质朴之谓性，性非教化不成；人欲之谓情，情非度制不节。"[3]《董仲舒传》性待教而为善，情则需刑罚来节制而勿敢为恶，此之谓真天。所以君王统治人民，治理民众，最重要就是教化民性使之成善和正法度抑制人欲作恶。"夫万民之从利也，如水之走下，不以教化堤防之，不能止也。是故教化立而奸邪皆止者，其堤防完也；教化废而奸邪并出，刑罚不能胜者，其堤防坏也。古之王者明于此，是故南面而治天下，莫不以教化为大务。立太学以教于国，设庠序以化于邑，渐民以仁，摩民以谊，节民以礼，故其刑罚甚轻而禁不犯者，教化行而习俗美也。"[3]《董仲舒传》董仲舒从教化的地位、作用以及教化和刑罚的关系等方面论述了他自己的主张，尤其学校在道德教化，纯净人欲方面的作用。实际上，"明德慎罚"、主张德刑并用以及反对专任刑罚的观念，至此成为历代王朝的治国章程、纲领。但胡适则认为是董仲舒给反对专用刑法的理论加上了宗教色彩[4]299。

德刑并行，任德不任刑是儒家法律思想的核心，董仲舒创造性提出根据人性的不同对德刑各有侧重，这种理论成为后世历代王朝制定法制的主导思想，在中国社会文明发展史上具有非常重大的指导意义。

三、决狱行刑

董仲舒引用《春秋》等儒家经典的大义，解决有关父子、夫妻、君臣关系案件，并利用天道阴阳说把德刑关系说成是一种天经地义以此诠释阳德阴刑、任德不任刑的思想主张，将此提升到法哲学理论的高度。使儒家的经典成了封建王朝司法实践的直接依据。

在处理一个子误伤父的个案时，董仲舒说："臣愚以父子至亲也，闻其斗，莫不有怵怅之心，扶杖而救之，非所以诟父也。《春秋》之义，许止父病，进药于其父而卒，君子原心，赦而不诛。甲非律所谓殴父，不当坐。"[5]依照汉律规定，子殴父，违背三纲，当枭首。董仲舒引用《春秋》中经义进行了说明，因为儿子主观上没有危害父亲的动机，虽有伤害父亲的结果，但那是为抢救父亲生命而导致的误伤,与汉律规定的情节有所不同,应遵从原心论罪的原则,所以不予处罚。之所以产生这个结果,他说:"《春秋》之听狱也,必本期事而原其志。志邪者不待成,首恶者特重,本直者其论轻。……罪同异论,其本殊也。"[1]《精华》就是说在审理案件时,要根据犯罪的事实,考察行为者的动机;只要有犯罪动机,就应严惩,不必待其行为发生;且对于团伙犯罪的首犯要加重惩罚;而没有犯罪动机,即使有犯罪行为,也须从轻。这样审理案件,是引经决狱,他说:"《春秋》之治狱也,论心定罪。志善而违于法者免,志恶而合于法者殊。"[1]《盐铁论·刑德》这实际上是一种动机论,判断行为违法与否,看重的是行为者动机的"善"和"恶",而不是行为的效果。

引经决狱,原心论罪的主张主要强调定罪量刑应当考虑行为人的主观动机,这与法家的"轻罪重刑"的归罪定刑的思想相比,有一定的合理性。在汉律规定不完善,存在法律漏洞的情况下,引用统治者认可的经义原则作为定罪量刑的依据是对法律的一种有效补充,客观上起到了减轻刑罚的结果。但也为统治者直接干预司法打开了方便之门,统治者和酷吏们可以任意以动机来判决案件,肆意残害无辜百姓,这在司法实践中也造成了很大的负面影响。章太炎对引经决狱进行了批评。他说:"董仲舒为《春秋》折狱,引经附法,异夫道家儒人所为,则佞之徒也。……后之廷尉利其轻重异比,上者得以重秘其术,使民难窥,下者得以因缘为市,然后弃表埻之明,而从骋游之荡。悲夫,经之蚘虱,法之秕稗也。"[6]62

定罪量刑后,就得找个合适的时令执行刑罚即司法,该时令应当适应天象和合于季节的变化以体现天意,展示君之德威。董仲舒利用天道四时与王道四政来比附诠释秋冬行刑思想,使其具有合理的根据。他说:"天之道,春暖以生,夏暑以养,秋清以杀,冬寒以藏。暖暑清寒，异气而同功，皆天之所以成岁也。圣人副天之所行以为政，故以庆副暖而当春，以赏副暑而当夏，以罚副清而当秋，以刑副寒而当冬。庆赏罚刑，异事而同功，皆王者之所以成德也。庆赏罚刑与春夏秋冬，以类相应也。……天有四时，王有四政，四政若四时，通类也，天人所同有也。庆为春，赏为夏，罚为秋，刑为冬。庆赏罚刑之不可不具也，如春夏秋冬不可不备也。庆赏罚刑，当其处不可不发，若暖清寒暑，当其时不可不出也。庆赏罚刑各有正处，如春夏秋冬各有时也。四政者，不可以相干也，犹四时不可相干也。四政者，不可以易处也，犹四时不可易处也。故庆赏罚刑有不行于其正处者，《春秋》讥也。"[1]《四时之副》他的论述使司法时令这一世俗化的政治法律问题成为了具有神圣的自然哲学问题，既发展了天命天罚的神权思想，又倡导儒家传统的德治思想；"王者之所以成德"，是要顺应天意，做到庆赏罚刑都不违反天道的四时之变化。经董仲舒倡行的秋冬行刑的思想，成为了封建正统法律思想的重要组成部分，对封建法制产生了深远的影响。

四、"阳德阴刑"思想的影响

董仲舒的"阳德阴刑"思想体系对中华法系影响深远，是中国法律思想史上的一个标志性里程碑。董仲舒对"三"、德刑和决狱行刑思想的论述为封建正统法律思想的形成奠定了夯实的理论根基。并为确立儒家思想正统地位起到了奠基作用，同时这也是中华法系的主要特征。

此后历朝历代思想家对德刑思想的阐述都没有超出德治为主、刑罚为辅的范畴，而是继续维护"三纲"理论。魏晋至隋唐时期的统治者将"三纲"理论逐步法律化、制度化，形成了服制制度、亲属相隐制度、八议制度和十恶制度等一系列体现"三纲"理论的法律制度。宋代正统思想家朱熹从理学角度阐释"三纲",使"三纲"理论更加神圣化、哲理化。直到清末法律改革引起的礼法之争中,坚决维护封建正统法律思想的顽固派和礼教派,仍以"三纲"作为不可变更的最高立法原则。

参考文献：

[1] 董仲舒. 春秋繁露 [M]. 北京：中华书局，1986.

[2] 孟德斯鸠. 论法的精神·上 [M]. 北京：商务出版社，2005.

[3] 班固. 汉书 [M]. 北京：中华书局，1965.

[4] 胡适. 中国中古思想史长篇 [M]. 合肥：安徽教育出版社，1999.

[5] 程树德. 九朝律考 [M]. 中华书局，1988. 164.

[6] 转引杨鸿烈. 中国法律思想史·下 [M]. 北京：商务印书馆，1998.

肖红旗（1982－）男，湖南邵东人，陇南师范高等专科学校讲师，哲学硕士。

十议董仲舒

董寅生

倘若把正规的学术文章比作堂堂之阵,那我这拼凑的札记随想只是几只飞镖。笔者有意剽拟明清学案、札记及近人梁启超学术研究的笔法,愧无手搏龙蛇之概,略效寸铁袭人之方。

这个"袭",当然是指剖析、分析。

董仲舒这样精深博大的一代儒宗,就算是穷毕生之力怕也难以真正了解他真实的思想,同时代的人且未必能,而况两千年后的我们。可是再浩渺无边的大海,也总不会拒绝人们的好奇与探索,管窥蠡测,难以把握整体,但盲人摸象,也会得到部分影像吧。

一

董仲舒究竟生于何年,卒于何岁,众说纷纭,清朝的苏舆说他生于文帝元年(前179),卒于武帝太初元年(前104),后来的不少词典、著作也都跟着称他是前179—前104年,享年七十六;也有说他生于前2世纪初,卒于前104年,享年八十左右;张岂之编

《中国文化思想史》（高等教育出版社2006年5月第1版），说他是前176—前104年，享年七十三，这恰与孔夫子的生年相同（但安知不是后人有意为之）；王永祥先生之《董仲舒评传》好像是目前为止让他最高寿的，王先生认为《汉书》里说他亲见四世，因此他该是在惠帝时出生，据此认为他约生于前192年，卒于前106年或前104年，享年当在87—89岁。除此之外，也有人根据民间传说讲他寿活104岁，那就有些太离谱了。

董仲舒到底算是哪里的人？现在争执较多的是河北景县、枣强与山东的德州。历史上的董仲舒出生于广川，在汉景帝时期，广川曾为国名，但后来广川又成为信都国属下的十七县之一，有人以为其当时的县治约在现在景县的西南，但此县在北齐时期又撤并归入了枣强，也可能有部分辖区分划给了其他州县，这样说来，三地也许都有相当的理由。但我看这场官司恐怕是很难有个了局的。一则此地行政区划多变，二则河道渠流频改，三则此地历来是征战的杀场，土著的居民不太可能有上千年的历史来传承保管真正有说服力的证据。至于什么祠堂、碑墓，十有八九是后来人们想当然的作品，作为证据怕是很难说服彼此的。

《汉书·董仲舒传》讲得明白，董仲舒"年老，卒于家，家徙茂陵，子及孙皆以学至大官"，也就是董家两千年前就移民去陕西了，当时那可是首都，子孙又都做了大官，董仲舒死后又埋在了西安的蛤蟆陵，那他的子孙们还有必要再回迁吗？

二

董仲舒的好学，那可真是没得说，如果单比读书做学问刻苦专心，孔子、孟子恐怕也比不上。但这里的一些记载也有层累加工的痕迹。《史记·儒林传》说他是"盖三年董仲舒不观于舍园,其精如此",到《汉书·董仲舒传》是"盖三年不窥园,其精如此",前者说是不游玩舍中之园,后者是说不管什么园,一律看都不看一眼。等到了东汉桓谭嘴里,则又成了董仲舒"专精于述古,年至六十余不窥园中菜"。个人自问,这样的学习生活,一天两天熬得住,六十多年,这也太夸张了。至于《太平御览》里说他"乘马不觉牝牡,志在经传",倒还觉得亲切一些,现在的人不也常连骡马都分不清吗。

三年不窥园,实在让人感觉不可思议,王充就很不以为然,他在《论衡·儒增》里质疑:"不窥园菜,实也;言三年,增之也。仲舒虽精,亦时解休,解休之间,游门庭之侧,何嫌不窥园菜。"如果将这个"窥"理解成关心关注,那倒还说得过去。

在《汉书·艺文志》里,董仲舒的著作是两种:一是列为春秋二十三家之一的《公羊董仲舒治狱》16篇,二是列为儒家五十三家之一的《董仲舒》123篇。

历经风雨,这里头散轶也不少。现行的《春秋繁露》仅17卷82篇,且是后人辑录董仲舒遗文而成,书名也是隋唐以后才有。这样看来,有人往其中加点去点改点删点,怕也是在所难免的。按今天的学术规范,这近于作伪篡改,但在古代,从孔夫子开始,就有删书正书的传统,并不觉得有什么不对。

三

董仲舒的著作很多,学问很深,可是最为人熟悉的是他的一条建议——独尊儒术、一个主张——天人感应。而天人感应最突出的作用是谴告人君。

在他看来，上天谴告人君，"过有深浅厚薄，而灾有简甚"（《春秋繁露·顺命》），也就是会根据情节轻重分一定的档次来予以谴告。一般是先以灾，再以异，再以大异，如果仍然不知改悔，就要用咎殃、伤败来实行严惩了，这有点像《圣经·出埃及记》里耶和华对埃及人逐次加强的惩戒，却比耶和华有更大的耐心和善意；也有点像球场上的口头警告、黄牌、红牌，但一经罚下，也就意味着其政治生涯的永远结束。

天人感应，董仲舒个人也是深信的，除了学习钻研，他还身体力行，做江都相时，他"求雨，闭诸阳，纵诸阴；其止雨反是"（《汉书·董仲舒传》），据说还挺灵，行之一国，未尝不得所欲。（直到晚近，他的故乡今衡水一带还盛行这法子，每遇久旱不雨，即有"行雨"、"谢雨"之俗。"行雨"时，由一伙寡妇、少女等沿街扫土，用柳条甩清水，众人举小旗，敲锣打鼓。在武强县，"行雨"又有扫坑、抬龙王游乡、打"旱魃"三种形式。另外，遇阴雨连绵或雨量过大，人们以朝空中放火枪、爆竹等方式向上天表示烦恼，与他当年的行为如出一辙。）

他不像孔子那样对天道敬而讳言，而是勇于表达自己对祥瑞灾异的观点，汉武帝建元六年，先是辽东的高庙着火，接着是长陵的园殿遭灾，他未经朝廷批准立项，就开始对这两起重大事故开始调研。主父偃乘其不备，窃走他的草稿密报给了皇帝。汉武帝隐去董仲舒的名字，让大家对其发表意见，董仲舒的弟子吕步舒蒙在鼓里，对老师的观点大加批判，一个人开了头，自然是万炮齐鸣，于是公布作者的名字，将董仲舒定成了死罪。汉武帝大概也不想杀他，诈唬了一阵之后，还是将他放了。董仲舒从此不再敢论说现实社会的任何灾异，至少是不敢再发表了。今天我们看《汉书·五行志》，言汉朝灾异的主要是刘向，董仲舒只有这么一例。

董仲舒到底说了些什么，以至于连弟子也以为"大愚"呢，《汉书·五行志》里收录了他的主要观点：其一，这两把火烧得好烧得对，高庙不当立辽东，园殿不该立陵旁，僭越了礼制，所以上天才给他降了灾；其二，罪在外者天灾外，罪在内者天灾内，现在是内外一起灾，说明形势不是大好，而是大坏，应该立刻警觉起来，首先是杀几个在远方图谋不轨的亲戚贵属，其次是杀几个在君侧贵而不正的近幸大臣，这才是仰答天意的举措。

试问这样的建议，连皇帝带诸侯、近幸、大臣，全都得罪了个够，你要是蒙在鼓里的吕步舒，能说这不是"大愚"吗？

两汉时期，士大夫特别关注各种所谓的灾异，朝廷也特别注重对其的解释。彼此之间对最终裁判权的争夺一直是相当激烈的。

一方面，当时的皇权在士大夫心目中还不是那么神圣威严（夏侯胜就对宣帝以字相称）；另一方面，当时士大夫也还没有后来者那样圆滑谨慎，于是他们经常不管不顾地充当讨厌的乌鸦，许多不懂得揣摩迎合的儒生，因此把自己陷入了绝境。像孝昭元凤三年，泰山大石自立，上林枯柳复生，董仲舒的再传弟子眭孟竟然公开上书，要求皇帝求索贤人，禅以帝位，自封百里，以顺天命。他打的旗号是"先师董仲舒有言，虽有继体守文之君，不害圣人之受命"。由此我们可知，思想家在其正式的文本外，还有很多丰富多彩的活思想，这样的人，是不甘心仅做一个匍匐于皇权下的奴才的。此外如夏侯胜坚决反对为武帝立庙乐，下狱几死；京房数论灾异，结果被构陷处死；身为宗室的刘向不断借灾异批判时局，不惜被朝廷免为庶民。班固因此感叹，"仲舒下吏，夏侯囚执，眭孟诛戮，李寻流放"，凡此诸人，多是一些执着于自己的政治理想，希图用自己对灾异的解释来改良政治的仁人志士。两千年后的我们，读着这些事迹，依然为之感动。套句陈寅恪的话，可以说是"灾异谴告之作用或可商,唯此伤时忧世之苦心当共日月以争光"。

之所以说其作用或可商,是下有批评,上有对策,对某些灾异,两汉的皇帝往往会找一个倒霉的大臣来代为牺牲,如绥和二年,即公元前7年,荧惑守心,丞相翟方进被逼自杀以应天象。有意思的是二月翟方进自杀,三月汉成帝也跟着驾崩,灾没有躲过去,却白白逼死一个丞相。明朝朱元璋杀李善长,借口也是以应天变。在越来越强大的专制面前,士大夫们的口舌笔墨毕竟是绝对的劣势。但也不能因此,我们就否认其抗争的精神。

我个人有这样一个粗浅的认识,判别一政治人物、思想人物的品质,大致可以看他是热衷于报喜还是执着于报忧,前者在现实生活里往往如鱼得水,但祸国败俗的多是此辈;后者每每在现实世界里到处碰壁,但中流砥柱也多是他们。董仲舒对现实的态度如何,看他晚年的《士不遇赋》,"生不丁三代之圣隆兮,而丁三季之末宿",大概也是不很满意的。

倘若把我们的民族、文化看成是一个成长的过程,倘若我们承认历史阶段是无法也不能随意超越的,那么西汉大体上该算是我们的童年或少年时期,在这样的历史阶段,灾异谴告这样的把戏还有其应用的价值。

四

思想家作为整体是伟岸的,是博大的,是几乎无法把握的。我们今天通过仅有的文本来揣测他们,其实是一件不可能真正完成的任务(吕步舒都不能,何况我们)。但即或如此,也不必将思想家的任何细节都看得过分复杂精密。像董仲舒也提过对匈奴的政策,但所谓"厚利质子",不过是些迂腐的议论;提过在关中种麦,但他毕竟还不是袁隆平，效果寥寥。如果因为对其整体的敬畏，便过分夸大这些细节，甚至随意赋予他不应有的光荣，那也是从另一面去厚诬古人了。

五

董仲舒生活的那个时代，无疑是中国封建社会一个蓬勃上升的时期，儒学或者说是儒术就在这个时候成为了封建国家意识形态的主干，从而大大加强了封建国家秩序的巩固。这个过程是激烈的，也是残酷的。汉武帝初年，太皇太后窦氏曾经因为对儒学的不满，而将御史大夫赵绾、郎中令王臧迫害致死；汉武帝亲政之后，用法极其残酷严苛。在这样的时代里，董仲舒的一生也是很不平静的。根据现有的资料，他有三四次面临横死的威胁。

前面提到的建元六年，是一次，当时的董仲舒几乎陷于众叛亲离的境地，他那一次得罪的人实在是太多，可以说是民（官）愤极大，处境可能比后来的司马迁还糟。

第二次是做江都相的十年，当时的江都王刘非，可以说是一个极度危险的人物，《汉书·景十三王传》说他"好气力，招四方豪杰，骄奢甚"，他与淮南王之间有共同谋反的约定。董仲舒在他的王国里做相，可以说是在刀尖上舞蹈。

第三次，是被丞相公孙弘所嫉，特意派他去做胶西相，这一干就是四年。胶西虽是个小国，倾陷毒害死的官员却是最多的。董仲舒面对的是一个生理心理都不甚正常的刘端，这样的日子可想而知。

董仲舒为官多年，操守可以说是很好，《汉书》本传说他教令国中，所居而治，这说明他的执政能力是不错的。他为官廉洁，去位归家,终不问产业,唯以修学著书为事。他反对政府、官员与民争利,在《天人三策》中,坚决主张"受大者不得取小"、"夫己受大,又取小,天不能足,而况人乎",他看到官员们凭仗所掌握的优势资源,"乘富贵之资力,以与民争利,民安能如之哉!"无权无势的老百姓无论如何也争不过当官的,结果必然是富的更富,穷的更穷,最后是民不聊生,也就不避横死、铤而走险了。这对于双方都是不利的,因此当官的不该在俸禄以外别求生财之道,"不与民争业,然后利可均布,而民可家足"。这思想现在看来也不过时。许多地方小煤矿事故频发,背后往往有当地官员参与经营的背景,中央三令五申,要求清退官股,也是这个道理。

六

对于思想家,我们似乎不能要求他们完全彻底地言行如一,董仲舒有时候也如此。《春秋繁露·天地之行》里讲要"伏节死义,难不惜其命",可是在建元六年吃了苦头后,他就再不敢对汉之灾异加以评论了,可是倘若不耍这个"滑头",他又怎么能完成整个封建理论大厦的设计工作呢?(王永祥先生说他是封建社会理论大厦的设计师、建筑师。)

思想家是复杂的,有时候有些话,明知不妥,也只有硬着头皮坚持去讲,有时候有些话明知该说,也只好三缄其口。现在传下来的文本,有相当一部分是铺垫掩饰,倘若将这些都当成思想家本身的真实思想甚至核心思想,那恐怕就会买椟还珠了。陈寅恪主张要有"同情之了解",这才是比较合理的态度。

七

董仲舒的春秋决狱，对后来影响深远。在他那个时期，相对于文法吏、酷吏，春秋决狱也许有其优越的地方，可是从长远来看，其弊甚大。"春秋之听狱也，必本其事而原其志。志邪者，不待成；首恶者，罪特重；本直者，其论轻。是故逢丑父当斩，而辕涛涂不宜执，鲁季子追庆父，而吴季予释阖庐，此四者，罪同异论，其本殊也。俱欺三军，或死或不死；俱弑君，或诛或不诛；听讼折狱，可无审耶！故折狱而是也，理益明，教益行；折狱而非也，罔理迷众，与教相妨。教，政之本也，狱，政之末也，其事异域，其用一也，不可不以相顺，故君子重之也。"（《春秋繁露·精华》）

这段话，简单说就是动机态度比情节事实更重要，判决轻重首先要看社会效果如何。现在我们讲求法治，可是还有人自觉不自觉有这样的遗毒，喜欢抛开案件本身，强调所谓民愤极大，社会影响如何如何，这都不是现代法治应有的理念。

八

性三品说，有没有一点道理？《汉书·古今人表》就是把人分成了三等九级，上等的有圣、仁、智，圣人只有三皇五帝、三代开国君王和周公、孔子，连孟子都只是个仁人。不过最极端的下下愚人也不多，主要是春秋战国时期的一些无德君臣。

现实当中，好像人们还是倾向把人分成三等，不管是禀赋、道德，还是地位、财富。孙中山讲先知先觉、后知后觉、不知不觉，也近似。毛泽东说人群的左中右，也仿佛。

九

甘蔗没有两头甜。当时与董仲舒齐名的是三位,另两位是公孙弘、儿(倪)宽。把这三位放在一起,一是他们都是儒家;二是他们都是关东人,董仲舒是广川,公孙弘是薛,儿(倪)宽是千乘,按今天的区划,后两位都是山东人;三是他们都当了大官。董是诸侯王相,公孙是丞相,儿(倪)是御史大夫。

若论仕途得意,那当然是后两位;可是说到学术地位,连当时的司马迁都在《史记·儒林传》里抱不平,说是"公孙弘治春秋不如董仲舒,而希世用事,位至公卿"。董仲舒大概也不服气,"以弘为从谀"。外宽内嫉的公孙丞相为了发泄自己的怨恨,竟然借刀杀人,特意保举董仲舒去当胶西王相。

可是文章千古事,权位一时荣,大约古来能够在学术史思想史上占有一席地的就该在活着的时候不很得意,只有这样,他们才可能有时间、有精力、有机会充分发挥自己的才智。《汉书·艺文志》里,董仲舒的著作是两种,一是列为春秋二十三家之一的《公羊董仲舒治狱》16篇,二是列为儒家五十三家之一的《董仲舒》123篇。而公孙丞相只有《公孙弘》10篇,儿(倪)御史大夫仅9篇。

学者的最大财富是什么,除了著作,就是学生,某种意义上,后者可能比前者重要得多。先秦诸子,传世的作品多是言论,这多亏了弟子的整理。公孙丞相、儿(倪)御史大夫的地位够高,弟子想必也不少。可是说到给老师争气,那还是董仲舒的弟子要出息得多。司马迁说董仲舒弟子当大夫、郎、谒者、掌故的以百数,而董仲舒个人的子、孙也都以学做了大官。相比之下,公孙弘的儿子虽一度继承侯爵,官至太守,可是却因为拖延公事沦为城旦,做了苦役。

后人对董与公孙间的是非曲直，大多是袒董抑公孙的，宋朝的刘敞作诗"为问平津相天下，尚开东阁欲延谁"就是一例。

十

梁启超在《治国学的两条大路》里说研究国学有两条应走的大路：一是文献的学问，应该用客观的科学方法去研究；二是德性的学问，应该用内省和躬行的方法去研究。

现在流行谈国学，可是国学难道就只是到处宣扬吗？思想家的文本是衣服，可是我们能只凭衣服来继承思想家的精神吗？何况古人还是宽袍大袖！

原文载于《衡水学院学报》2008年第6期。
董寅生（1967—），男，河北邯郸人，邯郸学院历史系副教授。

董仲舒政治思想研究

更化与整合[①]

——董仲舒的治道思想

韩 星

董仲舒（前179-前104），汉广川郡（今河北枣强）人，汉代思想家、哲学家、政治家、教育家。少治《春秋》，后成为公羊学派大师。汉景帝时任博士，武帝继位，举贤良文学，董仲舒对以"天人三策"，提出了"罢黜百家，独尊儒术"的建议，对于建立大一统的国家的意识形态起了关键性的作用。

一、董仲舒的思想渊源

董仲舒的思想来源是多元的，既有邹鲁文化的传统，也有燕齐方术的传统，还有一部分三晋文化的传统。钱穆论董仲舒思想的渊源说：

[①] 本文为中国人民大学引进人才项目"汉代经学与核心价值体系的构建"（编号：30212101）的阶段性成果。

董仲舒在百家庞杂中独尊孔子,颇似荀卿,但他承袭邹衍,来讲天人相应。……荀卿是儒家之逆转。儒家所重在人之情性(孟子曰:"圣人先得我心之所同然耳。"),荀卿则抑低人性(性恶)来尊圣法王。邹衍是道家之逆转。道家所重在天地自然之法象(老子曰:"天法道,道法自然。"),邹衍则在自然法象之后面寻出五位有意志有人格之天帝(一切自然法象,皆由此五天帝发号施令)。荀卿、邹衍各走极端(荀卿主以人胜天,邹衍主以人随天),而董仲舒则想综合此两家。于是天并非自然,并非法象,而确然为有人格有意志的天帝(但天帝有五,他们亦遵循自然法象而更迭当令。于是后人又要在五天帝上增设一昊天上帝)。在地上代表此天帝的则为王者(受命之王)。此将转退到春秋以前之朴素观念。董仲舒又想抑低王者地位来让给圣人,于是孔子成为"素王"(无冕之王,无王者之位,而又王者之道。),《春秋》成为"为汉制法"之书(李斯、韩非主张以吏为师,以时王法令为学。西汉儒者变其说,主张以儒为师,以春秋为法令,即以春秋为学)。把尊圣遵法来代替邹衍尊天帝尊人王的旧观念,此思想史上还是有挽救,有贡献。[1]109-111

他尊崇孔子,以儒为本,以兼综和合的态度沿袭荀子,吸收阴阳五行学说为思想体系的外在框架,以墨家的"天志"理论为这一框架的基本精神,吸收法、墨、道诸家思想中有关政治伦理方面的经验与认识[2]69,构建了博大精深的思想体系。

二、复古更化

在思想上,董仲舒与汉初陆贾、贾谊等人相似,也是从反思秦政入手，针对当时社会问题提出建议，复古更化在贾谊那里已开其先声，到了董仲舒时代，现实的问题更为严峻。汉兴以来，由于统治者在指导思想上采用黄老思想，以因循为务，但黄老之学"纠正和改变的是秦代对法治的滥用，而其法治的精神和立场，则是没有改变的。……汉初统治者在清静无为的宽容面貌下，所严守不失的，正是黄老或法家思想的这个基本精神与立场"[3]50。在实际政治中，尤其是法律制度上，汉初沿用秦政，造成在政治、法律制度方面几乎承袭了秦的所有弊病。所以，董仲舒认为必须"复古更化"。

> 至周之末世，大为亡道，以失天下。秦继其后，独不能改，又益甚之，重禁文学，不得挟书，弃捐礼谊而恶闻之，其心欲尽灭先圣之道，而颛为自恣苟简之治，故立为天子十四岁而国破亡矣。自古以来，未尝有以乱济乱，大败天下之民如秦者也。其遗毒余烈，至今未灭，使习俗薄恶，人民嚚顽，抵冒殊扞，孰烂如此之甚者也。孔子曰："腐朽之木不可雕也，粪土之墙不可圬也。"今汉继秦之后，如朽木、粪墙矣，虽欲善治之，亡可奈何。法出而奸生，令下而诈起，如以汤止沸，抱薪救火，愈甚亡益也。窃譬之琴瑟不调，甚者必解而更张之，乃可鼓也；为政而不行，甚者必变而更化之，乃可理也。当更张而不更张，虽有良工不能善调也；当更化而不更化，虽有大贤不能善治也。故汉得天下以来，常欲善治而至今不可善治者，失之当更化而不更化也。古人有言曰："临渊羡鱼，不如退而结网。"今临政而愿治七十余岁矣，不如退而更化；更化则可善治，善治则灾害日去，福禄日来。[4]2179

董仲舒通过反思历史，尖锐地批评秦承晚周之弊，尊法反儒，禁止民间扶藏诗书，抛弃礼义，尽灭先王之道，独断专横，所以二世而亡。汉初政策上用黄老思想，清静无为，与民休息，但是在政治、法律制度上，"汉承秦制"，无所更改，"其遗毒余烈，至今未灭"，民间陋俗犹存，卑劣嚚顽，好勇斗狠，欺上惘下，"法出而奸生，令下而诈起"，世风日下，有新的法令必有新的奸诈，犹如"以汤止沸，抱薪救火"。这些批评显示了景武之际治理危机的状况，也表现出董仲舒强烈的忧患意识。对此，他给汉武帝开的药方就是"复古更化"。汉承秦之弊，必须革除。他比喻说："琴瑟不调，甚者必解而更张之，乃可鼓也。"同理，"为政而不行，甚者必变而更化之，乃可理也"。汉家得天下以来，常欲善治却得不到善治，其原因就在于"当更化而不更化"。临渊羡鱼，不如退而结网；临政愿治，不如退而更化！怎么更化，就是要革除亡秦严刑峻法的恶政，改变汉初因循无为的惰习，革除积弊，改弦更张，复兴儒家礼乐道德，修明教化，美化风纪。对于董仲舒的"复古更化"历来有不同的解读，其实"复古乃复周之古，更化则更秦之化"[5]3就是要复兴孔子曾经向往的西周礼乐文明，同时改革秦以来严刑峻法的积弊。"复古更化"的具体内容就是"任德教而不任刑"[4]2177，"承周文而反之质"[6]145和"损周之文致，用夏之忠"[4]2190。对于"复古"今人很容易误解，钱穆先生说："仲舒之言复古，实非真复古。在仲舒之意，亦仅重于更化，而即以更化为复古也。……乃求以学术文化领导政治，以政治控制经济，而进企于风化之美，治道之隆。"[7]106即以复古的方式改革现实的弊端，推进国家治理的"现代化"。"其实所谓'古'者亦非纯粹尽本于古，学校、察举、黜陟诸制，贵族世袭时代另是一套。汉所袭，其论杂出于先秦诸子，而备见于《王制》篇中；……汉武一朝之复古更化，正是当时一种崭新之意见也。"[8]148董仲舒提出的"复古更化"是在陆贾、贾谊反思秦政、批判现实的基础上，进一步反思周秦，批判黄老政治和"汉承秦制"所造成的后果,乃至批评文、景以来仍然任狱吏、重刑罚的政策,重申儒家的王道理想,要用儒家治道取代黄老政治,消除法家严刑峻法的积弊。董仲舒的思想与汉武帝不谋而合,于是就得到汉武帝的重视。不仅如此,董仲舒的"复古更化"思想不仅有助于解决西汉政府的治理危机,也对秦汉以降中国传统社会的治理变革提供了理论模式。这就是复古更化不是对现有制度推倒重来的"革命",而是以向后看的方式向前走,即以复古的方式构建理想政治模式,更新现实政治,推动历史前进。

三、多元整合

"整合"(intergration)一词是现代文化科学和思维科学所普遍使用的一个重要概念。最初来源于生物学,是指生物机体或细胞中各个组成部分在结构上有着严密的组织形态,在功能上能够很好地协同动作,共同组成一个完整的良性系统。后来,"整合"一词被社会学家和人类学家所借用,来说明社会发展或文化发展中出现的种种不同思想观念(如价值观等)的融通和合现象。它有结合、融合、统合、综合、有机化、整体化、系统化、统一化等多重含义。应实现政治的需要,汉初儒者以儒为主,兼容道、法、墨、名,进行思想文化的整合,形成了丰富多样、充满活力的思想学说,最终奠定了儒家作为官方意识形态的地位,为汉代走向强盛,为汉帝国提供了指导思想和精神动力。

在"复古更化"的主张前提下,董仲舒对汉初各家治道思想的整合由此就三个方面展开:

首先,重建上古三代的王道政治理想,并结合春秋战国王霸之辨的理论成果,完成王霸结合的总体治理模式。他通过阐述春秋公羊学的"微言大义"来建立其王道理论，然后再结合霸道，形成了王霸结合，以王道为主，霸道为辅的治道思想。

西汉时，《公羊春秋》盛行，学者们开始注重其中的"微言大义"。《春秋公羊传·哀公十四年》云："君子曷为《春秋》？拨乱世，反诸正，莫近诸《春秋》。"这就是说，孔子作《春秋》是为了拨乱反正，即以王道文化传统贬损、匡正现实政治。作为公羊学的大师，董仲舒也是主要通过发挥《春秋》的微言大义，来诠释其王道观，重建王道理想。《春秋繁露·玉杯》云："《春秋》论十二世之事，人道浃而王道备。法布二百四十二年之中，相为左右，以成文采。其居参错，非袭古也。是故论《春秋》者，合而通之，缘而求之，五其比，偶其类，览其绪，屠其赘，是以人道浃而王法立。"[6]32-33即《春秋》的精神在于明王道。《春秋》经以人道为本，把王道政治讲得很完备了，并确立了王道政治的大纲大法。《春秋繁露·王道》说："孔子明得失，差贵贱，反王道之本。讥天王以致太平，刺恶讥微，不遗小大，善无细而不举，恶无细而不去，进善诛恶，绝诸本而已矣。"[6]109是说孔子作《春秋》所书不论得失、贵贱、大小、善恶之事，是在褒贬书法之中寓含着王道之本，所以董仲舒非常推崇孔子，认为孔子作《春秋》就是为了实现王道理想。

董仲舒阐释《春秋》中"春，王正月"云："上承天之所为，而下以正其所为，正王道之端。"[4]2177"是故《春秋》之道，以元之深正天之端，以天之端，正王之政，以王之政正诸侯之即位，以诸侯之即位正竟内之治。五者俱正，而化大行。"[6]70《春秋》所体现的王道政治精义就是一个"正"字。"《春秋》深探其本，而反自贵者始。故为人君者，正心以正朝廷，正朝廷以正百官，正百官以正万民，正万民以正四方。四方正，远近莫敢不壹于正，而亡有邪气奸其间者。是以阴阳调而风雨时,群生和而万民殖,五谷孰而草木茂,天地之间被润泽而大丰美,四海之内闻盛德而皆徕臣,诸福之物,可致之祥,莫不毕至,而王道终矣。"[4]2177-2178 是说王者施政,应当正心为先,渐次以正万民,这样才能远近俱正,政通人和。

具体到董仲舒的王道内容,是自成体系的,主要由《春秋》为后王主法说,王者一统说,王道德治说,文质互救说,五德终始和三统三正等相合而成的。对此,学人已多有详论,本文从略。

董仲舒详细申明《春秋》王道大义是有其明确的政治目的,就是通过王道之正,解决当时社会面临的诸多问题,以正不正,反王道之正。他对当时不同思想进行整合,以实现既定的治理目标。他归纳总结《春秋》正不正的十条重要经验,提出"十指",包括美贵贱、别嫌疑、异同类、别贤不肖、强干弱枝、大本小末、赏善诛恶、考灾异等,其基本精神就体现了王道霸道结合。值得注意的是,董仲舒的王霸结合是以儒家的核心价值——仁来统摄王道霸道的。他说:

> 春秋之道,大得之则以王,小得之则以霸……霸王之道,皆本于仁。仁,天心,故次以天心。苏舆注:《春秋》之旨,以仁为归。仁者,天之心也。[6]161

显然,董仲舒的王霸结合是以儒家的核心价值为本,站在儒家立场上有限吸纳法家合理之处的整合。

不过,我们也发现,董仲舒对法家的态度有矛盾的现象,例如,他在《天人三策》的第一次对策前面说:"天之任德不任刑也。……王者承天意以从事,故任德教而不任刑。刑者不可任以治世,犹阴之不可任以成岁也。为政而任刑,不顺于天,故先王莫之肯为也。"[4]2177 这就把法家"任刑"的思想完全否定了。后面又说:

"秦继其后,独不能改,又益甚之,重禁文学,不得挟书,弃捐礼谊而恶闻之,……故立为天子十四岁而国破亡矣。"[4]2179 这是对以法家思想为依据的秦的法治实践的完全否定。但是,在《春秋繁露》里,却有大量的法家思想,如《王道》说:"道同则不能相先,情同则不能相使,此其数也。由此观之,未有去人君之权,能制其势者也。"[6]131-132《保位权》也说:"圣人之治国也……务致民令有所好。有所好然后可得而劝也,故设赏以劝之。有所好必有所恶,有所恶然后可得而畏也,故设罚以畏之。既有所劝,又有所畏,然后可得而制。"[6]173《考功名》还说:"挈名责实,不得虚言,有功则赏,有罪则罚……赏罚用于实,不用于名。"[6]178 对于这种矛盾情况,研究者各据其说,或说董仲舒是"弃绝"法家的思想,或说"法家的法术势思想成了礼义王道的当然的组成部分"。这也是一种矛盾的说法,并没有解释董仲舒何以会有这种矛盾。我以为,董仲舒之攻击、排斥法家,主要是在《天人三策》中,是针对当时社会"汉承秦制"而亦承其弊的"破",目的是为了行"王道",是想借用政权的力量来实现。他在《春秋繁露》中系统阐述其政治思想时,则是"立",即从建设未来治国理想模式角度考虑时,不得不承认法家思想还是有其合理价值的,要实现王道,势必要有法家的"硬的一手"的。所以,看似矛盾,实则并不矛盾,这就叫作此一时彼一时。

其次,在"复古更化"的口号下,董仲舒强调西周以来的德治思想,并结合儒法在春秋战国时期德刑、礼法之辨的理论成果,希望使汉初尚刑任法的政治能够改弦更张,在阴阳之道的基础上,他吸收黄老之学的阴阳刑德理论和法家(刑名)的思想观点,并加以丰富和推进,论述了王道统治的基本原则——德与刑的关系:阳德阴刑,阴兼于阳,德主刑辅。董仲舒指出实行德政是上天对人君的要求,所以人君应该"以德配天"。"故德侔天地者,称皇帝,天佑而子之,号称天子。"[6]201 如果不从天意实行德治,就要受到惩罚。他说:"天之生民,非为王也;而天立王,以为民也。故其德足以安乐民者,天予之,其恶足以贼害民者,天夺之。"[6]220 结合当时的社会现实,他认为天下之害莫甚于贫富对立,"大富则骄,大贫则忧。忧则为盗,骄则为暴"[6]227,贫富过度,都会引起纷乱。所以,统治者应推行仁政,防止两极分化,不与民争利。他还以天道阴阳论证实行德政说:"天道之大者在阴阳。阳为德,阴为刑;刑主杀而德主生。是故阳常居大夏,而以生育养长为事;阴常居大冬,而积于空虚不用之处。以此见天之任德不任刑也。……王者承天意以从事,故任德教而不任刑。"[4]2177 天道任阳不任阴,王者法天,应该任德不任刑。《春秋繁露·阴阳义》说得更明白:"阳者,天之德也;阴者,天之刑也"[6]341,刑德的施行体现了"天"的意志。天道的特点是"任德不任刑",因此君主遵循天道治国就应该推行德治。

当然,董仲舒在强调道德教化的同时,并没有否定刑罚的作用,只是将刑罚置于次要和从属的地位,不可专而任之。"刑之不可任以成世也,犹阴不可任以成岁也",否则谓之"逆天,非王道也"[6]328。与儒家正统的看法不同的是,董仲舒认为德治不是万能的,即使其达到了至善至美的境地,也不能完全替代刑罚。从阴阳之道而言,无阴不成阳,无刑不成德,"庆赏刑罚之不可不具也,如春夏秋冬不可不备也"[6]353。在形式上,一阳一阴,德刑互为依赖,缺一不可,单行其一亦不可,而必须同时运用。《春秋繁露·为人者天》说:"天地之数,不能独以寒暑成岁,必有春夏秋冬;圣人之道,不能独以威势成政,必有教化。"[6]319 因此,从总体上看,董仲舒治国必须德刑兼用,才是完整的治道。

具体地说，他对德刑兼用的治理模式有不同的表述。《春秋繁露·天道无二》："天之常道，相反之物也，不得两起，故谓之一。一而不二者，天之行也。阴与阳，相反之物也，故或出或入，或右或左，春俱南，秋俱北，夏交于前，冬交于后，并行而不同路，交会而各代理，此其文与？天之道，有一出一入，一休一伏，其度一也，然而不同意。阳之出，常县于前而任岁事；阴之出，常县于后而守空虚。阳之休也，功已成于上而伏于下；阴之伏也，不得近义而远其处也。天之任阳不任阴，好德不好刑如是。故阳出而前，阴出而后，尊德而卑刑之心见矣。"[6]345《春秋繁露·阳尊阴卑》云："是故天以阴为权，以阳为经。阳出而南，阴出而北。经用于盛，权用于末。以此见天之显经隐权，前德而后刑也。故曰：阳天之德，阴天之刑也。阳气暖而阴气寒，阳气予而阴气夺，阳气仁而阴气戾，阳气宽而阴气急，阳气爱而阴气恶，阳气生而阴气杀。是故阳常居实位而行于盛，阴常居空位而行于末。天之好仁而近，恶戾之变而远，大德而小刑之意也。先经而后权，贵阳而贱阴也。故阴，夏入居下，不得任岁事，冬出居上，置之空处也。养长之时伏于下，远去之，弗使得为阳也。无事之时，起之空处，使之备次陈，守闭塞也。此皆天之近阳而远阴，大德而小刑也。是故人主近天之所近，远天之所远，大天之所大，小天之所小。是故天数右阳而不右阴，务德而不务刑。"[6]327-328《春秋繁露·天地阴阳》云："好仁恶戾，任德远刑，若阴阳。"[6]467-468《春秋繁露·基义》云："天出阳，为暖以生之；地出阴，为清以成之。不暖不生，不清不成。然而计其多少之分，则暖暑居百而清寒居一。德教之与刑罚犹此也。故圣人多其爱而少其严，厚其德而简其刑，以此配天。"[6]351-352以上董仲舒力倡的"尊德卑刑"、"前德后行"、"大德小刑"、"任德远刑"、"厚德简刑"、"务德不务刑"，虽然提法各异，但都流露出重德轻刑的倾向,这是董仲舒在孔孟的德治、仁政基础上吸收、兼容黄老阴阳刑德理论和法家(刑名)思想的结果。

与德刑有关的礼教与刑罚的关系,《春秋繁露·精华》说:"教,政之本也。狱,政之末也。其事异域,其用一也。"[6]94 教化是为政之本,刑罚是为政之末,二者使用的领域不同,但目的一样,都是为了更好地治理国家。董仲舒在《天人三策》中强调教化的作用:"古者教训之官,务以德善化民,民已大化之后,天下常无一人之狱矣。"[4]2188 "是故教化立而奸邪皆止者,其堤防完也;教化废而奸邪并出,刑罚不能胜者,其堤防坏也。古之王者明于此,是故南面而治天下,莫不以教化为大务。"[4]2178 道德教化是预防犯罪的第一道防线,必须首先注重教化。教化就像大河的堤坝一样,能够预防人违法犯禁;如果没有教化防患于未然,就像大河的堤防坏了,刑罚再多也无济于事。

第三,董仲舒以《春秋》为基础,在政治实践上提出引礼入法(制)、礼法并用,以礼主法的思路,使儒学从理论形态迈向实践领域,为汉初儒学的思想整合迈出了最关键的一步。其实荀子早就提出了以礼法并用,以礼制法,以礼治事(政),但在先秦未能得到应用。董仲舒把德主刑辅推延到礼法关系上,提出礼法合用,礼主法辅。在他看来,"礼者,继天地、体阴阳,而慎主客、序尊卑、贵贱、大小之位,而差外内、远近、新故之级者也"[6]275-276。行礼乐教化,天下就会"甘于饴蜜,固于胶漆"[6]169,同时,统治者还必须用法,"正法度之宜"[4]2188,并使"有功者赏,有罪者罚","赏罚用于实,不用于名……则百官劝职,争进其功"[6]178-179。

《春秋》贯彻着"尊尊"、"亲亲"的礼制精神,包含遏止礼崩乐坏,维护"君君、臣臣、父父、子子"的宗法等级秩序的微言大义。在文字上,《春秋》言简意赅,很便于随意引申附会,因而受到董仲舒等的大力推崇，认为可以用《春秋》的经义解释法律和指导司法实践。董仲舒在《春秋》的基础上，吸收荀子，糅合各家所长，成为《春秋》决狱，引礼入法的始创者和代表人物。《汉书·艺文志》载有《公羊董仲舒决狱》十六篇，后来或称《春秋决狱》、《春秋决事比》，皆为以《春秋》大义断狱的案例。《汉书·董仲舒传》载：他老病家居后，"朝廷如有大议"，汉武帝还"使使者廷尉张汤就其家而问之，其对皆有明法"，所问为何？《后汉书·应劭传》也载："董仲舒老病致仕，朝廷每有政议，数遣廷尉张汤亲至陋巷，问其得失。于是作《春秋决狱》二百三十二事。动以经对，言之详矣。"《春秋繁露·精华》说："《春秋》之听狱也，必本其事而原其志。志邪者不待成，首恶者罪特重，本直者其论轻。"[6]92首先查清案件事实，再根据案件事实，探究行为人在当时的主观心理动机，结合主客观两方面的因素以得出正确结论。具体的做法是：动机邪恶者即使违法犯罪未遂也不免其责；首恶者应从重惩处；主观上无恶念、过错者应从轻论处。这是董仲舒整合儒法思想，在法律实践中的重大贡献。这样，秦以来僵化冷酷的法令条文经过改造，就具有了人文关怀的温暖内核，而不再是一种"牧民"的工具。同时也要求执法者不仅仅是一个刀笔吏，而应当具有理性思维和逻辑能力，从而做出符合人心、公正合理的裁判，从而有助于社会的稳定和长治久安。《春秋决狱》是儒家思想引入汉律的典型代表，是汉儒引礼入法，礼法并用的深化。在实践中，法无明文规定者，以礼为准绳；法与礼抵触者，依礼处断。这样，以礼对法律施加影响，促成了汉代儒学的法律化，法律的儒学化。引经决狱从两汉始，经过七百余年，至唐朝才随着法制的不断完备和礼的规范的全面法律化，逐渐衰落。

通过以上的简单梳理可以看出，董仲舒对汉初治道思想的整合，并不是简单的综合，而是重组、融合、提升；也不是同比例搭配，而是合而有宗，有主有从，构成了立体网络的完整治道体系，对汉代，乃至其后两千多年中国社会产生了深远的影响。

四、董仲舒对汉初治道思想整合的现代启示

当今中国，无论是政府管理，还是社会治理，都面临诸多问题。有人将之解释为转型社会的必然特征，有人将之概括为"中等收入陷阱"。不管怎么解释，这些问题都说明当代中国面临着严重的社会治理危机。如何解决？结合当今现实，笔者认为：

首先，应该重视儒家治道经验和教训的总结和整理，重视对儒家治道资源的开发和利用。党中央提出"推进国家治理体系和治理能力现代化"，怎么推进？现代化不是无源之水，无本之木，对于我们这个有着几千年历史的文明古国，要在继承传统的基础上开辟未来，就像习总书记在2014年10月13日中共中央政治局第十八次集体学习讲话中所说的："中华优秀传统文化是我们最深厚的文化软实力，也是中国特色社会主义植根的文化沃土。每个国家和民族的历史传统、文化积淀、基本国情不同，其发展道路必然有着自己的特色。一个国家的治理体系和治理能力是与这个国家的历史传承和文化传统密切相关的。解决中国的问题只能在中国大地上探寻适合自己的道路和办法。"9月24日在人民大会堂出席纪念孔子诞辰2565周年国际学术研讨会暨国际儒学联合会第五届会员大会开幕会并发表重要讲话中他就强调："不忘历史才能开辟未来，善于继承才能善于创新。"传统社会治理主要是以儒家为主，兼容道、法、墨等各家各派形成的综合性很强的社会治理体系，这就是德、礼、政、刑一套立体道德网络综合治理体系。这套体系在今天仍然

有其现代价值。

这里我要特别强调的是复兴儒家礼治治理模式，并与德治、法治密切结合。礼在古代是普遍适用的社会规范体系，是一个道德与法律、道德与信仰、道德与哲学、道德与政治等交错重叠的网络状结构体，礼治在中国传统治道当中起着巨大的而全面的社会整合作用。众所周知，我们前几年一度掀起了德治与法治结合的讨论，后来由于种种原因没有深入下去，更没有得到落实，这里可能有许多原因，但是我觉得从理论上说，没有提及礼治与德治和法治配合，应该是一个重要的因素。在西方文化当中，社会治道体系是以宗教与法律为主体，辅之以世俗道德教育，是形而上之谓道和形而下之谓器的二元分立。中国传统治道体系是道统、礼乐和法律的三位一体，是形而上之谓道、形而中之谓人、形而下之谓器的三元和合，其思想根源是天地人三才的和合。所以，礼治在德治与法治中起着上通下贯、中道制衡的作用。前几年的德治和法治相结合的提法，是受二元对立思维模式的影响，试图把中国的德治与西方的法治结合起来，但是由于没有礼治作为主体，居中制衡，向上沟通道德，使道德能够落实，向下沟通法律，使法律有所统摄，结果德治和法治相结合就没有办法落实，没有形成新的综合社会治理模式。10月13日中共中央政治局第十八次集体学习的主题是我国历史上的国家治理经验，习总书记在讲话中指出"我国古代主张民为邦本、政得其民、礼法合治、德主刑辅，为政之要莫先于得人、治国先治吏、为政以德、正己修身、居安思危、改易更化，等等"，这里特别强调了礼法合治、德主刑辅，就阐明了传统以儒家为主的社会治理把德治、礼治和法治结合为一体的特点，值得我们重视。10月25日王岐山书记在中纪委第四次全体会议中明确地指出，"我们这么大一个国家、13亿人，不可能仅仅靠法律来治理，需要法律和道德共同发挥作用。……中华传统文化中蕴含着深厚的治国理政、管权治吏思想，有丰富的礼法相依、崇德重礼、正心修身的历史智慧。'国家'是我们民族独有的概念，国与家紧密相连、不可分离。修身齐家治国平天下，修身为首要。中华传统文化是责任文化，讲究德治礼序。"显然，新一代领导人治理国家的思路已经很清楚，就是继承几千年来古圣先贤、历代大儒修身齐家治国平天下的基本治国理念和治理模式，在继承的基础上创新，推进国家治理体系和治理能力的现代化。

参考文献：

[1] 钱穆. 中国思想史：新校本［M］. 北京：九州出版社，2012.

[2] 黄朴民. 天人合一——董仲舒与汉代儒学思潮［M］. 长沙：岳麓书社，1999.

[3] 金春峰. 汉代思想史：修订增补版. 北京：中国社会科学出版社，1997.

[4] 班固. 董仲舒传［M］. 北京：中华书局，2012.

[5] 钱穆. 朱子学提纲［M］. 北京：生活·读书·新知三联书店，2002.

[6] 苏舆. 春秋繁露义证［M］. 北京：中华书局，1992.

[7] 钱穆. 秦汉史［M］. 北京：生活·读书·新知三联书店，2004.

[8] 钱穆. 国史大纲［M］. 北京：商务印书馆，1994.

原文载于《衡水学院学报》2015 年第 2 期。

韩星（1960－），男，陕西蓝田人，中国人民大学国学院教授，博士生导师，历史学博士。

贾谊与董仲舒行政伦理思想的比较分析

张雪莲

一、贾谊、董仲舒行政伦理思想形成的人生际遇

(一) 贾谊行政伦理思想形成的人生际遇

公元前200年,汉高祖七年,贾谊诞生在了中华文化起源的中心——洛阳孟津。贾谊生于斯长于斯的地方,传承着丰富的历史文化:女娲造人的传说,伏羲"龙马负图于河"创造八卦的经典,伯夷、叔齐于孟津叩马而谏的故事。也正是这些传说与故事给了贾谊灵性,启蒙了贾谊博览群书,滋养了他身上的节义之气,为他日后的成才埋下了伏笔,我们说沃土英才不无道理。

在《史记·屈原贾生列传》中有一段记载,说贾谊"年十八,以能诵诗属文于郡中"[1]22-219。他的才能被河南太守吴公发现,"召置门下,甚幸爱"[1]22-219,后才华被当朝重臣张苍赏识,推荐入朝。当然,贾谊也没有辜负老师们的厚望,入朝后,提出了许多对朝廷政治建设有益的建言,他的行政伦理思想也体现在他的这些建言当

中。在入仕朝堂之上，贾谊的行政伦理思想已初露端倪，对统治者治理国家应行仁义，顺应民意，注重兴礼仪、法制度，而不主张严刑峻法等等都是贾谊注重儒法、以民为本、以礼治国的行政伦理思想的体现。

年少的贾谊在朝堂上议论风发，而相比丞相周勃、太尉灌婴等人，贾谊年轻，又确实无攻城野战之功，自然会招致朝中一些元老重臣们的轻视，再加上贾谊的主导思想是儒家思想，而周勃等人信奉黄老思想，思想的矛盾更激化了老臣们对贾谊的不满，于是就有了"洛阳之人，年少初学，专欲擅权、纷乱诸事"之说[1]22-219。当时的汉文帝因考虑元老重臣们的意见，不得不将贾谊贬到边远的长沙做太傅，潮湿的天气、抑郁不得志的心境，使贾谊很是消沉，但是贾谊并没有身处逆境，忘忧天下，而是时刻关注朝中动向，继续建言献策，利用地方官员的优势更直接地体味民生疾苦，他的行政伦理思想也在遭贬的逆境之中伴随着他坎坷的经历和对百姓更多的关心而得以丰满。

文帝六年（前174），汉文帝想到了贾谊，于是将他从长沙召回长安，贾谊回京后，便来谒见文帝。而这次宣室访逐臣使文帝对贾谊的才华的认识更进了一步，把自己钟爱的小儿子交予做弟子。这次重新任命使贾谊更加积极建言献策，主张以德怀服匈奴，主张别贵贱，明尊卑，明确提出以礼治国的理念。也正是仕途命运的颠簸，人生阅历的增长，贾谊对如何治国、如何齐家平天下有了更深刻的体悟，贾谊的行政伦理思想也日趋走向了完善和成熟。

（二）董仲舒行政伦理思想形成的人生际遇

汉文帝前元元年，董仲舒出生于家有大批藏书的大地主阶级家庭。幼年好学的董仲舒通过自身学习使他对儒家经典有很深的体悟。30岁时，便招收了大批学生，精心讲授，为汉王朝培养了一批人才，后在景帝时当了博士，宣扬儒家经典。

汉武帝即位后，学识渊博的董仲舒受到了推荐。在汉武帝问到的巩固统治的根本道理、治理国家的政术、天人感应的问题中，董仲舒详细阐述了天人感应，论述了神权与君权的关系，并提出了"罢黜百家，独尊儒术"的建议。由于董仲舒睿智思辨的回答，受到了汉武帝的赏识，他也因此受到了重用，这次策问被广为流传，人们称之为"天人三策"。

汉武帝建元六年，辽东高庙大火，董仲舒本想利用这次时机向汉武帝上疏，宣扬天人感应，劝诫武帝对其行为收敛，可这触犯了天子的威严，事与愿违。从此，董仲舒深知朝中冷暖，于是返璞归真，重新教授《公羊春秋》于学堂之上。

汉武帝元朔四年，公孙弘又推荐董仲舒做胶西王刘端的国相。但董仲舒忌惮刘端为人凶残、蛮横，不愿与其为伍，遂于四年后以年老有病为由，辞职回家[2]。董仲舒的仕途生涯也到此画了一个段落，"达则兼济天下，穷则独善其身"的儒家精髓在董仲舒身上体现得淋漓尽致。暮年的董仲舒，秉怀读圣贤书之心，不闻窗外之事，唯独朝中有大事发生，他才会积极地向武帝派来的人表明自己明确的看法，后来，张汤把询问董仲舒的部分材料整理为《春秋决狱》一书。董仲舒的一生关心国政，心系百姓，甚至在临终之前，还写奏章给汉武帝，坚决反对盐铁官营的政策。

（三）贾谊、董仲舒行政伦理思想形成的人生际遇之比较

对于贾谊与董仲舒的一生，如果用一个曲线图来表示的话，会发现他们人生前半期的际遇是何其的相似。都曾出身于书香门第，幼年好学，深受中国传统经典影响之深；在入朝为官期间，都曾被重用，才华被认可，跌到了人生仕途的高峰；也都曾因某种原因远离了中央集权，跌到人生的低谷；又都曾东山再起，思想达到成熟。

只是不同的是，在贾谊一生短短三十三个春秋里，很早就被赏识和重用；而董仲舒却属于大器晚成。在他们都倾尽其一生的智慧为汉王朝的长治久安立下汗马功劳的同时，贾谊死在了对汉文帝之子梁怀王去世的悲痛中，而董仲舒归隐于对诗书的无限沉浸。贾谊与董仲舒的行政伦理思想也正是在这样起起伏伏的人生际遇下得以发展和成熟，也是这样的人生经历造就了他们不同寻常的人生体验，才会使他们更多地在辅佐君主政治决策上，关心民生疾苦，贾谊形成礼治思想，以儒法治国，注重民本，董仲舒发展德治，提出"大一统"思想，在注重民本的基础上提出"天人感应"学说，人生的际遇与他们行政伦理思想的形成密不可分。如果不看他们命运的曲折与多舛，就评价他们一生的功绩的话，那么他们就是汉朝两个不同朝代里在思想上最成熟最璀璨的明星，他们的初衷和目的都是为了巩固汉朝的长治久安，他们的思虑都是为百姓忧为百姓苦，他们性格的深沉却遮掩不住他们功绩的辉煌，反而张扬了留在大汉王朝上的诗篇。

二、贾谊、董仲舒行政伦理思想形成的理论基础

（一）贾谊行政伦理思想形成的理论基础

贾谊对《诗》、《书》、《礼》、《乐》、《易》、《春秋》等儒家经典的研读，使他对某些经书有着深刻的见解，他的变化思想与易学有着直接关系，在贾谊主张统治者要信功臣、亲士民、任忠贤、兴王道、法先圣等思想无不渗透着儒家思想精神对贾谊的影响。同时，贾谊学于吴公，吴公与李斯同邑而尝学事焉，而李斯与韩非是战国末期儒家思想的集大成者荀子的弟子，荀子隆礼又重法，所以李斯与韩非继承并发挥了荀子的思想理论，成为了著名的法家人物，自

然贾谊受益于吴公，贾谊的思想中渗透着法家的思想，而贾谊不是对法家思想的全盘吸收，而是批判性继承了秦朝奉行的法家思想，比如在他对秦二世而亡的历史总结上，他既反对秦王朝对百姓施暴的严刑酷法，又不否定法在统治中的重要作用，这对他日后的主张埋下了伏笔。并且，在汉初时期，因战争的频仍，导致百姓流离失所，所以黄老无为的思想就特别能满足当时百姓渴望休养生息的需要，但是到了文帝时代，社会生产破坏，经济萧条，人民大量逃亡，人口急剧减少，作为"忧天下之忧"的贾谊认为黄老思想已不能解决当时的各种社会矛盾，所以在历史的必然选择下，贾谊推崇有为政治，但对当时黄老思想的批判也说明了贾谊思想中有黄老思想的思想基础。

（二）董仲舒行政伦理思想形成的理论基础

董仲舒出身于家有大量藏书的大地主阶级家庭，有利的读书环境使董仲舒从小受到儒道法家思想的熏陶，以孔子学说为基础，对周以来的天人关系，董仲舒有着自己独特的领悟，并且董仲舒吸纳了法家和阴阳家的思想，对于王权是由上天给予并任命的天命王权思想以及如果不遵循上天的安排与赐予，将会对国家社会造成危害，受到上天的谴罚的天人谴告说作为自己的理论基础，建立在先秦儒家思想的基础上，又结合先秦的法家、道家思想发展成为了适合封建统治的新儒学。

（三）贾谊、董仲舒行政伦理思想形成的理论基础之比较

首先，在相似的家庭背景下，贾谊与董仲舒都曾对儒家、道家、法家的思想有所研读和涉猎，并受其影响，只是影响程度的深浅不同，在贾谊的思想中对儒家、法家的思想吸收较多，主要体现在注重礼仪，兼容法治；而董仲舒的思想是以儒家思想为主，适当吸收继承法家、道家的思想。如果用治国理念来评说的话，贾谊的

思想是儒法治国，而董仲舒更多的是以儒术治国。如果用治国方略来评断的话，贾谊认为应坚持礼治，不废法治，而董仲舒认为应德治为主，法治为辅。其次，在都受儒家思想的影响下，贾谊和董仲舒都有对先秦思想的领会与总结，不同的是贾谊在对过秦的讨论中，总结二世而亡的教训，"仁义不施而攻守之势异也"，他反对秦王朝对百姓施暴的严刑酷法，提出应顺应民意，以民为本；而董仲舒是继承并发展了先秦的儒家思想，结合道法，强调德治，在孔子学说的基础上，对天人关系的独特领悟，提出天人感应学说，主张统治者应遵循天道，用天道来制约统治者过分的欲望，从而满足百姓谋求安居乐业的现实需求。另外，贾谊与董仲舒在儒、法、道思想的继承基础上，都有对其思想的发展与贡献。贾谊在儒家思想的指导下更加注重了统治者对礼的规范和要求；在《过秦论》中批判性继承法家思想，并通过"制度"将礼法结合，遵守制度就是守礼，违反制度就是违法；并在认知黄老思想不能解决当时社会弊端的基础上，提出有为政治。而在武帝时代，社会动荡，思想繁杂，董仲舒敢为天下先，提出"大一统"的"罢黜百家、独尊儒术"的思想，这体现了儒家思想在董仲舒思想中的根本性地位；进而董仲舒提出的"天人感应"学说，是对儒家思想进一步的继承与开创性的发展，结合道法，新儒学应运而生。

三、贾谊、董仲舒行政伦理思想内容的比较分析

（一）贾谊的行政伦理思想

1. 贾谊行政伦理思想之以礼治国

礼本来是中国古代社会基于血缘宗法关系的一种产物，人们能按照礼的规则行事，反映出人们具有明确的是非观念。后来儒家提

出"君君、臣臣、父父、子子",便是适用于整个社会的礼制规范。随着时代的演进,在礼的范畴内加进了"贵贱、等级关系"等意义,礼就逐渐由一个伦理范畴演变为一个既有伦理意义,又有政治意义的范畴。在贾谊的《礼》一文中,贾谊指出"礼者,所以固国家,定社稷,使君无失其民也"。贾谊更突出地强调了礼的政治作用,他把礼的伦理作用作为基础,把礼的政治作用作为上层建筑来勾画。贾谊还认为"君仁臣忠,父慈子孝,兄弟敬爱,夫和妻柔,姑慈妇听,礼之至也",即不同等级的人,只有谨守上下尊卑的区别,认真实行礼对自己行为的规范,既等级分明又互敬互爱,达到这种普遍和谐的状态,才是达到了礼的极致[3]。而礼治思想的政治目的也在于建立一种和谐的人际关系,这样,也就达到了礼的本质。所谓"道德仁义,非礼不成"礼的重要性不言而喻。其次,贾谊认为,礼的阶级是不平等的,但是君主不能肆意妄为,需要做到以礼待人。例如在贾谊《阶级》一文中,贾谊所谓"投鼠而不忌器之习"是说秦二世被杀而导致"匈奴不敢南下而牧马,士不敢弯弓而抱怨"之固若金汤的秦朝灭亡的原因,是他仁义不施,对百姓横征暴敛,对臣子随意杀戮的必然结果,这个前车之鉴不得不引起后世皇帝的警醒,所以贾谊上疏《阶级》于汉文帝,要汉文帝"礼貌群臣",做到"养臣下有节",要求君主以"国士之礼"(指君主虽治国安邦、高高在上,却对待臣子彬彬有礼。)去养成臣下的廉耻之心,使之做到趋利避害。再次,贾谊认为建立礼的具体制度是必要的。例如他在《服疑》中强调,"等级分明,则下不得疑;权力绝尤,则臣无冀志"。需要用例如名号、旗章、车马、冠履等等来加以区分。

2. 贾谊行政伦理思想之儒法治国

贾谊继承并发展了儒家的礼治思想,但他也不完全否定法治,在贾谊看来，礼与法各司其职，各有其不可忽视的作用。贾谊说"礼者禁于将然之前"侧重说礼的作用偏重于对人们犯过失之前的道德教化，起到未雨绸缪的作用。而"法者禁于已然之后"，侧重说当过失造成之后，应对其不予姑息，施之刑罚，起到教改的作用。所以在贾谊的《制不定》中，贾谊曾以"芒刃"与"斧斤"的关系来加以说明，在贾谊看来，不论礼法，都是统治者统治国家的工具。在贾谊的《瑰玮》中，贾谊说"君臣相冒，上下无辨，此生于无制度也"。贾谊认为，按制度办事就是守礼，破坏了制度就是违法，这样，就把礼与法这一柔一刚的两者联系了起来，成为了沟通的桥梁，所以如果说贾谊是坚持礼治，不废法治的话，那么也是早年受儒家法家思想影响并将其内化的必然结果，而将制度引入，可以说更细化了礼治与法治在具体实践中的行为规范标准，发展了礼治思想，也扩大了法的范围。

3. 贾谊行政伦理思想之以民为本

首先，贾谊认为民众在治理国家中占有重要地位。在贾谊的《大政上》篇，有这样的论述"闻之于政也，民无不为本也、民无不为命也、民无不为功也、民无不为力也"，并分别论述了民何以为国家的根本、何以人民才是国家命运的决定力量、人民何以能决定国家的兴亡与强弱、民之"力"则表现在民心向背可以决定战争的胜负。高度地评价了人民群众在历史上的地位与作用。在《过秦》中，也充分用"不亲士民"、"以暴虐为天下始"而导致"民危"来说明民在治理国家中的重要性。其次，贾谊论述了民何以为本的原因，所谓"夫民者，大族也，民不可不畏也"。说明了人民的数量之大。《大政下》中说道"王者有易政而无易国，有易吏而无易民"。即政令可改，国家难变，官吏有更替，而人民群众始终是永恒的，始终是根基，如果根基不稳，则再伟岸的建筑也如空中楼阁。在贾谊的《无蓄》中，贾谊也强调了民在物质生产方面的作用，"一夫不耕，或为之饥；一妇不织，或为之寒"，借古人之口来说明没有最底层人民从事物质生产，那么连饥寒都不能保证，其他更无从谈起，而只有重视百姓的劳作，重视百姓的生活条件以及生活稳定才能致力于国家的强健。最后，贾谊也分析了如何才能以民为本，君主应采取哪些举措来以民为本巩固自己的政治霸业。"德莫高于博爱人"（《修政语上》），作为国君要能真正做到"先天下之忧而忧，后天下之乐而乐"，做到爱民如爱己，那么自然会得到百姓的信赖与拥护[4]22-27。在爱民的基础上还能做到满足人民的物质利益需求，施教于百姓，富足于百姓，即做到惠民，百姓安居乐业，国家自然风调雨顺，所谓国泰民安正在于此。同时，在西汉时代，经过了秦始皇、秦二世的横征暴敛，秦末的农民起义，十年之久的楚汉相争，人民迫切需要休养生息，那么要减少作奸犯科，安定百姓心里，就需要慎刑，避免重蹈秦的覆辙。刑罚严格按规定处理，加之以道德教化，使百姓避恶而迁善，民众得以安抚，国家才能稳定。

（二）董仲舒的行政伦理思想

1. 董仲舒的行政伦理思想之以德治国

董仲舒在以德治国的行政伦理思想中，致力于"更化"的改革实践，并在经济文化教育方面提出了具体的改革措施。首先在政治经济方面，他提出"薄赋敛，省徭役，以宽民力"、"去奴婢，除专杀之威"、"制度制，调均贫富"的政治建议。其次在文化教育方面，董仲舒提出了以下方面的改革主张：退而更化修饬仁义礼知信正常之道。目的在于移风易俗，以教化国民；兴太学，置明师，素养士以求贤，此举则主要为封建统治选拔人才。他认为，严酷的刑罚不能使百姓真正得到教化，只会更加激化社会矛盾，造成统治秩序的不稳定，而实行礼义、布施仁德会使百姓感悟一种内心的积极力量，所以他提出以德治理为主，以"法治"为辅，重视"教化"，主张用仁德代替严刑。

2. 董仲舒的行政伦理思想之"罢黜百家，独尊儒术"

在"天人三策"中，董仲舒根据《公羊春秋》的记载，提出了"大一统"论。他在"天人三策"中说：《春秋》所主张的大一统，是天地的常理，适合古今任何时代的道理。作为宇宙间普遍遵循的法则，它同样适用于封建王朝。他提出了文化统一的主张，他认为只有思想统一，社会才有统一的法度，人们才有一定的行为准则，这样才能实现国家的巩固。这也正是基于景帝时代出现吴楚七国之乱的分裂局面，亟须寻找巩固集中统一政权的办法而顺应时代的发展提出的主张。董仲舒在"天人三策"中说：只要不是在六艺之列的（所谓"六艺"，就是过去读书人必备的六种才能，"礼"、"乐"、"射"、"御"、"书"、"数"），明确提出任何一种思想都不能和儒家思想相提并论，统一思想成了统一政治的关键。于是，在董仲舒有力的建言下，汉武帝采纳了董仲舒的建议，施行了孔子儒学统一天下的"罢黜百家，独尊儒术"政策，将儒学作为正统思想，从此汉代思想界以儒学的权威为旗帜，产生了中国特有的经学以及经学传统[5]90-96。汉代立五经博士，明经取士，形成经学思潮，董仲舒被视为"儒者宗"。

3. 董仲舒的行政伦理思想之天人感应

以社会、政治领域为契机董仲舒提出"天人感应"论。他利用《春秋》中所载录的自然现象来解释社会政治繁荣或衰败的成因。他认为，天和人是同一类的，而且董仲舒证明了同一类的东西会相互感应。那么人君为政应"法天"行"德政"，"为政而宜于民"；否则，"天"就会利用种种自然规律来警醒或谴告君主，如不悔改，不仅不会扩国强疆，反而会如殷纣一样，失去天下。通过秦末陈胜吴广起义，董仲舒认识到农民阶级的政治力量可决定一个封建王朝的兴亡。所以董仲舒就用一种超自然的力量"天"来限制和束缚统治者的私欲，制约统治者至高无上的权力。并把秦始皇权力不受制约，引发农民起义，迅速亡国的惨痛教训，变成皇帝的精神枷锁，来限制皇帝的权力。从这方面看，董仲舒"天人感应"的思想在当时的封建社会起到了积极的作用，产生了深远的影响。

（三）贾谊、董仲舒行政伦理思想内容之比较

首先，贾谊认为礼作为统治工具具有重要作用，在总结了秦亡的经验教训后，认为君主应"礼貌群臣"，要求君主要以"国士之礼"去养成臣下的廉耻之心，使之做到趋利避害。而董仲舒认为应以德治国，在政治、经济和文化教育方面，定制度，宽民力，与民休养生息，缓和地主阶级和农民之间的阶级矛盾；施行"更化"，合理选拔人才，移风易俗，教化国民，布施仁德，稳定社会秩序。贾谊主要是从统治者的角度出发，用以礼治国的方法来更好地处理与臣子百姓的关系，董仲舒则是主要是从百姓的利益考虑，用以德治国来与民休息，缓和矛盾，进而稳固统治。贾谊将礼的概念由原来的伦理范畴扩展为政治范畴，而且更倾向于它的政治范畴，从这点上来说，贾谊的以礼治国是对董仲舒的以德治国思想有所影响的，或者说董仲舒的行政伦理思想中有对贾谊行政伦理思想的继承与发展。

其次，贾谊认为在治理国家的过程中，应坚持礼治与法治结合，贾谊说道："仁义道德，此人主之芒刃，权势法治，此人主之斤斧"，一个作为君主的利刃，一个作为君主的刚斧，也就是贾谊强调了君主在统治国家的过程中，应将仁义道德和君主的权力相结合，在权力的作用基础上，用道德来补充，刚柔相济，充分体现了

国家软硬实力结合的治国理念；他还将制度作为沟通礼与法的桥梁引入，泾渭分明地指出遵守制度就是守礼，破坏制度就是违法，他发展了礼治思想，也扩大了法的范围。而董仲舒则是基于巩固集中统一的政权，防止分裂割据的局面出现的考虑，在政治不稳定、社会动荡不安的情况下，从儒学经传《公羊春秋》中找出"大一统"的理论，提出"罢黜百家，独尊儒术"的行政伦理思想，利用思想的统一来制约行为，进而上升到政治统一。尽管贾谊与董仲舒所主张和运用的方法不同，一个坚持礼治，不废法治；一个"独尊儒术"，但殊途同归，他们的初衷和目的是一样的，就是为当时所在朝代的统一、和平、稳定与发展尽职尽责。

再次，贾谊用民众的力量来制约统治者的行为，认为民众在治理国家中占有重要地位。民是根本，是国家命运的决定力量，人民可以决定国家的兴亡、强弱，民之向背可以决定战争的胜负，所以统治者必须以民为重，不能对百姓横征暴敛，统治者本身不能肆意妄为。而董仲舒则利用《春秋》中所载录的自然现象来解释社会政治繁荣或衰败的成因。他认为，天和人是同一类的，而且董仲舒证明了同一类的东西会相互感应，天的谴告就是人的行为无度。如果说贾谊是用民意来制约统治者的行为的话，那么董仲舒就是用天意来制约统治者的私欲。所以无论贾谊、董仲舒，他们的这一行政伦理思想都成为了当时封建社会的重要理论思想，对汉王朝的长治久安起到了不可磨灭的积极作用。

结　语

通过对贾谊与董仲舒行政伦理思想形成的人生际遇、行政伦理思想形成的理论基础，以及他们行政伦理思想内容的阐释，并对它们进行比较分析，在进一步认识与消化的过程中，我们发现贾谊主张的以礼治国、兼容儒法、以民为本等行政伦理思想，与董仲舒所主张的以德治国、独尊儒术、天人感应的行政伦理思想有很多异同之处，也在比较的过程中碰撞出二者行政伦理思想的火花，找到了许多历史带给我们的启迪，而笔者在寻找思想创新的契合点，试图在前人研究的基础上，对董仲舒的行政伦理思想进行再认识、再消化，对贾谊的行政伦理思想尽量挖掘，并通过比较分析，也更深入地体会了实现"立德、立言、立功"的两位历史人物的行政伦理思想。

参考文献：

［1］贾谊. 新书［M］. 丛书集成初编本. 北京：中华书局，1985.

［2］王芳. 董仲舒思想研究［D］. 东北大学，2008.

［3］梁安和. 贾谊思想研究［D］. 西北大学，2006.

［4］易永卿. 论贾谊［J］. 湖南城市学院学报，2005（4）.

［5］孙景坛."汉武帝'罢黜百家独尊儒术'子虚乌有"新探——兼答管怀伦和晋文教授［J］. 南京社会科学，2009（4）.

张雪莲（1989—），女，黑龙江绥棱人，黑龙江大学政府管理学院行政管理专业在读硕士。

董仲舒感应与谶纬思想研究

"天人感应"与"天人合一"

黄朴民

学者多把中国古代"天人感应"说与"天人合一"说等同视之,并谓董仲舒系统建立"天人感应"说,有些同志虽看到两者差异,在论著中分别论述,但亦未对两者关系进行辨析。笔者以为"天人感应"与"天人合一"两者之间既有联系,又有区别。董仲舒所建立的是"天人合一"宇宙图式理论,而非简单的"天人感应"观念。现谨缕析如次:

一、"天人感应"说的源流及其含义

细加考察,很显然,"天人感应"说在先秦大多数典籍里,有或多或少的反映:

> 弗惟德馨香祀,登闻于天,诞惟民怨,庶群自酒,腥闻在上,故天降丧于殷,罔爱于殷,惟逸,天非虐,惟民自速辜。(《尚书·酒诰》)

这是《尚书》中的例子,说明殷的灭亡,是由于其君主、臣民自己作恶多端，而终为天所弃，且看《诗经》：

  下民之孽，匪降自天，噂沓背憎，职竞由人。（《小雅·十月之交》）

这也包含"天人感应"的意思，与上举之《酒诰》之含义相近，再看《易传》：

  天地感而万物化生，圣人感人心而天下和平，观其所感而天地万物之情可见矣。（《咸卦·彖辞》）

此处作者提出了交感的观点，反映出其思想深处有"天人感应"的倾向。又如《墨子》：

  天子为善，天能赏之；天子为暴，天能罚之。（《天志中》）

这句话把"天人感应"说表述得更为简洁扼要，总而言之，"天人感应"说在先秦时代是广为流传的。

秦汉之际，"天人感应"说也同样很有市场，下面两段文字足以作证：

  凡帝王者之将兴也，天必先见祥乎下民……类固相召，气同则合，声比则应，鼓宫而宫动，鼓角而角动，平地注水，水流湿，均薪施火，火就燥……无不皆类其所生以示人。（《吕氏春秋·应同》）

  罗之以纪纲，改之以灾变，告之以祯祥，动之以生杀，悟之以文章。（《新语·道基》）

至于"天人感应"说的渊源，则可以追溯到我国古代先民社会。《国语·楚语》所载的观射父那段话，能给我们以这方面的启发，由于文字较长，兹不详引。其要义，并不像通常所说的是反映私有制产生后，统治者对宗教祭祀权的垄断，而是客观追叙了先民社会中关于"天人关系"的观念。杨向奎师的意见很正确。他认为，最早的神的概念，并非是什么精灵鬼怪之类，而是指那些以沟通天人联系身份出现的统治者，他们是天人之际的中介物（见《绎史斋学术文集》）。观射父所言"古者民神不杂"、"民神异业，敬而不渎"即反映了这样的事实。而"民神杂糅，不可方物，夫人作享，家为巫史"、"民神同位"则反映了随后一段时期里，人人均可以神的形式，与天对话，沟通天人之间的联系。证之于古文字资料，可以信然。神字本与申字通。《说文》："申，神也。"甲骨文之"申"字呈一线联结二物之形（参见郭沫若《甲骨文字研究·释支干》）。杨向奎师认为二物指的是天与人，一线联结二物就是申（神），为天与人的联系者。这表明在先民心目中，天与人是相通的。其之所以能相通，是因为有中间物——申（神）在起作用。等到"绝地天通"后，申（神）的含义就由原来天人间的媒介物转化为神祇，成为崇拜的对象，其原先的身份改由巫祝来承担了。《说文》："巫祝也，能齐肃事神明者，在男曰觋，在女曰巫。"

这种天人之间可通过媒介物"申"（神）或"巫觋"进行对话的原始宗教思想，势必衍生演化出"天人感应"的观念。并且毋庸怀疑，它一定要贯彻到具体的社会政治生活中去。因此，在董仲舒之前的大多数典籍保留有"天人感应"的内容，也就不必奇怪了。

"天人感应"说的内容，是指上天（天帝）有意志，有感觉，能够对人间的现实政治作出积极的反应，有赏善罚恶之功能。当然在不同的时期，不同的思想家那里，"天人感应"的表述与发挥是有很大不同的。一般地说，"天人感应"说主要表现为上天谴告：当人间政治十分恶劣之时，上天即为之感应，以降谪灾异的方式来加以警告。这在《尚书》中有之：

非先王不相我后人，惟王淫戏用自绝，故天弃我。（《西伯戡黎》）

《诗经》中有之：

> 天降罪罟，蟊贼内讧，昏椓靡共，溃溃回遹，实靖夷我邦。(《大雅·召旻》)

《左传》中亦有之：

> 八月丁酉，南宫极震，苌弘谓刘文公曰："君其勉之，先君之力可济也。周之亡，其三川震，今西王之大臣亦震，天弃之矣。"《左传·昭公二十三年》)

诸子中更有之，如《六韬》：

> 人主好武事，兵革不息，则日月薄蚀，太白失行。(《群书治要》)

而在一些思想家那里，"天人感应"说则成为论证其学说的有力手段。如墨子提倡兼爱，他即声称："爱人利人者，天必福之；恶人贼人者，天必祸之。"再如墨子主张尚贤，他即宣扬："故古圣王，以审以尚贤使能为政，而取法于天，虽天亦不辨贫富贵贱远迩亲疏，贤者举而尚之，不肖者抑而废之。"(《尚贤中》)就这些资料看，"天人感应"在墨子那里已成为其学说逻辑论证过程中的一个重要环节了。

自春秋中晚期起，在天人关系问题上，许多人主张重视人事，而对天的主宰产生强烈的怀疑，从而"天人感应"说也就多少有些动摇。如子产"天道远，人道迩"的著名命题就具有这方面的意义。但是这情况并不绝对，传统作为巨大的保守力量，时刻影响着人们的思维进展。更何况人们也觉得"天人感应"说确实具备着有利于巩固现存秩序的功能，不妨以神道设教。因此，许多人在这一问题上都是持矛盾的态度的。如孔子，既说"天何言哉，四时行焉，万物生焉"(《阳货》)，却又喟叹："噫，天丧予，天丧予。"(《先进》)又如庄子，虽然视天为混沌之物，却又难免有明显的天神崇拜和天命迷信，借巫咸之口说了出来："天有六极五常，帝王顺之则治，逆之则凶。九洛之事，治成德备，监照下土，天下戴之，此谓上皇。"(《天运》)即使在天人观上持基本进步态度的子产，有时也难免落入"天人感应"的窠臼。《左传·昭公十八年》载其言："敝邑之灾，君之忧也，敝邑失政，天降之灾。"所有这些，固然显示了先秦诸家间互相合流，你中有我，我中有你的倾向，同时也表明自先秦至董仲舒，"天人感应"说一直延续了下来。

最后需要指出的是，"天人感应"说的流行与古代天文学有着密切联系，《左传·襄公九年》载：

> 晋侯问于士弱曰："吾闻之宋灾，于是乎知有天道，何故？"对曰："古之火正。或食于心，或食于咮，以出内火，是故咮为鹑火，心为大火，陶唐氏之火正阏伯居商丘，祀大火，而火纪时焉，相土因之，故商主大火，商人阅其祸败之衅，必始于火，是以日知其有天道也。

此处当事人认为火灾体现了天意，是上天的警告。《左传》类似的记载还很多。从占星术推导出"天人感应"，这实为古代天文学之一大特色。

二、"天人合一"与"天人感应"之关系

不过，董仲舒之前流行的"天人感应"说，就其自身的逻辑论证看，缺乏系统性；而就其实用理性看，又缺乏通融性。有一个关键的问题它没有予以妥善的解决，即天人之间凭据什么而发生"感应"？上天对现实政治的干预，奖善罚恶，通过何种媒介而得以实现？换言之，这种"天人感应"说，就其实质看，是肤浅的，没有能从理论上论证其合理性与正确性，在人类认识不断进步的历史条件下，它作为维护统治者利益的"神道设教"，越来越显得苍白，

渐渐失去其应有的意义。

大一统的汉帝国,一方面固然需要继续利用古已有之的"天人感应"为自己的统治服务,这在汉武帝向董仲舒的垂询中有集中体现:"盖闻'善言天者必有徵于人,善言古者必有验于今'。故朕垂问乎天人之应,上嘉唐虞,下悼桀纣,寝微寝灭寝明寝昌之道,虚心以改。"(《汉书·董仲舒传》)另一方面,则更亟须对原始的粗疏的"天人感应"说做出系统的理论说明。"天人合一"说就在这一背景下应运而生了。

严格地说,"天人合一"说之滥觞是先于董仲舒的。《乾·文言》:"夫大人者,与天地合其德,与日月合其明,与四时合其序,与鬼神合其吉凶。"《新语·道基》亦云:"圣人乘天威,合天光,承天功,象天容。"这一类思想的出现,绝非偶然,它表明了董仲舒之前的思想家已开始注意到"天人感应"说的粗陋,而试图在较高层次上对它予以论证,具体地讲,是要做到"上揆之天,下验之地,中审之人,若此则是非可不可,无所遁矣"(《吕氏春秋·序意》)。这些关于天人问题的新动向,在很大程度上启迪了董仲舒的思想,为他系统地建立"天人合一"理论提供了思想史方面的资料。

无可否认,董仲舒也未尝少言"天人感应"这一类东西,它们充斥于其主要著作《春秋繁露》之中,他时而较为抽象地谈到它:

> 天无所言,而意以物,物不与群物同时而生死者,必深察之,是天所告人也。(《循天之道》)

> 灾者,天之谴;异者,天之威也。谴之而不知,乃畏之以威。(《必仁且知》)

时而则借具体事件来宣扬"天人感应":

> (春秋时)莫修贡聘,奉献天子,臣弑其君、子弑其父,

孽杀其宗……强奄弱，众暴寡，富使贫，并兼无已，臣下上僭，不能禁止。日为之食，星霣如雨……（《王道》）

闻天下和平，则灾害不生，今灾害生，见天下未和平也，天下所未和平者，天子之教化不行也。（《郊语》）

但是，假如我们将这些话同先于他的"天人感应"说对照着看，即可发现，董仲舒在这一问题上，并没有比前人提供更多的东西，而是完全沿袭了前人的成说。董仲舒在天人问题上的真正贡献，在于他系统地建立了"天人合一"的学说，将它与旧有的"天人感应"说糅合，从而对"天人感应"予以理论上的说明，结合阴阳五行说构造了其完整的天人宇宙图式。把天人关系问题推进到一个新的阶段。

我认为，"天人合一"不是"天人相通"，它有自己的特定含义，在古代思想发展史上，"天人合一"严格地说，仅董仲舒一家，而"天人相通"的范围则要广泛得多。对于"天人合一"，董仲舒自己有明确的表述，"事应顺于名，名应顺于天，天人之际，合而为一"（《深察名号》），"天亦有喜怒之气，哀乐之心，与人相副，以类合之，天人一也"（《阴阳义》）。这正是"天人合一"概念的由来，也是"天人合一"本义之所在。其关键就是"天"与"人相副"，是同类，"天人一也"。从这个意义引申出去，就有了无数个"天人合一"事例：

物疢疾莫能偶天地，唯人独能偶天地，人有三百六十节，偶天之数也，形体骨肉，偶地之原也；上有耳目聪明，日月之象也；体有空窍理脉，川谷之象也；心有哀乐喜怒，神气之类也。观人之体，何高物之甚，而类于天也。（《人副天数》）

天之数，人之行，官之制，相参相得也，人之于天，多此类者。（《官制象天》）

要之，董仲舒费尽心机想表明的是，天与人两者之间多相类，即，天与人在形体性质上皆相似，基于这一相似，故天人两者可以"合一"。董仲舒云："凡灾异之本，尽生于国家之失。国家之失，乃始萌芽，而天出灾害，以谴告之；谴责之而不知变，乃见怪异以惊骇之，惊骇之尚不知畏恐，其殃咎乃至。"(《必仁且知》)如果没有"天人合一"说作理论依据，这段"天人感应"的话，就只能看作是无类比附，而现在董仲舒发明了"天人合一"，将天意与人事等同，将天视作为同人一样有感觉，有喜怒，主持公正的主宰体，这样一来，它就可以在不合理的理论体系中得到合理的论证了。"天人合一"之于"天人感应"的意义就在这里。

不仅如此，董仲舒的具体政治观点，也几乎全部是由这个"天人合一"的宇宙框式推导而致。在他心目中，"天人合一"的结果势必在现实政治生活中体现出来。这类例子甚多。如他据"天人合一"而提倡教化："天地之数，不能独以寒暑成岁，必有春夏秋冬；圣人之道，不能独以威势成政，必有教化。"(《为人者天》)据之而主张用贤："天积众精以自刚，圣人积众贤以自强……故天道务盛其精、圣人务众其贤。"(《立元坤》)据之而论证礼制，官制的体系："天地与人，三而成德，由此观之，三而一成，天之大经也，以此为天制。是故礼三让而成一节，官三人而成一选。"(《官制象天》)据之而强调"正名"："是非之正，取之逆顺，逆顺之正，取之名号，名号之正，取之天也。天地为名号之大义也。"(《深察名号》)据之而阐述刑赏之义："圣人副天之所行以为正，故以庆副暖而当春，以赏副暑而当夏，以罚副凉而当秋，以刑副寒而当冬。庆赏罚刑，异事而同功，皆王者之所以成德也，庆赏罚刑，以类相应也，如合符。"(《四时之副》)由此可见，从某种意义说，"天人合一"说是董仲舒整个学说的出发点与基础。

所以，我们能有充分把握地讲，"天人感应"与"天人合一"是两个不同的概念。前者是粗疏、不系统的，在董仲舒前早即已形成流行；而后者虽说荒诞不经，但却成完整系统，体大思精，是由董仲舒建立的。但是，两者之间又有着密切的关系，董仲舒言"天人合一"，目的是为了论证"天人感应"，在政治上具有强烈的针对性与实用性。在董仲舒学说中，这两者实际上存在着一种"体"与"用"的关系。"天人合一"是"体"，而"天人感应"则是"体"之"用"。换言之，即"天人合一"是"天人感应"的理论依据，而"天人感应"则是"天人合一"的外化表现。不过，两者关系中，"体"是主导的，"用"依附从属于"体"。所以，董仲舒的天人关系理论就应命名为"天人合一"说，而不能简单称之为"天人感应"说。

我认为，"天人合一"说的提出，显示了董仲舒学说的实用理性的特殊风采，在天人关系问题及其外化表现的探讨上不无意义。

三、"天人合一"说的意义

要正确评价"天人合一"说的意义颇为困难，但却又无法回避。这不仅关系到"天人合一"说自身，而且涉及对董仲舒整个学说的把握判断，我认为，在评价它时，至少必须考虑以下几个因素：

第一，董仲舒建立"天人合一"说，在人类认识史上有一定的历史地位。"天人合一"说尽管是神秘主义、唯心主义的大杂烩，但毕竟是董仲舒基于实用理性而独立创建的一种完备的哲学体系。它不再雷同于过去就事论事、粗陋的"天人感应"，而是力图从系统化、整体化的高度，对天人问题做出哲学意义的回答。它标志着人类在天人关系问题上认识的深化。在董仲舒那里，过去所不能回答的"天人感应"的缘由，现在可以借助"天人合一"理论而——予以解答了。这个"天人合一"体系规模宏大，想象奇特，将许多具体政治都归纳入自己的图式与系统之内，反映了地主阶级思想家在本阶级上升时期兼容并包的恢宏气魄。我认为，这一"天人合一"学说能否经受理性的检验是一回事，而从中揭示前人所无的新的内容，服务于现实统治又是一回事，从后一层意义看，"天人合一"说有其合理之处。再说，董仲舒的"天人合一"说，虽然与春秋以来天道观之进展有其相逆背的倾向，是对原始的"天人感应"说的一种肯定，但是，这种肯定不是简单的重复，而是在更高层次上含有哲学意义的重新肯定。董仲舒的"天人合一"说是人们在天道观问题的认识发展史上的一个必要的环节。

第二，"天人合一"说就总体看，其论证当然处于低层次，今天看来许多内容自然荒诞不经。它不仅有天人之间的牵强比附，而且又有论证上的逻辑颠倒。但是这一学说毕竟给天人关系问题的探讨提供了新的起点。

"天人合一"的核心，是天与人"相类合一"，就是把人事与天意放在同一系统内加以通盘的考虑。这实际上包含了人从属于自然界的这一实质内涵。"天人合一"说虽然说是唯心的，但同样存在着衍化为唯物主义的某种契机。过去我们一直肯定荀子等人天人相分的观点，这当然无错，因为它抛开了天道的神秘主义内容，可是它同样有局限，即忽视了天人之间客观的统一性内容。而"天人合一"等观点，则是较多地注意到天人的统一性。

第三，董仲舒"天人合一"说，为汉代学术思想界提供了丰富而重要的思想资料，最终造成了两汉思想家人人注意"天人问题"的特殊历史局面，在引导思想家深化对天人问题的思辨上，在给有汉一代学坛注射活力上，不无功绩。受"天人合一"说影响，两汉学者几乎都注意了天人之际问题，大多数人都肯定并提倡"天人感应"观点。当然由于个人的经历、认识水平的不同，对"天人感应"阐述的角度也稍有差异，如刘向，主要是以历史学家的身份，借助众多的历史事实与故事来强调"天人感应"的，在《条灾异封事》、《说苑》、《新序》等内，这方面的例子不胜枚举。而东汉末年的王符，作为较进步的政论家，则多从现实政治角度涉及"天人感应"问题：

> 至吏所搜索剽夺，游踵涂地，或覆宗灭族，绝无种类，或孤妇女，为人奴婢，远见返卖，至今不能自活者，不可胜数也。此之感天致灾，尤逆阴阳。（《潜夫论·实边》）

在汉代也有人不相信"天人感应"说，如王充亟言："夫天无为，故不言灾异。"（《论衡·自然》）"人不能以行感天，天亦不随行而应人。"（《明雩》）其实，这不也恰好表明王充自己同样无法摆脱"天人之际"这个命题吗，这种正反两方面对天人问题的热衷、重视，实有赖董仲舒建立"天人合一"说而形成。

第四，尤为重要的是，必须探讨董仲舒提倡"天人合一"说的目的之所在，应该揭开它那层神秘主义的面纱，还其学说的现实性质。董仲舒的"天人合一"神学目的论是非理性的，但是包藏在其深处的政治意图却是现实的、理性的。前者（外壳）是服从于后者（内质）的"命令"的，所以应该说这是"理性与非理性双方的统一"，是"美德"，是合理。

董仲舒生活于汉帝国的鼎盛时期，但是，物极必反，随着统治的巩固，国力的极盛，武帝的奢侈之心也随之膨胀，正如汲黯所批评的那样，是"内多欲而外施仁义"。当时，对人民危害最烈的事有二，一是酷吏政治，另一是武帝本人的嗜欲纵情，好大喜功。两者闹得民人困苦,国库空虚。可是,在封建专制主义业已形成的条件下,孟子那种"说大人,则藐之,勿视其巍巍然"的批评精神,已经不复有重演的可能。在这一现实面前,董仲舒若要对最高统治者进行批评,就得通过隐晦曲折的途径。"天人合一"说在很大程度上满足了这方面的需要。董仲舒通过它,以"天"的名义,把封建道德置于君权之上,借以约束君主的行为,即以神权限君权,对武帝时代的现实政治进行委婉的抨击。并企图为汉家提供一整套温和的统治方略。如董仲舒言中和节制之道,即含有指斥武帝"多欲"政治的含义。再如他言阴阳、天人关系,将其比附为"德""刑",实际上也是针对酷吏政治而发。

至于董仲舒在政治上的曲折遭际,也可以从他提倡"天人合一"说中窥识一二。董仲舒虽然表面上颇受武帝的重视,曾三次接受武帝的垂询,进奉了著名的"天人三策"。可实际上是为武帝所疏远的,并未被委以重任。"对既毕,天子以仲舒为江都相,事易王。"(《汉书·董仲舒传》)而"曲学阿世"的公孙弘,却凭借其"习文法吏事,缘饰以儒术"的手段而封侯拜相。其中固然有董仲舒学说比较空洞,稍乏实用价值的原因。这点南宋刘宰所议甚详:"且谓仲舒之对为条贯靡竟、统纪未终,篇末戒其究之究之、熟之复之,意欲仲舒条陈世务,使纲纪文章,铿锵炳辉,一改当时之旧。而舒之所志,乃在损文用忠等语,则其去帝意远矣,此帝之所以绝意仲舒,不复再策,且出之为诸侯相也。"(《漫堂文集》卷一八)但除此之外,更大的因素当是董仲舒强调"天人合一",反对酷吏政治,批评武帝好大喜功所致。一代雄主自然不高兴臣下借天意来规劝限制自己,哪怕臣下出于为统治的长治久安考虑的好意。后来,董仲舒因言灾异而获罪,差点丧命,亦未尝不是汉家对董仲舒那种企图借神权限君权的书生之见的迎头痛击。从此"仲舒遂不敢复言灾异"了。这是董仲舒个人的悲剧，也是整个儒学的悲剧。

从董仲舒提倡"天人合一"的现实针对性与统治者对它的反应看，"天人合一"的历史合理性也应该充分肯定。

原文载于《文史哲》1988年第4期。

黄朴民（1958—），男，浙江绍兴人，中国人民大学国学院教授，博士生导师。

董仲舒"天人感应"思想新论

藏 明

一、董仲舒"天人感应"思想的缘起

"儒学发展到汉代初年,则与阴阳家发生了结合的关系,(阴阳家的学说思想,与儒家经典中的《周易》、《春秋》和《书经》的《洪范》相通),因之,由人道思想又回头折返天道思想,而邹衍天人相与的思想遂成西京之显学。董仲舒适逢其会,涵濡阐扬,成为诸儒之巨擘,而'天人相与'的思想遂作为他哲学体系的大间架。"[1]105 可见,董仲舒受到了邹衍"天人相与"思想的影响,并结合西汉时期的社会和政治状况,进而构建起了具有时代特色的"天人感应"理论。董氏的"天人感应"理论①是一种以儒家人文精神为基础的,以神学思想作为依托的,以西汉的社会现实作为出发点的新型的天人学说。该理论认为:"天主宰人类社会,天人之间存在着一种神秘的联系,天能干预人事,而人的行为也能感动天。自然界的各种灾异、祥瑞现象代表了上天对人们的谴责和嘉奖。人的行为,特别是帝王的作为能够对天产生巨大的影响,灾异的起因源于上天对君王暴政的谴责。"②

董仲舒言:"凡灾异之本,尽生于国家之失。"[2]259可见,董仲舒认为,当人事特别是帝王的行为不符合上天要求时,就会产生各种灾异现象。但如果帝王及时改正自己的行为,灾异现象就会消失。董仲舒又言:"五行变至,当救之以德,施之天下,则咎除。"[2]385如何在专制体制下发挥儒学的政治批判功能,成为儒学在西汉发展时,所遇到的一个现实问题[3]233。而董仲舒的"天人感应"理论,通过对君主行为和施政的规范,进而来发挥儒学对朝政的批判作用,"以适应专制的大一统政权发展的需要"[4]82。并且,"董仲舒开创的汉儒灾异之说,是汉代政治和文化思想的重要

---

① 《汉书·董仲舒传》所载的"天人三策",是董仲舒回答汉武帝策问时的语录汇编。汉武帝的策问都是从国家的现实问题出发,第一问是"三代受命,其符安在?灾异之变,何缘而起?"第二问是"夫帝王之道,岂不同条共贯与?何逸劳之殊也?"第三问是"垂问乎天人之应","夫三王之教所祖不同,而皆有失,或谓久而不易者道也,意岂异哉?"详见班固撰《汉书》卷五六《董仲舒传》,中华书局1962年版,第2496—2513页。有的学者认为:"董仲舒将'天人感应'理论贯穿到策问当中,对通过五行媒介发挥作用的天、地、人三界的一元性质作了新的强调,并以解决西汉社会的政治、经济问题为最终目的。"详见[英国]崔瑞德、[英国]鲁惟一著,杨品泉、张书生等译《剑桥中国秦汉史》,中国社会科学出版社1995年版,第758—759页。

② 宇野精一主编,洪顺隆译《中国思想之研究——儒家思想》,幼师文化事业公司中华民国六十八年版,第120页。[英国]崔瑞德、[英国]鲁惟一著,杨品泉、张书生等译《剑桥中国秦汉史》,中国社会科学出版社1995年版,第759页。

内容。"[5]291

二、董仲舒"天人感应"思想产生的时代背景

"任何一种社会思潮和思想体系的产生都有社会历史原因。"[6]3 董仲舒"天人感应"理论的产生也有着极为深刻的社会历史原因。

首先，希望对君王集权进行限制。秦朝的速亡让董仲舒认识到了限制君权的重要性。正是由于秦始皇缺乏这种自我约束力，才会推行苛政，滥用民力，进而导致秦朝二世而亡①。董仲舒认识到了对君权进行限制的重要性，所以，才会把"天"建构成监督君王行为的至上神。董仲舒言："春秋之法，以人随君，以君随天。……故屈民而伸君，屈君而伸天，春秋之大义也。"[2]31-32 而董仲舒的"天人感应"理论的确对君权起到了一定的限制作用，正如钱穆所言："阴阳据天意，《春秋》本人事，一尊天以争，一引古以争。非此不足以折服人主而自伸其说，非此亦不足以居高位而自安。"[7]222

其次，为民众的基本生活权力提供保障。秦朝的百姓由于衣不蔽体、食不果腹，进而揭竿而起②。可是，经历了楚汉战争以后，

---

① 《史记·秦始皇本纪》载侯生与卢生之语："始皇为人，天性刚戾自用，起诸侯，并天下，意得欲从，以为自古莫及已。专任狱吏，狱吏得亲幸。博士虽七十人，特备员弗用。丞相诸大臣皆受成事，倚辨于上。上乐以刑杀为威，天下畏罪持禄，莫敢尽忠。上不闻过而日骄，下慑伏谩欺以取容。"可见，秦始皇把自己的喜好作为了施政的标准，这样一来君王的自我约束力就显得极为重要。详见司马迁撰《史记》卷六《秦始皇本纪》，中华书局1959年版，第258页。

② 据《汉书·食货志上》记载："至于始皇，遂并天下，内兴功作，外攘夷狄，收泰半之赋，发闾左之戍。男子力耕不足粮饷，女子纺绩不足衣服。竭天下之资财以奉其政，犹未足以赡其欲也。海内愁怨，遂用溃畔。"可见，由于始皇的暴政，致使民不聊生。详见班固撰《汉书》卷二四《食货志上》，中华书局1962年版，第1126页。

百姓仍旧是民不聊生①。历史的教训让董仲舒逐渐意识到，如果民众失去了基本的生活权力，那么国家就会产生极为严重的社会危机。所以，他才会在"天人感应"理论中把"天"塑造成了兼爱天下的主宰之神，借以促使君王推行儒家的仁德之政。

最后，为了维护国家的大一统政权。西汉建立初期，刘邦分封了许多同姓和异性的诸侯。高祖当政期间，就发生了臧荼、利几、贯高、彭越、英布等人的谋反活动。文帝期间同样发生了刘长、新垣平的谋逆活动。景帝时更是爆发了以吴王刘濞为首的七国之乱。武帝即位以后，还相继爆发了刘安、刘赐、刘建的谋反事件。西汉屡次出现的谋反事件，让董仲舒认识到了加强君权的重要性，如果君权缺失就会出现"诸侯力政"、"大夫专国"、"臣弑其君"、"子弑其父"的恶果。

所以，董仲舒的"天人感应"理论虽然强调了"天"的仁德之性，但其同样通过"天"加强了君王的权威性、一统性。董仲舒先是强调了"天"的权威性、神圣性。其言："天者，百神之君也，王者之所最尊也。"[2]402-403董仲舒而后又认为君王受命于天，其言：

---

① 学术界关于董仲舒"天人感应"理论来源的论述参看：冯友兰著《中国哲学简史》，新世界出版社2004年版，第116-117页；张岱年《中国哲学中"天人合一"思想的剖析》，载《北京大学学报（哲学社会科学版）》1985年第1期；池田知久《中国古代的天人相关论——董仲舒的情况》，载沟口雄三、小岛毅主编，孙歌等译《中国的思维世界》，江苏人民出版社2006年版，第56-60页；康少峰《董仲舒"天人感应"说及其历史评价》，载徐卫民、刘景纯主编《秦汉史论》，三秦出版社2009年版，第181-182页；金春峰著《汉代思想史》，中国社会科学出版社2006年版，第67-88页；王珏、胡新生《论邹衍五德终始说的思想渊源》，载《理论学刊》2006年第12期。除此之外，孙秀伟还对董仲舒"天人感应"理论的来源进行了系统的总结，其认为主要来源于"春秋学"；先秦儒、道、墨的天人关系理论；《吕氏春秋》和《淮南子》中关于天人关系的理论。参见《董仲舒"天人感应"论与汉代的天人问题》，陕西师范大学2010年博士论文，第95-120页。

"唯天子受命于天,则天下受命于天子,一国则受命于君。"[2]319 "是故天执其道为万物主,君执其常为一国主。"[2]459 而且,天下都要臣服于君王,董仲舒言:"海内之心悬于天子。"[2]278 "故受命而海内顺之,犹众星之共北辰,流水之宗沧海也。"[2]270 "有天子在,诸侯不得专地……大夫不得废置君命。"[2]113-114

这样一来,君王就有了来自"天"的庇佑,"大一统"政权的建设就有了"神"的支持。所以说,"董仲舒的'天人感应'理论意在与汉武帝的治国政策相契合"[8]13。

三、董仲舒"天人感应"思想的理论来源

除了受到深刻的社会历史原因影响外,董仲舒之前的学者关于"天人关系"的论述则是董氏"天人感应"理论的重要思想来源,学术界对此也进行过相关的论述。

1. 来源于孟子的相关思想。孟子所倡导的革命思想认为,一种思想以是否重视民众作为条件,根据人的伦理性、政治性的善恶来决定天命的归属,这与董仲舒的思想基本上是相同的。但孟子所讲的人是大众的人(人性之善是天予之),而董仲舒"天人感应"理论中的人则主要是指君王。

2. 来源于黄老学派的相关理论。黄老学派将"天"理解为"道",而将"人"尊崇为"圣人"。黄老学派所说的"人"主要指"王"和"人君"。黄老学派对"王"如此重视,自然会影响到董仲舒的思想。

3. 来源于同类感应思想。《荀子·劝学》、《韩诗外传》卷一、《大戴礼记·劝学》、《庄子·渔父》、《吕氏春秋·精通》、《吕氏春秋·应同》、《吕氏春秋·召类》、《淮南子·天文训》、《淮南子·览

冥训》、《淮南子·缪称训》、《淮南子·泰族训》等中都有关于这种思想的记载,同类感应思想主要是指物与物之间的感应,即便有天与人(君王)之间的感应也是偶然现象。然而,董仲舒用拟人化的手法将先前时代看作异类的"天"与"人"看成同类,将这种思想位于天人相关论之下;并且利用这种方式,说明了天人相关思想形成的依据。

4. 来源于时令思想。《吕氏春秋·十二纪》、《淮南子·时则训》、《礼记·月令》等篇中都有关于这种思想的记载。该思想认为,天子的政令应该配合自然界的四季运行,如果违反这种规则,就会导致灾异发生。但是,这种思想也有与董仲舒天人感应思想相抵触的地方。(1)月令思想认为,人格神的主宰者是"皇天上帝"(季夏纪、秋纪纪),而灾异的主导者也是"皇天上帝",而不是"天"。(2)月令思想中的"天子"在下达政令时,并不是依据(从儒教的价值观而言)伦理的、政治的善恶与否,而是依据是否适合自然的机械运行的节奏来确定的。

5. 来源于《墨子》中的"天人"相关思想。墨子将"人"设定为"天子",并认为,要想做好"天子",就必须顺从天的意志,避免天的惩罚①。但是,墨子认为天子所要遵循的是墨家的爱利观,并不是董仲舒所认为的儒家伦理思想。

6. 受传统"天命"观的影响。《礼记·表记》言:"夏道尊命,殷人尊神。"夏启讨伐有扈氏,认为"有扈氏威侮五行,怠弃三正,天用剿绝其命"。商汤讨伐夏桀时言:"有夏多罪,天命殛之。""予

---

① 墨子言:"今天下之士君子,皆明于天子之正天下也,而不明于天之正天子也。是故古者圣人明以此说人曰:'天子有善,天能赏之;天子有过,天能罚之。'"详见孙诒让撰,孙启治点校《墨子间诂》卷七《天志下》,中华书局2001年版,第207-208页。

畏上帝，不敢不正。"武王讨伐纣王时也是借"天命"行事。可见，夏、商、周三代的统治者均以得"天命"自居，然而改朝换代却是不争的事实。所以，周公言："我不可不监于有夏，亦不可不监于有殷。"经过深入思考，周公得出的结论是"天命靡常"，只有"以德配天"、"敬天保民"，才能"永言配命，自求多福"。及至孔子，发展了"尊天"、"敬天"、"畏天"的思想。其言："唯天为大，唯尧则之。"其又言："君子有三畏：畏天命，畏大人，畏圣人之言。"董仲舒继承、发展并充分利用了已有的"天命"思想和"敬天"、"畏天"等观念，将其融入自己的"天人感应"思想体系之中。

  7. 受传统的灾异变化与政治得失相联系观念的影响。将自然界之"灾异"变化与政治得失、历史治乱兴衰紧密联系也是古代思想家、政治家的一种普遍观念。《尚书》、《左传》、《国语》、《墨子》[①] 等中有大量关于自然灾异与现实政治得失相联系的记载，这些都为董仲舒"天人感应"理论提供了可以借鉴的理论模式。

---

① 《尚书·洪范》九畴中的第八畴"念用庶征"将君王的言、行、思想、容貌、政令与自然界的天象相契合，借以说明天与人之间存在的对应关系。除此之外，《尚书》中还有很多灾异与人事相比附的记载。如：据《尚书·牧誓》载："古人有言曰：'牝鸡无晨。牝鸡之晨，惟家之索。'"雌鸡变态打鸣，是家境衰败的前兆。《左传·昭公七年》载："夏，四月甲辰朔，日有食之。晋侯问于士文伯曰：'谁将当日食？'……对曰：'不善政之谓也。国无政，不用善，则自取谪于日月之灾，故政不可不慎也。'"除此之外，《左传·昭公二十一年》、《左传·昭公二十四年》等中都有用日食预测吉凶的记载。《国语·周语上》记载了伯阳父关于地震的认识，其认为"阳伏而不能出，阴迫而不能蒸，于是有地震"。并以此作为西周灭亡的征兆，"夫国必依山川，山崩川竭，亡之征也，若国亡，不过十年，数之纪也。夫天之所弃，不过其纪"。《墨子·天志中》载上天用"是以天之为寒热也节，四时调，阴阳雨露也时，五谷孰、六畜遂，疾菑戾疫凶饥则不至"来奖励圣王的善治。如果君王不能善治，就会出现天下大乱的局面。如：《墨子·非攻下》载："昔者三苗大乱，天妖殛之，日妖宵出，雨血三朝……夏冰，地坼及泉，五谷变化，民乃大振。"夏桀之时"日月不时，寒暑杂至，五谷焦死，鬼呼国，鹳鸣十夕余"等。

除此之外，一些思想家也有关于自然灾异与国家政治得失相联系的言论。陆贾认为天谴告的对象是圣人，其言：圣人"因天变而正其失，理其端而正其本"[9]169。而且，他还认为政治的得失与天象的灾异、祥瑞相对应，其言："恶政生于恶气，恶气生于灾异。"[9]155贾谊也认为："凡治不得，应天地星辰有动，非小故也。"[10]169韩婴也有类似的观点。① 上述与政治得失、治乱兴衰密切相关的带有政治"谴告"性质的表述，成为董仲舒"天人感应"说的重要思想来源。

四、阴阳学说与董仲舒"天人感应"思想的形成

与上述理论来源相比，阴阳家的学说，特别是邹衍的"五德终始说"对于董仲舒"天人感应"思想的形成则起到了至关重要的作用。

"在先秦时代，儒、道、法三家互相竞争也互相排斥，经秦、汉之际的大混合之后，（董）仲舒更进一步想凭借最具容摄性的阴阳家的观点熔铸各家，借以脱出儒、法理想主义和现实主义难以调适的困境。"[3]32可见，董仲舒的确与阴阳家有着莫大的关系②。顾

---

① 《韩诗外传》卷一第二十二章引赵宣子答晋灵公之语言："夫大者天地，其次君臣，所以为顺也。今杀其君，所以反天地，逆人道也，天必加灾焉。晋为盟主而不救，天罚祺及矣。"《韩诗外传》卷二第三十章又引《传》曰："国无道则飘风厉疾，暴雨折木，阴阳错氛，夏寒冬温，春热秋荣，日月无光，星辰错行，民多疾病，国多不详，群生不寿，而五谷不登。"可见，韩婴也认为政事与天象变化之间存在着某种对应关系。

② 学术界对于董仲舒是否借鉴过阴阳家的思想，存在争议。何乃川认为："董仲舒对阴阳的运用、论述，其主干应该说是继承儒家《周易》的学说来展开的。"详见《董仲舒的元始阴阳观》，载《中国哲学史》2004年第3期。龚鹏程则认为："在西汉儒学并没有被阴阳家的思想所同化，其所出现的儒家阴阳化的发展趋势只是儒家自身阴阳说、五德说发展的结果。"详见《汉代思想·汉代哲学的定位》，商务印书馆2005年版，第4—5页。

颉刚认为:"董仲舒是提倡儒术的,是请汉武帝罢斥百家的,按理,他的书里总应当全是儒家的话了。可是,翻开他的书来,满纸是阴阳五行之说。要是依了司马谈论六家要指的话,把阴阳和儒分成两家,那么,还是请他到阴阳家的队里去的好。"[11]115李泽厚也认为:"董仲舒将儒家的精神灌注到了阴阳家的宇宙系统当中。"[12]146可见,董仲舒的确对阴阳五行思想进行了借鉴与吸收。

董仲舒为什么会受到阴阳五行学说的影响?就宏观范围而言:因为,"阴阳五行的宇宙模式具有极宽的宽广性,在每一系统的相应性上含有无限的比附性的可能"[13]103。所以,阴阳五行学说就附着于儒家经典,并获得了发展。首先,"阴阳五行观念通过《易经》侵入儒学;其次,汉儒解《书》经及《春秋》经者,也受阴阳五行说影响;最后,阴阳五行说通过谶纬渗透到儒学中去"[14]19-21。可见,"汉代的阴阳五行观念已经弥漫于整个儒家经典之中"[15]196。而且,邹衍的阴阳五行学说"是汉代学术思想的骨干,它用阴阳来统辖天地、昼夜、男女、尊卑、动静、刚柔等。又以木、火、土、金、水五行,来代表时令、方向、神灵、音律、服色等"[16]45。不仅如此,"阴阳家与儒家在秦汉之际这一时期,可以说早已合流了。董的哲学以阴阳五行为基础,是由这些情况决定的"[17]4。除此之外,西汉时期自然灾害频繁,"除了王莽时期,共发生水灾35次,旱灾39次,地震37次,雪霜冻灾24次"[18]158。这就为用阴阳灾异学说来解释儒家经典,提供了必要的客观条件。

就微观的具体内容而言:阴阳家的"气化宇宙观"在阴阳二气的气化流动、天人之间以气为媒介的互动关系等方面对董仲舒"天人感应"理论产生了一定的影响。就最终目的而言:"董仲舒思想的中心是在政治,是要以阴阳之说,把西汉所继承的法家尚刑的政治,转变为儒家尚德的思想。"[19]39所以说,"汉武帝兴学之后,邹衍的阴阳五行思想被引进官学之中,成为了解释儒书的思想律"[20]48-49。

那么,董仲舒所借鉴的阴阳家的最主要观点是什么呢?金春峰认为:"战国后期,天人关系,盛行的是阴阳家的阴阳五行、天人感应与邹衍的终始五德思想。在《吕氏春秋》的'十二纪'中,它与人君的起居饮食及施政及人们的生产生活及祭祀民俗结为一体,而以神秘的天人感应为核心。秦朝的统治者信奉这一学说,汉代的统治者也信奉这一学说。"[17]4可见,以"五德终始说"为代表的阴阳五行学说在秦与汉初产生了较大的影响,而董仲舒的学说也受到了它的影响。张岂之就认为:"董仲舒作为西汉时期儒学的代表人物,其思想更多是孔子后学之一的思孟学派与阴阳家思想的相互汇合。他撷取了思孟学派的'天人合一'的天命说,以及阴阳家的神学观和'五德终始说'。"徐复观也认为:"董仲舒将'五德终始说'中的天命决定论,替换成了儒家的人事决定论,使儒家的人文精神渗透到了五德之说当中去。"[21]274卿希泰和唐大潮同样认为:"董仲舒把《春秋》学说完全和阴阳五行家的阴阳五德终始说的神学唯心主义相结合,将大量天象变化和超常自然现象加以全面的歪曲和神秘化为前导,在汉王朝的支持下,混合封建宗教神学和庸俗经学而成的谶纬之学逐渐兴起,并成为两汉之际宗教神学思想的主导。"[22]12可见,董仲舒主要借鉴了以邹衍为代表的阴阳学派的"五德终始说"、"神学理论"。

此外,韦政通认为:"董仲舒的思想体系,是以当时流行的阴阳五行学说,作为基本的架构,建立一个以天为中心,以天人感应为其特色的天人关系论,然后根据这套理论,对先秦儒家的人性、伦理、政治等问题,重新加以解释,并赋予新义。"[3]65可见,在董仲舒的"天人感应"理论,充分地借鉴了阴阳五行学说,而其借鉴的主要内容仍然是阴阳学派的"五德终始说"。鲁惟一认为:"董仲舒把上天的权威和五德循环的韵律联系在一起,进而形成了'天人感应'理论。"[23]786徐复观也认为:"董仲舒是将《洪范》中自然之五行与邹衍'五德之说'中之五行相杂糅,进而言灾异的第一人。"[24]237步近智则明确指出:"董仲舒的'天人感应'理论,是以五德终始说为基础的。"[25]130

但是,董仲舒不仅仅只是借鉴了"五德终始说",他还"扩充和强调了祥瑞和灾异的重要性"[23]784。而且,其还对五德之说进行了儒学化的处理,将五德终始说"以吉凶祸福为内容的天人感应,转变为以人为中心的道德目的论和人文主义思想"[17]4。使得"他的天人感应说较比邹衍的五德终始说前进了一步,更严密了一点"[26]214。这样一来,就为"儒家的仁政学说提供了神学的依据"[27]133。

五、董仲舒对"天人感应"思想的构建

1. 天人相感的理论依据

在董仲舒的"天人感应"理论中,"天"与"人"都扮演着极为重要的角色。为什么会选取"天"作为监督君王的工具呢?除了受传统的天命观影响之外,李耀南认为:"天比'天子的自律'、'法籍礼义'更能制约君主的行为,董仲舒之所以求助于天,就在于天是一切礼仪制度、伦理道德的制定者和实施者,只有天才有能力把君王置于自身的监管之下。"就"天"而言,董仲舒认为其主要具有三种属性,即自然性、道德性、神圣性,而道德性占有主导的地位,并统摄着自然性与神圣性。但在"天人感应"理论中,神圣之天却起着主要的作用,发挥着对君王行为进行监督的职能。就

像小岛毅所说的那样："在极其重视'受命于天'的观念的理论中，努力符合受命之意是其最大的目的，而千方百计要读懂天意的愿望和要求，就使得一种以阴阳五行思想为基础理论对灾异现象进行解释的一览表诞生了。"

就"人"而言，池田知久对董仲舒的著作研究后认为，董仲舒"天人感应"理论中的"人"指的是最高权力者的天子和诸侯，或者将范围再扩大一些，也可以指周边的（含重臣和夫人）为政者，但其主要还是指"王"和"人君"。

"自然界的奇异现象与以它作为前兆的灾难之间存在着某种神秘的必然的联系。"[28]279那么，天人之间为什么会产生神秘的互动关系呢？

首先，董仲舒认为人与天属于同类。董仲舒言："天地之符，阴阳之副，常设于身，身犹天也，数与之相参，故命与之相连也。"[2]356-357可见，人体的各个器官都可以找到与天相对应的地方。董仲舒又言："是故事各顺于名，名各顺于天。天人之际，合而为一。"[2]288可见，虽然人隶属于天，但二者属于同类。

其次，因为人与天属于同类，所以，二者的行为都会对对方产生影响，这就是所谓的"同类相感"。董仲舒言："百物去其所与异，而从其所与同，故气同则会，声比则应，其验皦然也。"[2]358-359可见，董仲舒认为物以类聚，气同则会会合；声同则会比附。所以，灾异、祯祥的基础，不是神的赏罚，而是物的"同类相感"原理。而人的行为同样可以对天产生影响。天与人进行相感的媒介就是"气"。董仲舒言："是天地之间，若虚而实，人常渐是澹澹之中，而以治乱之气，与之流通相淆也。"[2]467可见，人生活在天地之间的流动之气中。所以，有的学者认为："董仲舒的天人感应思想的基本特征是以气为中介的道德的机械式的

感应。"[17]139-141

2. 天人相感的途径

正如沈伟华所言:"'自然之天'在董仲舒整个天人之学中起到了一个中介的作用,目的是要沟通'神灵'之天与现实的'人',从而共同构建一个'人道法天'的完整系统。"所以,"人(君王)需要通过自然界的阴阳、五行、四时来体察天意"[12]136。

董仲舒认为,虽然"天意难见也,其道难理"。但是,人(君王)可以通过观察"阴阳"的"入出"、"实虚"来了解"天之志"。君王还可以通过辨别"五行"的"本末顺逆"、"小大广狭"来观察"天道"。

就"五行"而言,董仲舒认为"夫仁谊礼知信五常之道,王者所当修饬也"。只有"五者修饬",才能"受天之祐",进而"享鬼神之灵,德施于方外,延及群生也"[29]2505。可见,君王只有修饬五常之道,并将其布施于天下,才能赢得上天的奖赏。而五常之道,则是董仲舒通过对"五行"进行伦理化处理取得的。董仲舒将五行之间的关系曲解附会成了父子、君臣关系。不仅如此,董仲舒还把礼、义、仁、智、信强加于五行[2]362-365。这样一来,五行观念就和五常结合到了一起,五常之道也就形成了。可见,"董仲舒把五行从自然领域引进到社会领域,从而使他的五行学说具备了社会的功能"[30]128。

就阴阳而言,董仲舒在"推历阴阳"时言:"故臣不臣,则阴阳不调,日月有变;……此灾异之应也。"[31]556可见,君王只有使阴阳和谐,上天才不会降下灾异。董仲舒同样对"阴阳"观念进行了伦理化的处理,推演出所谓的"三纲"理论[2]324-330。由于"三纲"理论来源于天,所以,君王在处理相关的伦理关系时也要严格地遵守。如果出现伦理关系混乱的局面,上天同样会降下灾异。所以，董仲舒言："及至后世，淫佚衰微，不能统理群生……此灾异所缘而起也。"[29]2500

除此之外，董仲舒还把阳与德、阴与刑联系起来，进而要求君主任德远刑[2]327-328。并认为，君主只有把德政布施于天下，天才会对君王进行奖赏。

就"四时"而言，董仲舒言："故四时之行，父子之道也；天地之志，君臣之义也。"[2]330-331可见，四时的运行，体现出君、臣、父、子之间所要遵循的伦理道德关系。不仅如此，董仲舒还认为，君王要按照四季的变化来安排政事。董仲舒言："然则人主之好恶喜怒，乃天之暖清寒暑也。"即君王的喜、怒、哀、乐与四时节气之间存在着对应关系。所以，"不可不审其处而出也"。即不同的时节要实行不同的政令。如果违反了这一规律，上天就会给予惩罚。"人主当喜而怒，当怒而喜，必为乱世矣。"即君主在春季时推行冬季的政令、在冬季时推行春季的政令，这样就会造成治世的混乱。董仲舒进而要求君王要"使好恶喜怒必当义乃出，若暖清寒暑之必当其时乃发也"，即按照天时的要求来布施政令[2]333。

可见，在董仲舒的"天人感应"理论中，"阴阳五行被引申到社会治理中的策略与态度、人伦道德中的行为与规范，甚至一切事物与现象上去"[32]260。可见，阴阳、五行、四时已经成为天与人相感的重要媒介，君王只有做到"予夺生杀，各当其义，若四时；列官置吏，必以其能，若五行；好仁恶戾，任德远刑，若阴阳"[2]467-468。上天才会给予肯定与眷顾。

3. "天人感应"思想的具体表现

"天人感应"的表现形式又是怎样的呢？董仲舒言："国家将有失道之败，而天乃先出灾害以谴告之。"[29]2498可见，君王如果治国不当，上天就会通过灾异现象来谴告他。那么，君王如何失道，上天才会降下灾异呢？董仲舒认为，君王如果"淫佚衰微，不能统理群生"，荒淫无度；"废德教而任刑罚"，即滥用刑罚；"残贼良民以争壤土"，即征伐无度，就会造成"上下不和"，进而导致"阴阳缪盭而妖孽生矣"[29]2500。

董仲舒还认为，君王"不知自省，又出怪异以警惧之，尚不知变，而伤败乃至"[29]2498。天谴告的顺序是先灾后异，出现"灾"之后，君王如果不知悔改，上天就会降下"异"，君王如果仍执迷不悟，上天就会用灾祸来惩罚他。上天一而再，再而三给予君王弥补过失的机会，"以此见天意之仁而不欲陷人也"[2]259。所以，董仲舒"天人感应"理论中的灾异谴告"体现出了'天'对于君王的爱护和关心，君王只有不断更正自己的言行与治国策略，上天才会对其进行眷顾与奖赏"[17]143。

六、董仲舒"天人感应"思想的影响

"董氏把儒家人文精神与阴阳家天道精神相掺合，也可以说是在'天人相应'的带有神秘色彩的阴阳家的思想骨骼里，灌输进去儒家仁义礼智的血液，这是董氏对儒家的大贡献，也是他赢得'汉代孔子'的尊荣的理由。"[1]107那么，董仲舒为何要构建起如此纷繁复杂的"天人感应"理论呢？原因在于其"深惧再度出现秦代君王专制权力无限扩张，凌驾一切之上，甚至剥夺了知识阶层对意义与价值的最终裁判权的局面"[32]268。所以，其才会用"天"对君王的权力进行限制①。而对君权进行限制的目的,就是促使君王行使儒家的仁德之政,进而通过"天人感应"理论来发挥儒学对现实政治的批判功能,以便"实现先儒们理想中的道德话语权"[33]90,进而解决西汉社会存在的诸多现实问题。

"天人感应"理论强调:"屈民而伸君,屈君而伸天。"这里的"民"具有两层含义:一是指百姓,二是指地方的诸侯王。可见,"屈民而伸君"的思想有利于西汉社会的稳定、皇权的加强。它为封建国家的经济发展,"大一统政权的巩固提供了思想保障"[8]200-202。而"屈君而伸天"是希望通过天的神圣性与权威性来限制君权。"而天对于君王的限制则有两种,一曰予夺国祚,二曰监督政事,前者是继承孟轲'闻诛一夫'的思想衍成,后者则是由邹子灾异五行之说向前推进了一步的。"[1]108在"天人感应"理论没有出现之前,君权是很难受到限制的,君王可以为所欲为,这样势必会造成吏治的腐败,加速王朝的灭亡。董仲舒正是看到了这一弊端,他想用天命来压制皇权,以达到监督、限制皇权的目的。中国地域广阔,气候条件极为复杂,自然灾害频发,而各种灾害现象都会被看作是上天对君主的警告,君主就不得不调整自己的施政方针,以符合上天的意志,"并要以仁德之政来治理国家"[16]122。所以,董仲舒的"天人感应"理论在皇帝的权威之上,又设置了一个更高的权威,君主的权力受到了制约和限制。

不仅如此,"天人感应"理论还"提倡一种普遍的、整体论的宇宙观,从而为人的行为和社会秩序提供了不可避免的制裁力量,

---

① 周桂钿综合分析了南宋学者赵彦卫、清代学者皮希瑞、近代学者梁启超等人的观点后认为:"董仲舒的'天人感应'理论在限制君权方面,确实起到了一定的作用。"《秦汉思想史》,河北人民出版社 2000 年版,第 160—161 页。

也为帝国制度在宇宙中提供了一个位置"[23]809。历代的思想家、政治家一般都会借用"天意"、"天志"来向统治者进谏,试图用天的权威来约束统治者的行为,以便使其的统治政策能够更好与儒家的仁政思想相结合,从而保证国家的长治久安。而且,"天人感应"理论还看到了人在"天人关系"中所起到的积极作用,其"一方面讲天命灾异,但另一方面,并没有放弃儒家的基本精神,邹衍五行四时的运行说法,是一盲目循环的天道观。董氏的'天人感应'理论则不然,该理论认为人事的力量可以影响甚至挽回天运。"[1]118董氏的"天人感应"理论同样认识到了君王在治理国家时所起到的积极作用。但是,"天人感应"理论同样具有一些消极影响。"董仲舒出来以后的前汉经学者,都相信人类的道德是顺天命的,当人类的行为违反天命的时候,天便显示灾异来警告。同时,以为人类的本性中有着昭明不昧的德性,发挥这种德性便是'人底道',但是,及其末流,后面的那一种思想,不知道在什么时候消灭了,堕落到单注重占侯以预测将来的京房底易学及注意天灾未来的谶纬说中了。"[34]133-134可见,董仲舒的"天人感应"理论,不仅促进了灾异学说的发展,还成为了谶纬思想的先导,使神秘主义具有了相应的理论基础。

参考文献:

[1] 金耀基. 中国民本思想史 [M]. 台北:台湾商务印书馆,民国八十二年.

[2] 苏舆. 春秋繁露义证 [M]. 北京:中华书局,1992.

[3] 韦政通. 董仲舒 [M]. 台北:东大图书股份有限公司,民国七十五年.

[4] 王永祥. 董仲舒评传 [M]. 南京:南京大学出版社,1995.

[5] 徐兴无. 刘向评传 [M]. 南京：南京大学出版社, 2005.

[6] 张岂之. 中国思想史 [M]. 西安：西北大学出版社, 1993.

[7] 钱穆. 两汉经学今古文评议 [M]. 北京：商务印书馆, 2001.

[8] 周桂钿. 秦汉思想史 [M]. 石家庄：河北人民出版社, 2000.

[9] 王利器. 新语校注 [M]. 北京：中华书局, 1986.

[10] 阎振益. 新书校注 [M]. 北京：中华书局, 2000.

[11] 顾颉刚. 中国上古史研究讲义 [M]. 北京：中华书局, 2009.

[12] 李泽厚. 中国古代思想史论 [M]. 天津：天津社会科学院出版社, 2004.

[13] 侯外庐. 中国思想通史（第二卷）[M]. 北京：人民出版社, 1957.

[14] 劳思光. 新编中国哲学史（第二卷）[M]. 桂林：广西师范大学出版社, 2005.

[15] 余英时. 士与中国文化 [M]. 上海：上海人民出版社, 1987.

[16] 李威熊. 董仲舒与西汉学术 [M]. 台北：文史哲出版社, 民国六十七年.

[17] 金春峰. 汉代思想史 [M]. 北京：中国社会科学出版社, 2006.

[18] 陈业新. 灾害与两汉社会研究 [D]. 武汉：华中师范大学博士论文, 2001.

[19] 徐复观. 中国思想史论集续编 [M]. 上海：上海书店出版社, 2005.

[20] 王梦鸥. 邹衍遗说考 [M]. 台北：商务印书馆, 民国五十五年.

[21] 徐复观. 中国思想史论集 [M]. 上海：上海书店出版社, 2004.

[22] 卿希泰、唐大潮. 道教史 [M]. 北京：中国社会科学出版社, 1994.

[23] 崔瑞德、鲁惟一. 剑桥中国秦汉史 [M]. 北京：中国社会科学出版社, 1995.

[24] 徐复观. 两汉思想史（第二卷）[M]. 上海：华东师范大学出版社, 2001.

[25] 步近智、张安奇. 中国学术思想史稿 [M]. 北京：中国社会科学出版社, 2007.

[26] 罗光. 中国哲学思想史（两汉、南北朝篇）[M]. 台北：台湾学生书局, 民国六十七年.

[27] 张岂之. 中国思想学说史（秦汉卷）[M]. 桂林：广西师范大学出版社, 2008.

[28] 列维·布留尔. 原始思维 [M]. 北京：商务印书馆, 1981.

[29] 班固. 汉书 [M]. 北京：中华书局, 1962.

[30] 章权才. 两汉经学史 [M]. 广州：广东人民出版社, 1990.

[31] 王利器. 盐铁论校注 [M]. 北京：中华书局, 1992.

[32] 葛兆光. 中国思想史（第一卷）[M]. 上海：复旦大学出版社, 2002.

[33] 王继训. 汉代诸子与经学 [M]. 西安：陕西人民出版社, 2003.

[34] 武内义雄. 中国哲学思想史学 [M]. 上海：商务印书馆, 1939.

藏　明（1982－），男，山东烟台人，邢台学院法政学院讲师，历史学博士。

董仲舒祥瑞思想探析

石 越

祥瑞思想①从原始社会以来就存在于人们意识之中,并经历了从萌芽到系统化到最后衰落的发展过程。而以董仲舒为核心的儒家学派在祥瑞思想发展过程中起到了承上启下的关键作用。其作用主要体现在两个方面:其一,董仲舒将汉代以前发展起来的祥瑞崇拜系统化,使之形成完整的体系;其二,董仲舒将体系化的祥瑞思想与当时不稳定的政治局势联系起来,并使之为其"大一统"的政治目标服务。

一、祥瑞思想发展概况

祥瑞思想从原始社会开始就已经出现萌芽,李发林教授在其《汉画考释和研究》一书中认为祥瑞思想的发展可以分为三个时期,

---

① 祥瑞思想与灾异思想在董仲舒思想中是对立统一的,故本文将两种思想统称为祥瑞思想,不再做区分。

即先秦时期、两汉魏晋时期、隋唐及以后的时期。

第一时期为祥瑞思想的萌芽发生发展期。这一时期的祥瑞思想还是零碎的，不系统的，并且还没有和帝王的统治行为联系到一起，只是由于当时社会生产力不发达，对于一些自然现象无法解释，因而认为是上天向人们预示的吉兆或凶兆，例如商代人们经常用甲骨、兽骨进行占卜，便是祥瑞思想的一种萌芽状态。

第二时期为盛行期。这一时期的祥瑞思想"几乎构成一个完整的体系。构筑这种思想体系的大师，当然首推董仲舒"[1]259。董仲舒在《春秋繁露》中开始系统地阐述祥瑞思想，其中最主要的是他首次将祥瑞思想与帝王的统治联系起来，使祥瑞思想成为统治者的统治工具，这样在董仲舒的改造下，祥瑞思想完成了实质性的蜕变，为魏晋谶纬之学奠定了理论基础。

第三时期为衰落期。这一时期无论是从文字记载中，还是在人们的思想观念中都较前两个时期有明显的减少，李发林教授还从这一时期祥瑞种类的角度证明，祥瑞思想在隋唐以后渐渐衰落。

二、天人感应论的核心——祥瑞思想

董仲舒将祥瑞思想系统化、政治化，可从其"天人感应论"中窥见一斑。"天人感应论"是董仲舒哲学思想体系中的重要内容，是董仲舒进行应天改制的理论基础。周桂钿先生认为"天人感应论"有两方面的意义："一方面说皇帝代表天意，要人民服从皇帝……另一方面要皇帝尊天保民，不要胡作非为。"[2]68通过这两层意义可知，董仲舒意在用"天"来协调君民的关系，而用来规范君民行为的，便是祥瑞思想，即"天"用吉凶祸福的征兆来实现"天人感应"。董仲舒说："国家将有失道之败，而天乃先出灾害以谴告之，不知自省，又出怪异以警惧之，尚不知变，而伤败乃至……天之所大奉使之王者，必有非人力所能致而自至者，此受命之符也。天下之人同心归之，若归父母，故天瑞应诚而至。"[3]2500

由此可见，董仲舒认为君主只要积德行善，深得民心，就会天降祥瑞；相反，如果君主无道，失去民心，上天会降灾来警告君主。其目的"一方面用来吓唬愚昧的百姓，另一方面也使皇帝不敢任意地为非作歹"[4]173。而达到目的关键在于祥瑞或灾异现象的出现，因此祥瑞思想作为接连君民的纽带，是使"天人感应"论能够发挥效用的核心内容。

祥瑞思想除了在董仲舒的"天人感应论"中有所体现，在其人性论中也有涉及，董仲舒在《三代改制质文》中说："天施符授圣人王法，则性命形乎先祖，大昭乎王君。"也就是说，上天选择人主都先要"施符"，即降下祥瑞之兆，这样的君主都要"法先祖"，从而显示君主的形象。其意在说明君主的"圣人之性"与"中民之性"和"斗筲之性"是不同的，上天选出具有"圣人之性"的人来当君主，以突出皇权的权威性，为"君权神授"提供了理论基础。除此之外，祥瑞思想在董仲舒其他思想中都有涉及，可以说祥瑞思想贯穿了董仲舒整个思想体系，这里不一一赘述。

通过对祥瑞思想的简单叙述，可以看出董仲舒的祥瑞思想实际上是一种沟通天与人的媒介，而正是通过这种媒介来规范君民的行为，维护封建统治的稳定。同时我们也能看出，董仲舒的祥瑞思想是为统治阶级服务的，具有明显的阶级性。而祥瑞思想在下层民众生活、生产中也起着重要的作用。在汉画像石中，数量巨大的祥瑞图像反映了祥瑞思想在民间的传播与影响。

三、汉画像石里的祥瑞文化

祥瑞思想在统治阶级内部和民间表现出不同的性能。在统治阶级中，祥瑞思想更多侧重的是政治性，即如何运用祥瑞思想来巩固封建统治；而在民间，民众更多的是考虑祥瑞思想的实用性，即希望生者能享受美好生活，而死者能够得道升仙。祥瑞的种类主要有动物、植物、自然现象三种。

动物祥瑞主要有麒麟、凤凰、鹿、白兔等。《宋书·符瑞志》中记载："麒麟者，仁兽也……明王动静有仪则见……凤凰者，仁鸟也……唯凤凰为能究万物，通天祉，象百状，达王道，率五音，成九德，备文武，正下国。"[5]791 又"白鹿，王者明惠及下则至"[5]803，"白兔，王者敬耆老则见"[5]837。在汉画像石上也经常出现这些动物祥瑞图（如图1）①，画像石内栏依次刻有麒麟、飞鸟、羽人骑鹿、兔、犬、奔马及仙人等。这表明人们希望通过将这些代表祥瑞的动物刻到石头上期盼太平盛世，希望这些动物能够带给人们渴望的生活。

植物祥瑞主要有嘉禾、木连理、灵芝等。所谓"嘉禾"，即生长繁盛的禾苗，颗粒饱满，在古代被认为是吉祥之物。《太平御览》引《孝经援神契》曰："王者德至于地，则嘉禾生。"[6]353 木连理，古人认为是亲和的象征，《宋书·符瑞志》记载："木连理，王者德泽纯洽，八方合为一，则生。"[5]853 据该书统计，"自汉元和年间至南朝宋顺帝升明二年，即公元84年至478年，计394年，各地所报共128起"[6]327。由此可见，木连理已经成为当时十分流行的吉

---

① 本文图片均选自江苏师范大学图书馆特色数据库汉画像石（砖）数据库。

祥之物。灵芝，也是古代象征吉祥的植物，在现在仍有此意。这些在汉画像石上也都有出现，如图2所示，横额下栏左起为羽人捧嘉禾，后为麒麟、应龙、白虎、双头鹿、捣药兔和狐鹿。它们之间均有一嘉禾相隔。植物祥瑞和动物祥瑞同时出现是汉画像石最为常见的表现手法，无疑这也是表达吉祥如意、天下太平的美好愿望。

自然现象主要有祥云、甘露、瑞雪等。《宋书·符瑞志》说："云有五色，太平之应也。"[5]836 "甘露，王者德至大，和气盛，则降。"[5]813 自然现象在汉画像石中出现得较少，像甘露、瑞雪等现象，不容易在画中表示，但诸如"瑞雪兆丰年"等谚语至今流传，也表明这些自然现象乃祥瑞之物。而祥云一般在汉画像石中抽象为图像边纹，并且经常和瑞兽出现在一起，如图3所示，边饰齿纹、云纹、缦纹、菱形纹等，画面中心刻两只凤鸟引颈交喙，左右有麒麟、龙、雀鸟，边饰外左有一马系于树上，右有鹳鸟衔鱼，这说明云纹也有吉祥之意。

图1　祥瑞图

图2　嘉禾瑞兽图

图3　凤鸟云纹图

通过对上述三种祥瑞之物的介绍,并结合文献与汉画像石资料,我们可以看出,不论是文献记载还是画像石内容,都不同程度地受到董仲舒祥瑞思想的影响,从文献记载上看,上述祥瑞之物,几乎都是与天相通,并且都是在君主勤政爱民的时候才会出现,这也恰恰符合董仲舒希望通过祥瑞思想来规范君主的行为的初衷。而汉画像石上众多的祥瑞图像的出现也说明,下层民众逐步认可了所谓祥瑞能为他们带来幸福的生活。

当然,汉画像石上的祥瑞图,一方面是表达着人们希望君主能够勤政爱民的愿望,但随着祥瑞思想的不断发展,祥瑞思想逐渐发展为一种祥瑞文化,逐渐突破了政治范畴,人们赋予这些吉祥之物更多的内涵,例如,人们认为鹿能够辟邪,能够引人升天,因此,人们经常把鹿这种瑞兽刻在祠堂或墓门上,希望其能够守护死者,并引导死者升天成仙。这同样与董仲舒将儒学神学化,使得鬼神意识和升仙观念成为两汉时期的主流思想有关。总之,随着社会不断发展,董仲舒的祥瑞思想渐渐发展成为一种祥瑞文化,成为人们的一种精神寄托和精神归宿。

四、董仲舒祥瑞思想的影响

上面我们讲了作为官方哲学的祥瑞思想在民间逐步演变成一种

祥瑞文化，表达着人们对美好生活的向往。而就祥瑞思想本身来讲，其本质是一种客观唯心主义思想，是董仲舒企图借"天"的力量来维护封建统治的策略，因为他认为："天作为一个至高无上的权威，能够指导人类，并且主管人类的命运。"[7]94也正因为此观念的存在，董仲舒的祥瑞思想对社会、人民都产生了一定的影响。

董仲舒的祥瑞思想是沟通天人的媒介，是协调君民矛盾的工具，用董仲舒的话总结就是："屈民而伸君，屈君而伸天，春秋之大义也。"[8]32天能够降下祥瑞或灾异，来警示君主，规范君主的行为，而君主看到祥瑞也经常标榜自己的德政笼络人心。文献中记载了很多事例，例如《汉书·武帝纪》中记载："甘泉宫内中产芝，九茎连叶，上帝博临，不异下房，赐朕弘休，其赦天下，赐云阳都百户；牛、酒。"[3]193因此，祥瑞思想对君主行为产生的制约性在当时能够缓和阶级矛盾，一定程度上维护了社会秩序的稳定。

祥瑞思想是董仲舒实现"大一统"的一种手段，因此祥瑞思想在加强中央集权，巩固皇权，防止诸侯分裂，维护国家统一方面也起到了重要作用。

当然，祥瑞思想本身也具有阶级属性，是为统治阶级服务的，特别是祥瑞思想为"君权神授论"提供了理论依据，这在一定程度上麻痹了人民，使人民甘当"顺民"，使人民失去了反抗封建统治的斗志，这无疑阻碍了社会的发展；另外，祥瑞思想本身具有神学色彩，使得儒学宗教化、神秘化，并为魏晋时期的谶纬学提供了理论依据，致使谶纬盛行，这也成为祥瑞思想的弊端。

综上所述，祥瑞思想源于原始社会的祥瑞崇拜，经董仲舒的改造，使祥瑞崇拜系统化、政治化，成为一种祥瑞思想，贯穿董仲舒的整个思想体系，成为封建统治者的统治工具，并逐渐在民间盛行，成为人们的精神寄托，汉画像石作为历史的载体，反映了这一历史史实。而从祥瑞思想的影响来看，一方面缓和了阶级矛盾，加强了中央集权，稳定了社会秩序，这些有利于两汉经济文化的发展；但祥瑞思想的本质决定了它的局限性，产生了一定的消极影响。总体来说，董仲舒的祥瑞思想还是利大于弊的，应当结合当时的社会形势对其进行客观的评价。

参考文献：
[1] 李发林. 汉画考释和研究 [M]. 北京：中国文联出版社，2000.
[2] 周桂钿. 董学探微 [M]. 北京：北京师范大学出版社，2008.
[3] 班固. 汉书 [M]. 北京：中华书局，2012.
[4] 王永祥. 董仲舒评传 [M]. 南京：南京大学出版社，2010.
[5] 沈约. 宋书 [M]. 北京：中华书局，1974.
[6] 张道一. 画像石鉴赏 [M]. 重庆：重庆大学出版社，2009.
[7] 鲁惟一. 汉代的信仰、神话和理性 [M]. 王浩译. 北京：北京大学出版社，2009.
[8] 苏舆. 春秋繁露义证 [M]. 北京：中华书局，1992.

原文载于《衡水学院学报》2014 年第 2 期。
石 越（1989－），男，河北衡水人，江苏师范大学历史文化与旅游学院考古学与博物馆学专业在读硕士研究生。

董仲舒灾异说对后世的影响

牛秋实

中国古书中有许多关于灾难的阐释。其中正史《五行志》中有大量关于灾异的记载和阐释。我们以《汉书》中关于灾异的大量记载来了解古人是如何看待灾难的。汉代的人们往往把灾难与人世间发生的人为事故结合起来，企图给灾难一个科学性的解释。例如《春秋》十四年记载言"八月壬申，御廪灾"。董仲舒解释说这是因为四国一起讨伐鲁国，在龙门击败了鲁国的军队，百姓因为这场战争遭受的伤害还未痊愈，对国家征兵的怨恨还未消除，君臣之间不勤于政事，不能保护祖先的宗庙于兵灾，所以上天降下灾祸以惩罚。

而刘向认为御廪"夫人八妾所舂米之臧以奉宗庙者也"。当时这些宫廷中的妾有不轨的行为，所以这些女人不能去祖先的宗庙中烧香。齐桓公不明白这些道理，与他的妾一起到齐国去拜访。有人在齐桓公面前进谗言，齐国的侯王听到后于是杀掉了桓公。

严公二十年夏，齐国出现了大灾。刘向以为齐桓公好色，听信女色谗言，把小老婆扶上正位，反复多次这样做，所以招致了灾难。齐桓公不明白，等他死的时候，孩子们争夺王位，导致自己的尸体9个月都无法下葬。

一

顾颉刚说："汉代人的思想的骨干，是阴阳五行。无论在宗教上，在政治上，在学术上，没有不用这套方式的。推究这种思想的原始，由于古人对宇宙间的事物发生了分类的要求。他们看见林林总总的东西，很想把繁复的现象化作简单，而得到它们的主要原理与主要成分，于是要分类。但他们的分类与现在不同，现在要用归纳法，把逐件个别的事物即异求同；他们用的演绎法，先定了一种公式而支配一切个别的事物。其结果，有阴阳之说以统辖天地、昼夜、男女等自然现象，以及尊卑、动静、刚柔等抽象观念；有五行之说，以木、火、土、金、水五种物质与其作用统辖时令、方向、神灵、音律、服色、臭味、道德等，以至于帝王的系统和国家的制度。"[1] 根据现存的史料，阴阳说起源于《周易》，五行说起源于《洪范》。

《左传·昭公九年》载，陈国发生了火灾。董仲舒把这次灾祸与陈国发生的弑君事件结合起来进行阐释。他说陈国的夏徵舒杀害了君王，楚严王假托为陈国的国君报仇讨伐夏徵舒，陈国国民关闭国门结果招致楚国灭陈。陈国的百姓和大臣对此非常愤怒，所以才会导致陈国发生了火灾。对于同样这一件事，刘向的解释说陈侯的弟弟招人杀害了太子偃师，这些都是外因，不是招致陈宫殿失火的主要原因。

《汉书·五行志》下记载：成公五年"夏，梁山崩"。《榖梁传》曰邑河三日不流，晋国的国君率领群臣恸哭，之后水才流。刘向说山阴代表君王，水阴代表百姓，天降下灾害，君道崩坏，所以百姓发生动乱，百姓因为叛乱将流离失所。君王率群臣恸哭，水才流了，这是丧亡的征兆。梁山位于晋国地界。以后果然厉公因为杀掉了三卿，招致了厉公的暴亡。

古时，科技不发达，史学家往往把地震与人事牵强附会地联系起来，企图做出自己的解释。如《汉书·五行志》第七下之上云：

> 史记周幽王二年，周三川皆震。刘向以为金木水火沴土者也。伯阳甫曰：周将亡矣！天地之气不过其序；若过其序，民乱之也。阳伏而不能出，阴迫而不能升，于是有地震。今三川实震，是阳失其所而填阴也。阳失而在阴，原必塞；原塞，国必亡。夫水，土演而民用也，土无所演，而民乏财用，不亡何待？昔伊洛竭而夏亡，河竭而商亡，今周德如二代之季，其原又塞，塞必竭；川竭，山必崩。夫国必依山川，山崩川竭，亡之征也。若国亡，不过十年，数之纪也。

用阴阳五行的思想把地震的灭亡与王朝的兴衰联系起来，这是古人对地震的解释。该书对地震记为：

> 成帝河平三年二月丙戌，犍为柏江山崩，皆涌江水，江水逆流坏城，杀十三人，地震积二十一日，百二十四动。元延三年正月丙寅，蜀郡岷山崩，涌江，江水逆流，三日乃通。

董仲舒是祥瑞说和谴告说的集大成者，这两大武器，一为政权更替寻找王权合法性的根据，一为限制王权的无限膨胀。

> 春秋何贵乎元而言之？元者，始也，言本正也；道，王道也；王者，人之始也。王正，则元气和顺，风雨时，景星见，黄龙下；王不正，则上变天，贼气并见。五帝三王之治天下，不敢有君民之心，什一而税，教以爱，使以忠，敬长老，亲亲而尊尊，不夺民时，使民不过岁三日，民家给人足，无怨望忿

怒之患，强弱之难，无馋贼妒疾之人，民修德而美好，被发衔哺而游，不慕富贵，耻恶不犯，父不哭子，兄不哭弟，毒虫不螫，猛兽不搏，抵虫不触，故天为之下甘露，朱草生，醴泉出，风雨时，嘉禾兴，凤凰麒麟游于郊，囹圄空虚，画衣裳而民不犯，四夷传译而朝，民情至朴而不文，郊天祀地，秩山川，以时至封于泰山，禅于梁父，立明堂，宗祀先帝，以祖配天，天下诸侯各以其职来祭，贡土地所有，先以入宗庙，端冕盛服，而后见先，德恩之报，奉先之应也。（《春秋繁露·王道》）

为了证明谴告说的有效性，董仲舒用周末的灾异现象为现实根据：

周衰，天子微弱，诸侯力政，大夫专国，士专邑，不能行度制法文之礼，诸侯背叛，莫修贡聘，奉献天子，臣弑其君，子弑其父，孽杀其宗，不能统理，更相伐铨以广地，以强相胁，不能制属，强奄弱，众暴寡，富使贫，并兼无已，臣下上僭，不能禁止，日为之食，星霣如雨，雨螽，沙鹿崩，夏大雨水，冬大雨雪，霣霜不杀草，李梅实，正月不雨，至于秋七月，地震，梁山崩，壅河，三日不流，画晦，彗星见于东方，孛于大辰，鹳鹆来巢，春秋异之，以此见悖乱之征。（《春秋繁露·王道》）

因为历史学是以过往的人类社会为自己的研究对象，但是历史研究者却生活在现实之中，无论如何也离不开他所处时代的现实条件的制约，这种制约性决定了历史学家总是带着当代社会的烙印去历史中求索、说明或解释当代的问题，以获得历史的启迪。

在中国古代关于地震最早的记载见于《汉书·五行志》："成帝鸿嘉三年五月乙亥，天水冀南山大石鸣，声隆隆如雷，有顷止，闻平襄二百四十里,雊鸡皆鸣。石长丈三尺,广厚略等,旁著岸肋,去地二百余丈,民俗名曰石鼓。"《五行志》中记载汉代的地震就有惠帝二年(前193)、武帝征和二年(前91)、宣帝本始四年(前72)、元帝永光三年(前41)、成帝绥和二年(前7)等多次。

不仅史学家用这种五行理论来解释天与人事,而且古代管理科举考试的考官也经常在试题中探讨此类问题,他们认为在天人关系领域之间存在着对应的关系以及在这微妙的原则下所发生的交叠现象。考官们引《书经》中的《洪范》章作为经典的中心,要求考生们解释人类的五事如何与上天的秩序的五行相对应。董仲舒在"天人三策"中讨论了自然灾害在社会中的作用及其对政治的影响。荀子认为天与人之间存在着相互作用,后者的命运依赖于自己有效的统治能力。

二

董仲舒根据阳阴五行和天人感应的理论,提出各种不同的灾异是人事的错误所导致的,并详细论述了免除灾异的不同措施,所以董仲舒认为天子畜民比事天更为重要。董仲舒提出消除灾异要贵微重始、防微杜渐,消弭灾异于未发,意在提醒专制君主要注意自身的错误,要慎始慎终。董仲舒的灾异说对专制时代有效防止天子滥用权力起到了一定的作用,影响甚远。

能够以天之端,正王之政,即按照春生、夏长、秋收、冬藏的自然规律办事,天就会显示祥瑞予以奖赏;反之,天就会利用反常的自然现象和灾害进行谴告、惩罚。为此,董仲舒对《春秋》中所记大量反常天象和灾害与社会政事的得失一一进行比附,以证明天意不爽。对于具有无上权力的皇帝来说,任何人都是他的臣下,规劝他是很难的。在迷信天命的时代，搬出天来制约皇帝有其必然性。

除了儒家理想的君主三皇五帝以外，还没有一名君主真正能够体察"天心"，实施仁政，不断地积众善以为功。董仲舒于是设法补救。君权既然是上天给予的，补救的途径也只能从天上去寻找。于是，董仲舒对《春秋》中所记载的大量灾异进行了新的解说，强调灾异是对君主失误的警示和谴责。但在《春秋繁露·二端》中说"《春秋》至意有二端"，其一端是他阐发大一统思想的"元年"的"元"，"以元之深，正天之端，正王之政，正诸侯之位，五者俱正而化大行"。另一端就是灾异，《春秋》中大量记载"日食、星陨、有蜮、山崩、地震"等等，举之以为一端者，亦欲其肖天谴而畏天威。其实，在《春秋》中，虽然记有异和灾多达 50 处以上，还有不称为灾异的日食 36 次、星变 5 次等，《公羊传》只把其中的两次灾异和天的警示联系起来。可是，我们从《汉书·五行志》中可以看到，《春秋》及《公羊传》中并没有与天诫、天谴相联系的灾异以及日食、星变等，董仲舒几乎全部与政事挂上了钩，证明那是天诫、天谴。粗略统计，《春秋》中所记灾异及日食星变等，被董仲舒称为天诫、天谴的就有 77 件之多。

五经虽然也提及河出图、洛出书之类的祥瑞，却很少谈及灾异与人事的关系。董仲舒之前，儒家大师也不讲灾异。董仲舒是汉代经学家中大谈灾异的第一人，《汉书·五行志》上就说："汉兴，承秦灭学之后，景、武之世，董仲舒治《公羊春秋》，始推阴阳，为儒者宗。"认为他能成为"儒者宗"，和他始推阴阳灾异有直接关系。在他的影响之下，刘向刘歆父子、眭孟、夏侯胜、京房、翼奉、谷永、李寻等经学大师，竞相效仿，都成为灾异言政事的名家，经学的神秘化、神学化恶性发展。到西汉末年谶言、纬书的泛滥达到了高峰。

但是董仲舒的灾异论也不是空穴来风。他提出了自然与生态环境关系的问题。

宋代欧阳修在《新唐书》中谈论《春秋》中的灾异，说孔子在描述人事与天的关系上十分谨慎。按照欧阳修的看法，孔子将灾与异看作"谶"，孔子以此正确地灌输"恐惧修省"。欧阳修注意到孔子"盖慎之也，天道远非谆谆以谕人"[2]873。欧阳修把自然灾异与人事首次分离开来。这表明了古人在天人关系上的进步。

社会变迁对环境运动的影响将导致重大的相变，特别是大量的环境问题已经转变为社会问题。这种影响表现为社会变迁对于聚落环境、地理环境、地质环境和星际环境的影响。由远及近地看，人类航天技术的发展开始影响了我们的星际环境；原子能技术和工程技术已经能够影响我们的地质环境；人类社会经济建设事业的发展对于地理环境的影响也越来越大。但是，社会变迁对环境运动影响最大的，当属我们对聚落环境的影响。社会变迁对环境运动的影响具有整体性，由此而导致的环境问题向社会问题的转变也具有整体性。这也就是说，社会变迁不仅使越来越多的环境问题转变为社会问题，而且使得这些社会问题形成了一个整体，成为全局性的问题，成为世界性的问题[3]125-128。

这也提醒我们，人类生活的环境和自然，应该要人性地对待之，要克服人类自私自傲的本性，顺应自然的发展，不能人为地破坏自然、任意制造人工自然、疯狂地掠夺自然资源，所以地球上的地震等自然灾害，实际上也是对人类的报复和谴责。在自然灾害面前，人类要学得更聪明一点，要自觉地适应自然。在地震最为严重的地区，实行环境移民，将这些灾区的居民迁移到远离山体的地带，最后能把这些灾区的居民迁移到周围的大城市周边地区，建立一些卫星城镇，改变他们原来的生活方式，适应新的环境。虽然我们现在不能准确地预测地震的发生，但是我们可以通过研究地质环境的变迁历史，决定我们的未来，预防地震灾害。我们可以将那些地震中心地区变成旅游区，而不设居民常住生活区，尽量避免再次遭受地震的威胁，这才是人类在自然面前求生的智慧选择。通过研究该地区历史上地震发生的频率，我们可以尽量掌握自己的未来，不必付出无谓的牺牲和代价。

董仲舒那种以灾异警惕统治者的说法有着一定的科学化因素。通过自然对人类的报复，人类也学到了人性化的自然知识。迄今为止，人与自然的关系并没有得到科学的对待，只有人性化地对待自然，人类才能学会与自然相处，从自然中汲取教训，善待自然，获得人类最佳的生存空间，避免自然灾害的报复。

参考文献：

[1] 顾颉刚. 汉代学术概论 [M]. 上海：东方出版社，1996.
[2] 欧阳修，宋祁. 新唐书卷三四 [M]. 北京：中华书局，1971.
[3] 沈殿忠. 论环境社会学的逻辑起点 [J]. 江海学刊，2008（2）.

原文载于《衡水学院学报》2014 年第 6 期。

牛秋实（1968—），男，河南洛阳人，许昌学院社科部副教授，历史学博士，南京大学文学院博士后。

《春秋纬》对《春秋繁露》阐释模式的继承和发展

徐栋梁

阐释学产生于西方，大致说来，是指探讨理解（认识）与阐释如何可能以及如何发生的一门学问[1]。《春秋繁露》作为一部以阐释《春秋》为主要目的的著作，并不局限于对《春秋》原意的解释，而是更倾向于近代阐释学所偏重的阐发，而这恰恰也是《春秋纬》作者的用意所在。《春秋繁露》与《春秋纬》在阐释模式方面的共同点主要体现于以下几个层面：

第一，文本解读的层面。解读是汉代学术颇具特色的一种新的方式，主要是面向先秦经书进行本义的探寻。秦代焚书之后，原有的经书系统遭到破坏，汉代学术所面临的便是经学的重建和对经义的重新解读。因此，《春秋繁露》中便不可避免地存在对于《春秋》文本和经义的解读。如《王道》云：

> 天王使宰喧来归惠公、仲子之赗，刺不及事也；天王伐郑，讥亲也；会王世子，讥微也；祭公来逆王后，讥失礼也。

该段文字主要是讨论《春秋》对于所记之事暗含讥贬，其中所涉及四段史实，皆来自《春秋》。其中天王使宰咺来馈赠惠公、仲子之赗之事，见于隐公元年，主要是讥刺天子的馈赠不够及时；天王伐郑之事，见于桓公五年，主要是讽刺不能亲近诸侯；会王世子之事，见于僖公五年，说的是天子权势微弱，诸侯不亲身觐见，而是派遣世子见天子；祭公来逆王后之事，则见于桓公八年，是讥刺祭公不守礼法，迎接王后的举动。这是对于《春秋》中的"春秋笔法"和"一字褒贬"之义的阐释和发挥，同时也是对于《春秋》文本的进一步解读。此类解读，主要是直接针对《春秋》的文本，向内发掘《春秋》的微言大义，虽存在思想的阐发，但大体不离原文的思想范围。

《春秋纬》的产生与附经、配经有关，故也存在很多对《春秋》进行直接文本解读的内容。这些内容又可分为对文字的训诂和对义理的阐发两个方面。文字训诂的方式一是多用音训，二是经常与《春秋繁露》中对文字的训诂有着密切的联系。如《春秋》隐公元年云："元年春王正月。"《春秋繁露·玉英》中解释说："谓一元者，大始也。知元年志者，大人之所重，小人之所轻。"《春秋纬》则专门对其中的"元"字解释曰："元年者何？元宜为一。谓之元何？曰君之始元也。"又曰："元者，端也。"二者的解释基本相同。又如《春秋繁露·深察名号》中解释"王"曰："王者皇也，王者方也，王者匡也，王者黄也，王者往也。"《春秋纬》则进一步加以发挥和拓展，在《文耀钩》中解释为："王者往也，神所向往，人所乐归。"

对义理的阐发方面，《春秋纬》中提出"三科九旨"、"五始"、"七等"、"七缺"等概念，俱为之前公羊学者所未言。如"三科九旨"之说见于《演孔图》："《春秋》设三科九旨。""五始"之说在《春秋纬》中也屡屡出现。如《合诚图》云："黄帝立五始，制以天道。"《保乾图》则云:"黄帝坐于扈阁,凤皇衔书致帝前,其中得五始之文。"《元命包》更具体解释"五始"之义曰:"元者气之始,春者四时之始,王者受命之始,正月者政教之始,公即位者一国之始。"具体分析这些被阐释过的内容,就可以发现,"五始"之说实际上是对于《春秋》对于诸侯国君登基必书曰"元年春王正月,公即位"书法的解释。另外《春秋纬》还提出"七等"观念:"《春秋》设七等之文,以贬绝录行,应斗屈伸。"(《运斗枢》)并解释此观念提出的原因为"北斗七星有政,春秋亦以七等宣化"(《考异邮》)。《春秋纬》中又有"七缺"、"八缺"之说①。这些理论性总结和概念的提出,是《春秋纬》在《春秋》经文的基础上综合、归纳而成,属于文本解读中较为高级的层面。

文本解读只是《春秋繁露》和《春秋纬》对《春秋》进行阐释的原初层面,其面对的对象主要是经文本身,故难以脱离出《春秋》的藩篱。对《春秋繁露》和《春秋纬》而言,通过文本解读和阐释来发挥其政治意图意识才是其作者的真正用意,所以二者并未停留在文本解读的层面上,而是着力于体现重构,甚至想象的层面。

第二,理论重构的层面。《春秋繁露》和《春秋纬》在对《春

---

① 安居香山《纬书集成》仅于《春秋纬》中曰"春秋书有七缺、八缺之义"。《玉函山房辑佚书》卷五六则曰:"春秋书有七缺。"后面又记载七缺之义曰"七缺者:惠公妃亡不正,隐桓之祸生,是为夫之道缺也。文姜淫而害夫,为妇之道缺也。大夫无罪而致戮,为君之道缺也。臣而害上,为臣之道缺也。僖五年,晋侯杀其世子申生,襄二十六年,宋公杀其世子痤,残虐枉杀其子,是为父之道缺也。文二年,楚世子商臣弑其君髡,襄三十年,蔡世子般弑其君固,是为子之道缺也。桓六年正月己卯烝,桓十四年八月乙亥尝,僖三年夏四月四卜郊不从,乃免牲,犹三望,郊祀不修,周公之礼缺,是为七缺也矣",其文字同徐彦《公羊注疏》,且后面有文字曰:"同上。案亦承宋氏注也据补。"

秋》进行文本解读的基础上，又进一步进行了理论上的重构，构建了新的理论系统。《春秋繁露》中体现的主要是对天人关系理论的重构。在董仲舒之前，传统的哲学观虽也承认天人之间存在某种联系，但无论是作为神学意义上的天，还是作为道德最高层面的天，其与人之间是保持着一定距离的。圣人距离天道尚有距离，常人与天的关系则更加遥远，这便促使人努力追寻，以求接近天道。但董仲舒将天人之间的距离去掉，直接认为二者合一，如《为人者天》云：

> 为生不能为人，为人者天也。人之人本於天，天亦人之曾祖父也，此人之所以乃上类天也。人之形体，化天数而成；人之血气，化天志而仁；人之德行，化天理而义；人之好恶，化天之暖清；人之喜怒，化天之寒暑；人之受命，化天之四时。人生有喜怒哀乐之答，春秋冬夏之类也。

认为人不是生于人，而是生于天，这样人与天的关系便不再遥不可及。又将人之形体、血气、德行乃至好恶、喜怒与天数、天志、天理、天气之寒暑暖冷相联系，则是进一步将人的一切与天统一起来。而天人关系重构的基础，在《春秋繁露》的其他篇章中也时有显露，如《天道施》云："天道施，地道化，人道义。圣人见端而知本，精之至也；得一而应万，类之治也。"

《春秋纬》的重构则是建立在对《春秋》的解读以及对《春秋繁露》的继承两个方面的基础上。其所表露的最显著的特征是将天人关系进一步具体化，以祥瑞和灾异的形式来体现其对社会的批判与阐释，具体表达上或以天象变化预兆人事吉凶，如《合诚图》曰：

> 枉矢，主及萌。黑彗分为枉矢，枉矢者，射星也。水流蛇行舍明，故有毛目。阴合于四，故长四。又水生木，其怒青

黑；水灭火，其精沉；故以为谋反之征，在所流受者灭，皆为天子之祥。阴合于六，期六年，萌二十四年，天子以兵亡，所已议见起。

或反推上去，认为不仅天影响人，通过灾异等表达对人君的警示，而且人也可以"上参天地"，反过来影响天，如《感精符》曰："王者德旁流四表，则麒麟至。"《运斗枢》曰："失德逆时，即姜有异，辛而不臭。"等等。

无论是《春秋繁露》对天人关系的重构，还是《春秋纬》将天人关系导向借祥瑞灾异进行社会批判的努力，都属于董仲舒和以刘歆为首的《春秋纬》作者①以《春秋》为基础，试图重新建构一套政治理论，并将其应用于当时的政治，是"在下者以学术争政治"[2]65的典型体现。

第三，文学想象的层面。《春秋纬》在解经的基础上，还加入了丰富的文学想象，这也是其与《春秋繁露》解经所不同之处。作为研究《公羊春秋》的产物，《春秋繁露》致力于体现董仲舒的哲学思想，而与文学思想、文学想象相去甚远。《春秋纬》则不同。由于其成书过程中有多人参与，其中又有许多造作和想象的成分，故其对于《春秋》经的阐释，又涉及文学想象的层面。

从文体方面来看，谶纬中不仅诸多内容与汉代之前出现的准志怪小说《汲冢琐语》、《山海经》等有着相似之处[3]52-54，内容方面"事丰奇伟"[4]29的特征则更加与志怪小说相契合。《春秋纬》由于多叙及历史人物及事件，其中虚构成分较多，故其中文学想象的特点更加明显。如《演孔图》敷演获麟之后孔子作《春秋》之原

---

① 关于《春秋纬》的作者及成书问题，参见徐栋梁《〈春秋纬〉成书考》，《济南大学学报》2009年第4期。

因曰：

> 得麟之后，天下血书鲁端门曰：'趋作法，孔圣没，周姬亡，彗东出。秦政起，胡破术，书纪散，孔不绝。'子夏明日往视之，血书飞为赤乌，化为白书，署曰演孔图，中有作图制法之状。孔子仰推天命，俯察时变，却观未来，豫解无穷，知汉当继大乱之后，故作拨乱之法以授之。

鲁哀公获麟与孔子作《春秋》有关，当属实有其事，但具体是获麟之后孔子方始作《春秋》，还是孔子在获麟之时绝笔尚无定论。《春秋纬》不但认定获麟之后孔子作《春秋》之说，而且运用想象夸张了当时的情景，言得麟之后上天降下血书于鲁国之正门，其上书有天命孔子为新朝著书作法的内容。及至子夏去察看之时，血书更化为赤乌飞走，留下白书曰《演孔图》。孔子因此受天命而作《春秋》，并以为后世之法。除得麟及作《春秋》属实之外，其想象之虚幻已与当时的志怪小说极其接近。

又如《元命包》叙述仓颉造字的故事曰：

> 仓帝史皇氏，名颉姓侯刚。龙颜侈哆，四目灵光。实有睿德，生而能书。及受河图绿字，于是穷天地之变化。仰观奎星圆曲之势，俯察龟文鸟羽山川，指掌而创文字，天为雨粟，鬼为夜哭，龙乃潜藏。治百有一十载，都于阳武，终葬衙之利乡亭。

仓颉造字之说，早见于《荀子》、《吕氏春秋》、《淮南子》等诸书，但均记载简略，如《淮南子·本经训》仅云"昔者仓颉作书而天雨粟，鬼夜哭"，对仓颉本身并无太多叙述。《春秋纬》则在历史传说的基础上作了大胆的想象和发挥，认为仓颉乃上古帝王之一，其身份位属仓帝，号史皇氏，姓侯刚名颉，其都城为阳武；其样貌是"龙颜侈哆，四目灵光"，而且聪明睿智，"生而能书"。后来

"受河图绿字",然后穷天地之变,观察星辰变化以及龟蛇鸟兽山川之迹,方造出文字。文字既出,天为之雨粟、鬼为之夜哭、龙为之潜藏。仓颉治110年后,葬于利乡亭。其叙事内容丰富,想象奇伟大胆,比诸魏晋时期的志怪小说如《搜神记》、《博物志》等也不遑多让。

值得注意的是,《春秋纬》中的文学想象还是建立在文本解读或理论建构的层面上的。上面所言孔子端门受血书,与《春秋》成书有关,属于文本解读的衍生;仓颉造字之故事则是《春秋纬》试图建立新的古史系统的产物。所以,这种文学想象并非独立存在,仍属于《春秋纬》受《春秋繁露》影响下的解经思想,属于解经之中所衍生的阐释意识的范畴。

参考文献:

[1] 李清良. 中国阐释学 [M]. 长沙:湖南师范大学出版社,2001.
[2] 钱穆. 国学概论 [M]. 北京:商务印书馆,1997.
[3] 曹建国. 谶纬叙事论略 [J]. 文艺研究,2010 (4).
[4] 周振甫. 文心雕龙译注 [M]. 北京:人民文学出版社,2002.

原文载于《衡水学院学报》2013年第6期。
徐栋梁(1980—),男,山东诸城人,通化师范学院文学院讲师,文学博士,吉林大学哲学社会学院博士后。

论《春秋纬》对《春秋繁露》受命改制思想的继承和发展

徐栋梁

《四库全书总目提要》以《春秋繁露》为纬书，其说虽不为后世学者赞同①，但却道出了《春秋繁露》与谶纬之间的紧密关系。董仲舒在《春秋繁露》中对于《春秋》之义多有发挥，最显著的便是将其导向谶纬②。受命改制思想是《春秋繁露》思想体系中的重要组成部分，包括受命、改制两个方面。帝王要想取得正统地位，首先便要接受天命即为受命；受命之后，随之而来的是应天改制，

---

① 《四库全书总目提要·易纬六·案语》云："……如伏生《尚书大传》，董仲舒《春秋阴阳》，核其文体，即是纬书，特以显有主名，不能托诸孔子。"钟肇鹏认为，谶纬尊孔子为神，而《春秋繁露》仅以之为圣人；谶纬以孔子之言为神学预言，而《春秋繁露》中孔子之言则不含占验性质，故不能将《春秋繁露》划入纬书行列。详见钟肇鹏《谶纬论略》，辽宁教育出版社1991年版，第127—128页。

② 徐复观云："谶语是自古有之，而缘经以为纬书，则其端发自仲舒。而夏侯始昌的《洪范五行传》，京房之《易》，翼奉之《诗》，皆系由仲舒所引发；《纬书》更各由此异说滋演而生，遂大盛于哀平之际……仲舒实是一关键性人物。"见徐复观《两汉思想史》第二卷，华东师范大学出版社2001年版，第221页。

而改制所依赖的便是帝王受命于天的身份。作为《春秋繁露》之后春秋学在谶纬方面的继承者,《春秋纬》对于《春秋繁露》中的受命思想与改制思想均既有继承又有所发展,下分述之。

一、《春秋纬》对《春秋繁露》受命思想的继承与发展

君权神授、君权天授的受命思想古已有之,但经董仲舒充实和发展后方始完善。西汉初期,辕固生与黄生讨论汤武受命问题,辕固生肯定汤武受命,但认为汤武受命的理由是顺应天下民心,而非来自天命神授。董仲舒在商周天命观的基础上,结合阴阳五行及灾异学说,创立了新的受命学说。其特点主要体现在:第一,君权天授,但天命无常,惟德是辅。第二,天命必有符瑞显示。第三,新王受命之后,应该改制易服。《春秋繁露·顺命》第七十将各类受命分为几个不同层次:

> 天子受命于天,诸侯受命于天子,子受命于父,臣妾受命于君,妻受命于夫。诸所受命者,其尊皆天也,虽谓受命于天亦可。

从这段话可以看出,董仲舒虽然认为各类受命皆可以称为受命于天,但实际上受命是有差别的,只有天子才能直接受命于天,平民没有受命于天的权力。《春秋繁露》中言受命凡49次,除言季纪、公子遂、公子结受命于君外,其余皆言天子或孔子受命于天。天子受命,前已备述,而孔子有"素王"之身份,故孔子也可直接接受天命。如《春秋繁露·符瑞》第十六云:

> 有非力之所能致而自至者,西狩获麟,受命之符是也。然后托乎春秋正不正之间,而明改制之义。一统乎天子,而加忧于天下之忧也,务除天下所患。而欲以上通五帝,下极三王,

以通百王之道，而随天之终始，博得失之效，而考命象之为，极理以尽情性之宜，则天容遂矣。

其中说得十分明了，认为鲁哀公十四年西狩获麟之事，乃孔子受命之符瑞。孔子既已受天命，则应当"务除天下所患"，其途径是借《春秋》以阐明并实现"上通五帝，下极三王，以通百王之道，而随天之终始"的改制目的。

《春秋繁露》中的受命思想，特别是孔子受命于天的观念对《春秋纬》影响甚大。"受命"一词，在《春秋纬》中凡九见①：

> 高辛受命，重黎说文，唐尧即位，羲和立浑，夏后制德，昆吾列神，成周改号，苌宏分官。宋均注曰：高辛命南正重、火正黎，司天地四方浑仪，以定日月出没，以辨星辰宫度者也。苌宏，周之史官也。（《文耀钩》）

> 黄帝受图，有五始：元者气之始，春者四时之始，王者受命之始，正月者政教之始，公即位者一国之始。（《元命包》）

> 经十有四年春，西狩获麟。赤受命，苍天［失］权，周灭火起，薪来得麟。孔子曰：丘览史记，援引古图，推集天变，为汉帝制法，陈叙图录。（《汉含孳》）

> 水逆流，阴气盛，不及上，令其扬沙下不争，天子失道，圣人受命。（《潜潭巴》）

> 有星茀于大辰，受命之君，大振兵旅，争于野。（《潜潭巴》）

> 经十有四年春，西狩获麟。赤受命，仓失权，周灭火起，薪采得麟。（《演孔图》）

---

① 《演孔图》有一条曰："鸟化为书，孔子奉以告天，赤雀集书上，化为玉，刻曰：孔提命，作应法，为制雀集。"其注曰："将受命制。""受命"一词出现于注解中，故未列入下文。

赤受命，持天权。(《元命包》)

受命诛横，顺天之德。(《元命包》)

彗孛于北斗中，有雄圣人受命天子。(《春秋纬》)

以上九条，皆符合《春秋繁露》中关于受命的标准，同时又有着自己的特点。

其一，所言受命皆来自于天。高辛氏受命，虽未明言来自天命，但其以上古帝王的身份，其受命必然来自于天。且其任命之重黎既"司天地四方浑仪，以定日月出没"，又是传说中"绝地天通"的人物，其受命于天，固所当然。其他皆涉及天命，无一例外。而且，其中还体现了天命无常，惟德是辅的观念。如"天子失道，圣人受命"、"受命诛横，顺天之德"或言因天子失道、失德而导致圣人受命，或言顺天之德，故受命诛灭横暴之人，皆以德为上天受命之依据。《春秋纬》言受命，之所以将所有受命之事皆与上天联系，主要是因为谶纬并起之时，正是汉室将危、天子不得民心之时，若不将一切受命之征象与上天联系在一起，则无法取得名义上的正统地位。

其二，将天命与符瑞、灾异结合，言天命必有符瑞或灾异显示。此点与《春秋繁露》不同，《春秋繁露》仅言受命则有符瑞出现，而未涉及灾异。《春秋纬》言孔子受天命而作《春秋》之符瑞乃西狩获麟，与上文所引《春秋繁露·符瑞》第十六内容一致。其余"彗孛于北斗"、"星茀于大辰"、"水逆流，阴气盛"等则皆为灾异，而非符瑞。言星孛入北斗者，除上述"彗孛于北斗中，有雄圣人受命天子"一条外，于《春秋纬》中凡八见，皆与天子失位、诸侯叛乱、大臣造反等有关：

彗星守北斗，天帝谋易主。(《演孔图》)

孛贼入北斗中者，大国结谋伐天子。(《感精符》)

星孛入北斗，兵大起，将有以外制权，以兵为政者。(《感精符》)

星孛入北斗，兵大贼起，大国结谋伐天子。(《感精符》)

彗星入北斗，强国乱。(《汉含孳》)

星孛于北斗，璇玑更受，天子起走。(《潜潭巴》)

彗星出北斗九星中，九卿反，如星所主，其政毁，其人乱。(《春秋纬》)

彗星守北斗，强国发兵，诸侯争天下。(《春秋纬》)

可知此处不应例外，亦当为灾异之象。"星茀于大辰"者，茀通孛，《春秋纬》中言星孛于大辰者，除该条之外另有五条，亦皆为灾异之象：

彗星贼起入大辰者，天帝谋易主。(《演孔图》)

星孛，贼气守大辰于五堂，乱兵填门，三王争，周以分。(《运斗枢》)

孛星贼起，光入大辰者，将有阴谋，以邪犯正，与天子争势，居位者大臣谋主，两王并立，周分之异也。(《运斗枢》)

星茀于大辰，国分为二，大夫制君。(《春秋纬》)

彗星守大辰，天子哭。(《春秋纬》)

同样，"水逆流，阴气盛"显为灾异之象，且有"天子失道"之语，可知该条亦为将灾异与受命相关联。《春秋繁露》言受命不及灾异，主要是因为汉初社会安定繁荣，人民安居乐业，各地皆以呈报祥瑞为事，故汉文帝时有黄龙、玉棓出现，武帝时则有黄龙、麒麟、朱雁等。若有巫蛊谣言，则加以捕杀①，因此即使偶有灾异

---

① 如《汉书·武帝纪》载，元光五年，"捕为巫蛊者，皆枭首"。天汉二年，"止禁巫祠道中者。大搜"。分见班固《汉书》卷六，中华书局1962年版，第164、203页。

发生，亦不以为怪。而《春秋纬》产生于西汉末期，社会动荡不安，民生凋敝，各地谣言纷起，兼之诸多别有用心之人利用灾异以达成政治目的，故灾异之说遍及天下。因此《春秋纬》言受命多灾异而少符瑞。

其三，言圣人受命多于言帝王受命。《春秋繁露》一书以尊王发微为主，故多言帝王受命；《春秋纬》目的在于通过对《春秋》的解释来发挥政治目的，因此重视《春秋》和圣人的地位问题，故多言圣人受命。《春秋纬》中提及受命问题的九条条目之中，除"受命诛横，顺天之德"一条无法确知其受命对象外，其余八条中言帝王受命者有三条，言圣人受命者五条。可知《春秋纬》对圣人受命关注之深。而言圣人受命的五条之中，又有三条与《春秋》成书有关，则可见《春秋纬》言圣人受命，主要目的是提高圣人身份，并借此抬高《春秋》的地位，将《春秋》成书神圣化。

由此可见，《春秋纬》言受命，与《春秋繁露》之不同主要在于两点：言受命多借灾异为天命所钟之理由；言圣人受命多于帝王受命。二者均与当时社会动荡不安、帝王失政而导致灾异并起，人心思圣，对当时的政治失去信心有直接关系。

二、《春秋纬》对《春秋繁露》改制思想的继承与发展

改制问题与受命思想是相辅相成的。新王受命，则必要改制，因为既然受命于天，则改制便是"应天"[1]19，重视改制是"明天命"的体现[1]19。

《春秋繁露》中言改制的内容，具体见于《三代改制质文第二十三》，其要点主要有三点：第一，改正朔。夏、商、周三代历法正月有建子、建丑、建寅的不同，故谓之三正。董仲舒认为新王初

立，便应该效仿三代，进行历法的改动。因为《春秋》开篇言"元年春王正月"，董仲舒发挥《春秋》之义，认为改正朔于新王朝最为重要，故将置于首位。第二，易服色。董仲舒又将三正与黑、白、赤三种颜色相配，提出"三统"的概念。夏代以寅月为正月，其时"天统气始通化物，物见萌达，其色黑"，是为黑统；商朝以丑月为正月，其时"天统气始蜕化物，物始芽，其色白"，是为白统；周朝以子月为正月，其时"天统气始施化物，物始动，其色赤"，是为赤统。所谓易服色即将朝服、车马仪仗之颜色与相应三统相配。第三，质文观。认为"一商一夏，一质一文，商质者主天，夏文者主地，春秋者主人，故三等也"。以夏为文，以商为质，如此往复，然后以质文配到三统更替中。徐复观认为，董氏将质文而配三统引起混乱，因为"《春秋》正黑统，承夏之统"，而"《春秋》又承商质之统"，故而引起混乱矛盾[2]216。其实不然。董仲舒所言三统与质文其实是两个循环，三统更替三数而周，质文更迭顺次而复，三统改制言历法及服色的更替，质文改制则言施政方式的改变，二者互不相干，故而不会出现混乱。质文之义，《春秋繁露·玉杯》第二中有所阐述：

> 礼之所重者在其志……志为质，物为文，文著于质，质不居文，文安施质；质文两备，然后其礼成；文质偏行，不得有我尔之名；俱不能备，而偏行之，宁有质而无文，虽弗予能礼，尚少善之，介葛卢来是也；有文无质，非直不予，乃少恶之，谓州公寔来是也。然则春秋之序道也，先质而后文，右志而左物……是故孔子立新王之道，明其贵志以反和，见其好诚以灭伪，其有继周之弊，故若此也。

简而言之，所谓质文，即礼制以及社会风气的简朴与奢侈而已。《春秋》以继周之弊，故复用商之质，先质而后文。此为《春秋繁露》以《春秋》为根本发展后的改制思想。

由于《春秋纬》成书于王莽正式登基前期，社会面临政权更替问题，故对于《春秋繁露》所重视的改制问题也尤为关注。具体而言，主要体现在以下诸方面：

第一，对《春秋繁露》改制理论的宣扬与发展。周文王受丹书而称王之事，后儒多有怀疑，但《春秋纬》为宣扬受命改制的权威性而书之于册，并将其与改正朔联系在一起："文王既得丹书，于是称王，改正朔，诛崇侯虎。"（《元命包》）如此则新莽即位改正朔则有据可依。除对改制理论的宣扬之外，《春秋纬》还有诸多对《春秋繁露》中改制理论的概括与发展。如《元命包》云："正朔三而改，文质再而复。"体现了三统说循环论的理念，同时将改正朔与质文更替概括在一起，充分说明二者是对新王朝进行改革的两个方面，是并行不悖的。又以黑统、白统、赤统与天、地、人相配，提出天统、地统、人统的观念："天统十一月建子，天始施之端也，谓之天统者。周以为正。地统十二月建丑，地助生之端也，谓之地统。商以为正。人统十三月建寅，物生之端，谓之人统。夏以为正。"（《感精符》）甚至还为改制设定了周期："王者三百年一蠲法。"（《保乾图》）"孔子曰：'三百年斗历改宪。'"（《保乾图》）其原因是："阳起于一，天帝为北辰。气成于三，以立五神。三五展转，机以动运，故三百岁斗历改宪也。"（《保乾图》）此"三百年改制"观点的提出，曾有学者认为是汉初至汉章帝改用四分历，恰为三百年，实则不然①。汉代历法变动甚多，仅西汉便有颛顼历、太

----

① 《后汉书集解》卷四八校补引钱大昭云："……引《保乾图》谶文，皆作'三百年斗历改宪'。……汉兴迄章帝，改用四分历，适当三百年，已应斗历改宪之谶矣。"详见王先谦《后汉书集解》，中华书局1984年版，第571页。

初历、三统历三种历法改动,为何三百年之谶定要应于汉章帝时?而且谶纬虽多有谶语,但多为有意而为,造作之时又岂知汉章帝之事。盖纬书言孔子著《春秋》为改制之作,而《春秋》成书至汉初恰约三百年时间,正符合三百年改制之说。且从汉兴至王莽秉政,有两百余年,古人好取成数,故王莽等人用此改制周期来为自己造势,亦无不可。另外,从理论上来说,此说乃《春秋纬》将三统说与五行学说糅合而成。《合诚图》云:"至道不远,三五而反。"宋均注云:"三,三正也,五,五行也。三正、五行,王者改代之际会也。能于此际自新如初,则通无穷也。"

第二,将"三统说"与"新五德终始学说"杂糅于一体。在汉代,三统说实际一直没有得到完全体现。汉武帝时改正朔,行夏正,属于用"三统说"的理论;但服色尚黄,则是用"五德终始之说"①。至于为何二说并存,而非全用"三统说",顾颉刚认为理由颇多,或许"三统说"当时并未得到多数人的承认;或许"三统说"的中心问题在历法,历法既改,其余便不重要;而"五德说"当时势力尚大,"三统说"无法吞并;最重要的原因是当时改制的几个中心人物,如倪宽、司马迁对于这两种学说都有相当的信仰[3]262。至刘歆时提倡"新五德终始",为王莽禅让做铺垫,因而《春秋纬》中以"新五德终始学说"代替了"五德终始说"②,按照"新五德终始说"的理论,夏为金德,其服色与白色相配;商为水

---

① 《史记·封禅书》云:"夏,汉改历,以正月为岁首。而色上黄。"见司马迁《史记》卷二八,中华书局1982年版,第1402页。《汉书·武帝纪》云:"太初元年……夏五月,正历,以正月为岁首。色上黄。数用五。"见班固《汉书》卷六,中华书局1962年版,第199页。

② 《春秋纬》一书完全体现了刘歆的新五德终始思想,其书与刘歆之关系,可参徐栋梁《〈春秋纬〉成书考》,《济南大学学报》2009年第4期。

德，其服色与黑色相配；周为木德，其服色与青色相配；汉为火德，其服色与赤色相配。《春秋纬》言及以上朝代时大多从此。如"苍神精感姜嫄而生，卦之得震，故周苍代商"等。尽管"新五德终始学说"极得王莽、刘歆等人推崇，但《春秋纬》中依然继承了《春秋繁露》中的"三统说"，不仅将"存三统"列入《春秋》解经的"三科九旨"外①，还通过服色体现出三统观念：

夏民不康，天果命汤，白虎戏朝，白云入房。(《演孔图》)

汤将兴，白云入房。(《演孔图》)

天命汤，白虎戏朝；其终，白虎在野。(《演孔图》)

汤地七十，内怀圣明，白虎戏朝。(《演孔图》)

扶都感白气而生汤。(《元命包》)

火离为凤皇，衔书，游文王之都，故武王受凤书之纪。(《元命包》)

周，赤帝之子，以十一月为正，法阳气始萌，色赤。(《元命包》)

以上诸条，皆符合商为白统、周为赤统的"三统说"，而与新旧五德终始皆不相同。另外，《春秋纬》还对《春秋繁露》"三统说"进一步引申曰："夏以十三月为正，息卦受泰，物之始，其色尚黑，以寅为朔。殷以十二月为正，息卦受临，其色尚白，以鸡鸣为朔。周以十一月为正，息卦受复，其色尚赤，以夜半为朔。"王莽建立新莽之时，亦与《春秋纬》倾向一致，并用"新五德终始说"与"三统说"，"以十二月朔癸酉为建国元年正月之朔，以鸡鸣为时。服色配德上黄，牺牲应正用白"[4]4095。根据"三统说"，汉

---

① 《演孔图》云："三科者：一曰张三世，二曰存三统，三曰异外内，是三科也。"见安居香山、中村璋八《纬书集成》，河北人民出版社1994年版，第579页。

继周，行夏正，则新莽当行商正，故当为白统，以十二月建子，故牺牲应商正用白。而根据"新五德终始说"，汉为火德，新莽则应为土德，故服配土德而尚黄。这种将"三统说"与"新五德终始学说"杂糅于一体，甚至于不避讳二者之间矛盾和冲突的做法，既体现了《春秋纬》造作过程中的粗疏与草率，同时也体现了《春秋纬》中既要体现刘歆的"新五德终始学说"，又难以摆脱《春秋繁露》中"三统说"影响的思想冲突。

第三，对质文观念的进一步宣扬。质文观念原出邹衍，其大意以质文递变言世运之变①。文景时期"政治因封建侯王的僭侈，社会因商业资本及地主的发达，生活豪侈，成为风气；尤以厚葬之风，消耗生人之资，至巨且大"[2]216，董仲舒欲以"质"的观念补救时弊，乃将质文观念引入其改制思想。至王莽时，情况又有不同。王莽本身好大喜功，摄政期间便曾奏起明堂、辟雍、灵台，兼之有以周礼复古之倾向，自然希望用新朝之"文"代汉之"质"，故《春秋纬》中亦对质文观念多有宣扬：

> 王者一文一质，据天地之道，天质而地文。(《元命包》)

> 王者受命，昭然明于天地之理，故必移居处，更称号，改正朔，易服色，以明天理。圣人之宝，质文再而改，穷明相承，周则复始，正朔改则天命显。(《元命包》)

其具体内容主要为强调质文循环往复为顺应天地之道，故王者受命，亦应遵从质文更替。另外，还直接将爵位分等与质文观念对

---

① 《汉书》卷六四下载严安上书曰："臣闻邹衍曰：政教文质者，所以云救也，当时则用，过则舍之，有易则易也。"详见班固《汉书》卷六四下，中华书局1962年版，第2809页。钱穆《先秦诸子系年考辨》中亦曰："凡汉儒治《公羊春秋》，言通三统，改制质文诸说，其实源自阴阳，与邹衍说合。"详见钱穆《先秦诸子系年考辨》，上海书店1992年版，第404页。

应，如《元命包》云："质家爵三等者，法天之有三光也。文家爵五等者，法地之有五行也。合三从子者，制由中也。"按照《春秋繁露》的质文说，商质而周文，所谓"质家爵三等、文家爵五等"，即商代爵位三等、周代爵位五等之说。此观念后来在王莽政治体制中也得以体现。王莽摄政三年，以周爵五等、殷爵三等为由，而奏请设五等之爵，这里的文，则表现为新的礼制、服制等。以文被质，更符合孔子所谓的"文质彬彬"的含义。质文观念在《春秋纬》中的继续宣扬，是《春秋纬》对《春秋繁露》思想继承的又一鲜明体现。

参考文献：

[1] 苏舆. 春秋繁露义证 [M]. 钟哲点校. 北京：中华书局，2002.
[2] 徐复观. 两汉思想史 [M]. 上海：华东师范大学，2001.
[3] 顾颉刚. 古史辨：第5册 [M]. 海口：海南出版社，2003.
[4] 班固. 汉书 [M]. 北京：中华书局，1962.

原文载于《衡水学院学报》2014年第3期。
徐栋梁（1980－），男，山东诸城人，通化师范学院文学院讲师，文学博士，吉林大学哲学社会学院博士后。

董仲舒宗教思想研究

"自然""神灵"映衬下的道德实体
——再论董仲舒的哲学之天

藏 明

一、董仲舒道德之天的缘起

学术界大都认为,董仲舒最大的贡献在于融会了诸家思想。诸子时代结束以后,"如何将重视自然法则的道家、阴阳家思想与积极入世的儒家、法家思想相结合,倒是汉代思想所要处理的一个要害问题。"[1]134 "如何吸收融合先秦各家思想,特别是在社会和政治领域拥有重大影响与势力的阴阳家思想,建构新的思想理论,以符合新政治形势的需要,成为时代的迫切问题。"[1]3 上述思想领域所遇到的问题都是由西汉时期的儒学大师董仲舒解决的,其悉心研究《春秋公羊》,"并广泛地吸收诸子之学,遂成为'儒者宗'"[2]73。

与其说融合百家思想是董仲舒在学术上的最大贡献,还不如说其只是董仲舒解决儒学在西汉发展问题的手段。汉武帝"罢黜百家,独尊儒术"之后,虽然儒学得到了独尊的地位,但还是遇到了发展的瓶颈,那就是如何使先秦儒家的德治理想与专制体制相结合的问题[3]145。董仲舒"从孔、孟之'仁'出发"[4]15,通过对道德之天的推崇,进而要求君主效仿天的仁德之政来解决这一问题。

道德之天体现了先秦儒家的德治思想,而君主则是专制体制最为关键的一环,君主对天的仁政的取法,正好完成了儒家政治思想与专制政体相结合的任务。而董仲舒"天"的哲学也不是空发议论,"其是从社会实际出发,为了解决社会的实际问题,采取了最适合当时实际的理论形式,来进行建构的"[5]3。

二、董仲舒哲学之天的属性

"天"在董仲舒的哲学体系中占据着极为重要的地位,有的学者甚至认为其是董仲舒哲学的根本①。"天"虽然在董仲舒哲学体系中具有提纲挈领的作用,但不能仅仅因此就将其视为董学的根本,要想探究"天"是否为董学之本,必须首先分析董仲舒哲学之"天"的属性。

"一般地说,对天的性格的规定,一是转述传统的说法,传统对人的精神是一种力量,而容易使人作反省的信服。一是出于个人价值观的投射,即将个人的价值观,不知不觉地投到天上面去,以为天的性格本来是如此。另一是出自主观的要求,自己要求如此,

---

① 于首奎《试析董仲舒哲学思想的"天"》,载《东岳论丛》1986年第4期。而有的学者并不认为"天"是董仲舒哲学的根本。金春峰认为"气"是董仲舒哲学的根本,详见《汉代思想史》,中国社会科学出版社2006年版,第124页。张实龙认为"天"、"气"均不是董仲舒哲学的根本,董学之本是"仁",详见《董仲舒学说内在理路探析》,浙江大学出版社2007年版,第27—37页。周桂钿则认为董仲舒哲学的根本是"元",详见《董学探微》,北京师范大学出版社1989年版,第38—43页。

认定天即是如此"[6]230。董仲舒哲学之"天"究竟为何种属性,学术界一直都存在分歧。有的学者认为,董仲舒哲学之天的属性是"道德之天"①,有的学者认为是"神灵之天"②,有的学者认为是"自然之天"③,有的学者认为是"多种属性的结合体"④,有的学者

---

① 李威熊认为:"董仲舒所言之天是以道德之天为主的。"侯外庐主编的《中国思想通史》也认为:董仲舒所言的"'天'是一个仁慈的造物主,宇宙万物的创造者,一切神的君长"。任继愈主编的《中国哲学史》同样认为:"董仲舒认为天的根本特征就是德,以德为本,而德的根本观念就是作为封建道德最高概念的'仁'。……给天加上封建道德的属性。"吴全兰则认为:"董仲舒所讲的'天'本质上是道德之天,他把以仁德为本质的天和人进行类比,目的是说明人间的仁义礼智等道德品质来源于天,强调社会道德的权威性,并警告统治者要遵从道德。"有的学者更是进一步指出:"董仲舒对天赋予了儒家伦理道德的属性,天成为了儒家道德律的代言人。"

② 于首奎认为:"董仲舒的哲学思想是有其完整的体系的,从其整个体系看来,他的神学性质的'天',是他哲学体系最高层次的最高范畴。也就是说,董仲舒的神学唯心主义哲学体系,是神学性一元论的'天',而不是神学性、自然性和伦理性兼有的三元论或多元论的'天'。""董仲舒所谓的'天'是主宰宇宙万物的神。"步近智也认为:"董仲舒把'天'看成是有意志、有赏罚、有绝对权威的至上神。"唐君毅同样认为:"董仲舒所言之天乃神灵之天。"

③ 冯友兰认为:"董仲舒所谓之天……虽有智力、意志,但却非人格之上帝,故此谓之为自然也。"有的学者还进一步指出:"董仲舒哲学之'天'所体现出来的变化规律可以称之为'自然律',天地万物变化按照这种自然律而行,所以能起变化,乃因有阴阳相反的两种因素,由两因素而成五行。阴阳五行的变化都在自然律之内,故曰:'天有阴阳,天有五行。'"

④ 徐复观认为:"董氏所说的天,似乎回到古代宗教人格神上面去了,我相信董氏常常会有宗教神的影响,往来于他的心中。但他的天的实体是气,气表现而为阴阳四时五行。认真地思考一下,把气当作人格神来看待,是非常困难的事。"汤一介认为:"董仲舒所讲的'天',一方面是继承和发展着西周以来的'天命'思想;另一方面则是把春秋战国以来的'自然之天'加以改造,使之神秘化、道德化、人格化。"李泽厚也认为:"在董的哲学体系中,'天'是多种因素所构成的综合体。"龙文茂同样认为:"所谓董子'天论'的内在矛盾,是解读董子时遇到的矛盾,而不是董子哲学自身的矛盾。在董子和他那个时代的人那里,'天'是囫囵不开的,它既是自然的,又是义理的、意志的;或者说,'天'的三个层面是天衣无缝地融合在一起的。"

还认为是"以一种属性统摄其它属性的综合体"①。

董仲舒认为"明阴阳、入出、实虚之处"可以"观天之志",而"辨五行之本末顺逆、小大广狭"则可以"观天道"[7]467。可见,"在先秦诸子中,只有邹衍曾据气候的反复变化说明各种物质之生灭循环,作为定理,并用以解释宇宙及人生诸现象。而董仲舒明显受到了邹衍学说的影响,以四时、阴阳等自然现象说天"[3]68-69。所以,有些学者才会认为自然性是董仲舒哲学之"天"的根本属性。但是,董仲舒对自然之天的设置并非为了凸显"天"的自然属性,而是把自然之天视为是人君实现取法道德之天的重要手段。所以,李泽厚认为:"在董仲舒的哲学思想中,天的意志是通过自然界的阴阳、五行、四时来体现的,不仅如此,人世社会中的尊卑等级和伦理制度也是天通过阴阳五行来进行推衍的。"[1]136

而有的学者认为:"董仲舒继承并发展了邹衍、《吕氏春秋》的神学,赋予它自己的时代内容,形成具有自己独特体系的新神学。"[8]116的确如此,董仲舒十分强调天的神圣性和主宰性。他言:"天者,百神之君也,王者之所最尊也。"[7]402所以,有的学者认为董仲舒所言之天乃是神圣之天。但是,董仲舒对神圣之天进行宣扬的目的在于为君主取法道德之天提供思想上的保障。就像葛兆光所言:"当他(董仲舒)将这种观念(神学思想)纳入儒者的知识系

---

① 金春峰认为:"董仲舒哲学思想中的天可以分为神灵之天、自然之天、道德之天,而神灵之天是第一性的,自然之天、道德之天都要从属于它。"张实龙认为:"董子之'天'是一大'象'。笔者将其分成生命之天、神灵之天、道德义理之天、自然之天等只是为了言说上的方便。其实董子之'天'诸多方面打成一片,纠缠混合,其中自然之天以及自然现象是这一大'象'的物质基础,生命大体(实际上是人的生命体验)是这一大'象'的核心。生命大本衍生万物,神机莫测,故有神灵之天;生命化物自有规律,便有道德义理之天。一句话,董子之'天'是对自然与人事的生命体验的凝聚之'象'。"

统时，无疑又兼容了墨子'天志'、'明鬼'的思想，使儒者的伦理原则获得了'天'与'鬼神'的监督与保护，使政治权威的权力有了来自'天'或'鬼神'的支持与权威。"[9]267

董仲舒言："故曰王者配天，谓其道。"[7]353 何为"王者配天"？其意即为"王者法天而治"[3]151。董仲舒认为：天"高其位，所以为尊也；下其施，所以为仁也"。即天以仁爱之政布施天下。所以，君王要"任群贤"、"泛爱群生"、"不以喜怒赏罚"，即君王要效法天的仁政，只有这样才能称之"为仁也"[7]164-165。

可见，董仲舒所言的君主取法于天的具体内容，既不是自然之天的阴阳、五行、四时，也不是神灵之天的天神、天君，而是道德之天所体现出来的儒家的仁德之政。加之"在董仲舒思想体系中，由元气构成的自然之天和神灵之天存在着内在的矛盾。因为气是像泥和水一样的以自己为本原的客观存在，具有物质实体的属性"[10]433，所以，自然之天与神灵之天不可能彻底分离而独立存在，它们也就不能承担起统领天的其他属性的任务。董仲舒设置哲学之"天"的最主要目的在于"用当时人们最能接受的方式，把天解释为与儒家圣人有相同意志的至上神。换句话说，天是由儒家来解释，天是儒家的神，而儒家是天在人世间的代言人"[5]207。使"无穷极之仁"的"天"成为自身施展政治抱负的重要工具，借以解决客观的社会政治问题[3]68。所以说，以儒家的德治理想为基础的道德之天，自然而然地成为了董仲舒哲学之"天"最重要和最根本的属性。

但是，董仲舒哲学之"天"的属性并不是单一的神圣性或自然性，而是由道德之天、自然之天、神灵之天三者相结合的混合体。三者相辅相成密不可分，道德之天是核心，统摄自然之天和神灵之天；自然之天是道德之天得以实现的物质基础；而神灵之天则是道德之天得以实现的思想保证。董仲舒"天"的哲学最终极的目标就是要求君主效法道德之天,进而把儒家的仁德之政与西汉帝国的具体治国策略相结合,以便解决相关的社会问题、政治问题,进一步巩固和发展大一统政权。需要指出的是,虽然董仲舒一再强调"天"的至高无上地位,但是"天"并不是董学之本,董学之本乃是"天"所体现出来的"仁"的思想,"'仁'是'天'的精神,'天'是'仁'之表象。在一定意义上说,'天'就是'仁'"①。

三、董仲舒对道德之天的构建

(一)君王取法于天的理论依据

圣人取法于天的思想自古有之。范蠡就曾言:"天因人,圣人因天;人自生之,天地形之,圣人因而成之。"[11]579 "夫人事必将与天地相参,然后乃可以成功。"[11]582 董仲舒对君王取法于天做了进一步的论证。为什么只有君王能取法于天呢?

首先,董仲舒言:"天地之间,有阴阳之气,常渐人者,若水常渐鱼也。"即人生活在天地之气中。所以,"天地之间,若虚而实,人常渐是澹澹之中,而以治乱之气,与之流通相淆也"。[7]467 可见,董仲舒认为人可以通过天地之间的气来交感万物,这样君王取法于天就成为了可能。

其次,董仲舒认为人和天属于同类,其言:"人之人本于天,天亦人之曾祖父也。"[7]318 而且,董仲舒还认为:"天地之符……常设于身,身犹天也,数与之相参。"所以,"故小节三百六十六,副

---

① 详见张实龙著《董仲舒学说内在理路探析》,浙江大学出版社 2007 年版,第 33—34 页。余治平《董仲舒仁义之学的特殊性》,载于《21 世纪孔子网》。

日数也",即人体的小关节数与一年的天数相契合;"大节十二分,副月数也",即人体的大关节数与一年的月数相契合;不仅如此,"内有五藏,副五行数也"、"外有四肢,副四时数也"[7]355-357。可见,无论是人体的器官还是人体的四肢,都与天的度数相契合。这样一来,君王与天就具有了相同的内在属性。

再次,董仲舒认为只有人才能实践天的仁德之政。"天地之精所以生物者,莫贵于人",即人是天地万物中最为精贵的,所以,"受命乎天也,故超然有以倚",即只有"人"才能担当起受命于天的重任。而人受命于天的原因就在于"物疢疾莫能为仁义,唯人独能为仁义",即万物之中,只有人能禀受天的"仁义"之德[7]354。这样一来,君王就有了执政于天下的可能。

最后,董仲舒认为"古之造文者,三画而连其中,谓之王",又从"王"字的字形出发,进而认为"取天地与人之中以为贯而参通之,非王者孰能当是?"即唯有君王才能担当起贯通天地的重任。所以,"是故王者唯天之施,施其时而成之",即只有君王才能取法于天,善治天下[7]328-329。

除此之外,董仲舒还对君王取法于天提出了更为明确的要求,他有大量的论述都是涉及于此的。如:"王道参天地矣"[7]468、"王道之三纲,可求于天"[7]351。所以,有的学者就认为:董仲舒历史哲学的基本原则就是要求人类社会取法于天。

董仲舒又言: "是故王者唯天之施……法其志而归之于仁[7]329。""人之受命于天也,取仁于天而仁也。"[7]329可见,"董仲舒把天赋予了封建社会的伦理意义"[2]111-112,并认为"人所以要效法天,是因为天代表仁义,人主对百姓虽有予夺生杀之权,但也不可任意而为,他应该效法天的仁义"[3]97。所以,董仲舒认为君王取法于天最主要的内容就是道德之天所体现出来的儒家的"仁德"

之政。

(二) 道德之天的具体内涵

董仲舒所言的道德之天究竟是何种样子？他言："霸王之道，皆本于仁。仁，天心，故次以天心。"[7]161 "仁之美者在于天。天，仁也。"[7]329 可见，董仲舒所言的天，"是儒家所倡导的一种普遍的道德原则，这种道德原则渗透到了阴阳五行的流转之中，并对自然界和人世社会产生着巨大的影响"[10]129。董仲舒所言的道德之天集中体现了儒家的德治理想，而"仁"则是其最为核心的观念，并且有的学者认为，"仁"同样是董仲舒政治伦理思想的中心观念[6]185-187。

"何为仁？"就为人处世的原则而言：董仲舒认为"仁者憯怛爱人，谨翕不争，好恶敦伦，无伤恶之心"，即要求人要爱护别人、与人无争。"无隐忌之志，无嫉妒之气，无感愁之欲……无辟违之行"，即要求人不要心存嫉妒、违犯法纪；就道德修养的标准而言：董仲舒认为"其心舒，其志平，其气和，其欲节……故能平易和理而无争也"，即要求人要精神平和、性情温顺、心情舒展，并对欲望有所节制。所以，在处世原则、道德修养两方面"如此者谓之仁"[7]258。

更为重要的是，为了使儒家的仁德之政与西汉帝国的具体治国策略相结合，"仁"已经成为了规范君王言行与施政策略的重要标准。"董仲舒不仅要求君主在施政与自我修养方面贯彻儒家的仁德之政；而且还要把这种政策布施于天下。"[5]150 除此之外，董仲舒还扩大了"仁"的涵盖范围，改变了"仁"的侧重点，完善了"仁"

的实践载体①。

（三）道德之天的构建历程

那么，董仲舒的"道德之天"是如何建构的呢？首先，借用神灵的权威来推行政令的做法，很多典籍中都有所论及。《易经·观》卦《象传》言："观天之神道，而四时不忒。圣人以神道设教，而天下服矣。"孔颖达认为，此处是在讲"圣人用天的权威来设教于天下，不用法律和道德的手段，人们也能自觉的遵行"。王充认为"神道设教"的目的在于"圣人举事……明与鬼神同意共指"，进而"欲令众下信用不疑"[12]1009。钱锺书列举了《周易》、《管子》、《墨子》、《淮南子》、《礼记》《论衡》等典籍中的实例，认为借用神灵的权威来推行政令的做法是"古人政理之要言也"[13]30-31。董仲舒则对这种"神道设教"的做法进行了进一步的发展，其"对天究如何大显，并未提出任何论证，只是独断地断言，天与其所创者的关系，亦只是类比地说如子之事父、臣之事君的关系"[3]41，为了给

---

① 张实龙认为："董仲舒从两个方面发展了孔孟之仁，一、从'亲亲仁也'到'仁大远'；二、从以事论'仁'到以天论'仁'。"详见《董仲舒学说内在理路探析》，浙江大学出版2007年版，第38-46页。周桂钿认为："董仲舒从三个方面发展了先秦儒家'仁'的观念，一、吸收了先秦儒家'仁者爱人'的思想，并作了扬弃和发展。否定只爱自己的思想，认为仁就是指爱别人，并否定了'亲亲为大'的原则。二、对先秦的爱民思想作了发挥，认为'仁'的最显著标记是'远'。三、认为道德高低的关系重于血缘关系。"详见《秦汉思想史》，河北人民出版社2000年版，第132-137页。王永祥认为："董仲舒从三个方面发展了先秦儒家'仁'的观念。一、否定了'爱己'、'爱亲'这一孔、孟之仁的核心观点，主张'善其所恤远'、'以仁厚远'。二、明确提出了'仁之法，在爱人，不在爱我'、'人不被其爱，虽厚自爱，不予为仁'。这显然就直接否定了爱己这个孔、孟之仁的核心，把'爱人'解作了爱别人，即把爱自身从'仁'中剔除了出来。三、对'亲亲原则'进行了否定。"详见《董仲舒评传》，南京大学出版社1995年版，第297-300页。崔涛认为："董仲舒的'仁'特别继承了孔子哲学中具有普世意义的'爱人'之'仁'，凸显了它作为最高'正义'在儒家思想政治设想中的重要性。另一方面，董氏之'仁'也极大地拓展了孔子之'仁'的政治内涵。"详见《董仲舒政治哲学发微》，浙江大学2004年博士论文，第60-64页。

君王法天提供相关的理论支持，神灵之天就自然而然地成为了构建道德之天的重要思想保障。

在西汉时期，"天"的观念已经与周代有所不同，天、地、人已经充分地结合到了一起，而且天在皇帝的权威塑造方面发挥着重要的作用[14]785。所以，董仲舒首先强调了天的神圣性、权威性，他言："天者，百神之君也，王者之所最尊也。"[7]402 "天者万物之祖，万物非天不生。"[7]410 而后，他又认为君王的权力乃是天之所赐，他言："受命之君，天之所大显也。"[7]18 "王者，天之所予也，其所伐皆天之所夺也。"[7]220 董仲舒进而又认为君王应效法于天，他言："然则王者欲有所为，宜求其端于天。"[19]2504 "故为人主之道，莫明于在身之与天同者而用之。"[7]342 这样一来，君王就要隶属于天，并要听从天的旨意。

随后董仲舒又把"天"塑造成了关爱万物的救世主，他言："天高其位而下其施，藏其形而见其光。"所以，"位尊而施仁，藏神而见光者，天之行也"。并且天还要"泛爱群生"、"不以喜怒赏罚"[7]164-165。因此，君王就应该取法天的仁爱之政，董仲舒言："天常以爱利为意，以养长为事，春秋冬夏皆其用。"所以，君王也要"以爱利天下为意，以安乐一世为事"[7]330。

而且，董仲舒还认为"且天之生民，非为王也，而天立王以为民也"，即天立君以为民。所以，君王如果"其德足以安乐民者，天予之"，即君王如能效法天的仁政，天就会巩固君王的统治。反之，君王如果"其恶足以贼害民者，天夺之"，即君王如果横征暴敛，天就会剥夺君王统治天下的权力[7]220。

可见，董仲舒所言的"神灵之天"是对君王有生杀予夺大权的至上神，而董仲舒对神圣之天设置的最终目的是在于以神灵之天作为监督，进而保证君王对道德之天所体现出来的仁政思想进行取法。就像韦政通所言,董仲舒"无法将仁政的理想直接向人主要求,所以先把这个要求投射到天上面,然后再要求人主去法天,以增加这种要求的效力。另一方面,天既被赋予理想的君道,而人主的治理国事,是应该效法天的,是不可以违背天道天意的,这样君权就受到了宗教性的限制"[3]71。

其次,自然之天是实现道德之天的重要途径。"在董仲舒看来,人世社会的各种伦理道德都是天通过阴阳五行的变化、四时的更迭来体现出来的。无论是阴阳五行,还是四时,它们都体现着天的意志"[15]116。自然界的阴阳、五行、四时就成为了君王效法道德之天的中介。而且"阴阳五行的有规律的运行成为道德化的自然,或蕴涵道德的自然,其全部运行皆为仁——对人的爱——所支配,从而保证了宇宙的和谐,使万物生长收藏,生生不息,而人得以有其和乐的生活"[10]16。

那么,君王是怎么通过自然之天来效法天的仁德之政呢?就君王法天的途径而言,首先,是阴阳,董仲舒言:"阴阳之理,圣人之法也。"[7]331"好仁恶戾,任德远刑,若阴阳。"[7]467-468其次,是四时,董仲舒言:"为人主者,予夺生杀,各当其义,若四时。"[7]467-468董仲舒还认为"喜气取诸春"即喜气倡于春季;"乐气取诸夏"即乐气倡于夏季;"怒气取诸秋"即怒气倡于秋季;"哀气取诸冬"即哀气倡于冬季,而君王也要与四时不同之气相契合,"明王正喜以当春,正怒以当秋,正乐以当夏,正哀以当冬。"[7]330-331最后,是五行,董仲舒言:"列官置吏,必以其能,若五行。"[7]467-468

董仲舒还认为:"臣之义比于地,故为人臣者,视地之事天也。"即臣之事君取法于地之事天。董仲舒又言:"为人子者,视土之事火也。"即子之事父取法于土之事火。所以,"孝子之行,忠臣之义，皆法于地也"，即人世间的忠、孝观念，要效法于五行之土养长万物、善利而不争的德性[7]325-326。

最后，儒家传统的伦理道德思想、经世致用理论为董仲舒构建道德之天提供了必要的理论支持。

董仲舒对"五行"观念和"阴阳"观念进行了伦理化的处理，形成了所谓的"三纲"、"五常"理论，进而使"阴阳、五行成为了君王取法道德之天的重要媒介"[3]70。除此之外，董仲舒还通过对儒家伦理道德思想的借鉴，使"天"与"君王"具有了血缘上的关系，其认为"君王必须对'天父'尽孝道，必须对'天父'负责"[16]。这样一来，君王对"天"的取法就得到了伦理上的支持。董仲舒言："受命之君，天意之所予也。故号为天子者，宜视天如父，事天以孝道也。"[7]286 "人之为人本于天，天亦人之曾祖父也。"[7]318 可见，"董仲舒把天与天子的关系父子化，显然是企图在伦理的意义上，重新恢复天的权威，以强化法天的效果"[3]96。

董仲舒对道德之天的构建意在通过君王对天的德治理想的取法，使儒家的仁政思想贯彻到具体的治国当中，进而解决相关的社会问题、政治问题。这种经世致用的观念，显然是受到了儒家传统思想的影响。孔子言："其人存，则其政举；其人亡，则其政息。……故为政在人，取人以身，修身以道，修道以仁。"[17]28

孔子还认识到，政治目标的实现要依靠对现实政治有高度使命感的贤人。而孔子对这种贤人又有什么要求呢？他在回答鲁国贵族季康子的问题时言："子为政，焉用杀？子欲善而民善矣。君子之德风，人小之德草，草上之风，必偃。"[18]127

可见，孔子认为执政者要道德高尚。在孔子的教育培养下，他的弟子大都"散游诸侯，大者为卿相师傅，小者友教士大夫"[19]3591。所以说，"董仲舒的儒学体系同他之前的儒家思想一样，有着明显的经世致用的传统,直接与现实政治密切相连,并为现实政治服务"[2]343。

(四)取法道德之天的具体内容及措施

就君王法天的内容而言,首先,是尚仁德,董仲舒言:"为人主者……好仁恶戾,任德远刑……此之谓能配天。"[7]467-468其次是任贤,董仲舒言:"为人君者,其法取象于天。……任贤使能,观听四方。"[7]458-459最后是推行教化,董仲舒言:"圣人之道,不能独以威势成政,必有教化。"[7]319

就君王法天的具体措施而言,首先,君王要推行仁政,董仲舒在答汉武帝的"天人三策"中认为,天是"群物之祖",而且天"遍覆包函而无所殊",即以公平之心对待天下;"建日月风雨以和之",即使天下风调雨顺;"经阴阳寒暑以成之",即养长万物。所以,君王要"法天而立道,亦博爱而亡私,布德施仁以厚之",即君王要效法天的博爱万物之德,以仁德之政布施于天下[19]2515。

其次,君王要以天象来匹配官制,董仲舒认为"圣王所取仪,全天之大经,三起而成,四转而终",即君王以天的标准来制定礼仪,天以三个月为一季度,四个季度为一年。所以"官制亦然",即君王制定官制时也要遵循"天象"的标准[7]214。

董仲舒言:"是故天子自参以三公。"即天子用三公来辅佐自己;"三公自参以九卿",即三公用九卿来辅佐自己;"九卿自参以三大夫",即九卿用三大夫来辅佐自己;"三大夫自参以三士",即三大夫用三士来辅佐自己[7]215。

可见,官制以三人为一选,三公、三卿、三大夫都是以三为基数的。所以,董仲舒言:"由此观之,三而一成,天之大经也,以此为天制。"[7]216

天以"三"作为季度的基数,君王也对此进行了效仿,以

"三"作为官制的基数。

董仲舒又言:"人之材固有四选,如天之时固有四变也。"即君王选官也要遵行天的四季(季度)而终的原则。所以,"圣人"一选、"君子"一选、"善人"一选、"正人"一选。这样一来,君王在制官时就能"以四为制,取诸天之时"[7]216。

再次,君王要推行教化,董仲舒言:"教,政之本也。狱,政之末也。"[7]94"圣王之继乱世也……复修教化而崇起之。"[19]2504可见,董仲舒认为推行教化是君王施政之本。如果"教化已明,习俗已成",即教化修,习俗化,那么"子孙循之,行五六百岁尚未败也",即国运昌盛[19]2504。反之,一旦抛弃了教化,就会丧失天下。董仲舒言:"凡以教化不立而万民不正也。"即教化是匡正民众言行的重要手段。只有教化立,"奸邪"才能"皆止",否则"奸邪并出"、"刑罚不能胜"[19]2503。

再者,君王要实行任德远刑的政策,董仲舒认为:"天出阳,为暖以生之;地出阴,为清以成之。"即阴阳结合以成万物。不仅如此,"然而计其多少之分,则暖暑居百而清寒居一",即天以爱利万物为主。所以,"圣人多其爱而少其严,厚其德而简其刑",即圣人要对天的爱利之德进行效法,近德而远刑,只有这样,才能"配天"[7]351-352。

"任德远刑"也好,"邢德兼举"也罢,董仲舒认为,君王在利用"刑德"治理国家的时候,最重要的是要"天人之道兼举",即将天道的法则与人道的法则综合运用,而且,还要"执其中"[7]464,即不能过度地实行德政,也不能过度地任用刑罚,要找到适中的契合点。

最后,君王要选贤任贤,董仲舒认为能否任用贤人,对于国家的发展至关重要。他言:"治身者以积精为宝,治国者以积贤为道。"[7]182 "贤积于其主,则上下相制使。……上下相制使,则百官各得其所。然后国可得而守也。"[7]182董仲舒又对如何选贤进行了论述,董仲舒认为,要在太学之中"置明师,以养天下之士,数考问以尽其材",只有这样才能"英俊宜可得矣"[19]2512。

可见,董仲舒要求君王兴太学,置名师,养士以求贤。董仲舒选贤的另一策略则是,命令地方的诸侯、州郡官员向中央推举茂才孝廉之士①。

就君王取法于天的最终目标而言,董仲舒言"阴阳调而风雨时",即天下风调雨顺;"群生和而万民殖,五谷熟而草木茂,天地之间被润泽而大丰美",即物产丰美,百姓安居乐业;"四海之内闻盛德而皆来臣",即四海臣服;"诸福之物,可致之祥,莫不毕至",即祥瑞遍布寰宇;只有如此,才能称得上"王道终矣"[19]2503。

四、董仲舒道德之天的意义

董仲舒言:"《春秋》之道,大得之则以王,小得之则以霸。故曾子、子石盛美齐侯安诸侯,尊天子。霸王之道,皆本于仁。"[7]161可见,"董仲舒通过对《春秋》和秦王朝治世经验的分析与总结,以解决西汉王朝的诸多社会问题、政治问题为出发点,将儒家的'仁德'思想作为了自身思想学说的核心内容,并力图将'仁德'之政布施于天下"[10]130。

---

① 董仲舒向汉武帝谏言曰:"臣愚以为使诸列侯、郡守、二千石各择其吏民之贤者,岁贡各二人以给宿卫,且以观大臣之能;所贡贤者有赏,所贡不肖者有罚。夫如是,诸侯、吏二千石皆尽心于求贤,天下之士可得而官使也。遍得天下之贤人,则三王之盛易为,而尧舜之名可及也。详见班固撰《汉书》卷五十六《董仲舒传》,中华书局1962年版,第2513页。

而"道德之天"则是董仲舒推行"仁政"的重要手段。如果说，"孔、孟是把道德的根源建立在人的心性上，那么，董仲舒则将其依托于天"[3]146。董仲舒希望通过对"道德之天"①的设置与推崇来促使君王取法道德之天的仁德之政，提倡儒家的仁、义、礼、乐，"并要求君王任德不任刑、博爱无私、使天下财富均有"[20]167-168。力图缓解当时西汉社会存在的政治、经济矛盾。

儒学一直试图将自身所主张的道德律令上升为天的道德律令，并希望通过天的权威来使这种以"仁德"为核心的道德律令成为自然与社会共同遵行的法则，而董仲舒对"道德之天"的构建，正是儒学"以天律人"的重要尝试，尽管董仲舒所言的"道德之天"还具有些许神学意味，儒学的道德律令也没有广泛地倡发于世，但具有开创意义的是，董仲舒为"以德配天"在专制社会中的发展，提供理论依据与实践经验，并对后世的儒者产生了较大的影响。所以，"董仲舒'天'的哲学体系不仅成为了汉代的主导思想，还成为了儒学的重要组成部分，影响了中国两千年之久"[5]225。

参考文献：

[1] 李泽厚. 中国古代思想史论[M]. 天津：天津社会科学院出版社，2004.

[2] 王永祥. 董仲舒评传[M]. 南京：南京大学出版社，1995.

[3] 韦政通. 董仲舒[M]. 台北：东大图书股份有限公司，1986.

[4] 张实龙. 董仲舒学说内在理路探析[M]. 杭州：浙江大学出版社，

---

① 有的学者认为："董仲舒的道德之天，并没有完全摆脱神灵之天的束缚。要完全摆脱这种束缚，实现由神灵的天到道德义理之天的完全转变，历史表明，需要经历一个漫长的过程。这个过程在我国是到两宋时才完成的。所以，董仲舒思想的上述矛盾，历史地看正是由先秦到两宋的儒家唯心主义发展过程中，作为承前启后的一个环节产物。"详见金春峰著《汉代思想史·序》，中国社会科学出版社2006年版，第130页。

2007：15.

[5] 周桂钿. 秦汉思想史 [M]. 石家庄：河北人民出版社，2000.

[6] 徐复观. 两汉思想史 [M]. 上海：华东师范大学出版社，2001.

[7] 苏舆. 春秋繁露义证 [M]. 北京：中华书局，1992.

[8] 祝瑞开. 两汉思想史 [M]. 上海：上海古籍出版社，1989.

[9] 葛兆光. 中国思想史 [M]. 上海：复旦大学出版社，2002.

[10] 金春峰. 汉代思想史 [M]. 北京：中国社会科学出版社，2006.

[11] 徐元诰. 国语集解 [M]. 北京：中华书局，2002.

[12] 黄晖. 论衡校释 [M]. 北京：中华书局，1990.

[13] 钱锺书. 管锥编 [M]. 北京：生活·读书·新知三联书店，2007.

[14] 崔瑞德，鲁惟一. 剑桥中国秦汉史 [M]. 北京：中国社会科学出版社，1995.

[15] 于首奎. 两汉哲学新探 [M]. 成都：四川人民出版社，1988.

[16] 金耀基. 中国民本思想史 [M]. 台北：台湾商务印书馆，1993：106.

[17] 朱熹. 四书章句集注 [M]. 北京：中华书局，1983.

[18] 杨伯峻. 论语译注 [M]. 北京：中华书局，2009.

[19] 班固. 汉书 [M]. 北京：中华书局，1962.

[20] 罗光. 中国哲学思想史 [M]. 台北：台湾学生书局，1978.

原文载于《衡水学院学报》2014 年第 5 期。
藏　明（1982－），男，山东烟台人，邢台学院法政学院讲师，历史学博士。

董仲舒神学化自然观的逻辑进程

路高学

自然观是人对自然界的认识和看法，是人世界观的重要组成部分。与其他诸子百家不同，先秦儒家重人伦而轻自然，阴阳五行之说并不是儒家的理论。但是到了汉代，阴阳五行与灾异图谶之说在社会上已广为流行，成为各家学说都无法回避的问题，而"汉儒思想受阴阳五行支配，实为一普遍趋势"[1]25。"哲学是思想中所把握到的时代"[2]12，是"时代精神的精华"[3]121，受时代的影响，董仲舒把阴阳四时五行等关于自然界认识的学说纳入到他的理论中，形成了一个庞大的体系，构成了汉代思想的主要特征。其对后世影响最大的学说就是"天人感应"论。这种关于人与自然的认识"不是董仲舒发明的，而是古已有之"[4]62，是董仲舒通过详尽的论证，并加以创造性地发展后重新提出来的。

一、同类相动

"同类相动"源于人们在生产和生活的实践中对自然界的观察。

在古代社会的文献资料中,有大量关于"同类相动"的自然知识记载。最早的农书《夏小正》记载:

> 正月:启蛰。言始发蛰也。雁北乡……雉震呴。震也者,鸣也。呴也者,鼓其翼也。正月必雷,雷不必闻,惟雉为必闻。何以谓之雷?则雉震呴,相识以雷。鱼陟负冰……冻涂也者,冻下而泽上多也。田鼠出。田鼠者,嗛鼠也,记时也。农率均田。率者,循也。均田者,始除田也,言农夫急除田也。

这是由于农业生产的需要发展来的一种关于人与自然关系的认识。

春秋战国时代,"同类相动"思想发展到自然界和人类社会的很多方面。《易传》言:"同声相应,同气相求。水流湿,火就燥,云从龙,风从虎,圣人作而万物睹,本乎天者亲上,本乎地者亲下,则各从其类也。"(《周易·乾》)这是有关圣人和万物"同类相动"的记录。各事各物都能"从其类"而动,而"本乎于天者"的圣人降生,万物都能感觉得到。根据物物"同类相动",人们由此而逐渐地认识到天与人、人与人之间也能相应相动。荀子曰:"均薪施火,火就燥;平地注水,水流湿。夫类之相从也,如此之著也。以友观人,焉所疑?"(《荀子·大略》)

战国末期,为了适应国家统一的需要,吕不韦门客编写的《吕氏春秋》把古代的天命鬼神观念与当时已经取得的自然知识结合起来,把"神人交通说成是某种必然联系,并建立了固定的周而复始程式"[5]191。《吕氏春秋·十二纪》是专门为君王进行政治活动所安排的月程表,它把实际观察到的自然知识和某些神秘观念附会起来,提出"盖闻古之清世,是法天地"(《吕氏春秋·序意》),以实现"法天"之治。如:"孟夏之月,日在毕,昏翼中,旦婺女中。其日丙丁,其帝炎帝,其神祝融……立夏之日,天子亲率三公九卿大夫以迎夏于南郊"(《吕氏春秋·孟夏纪》)。这种天神崇拜可以说明当时的人们已经认识到了天人之间存在着某种必然联系，但是还没有涉及引起这种现象的原因。

汉朝初年，陆贾提出"事以类相从，声以音相应"(《新语·术事》)，"治道失于下，则天示变于上"(《新语·明诚》)。后来的贾谊更进一步，他认为"天之处高，其听卑，其牧芒，其视察。故凡自行，不可不谨慎也"(《新书·耳痹》)。这说明两人的思想中已经有了某种天神的观念，物物"同类相动"的观念已经发展到"天人同类相应"的认识。后来的淮南王刘安编写的《淮南子》搜集了大量关于同类相应的材料，如"鹊巢知风之起，獭穴知水之高下，晖目知晏，阴谐知雨"、"天之与人，有以相通也。故国危亡而天文变，世惑乱而虹蜺见，万物有以相连，精禄有以相荡也"，得出"天之与人，有以相通"的结论。

然而，以上这些关于"同类相动"的观念仍然"只是由感情、传统而来的'虚说'，点到为止，没有人在这种地方认真地求验证"[6]229，还没把这个原则普遍化，建立一个完整的体系，而完成这个工作的是董仲舒。因为从他开始才"在天的地方，追求实证的意义"[6]229。董仲舒充分发挥"同类相动"的思想，他在阐释的过程中，自觉地反对各种神异化的学说，认为"同类相动"根源于"类"的相同。也就是说，由于事物在"数"上是"相副"的，从而导致了它们在结构上是相似的，因而在功能上是相通的。

董仲舒以"气"为"同类相动"的"类"，同时他也认为气有阴阳，天有阴阳，人亦有阴阳，万事万物皆有阴阳。因此，阴阳二气是"同类相动"的真正根源。董仲舒曰：

> 金木水火土，各奉其所主，以从阴阳，相与一力而并功。其实非独阴阳也，然而阴阳因之以起，助其所主。故少阳因木

而起,助春之生也;太阳因火而起,助夏之养也;少阴因金而起,助秋之成也;太阴因水而起,助冬之藏也。(《春秋繁露·天辨在人》)

这说明董仲舒十分突出阴阳的作用,《史记·儒林列传》谓董仲舒"求雨闭诸阳,纵诸阴,其止雨反是"。

董仲舒找到"同类相动"的根源,但是他并没有简单地停留在此。而是用"同类相动"的推论方法,"以类相推","由人而推之于天,认为人是如此,天也是如此"[6]241。

二、天人同类

"天"在中国传统文化中是一个非常重要的概念,是一切价值的根源和一切是非的最高裁决者。董仲舒认为:"天者,万物之祖,万物非不天生。"(《春秋繁露·顺命》)也就是说,"天"是世间万物的根源,万物都由"天"而生,"人"亦由天而生。然而,由"天"而生的"人",如何与"天""同类"呢?董仲舒是如何由"人"而推及"天"呢?在寻找问题的答案之前,先来讨论董仲舒的"天"。

1. "天"的结构

董仲舒认为:"天有十端"(《春秋繁露·官制天象》),即天、地、阴、阳、火、金、木、水、土、人;"天有五行"(《春秋繁露·五行之义》),即木、火、土、金、水。它们都因"气"而"同类相动"。"气"是物物"同类相动"的中介和构成万物的质料,也是"天的构造的基本因素"[6]230——"天地之气,合而为一,分为阴阳,判为四时,列为五行"(《春秋繁露·五行相生》)。由此可知,"一"即"气"也。而根据"一元者,大始也"(《春秋繁露·

玉英》)和"元者为万物之本"(《春秋繁露·重政》)可知"天地之气,合而为一",即"元气"。"元气"分而有"阴阳","阴阳"分而有"四时"、"五行"。

2."天"的属性

董仲舒的"天"有多重属性:

第一,自然属性。董仲舒把天看成是"万物之祖,万物非不天生"。"天"创造万物不是有意而为的,而是通过物质性的"元气"分为"阴阳"、"四时"、"五行"而产生万物的一种自然而然、不待作为的过程。如:

> 金木水火,各奉其所主,以从阴阳,相与一力而并功。其实非独阴阳也,然而阴阳因之以起,助其所主。故少阳因木而起,助春之生也;太阳因火而起,助夏之养也;少阴因金而起,助秋之成也;太阴因水而起,助冬之藏也。(《春秋繁露·天辨在人》)

此种意义的"天",相近于老子的"道"。

第二,神性。儒家本不讲鬼神观念,《春秋》一书中虽然记载了大量的自然灾异,但是却"纪异而说不书"(《史记·天官书》)。董仲舒受"墨家'天志'、鬼神之说和阴阳家迷信说法的影响"[7]85,认为"天"是宇宙间至高无上的主宰,是最高的神。他说:"天者,百神之大君也。事不天备,虽百神犹无益也。"(《春秋繁露·郊语》)而这样的"天"能"覆育万物,既化而生之,有养而成之"(《春秋繁露·王道通三》),是"群物之祖也,故遍覆包函而无所殊,建日月风雨以和之,经阴阳寒暑以成之"(《汉书·董仲传》)。自然界万事万物及其变化,都是这个"天"的意志的体现。

董仲舒不但把"天"当成是最高的神,而且大谈灾异迷信,把自然灾异说成是"天"对人间社会的谴责和警告。他认为:

天亦有喜怒之气,哀乐之心。(《春秋繁露·阴阳义》)

灾者,天之谴也;异者,天之威也。谴之而不知,乃畏之以威。(《春秋繁露·必仁且智》)

这说明,董仲舒的"天"实际上是一种有意志、有目的的神秘力量。

第三,道德属性。董仲舒把"天"当成是一有意志、有目的的神秘力量,其主要目的是为了突出"天"的道德属性。他说:

恶之属尽为阴,善之属尽为阳。阳为德,阴为刑。刑反德而顺于德,亦权之类也。虽曰权,皆在权成。是故阳行于顺,阴行于逆;逆行而顺,顺行而逆者,阴也。是故天以阴为权,以阳为经。阳出而南,阴出而北。经用于盛,权用于末。以此见天之显经隐权,前德而后刑也……是故阳常居实位而行于盛,阴常居空位而行于末。天之好仁而近,恶戾之变而远,大德而小刑之意也,先经而后权,贵阳而贱阴也……是故天数右阳而不右阴,务德而不务刑……(《春秋繁露·阳尊阴卑》)

董仲舒赋予"阴阳"、"德"、"刑"的性格,恶"阴"而好"阳",贬"刑"而尚"德"。这实际上是基于其政治上"尚德"而不"尚刑"的主张,"想为此要求在天道上得一根据"[6]232才如此划分,表现"天"重"德"而不重"刑"的道德属性。但是,"德""刑"兼备的"天"为什么会重"德"而不重"刑"呢?董仲舒认为"天"有仁德之心,他说:"仁,天心,故次以天心。"(《春秋繁露·俞序》)"仁之美者在于天,天,仁也。"(《春秋繁露·王道通三》)而有"仁心"的"天"以"阴阳""刑德"创造万物、管理万物时,当然会"以阴为权,以阳为经",表现出重"德"而不重"刑"的道德属性。

从以上"天"的三种属性的分析中可以得出:董仲舒的"天"

具有"自然之天"、"神灵之天"、"道德之天"三种意义。"天"的自然属性是宇宙万物产生和存在的基础;"天"的神性表现了它对宇宙万物的主宰性;"天"的道德性是其神性的表达方式。董仲舒的"天"不仅有"仁心",而且还有人才有的"喜怒之气,哀乐之心",这实际上是一种"天"性的人格化。然而,董仲舒为什么要这样理解"天"呢?对于这个问题,董仲舒是这样理解的,即:人如何有了"天"的属性?

3. 人副天数

人如何有了"天"的属性?董仲舒认为这是由于"为生者不能为人,为人者,天也。人之本于天,天亦人之曾祖父也",由此才"上类天"(《春秋繁露·为人者天》)。从根本上讲,是"天"按照自己的形象创造了人,人乃是模仿于"天"的,即"人副天数"。对于"数"是指数字、数量,"副"是相符合的意思。"人副天数"就是说在人和"天"之间存在着相互一致的数量关系。对此,董仲舒从以下几个方面进行了论证:

第一,在形体结构方面,董仲舒认为人身体的各个部分的数字是和"天"的各个部分的数字相符的,也就是说人是"天"的副本。董仲舒在这一方面论证比较详尽。他说:

人之形体,化天数而成。(《春秋繁露·为人者天》)

求天数之微,莫若于人。人之身有四肢,每肢有三节,三四十二,十二节相持而形体立矣。天有四时,每一时有三月,三四十二,十二月相受而岁数终矣……以此见天之数,人之形,官之制,相参相得也。(《春秋繁露·官制象天》)

唯人独能偶天地。人有三百六十节,偶天之数也;形体骨肉,偶地之厚也……天地之符,阴阳之副,常设于身,身犹天也,数与之相参,故命与之相连也。天以终岁之数,成人之身，故小节三百六十六，副日数也；大节十二分，副月数也；内有五藏，副五行数也；外有四肢，副四时数也。(《春秋繁露·人副天数》)

第二，在来源方面，董仲舒认为人"生"也合于"天数"。董仲舒曰：

> 天之大数，毕于十旬。旬天地之间，十而毕举；旬生长之功，十而毕成。十者，天数之所止也……是故阳气以正月始出地，生育长养于上，至其功必成也，而积十月。人亦十月而生，合于天数也。是故天道十月而成，人亦十月而成，合于天道也。(《春秋繁露·阳尊阴卑》)

第三，在情感意志方面，董仲舒也认为"天""与人相副"。董仲舒曰：

> 人之德行，化天理而义；人之好恶，化天之暖清；人之喜怒，化天之寒暑；人之受命，化天之四时；人生有喜怒哀乐之答，春秋冬夏之类也。喜，春之答也，怒，秋之答也；乐，夏之答也；哀，冬之答也。天之副在乎人。(《春秋繁露·为人者天》)

> 天亦有喜怒之气，哀乐之心，与人相副，以类合之，天人一也。(《春秋繁露·阴阳义》)

> 夫喜怒哀乐之发，与清暖寒暑，其实一贯也。喜气为暖而当春；怒气为清而当秋；乐气为太阳而当夏；哀气为太阴而当冬。四气者，天与人所同有也。(《春秋繁露·王道通三》)

> 仁之美者在于天。天，仁也……人之受命于天也，取仁于天而仁也。(《春秋繁露·王道通三》)

这表明，不仅人的一般道德情感喜怒哀乐与"天""相副"，而且儒家最高的道德"仁"也是来源于"天"，与"天""相副"的。

从以上董仲舒关于"人副天数"的论证中，可以明白他为什么讲"为人者，天也"，也就明白了人如何有了"天"的"属性"，也就可以理解他为什么讲"天……与人相副，以类合之，天人一也"（《春秋繁露·阴阳义》）。董仲舒讲"人副天数"是为了说明"天人同类"、"天人一也"，而其最终目的在于证明"天人"同类"相感"。

三、天人感应

秦汉之际"天人感应"是社会中普遍流行的观念，董仲舒通过"人副天数"证明了人不仅"生"合于"天数"，而且外在的形体结体和内在的道德情感都是模仿于"天数"的。因此，人是"天"的副本，"天人同类"，而根据"同类相动"的道理，必然得出"天人感应"的神学自然观。

1."天"人如何"同类相动"

董仲舒认为天地之间充满着阴阳之气，常常影响到人类，就像水对鱼的影响一样。董仲舒曰：

> 然则人之居天地之间，其犹鱼之离水，一也。其无间若气而淖于水。水之比于气也，若泥之比于水也。是天地之间，若虚而实，人常渐是澹澹之中，而以治乱之气，与之流通相殽也。（《春秋繁露·天地阴阳》）

这说明"天"和人是通过气来进行感应的。就个体的人来讲，由于"天"和人都有"阴阳"、"五行"，那么如果在"天"的阴气占上风的时候，人体内的阴气因与"天"的阴气同类，就会出现相互感应的现象。例如，董仲舒认为人体的腰部和膝部阴气比较集中，所以一遇到阴雨天气阴气流行的时候，这些部位就会出现相应的感应现象，表现出腰酸腿痛的现象。而就人类社会来讲，董仲舒认为人类社会的治乱兴衰状况都会通过气来影响到"天道"的运行,而反过来,"天"也会通过气表达它对人类社会状况的意见。他讲:"刑罚不中,则生邪气;邪气积于下,怨恶畜于上。上下不和,则阴阳缪戾而妖孽生矣。"(《汉书·董仲舒传》)这就是说,社会如果治理得不好产生混乱就会产生邪气,邪气会通过阴阳二气传感于"天","天"就会对此做出相应的反应,产生出灾异。同样,如果人间社会治理得非常好,福瑞之气就会产生,"天"就会降下祥瑞之兆。这正如董仲舒所讲的"美事召美类,恶事召恶类,类之相应而起也"(《春秋繁露·同类相动》)。

2."天人感应"的主要内容

通过气来实现的"天人感应"主要表现在以下三个方面的内容:

第一,灾异谴告。董仲舒认为天命灾异和政治人事之间有某种必然的联系,必须加以重视。其言曰:"天人相与之际,甚可畏也。"(《汉书·董仲舒传》)这种思想集中地表现在他的"谴告"说中。董仲舒认为自然现象中除了正常的现象外,还会出现一些异常的现象,他说:

> 天地之物有不常之变者,谓之异,小者谓之灾。灾常先至,而异乃随之。灾者,天之谴也,异者天之威也。谴之而不知,乃畏之以威,《诗》云:"畏天之威。"殆此谓也。凡灾异之本,尽生于国家之失。国家之失乃始萌芽,而天出灾害以谴告之。谴告之而不知变,乃见怪异以惊骇之。惊骇之尚不知畏恐,其殃咎乃至。(《春秋繁露·必仁且智》)

一般情况下,在发生大的灾异之前会出现一些小的灾异对人间社会进行"谴告",如虫灾、水灾和旱灾等。如果统治者没有及时地采取措施应对这种现象,"天"就会降下更大的灾异来"惊骇之";如果统治者仍然没有认识到此种现象的严重性就会重新更改

"天命",授于有德之人。

第二,符瑞吉兆。董仲舒认为,"天"不仅会降下灾异来"谴告"统治者的过失,而且还会降下符瑞来表达对人间德政的赞誉。他说:

> 王正则元气和顺、风雨时、景星见……故天为之下甘露,朱草生,醴泉出,风雨时,嘉禾兴,凤凰麒麟游于郊。(《春秋繁露·王道》)

君王是国家之首,王者正,行德政,则风调雨顺、五谷丰登、麒麟出现等美好的现象和事物就会纷至沓来。这表明,祥瑞也是"天人感应"的表现,它也是基于人的行为。

第三,受命之符。受命之符,即符应,是指有德之人承受"天命"的征兆。"天"降下灾异警示失德之君,如果君王不及时采取措施以修正自己的不正之处,"天"将拿走赋予他的"命",通过符应给予有德之人。董仲舒曰:"周将兴之时,有大赤乌衔谷之种而集王屋之上者……周公曰:茂哉!茂哉!天之见此以劝之也。"(《春秋繁露·同类相动》)这表示如果帝王将兴,"天"会降下相应的符应,而得符应之人将会受"天命"而为王。"有大赤乌衔谷之种而集王屋之上",就是暗示周将受符应而得天下。

3."天人感应"的影响及作用

从以上分析中可以发现,"天人感应"论不仅只是一个"天"作用于人的理论系统,而且是一个人也可以作用于"天"的循环系统。这种"天人感应"的神学认识对他的世界观、人生观和价值观都产生了非常重要的影响,他把这个循环系统全面地贯彻到对《春秋公羊传》的解释里,形成了一套体系化的理论。董仲舒学说中的核心命题,如"大一统,张三世,通三统,亲周、故宋、以《春秋》作新王"[7]60,都深受其"天人感应"观念的深刻影响。如:

"《春秋》大一统者，天地之常经，古今之通谊。"(《天人三策》)即是董仲舒认为天下大一统是天地间最长久的普遍原则，是"天"意的体现，任何人都不能违背。从这里也可以看出，董仲舒之所以言"天人感应"，实际上是为其政治主张提供一个合理性的根据，为大一统的社会提供一个合法性的证明。同时，他把这种合理性的根据和合法性的证明看成是非人力所能及的，而是"天命"所为。董仲舒曰："有非力之所能致而自至者。"(《春秋繁露·符瑞》)这实际上说明了"天"通过一定的现象来表示它的目的，而不是通过直接的干预，展示了"天"的神秘性和神圣性。董仲舒认为，一个新王朝之所以能建立，根本原因在于统治者上承"天命"，为"天子"，而新受命的"天子"就应该通过改制而上应"天命"。由此，也就有了"张三世，通三统，亲周、故宋、以《春秋》作新王"。董仲舒曰："西狩获麟，受命之符是也。然后托乎《春秋》正不正之间，而明改制之义。"(《春秋繁露·符瑞》)这是董仲舒想通过说明孔子因在狩猎中得到麟的符应，承受了"天命"而为"素王"，借以给孔子的理论主张提供合法性证明而为自己的改制思想寻找合法性根源。董仲舒曰："受命于天，易姓更王，非继前王而王也……故必徙居处、更称号、改正朔、易服色者，无他焉，不敢不顺天志而明自显也。"(《春秋繁露·楚庄王》)此表示董仲舒认为新王应该通过改制表明其政权的合法性是上承于"天"的。

综上所述，"天人感应"是董仲舒在总结前人关于自然与社会、自然与人的认识基础上，形成的神学化自然观。他把人和"天"紧密地结合起来，创造性地提出了"天人合一"的观念。此种观念与孔孟开创和发展的儒学旨意已大有转变，"其申天之人格性，如言天为百神之大君，人之曾祖父，亦实近墨者，而与孔孟之重天道，而不重天之人格性者不同"[8]354。但是通过对"天人感应"这种神学化自然观的逻辑分析，可以发现其中的某些必然性。孔子讲"仁"；孟子讲"仁政"，并把人"仁"归于人心；而董仲舒也主张实行"王道"、"仁政"，但他把"仁"的根源归于"天"，认为"仁之美者在于天，天，仁也"。他们各自都从自己的时代情况出发来思考问题，不可能超越于时代之上。董仲舒正是根据当时的社会实际，为实现一个儒士的人生理想，以当时普遍存在的自然知识为基础，创造性地提出了"天人感应"的自然观。

参考文献：

[1] 劳思光. 新编中国哲学史：第二卷 [M]. 桂林：广西师范大学出版社，2005.

[2] 黑格尔. 法哲学原理 [M]. 范扬，张企泰译. 北京：商务印书馆，1961.

[3] 马克思. 马克思恩格斯全集 [M]. 北京：人民出版社，1956.

[4] 周桂钿. 董学探微 [M]. 北京：北京师范大学出版社，2008.

[5] 李申. 中国古代哲学和自然科学 [M]. 上海：上海人民出版社，2001.

[6] 徐复观. 两汉思想史：第二卷 [M]. 上海：华东师范大学出版社，2004.

[7] 姜广辉. 中国经学思想史：第二卷 [M]. 北京：中国社会科学出版社，2003.

[8] 唐君毅. 中国哲学原论：导论篇 [M]. 北京：中国社会科学出版社，2005.

原文载于《衡水学院学报》2013年第6期。

路高学（1986—），男，河南新郑人，河南大学哲学与公共管理学院在读硕士研究生。

董仲舒生态思想研究

董仲舒生态思想研究

曹迎春

董仲舒是西汉著名思想家,是儒学发展史上里程碑式的人物,其思想博大精深,蕴含着丰富而深刻的生态思想。近年来,随着传统生态思想,尤其是儒家生态思想研究的升温,学界关于董仲舒生态思想的研究也开始起步。本文拟在前人研究基础之上,对董仲舒的哲学思想、政治思想和经济思想进行一番生态视角下的剖析和解读。

一、"天人合一"的有机整体论

董仲舒的生态哲学思想是其生态思想的基础,其核心内容就是"天人合一"的有机整体论。天人关系大致相当于人与自然的关系[1]1-8。董仲舒以整个世界为思考对象,把天人看作一个有机整体。《春秋繁露·立元神》:"何谓本?曰:天地人,万物之本也。天生之,地养之,人成之。天生之以孝悌,地养之以衣食,人成之以礼乐,三者相为手足,合以成体,不可一无也。"《春秋繁露·官制象天》:"天地与人,三而成德。"在这个有机整体中,天和人是相互对应的两大系统。

董仲舒将天人进行了详细对比,找到了这个有机整体的结合点"类",即天人之间的相似结构和本质。《春秋繁露·官制象天》:"人之身有四肢,每肢有三节,三四十二,十二节相持而形体立矣。天有四时,每一时有三月,三四十二,十二月相受而岁终矣。"《春秋繁露·阴阳义》:"天亦有喜怒之气、哀乐之心,与人相副。"天与人不仅在体态相貌、感情意志、伦理道德等方面都相似,而且从内在要素和属性看,天人皆有五行和阴阳。这种类比在现在看来虽然是无科学根据的附会,但在当时人的科学水平而言却具有很强的说服力。董仲舒之前的学者论及天人感应,多从阴阳的运动变化入手进行解释。然而阴阳之气的聚散消长是缺乏可见性的。董仲舒则为天人之间找到了一个更具有可见性的结合点"类",阐发了"以类合之,天人一也"[2]341的思想。

董仲舒从类别上将天和人统一起来,并在此基础上提出了天人有机整体的互动方式"感"。《吕氏春秋》曰:"类同则召,气同则和,声比则应。"董仲舒继承并发展了此"物以类动"的思想,提出了"天人感应"的命题。

董仲舒认为天人之间的"感"是有实无形的。他在《春秋繁露·同类相动》中举共鸣现象为例,说:"此物之以类动者也。其动以声而无形,人不见其动之形,则谓之自鸣也。又相动无形,则谓之自然,其实非自然也,有使之然者矣。物固有实使之,其使之无形。"事物固然有一些使它感应的实实在在的东西存在,但这些东西对它进行感应相动是无形的。那么这种有实无形的东西是什么呢?董仲舒认为应该是"气"。《春秋繁露·天地阴阳》:"天地之间,有阴阳之气,常渐人者,若水常渐鱼也。所以异于水者,可见与不可见耳,其澹澹也。然则人之居天地之间,其犹鱼之离水,一也,其无间若气而淖于水,水之比于气也,若泥之比于水也。是天地之间,若虚而实,人常渐是澹澹之中,而以治乱之气,与之流通相殽也。"他指出天地之间看起来是虚空,其实充满着阴阳之气,感应就是通过这无形的气而产生的。

董仲舒认为天人之间的"感"还具有双向互动的特点。《春秋繁露·深察名号》说:"天人之际,合而为一。同而通理,动而相益,顺而相受,谓之德道。"天和人相合同而通达于道,行动时而互相补充,彼此顺从而互相承受。最典型的就是董仲舒的"灾异谴告"论。"国家将有失道之败,而天乃先出灾害以谴告之;不知自省,又出怪异以警惧之;尚不知变,而伤败乃至。"[3]1901自然界的变化是和人的行为举措相联系的,具有相互感应的性质。董仲舒"天人感应"思想肯定了人与自然之间的"相互"作用,坚持了双向性的思维原则[4]86-89。

在天人有机整体中,董仲舒十分重视人的特殊地位。他认为人是超然万物之上,最为天下贵的,能够承担起"下长万物,上参天地"[2]466的责任。究其原因,就是人能"偶天地"、"为仁义"。《春秋繁露·人副天数》:"天地之精所以生物者,莫贵于人。人受命乎天也,故超然有以倚;物疢疾莫能为仁义,唯人独能为仁义;物疢疾莫能偶天地,唯人独能偶天地。"《春秋繁露·王道通》:"人之受命于天也,取仁于天而仁也。是故人之受命天之尊,父兄子弟之亲,有忠信慈惠之心,有礼义廉让之行,有是非逆顺之治,文理灿然而厚,知广大有而博,唯人道为可以参天。"《汉书·董仲舒传》:"人受命于天,固超然异于群生,人有父子兄弟之亲,出有君臣上下之谊,会聚相遇,则有耆老长幼之施;粲然有文以相接,欢然有恩以相爱。此人之所以贵也。"可见,人"贵于万物",能"参天地"的原因，就是人具有仁、义、礼、智、信等儒家道德伦理规范。

人的独特地位决定了人对自然万物负有不可推卸的责任，应该充分发挥"参"的作用。董仲舒认为天生万物中，有的是"天为之利人"的"可食者"，另有部分"不可食"。人类应该合理地利用天生"可食"资源，以确保"可食者"日日皆可食即"益食之"，不辜负"天为之利人"的目的；同时，人类应发挥其主观能动性，对那些"不可食"者"益畜之"，加以主动、积极、合理地保护，使人与天地自然万物和谐相处[5]52。

总之，董仲舒的"天人合一"论是其生态思想的哲学基础，他通过"类"把天人结为一体，通过"感"和"参"把天人融为一体，将人与自然作为一个有机整体，视人与自然为息息相通之系统，蕴含着和谐统一的意蕴。

二、"制约平衡"的政治协调论

从生态角度看，董仲舒的政治思想就是构建一个相互作用、相互影响、相互制约、可动态调节的政治系统，使得政治体系功能得以充分发挥。

首先，董仲舒设计了一个"天—君—民"环环相扣的受命政治网络。《春秋繁露·为人者天》："唯天子受命于天，天下受命于天子，一国则受命于君。君命顺，则民有顺命；君命逆，则民有逆命。"《春秋繁露·顺命》："天子受命于天，诸侯受命于天子，子受命于父，臣妾受命于君，妻受命于夫。诸所受命者，其尊皆天也，虽谓受命于天亦可。"在纵向上，每一个受命链条都是一个由上而下的决定链索，"天子"从"天"那里获得其根据，诸侯、天下之民则从天子那里获得其根据。在横向上，诸侯以天子为"天"，子以父为"天"，臣妾以君为"天"，妻以夫为"天"。由此推延开来，整个天下政治都可纳入到这个环环相扣的政治网络中来[6]144。

在这个董仲舒构建的政治网络中"天—君—民"之间是一种相互制衡的关系。第一，"天—君"关系。董仲舒将君权的来源归于天，这种"天授君权"说对于君主是把"双刃剑"，它一方面明确了君主权力的合法性和权威性，另一方面又使至尊无上的君权受到天的客观限制。董仲舒提出"圣人副天之所行以为政"[2]353，用天道秩序约束君主的政治活动，要求君主"法天之行"。《春秋繁露·离合根》中指出君主应该像天一样"为尊"、"为仁"："故为人主者，法天之行，是故内深藏，所以为神，外博观，所以为明也；任群贤，所以为受成；乃不自劳于事，所以为尊也；泛爱群生，不以喜怒赏罚，所以为仁也。"如若君主逆天行事，上天就会降下灾异进行谴告，此时君主即需改弦更张，"省徭役，薄赋敛，出仓谷，振困穷"[2]385，否则就会被天抛弃。这样君主不但"应该"，而且"不得不""法天之行"了。和孔子用伦理教化制约君主的"软约束机制"相比，董仲舒这种以天来约束君主权力的约束机制，可以称之为"硬约束机制"[7]66。

第二，"君—民"关系。在"天—君—民"政治网络中，天"生民""立王"，"君者，民之心也；民者，君之体也。心之所好，体必安之；君之所好，民必从之"[2]320。君民本为一体。在君民关系中，董仲舒格外重视君主之德，指出为人君者应该"固守其德，以附其民"[2]175，"正其心以正朝廷，正朝廷以正百官，正百官以正万民，正万民以正四方"[3]1904。君爱民显的是君之德，民尊君尊的是君之德，君主之德乃是法天之德。这样以"君德"为纽带，君与民在"天"协调下达到和谐的统一。

第三,"民—天"关系。在董仲舒的理论体系中天意实质上是民意的化身。《春秋繁露·尧舜不擅移汤武不专杀》:"其德足以安乐民者,天予之;其恶足以贼害民者,天夺之。""为政而宜于民者,固当受禄于天。夫仁义礼知信五常之道,王者所当修饬也;五者修饬,故受天之佑,而享鬼神之灵,德施于方外,延及群生也。"[3]1906君对民的态度和行为,是天对君考核的内容。对民有利,君主才会受天奖赏;对民不利,君主就会遭天惩罚。所以,"天"对"君"的制约,说到底是"民"对"君"的制约[8]19-23。由此天、君、民三者形成了一个相互制约的有机整体。

三、"爱物顺时"的生态经济论

"爱物"和"顺时"是董仲舒生态经济思想的关键词。董仲舒十分强调保护资源、顺应自然,追求经济生产中天、地、人关系的和谐统一。

董仲舒继承先秦儒家的"仁民爱物"观念,提出要"泛爱群生"。他在《春秋繁露·仁义法》中说:"质于爱民,以下至于鸟兽昆虫莫不爱。不爱,奚足谓仁。"明确地把对自然万物的道德关怀视为"仁"的表现。在《春秋繁露·五行顺逆》中更指出人应该"恩及"自然界中的动物、植物乃至土地、金石。春天"恩及草木,则树木华美,而朱草生,恩及鳞虫,则鱼大为,鱣鲸不见,群龙下";夏天"恩及于火,则火顺人而甘露降;恩及羽虫,则飞鸟大为,黄鹄出见,凤凰翔""恩及于土,则五谷成,而嘉禾兴,恩及倮虫,则百姓亲附,城郭充实,贤圣皆迁,仙人降";秋天"恩及于金石,则凉风出,恩及于毛虫,则走兽大为,麒麟至";冬天"恩及于水,则醴泉出;恩及介虫,则鼋鼍大为,灵龟出"。

对于农业生产资源，董仲舒尤为重视。他引用孔子之言，称"山川神祇立，宝藏殖，器用资，曲直合，大者可以为宫室台榭，小者可以为舟舆桴滥"[2]423，认识到山川是人类生产生活资源的重要提供者，将其喻为"仁人志士"。董仲舒还主张春天"无伐木"，夏天"无纵火"，保护林木资源。他认为干旱无雨与乱伐山林有关，强调"春旱无雨。令县邑以水日祷社稷山川，家人祀户，无伐名木，无斩山林"[2]427，认为只有保护好山林名木，才能风调雨顺，不至于出现"春旱"等影响农业生产的自然灾害。从生态的角度看，董仲舒之"爱物"就是对山林资源、水产资源、土地资源的保护，其目的是使自然资源能得到合理的、永续的利用，让百姓有余食、有余用、有余利，用现在的话说，就是实现可持续发展。

董仲舒认为在经济生产中，既要保护资源，又要顺应自然。他十分重视季节节律的不可超越性。《春秋繁露·循天之道》："天地之经，至东方之中而所生大养，至西方之中而所养大成。"到了春分，万物长出，到了秋分，万物成熟，"时无不时者，天地之道也"[2]447，春生、夏长、秋收、冬藏，天适时而不失时，这就是天地之道。"时则岁美，不时则岁恶。"[2]330他以"时"将人与自然联系起来，指出统治者应该顺应天地之道，做到守时、顺时、不夺民时。如果统治者"赋敛无度，以夺民财；多发徭役，以夺民时；作事无极，以夺民利"[2]369，不但会引起"五谷不和"、"五谷不成"、"茂木枯槁"等农业歉收或不收情况，更会引起老百姓的叛离。他以楚灵王为例，说楚灵王"作乾溪之台，三年不成"，结果造成百姓疲惫困乏并最终反叛，楚灵王自己也被杀死了。

因此，董仲舒的"爱物"、"顺时"主张，从经济上说，能保证农业的丰收，为国家积聚物质财富；从生态上说，能稳定农业生态经济系统的生态功能，为农产量的增长提供保障；从政治上说，又能保障百姓的起码生活需要，并最终加强统治者的统治。

总而言之，董仲舒重视"天人合一"，将人与自然视为一个有机整体，强调"制约平衡"，将天、君、民组成一个动态协调的政治网络，提倡"爱物顺时"，追求天、地、人和谐统一的经济关系。深入研究董仲舒的生态思想，无疑会使我们在建设社会主义生态文明，实施可持续发展中获得启示，更加明智地选择未来的发展道路，为当今中国和世界生态问题的解决提供理论参考和现实借鉴。

参考文献：

[1] 牟钟鉴. 生态哲学与儒家的天人之学 [J]. 甘肃社会科学，1993 (3).

[2] 苏舆. 春秋繁露义证 [M]. 钟哲点校. 北京：中华书局，1992.

[3] 班固. 汉书 [M]. 北京：中华书局，1999.

[4] 丁东风. 董仲舒"天人相应"说对现代社会生态学的启示 [J]. 江西社会科学，1994 (12).

[5] 陈业新. 儒家生态意识与中国古代环境保护研究 [M]. 上海：上海交通大学出版社，2012.

[6] 崔涛. 董仲舒的儒家政治哲学 [M]. 北京：光明日报出版社，2013.

[7] 曾振宇，范学辉. 天人衡中——《春秋繁露》与中国文化 [M]. 郑州：河南大学出版社，1998.

[8] 宋惠昌. 董仲舒的君权制约论 [J]. 中共中央党校学报，2009 (6).

原文载于《衡水学院学报》2014 年第 3 期。

曹迎春（1976－），女，河北景县人，衡水学院法政学院教授，历史学博士。

董仲舒伦理思想研究

理想化、理性化与悲剧化
——董仲舒伦理思想特性与人生格调述评

王传林

秦亡汉兴，儒术初用；一代醇儒，董子仲舒；景武之际，为学出仕；间或有论，见于简牍。董子之文，直追管荀；经籍深富，辞理遐亘；繁而不愿，事理皆明。董子哲思，难以穷尽；子纳众哲，以成新学；游心感应，驰神冥想；推说天道，汉时无两；唯天为大，唯道精微；三纲五常，尽收人伦；天谴灾异，旨在抑君；春秋决狱，明德寻仁；凡此尔类，如若管窥；研几探赜，难以缕叙。

寻绎西汉儒术变迁之路向，梳理孔孟荀董之论之关联，剖析汉初政治变革之需求，考察儒生个人命运与当时政治之关系。本文旨在从较为宏观的层面对董仲舒政治伦理思想的基本特性略加缕析，同时通过董仲舒跌宕起伏的人生轨迹去探寻其人生格调。

一、理想化的政治伦理设计

游走于政治与道德之维谷，徘徊于现实与理想之两难，董仲舒是矛盾的、复杂的，甚至是无奈的。愚以为，评价董仲舒这样一个思想庞杂的伦理思想家，应该将他请回到儒家思想传承的路径中去，同时还要把他请回到他所生活的汉初近百年的历史情境中去。尽管董仲舒以"天"为本体、以阴阳五行为基本逻辑建构的伦理学说是庞杂而又神秘的，但是细细读来，还是不难发现其伦理学说所呈现出的一些基本特征。

（一）继轨前人，应时陈论

先秦原儒大多崇尚以道自任，热心于以儒家伦理思想指导政治的尝试。后儒更是奔走于帝王将相之门，儒学亦日渐成为显学，诚如韩非所说："世之显学，儒、墨也。"[1]456 在传统儒家那里，他们的政治伦理期待容涵着以圣人政治、优良德性与道德规约为终极指归的乌托邦式的天下为公与天下大同的梦想。简言之，这个梦想其实就是幻想着有德之人主导政治，以儒家的礼乐教化来维系政治秩序与社会秩序的有序运行，继而达到一种理想化的状况。这种围绕着人或者说人治而设计的政治理想蓝图，无论是理论逻辑上还是操作机制上都存在某种不足与缺憾，以至流于空谈。以今观之，无论是孔子还是孟子，他们建构的政治蓝图多是停留在政治理念设计的宏观层面并没有触及政治制度设计的根本性问题与技术性问题。换言之，他们就是渴望圣人救世，甚至期待着政客们能以道德自律去节制自我的无限欲望。然而，这种期待无论是在两千多年前的农耕社会还是在今天都只能是一种奢谈。这无疑是期待历史中的偶然性去解决王朝更迭与社会兴衰治乱之必然所带来的周期性问题，虽然可遇而不可求的偶然性与历史治乱兴衰的周期性在中华几千年的文明史中曾经有过交集，例如周公及其开创的时代，但那毕竟只是昙花一现（抑或只是后人塑造的政治神话）。逝者如斯，历史也许自有不可逆性，与其期待偶然性的重现，不如积极寻求制度之理性。

其实在实际的政治运作过程中，他律要比自律来得更有效；这也许才是避免人亡政息的先决条件之一。

承继前贤，洞悉时势。董仲舒以"天"为本体建构出系统的政治哲学与伦理学说，旨在为汉武时期的政治张本。秦亡汉兴，政治一统。汉朝中央政府实行的是中央集权下的郡县制与分封制并存的战后过渡性政治组织架构。秦汉、楚汉之争已远，社会局势趋于稳定；国家一统，人心思安，此时的社会氛围比秦时相对要自由很多。随着经济的发展与国力的恢复，统治者与社会自身均呈现出"有为"的政治期待，历史也随之提出新的要求和挑战。董仲舒所生活的时代，正值汉代官方哲学由黄老"无为"向儒家"有为"悄然转换的政治敏感期。应时陈论，顺势而为。董仲舒以《春秋》为基础演绎出新的政治伦理思想体系，这是集诸子学说之大成的新阐发，也是对先秦历史兴衰治乱的经验总结和西汉初年社会时乱时治之政局的深刻反思。董仲舒以"天"为本体的哲学思想体现出秦亡汉兴以及汉兴近百年的历史发展之分合变奏的大趋势，也映射出中华民族精神的觉醒与汉文化精神的发萌以及中原文化与四方文化大融合的景象，同时，还折射出对秦亡之痛的深刻反省与新时代的忧患意识和时代精神的理性诠释，以及儒家长期追寻的以德治国的理想诉求。从理论层面上看，董仲舒的新儒学较先秦原儒已有很大的突破与创新，尽管他的理论仍然过于理想化而且充满神学化的论调。

（二）比附天道，推崇德治

董仲舒通过天地阴阳四时五行比附君臣男女四政五常，建构出独特的道德形而上学体系，他以"天"为逻辑起点与理论支点成功地融摄儒墨道法等诸家之言，在很大程度上推进了中国传统伦理文化从先秦向汉初的理论转型。这种理论化的转型彰显了传统政治伦理文化在大一统政治格局下的潜能与生命力，为传统文化的持续发展和儒家伦理思想及其价值观的拓展与扩散注入了新的活力。在以"天"为本体的哲学系统里，董仲舒有目的地提升了阴阳五行的观念并将其作为"天"的性质、性格、性能等重新阐释，试图重构天对人事、政治与社会的作用。同时，他将先秦传统儒家所肯定的"天"的道德法则和自然法则予以重新诠释并从逻辑与生成的角度与阴阳五行相融合。与前儒不同的是，董仲舒杂取诸家之说将价值、信仰与伦常、自然相贯通，尤其是他将价值安放在宇宙自然及社会人伦系统中，可以说是对先秦道家将价值从宇宙自然及社会人伦系统中抽离的一种反悖。这使得改造后的儒家哲学不仅极具理想化与时代感，而且也极具逻辑性与权威性。

崇尚"人治"而非"法治"，标榜"德治"而非"德制"（所谓"德制"：即以伦理理性与道德理性为基础的制度）。可以说，董仲舒的着眼点更多的是关注人或人治，而不是制度理性或制度伦理。在董仲舒政治伦理理念中，为政之君应该"德侔天地"[2]201，从政之官应该德才兼备，这是推行德治与仁政的根本性前提。西汉前期，君主专制的社会正处于蓬勃兴盛的上升阶段，董仲舒创建的儒学体系是基本符合时代需求的，对当时的社会发展与政治伦理的转换起到了相当大的促进作用。但是，他在将儒术从理论推向现实及机制化的过程中，仍然没能彻底摆脱儒家伦理思想过于理想化的困境，他期待的礼化天下与仁政德治在集权专制的帝国时代仍然是一个道德理想主义者的美梦。现实与理想、政治与道德之间的紧张与冲突始终将儒生与皇帝置于角力的两极，具有道德理想主义情结的儒生们在其政治期望破灭后，往往选择以身殉道抑或无奈地选择退隐江湖。让人有些不可理解的是，在道德理想主义的指引下，儒生们高谈阔论时政之际似乎总是有意或无意地忽视了政治博弈的残酷与权力角逐的血腥。概而论之,政治残酷,道德温柔,权力角逐,道德乏力;形上理论,流于理想,现实无情,无人会意;董子崇德,困于虚论,躬行实废,终于灾异。

二、理性化的政治伦理转进

任何一种理论的产生都有其背景与动因,任何一个思想家之思想的形成亦都有其背景与动因。若就某个思想家而言,其天赋才华多为其思想形成之内因,其所历时事多为其思想形成之外因。若细究之,其青年之时与老年之时的思想深度亦多不尽同。推而论之,董仲舒的人生经历与思想形成之过程颇具此类表象与特征。

(一) 政治倾轧,铩羽而归

纵观历史,武王伐纣,秦灭六国,楚汉相争;大盗窃国,蟊贼掠财,诸侯之门,仁义非存;伦理坠地,人心失范,君臣相交,计利使然;大道既隐,鲜有廉耻,君仁臣忠,实为虚言。如此境况,儒家宣扬的仁义或礼义以及基于良心与内讼的自律之于政治博弈与权力运作,实乃乏力,难见其用。

从个体命运的沉浮轨迹来看,一个人在仕途上的成败得失也许可以通过其所作所为的因果关系来论断,但是历史与政治运行的必然与偶然则不一定是事件的因果关联所能够完全诠释的。在偶然或必然之中,也许存在着人类社会自身发展的惯性使然。当历史的偶然性作用于个人时,尤其是政治上的得势或得意之人,他们往往会将偶然性当作必然性来解释,例如刘邦、刘彻等人便是如此。较之,儒生则似反是也。史载,公元前135年,长陵高园殿与辽东高庙发生火灾,董仲舒居家推说天意作高庙"火灾对"[3]211-212,并且"刀笔相讥",因言获罪,当死。后虽被赦,以至于他"竟不敢复言灾异"[4]3128。处士横议的言论自由在专制政治中却招致屈辱，这不仅让董仲舒的人格受到侮辱，其心灵也受到极大的伤害。言政之弊，辱亦难逃。面对时世之维艰与政治之残酷，隐退似乎是董仲舒最好的选择，"恐久获罪，疾免居家"（《史记·儒林列传》，又见《汉书·董仲舒传》）。一代儒学大师董仲舒在诚惶诚恐之中退隐于江湖之远，人生也由此峰回路转，回归一个儒生最真实的生活——"反身于素业"、"以修学著书为事"、"年老，以寿终于家"[5]2525；抑抑仲舒，落寞而去。由上观之，我们认为：人生的跌宕起伏应是促动董仲舒政治伦理思想从理想化向理性化转进的根本动因之一。

（二）远离庙堂，且存理性

诚然，理想归理想、理论归理论，现实总是相当残酷的。如前所述，董仲舒的"天谴说"在汉武帝那里并不畅销，汉武帝甚至认为董子借天谴以讥讽时政，不可容，欲杀之。由上可见，武帝狡黠，君臣情伪；用之则赏，不用则弃。于董而言，此非所愿；惶惶非宁，不如归去。

从理论层面上看，在政治与道德之间、现实与理想之间，董仲舒始终困于理论的悖论与现实的两难。策论仅为江都相，"中废为中大夫"（《史记·儒林列传》），当董仲舒的政治伦理思想在汉武帝面前受阻时，无奈之下的他重拾先秦时期的宇宙论与天命观并系统地论证出"天谴说"（《春秋繁露·二端》等篇），借以劝告人君、警告人君、抑制人君，并试图借"天"之力对人君予以警告、纠正生杀予夺。推说"屈民而伸君，屈君而伸天"（《春秋繁露·玉杯》），积极寻绎天、君、民三者间的动态制衡逻辑，这应该说是董仲舒政治伦理思想中较为理性的部分。具而言之，董仲舒将"天道"、"人道"与"政道"相贯通并以此构建出天人哲学与政治伦理学说，应该说是有诸多创新与深意的。例如，他以"官制象天"

(《春秋繁露·官制象天》)为帝国组织系统设计之理念，设计出了一套系统性与制衡性相兼容的政治组织系统；为了保证该系统的合理运行，他又以阴阳、四时、五行比附三纲、四政、五常、五事，并推衍出相应的伦理规范及运行机制。同时，他针对人君的独特性设计出一套融道德与政治于一体的规范系统：从道德认知到行为规约，从政治理念到具体施政之策等都做了较为明确的设计——四政、五常、五事等。由此观之，董仲舒的政治伦理思想还是很有针对性与现实性的，尤其是面对贫富分化现象时，他呼吁中央政府应该采取必要的经济干预措施——调均、让利于民等；进而，他批评先富之人为富不仁，主张施行"富而后教"并希望他们"富而能仁"。此外，董仲舒认为应该通过《春秋决狱》来舒缓由于严刑酷法所造成的政治与人心之紧张，他甚至大胆地提出保护妇女与弱势群体的人性化主张；凡此尔类，不难发现董仲舒伦理思想由理论向实践转进的表征及其理论深处闪烁的理性之光。

三、悲剧化的政治人生格调

纵观董仲舒的人生境遇，早年血气正盛，怀揣政治理想，心怀天下；中年廉直清高，以"天人三策"奏书汉武，激扬文字，指点时政；晚年血气既衰，托病而归，徒生不遇之叹。由鼓吹"王者必改制"（《春秋繁露·楚庄王》）到主张以《春秋》大义决狱听讼（《春秋繁露·精华》），董仲舒的言论由激烈趋于缓和，而且时常闪现理性之光。尽管此番变化只是隐约地藏于其文章背后，然而却有助于我们区分董仲舒思想形成的不同阶段以及《春秋繁露》所录篇章之次序与真伪①。虽然董子钟情的谴告之言曾被王充视为"衰乱之语"(《论衡·自然》),但其思想根底仍然不失醇儒之风范,诚如刘勰在评价汉赋及董子的《士不遇赋》[6]541时说:"仲舒专儒,子长纯史,而丽缛成文,亦诗人之告哀焉。"[7]424

(一)君子作歌,维以告哀

董子以赋言志,托物比情,婉转附物,惆怅情切;《士不遇赋》可谓是他晚年的心迹之白描,反映出一种悲观、无奈甚至绝望的人生观。"火灾对"之辱让原本内心脆弱的董仲舒心有余悸、隐痛难抚,也陷入进退两难的境地。从另一个视角看,董仲舒的《士不遇赋》在某种程度上还反映出"君子固穷"(《论语·卫灵公》)与"穷则独善其身"(《孟子·尽心上》)的历史使命感和怀才不遇的政治情结。这种历史使命感与政治情结既承继先贤又启迪后人,例如司马迁曾作《悲士不遇赋》以和董仲舒。

据统计,汉代作《士不遇赋》者多达20人,赋文约30篇;其中,董子的《士不遇赋》是早期的佳作。文如其人,阅文知人,如观其行,如闻其声。董子之文,深文隐蔚,有秀有隐,蓄隐意愉;融通天地,通敞洞明,貌似咸平,实则藏锋。董子之人,廉直清高,醇雅有余,坚韧不足;心系政治,忧情切切,若即若离,谩讽愤然。从《士不遇赋》中,我们不难窥见董仲舒内心深处的矛盾与感伤,其赋曰:"屈意从人,非吾徒矣!……惶惶非宁,只增辱矣。……不出户庭,庶无过矣。"唏嘘感叹,士之不遇;忧愤深处

---

① 根据高庙火灾发生的时间,可推知《火灾对》作于公元前135年,董子时年44岁。又,根据《士不遇赋》之内容,可知此赋应作于前121年以后,即在董子58-75岁之间。又,根据《汉书·董仲舒传》记载,汉武帝与董仲舒在策论中曾论及"改制"之事,可推知讨论"王者必改制"的《楚庄王》与《三代改制质文》篇应作于对策之际,即建元元年(前140),董子时年39岁。其他诸篇考辨,限于篇幅,从略。

隐存一种对社会伦常秩序的失望，一种对政治伦理秩序的失望，一种消极的排遣与潜意识的抗争。然而，他却又不甘心像道家的庄子那样"曳尾于涂中"（《庄子·秋水》），翛翛尘外；也不能如传统儒家的颜回那般"乐居于陋巷"（《论语·雍也》），从容人生。他一直在追寻皇帝"恩赐"的那份权力和荣耀，然而他所追寻的却是一个遥不可及的美梦。皇帝的专制与权臣的排挤不仅让他身心俱疲，而且险些丧命于政治之外。其实，在董仲舒复杂而神秘的语境中隐存着一个寂寞儒生的政治诉求，幻想着有朝一日成为真正的帝王师并借力将基于仁义道德的理想化的政治伦理设计付诸实施。然而无情的政治倾轧却粉碎了他的梦想。渴望出仕时，不惜以君权神授的天命论煽情于皇帝；失意于政治倾轧时，却又无限矫情，牢骚满腹，这大概就是儒生们的心态吧！从孔孟荀贾董等人的人生际遇中，可以看出儒生们的心态与境遇颇有"心比天高，命比纸薄"之反讽。他们追寻的"内圣外王"与"修齐治平"的政治理想变成了天边不可触摸的彩虹与美妙的高谈阔论，他们高唱道德理想主义却缺少实践精神；他们倾情于政治却无力周旋；他们热衷于走"上层路线"——游说君王、兜售理想，却耻于学稼为农、耕田植桑；他们罕言天命鬼神却又心存敬畏并时常自任承接天命，他们注重外向性的道德修养却缺少内向性的理性批判，他们怀揣清高不愿屈膝于政治却又渴望帝王的青睐。无情的现实与理想化的诉求一直在角力，也让他们变得颇显扭捏与做作；游走于政治与理想之间，可谓进亦忧、退亦忧，"身在江海，心存魏阙"（《庄子·让王》）；其实，他们内心深处更多的也许是不满意、不甘心、不情愿。概言之，从自我为中心的文化体系中脱颖而出的伦理思想家与改革者往往具有一种精英主义的孤独感、愤世情结与特有的关怀维度，以及对政治、社会、伦理与道德问题过度敏感而导致的某种压力之下的焦灼与亢奋。然而，他们往往却又无奈于现实社会改革的渐进与缓慢，因此他们常常深感陷入进退维谷的困境，纠结于现实与理想的悖反。儒术附丽于政治，消解了独立的品格；儒生染指于政治，失却了理想的自我。董仲舒艰难地游走在理想与现实、政治与学术之间，如此的朝代、如此的境遇也宿命般地使他成为一个悲剧性的人物。

（二）博弈之伤，历史误会

无论是主动参与还是被动参与，政治博弈皆会有得有失。虽然这看似只有在特定的环境才会发生，但其过程及结果往往是残酷无情的，也是始料未及的。黄生与辕固生、窦太后与汉武帝、赵绾和王臧、司马迁与公孙弘等人之境遇皆是明证也。儒生与君王、儒术与政治之关系原本就极为微妙而且复杂，其表面上的融洽与和谐往往并不能掩饰其深层次潜存的冲突与博弈。儒术攀附于王道圣功以求事功显学，君王附丽于学术以期驭人有术、维系民心与江山稳固，二者原本就是各有所需、相互利用。但是，对于充满吊诡性的西汉王朝与文化心理游移的汉武帝而言，诸子百家之学说只是强化集权与巩固汉室的工具而已，诸子百家中的任何一家都只是"之一"而不是"唯一"，也不可能成为汉室永固和他个人维系权力的"救命稻草"。在某种程度上，我们认为汉武帝爱权力、江山和美人胜过爱道德、学术和儒生，他对待诸子百家大有对待后宫佳丽般的态度：享用之时宠幸有加，不悦之时则弃之不问，甚至杀之，诚如卫子夫、陈阿娇、勾弋夫人等人之结局（参见《史记·外戚世家》，又见《汉书·武帝纪》与《汉武故事》文渊阁四库全书本）。这与公孙弘被迫自杀、董仲舒被下狱、司马迁被宫刑等事例似乎有着同样的潜在逻辑。虽然汉武帝雄才大略、略输文采，但其也极为固执己见、穷奢极欲。这一点，从他晚年颁布的"轮台诏"（《汉书·西域传》）中可窥见一斑。尽管他以道德的名义"罪己"，但已难抚帝国组织及制度运行之缺失，社会与政治的继续只因循着若干因果关系，不是任何个人意愿所能左右的，更难因为道德上的忏悔而迁就。权力与欲望、政治与战场、人性与道德、伦理与理想，汉武帝与董仲舒对此有着不同的关怀维度，他们终究是背道而驰，走向了不同的方向。

多少兴亡事，雨打风吹去；王朝常更迭，道术多变迁。自汉以降，在叔孙通、贾谊、辕固生、赵绾、王臧、公孙弘、董仲舒等人的不懈努力下，儒学之于政治在汉武帝时期达到了历史的新高度。汉初的政治与社会给了众儒生一个历史契机，使得儒学有机会走上汉帝国的政治神坛。客观地说，自汉兴至武帝时，新儒学得到较大的认同和尊重是众儒生的努力和功劳，董仲舒只是其中较为突出的一位。如果说后世讹传的"罢黜百家，独尊儒术"①之流弊确乎存在，那么所谓的功与过也不应由一介儒生董仲舒来完全承担；尽管在班固的《汉书》里，董仲舒提出了推尊儒术之建议。问题的关键在于：一个政治失意的诚惶诚恐的儒生是否能够承受起一个帝国的意识形态转型之重担，这是一个值得商榷的问题。一个帝国统治思想的转型或切换与其说是人为的结果，不如说是历史与社会发展之使然。当然，社会思想转型的某些理念或建议可能会出自某个思想家或智囊人物，但实施与否仍然还须皇帝本人定夺，甚至需要众人的参与方有可能顺利进行并达到方案设计的预期效果。概之，建议并不能直接等同于实现或现实。政治博弈与学术争鸣相互裹挟由来已久，儒道墨法谁会心甘情愿地退出政治与历史的舞台？诸方权力

---

① 据笔者考，"罢黜百家，独尊儒术"之两词并用始见易白沙的《孔子平议（上）》，此文载于《青年杂志》第1卷6号，1916年2月15日。考证过程参见《"罢黜百家，独尊儒术"词源及流变考》一文，详见王传林硕士论文《论董仲舒的政治伦理思想及运行机制》。

参与博弈时谁又会主动退让？如果说董仲舒曾以《天人三策》为汉武帝张本，刘安不是也广招门客著《淮南鸿烈》以示汉武帝吗？司马谈不是也在《论六家要旨》中隆抬道家吗？其实，诸子百家哪个不想"罢黜别家，独尊己术"，独享圣宠，永获圣恩？然而，这或许只是传统知识分子的一厢情愿和后宫佳丽争宠之心的奢望。令人遗憾的是，偶有学者学不逮文、以讹传讹，抑或另有企图、故意曲解，以至于董子成为某个特殊时代批判传统文化的"箭垛"，继而造成历史性的"误会"。

文行于此，概而言之：董子之学，继轨先贤，弥纶众言，取诸天道，推说阴阳。董子之功，注重人伦，倡导教化，明德寻仁；假借天谴，规约人君，提倡泛爱，恩泽四夷；反对两极，主张调均，强调民本，注重和谐。董学之弊，蓄隐真意；鼓吹神秘，助长谶纬；比附阴阳，固化尊卑；附类万物，好言灾异；诸如此类，流毒亦甚。掩卷犹思，唏嘘无语，"天道微哉，吁嗟阔兮"[6]541；落落漫深，徒留遗恨；翛翛终老，江都过客。庚寅之春，雨夜孤灯；品读董赋，不禁潸然；呜呼嗟乎，遐哉邈兮；慕其才学，感其心忧；悲其境遇，痛其心伤。先哲如星，点亮夜空，我们生命的苍穹因之绚丽而生动。追寻圣迹，研读经典，我们今天仍能真切地感受到他们的哲思之妙意与人生之志趣，那些启人心智的话语也许会在不经意间唤醒我们的眼睛与心灵，帮助我们重新审视历史与现实、人生与梦想以及安身立命的人生要义[8]220-228。

参考文献：

[1] 王先慎. 韩非子集解 [M]. 北京：中华书局，1998.

[2] 苏舆. 春秋繁露义证 [M]. 北京：中华书局，1992.

[3] 真德秀. 文章正宗（卷八）[M]. 文渊阁四库全书本. 台北：台湾

商务印书馆，1986.

[4] 司马迁. 史记 [M]. 北京：中华书局，1959.

[5] 班固. 汉书 [M]. 北京：中华书局，1962.

[6] 欧阳询. 艺文类聚 [M]. 上海：上海古籍出版社，1999.

[7] 周振甫. 文心雕龙今译 [M]. 北京：中华书局，2013.

[8] 王传林. 论董仲舒的政治伦理思想及运行机制 [D]. 哈尔滨：黑龙江大学哲学学院，2011.

原文载于《衡水学院学报》2014年第5期。

王传林（1978－），男，安徽阜阳人，北京师范大学哲学与社会学学院在读博士。

重新审视董仲舒在"孝"传播过程中的作用

李现红 黄雁鸿

"孝"是儒家思想的重要部分。对于西汉时期"孝"传播的问题，学界普遍认为是董仲舒通过提出"罢黜百家，独尊儒术"，将其提升到前所未有的高度。综合解读史料发现，董仲舒对孝的传播作用并不是决定性的。本文从学术、国家统治政策、社会历史条件诸方面，对孝在战国秦汉时期的传播进行综合考察。

一、董仲舒用五行学说解释"孝"

董仲舒对孝的阐释主要是出于以下史实：《春秋繁露》记载，河间献王问董仲舒：

> 河间献王问温城董君曰："《孝经》曰：'夫孝，天之经，地之义。'何谓也？"

问"孝乃天之经，地之义"是什么意思，董仲舒对曰：

> 天有五行：木火土金水是也。木生火，火生土，土生金、金生水。水为冬，金为秋，土为季夏，火为夏，木为春。春主

生，夏主长，季夏主养，秋主收，冬主藏。藏，冬之所成也。
说明了木、火、土、金、水五行的相互关系以及五行与春、季夏、夏、秋、冬的对应关系。后进一步说：

> 是故父之所生，其子长之；父之所长，其子养之；父之所养，其子成之。诸父所为，其子皆奉承而续行之，不敢不致如父之意，尽为人之道也。故五行者，五行也。由此观之，父授之，子受之，乃天之道也。故曰：夫孝者，天之经也。此之谓也。

是为"天之经"，以论述父子之间的承接关系。河间献王对此表示赞同。董仲舒接着说，"地之义"为：

> 地出云为雨，起气为风。风雨者，地之所为。地不敢有其功名，必上之于天，命若从天气者，故曰天风天雨也，莫曰地风地雨也。勤劳在地，名一归于天，非至有义，其孰能行此？故下事上，如地事天也，可谓大忠矣。土者，火之子也。五行莫贵于土。土之于四时无所命者，不与火分功名。木名春，火名夏，金名秋，水名冬。忠臣之义，孝子之行，取之土。土者，五行最贵者也，其义不可以加矣。五声莫贵于宫，五味莫美于甘，五色莫盛于黄，此谓孝者地之义也。[1]314-316

董仲舒把"孝"融入五行体系中，把"父慈子孝"说成是天经地义的事。董仲舒用当时流行的五行学说来解释孝，主要是为了便于大家接受"孝"。

那么，是谁提出"罢黜百家，独尊儒术"？又是谁将董仲舒与"罢黜百家，独尊儒术"联系起来的，是通过什么方式将其联系起来呢？

我们一起看看史书中关于"罢黜百家，独尊儒术"的记载。与这个关系较为密切的说法是以下材料：

仲舒在家，朝廷如有大议，使使者及廷尉张汤就其家而问之，其对皆有明法。自武帝初立，魏其、武安侯为相而隆儒矣。及仲舒对册，推明孔氏，抑黜百家。立学校之官，州郡举茂材孝廉，皆自仲舒发之。年老，以寿终于家。[2]2525

这里用到的是"抑黜百家"，而不是"罢黜百家"。抑的意思是压下去，罢的意思是停止、免除，董仲舒的意思是，主张压制其他学说，重点推广儒家学说。后人的理解与董仲舒的原意有差距。

另有记载云：

《春秋》大一统者，天地之常经，古今之通谊也。今师异道，人异论，百家殊方，指意不同，是以上亡以持一统；法制数变，下不知所守。臣愚以为诸不在六艺之科孔子之术者，皆绝其道，勿使并进。邪辟之说灭息，然后统纪可一而法度可明，民知所从矣。[2]2523

董仲舒提出对待百家要"皆绝其道，勿使并进"，建议统治者断绝其他学说的传播渠道，使用儒家思想治理国家。从"统纪可一而法度可明"看，董仲舒并不想将其他学术思想完全扼杀，否则就不会有明"法度"的说法了。

"罢黜百家"是《汉书》作者的说法：

汉承百王之弊，高祖拨乱反正，文景务在养民，至于稽古礼文之事，尤多阙焉。孝武初立，卓然罢黜百家，表章六经。遂畴咨海内，举其俊茂，与之立功。兴太学，修郊祀，改正朔，定历数，协音律，作诗乐，建封禅，礼百神，绍周后，号令文章，焕焉可述。后嗣得遵洪业，而有三代之风。如武帝之雄才大略，不改文景之恭俭以济斯民，虽诗书所称何有加焉！[2]212

作为一名儒士，董仲舒主要是宣扬儒家思想并将这一点同政治相结合，提出一套治国主张。为"孝"的广泛传播提供了理论基础。

解读《史记》和《汉书》中的相关记载，有助于我们理解当时的社会真实。《史记》的作者将董仲舒列入《儒林列传》，对董仲舒的记载，只有寥寥不足四百字略记其生平：

> 董仲舒，广川人也。以治《春秋》，孝景时为博士。下帷讲诵，弟子传以久次相受业，或莫见其面，盖三年董仲舒不观于舍园，其精如此。进退容止，非礼不行，学士皆师尊之。今上即位，为江都相。以《春秋》灾异之变推阴阳所以错行，故求雨闭诸阳，纵诸阴，其止雨反是。行之一国，未尝不得所欲。中废为中大夫，居舍，著《灾异之记》。是时辽东高庙灾，主父偃疾之，取其书奏之天子。天子召诸生示其书，有刺讥。董仲舒弟子吕步舒不知其师书，以为下愚。于是下董仲舒吏，当死，诏赦之。于是董仲舒竟不敢复言灾异。
>
> 董仲舒为人廉直。是时方外攘四夷，公孙弘治《春秋》不如董仲舒，而弘希世用事，位至公卿。董仲舒以弘为从谀。弘疾之，乃言上曰："独董仲舒可使相胶西王。"胶西王素闻董仲舒有行，亦善待之。董仲舒恐久获罪，疾免居家。至卒，终不治产业，以修学著书为事。故汉兴至于五世之间，唯董仲舒名为明于《春秋》，其传《公羊氏》也。[3]3127—3128

在这里，作者主要是强调了其学术成就：治《春秋学》。另外的成就包括"故汉兴至于五世之间，唯董仲舒名为明于《春秋》，其传《公羊氏》也"。汉初，传《春秋》者甚多，但对董子用"唯"字，可见司马迁对其学术评价是很高的。对于这样一位在思想界占有重要地位的人物，对其生活经历记载如此简略，可见董仲舒及其学术主张在当时的历史地位并未被司马迁充分认识。

《汉书》的作者则为董仲舒单独立传，内容翔实了许多[2]2495-2526。该书对其生平、学术渊源、"天人三策"及"限民名田说"等内容均有记载，最后将其推至"为儒者宗"[2]1317的地位，可见其历史地位有了很大的提升。文末对董仲舒进行了极高的评价：

> 仲舒在家，朝廷如有大议，使使者及廷尉张汤就其家而问之，其对皆有明法。自武帝初立，魏其、武安侯为相而隆儒矣。及仲舒对册，推明孔氏，抑黜百家。立学校之官，州郡举茂材孝廉，皆自仲舒发之。年老，以寿终于家。家徙茂陵，子及孙皆以学至大官。

并言：

> 仲舒所著，皆明经术之意，及上疏条教，凡百二十三篇。而说《春秋》事得失，《闻举》、《玉杯》、《蕃露》、《清明》、《竹林》之属，复数十篇，十余万言，皆传于后世。掇其切当世施朝廷者著于篇[2]2525-2526。

对比《史记》与《汉书》可见，董仲舒被后世推至"为儒者宗"的地位，其重要性是在历史的发展过程中被逐渐认识到的，他的学术主张最初被提出时，并不被社会充分肯定。

那么，当时的统治者采取的国家统治策略是"罢黜百家，独尊儒术"吗？

二、西汉武帝治国的策略是"霸王道杂之"

关于汉武帝治理国家的策略，史料记载：

> 至高祖时，因秦太卜官。天下始定，兵革未息。及孝惠享国日少，吕后女主，孝文、孝景因袭掌故，未遑讲试，虽父子

畴官，世世相传，其精微深妙，多所遗失。至今上即位，博开艺能之路，悉延百端之学，通一伎之士咸得自效，绝伦超奇者为右，无所阿私，数年之间，太卜大集。[3]3224

可见当时的"百端之学"都得到了发展。汲黯也批评武帝说："陛下内多欲而外施仁义，奈何欲效唐虞之治乎！"[2]2317

《汉书》中引用汉宣帝的话说："汉家自有制度，本以霸王道杂之，奈何纯任德教，用周政乎！"[2]277 可见汉武帝治理国家是以霸王道杂之，并没有独尊儒术，他只是采取了一些隆儒的措施。

其他隆儒措施还包括：

> 自武帝立五经博士，开弟子员，设科射策，劝以官禄，讫于元始，百有余年，传业者浸盛，支叶蕃滋，一经说至百余万言，大师众至千余人。[2]3620

可见，设立五经博士是隆儒的重要举措，且效果明显。

另据《汉书》记载：

> 婴、蚡俱好儒术，推毂赵绾为御史大夫，王臧为郎中令。迎鲁申公，欲设明堂，令列侯就国，除关，以礼为服制，以兴太平。举谪诸窦宗室无行者，除其属籍。[2]2379

政府采取了隆儒措施以兴太平。

又云：

> 建元元年冬十月，诏丞相、御史、列侯、中二千石、二千石、诸侯相举贤良方正直言极谏之士。丞相绾奏："所举贤良，或治申、商、韩非、苏秦、张仪之言，乱国政，请皆罢。"奏可。[2]155—156

在武、宣时期，独尊儒术的社会条件还不成熟，元帝即位后才"纯任德教"，使独尊儒术成为可能。所以说，董仲舒对于孝的理论并没有立刻影响统治者，使其成为国家政策。

那么,"孝"传播的社会历史条件又是什么呢?

三、战国秦汉时期《孝经》和"孝"的传播具有连续性

我们从两方面展开叙述:一是《孝经》被引用的情况;二是"孝"的被重视程度。

《孝经》原是先秦礼书的一部分。春秋战国时期,人们非常重视礼仪。在以法为教、以吏为师的秦国,吕不韦主编的《吕氏春秋》记载了"鸡父之战"①。其中引用了《孝经》章句来阐述治国的道理:

> 孝经曰:"高而不危,所以长守贵也;满而不溢,所以长守富也。富贵不离其身,然后能保其社稷,而和其民人。"楚不能之也。

并总结道:

> 凡持国,太上知始,其次知终,其次知中。三者不能,国必危,身必穷。[4]420

这是目前所见最早引用《孝经》的例子。大意是说,上等的守国之策是洞察事物的开端,其次是能够预见事情的结局,再其次的

---

① "鸡父之战"主要讲述吴楚之间由于吴女和楚女采桑嬉戏而引起的以楚败告终的战争故事。《吕氏春秋·察微》记载了故事梗概:楚之边邑曰卑梁,其处女与吴之边邑处女桑于境上,戏而伤卑梁之处女。卑梁人操其伤子以让吴人,吴人应之不恭,怒杀而去。吴人往报之,尽屠其家。卑梁公怒,曰:"吴人焉敢攻吾邑?"举兵反攻之,老弱尽杀之矣。吴王夷昧闻之怒,使人举兵侵楚之边邑,克夷而后去之。吴、楚以此大隆。吴公子光又率师与楚人战于鸡父,大败楚人,获其帅潘子臣、小惟子、陈夏啮,又反伐郢,得荆平王之夫人以归,实为鸡父之战(自《吕氏春秋·察微》)。引用《孝经》中的句子的大意是,《孝经》上说:"高却不倾危,因此能够长期保住尊贵;满却不外溢,因此能够长期保住富足。富贵不离身,然后才能保住国家,使人民和谐。"楚国恰恰不能做到这些。

是随着事情的发展来了解它。如果这三样都做不到,则国家一定会危险,自身一定会困窘,当时的楚国不能践行《孝经》中的理想,故败。《孝经》的作用已上升到治理国家的高度。

战国至西汉初年,《孝经》仍受到统治者重视,只不过在民间的传播并不十分广泛。孔安国在《古文孝经训传序》中说:

> 至汉兴,建元之初,河间王得而献之,凡十八章,文字多误,博士颇以教授。后鲁恭王使人坏孔夫子讲堂,于壁中石函得《古文孝经》二十二章……献之天子。天子使金马门待诏学士与博士群儒从隶字写之,还子惠一通。以一通赐所幸侍中霍光,光甚好之,言为口实。时王公贵人咸神秘焉,比于禁方,天下竞欲求学,莫能得者。每使者至鲁,辄以人事请索,或好事者募以钱帛,用相问遗,鲁吏有至帝都者,无不赍持以为行路之资。[5]1

随着汉朝统治的逐步稳定,《孝经》也开始从庙堂走向民间。平帝时期,《孝经》被作为基层学校的基础读物:

> (元始三年)夏,安汉公奏车服制度,吏民养生、送终、嫁娶、奴婢、田宅、器械之品。立官稷及学官。郡国曰学,县、道、邑、侯国曰校。校、学置经师一人。乡曰庠,聚曰序。序、庠置《孝经》师一人。[2]355

据后文"孝平之世,政自莽出"[2]360看,此奏应该是被执行了。在基层的序、庠置《孝经》师一人,之前在太学、郡国自上而下应该是设有《孝经》师的,因为《后汉书·百官志四·司隶校尉》记载:"《孝经》师主监试经。"[6]3613需要注意的是"其执掌与王莽所制可能不尽相同"[7]106-111。可见,地方官学的设立自郡国延伸到聚,基层亦置经师,这一过程是在西汉时期完成的。

另外,政府对授《孝经》者,提供了很好的待遇:

（元始五年）征天下通知逸经、古记、天文、历算、钟律、小学、《史篇》、方术、《本草》及以《五经》《论语》《孝经》《尔雅》教授者，在所为驾一封轺传，遣诣京师。至者数千人。[2]359

可见治《孝经》学者的地位之高。在此之前，治《孝经》者远远不如《五经》师的地位尊崇。太学的教官是《诗》、《书》、《易》、《礼》、《春秋》五经博士。而"《论语》《孝经》可能是公共必修课"[8]58-63。两汉时期，《孝经》是家学（或私学），是童蒙教育的必读之物。王国维曾做了专门考证："《论语》、《孝经》、小学、六艺，皆汉时学校诵习之书。以后世之制明之：小学诸书者，汉小学之科目也；《论语》《孝经》者，汉中学之科目也……汉人就学，首学书法……进则授《尔雅》《孝经》《论语》……汉时《论语》《孝经》之传，实广于五经，不以博士之废置为盛衰也。"[9]107

此外，战国时期，孝逐渐被全社会认可：

如陈轸对秦惠王说：

孝己爱其亲，天下欲以为子；子胥忠乎其君，天下欲以为臣。[10]218

这是陈轸对秦惠王讲行道之人都懂的道理时说的话。"亲"指后母。相传孝己乃殷王高宗戊丁之子，侍亲一夜五起，视衣之厚薄，枕之高下，甚"爱其亲"。"爱其亲"的行为得到了全社会的认可。

又如，赵武灵王欲立周绍为王子傅，其主要原因就是他听到别人对周绍的评价是：

为子之时，践石以上，皆道子之孝……人有言语子者，曰："父之孝子，君之忠臣也。"故寡人以子之知虑，为辨足以道人，危足以持难，忠可以写意，信可以远期。[10]1069

赵武灵王认为，由周绍之孝，可以确定周绍是个值得信赖的人。

检索《战国策》，在《燕策》、《宋卫策》等部分，都有对孝的记载，社会上对"孝"都是积极评价。总之，行孝之人会得到社会的普遍认可，这是在战国时期各国境内的普遍现象。

战国诸子著作中亦有对孝的阐释，说明了"孝"的重要性和普遍性，如"六亲不和，有孝慈"[11]1109。又如"君臣不惠忠，父子不慈孝，兄弟不和调，此则天下之害也"[12]101-102。这是说"不孝"的巨大害处。秦进才先生说："儒、墨、道、法、杂、纵横等家对于孝的内容、作用、解释立足于各自的理论体系，各有特色，异彩纷呈。"[13]134-139

值得注意的是，战国时期的孝，不仅是阐释"父子天性"的孝，更重要的是它是具有政治属性的孝。《战国策》中关于"孝"的内容大多是人利用"孝"德设计说辞和策划计谋，与后代所宣传的孝不同。战国诸子谈孝也是为他们的政治理想作铺垫。他们走上了同一条路：忠、孝并提，家、国并举。

即使是在被称为"虎狼之国"的秦国，"不孝"也是违法行为。"孝"是基层官员为政的指导，《睡虎地秦墓竹简》记载：

> 君鬼臣忠，父兹（慈）子孝，政之本殹（也）。[14]169

《为吏之道》中有不少内容与《礼记》、《大戴礼记》、《说苑》等相同，很多文句是关于官吏的处世哲学[14]280。强调"君鬼（通怀，和柔也）臣忠，父（兹）慈子孝"是为政之根本，可见孝之根本地位。《睡虎地秦墓竹简·封诊式·告子》记载：

> 爰书：某里士五（伍）甲告曰："甲亲子同里士五（伍）丙不孝，谒杀，敢告。"即令令史己（通乙，笔者加）往执。
>
> 令史己爰书：与牢隶臣某执丙，得某室。丞某讯丙，辞曰：

"甲亲子，诚不孝甲所，毋（无）它坐罪。"[14]156 大意是说某里仕伍甲控告说："甲的亲生子同里仕伍丙不孝，请求政府将丙处以死刑。"县亭受理了此控告，当即命令县亭的吏令史乙前往捉拿甲之子，令史乙记录的爰书；和牢隶臣某一起去捉拿丙，在某室逮捕了丙，押解到县廷，县丞某审讯丙，丙的供词说：是甲的亲子，确实在甲的住所对甲不孝，没有其他犯罪①。

秦始皇兼并六国以后，也不忘宣扬孝道："廿有六年，上荐高号，孝道显明。"[15]4175

进入汉代，政府更加重视"孝"。就是以流氓习气著称的"不好儒"的汉高祖刘邦也不敢公开对抗"孝"。史载刘邦做了皇帝后仍对其父行家人父子之礼，"高祖五日一朝太公，如家人父子礼"[3]382，这无疑损害了刘邦作为天子的威严。太公家令遂说服太公：

> 天无二日，土无二王。今高祖虽子，人主也；太公虽父，人臣也。奈何令人主拜人臣！如此，则威重不行。

家令提醒太公，身为一国至尊的刘邦为他行父子之礼，损害了刘邦作为天子的威严。后来就有了下面的事情，后高祖朝，太公

> 迎门却行。高祖大惊，下扶太公。太公曰："帝，人主也，奈何以我乱天下法！"于是高祖乃尊太公为太上皇。

刘邦很满意太公家令的做法，史称他"心善家令言，赐金五百斤"。太公家令悟出了刘邦的用心，其巧妙周旋受到了奖赏。汉六年（前201）下诏曰：

> 人之至亲，莫亲于父子，故父有天下传归于子，子有天下尊归于父，此人道之极也。前日天下大乱，兵革并起，万民苦

---

① 参考了释文中的解释。

殃，朕亲被坚执锐，自帅士卒，犯危难，平暴乱，立诸侯，偃兵息民，天下大安，此皆太公之教训也。诸王、通侯、将军、群卿、大夫已尊朕为皇帝，而太公未有号。今上尊太公曰太上皇。[2]62

高祖尊其父为"太上皇"。这既维护了皇帝的尊严，又为刘邦赢得了"孝"的美名。

汉武帝时期，政府对孝有更大的推进，元朔元年（前128）冬十一月，诏曰：

公卿大夫，所使总方略，壹统类，广教化，美风俗也……朕夙兴夜寐，嘉与宇内之士臻于斯路。故旅耆老，复孝敬，选豪俊，讲文学……今或至阖郡而不荐一人，是化不下究，而积行之君子雍于上闻也。二千石官长纪纲人伦，将何以佐朕烛幽隐，劝元元，厉蒸庶，崇乡党之训哉？且进贤受上赏，蔽贤蒙显戮，古之道也。其与中二千石、礼官、博士议不举者罪。[2]167

汉武帝对当时纲纪人伦丧失的社会现象很担忧，令二千石、礼官、博士讨论，不举贤者有罪。有司奏议曰："……今诏书昭先帝圣绪，令二千石举孝廉，所以化元元，移风易俗也。不举孝，不奉诏，当以不敬论；不察廉，不胜任也，当免。"申明举孝察廉的责罚措施。书曰："奏可"，讲到了孝的重要性，并强令"二千石举孝廉"，且处罚严重，"不举孝，不奉诏，当以不敬论"[2]167。从"二千石举孝廉"、"不举孝，不奉诏，当以不敬论"看，这是西汉立国以来最大的举动。

可以看出，战国到西汉武帝时期，《孝经》及孝的传播是一个连续的、逐步加强的过程。经过这一过程，孝成为一种全社会的普遍行为。

四、结语

通过分析可见,董仲舒对孝的主要作用是:将孝纳入到五行体系的学说中。他对孝及儒家思想的宣传,并没有立刻影响到汉武帝的治国策略。董仲舒在孝传播过程中的作用是有限的,并不像后代学者理解的那样——董仲舒对孝的传播起了决定性作用。《史记》、《汉书》二著对董仲舒的记录、评价存在着差别,可见不同时期的史学家对董仲舒地位的认识是不同的。经过四五百年的发展,"孝"在战国秦汉时期的社会条件下不断地被传播、认可。《孝经》为孝的传播提供了很好的学理条件。我们看到,经过以上综合因素的共同作用,孝进入了历史上第一个普及发展阶段。

参考文献:

[1] 苏舆. 春秋繁露义证 [M]. 钟哲点校. 北京:中华书局,1992.
[2] 班固. 汉书 [M]. 北京:中华书局,2006.
[3] 司马迁. 史记 [M]. 北京:中华书局,2003.
[4] 陈奇猷. 吕氏春秋校释 [M]. 北京:学林出版社,1984.
[5] 严可均. 全上古三代秦汉三国六朝文 [M]. 北京:中华书局,1958.
[6] 范晔. 后汉书 [M]. 北京:中华书局,2003.
[7] 姚宏杰. 汉代官学教师制度述论 [J]. 河池学院学报,2006 (6).
[8] 董继辉. 汉代教育评述 [J]. 重庆师院学报(哲社版),1993 (3).
[9] 王国维. 观堂集林 [M]. 石家庄:河北教育出版社,2002.
[10] 范祥雍. 战国策笺证 [M]. 上海:上海古籍出版社,2006.
[11] 黄晖. 论衡校释 [M]. 北京:中华书局,1990.
[12] 孙诒让. 墨子间诂 [M]. 北京:中华书局,2001.

[13] 秦进才. 两汉《孝经》传播与孝行管窥 [J]. 社会科学战线，2005 (1).

[14] 睡虎地秦墓竹简整理小组. 睡虎地秦墓竹简 [M]. 北京：文物出版社，1978.

[15] 王昶. 金石萃编：第1册 [M]. 北京：中国书店，1985.

原文载于《衡水学院学报》2013年第6期。

李现红（1976－），女，河北邯郸人，石家庄学院历史文化学院讲师，历史学博士。

黄雁鸿（1971－），女，广东中山人，澳门理工学院中西文化研究所研究员，历史学博士。

董仲舒与汉代学术研究

从董仲舒哲学看汉代儒学的基本特征

周桂钿

董仲舒被汉代史学家称为"儒者宗"、"群儒首",在汉代,董仲舒儒学思想最有代表性。他的哲学是政治哲学,是当时时代精神的精华。主要由三个部分组成。这就是:大一统论、天人感应、独尊儒术。这是三位一体的,构成汉代新儒学,即董学。董仲舒与其弟子和后学,共同创造的学术,被奉"独尊"者,产生了巨大的影响,并且影响到以后的两千多年中国政治,使董仲舒成为与孔子、朱熹并列的三大思想家。

一、大一统论

这一理论是董仲舒对历史经验教训的总结,也是古为今用的典型例子。此前虽有统一的思想,如周代的"溥天之下,莫非王土,率土之滨,莫非王臣"(《诗经·小雅·谷风之什》),以及春秋时代的五霸都以尊周为口号。战国时代不再尊周,各国也都想统一天下。诸子百家也都不同程度地表达了统一天下的愿望,如墨家的

"尚同"思想。秦始皇用实力统一了天下，要将思想统一于法家，"以法为教"、"以吏为师"。由于"一断于法"的片面性，秦朝很快灭亡了，这也就宣告了失败。汉人总结秦亡教训，以为是好大喜功，于是反其道而行之，选择了战国时期黄老的"无为之治"。中央无为，诸侯觊觎。贾谊提出警告，没有人相信，几十年后，终于暴发吴楚七国之乱，晁错提出削藩，不幸冤死。如果说秦朝好大喜功，偏左，那么汉初无为之治，则过右。董仲舒总结历史教训，认为乱世产生于君权旁落。周天子权威衰微，礼崩乐坏，诸侯纷争，有了数百年的春秋战国乱世。只有实现大一统，才能免除战乱，人民得以安居乐业。于是董仲舒提出"屈民而伸君"，民主要指诸侯王，要服从皇帝，才能实现大一统。诸侯王如果各行其是，就会出现分裂割据的局面，陷于战乱。远的有春秋战国的大乱，近的则有景帝时代的吴楚七国之乱，都说明统一的重要性。

秦朝统一了，却也乱了，为什么？君主如果任意胡来，权力不受制约，这也会导致混乱。西方讲权力不受制约会导致腐败，中国历史上也是这样，"尧为匹夫，不能治三人；而桀为天子，能乱天下"（《韩非子·难势》引《慎子》言）。如何防止桀之类的人当天子，如何使天子不敢纵欲，或者不能乱天下？这自然是复杂的问题。过去，周朝"敬天保民"，以天命论作为悬于头上神剑，使天子不敢胡来。天命论经过荀子批评以后，特别是经过秦王朝不信天命的观念的影响，如何才能让后人相信天命，就增加了不少难度。但是，皇帝只怕天命与祖先，还得搬出天命来。董仲舒对天命进行了一番加工，重新加以论证，强调"屈君而伸天"，给有至高无上权力的皇帝加上"天"这副精神枷锁。这就演绎出天人感应理论。"屈民而伸君"加上"屈君而伸天"，既可以维护统一大业，又不会由于权力不受制约而产生动乱。董仲舒用解释《春秋》经典的办法，强调天子要谨慎语言，不能随便乱说。董仲舒在对策中说："《春秋》大一统者，天地之常经，古今之通谊也。"大一统的实现必须从皇帝自己做起，董仲舒对汉武帝说："臣谨案《春秋》谓一元之意，一者，万物之所从始也，元者，辞之所谓大也。谓一为元者，视大始而欲正本也。《春秋》深探其本，而反自贵者始。故为人君者，正心以正朝廷，正朝廷以正百官，正百官以正万民，正万民以正四方。四方正，远近莫敢不壹于正，而亡有邪气奸其间者。是以阴阳调而风雨时，群生和而万民殖，五谷孰而草木茂，天地之间被润泽而大丰美，四海之内闻盛德而皆徕臣，诸福之物，可致之祥，莫不毕至，而王道终矣。"（《汉书·董仲舒传》引董仲舒对策文）从此以后，历代统治者都重视维护统一的政治局面，为统一做出贡献的？就是民族英雄，名标青史，流芳百世；破坏统一，搞分裂的，就是卖国贼、民族败类，奇耻大辱，遗臭万年。南宋著名诗人陆游在临死前留下遗言，表达自己的心愿："死去原知万事空，但悲不见九州同。王师北定中原日，家祭无忘告乃翁。"这一首诗传颂长久，也说明它反映了中华民族的传统精神。

大一统有一个中心，这个中心就是天子。全国人都要服从天子，天子就必须首先"正心"，正心才能正身，"其身正，不令而行"，这样才能正朝廷、正百官、正万民、正四方。天下都正了，人类社会和谐了，人与自然界万物也和谐了，那么，天地之间就成为极乐世界。天子要成为臣民的榜样，那就要对天子的思想有所制约，不能随心所欲，言行都要谨慎。他在《春秋繁露·立元神》中说"君人者，国之元，发言动作，万物之枢机，枢机之发，荣辱之端也，失之毫厘，驷不及追。故为人君者，谨本详始，敬小慎微……累日积久，何功不成？"君就是国家的本，他的言行影响极大，一旦失误，就无可挽回。所以要非常谨慎小心。道理讲了，皇帝听不听则另说。因此需要找一些让他敬畏的东西，董仲舒找到的就是天。于是他在对策与著述上，利用最新的研究成果，重新论证天人感应。

二、天人感应

首先，董仲舒提出天人感应是有基础的。周代敬天保民，虽经荀子批判，天论仍然深入人心，高水平的思想家对此还有相当浓厚的兴趣。集天下高明人士集体编撰的《吕氏春秋》，在《应同篇》中说："凡帝王者之将兴也，天必先见祥乎下民。……类固相召，气同则合，声比则应。鼓宫而宫动，鼓角而角动。平地注水，水流湿。均薪施火，火就燥。……祸福之所自来，众人以为命，安知其所。"五行相胜说在春秋时代就已经流行，《孙子兵法》就有"五行无常胜"的说法。邹衍用五行相胜解释朝代更替，形成"五德终始"说。秦始皇不相信天，对"五德终始说"却很相信，他认为周朝是火德，秦朝胜周朝，是水胜火，于是认为秦朝是承水运，色尚黑，数用六，改黄河为德水。我们可以从《史记》中看到，秦代及汉初，天命论相当流行，秦将蒙恬临死，喟然长叹曰："我何罪于天，无过而死乎？"（《蒙恬列传》）他受迫害，就想到是否得罪于天。项羽战败，自刎乌江时说："此天之亡我，非战之罪也。"（《项羽本纪》）刘邦患病，吕后要请医生看病，刘邦说："吾以布衣提三尺剑取天下，此非天命乎？命乃在天，虽扁鹊何益？"（《高祖本纪》）公元前181年发生一次日食，日是阳，日食是阴袭阳，吕后认为这是上天对她的严厉谴责。《吕太后本纪》载："己丑，日食，昼晦。太后恶之，心不乐，乃谓左右曰：'此为我也。'"汉文帝二年发生日食，他就下诏说："人主不德，布政不均，则天示之以灾，以诚不治。"（《孝文本纪》）政治家信天，理论家也讲天，如陆贾说："治道失于下，则天文变于上。"（《新语·明诚》）社会有这种心理，董仲舒自然可以利用这种心理，来构建自己的理论体系。

其次，要制约皇帝至高无上的权力，就要论证天人感应。天人为什么会感应？是如何感应的？怎么知道天人是相互感应的？天子如何应对？这些问题都解决了，统治者才能相信，天人感应说才能确立起来。

天与人为什么会感应？董仲舒根据当时最新的研究成果，同类相感。董仲舒在《春秋繁露》中提出："天者，万物之祖，万物非天不生。"（《顺命》）"为人者，天也。"人是天所创造的。因此天与人是同类的，"以类合之，天人一也"（《阴阳义》），有数量的，天与人相合，如天有12个月，人也有12个大骨节，天有366天，人有366个小骨节，这叫"人副天数"。人有喜怒，天有阴阳，人有五脏，天有五行，如此一一对应。从天生人到人副天数，说明天人同类，于是根据天人同类与同类相感，自然推出天人可以感应。董仲舒也举出共鸣共振现象来说明同类相感。阴阳相感的例子很多，日月是天上的阴阳，天上的月是阴之宗，对地面的阴性类事物就有影响，如《吕氏春秋·精通》载："月也者，群阴之本也。月望则蚌蛤实，群阴盈。月晦则蚌蛤虚，群阴亏。夫月形乎天，而群阴化乎渊。"父母与子女"一体而两分，同气而异息"，也会"忧思相感"，"两精相得"。董仲舒根据这些认识，做出理论分析："此物之以类动者也，其动以声而无形，人不见其动之形，则谓之自鸣也。又相动无形，则谓之自然。其实非自然也，有使之然者矣。物固有实使之，其使之无形。"董仲舒根据看不见的相动关系，认为是相动无形，否认自然、自鸣的说法。天与人是怎么感应的？同类相感，阴类与阴类相感，阳类与阳类相感。同样道理，善类与善类相感，恶类与恶类相感。皇帝做了好事，上天就会降下瑞物，表示嘉奖；皇帝做得不好，上天就会降下怪异灾祸，表示警告与惩罚。这就是灾异谴告说。因此，一旦出现灾异，皇帝就要自省，看有什么事处理不当，给予纠正。天人会有感应，为什么许多人看不到，那是因为相动无形，一般人不了解，聪明的人可以从许多现象中体会出来。对于如何应对，董仲舒认为皇帝要学习儒家经典，特别是《春秋》，可以从中了解圣人的意思，而圣人的意思代表了上天的意志。

很显然，董仲舒这个说法是有合理性的，他以此推论出天人感应也是相动无形的，不能否定相互感应的关系。这就未必是科学的。有的人也许坚持科学观特别彻底，认为应该全盘否定董仲舒的天人感应论。实际上，人在地球上生活演化发展了千百万年，人与自然环境关系密切，毋庸置疑。有一些现象也确实存在，如月的运行与地球海洋的水有密切关系，与人体的血液循环也有关系。女人属于阴，月经来潮与月相应。中国古人认为这也是阴类同性相感。天的昼夜寒暑对人体也有周期性的影响，科学名词叫"节律"。当然还有一些当时科学水平解决不了的现象，董仲舒也用来说明还有很多不理解的现象，现代科学也未必都能解释。如他在《郊语》中说："人之言：酝去烟，鸱羽去昧，慈石取铁，颈金取火，蚕珥丝于室，而弦绝于堂，禾实于野，而粟缺于仓，芜荑生于燕，橘枳死于荆，此十物者，皆奇而可怪，非人所意也。夫非人所意而然，既已有之矣，或者吉凶祸福、利不利之所从生，无有奇怪，非人所意如是者乎，此等可畏也。孔子曰：'君子有三畏：畏天命，畏大人，畏圣人之言。'彼岂无伤害于人，如孔子徒畏之哉！以此见天之不可不畏敬。"这十种现象，"非人所意"，不是人所能理解的。它们确实存在，究竟吉凶祸福，会产生利不利，不得而知，因此非常可怕。孔子说畏天命，天命如果不会伤害人类，孔子为什么害怕。他的结论是：不能不敬畏天。任何对大自然的重大改造，都会招来大自然的报复。这也是可怕的。无数事实已经如此，改造大自然不可不慎重。人们已经觉醒，过去打虎是英雄，现在打虎是犯罪。这就是觉醒的一种表现。保护环境，保护生态，保护大自然，都是当今世界性的课题。

最后，天人感应对后代皇帝有很大的影响，汉代皇帝，汉武帝以后的各代皇帝（宣、元、成、哀），遇到日食、地震等自然现象，就要下诏罪己，免收或减收赋税，采取一些措施安抚灾民，虽然不是重大改革，有些具体措施，对于安定民心，也起了不小的作用。东汉光武帝所下此类诏书最多，例如建武五年夏四月发生旱灾和蝗灾，光武帝下诏说："久旱伤麦，秋种未下，朕甚忧之。将残吏未胜，狱多冤结，元元愁恨，感动天气乎？"（《后汉书·光武帝纪》）同时下令减罪赦囚。建武六、七年下过类似的诏书。建武十一年二月下诏说："天地之性人为贵，其杀奴婢，不得减罪。"（同上）十年间下过六次诏书，再三强调要释放奴婢。建武二十二年九月，河南南阳地震，光武帝下诏曰："日者地震，南阳尤甚。夫地者，任物至重，静而不动者也。而今震裂，咎在君上。鬼神不顺无德，灾殃将及吏人，朕甚惧焉。"（《后汉书·光武帝纪》）同时令南阳地区免租、减罪等措施。这对灾民渡过难关是有帮助的。以后历朝历代的皇帝不断有祭天的活动，说明"天"成为中国传统的崇拜对象。这不仅在统治者那里，而且在民间也很有市场。至今有的地方结婚仪式仍然有拜天地这一节目，说有过结婚仪式，就说"拜过天地"。在思想家那里，董仲舒的天人感应论，也是可以理解的。王充是反对天人感应的，但他对董仲舒却另眼看待。他说："六经之文，圣人之语，动言'天'者，欲化无道、惧愚者。"圣人所说的天，"及其言天犹以人心,非谓上天苍苍之体也"(《论衡·谴告》)。他认为董仲舒也像古代圣人,"言君臣政治得失,言可采行,事美足观……虽古圣之言,不能过增"(《论衡·案书》)。董仲舒设土龙致雨,王充是不同意的,但他却为董仲舒辩护,说"仲舒用之致精诚,不顾物之伪真也"(《论衡·死伪》),认为董仲舒设土龙,其中包含合理性与政治意义,"览见深鸿,立事不妄,设土龙之象,果有状也"(《论衡·乱龙》)。汉代学者如司马相如《封禅文》、刘向《洪范五行传》、扬雄《剧秦美新》、班彪《王命论》、班固《典引》等都讲"符瑞之应"(见柳宗元《贞符》序及韩醇注)。南宋赵彦卫在《云麓漫抄》中说:"董仲舒、刘向于五行灾异,凡一虫一木之异,皆推其事以著验。二子汉之大儒,惓惓爱君之心,以为人主无所畏,惟畏天畏祖宗,故委曲推类而言之,庶有警悟。学者未可遽少之也。"(《云麓漫抄》卷一四)清代学者皮锡瑞在《经学通论·易经》中说:"古之王者恐己不能不失德,又恐子孙不能无过举也,常假天变以示警惕……后世君尊臣卑,儒臣不敢正言匡君,于是亦假天道进谏,以为仁义之说,人君之所厌闻,而祥异之占,人君之所敬畏。陈言既效,遂成一代风气。故汉世有一种天人之学,而齐学尤盛。"他在《经学历史·经学极盛时代》中说:"当时儒者以为人主至尊,无所畏惮,借天象以示儆,庶使其君有失德者犹知恐惧修省。此《春秋》以元统天、以天统君之义,亦《易》神道设教之旨。汉儒借此以匡正其主。其时人主方崇经术,重儒臣,故遇日食地震,必下诏罪己,或责免三公。……后世不明此义,谓汉儒不应言灾异,引谶纬,于是'天变不足畏'之说出矣。近西法入中国,日食、星变皆可预测,信之者以为不应附会灾祥。然则,孔子《春秋》所书日食、星变,岂无意乎?言非一端,义各有当,不得以今人之所见轻议古人也。"近代学者梁启超曾说:"民权既未能兴,则政府之举动措置，既莫或监督之而匡纠之，使非于无形中有所以相慑，则民贼更何忌惮也。孔子盖深察夫据乱时代之人类，其宗教迷信之念甚强也。故利用之而申警之……但使稍自爱者，能恐惧一二，修省一二，则生民之祸，其亦可以消弭。此孔子言灾异之微意也，虽其术虚渺迂远，断不足以收匡正之实效。然用心良苦矣。江都最知此义，故其对天人策，三致意焉。汉初大儒之言灾异，大率宗此旨也。"（《饮冰室丛著》第二卷）现代新儒家徐复观先生也承认汉儒用天人感应说"控制皇帝已发生相当的效果"（《两汉思想史》卷二《王充论考》）。如何定性天人感应论的哲学性质？按过去的两分法，当然可以定为唯心主义。很明显，这种哲学是为当时的政治服务的，它的性质也应该由政治的性质来定。当时地主阶级是上升时期的进步阶级，所实行的是当时先进的封建制度，为这种封建制度服务的当然就是先进文化。说天人感应论有进步性、合理性，自然也不为过。皮锡瑞的"言非一端，义各有当"说法，值得思考。从不同的角度审视一种理论，可以得出不同的结论。理论是复杂的，社会也是复杂的，怎么可以只有一条线索、一个标准呢？董仲舒探讨的是政治哲学，要从政治角度来评价，才是适当的。它不是宇宙论哲学，用唯物主义与唯心主义来定性，就是张冠李戴。实践是检验理论的标准。在两千多年的中国政治实践中，许多政治家奉行之，获得好效果，许多思想家给予理解与好评。我们据此对董仲舒政治哲学的历史地位，给予适当肯定，是可以成立的，对于张冠李戴者给予纠正，也是有意义的。

三、独尊儒术

关于天人感应，天是什么？需要儒家进行解释，儒家当然按儒学来解释。于是天就变成了儒学的代表。皇帝要敬天，自然就要独尊儒术。董仲舒的天人感应与独尊儒术都是为政治服务的，就是政治哲学体系中重要的构成部件。

独尊儒术以后，儒家的几本教材就成为经典，《诗经》、《尚书》、《礼》、《周易》、《春秋》这五经成为天下士子努力学习、注释、讲授的教材，形成一门特殊的学问——经学。汉代的学术特点是经学，各家各派都是通过注经、讲经，发挥自己的思想，创立新的思想体系，形成各种经学派别。而这些经书在两千多年中被反复研究、讨论过，每一时代都有所发现，更加丰富。西方哲学的发展，是推翻前人的体系，建构自己的新体系。中国传统哲学是继承前人的思想，加入自己的新思想。虽然有时也讨论经书真伪问题，而他们的基础仍然是经学。有了经学的权威性，思想的统一性就具有了超稳定性。经学还是以理性为主，崇经过头，就出现了谶纬，毕竟缺乏理性，虽然盛极一时，不久就消沉了。而经学则历久弥新，对社会理解的深刻性，令人信服。经书不断增加，后来有九经、十一经，最后，清代阮元编了《十三经注疏》，算是固定下来，增加进去的是在历史上经过检验被认可的儒家典籍如"三礼"：《仪礼》、《周礼》、《礼记》，以及《春秋》三传，《论语》、《孟子》、《孝经》、《尔雅》等。

中国历来有追求思想统一的传统，墨子讲"尚同"，"凡里之万民，皆尚同乎乡长，而不敢下比。乡长之所是，必亦是之；乡长之所非，必亦非之……凡国之万民，上同乎天子，而不敢下比。天子之所是，必亦是之；天子之所非，必亦非之。去而不善言，学天子之善言；去而不善行，学天子之善行。天子者，固天下之仁人也。举天下之万民，以法天子。夫天下何说而不治哉？"（《墨子·尚同中》）墨子要求万民统一于乡长，乡长统一于国君，国君统一于天子,天下都统一于天子。墨子所讲的"尚同"就是"上同",要求天下万民上同于天子,以天子之是非为是非。"尚同"就是统一思想、统一是非的典型说法。荀子也有统一思想的愿望,他在《非十二子》中批评了六派十二子,包括子思、孟子那一派儒家,认为以孔子、子弓为代表的那一派儒家应该成为统一的核心。韩非主张"以法为教"、"以吏为师",实际上就是用法家思想来统一天下的思想。由于秦王朝很快就灭亡了,法家思想也就成了殉葬品。虽然法家思想不时髦了,但是,"圣人不能无法以治国","徒善不足以为政",法是治国的必要工具,法家的思想仍然在新统治者中实际运用着。汉朝建立时,汲取秦朝教训,采取了无为而治,崇尚黄老道家的自然无为的治国方针。汉景帝时出现吴楚七国之乱,这才放弃无为而治的方针,转而崇尚儒学。由于儒学在稳定社会、缓和矛盾、恢复秩序方面有特殊的作用。统治者希望实现和谐秩序,维持长治久安,选择了儒学。独尊儒术就是在这样的条件下提出来的。这个儒学是汉代新儒学,是汉代新儒家吸收先秦诸子百家的思想精华,重新建构起来的能够适应新时代的新儒学。从思想理论方面说,董仲舒政治哲学可以说是集大成者。班固因此称他为"儒者宗"、"群儒首"。从此以后,在两千多年中,历朝历代基本上以儒学作为统一思想的基础,迄今为止,孔子仍然是中华传统文化的形象代表。

有的学者提出,汉武帝并没有独尊儒术,因为当官的未必都是儒家。这就将独尊儒术作了绝对化的理解。司马迁生活于汉武帝时代,《史记》著成于汉武帝时代。《史记》以皇帝作为"本纪",诸侯为"世家",公卿大夫以及各色突出人物归入"列传"。以儒家创始人孔子入"世家",为孔子弟子立《仲尼弟子列传》,为历代儒家作《儒林列传》,其他学派如道家、墨家、法家、阴阳家都没有享受这种规格。如果没有独尊儒术，那么，如何解释这种现象呢？

班固在《汉书·公孙弘卜式儿宽传》赞中说："汉之得人，于兹为盛。儒雅则公孙弘、董仲舒、儿宽，笃行则石建、石庆，质直则汲黯、卜式，推贤则韩安国、郑当时，定令则赵禹、张汤，文章则司马迁、相如，滑稽则东方朔、枚皋，应对则严助、朱买臣，历数则唐都、洛下闳，协律则李延年，运筹则桑弘羊，奉使则张骞、苏武，将率则卫青、霍去病，受遗则霍光、金日䃅，其余不可胜纪。是以兴造功业，制度遗文，后世莫及。"汉武帝所立的丰功伟业，与这些贤才的奉献和创造分不开。汉武帝时代人才最盛，汉宣帝时代也很盛，"孝宣承统，纂修洪业，亦讲论六艺，招选茂异，而萧望之、梁丘贺、夏侯胜、韦玄成、严彭祖、尹更始以儒术进，刘向、王褒以文章显，将相则张安世、赵充国、魏相、丙吉、于定国、杜延年，治民则黄霸、王成、龚遂、郑弘、召信臣、韩延寿、尹翁归、赵广汉、严延年、张敞之属，皆有功迹见述于世。参其名臣，亦其次也"。为什么会如此之盛？班固又说："汉兴六十余载，海内艾安，府库充实，而四夷未宾，制度多阙。上方欲用文武，求之如弗及，始以蒲轮迎枚生，见主父而叹息。群士慕向，异人并出。卜式拔于刍牧，弘羊擢于贾竖，卫青奋于奴仆，日䃅出于降虏，斯亦曩时版筑、饭牛之朋已。"天下太平，需要人才来参与政治，帮助建立制度。汉武帝虚心诚敬，以蒲轮迎接枚乘，见到主父偃，十分感慨，相见恨晚。汉武帝这种求贤的态度，对贤才具有强大的吸引力。"群士慕向，异人并出。"汉武帝又从社会最底层发现、提拔一些优秀突出的人才。如果没有汉武帝的积极态度，那么，他们就不可能得以发挥自己的才华，创立丰功伟绩。"公孙弘、卜式、儿宽皆以鸿渐之翼困于燕爵，远迹羊豕之间，非遇其时，焉能致此位乎？"选择这些人才不拘地位，就像过去殷代武丁从傅险版筑中发现傅说,"举以为相,殷国大治"(《史记·殷本纪》);也像齐桓公将饭牛于车下的宁戚提拔出来当大夫,"任之以国"(《史记·鲁仲连邹阳列传》及《集解》)。古代统治者能够从地位很低的人群中选拔优秀人物,委以国政,就是非常不容易的事情,也是被传为美谈的英明之举。汉武帝也能这样发现贤才,选拔杰出人物,当然也是英明之举。汉武帝的英明,众多贤士才有机会充分发挥自己的才华。众多贤士的才华的充分发挥,才有汉武帝时代的盛世。当政者与贤才互相配合,共同努力,是建功立业的保证。君臣之间,君应该是主导方面,因此,司马迁说:"士贤能而不用,有国者之耻。"(《史记·太史公自序》)

以上五十多人是史家认定的杰出人物,我们查他们的传记,他们出仕的方式主要有因父亲而出仕的、明经的、被当政者发现提拔的、当官推荐的、自荐的、参加对策的、察廉的、奉献财物任官的。因父亲而出仕的,称为"任子",共有12名;明经出仕者有9名,"萧望之、梁丘贺、夏侯胜、韦玄成、严彭祖、尹更始以儒术进";被当政者发现并提拔的和对策的,各有5名;推荐的、察廉的、捐钱的各3名;自荐的有2名。还有个别是积功劳的、经商出身的、靠外戚关系的、好黄老之言的各一人,还有6名情况比较复杂,难以归类的。"任子",占四分之一强。明经加上对策,最多,14名,也占四分之一强。提拔、推荐、察廉,这三种方式,都是政府通过规范形式选拔的有11名,也是四分之一强。明经与对策,主要是儒家学派的。其他学派只有一名是好黄老之言的,其他形式选拔的也多是学习过儒学的人。在《史记·儒林列传》中,而董仲舒的弟子当了大官的(遂者)就有兰陵褚大、广川殷忠、温吕步舒。任大夫、郎、谒者、掌故者还有数百人。董仲舒的子孙也都由学问而当了大官。

在《汉书·儒林传》中载胡毋子都，文中又提到董仲舒。"而董生为江都相，自有传。弟子遂之者，兰陵褚大，东平嬴公，广川段仲，温吕步舒。大至梁相，步舒丞相长史，唯嬴公守学不失师法，为昭帝谏大夫，授东海孟卿、鲁眭孟。"

这段话，《汉书》基本上是抄《史记》的，只是"殷忠"变"段仲"，形近音近而误。另外，《汉书》增加一个东平嬴公。开始，嬴公学守师法，进行教学，没有当官，因此，司马迁没有将他列入"遂者"。后来，嬴公当了昭帝时代谏大夫，可能司马迁并不知道。嬴公当了谏大夫，他的学问又影响了几代人，在班固看来，嬴公则是董仲舒的高足弟子，不能不加上。从《史记》、《汉书》来看，董仲舒的弟子、后学、子孙当了大官不少，也都是学了儒学的。这显然是"独尊儒术"的结果。

原文载于九州出版社 2011 年版《国际儒学研究》第十八辑。

周桂钿（1943—），男，福建长乐人，北京师范大学哲学与社会学学院教授、博士生导师。国际儒联顾问中国哲学史学会副会长、中华孔子学会副会长、朱子学会副会长、中国政法大学国际儒学院副院长、衡水学院特聘教授。

董仲舒与汉代新儒学的发展

黄朴民

董仲舒以治《公羊》学为业,《公羊》系今文经学。汉代统治者接受董仲舒的学说,实际上体现为对今文经学的接受。今文经学讲究微言大义,有比较系统的思想体系,故成为新儒学的主体,在整个汉代思想界中占主导地位。而董仲舒思想正是汉代新儒学的代表者。至于东汉的《白虎通义》,则是董仲舒新儒学的直接继承者和发展者。

董仲舒新儒学的"新",主要体现在两个方面:1. 新儒学绝非先秦儒学的简单重复,它在构成上对其他学派思想的汲取摄入,决定了它的丰富多彩性,也决定了它与孔孟荀为代表的早期儒学之间的重大差异,但就本质而言,董仲舒仍是一位杰出的儒家,其学说总精神归根结蒂是儒学的精神。2. 董仲舒儒学思想较之早期儒学又一"新"之处,是它有力地克服了早期儒学(尤其是以孟子为代表的儒家道德学派)所具有的"迂远而阔于事情"的弊端,沟通了学术与政治的联系,满足了汉代封建政治的需要,成为当时专制主义政治的指导原则。

一、学术思想的对峙、交流与新儒学的形成

(一) 先秦诸子之影响

先秦诸子之间,是既对峙斗争又互相影响的,对立占主导,而交流为从属。在战国时期之前,学术思想的对峙性尤为突出。这从孔子、墨子、孟子之极力排斥异端的言辞中可以了解一二。在战国晚期,也有人强调排斥对立面学派,这方面的代表是韩非。但这种以简单排斥的方式来统一思想的举动,在实践中是行不通的。故从战国中晚期起,有些思想家开始考虑如何在保持自己思想主体性前提下,借鉴和汲取他家某些思想内容,来丰富和发展自己。这方面在《荀子》与《庄子·天下篇》中都有所表现。他们一方面同样尖锐抨击他家学说,主张统一思想,但同时他们也承认"百家皆有所可,时有所用"。于是,学术交流就在对峙前提下渐渐开展起来。在诸子书中,学术交流之精神是有初步的渗透的。

但是,先秦时期学术互补倾向,总体上说尚有两大缺陷:1. "交流"尚处在低层次上,即非总揽全局意义上的互相渗透,它缺乏圆融性与抽象性。2. 学术互补的客观环境也不很理想,各学派还有各自生长的土壤。只有到了汉代,在各方面条件的相互作用下,这一学术思想的互补趋势才得以充分发展,并最终完成。

尽管如此,先秦诸子对学术互补意义的认识和由之而产生的初步实践,还是不容忽视的。没有它,就不会有秦汉新道家在这一问题上的进展,更不会有董仲舒新儒学在这一问题上的极大深入。先秦诸子学术互补与董仲舒新儒学的学术兼容色彩之逻辑关系正在于斯。

(二) 秦汉新道家学术兼容特征对于新儒学的启迪意义

秦汉时期学术思想的互补过程,是沿着两条主线而展开的,一

条是经《吕氏春秋》、陆贾等,并由司马谈予以总结的线索,它以道家学说为主干,汲取儒、法、墨、阴阳等成分而建设起来。另一条是以董仲舒为代表的汉代新儒学体系。两者之间存在着一种逐次递嬗的内在联系,新道家是由先秦诸子之学过渡到董仲舒为代表的汉代新儒学的一个中间环节。

秦汉新道家承先秦诸子学术"互补"之绪而又有新的进展。他们一方面要求统一思想,同时也肯定各家之间有一种微妙的互补关系。在这一认识基础上,新道家既坚持了自己学说的主体性,又吸收他家学说之长丰富自己,形成了"以道德为标的,以无为为纲纪,以仁义为品式,以公方为验格"的独特思想体系。而司马谈《论六家要旨》则是对新道家的内涵、影响、历史地位的系统总结。

新道家通过学术互补丰富自己,进而在政治生活中发挥重大影响之现实,对董仲舒新儒学的创建具有启迪意义,它意味着董仲舒新儒学只能是在坚持儒学基本原理前提下的思想互补结果。新道家与新儒学术互补过程中主体与侧重点不同,但其逻辑思维定式,却是由前者提供的。通过观察贾谊儒学思想体系中的复杂倾向,可以了解汉初儒学已不复纯粹,进而可推论董仲舒新儒学之不可能纯醇。大势所趋,只得尔尔!

(三) 新道家在汉初的得势与新儒学创建之联系

由于新道家"无为"统治原则符合汉初的社会需要,所以在当时一度走红,表现为当时新道家著述的丰富与社会上奉行黄老之人的众多。董仲舒要弘扬儒学,面对如此强大的新道家势力,其途径只能是检讨早期儒学的局限,改造那些已不符合汉初社会需要的儒学旧义,构造能指导封建政治的系统的思想体系,学术思想的斗争催促了新儒学的诞生。

(四)汉初儒学的初步发展与董仲舒新儒学形成的关系

儒学在汉初虽遭新道家的压抑,但仍有相当的势力,同时思想与现实之间的沟通也在初步进行。贾谊等一方面力图明确肯定儒学的地位,另一方面也努力使儒学原则落实到现实政治中。具体表现为:1.通过对亡秦之政的反思呼唤儒学的复归;2.大力推崇仁义;3.肯定德主刑辅、等级有差的"礼治"原则;4.弘扬儒家政治思想中的民本观;5.调整儒学某些思想向,为儒家政治思想与现实生活的互相沟通创造条件。

汉初儒生的上述努力势必在具体的政治生活中体现出来:1.统治者开始注意儒学的功能,初步接受儒学与儒家人物,"除挟书律"、制礼作乐,设立儒学博士,谥号加"孝"等等;2.社会上儒生已形成初步的政治势力,儒学有了一定的影响,这表现为儒学著述的众多与社会上从师习读儒家经典的蔚然成风。

汉初儒学的初步进展,与董仲舒新儒学创建,关系十分密切,正是由于儒学自先秦、历暴秦而至汉初一直延续下来,并在社会上初具影响,董仲舒创建新儒学才有充分的儒学资料可供借鉴、遵循,才有相当雄厚的社会基础来保证新儒学创立后能为当时的社会心态所容纳、所欢迎。

(五)新道家的历史局限性与新儒学最终确立的关系

新道家虽在汉初风行一时,但其理论特点毕竟是主张"以柔克刚"、"守雌伺雄"、"以静制动",缺乏进取的锐气。他虽含有积极的因素,但终因采取了消极的形态,只能见效于一时,而难于施之久远。社会现实条件的变迁,更使这些局限性暴露无遗,而武帝的个人品质也无法容忍这种"以虚无为本,以因循为用"的指导思想。于是要"更化"了,新儒学便应运而生。

二、董仲舒新儒学的多元结构

新儒学要取代在汉初曾风行一时的新道家的地位，是需要一个复杂的斗争过程。《汉书》为董仲舒单独立传而《史记》归其入合传的差异，正是新儒学彻底战胜新道家的曲折反映。而作为新儒学的核心人物董仲舒的经历，学术声望，则是新儒学产生并发挥影响的个人因素。董仲舒最重要的著作是《春秋繁露》。要了解他的思想真相，必须首先从《春秋繁露》谈起。

（一）《春秋繁露》的基本结构

《春秋繁露》由三大部分组成。第一部分是对《春秋》的解释和阐发，基本集中于书的前半部分，其中又分两类：1. 对《春秋》所载史实的解释、阐发；2. 对《春秋》主旨的抉微总结。第二部分，记载了董仲舒的一些言行，透露其书经后人编辑整理之消息。第三部分，是董仲舒在坚持儒家基本原则前提下，汲取他家学说的某些因素而创立的新说，这在全书中所占比重最大。造成这一情况的原因，当是《春秋繁露》整理者将《汉书》本传提到的董仲舒两大类著述中的各一部分合并在一起，一类是"皆明经术之意，及上疏条陈，凡百二十三篇"；另一类是"说《春秋》事得失……复数十篇"。

（二）董仲舒新儒学的多元特征

董仲舒较先秦儒学高明之处，是他重视为自己学说建立一个理论大框架，来统筹安置新儒学多层次的丰富内容。在这个过程中，他大量地吸收了阴阳家学说的理论和墨学的部分要义。

1. 新儒学理论框架中的阴阳学说特征是十分明显的。阴阳家学说形成、发展于战国秦汉之际，但从思想渊源上说，阴阳学说至少在春秋时期即露端倪。如《洪范》与《管子》的五行说就是。而荀子尝斥子思，孟轲之儒"按往旧造说"，"甚避违而无类"，可见早期儒学与阴阳学说的联系。同样的，新儒学也汲取阴阳家学说，作为自己理论框架的外在形式。而董仲舒继承与改造阴阳家学说，对儒学政治思想予以总体的发展，最大的成功莫过于在"天人感应"说基础上，创立了"天人合一"的理论。

2. 墨家"天志"学说的理性精神。董仲舒的"天人说"，其总源头当为墨子的"天志"论。两者之中，"天"都被赋予人格与意志，是一种宗教化的力量，是万物的主宰。而统治者则被视作为沟通"天人之际"的中介物。两者的现实意义均在于将"神权"置于"君权"之上。当然，它们的宗旨是不同的，墨家之言"天志"，在于提倡"兼相爱，交相利"；董仲舒之"天人说"，则在于强调"王者配天"，更好地维护封建纲常名分，贯彻儒学的基本原则。尽管这样，两者思维定式一致，论证材料接近，指导观念相仿，表明新儒学对墨家"天志"说的大量汲取。而在早期儒学代表人物那里，是不曾有如此论述"天人关系"的。董仲舒新儒学受墨家学说影响的又一个痕迹，是他主张在"文质"问题上"损文用忠"，即主张从夏政而远周政，这与孔子"从周"思想相背悖，却与"背周道而用夏政"的墨学相一致。另外，董仲舒新儒学中还吸收了墨子的"尚同"理论。稍有不同的是，董仲舒在这方面所提示的途径是自上而下，而墨家"尚同"说立论却是自下而上罢了。

3. 新儒学是对道家、申韩法家思想的汲取与改造。董仲舒新儒学对道家学说的改造汲取，主要体现为借用"道"的概念，将儒家政治思想升华到哲学的高度，体现为对"无为无不为"统治手段的津津乐道；体现为对君主南面之术的肯定。而新儒学借阴阳观念解释论证事物的特征，也是黄老新道家早已有之的东西。对申韩为代表的法家思想的众多长处，董仲舒新儒学体系中也多有采纳。其中有阴阳光环笼罩下的法家"臣施其劳，君收其功"的君臣观，有对"势"、"术"的强调，有"循名责实"的考绩理论，等等。用法家富有现实性的主张来充实儒学的统治理论，这正是新儒学的特点之一。在社会政治思想方面，法、道、墨诸家思想中有关政治伦理方面的经验与认识，也通过董仲舒在儒学原则下的改造，被有机地纳入新儒学的体系之中，从而弥补了早期儒家在政治思想方面的某些矛盾与不足。

总之，董仲舒所谓"独尊儒术"，是汲取了众家之长基础上的"独尊"；所谓"罢黜百家"，也是百家之长被取走前提下的"罢黜"。

三、董仲舒新儒学的支柱：天人合一论

"天人合一"说是董仲舒新儒学的最基本特征，是它的支柱。董仲舒思想的各个方面、各个层次，以及他的全部论证方法与过程，都无不打上"天人合一"说的烙印。

（一）"天人合一"说的提出

对早期"天人感应"说的认识，是研究董仲舒"天人合一"说的必要环节。早期天人感应说，在先秦典籍中多有之，其渊源可追溯到我国的先民社会，这就是先民社会中那种天人之际可通过媒介物"申（神）"进行对话的原始宗教思想势必衍生出来的天人感应观念。早期天人感应说的内涵，是指上天（帝）有意志、有感觉，对人间之事有赏善罚恶之功能。但是，董仲舒之前的天人感应说，就其自身逻辑论而言，缺乏系统性；就其实用理性而言，又缺乏通融性。董仲舒为了克服这些弊端而创建了"天人合一"说。董仲舒的"天人合一"说与早期天人感应说之间，既有联系，又有区别，

两者之间存在着一种"体"与"用"的关系。"合一"是体,而"感应"则是体之用,前者为主导。所谓"天人合一",最本质的意义,就是"天"与"人"相副,是同类,"天人一也"。这样,便对天人感应予以理论上的说明,结合阴阳五行说构造了完整的天人宇宙图式,把天人关系问题推进到新的阶段。

(二)"天人合一"论在新儒学思想体系中的地位

"天人合一"论,在董仲舒新儒学思想体系中,占有十分重要的地位。董仲舒通过它,来推导具体的政治观点,如据此而论礼制,据此而强调正名,据之而阐述刑赏之义,主张教化,据之而分析"经"、"权"关系,等等。新儒学中某些进步内容受其规范,新儒学的落后成分也通过它得以体现。总之,董仲舒凭借"天人合一"的宇宙图式,使儒家政治思想得到中世纪带神学色彩的论证。而董仲舒曾多次谈到"五行"问题,则基本上是他"天人合一"说合乎逻辑的外延。

(三)关于"天人合一"说的评价问题

"天人合一"说如何评价?我认为,这一理论具有双重性质。一方面具有正确的意义,它将人事与天意放在同一系统内加以通盘考虑,这实际上包含了人从属于自然界的这一实质内涵。它的目的所在,也是富于现实性的,即以"天"的名义,将封建道德置于君权之上,以约束君主的行为。另一方面,"天人合一"说本质上是违背思维理性的,同时也多少削弱了儒学本身的针对性,对汉代思想的发展产生过相当不良的影响。

四、董仲舒新儒学的"经权"、"平衡"理论

"经"、"权"关系问题,其实质性内涵,体现为如何正确处理

政治上的原则性与灵活性之间的关系。董仲舒对此极为重视。

他首先强调了"执一"、"经"的必要性。但同时，他对于"权"也予以相当的肯定，认为两者不可偏废。董仲舒的"经"、"权"观与公羊学要义之"实与而文不与"的原则相一致。然而，在董仲舒那里，"经"、"权"、"常"、"变"诸关系中，两者地位并不相等，"经"是主导的。可见，董仲舒的政治思想，在哲学观上守成多于进取，实质在于充分肯定封建统治大前提下，对个别具体制度或理论做些羞羞答答的小修小补。

为了维护封建地主阶级的长远利益，董仲舒主张将阶级矛盾与冲突限制在适当的程度与范围内。他提出了保持事物相对平衡的理论，主张在处世接物方面，遵循比较适中，不走偏颇的原则，这也是他把握整个外界事物的基本原则之一。但是，这种相对平衡观实质上建立在绝对不平衡基础之上，这在董仲舒具体政治学说论述中尤为明显。董仲舒这种相对平衡说的理性意义，就是他自己所谓的"中和"理论。

董仲舒这种以"经"、"权"观认识事物的性质，以相对平衡说理解事物的态势为特征的思维定式，很容易推导出庸俗的历史循环论。他肯定"权"、"变"，因而在历史观上，也承认有进化发展的倾向。但他又主张"常"、"经"，这就势必将历史视作为最终凝固化了的东西，其变迁只是某种循环。从不平衡立论，董仲舒允许历史有所变革，而从平衡绝对性立论，他又对那些体现封建纲常伦理本质的历史现象所导致的不平衡，不和谐视之若素，奉为正常。具体而言，他一方面对"法后王"的说法在实质上有所肯定，推导出天下非一姓所有，征暴伐恶，受命新王合理的结论；另一方面，又流化为复古论，而后者则是具有本质意义的。

五、董仲舒新儒学的社会政治思想

董仲舒的社会政治思想，从构成上看，是双重性的，即孟学与荀学的融合，而以荀学为主导；从性质上看，也是双重性的，即进步性与保守性交织在一起，而以保守性为主导。对孟学的继承发展，主要体现在其仁义学说方面。董仲舒充分肯定仁义的重要性，提出以爱人为仁，以正己为义。在此基础上，他主张在具体政治生活中贯彻"仁义"的法则，要求统治者做到"爱民让利"、"喜怒有节"，反对统治者"自爱"的做法，并以对民众的态度作为判断政治善恶的标准。

在"义利"观上，董仲舒对孔孟的观点也是既有继承，又有发展。说其继承，是指董仲舒坚持"义利"之辨，重义鄙利；说其有所发展，是指董仲舒对"利"的地位也曾适当地给予肯定。他认为"义"与"利"是同一事物的两个方面，只有主次之分，而未可将其中的一方完全抹杀。董仲舒的"义利"观是基于现实政治状况的，有感于汉武帝的急功近利，董仲舒提倡以"义"规范"利"。同时，作为统治阶级的思想家，董仲舒自然要为统治者追求适度的"利"进行辩解。

对荀学的继承发展，则集中反映在荀学的礼治观上。董仲舒对"礼"给予充分的强调，其立足点是在肯定等级名分上。在"礼治"的形式和内容关系问题上，他主张文质一体，不可偏废；同时又主张"救文以质"、"宁有质而无文"。为了替"礼治"观寻找理论上的依据，董仲舒提倡"性三品"说，以此证明封建统治秩序的合理性和专制君权的神圣性。董仲舒人性理论是通过四个层次而展开的。其结论虽不足取，然而其思维的精深与逻辑的谨严，却也是事实,未可一概否定。董仲舒提倡"性三品"说,落实到具体政治活动中,便是他的礼治观具有鲜明的君本位特征。他大力弘扬君权,甚至对臣下出于忠忱的进谏,也持怀疑态度,并且为"礼治"君本位的实施积极出谋划策。这样,在社会政治思想方面,满足了汉武帝加强集权专制的愿望,为新儒学与现实政治之间的沟通奠定了基础。荀子为代表的儒家历史学派与以孟子为代表的儒家道德学派在社会政治思想方面的某种结合,互为补充,标志着新儒学在政治伦理观上的成熟。

董仲舒新儒学在社会政治生活中是发挥了相当的影响的,新儒学对时政有规谏意义。当时,武帝奉行多欲政治与酷吏政治,对此,董仲舒是有所不满的,在一定程度上给予了揭露、劝讽,甚至批判。这类言辞在《汉书》本传与《春秋繁露》中比比皆是。新儒学在当时社会生活中发挥影响的另一个标志是使儒学原则在社会生活中完全确立,表现为儒学正统与孔子的教主地位得以肯定,不复再有动摇。设立学校,推行教化,广开仕途,保证儒生的参与政治,儒学精神渗透到社会生活的各个方面,儒学从此几乎近于儒教。

六、《白虎通义》对董仲舒新儒学的继承发展

(一)新儒学的式微与《白虎通义》的出现

董仲舒新儒学是封闭型的理论体系。它的理论框架"天人合一"论,虽不乏积极因素,但更多的是从本质上导致儒家学说现实意义的削弱。董仲舒之后,阴阳灾异理论在思想界的泛滥,从一个侧面反映了新儒学的可悲境遇,新儒学日趋凝固和僵化。另一方面,董仲舒新儒学具有形而上学的性质,"经"、"权"观与"相对

"平衡"论即为具体表现。由此推导出历史观念上的庸俗循环论与现实观念上的专制合理永恒论,限制了儒学的自我更新和丰富充实,而那些汲汲于名利的儒生对新儒学的庸俗利用,更促成了新儒学的衰落。

但是,新儒学的凝固化倾向并非绝对,由于社会状况的变迁,新儒学也有一些相应的调整或充实。当时社会政治总的趋势是,大一统中央集权,即君权,逐渐被削弱,贵族地主阶级的离心力在增长。这种情况反映在新儒学上,便是《白虎通义》的出现。《白虎通义》一方面同样充满"天人感应"的荒诞内容,政治精神上更热衷于论证"凡是现实的都是合理的"这一命题,表明它是对董仲舒新儒学的直接继承。释"礼"为"履",正体现了这一精神面貌。另一方面,社会政治生活中的新因素又要反映在它身上,大量的谶纬又为其具体论证提供了素材,这便使它成为汉代新儒学的最后代表者。

(二)《白虎通义》对于新儒学的继承

《白虎通义》对于新儒学的吸收是多方面的。在"天人观"方面,它同样主张灾异说,同样视天为万物之主宰,鼓吹君主对万民之统治的天意必然性。《白虎通义》进而论证了所有的制度措施、各种自然现象,均系天意的表达,而政治优劣、事物正邪,则全在于是否顺从天意。在对政治术的理解上,《白虎通义》也颇多对董仲舒学说的继承,如提倡"相对平衡"论。在历史观方面,它的"三正"、"三教"论,同样是董仲舒庸俗历史循环论的翻版。在"改制"问题上,两者的意见也是一致的。在社会政治思想方面,《白虎通义》也遵循了董仲舒新儒学的两条原则,即:第一,基于巩固统治的需要,适当表示温和的"仁义"姿态,如推崇"不挠匹夫匹妇"的"皇",提倡"重民",任德远刑,等等。第二,坚持专制主义精神，强调贯彻以区分等级名分为核心的"礼治"观，在君臣问题上，基本上还是弘扬君权，体现出在当时君权虽遭到某些挑战，但总体说来依然是强大有力的。

（三）《白虎通义》的理论特色

《白虎通义》在直接继承董仲舒新儒学的同时，对新儒学也有个别的发展。如在"天人观"上，它试图改变董仲舒在宇宙构成方面的粗做法，而让"天人观"披上一层较精致的外壳。并将封建纲常原则，注入"五行说"之中。五行的关系衍化为阳尊阴卑的关系，尊土卑水，用人类社会的等级秩序，解释五行的属性，但其后果势必导致逻辑地否定儒家所尊奉的"五德终始"说。

在伦理政治观方面，《白虎通义》与董仲舒新儒学相较，也有些新的特点。在人性论问题上，董仲舒"性三品"说过于粗暴，《白虎通义》乃提出"情性"说予以调和，认为性阳情阴，"情有利欲，性有仁也"。这一理论兼顾了孟子的性善说与荀子的性恶论，使儒家的人性理论得到丰富和充实，并且推导出积极的命题："无不教之民"。

由于东汉时期豪族地主势力的发展，君权遇到了某些挑战，《白虎通义》中也有部分内容反映了豪强地主势力的意志。第一，表现为天子权力的部分淡化，所谓"王者不纯臣诸侯"、"明天下非一家之有"等等的奥妙就在这里。第二，呼吁给豪强势力以更大的权利，"王者缘臣子之心以为之制"说指的便是这一点。第三，提出三纲六纪，以适应现实变迁的需要。董仲舒只说三纲五纪，《白虎通义》增加"朋友"一纪，来处理豪强与依附他们的徒党之间的关系。这些都是《白虎通义》在社会政治理论方面对董仲舒新儒学的某些发展。但是，所有这些发展，都只是量上的，而且规模甚微，未能改变董仲舒新儒学质的规定性。

七、董仲舒新儒学的困境与反思

凝固与僵化,严重地窒息了新儒学继续发展的生机。新儒学在经学形式上,遇到古文经的挑战;在思想体系方面,又遇到部分思想家的反思与批判,这表明新儒学衰落的内在条件已经具备。而东汉中晚期的社会危机与儒林的异化,则使这一衰落转化为现实。

面对困境中的新儒学,当时思想界有人进行初步的反思。这些反思集中在两点上:第一,对新儒学的"天人观"及其由之而来的谶纬灾异学说展开批评,对天的性质、天人关系重新进行思考。王充、王符、仲长统等人论证天的自然属性,进而怀疑"天人感应"的理论,主张"人事为本,天道为末"。由于"天人合一"论被初步抨击,依附于它的图谶迷信也受到一定的谴责,一些人还鲜明地主张"宜收藏图谶,一禁绝之"。东汉中晚期对新儒学的反思律动又一个重要内容,便是纠正其迂腐倾向。它表现为一些思想家对"变通"观的肯定与强调,同时也表现为这些思想家提倡法治精神,鄙薄抽象地讲究"仁义礼乐"的倾向。但是,从这些人仍坚持"德化"第一的原则这点看,他们依然是正统的儒家人物。

值得注意的是,老庄道家思想也部分地参与了这个反思律动过程。面临儒家政治思想汉末衰微的无情现实,一部分人感染上了道家文化的因子,具有了双重人格。其内心活动多体现为老庄思想的特色,著录于文字,是其文、赋等文学作品多饱含道家的风骨。在外在表现上,则又努力体现为一个纯正的儒者,著录于其奏章、论著之言辞,一本正经,充沛着儒学的精神。

但是,东汉中晚期对新儒学的反思律动,仍有重大局限。这主要表现为它同董仲舒新儒学"天人合一",阴阳灾异理论之间未尝能真正划清界限。王充有时仍将天视作为有意志的人格神，在《论衡·验符》诸篇当中，他又大肆宣扬"符瑞"说，并且以五德终始理论来加以论证。王符、仲长统他们也同样大谈"天人感应"、五德终始，就范于新儒学神学形式的束缚。终汉之世，在社会政治生活中，图谶阴阳灾异说一直发生着影响，所以，对当时新儒学反思律动的现实影响和历史意义过份推崇，是缺乏根据的。只有魏晋玄学的兴起，才基本上结束了董仲舒新儒学对思想界那种沉闷而不幸的统治格局。

原文载于《文献》1989年第2期。

黄朴民（1958－），男，浙江绍兴人，中国人民大学国学院教授，博士生导师。

秦汉时期的家庭伦理与社会生活

李祥俊

家庭是社会的细胞,但在家庭的存在形式及其相应的伦理关系上,却有着一个随着历史的变迁而变迁的过程。秦汉时期的社会如果从家庭的维度来考察,是由三层结构组成:底层是所谓编户齐民的三代以内的小家庭,但穿插着强宗豪族;中间是春秋战国以来逐渐兴起并成熟起来的官僚阶层;上层是皇家。从这个三层结构来看,底层和上层都是家庭本位,中间的官僚阶层虽也受上、下层的影响,但从本质上说是非家庭本位的,是面向社会各地域、各阶层的普遍性存在。就这个三层结构中的底层和上层的家庭而言,主要是三代以内的小家庭,虽然宗族的影响还很大,但小家庭在经济、政治各个领域里都是独立的,从而使其不同于春秋之前的夏、商、周三代的宗法制氏族社会[1]128-129。经过春秋战国时期剧烈的社会变革,非家庭本位的官僚阶层的稳定存在,宗法制被三代以内的小家庭代替,这两个巨大变化给秦汉时期的家庭伦理以至社会生活带来了根本性的影响。

一、秦汉时期儒家家庭伦理的确立

有家庭就会有如何处理家庭成员之间关系的家庭伦理,这是一个自然的事情,而在社会的发展过程中,家庭伦理会不断得到调整完善,但这个过程不是完全自然的,它离不开思想家们的自觉建构。秦汉时期的社会基础是三代以内的小家庭,在这样的家庭里,最主要的关系就是男性与女性、长辈与晚辈的关系,简单地说就是夫妇、父子关系,兄弟、姐妹等关系都是附属的,兄弟成年后会独立成家,姐妹成年后会出嫁,所以,家庭伦理主要就是夫妇、父子关系。秦汉时期的各家各派自觉不自觉地都会涉及这个问题,而自觉地思考并提出适应现实要求的家庭伦理的是儒家学派。经过儒家学者的不断完善,秦汉时期尤其是汉武帝"独尊儒术"之后,儒家家庭伦理成为社会的主导思想。

作为中国历史上第一个大一统帝国,秦王朝由于政治、思想上的种种原因而采取了"焚书坑儒"的政策,但在家庭伦理上同样重视孝悌、贞节等,只是由于受法家学说影响及国祚短促等原因,没有形成系统化的家庭伦理。西汉初年,儒学逐渐走出"焚书坑儒"的阴影,在社会伦理政治秩序建构中发挥作用,时人对于儒学重视家庭伦理也是有充分认识的,司马迁的父亲司马谈在思想上信奉黄老道家之学,他在《论六家要旨》中评价儒学说:"儒者博而寡要,劳而少功,是以其事难尽从;然其序君臣父子之礼,列夫妇长幼之别,不可易也。"[2]3289 司马迁将它写进《史记》,表明这是当时人的普遍看法。

西汉初年,在对儒家伦理的提倡肯定上,除了活跃在政治上层的陆贾、贾谊等大儒之外,还有一大批从民间走出来的经学家,他们以注解经书的形式来表达自己的思想,其中关于《诗》的注解中包含了大量的儒家家庭伦理的内容。汉初传儒家《诗》学著名的有今文的齐、鲁、韩三家和古文的毛氏,他们在宣传儒家家庭伦理尤其是宣传妇女的贞节、顺从之道方面不遗余力。鲁《诗》的申培在解《周南·芣苢》时,歌颂"蔡人之妻"虽丈夫有重疾却从一而终不改嫁;解《邶风·柏舟》时,歌颂"卫寡姜夫人"未入门夫死而守贞;解《邶风·燕燕》时,歌颂"黎庄夫人"失意于丈夫仍然"终执贞一,不违妇道,以俟君命"[3]558。韩婴解《周南·关雎》之义为"淑女奉顺坤德,成其纪纲"[4]636;解《召南·行露》时,歌颂待嫁之女坚持婚姻必须礼仪齐备。《毛诗》同样有很多歌颂妇女贞节、顺从之德的,同时还有很多批评妇女淫乱的,如解《卫风·氓》,小序中说:"宣公之时,礼义消亡,淫风大行,男女无别,遂相奔诱,华落色衰,复相弃背,或乃困而自悔,丧其妃耦,故序其事以风焉。美反正,刺淫泆也。"[4]862而在《毛诗》开篇的《诗大序》中则把家庭伦理的教化作为《诗》教的根本,所谓"先王以是经夫妇,成孝敬,厚人伦,美教化,移风俗"[4]807。《诗》是口耳传唱的,通过解说《诗》,儒家家庭伦理以润物无声的方式影响着社会生活。

汉武帝时期,在董仲舒等儒家学者和公孙弘等儒学权臣的推动下,实行"罢黜百家,独尊儒术"的学术政策,儒家经学成为新官学,儒家的家庭伦理遂成为社会的主导思想。在董仲舒看来,父子、夫妇的关系是尊卑关系,并且这种尊卑关系是天道必然,他说:"君臣父子夫妇之义,皆取诸阴阳之道。君为阳,臣为阴;父为阳,子为阴;夫为阳,妻为阴。阴道无所独行,其始也不得专起,其终也不得分功,有所兼之义。是故臣兼功于君,子兼功于父,妻兼功于夫,阴兼功于阳,地兼功于天。……王道之三纲,可求于天。"[5]788-791作为西汉大儒,董仲舒在儒家家庭伦理的建构上做出了巨大贡献,概括说有两点:1. 确立了家庭伦理中父子、夫妇的等级差异关系;2. 以天道阴阳为儒家的家庭伦理做论证。董仲舒的这种等级差异性的家庭伦理和先秦孔孟原始儒学是有差别的,反倒和法家韩非的主张相似:"臣事君,子事父,妻事夫,三者顺则天下治,三者逆则天下乱。此天下之常道也,明王贤臣而弗易也。"[6]401现代有些学者认为三纲不属于原始儒学,而是法家学说,最多也只是援法入儒,笔者认为,从周秦之际的社会结构变化和儒学差异性人伦关系的发展趋势看,三纲的出现也是自然而然的,并不违背原始儒学的基本精神。

以董仲舒为代表的儒家经学确立了儒家家庭伦理的主导地位,在其之后,儒学内部就相关问题还有一些细致阐述。两汉之际儒学内部兴起今、古文之争,但都维护以"三纲"为中心的儒家家庭伦理,争论只在于哪一派更维护儒家家庭伦理的根本精神。当时,古文经学的代表人物贾逵说:"臣谨摘出《左氏》三十事尤著明者,斯皆君臣之正义,父子之纪纲。其余同《公羊》者什有七八,或文简小异,无害大体。至如祭仲、纪季、伍子胥、叔术之属,《左氏》义深于君父,《公羊》多任于权变,其相殊绝,固以甚远,而冤抑积久,莫肯分明。"[7]1236贾逵认为以《春秋左氏传》为代表的古文经学比以《春秋公羊传》为代表的今文经学更正确,其中一个重要原因就是"《左氏》义深于君父"。针对今文经学主张君王无父、感天而生的观点,古文经学坚持圣人有父,历代帝王都来自于共同的贵族世系。古文经学家许慎的《五经异义》说:"《诗》齐鲁韩、《春秋》公羊说:圣人皆无父,感天而生。《左氏》说:圣人皆有父。……《尧典》:'以亲九族。'即尧母庆都感赤龙而生尧,尧安得九族而亲之?《礼谶》云'唐五庙',知不感天而生。"[8]15899刘歆的《三统历》、《谱》中提出了一个从伏羲以来的帝王世系,他的结论是"圣人皆同祖"、"伏羲为圣王始祖,为百王先"[9]427-432。应该说,古文经学的圣人同祖说更加重视家庭伦理,政治上的保守性更强,天下变成了一家的永久性私产。

儒家经学是两汉思想的主流,它在儒家家庭伦理的理论建构和现实应用上都产生了深远影响。而一些信奉儒家经学的学者在史学、子学、文学等方面致力于宣扬儒家的家庭伦理,其中西汉后期的大儒刘向和两汉之际的班彪一家尤为突出。

刘向是当时著名的学者,他与其子刘歆主持编写的皇家收藏图书提要《七略》成为后来班固编著《汉书·艺文志》的主体,在思想文化上也颇有建树,尤其热衷于宣扬儒家的家庭伦理。在刘向编著的子学著述《新序》、《说苑》中,有大量关于家庭伦理的内容,他还单独编著了《孝子传》、《古列女传》,把历史上忠臣孝子、贤妻良母的事迹汇编在一起,集中宣扬以孝顺为中心的儒家家庭伦理。刘向的《孝子传》在继承先秦儒学的基础上加以通俗化,其中所选的孝子实例多为后世的《二十四孝》传承。在《古列女传》中,刘向借孟子母亲之口宣扬妇女的贞节道德,"妇人无擅制之义,而有三从之道也。故年少则从乎父母,出嫁则从乎夫,夫死则从乎子,礼也"。[10]5058刘向是汉宗室楚元王后裔,考察其著书旨趣,可以说他是想利用儒家家庭伦理来重振刘氏皇族的权力,抑制以王氏为代表的后戚的权力,而他关于孝子、烈女的著述在历史上产生了深远影响。

班氏家族在两汉之际的社会政治上势力很大,班彪著《王命论》维护刘汉皇统,其子班固著《汉书》的根本宗旨也是维护刘汉皇室的正统性,另一个儿子班超出使西域直接服务于刘汉王朝,而其女班昭则著有《女诫》,系统阐发儒家家庭伦理中关于妇女的教条。班固根据汉章帝"亲临称制"的白虎观会议记录整理而成的《白虎通》一书,在继承董仲舒为代表的今文经学基础上,糅合古文经学以及谶纬,对儒家家庭伦理作了更加系统的阐述,明确提出了"三纲六纪"说:"三纲者,何谓也?谓君臣、父子、夫妇也。六纪者,谓诸父、兄弟、族人、诸舅、师长、朋友也。故《含文嘉》曰:'君为臣纲,父为子纲,夫为妻纲。'又曰:'敬诸父兄,六纪道行,诸舅有义,族人有序,昆弟有亲,师长有尊,朋友有旧。'何谓纲纪?纲者,张也。纪者,理也。大者为纲,小者为纪。所以张理上下,整齐人道也。"[11]373-374 班昭在《女诫》一书中大力宣扬夫为妻纲,主张妇女要绝对顺从丈夫,她说:"礼,夫有再娶之义,妇无二适之文,故曰夫者天也。天固不可逃,夫固不可离也。"[7]2790 她还在传统的妇女"在家从父、既嫁从夫、夫死从子"的"三从"说基础上进一步提出了妇女的妇德、妇言、妇容、妇功的"四德"说,后世很多关于妇女训诫方面的通俗读本可以从这里找到源头。

  儒家的家庭伦理适应了秦汉时期社会生活的实际,为当时的社会政治稳定服务,这使其成为全社会的主导思想,同时,它也成为评价其他各家各派思想的标准。西汉时期黄老道家之学还有一定影响,其在家庭伦理上尊重个体而与儒学相冲突,因此而遭批评,"老子不率宗族,单绔骑牛,哭且行,何足赖哉!"[7]559 两汉时期,有些士大夫在个人行为上会追慕老子、庄子的自然、逍遥,但在立身处世上还是要遵循儒家的家庭伦理。汉代传入中国的佛教本义是非家庭的,但在受到源自家庭伦理的质疑时,常常有意识地向儒学靠拢,把信佛说成是大孝大仁,"须大拏睹世之无常,财货非己宝,故恣意布施,以成大道。父国受其祚,怨家不得入。至于成佛,父母兄弟皆得度世。是不为孝,是不为仁,孰为仁孝哉?"[12]13657 这种意义上的儒、佛融通成为其后佛教中国化的一个重要方面。

二、秦汉时期的家庭伦理与皇权

秦始皇统一中国,开创了大一统帝国的新格局,如果把秦制和周制比较,这种新格局的特点就显示出来了。秦制是皇帝家庭代表天下的家庭来统治,以丞相为代表的官僚阶层是这种家庭式家天下的服务系统,它所统治的对象是在下的编户齐民;周制则是王代表姬姓及其联盟宗族来统治,以太宰为代表的管理阶层只是王室的奴仆系统,它所统治的对象则是被征服的异族和处于周文边缘的野人。从周制到秦制,从最高权力上说,则有一个从宗族的家天下到家庭的家天下的转换,这是周秦之际的历史大势。

秦始皇、李斯等人自觉地认识到这一点并付诸实践,这就是立郡县而废封建。秦王朝建立之初,一些守旧的人物纷纷提出实行周制的分封制,其中有不治而议的博士,也有居高位的丞相,但秦始皇、李斯从天下大势的角度予以否定。"丞相绾等言:'诸侯初破,燕、齐、荆地远,不为置王,毋以填之。请立诸子,唯上幸许。'始皇下其议于群臣,群臣皆以为便。廷尉李斯议曰:'周文武所封子弟同姓甚众,然后属疏远,相攻击如仇雠,诸侯更相诛伐,周天子弗能禁止。今海内赖陛下神灵一统,皆为郡县,诸子功臣以公赋税重赏赐之,甚足易制。天下无异意,则安宁之术也。置诸侯不便。'始皇曰:'天下共苦战斗不休,以有侯王。赖宗庙,天下初定,又复立国,是树兵也,而求其宁息,岂不难哉!廷尉议是。'分天下以为三十六郡,郡置守、尉、监。更名民曰'黔首'。"[2]238-239秦始皇、李斯立郡县废封建,将周制中分割的王权收归为一,这个一就是皇室,但在皇室内部,皇权需要进一步集中到家庭层面，而非传统的宗族层面，在这一点上，秦始皇由于其特殊的功业而实际做到了，作为其继任者，秦二世则进一步从集中皇权的目的出发，对皇室宗族内部进行清洗，保证家庭的家天下的巩固。

秦王朝享祚短暂，刘汉王朝代秦而起，在皇权依托宗族还是家庭问题上有过反复，也就是在周制和秦制之间斟酌取舍。西汉初年分封制、郡县制并存，而分封制对于皇权的拥有具有双面性：一方面，以家庭为依托的皇权仍然需要宗族的支持，这从西汉初年铲除吕氏后戚集团重新确立刘汉天下的过程中可以看出，当汉文帝即将进京履位而犹豫不决时，臣下宋昌赞同进京，其中一条重要原因就是："高帝王子弟，地犬牙相制，所谓盘石之宗也，天下服其强，……内有朱虚、东牟之亲，外畏吴、楚、淮南、琅邪、齐、代之强。方今高帝子独淮南王与大王，大王又长，贤圣仁孝，闻于天下，故大臣因天下之心而欲迎立大王，大王勿疑也。"[13]106另一方面，宗族的家天下会威胁皇权的存在，汉景帝时期，吴、楚"七国之乱"，"吴王刘濞敬问胶西王、胶东王、甾川王、济南王、赵王、楚王、淮南王、衡山王、庐江王、故长沙王子：幸教！以汉有贼臣错，无功天下，侵夺诸侯之地，使吏劾系讯治，以侵辱之为故，不以诸侯人君礼遇刘氏骨肉，绝先帝功臣，进任奸人，诳乱天下，欲危社稷。陛下多病志逸，不能省察。欲举兵诛之，谨闻教"[13]1909-1910。在吴王刘濞的观念里，天下是刘氏宗族的，所以他有权力召集宗族亲属清君侧。

西汉初年的分封制所体现的宗族的家天下不能适应变化了的社会现实，当时的一些明智之士曾反复论述其中的利害，尤以贾谊为甚，他说："诸侯王虽名为人臣，实皆有布衣昆弟之心，虑无不宰制而天子自为者。擅爵人，赦死罪，甚者或戴黄屋。汉法非立，汉令非行也。虽离道如淮南王者，令之安肯听？召之焉可致？幸而至，法安可得尚？动一亲戚，天下环视而起，天下安可得而制也？"[14]121经过君臣上下的反复斟酌，尤其是经过西汉初年的政治实践检验，家庭的家天下大概到汉武帝时期才算最终确定，这距离秦始皇一统天下也有了近百年的时间，这是新、旧制度在转型过程中必然要经历的，身在其中的人对这种转型的认识需要实践的检验。两汉之际的史学家班彪就这种转型及其利弊总结说："周之废兴，与汉殊异。昔周爵五等，诸侯从政，本根既微，枝叶强大，故其末流有从横之事，势数然也。汉承秦制，改立郡县，主有专己之威，臣无百年之柄。"[7]1323

把皇权建立在家庭伦理基础上，而非建立在宗族伦理基础上，这是秦汉专制皇权的基本特征，秦汉时期的皇权持有与传承都是以此为依据的。家庭伦理成为皇权传承的依据，它阻止了在正常情况下皇权在家庭之外的宗族内传承的可能，比如窦太后溺爱幼子梁王刘武，希望汉景帝传位于其弟，即遭到包括窦太后侄子窦婴在内的朝中大臣的反对。西汉哀帝是成帝的侄子，因成帝死后无子而由外藩入继，按照皇权依据家庭伦理的原则，他只能奉元帝、成帝为宗，但他却出于个人私情，竭力尊奉自己的生父母以至祖母，此举受到师丹等儒学名臣的反对，而此举更造成了西汉末年权力分割上的混乱，加剧了西汉王朝的衰亡。

立郡县废分封，反映了秦汉时期在皇权传承上依据家庭伦理，但在家庭伦理与皇权的获得上，刘汉王朝建立时即遇到一个难题。刘邦是由平民通过武力直接夺取天下的，这在中国传统社会是史无前例的一件大事，在刘邦之前，除了传说中无法实证的远古帝王以外，历代统治阶层和最高统治者都出身于氏族贵族，他们的权力合法性来源于他们的血统、身份，这就是中国上古时代亲情伦理与政治统治合一的宗法制度。刘邦出身于秦王朝开辟的新帝国的一个编户齐民之家,只担任过社会政治权力最底层的亭长,刘汉王朝的天下是刘邦打下来的,但"居马上得之,宁可以马上治之乎?"当刘邦一跃而成为像秦始皇一样的最高统治者时,如何论证其权力合法性便成为当时学术、政治上的一件大事。

从西汉立国之初时人的议论看,刘邦皇权的依据是他的德行和能力,如韩信等人在推尊刘邦即天子位时说:"先时秦为亡道,天下诛之。大王先得秦王,定关中,于天下功最多。存亡定危,救败继绝,以安万民,功盛德厚。又加惠于诸侯王有功者,使得立社稷。地分已定,而位号比拟,亡上下之分,大王功德之著,于后世不宣。昧死再拜上皇帝尊号。"[13]52但在其后,关于刘邦及其家庭持有皇权的依据愈来愈乞灵于天命和血统。在先秦时期,天命就作为皇权的依据,但就西周时的"天命论"和邹衍的"五德终始说"来看,都在论证王朝迭兴的合法性,却不能论证出身于平民的刘氏皇权的合理性,所以,天命在为最高权力作论证时是采取天生圣人的方式进行的。从刘邦造反开始,关于他个人的神化即已开始,后来则逐渐发展出了刘邦出身的神话,"刘媪尝息大泽之陂,梦与神遇。是时雷电晦暝,太公往视,则见蛟龙于其上"[2]341。这个粗鄙的神话在两汉时期甚至成为官方学术的主题,这就是今、古文经学关于"感生"说和"有父"说的争论,而最后自然是调和两种观点而加以融合的结论占了上风,"诸言感生得无父,有父则不感生,此皆偏见之说也。《商颂》曰:'天命玄鸟,降而生商。'谓娀简吞鳦子生契,是圣人感生,见于经之明文。刘媪是汉太上皇之妻,感赤龙而生高祖,是非有父,感神而生者也?且夫蒲卢之气妪煦,桑虫成为己子,况乎天气因人之精,就而神之,反不使子贤圣乎?是则然矣,又何多怪!"[8]15899

关于刘邦出身的神话将皇权的取得与家庭伦理联系起来了，但它只是为皇权增加了一重血缘亲情的合法性而已，在最高皇权面前，家庭伦理仍然是辅助性的工具，所以，在汉人的努力下，刘邦进入了神圣家族，但他的父亲刘太公却不能进入神圣家族，与皇权没有关系，"高帝曰'提三尺剑取天下者朕也'，故太上皇终不得制事，居于栎阳"[2]2860。而且在臣下的指导下，这位刘太公屈尊于"儿皇帝"赢得了一个"太上皇"的虚名，"高祖五日一朝太公，如家人父子礼。太公家令说太公曰：'天无二日，土无二王。今高祖虽子，人主也；太公虽父，人臣也。奈何令人主拜人臣！如此，则威重不行。'后高祖朝，太公拥篲，迎门却行。高祖大惊，下扶太公。太公曰：'帝，人主也，奈何以我乱天下法！'于是高祖乃尊太公为太上皇。心善家令言，赐金五百斤"[2]382。

在宗族与家庭之间，秦汉时期的皇权是依据家庭伦理的，而在家庭伦理和皇权自身之间，家庭伦理是依附皇权的，这是秦汉专制政权的根本特征。但作为最高权力的皇权不可能掌握在皇帝一人手上，用家庭的家天下取代上古三代的宗法政治，它极大地削弱了宗族的权力，但却必然会导致皇权在家庭内部的分割，这就是作为皇帝的妻子皇后及其家族的权力膨胀，还有作为"被阉割"的"皇帝"的宦官的权力膨胀，这是家庭的家天下所必然带来的后果。

三、秦汉时期的家庭伦理与治道

秦汉时期，皇家是权力的拥有者，而实际的治理主体是以丞相为代表的官僚系统，皇权是政权，相权是治权。以丞相为代表的官僚系统是从上古三代王室内部的仆役系统发展出来的，它是皇家的仆役，但对于编户齐民的家庭来说，它又是父母官，具有管理和教化的双重功能。上层是皇家,下层是编户齐民之家,夹在其中的官僚系统却是非家庭性质的,它以德行、事功、学问为标准,具有自身的普遍性品格,但它又从根本上受制于上下层的家庭,它的存在本身就是为家庭服务的,这就使具有普遍性品格的官僚阶层与特殊的家庭伦理结合起来,成为秦汉时期治道的基本特征。

西汉初年,作为刘邦军事集团中的大谋士,陆贾造作《新语》向新朝的新贵们普及学术文化,他认为政治是为家庭伦理的实现服务的:"是以君子之为治也……耆老甘味于堂,丁男耕耘于野,在朝者忠于君,在家者孝于亲;于是赏善罚恶而润色之,兴辟雍庠序而教诲之,然后贤愚异议,廉鄙异科,长幼异节,上下有差,强弱相扶,小大相怀,尊卑相承,雁行相随,不言而信,不怒而威,岂待坚甲利兵、深牢刻令、朝夕切切而后行哉?"[15]118陆贾所论是一幅朝廷论忠、家庭论孝为基础建构起来的理想的和谐社会。反过来,如果家庭伦理出了问题,这在秦汉时期的官僚阶层看来就是天大的灾祸,西汉宣帝时期的名相魏相在谈到当时的治道时说:"案今年计,子弟杀父兄、妻杀夫者,凡二百二十二人,臣愚以为此非小变也。今左右不忧此,乃欲发兵报纤芥之忿于远夷,殆孔子所谓'吾恐季孙之忧不在颛臾而在萧墙之内'也。"[13]3136从秦汉时期的政治、社会基础来看,魏相的判断是敏锐而准确的。

治理的目的是为了家庭伦理的实现,而在治理的方式上也自然地会把家庭伦理作为手段,这一点正是秦汉以降礼治、教化政治的根本依据所在。秦汉时期治理中如何看待家庭伦理问题也出现过曲折,秦王朝由于推崇法家学说,在治理中有忽视家庭伦理的地方,刘汉王朝建立后,很多学者从批评亡秦的立场出发,反思秦王朝对家庭伦理的破坏,要求重建家庭伦理以维护社会政治稳定。贾谊是较早从家庭伦理的角度批评秦政的,他说:"商君违礼义,弃伦理,并心于进取，行之二岁，秦俗日败。秦人有子，家富子壮则出分，家贫子壮则出赘。假父耰锄杖耇耳，虑有德色矣；母取瓢椀箕帚，虑立谇语。抱哺其子，与公并踞；妇姑不相说，则反唇而睨。其慈子嗜利而轻简父母也，念罪非有伦理也，其不同禽兽仅焉耳。然犹并心而赴时者，曰功成而败义耳。蹶六国，兼天下，求得矣，然不知反廉耻之节、仁义之厚，信并兼之法，遂进取之业，凡十三岁而社稷为墟，不知守成之数、得失之术也，悲夫！"[14]96

贾谊等学者批评秦王朝忽视家庭伦理导致社会政治混乱，这个批评有一定的道理，但也不尽然，其实秦始皇、李斯等人虽以法家学说为本，但在家庭伦理问题上仍然主张尊卑有序，在著名的《会稽刻石》中即宣告天下："饰省宣义，有子而嫁，倍死不贞。防隔内外，禁止淫泆，男女絜诚。夫为寄豭，杀之无罪，男秉义程。妻为逃嫁，子不得母，咸化廉清。"[2]262秦皇如此，汉武亦然，在封禅大典的泰山刻石中，汉武帝昭告天下："事天以礼，立身以义，事父以孝，成民以仁。四海之内，莫不为郡县，四夷八蛮，咸来贡职。与天无极，人民蕃息，天禄永得。"[7]3163而整个两汉时期，统治阶层倡导以孝治天下，皇帝颁发了各种劝勉孝悌的诏书，举"孝廉"更成为两汉时期与"经学"同等重要的仕进之途，其目的不外乎是通过倡导家庭伦理来达到天下的治理。东汉末年，曹操挟天子以令诸侯，为了扩大政治势力不惜招求不忠不孝之人，但即便如此，他仍然肯定家庭伦理维护社会政治稳定的根本意义，并以败坏名教之名杀了当时的大名士、孔子后人孔融，其诏令中就说："大中大夫孔融既伏其罪矣，然世人多采其虚名，少于核实，见融浮艳，好作变异，眩其诳诈，不复察其乱俗也。此州人说平原祢衡受传融论，以为父母与人无亲，譬若瓴器，寄盛其中，又言若遭饥馑，而父不肖，宁赡活余人。融违天反道，败伦乱理，虽肆市朝，犹恨其晚。更以此事列上,宣示诸军将校掾属,皆使闻见。"[16]373

和帝王的倡导相应,两汉时期出现了一大批"循吏",而在他们的政绩中往往有一条就是推动所管辖地区的家庭伦理建设①。东汉"循吏"仇览有一个通过家庭伦理化民成俗的经典案例,"览初到亭,人有陈元者,独与母居,而母诣览告元不孝。览惊曰:'吾近日过舍,庐落整顿,耕耘以时。此非恶人,当是教化未及至耳。母守寡养孤,苦身投老,奈何肆忿于一朝,欲致子以不义乎?'母闻感悔,涕泣而去。览乃亲到元家,与其母子饮,因为陈人伦孝行,譬以祸福之言。元卒成孝子"[7]2480。"循吏"实施家庭伦理教化尤其体现在少数民族或边远地区,两汉时期这样的例子很多,如任延治理越地,"骆越之民无嫁娶礼法,各因淫好,无适对匹,不识父子之性,夫妇之道。延乃移书属县,各使男年二十至五十,女年十五至四十,皆以年齿相配。其贫无礼聘,令长吏以下各省俸禄以赈助之。同时相娶者二千余人。是岁风雨顺节,谷稼丰衍。其产子者,始知种姓。咸曰:'使我有是子者,任君也。'多名子为'任'。于是徼外蛮夷夜郎等慕义保塞,延遂止罢侦候戍卒"[7]2462。这种治理方式同时又是文化传播、民族融合的过程,它显示出了儒家家庭伦理在当时的先进性。

我们在肯定秦汉时期的治道与家庭伦理相一致的同时,也要看到其相互矛盾、对立的一面。秦汉时期的统治阶层从社会政治稳定的角度出发,将皇权从宗族中脱离出来与家庭伦理结合,而在社会

---

① 余英时曾经对汉代循吏的教化政治作过详细阐释,他多从循吏代表官僚系统的普遍性出发,强调其伦理教化"已远超出'吏'的职务""循吏的教化和汉廷法令之间是存在着某种矛盾的"。见其著《士与中国文化》,上海人民出版社2003年版,第145、146页。余英时多从政治管理与道德教化的关系中展开论述,而本文主要是从家庭本位的皇室、编户齐民与非家庭本位的官僚系统之间的关系着眼展开论述。

层面，编户齐民的家庭往往是三代以内的小家庭，但这样的小家庭随着财产和社会地位的提高，往往会形成聚族而居的宗族。换句话说，在上层，皇权为了巩固自身，自觉地打击宗族而与家庭结合，而在下层，却形成了强宗豪族，这对官僚系统的治理构成了威胁，甚至对最高皇权也构成了威胁，所以秦汉时期对地方强宗豪族的打击成为国家政治的大事，这是治道对家庭伦理的干预。

秦汉时期皇权和官僚系统维护编户齐民小家庭而打击强宗豪族的方式可分为疏导与封堵两种方式。所谓疏导的方式最主要的就是把各地的强宗豪族迁徙到京城附近，一方面便于控制，另一方面使其脱离原有的宗族而力量削弱，这是"强本弱末之术"，它和政道上的立郡县废封建在本质上是一致的。秦始皇建国伊始，即将山东六国的王室以及大贵族等迁徙到首都咸阳，而刘汉王朝建立伊始也同样如此，而且这种措施在王朝稳定以后还经常进行。所谓封堵的方式就是利用政府力量，尤其是利用"酷吏"，直接打击强宗豪族。《史记·酷吏列传》中记载的郅都"族灭瞯氏首恶，余皆股栗"[2]3133；《汉书·酷吏传》中记载的严延年对于大姓西高氏、东高氏，"穷竟其奸，诛杀各数十人。郡中震恐，道不拾遗"[13]3668；《后汉书·酷吏列传》记载的董宣对于大姓公孙丹，"收丹父子杀之。丹宗族亲党三十余人，操兵诣府，称冤叫号。宣以丹前附王莽，虑交通海贼，乃悉收系剧狱，使门下书佐水丘岑尽杀之"[7]2489。关于这样的记载在《史记》、《汉书》、《后汉书》中还有很多。而汉代"刺史周行郡国以六条问事诏"中就有两条直接与打击强宗豪族有关："一条，强宗豪右田宅逾制，以强凌弱，以众暴寡。……六条，二千石违公下比，阿附豪强，通行货赂，割损政令也。"[13]742可见打击地方强宗豪族对于皇权和政府的重要性。

秦汉时期治理的目的是服务于家庭伦理，治理手段也重视家庭伦理的教化，但作为治理主体的官僚系统本身却是非家庭的，其治理手段也有非家庭伦理的层面，这个意义上的治理之道可以是非家庭伦理的，但不必然是反家庭伦理的。两汉时期在关于家庭伦理教化之外的治理方式上展开了论争，当时的学者往往会以周初分封时鲁、齐两国的治理方式不同来展开论述，《淮南子》中写道："昔太公望、周公旦受封而相见，太公望问周公曰：'何以治鲁？'周公曰：'尊尊亲亲。'太公曰：'鲁从此弱矣！'周公问太公曰：'何以治齐？'太公曰：'举贤而上功。'周公曰：'后世必有劫杀之君！'其后齐日以大，至于霸，二十四世而田氏代之。鲁日以削，至三十二世而亡。"[17]1116西汉初年的《淮南子》对此两种治理方式评价相当，而到了西汉末年，刘向在记述大致相同的故事之后，更重视以家庭伦理为核心的教化政治，认为"鲁有王迹者，仁厚也；齐有霸迹者，武政也。齐之所以不如鲁者，太公之贤不如伯禽也"[10]5471。

四、秦汉时期的家庭伦理与民众生活

秦汉时期的社会政治以三代以内的小家庭为基础，家庭是社会生活的主体，具体的个人依托于家庭而存在，人们在社会生活中也是依据家庭伦理做人做事。所以，子女对父母的孝敬、妻子对丈夫的顺从、幼对长的礼让等就成为人们在家庭内外生活的基本伦理规范，它适用于社会各阶层，对秦汉时期的民众生活产生了深远的影响。

秦汉时期家庭伦理中子女的孝和妇女的节成为社会大力推崇的德行，史书中相关孝子、节妇的记载很多。《后汉书》中有很多关于孝悌的记载，其中著名者有鲍永、毛义、赵孝、江革、刘般、蔡顺、黄香等人，鲍永为孝顺母亲而出妻，毛义为亲而出仕，赵孝为救兄弟而自愿舍身,刘般身为王子而主动让位,江革、蔡顺是至诚孝顺母亲,黄香是至诚孝顺父亲,赵孝、江革、黄香等都成为后来《二十四孝》中的人物[7]1017,1294,2613。《后汉书》中关于节妇的记载更多,单列有《列女传》,其中著名者有河南乐羊子之妻、吴许升妻、安定皇甫规妻、南阳阴瑜妻等。河南乐羊子之妻、吴许升妻都是因遇匪人而以死守节;安定皇甫规是东汉末年的名将,其妻不屈于董卓而被杀;南阳阴瑜妻出身颍川大族荀氏,为著名大儒荀爽之女,夫死誓不再嫁,多方设法,最终守节自尽[7]2792。东汉乐府诗《孔雀东南飞》被后世作为爱情名篇,而其所描述的故事与荀氏之女的事迹颇相类似。

家庭伦理对于秦汉时期民众生活的影响是全方位的,包括各个阶层。西汉初年备受皇帝宠幸的"万石君"石奋一家,以孝悌恭谨等显闻于世,使孔子故里的齐鲁诸儒自叹弗如。司马谈、司马迁父子的思想依违于儒、道之间,但对家庭伦理同样十分尊崇,以"孝"为人生终极目标,"且夫孝始于事亲,中于事君,终于立身。扬名于后世,以显父母,此孝之大者"[2]3295。与这种极度推崇孝道的思想相应,传为孔子所作的《孝经》在两汉时期逐渐流行,并上升到和儒家经、传同等的地位。

秦汉时期人们以家庭伦理立身处世,如果有人违反则将受到社会各方面的指责。西汉时期的杨王孙大概信奉道家学说,身体力行"裸葬",在给儿子的遗嘱中说:"吾欲嬴葬,以反吾真,必亡易吾意。死则为布囊盛尸,入地七尺,既下,从足引脱其囊,以身亲土。"[13]2907杨王孙的做法使他的子女很为难,而他的朋友也提出批评,其中主要的理由就是这种做法违背了家庭伦理,"窃闻王孙先令嬴葬,令死者亡知则已,若其有知,是戮尸地下,将嬴见先人,窃为王孙不取也。且《孝经》曰'为之棺椁衣衾',是亦圣人之遗制,何必区区独守所闻?愿王孙察焉"[13]2908。而对于朋友的劝说,杨王孙虽然没有接受,但他同样肯定家庭伦理,只是从节用的角度为自己辩护。杨王孙的做法在汉代是特例,当时人们的丧葬礼仪都是依据家庭伦理的,比如秦汉时期重厚葬,不仅秦皇、汉武等王侯贵族如此,一般民众也如此,东汉时期隶书碑刻达到鼎盛,而汉墓的画像精美绝伦,这其中固然体现着对亲人的哀思,表达出后人的孝心,而在社会政治的外在影响下,其中也掺杂着功利因素,"成为他们被举为'孝廉',在仕途上迈出第一步的资本"[18]118。当朝廷从节用出发立法禁止厚葬时,一些民众仍然坚持厚葬,而一些所谓"循吏"也站在家庭伦理立场上予以支持,"宋均字叔庠,南阳安众人也。……迁上蔡令。时府下记,禁人丧葬不得侈长。均曰:'夫送终逾制,失之轻者。今有不义之民,尚未循化,而遽罚过礼,非政之先。'竟不肯施行"[7]1411-1412。

秦汉时期,人们往往将家庭伦理应用到社会生活的各个方面,而这种将家庭伦理应用到超家庭领域的做法会产生相应问题,有时就会和皇权、政治治理之间产生矛盾。从战国时期的诸子著述中就有一些关于君、父矛盾的故事,这些故事在汉代继续流行,比如楚昭王时掌管刑法的臣子石奢,他在父亲杀人之后,为了维护君权、法制而将自己的父亲绳之以法,这是忠君,但随后自杀向父亲谢罪,这是孝父,在两难之中以死明志,韩婴的《韩诗外传》、刘向的《新序》都反复记载这个故事,这反映了当时人们在这个问题上的思想纠结。而这样的纠结并不仅仅是记载在书本上,在《汉书》、《后汉书》中有很多相似的实际案例,充满着血腥与惨烈。比如东汉的赵苞,"以到官明年,遣使迎母及妻子,垂当到郡,道经柳城,值鲜卑万余人入塞寇抄,苞母及妻子遂为所劫质,载以击郡。苞率步骑二万,与贼对阵。贼出母以示苞,苞悲号谓母曰:'为子无状,欲以微禄奉养朝夕，不图为母作祸。昔为母子，今为王臣，义不得顾私恩，毁忠节，唯当万死，无以塞罪。'母遥谓曰：'威豪，人各有命，何得相顾，以亏忠义！昔王陵母对汉使伏剑，以固其志，尔其勉之。'苞即时进战，贼悉摧破，其母妻皆为所害"[7]2692。

  在处理家庭与皇权的关系时，秦汉时期人们的基本倾向是肯定家庭伦理优先，这集中体现在对一些为国捐躯、亡家的忠臣的评价上。汉景帝时期，晁错为维护中央集权打击地方诸侯积极出谋划策，但遭到父亲的强烈反对，也被司马迁所讥评，"错所更令三十章，诸侯皆喧哗疾晁错。错父闻之，从颍川来，谓错曰：'上初即位，公为政用事，侵削诸侯，别疏人骨肉，人口议多怨公者，何也！'晁错曰：'固也。不如此，天子不尊，宗庙不安。'错父曰：'刘氏安矣，而晁氏危矣，吾去公归矣！'遂饮药死。……太史公曰：……晁错为家令时，数言事不用；后擅权，多所变更。诸侯发难，不急匡救，欲报私仇，反以亡躯。语曰'变古乱常，不死则亡'，岂错等谓邪！"[2]2747-2748 两汉之际王莽篡汉，作为汉丞相翟方进之子的翟义起义兵，功业不成而遭杀戮，而同样忠于刘汉王朝的班彪却从家庭伦理优先的角度批评其不明智，"丞相方进以孤童携老母，羁旅入京师，身为儒宗，致位宰相，盛矣。当莽之起，盖乘天威，虽有贲育，奚益于敌？义不量力，怀忠愤发，以陨其宗，悲夫！"[13]3441

  秦汉时期社会政治的基础是家庭，所以当家庭伦理与社会政治治理发生冲突时，社会舆论一般都是站在家庭伦理的立场上，迫使皇权和官僚系统迁就家庭伦理，从而实现社会利益的更大化，这一点突出体现在对待血亲复仇问题上。《汉书》、《后汉书》记载的血亲复仇有数十起，绝大多数是子女为父母复仇，偶有为兄长、叔父复仇的。社会舆论对复仇一般都是肯定的，如缑氏之女缑玉为父报仇，按律当死，但社会各方面都为其说情，"蟠时年十五，为诸生，进谏曰：'玉之节义，足以感无耻之孙，激忍辱之子。不遭明时，尚当表旌庐墓，况在清听，而不加哀矜！'配善其言，乃为谳得减死论。乡人称美之"[7]1751。申屠蟠因此文而成名，屈法从情的县令梁配也为人称美，只有复仇中被杀之人及其家庭的公义没有得到维护，这应该算是中国传统社会里家庭伦理进入公共权力带来"有限的善"的同时所带来的"必要的恶"。

与血亲复仇相联系的是"亲亲相隐"，自孔子提出"父为子隐，子为父隐。——直在其中矣"[19]139，"亲亲相隐"遂成为后世儒家学者以及一般民众要求政治法律等公权利屈从家庭伦理的依据。西汉昭帝时举行盐铁会议，代表地方士绅的文学站在家庭伦理的立场上要求政府认可"亲亲相隐"，反对惩罚亲属间的相互包庇，"故为民父母以养疾子，长恩厚而已。自首匿相坐之法立，骨肉之恩废，而刑罪多矣。父母之于子，虽有罪犹匿之，其不欲服罪尔。闻子为父隐，父为子隐，未闻父子之相坐也。闻兄弟缓追以免贼，未闻兄弟之相坐也"[20]461。而为了维护家庭伦理，西汉宣帝曾下《子匿父母等罪勿坐诏》，承认"亲亲相隐"的权力。东汉章帝时期一度设立《轻侮法》，"有人侮辱人父者，而其子杀之，肃宗贳其死刑而降宥之，自后因以为比。是时遂定其议，以为《轻侮法》"[7]1502-1503。东汉时期还一度接受大臣建议认可"母子兄弟相代死，听，赦所代者"[7]1556。这些违反公义的建议之所以被接受，都是从维护社会稳定的角度承认家庭伦理的权威。而令人深思的是，"亲亲相隐"在当代仍然成为一个学术上以至政治法律上争论的问题[21]。笔者的理解是，离开历史文化背景，离开生活实际，关于儒家家庭伦理的相关讨论容易走向不同面向的偏执。

五、家庭伦理与社会生活的离合

上古三代中国社会与政治都是以宗法为依据的，而秦汉以后，社会层面以编户齐民的小家庭为依据，治理层面则主要不是以家庭、宗族为依据，这是其新变的部分，但秦汉社会也有其相对于传统社会不变的部分，即农耕经济、乡村亲属聚落、集权专制制度等，家庭乃至宗族仍然构成社会的基本组织形态，与其相应的伦理政治规范仍然占据着中国传统社会价值观的主导地位。秦汉时期儒家学说逐渐占据学术思想界的主流，它们借鉴传统思想资源，对家庭伦理作了进一步细致的规范和理论论证，同时在某种程度上由战国以来的新传统中抽身而出，回归上古三代的旧传统，进一步将家庭伦理的基本原则推衍到社会政治领域，在当时的社会生活中产生了巨大影响，为后世儒家全面地以礼入法奠定了基础。

周秦之际是宗族的家天下向家庭的家天下转型的时代，而由秦汉时期确立的家庭的稳定形态一直延续到近现代。今天的中国正在走向现代化，在家庭结构与家庭伦理上都出现了"三千余年一大变局"：一方面，今天的中国继续强化着两千多年前的那个转型，政治层面进一步摆脱家庭、宗族影响，而且在社会层面也开始摆脱家庭、宗族影响；另一方面，今天的中国开启了一个新的由家庭的家天下向个人的国天下的转型，这和过去由宗族向家庭、由大家庭向小家庭的量变不同，这是一种性质的转变，今天的主席、总统不是宗族的代表，也不是家庭的代表，它是代表着亿万个人来统治的，这亿万个人固然也还会"物以群分，人以类聚"，但家庭将逐渐失去其作为根本"群、类"的地位。这是现代的天下大势，尽管这个大势中必然会保留传统的家庭的家天下以至宗族的家天下的遗迹，但总体的趋势是明显的，作为传统中国家庭伦理和社会政治指导思想的儒家学说如何与时俱进，其中须有一个脱胎换骨的转换。

参考文献：

[1] 陶毅,明欣. 中国婚姻家庭制度史［M］. 上海：东方出版社,1994.

[2] 司马迁. 史记［M］. 北京：中华书局,1959.

[3] 董治安. 两汉全书（第1册）［M］. 济南：山东大学出版社,2009.

[4] 董治安. 两汉全书（第2册）［M］. 济南：山东大学出版社,2009.

[5] 钟肇鹏. 春秋繁露校释［M］. 石家庄：河北人民出版社,2005.

[6] 李祥俊. 韩非子注释［M］. 北京：新华出版社,2003.

[7] 范晔. 后汉书［M］. 北京：中华书局,1965.

[8] 董治安. 两汉全书（第27册）［M］. 济南：山东大学出版社,2009.

[9] 王葆玹. 今古文经学新论［M］. 北京：中国社会科学出版社,1997.

[10] 董治安. 两汉全书（第9册）［M］. 济南：山东大学出版社,2009.

[11] 陈立. 白虎通疏证［M］. 北京：中华书局,1994.

[12] 董治安. 两汉全书（第23册）［M］. 济南：山东大学出版社,2009.

[13] 班固. 汉书［M］. 北京：中华书局,1962.

[14] 王洲明. 贾谊集校注［M］. 北京：人民文学出版社,1996.

[15] 王利器. 新语校注［M］. 北京：中华书局,1986.

[16] 陈寿. 三国志［M］. 北京：中华书局,1982.

[17] 张双棣. 淮南子校释［M］. 北京：北京大学出版社,1997.

[18] 郑岩. 逝者的面具：汉唐墓葬艺术研究［M］. 北京：北京大学出版社,2013.

[19] 杨伯峻. 论语译注［M］. 北京：中华书局,1980.

[20] 北京钢铁学院冶金系工农兵学员. 盐铁论译注［M］. 北京：冶金

工业出版社，1975.

[21] 郭齐勇. 儒家伦理争鸣集：以"亲亲互隐"为中心 [M]. 武汉：湖北教育出版社，2004.

原文载于《衡水学院学报》2014年第6期。

李祥俊（1966－），男，安徽合肥人，北京师范大学哲学与社会学学院教授，博士生导师，历史学博士，衡水学院特聘教授。

董仲舒养身观念研究

治身不敢违天
——董仲舒的养身理念及性教育思想

余治平

关于"身",在早期的经典儒学中,还包含着"修身"和"治身"两个方面。但发展到后世儒家那里却只剩下一个"修身"了。修身不同于治身,修身所关注的是身的内在心性的方面,治身所重视的则是身的形体实在的方面。后世儒学只谈修身而不及治身,对于性(sexuality)的一系列问题,或避而不谈,或谈性色变。这是儒学在历史传承过程中内容和特性方面所遭受的损耗,也是儒学从原始性、实践性走向理论化、准形式化的标志之一。强调治身,应该说,是对人这一存在者自身的一种切实关照,是中国性情哲学不可或缺的基本内容。因为性情的发生一定与人的身体状况有着密切的关联。西方哲学因为一直追求的是客观、公正、中立的知或真理,只强调心智的作用而并不要求身的介入和参与,所以根本不会关照存在者自身的身体状况,以为身只是一个科学的问题,而不应该是一个哲学的问题。

一

实际上，治身或养身与儒学观念并没有实质性的冲突。相反，而应该是儒学孝的理论的必然产物。身，受之于父母，治身或养身，其实也是对父母的尊重，也是孝道之一。康有为说过："养身为孔门一学。"（《春秋董氏学·卷六下·春秋微言大义》）孔子的哲学思想中，并不乏对养身的强调和重视。"子之所慎：齐、战、疾。"（《论语·述而》）疾是身的病态呈现，被放在与祭祀、战争同等的位置予以考虑，并受到十分慎重的对待，就已说明孔子对身的高度关切。朱熹说："疾，又吾身之所以死生存亡者。"（朱熹《四书章句集注》）身是人生存在于世的有形载体，没有了身，人的一切价值和意义都是虚幻的。身，不应该被排除在人的注意力以外，而应该直接就是人自己的事情。于是，治身或养身，就应该是生命哲学、生存论哲学的有机组成部分。"康子馈药，拜而受之。曰：丘未达，不敢尝。"（《论语·乡党》）不懂药学就不能乱吃滥服，这里所传达的是孔子对身的谨慎态度和对自己生命的尊重心情。《论语·乡党》中记录了许多孔子日常生活中关于饮食、饮酒、睡眠等方面所遵循的基本法则，似乎颇能够反映出孔子的治身理念。

《论语·乡党》说："食不厌精，脍不厌细。""食饐而餲，鱼馁而肉败，不食。""色恶，不食。""臭恶，不食。""失饪，不食。""不时，不食。""割不正，不食。""不得其酱，不食。""肉虽多，不使胜食气。""唯酒无量，不及乱。""沽酒、市脯，不食。""不撤姜食，不多食。""祭于公，不宿肉。""祭肉不出三日。出三日，不食之矣。""食，不语。""寝，不言。"关于"食"的注意事项竟有如此之多，的确足以说明孔子对身的谨慎态度。这些注意事项在今天的饮食文化和营养学看来仍具有相当的科学性。关于"酒",一方面,为防止假冒伪劣的产品伤害性命,不要喝市面上买来的酒;另一方面,酒量即使再大,也应该适可而止,不能狂饮滥醉。"不为酒困,何有于我哉?"(《论语·子罕》)关于睡眠,孔子提出,既要做到"寝不语",因为说话不免要有所思,而有所思则难以进入睡眠状态;同时也要做到"寝不尸"(《论语·乡党》),仰卧既有害于身体健康,又不利于提高睡眠质量。连睡姿都很讲究,可以见得,孔子的治身颇具功夫。

应该承认,孔子思想的养身方面在后来的儒学发展中并没有得到很好的继承,更谈不上发扬与光大。孟子虽然强调"我善养吾浩然之气",但这个"浩然之气",几乎不与人之身体直接相关,而完全被心、志充塞着,所关涉的是人性的道德修养。"夫志,气之帅也。气,体之充也。"(《孟子·公孙丑上》)在志、气、体之间,志被提升到顶级,成为哲学形而上学关注的焦点;气则成了通向志的手段、方法和中介;而作为身的体却被忽略了。荀子也讲修身,但已把"身"同"礼"作了密切的联系,"食饮衣服、动静居处,由礼则和节;不由礼则触陷生疾。容貌、态度、进退、趋行,由礼则雅;不由礼则夷固僻违,庸众而野"(《荀子·修身》)。似乎礼才是治身养体的基本原则,符合礼的,对身就一定有裨益;而不符合礼的,对身就有损害。治身也就等于治礼。这岂不是用礼取代了身,实际上已完全离开了治身。

二

孟、荀之后,董仲舒的治身观念是朝向孔子的一次回归。董仲舒的治身观念应该直接来自于上古方术及黄老思想。《春秋繁露》

的《循天之道》篇中，甚至还保留着"古之道士有言曰"的痕迹。董仲舒的治身观念，一方面充分吸收消化了上古方术及黄老思想中的养身内容；另一方面，也对儒家的养身思想做了有效的补充，较之孔子，董仲舒的治身似乎更趋于系统化、科学化。

言人事不离天道，这是董学的一贯原则和基本方法，也是信念本体的一般反映。论及治身，当然也不例外。董仲舒强调，君子治身，不敢违天。只有循天之道、法天所为，才能获得要领，才能找到治身的根本路径。而这个"天之道"就是"中和"。《春秋繁露·循天之道》曰："循天之道，以养其身，谓之道也。"根据董仲舒阴阳运行的一般规律，天有东、西方"两和"，即中春、中秋。"两和"又形成北、南方的"二中"，即合阴、合阳。岁时在这"两和"、"二中"之间，周行不止、运转无尽。中，是天地的终与始之所在，而和则是天地的生与成。中和之道是治身所应该遵循的基本准则。"君子治身不敢违天。"能用中和之道治理天下的人，德行将至大至盛；而能用中和之道养身的人，寿命必将达到人类的极点。

董仲舒说："顺天之道：节者，天之制也；阳者，天之宽也；阴者，天之急也；中者，天之用也；和者，天之功也。举天地之道，而美于和。是故物生皆贵气而迎养之。"天道有节、有阴、有阳、有中、有和，各有不同的特性、作用和功能，只有在所有这些因素综合发挥效力的情况下，世界万物才能得以生成。而这就叫作"和"。包括人在内的世界万物，都离不开和，都要通过养气而达到和。在董仲舒看来，和，就是人治身的最高境界。这种最高境界，董仲舒又称为"天地泰"。他说："是故男女体其盛，臭味取其胜，居处就其和，劳佚居其中，寒暖无失适，饥饱无过平，欲恶度理，动静顺性，命喜怒止于中，忧惧反之正。此中和常在乎其身，谓之得天地泰。得天地泰者，其寿引而长；不得天地泰者，其寿伤而短。"(《春秋繁露·循天之道》)从男女媾合、居家住宅,到冷暖寒暑、饥饿温饱,甚至辛劳安逸、理欲善恶、喜怒性情、举止动静,这些都应该是治身的经常性内容,而它们都无一例外地要依赖于中和的法则。身,如果经常能够处于中正和谐的状态,那么就可以算是进入了一种"天地泰"的境界。有没有进入天地泰的境界,其结果是大不一样的。能够守持中和的人,寿命一般都比较迈长;而不能够守持中和的人,寿命通常都比较短促。

性的问题,儒家历来忌讳莫深,甚至视若洪水猛兽,唯恐避之不及。孔子重视养身,但是几乎从不提及"性"。孔子偶尔也会谈及女人,但多为道德性的评介。关于女人,孔子最著名的语录是:"唯女子与小人为难养也。近之则不孙,远之则怨"(《论语·阳货》),为世代所传述、所误会。《论语》中也曾提到过性的问题,但都是贬义的,都是从否定的方面来立论的。"贤贤,易色。"(《论语·学而》)要求人们看轻女色,不因性事而沉溺。"君子有三戒:少之时,血气未定,戒之在色;及其壮也,血气方刚,戒之在斗;及其老也,血气既衰,戒之在得。"(《论语·季氏》)人在年轻时,气血旺盛,有比较强烈的性生理需要,但重要的是切忌为女色所沉迷。可贵的是,孔子还能够顾及到人在不同年龄段上会有不同的生理特点。但遗憾的则是,孔子的这种性教育完全是堵塞性的,而不是疏导性的。

三

儒门之中,董仲舒应该是敢于公开谈色论性的第一个人,同时,也可以说是最后一个人。在《春秋繁露》中,董仲舒仔细地论述了男女性结合的最佳年龄和性生活的首选时间。"男女之法,法阴与阳。阳气起于北方,至南方而盛,盛极而合乎阴。阴气起乎中夏，至中冬而盛，盛极而合乎阳。不盛，不合。是故十月而壹俱盛，终岁而乃再合，天地久节，以此为常。是故先法之内矣。养身以全，使男子不坚牡，不家室；阴不极盛，不相接。是故身精明，难衰而坚固，寿考无忒，此天地之道也。天气先盛牡而后施精，故其精固；地气盛牝而后化，故其化良。是故阴阳之会，冬合北方，而物动于下；夏合南方，而物动于上。上下之大动，皆在日至之后。为寒，则凝冰裂地；为热，则焦沙烂石，气之精至于是。"（《循天之道》）

董仲舒是从阴阳的理论高度对性结合、性生活规律做出细密论证的。天之大道的基本表现为，阳气从北方开始运行，至南方而盛，盛极则合阴。阴气从中夏开始运行，至中冬而盛，盛极则合阳。无论阳，还是阴，不发展到成熟饱满的状态就不可能与对方汇合。十个月为一个完成周期，一年以后会再次汇合，这是天地运行的最一般法则。人世男女的养身要领也应该与天地阴阳的法则相一致。养身的最低要求之一就是要使人性内在所具有的先天因素得到最全面、最淋漓尽致的释放和张扬。男子的性生理条件还没有发育成熟，就不应该娶妻施精；同样，女子还不具备生育能力的情况下，也不宜嫁人受孕。只有这样才能固守精神，生命力才不至于过早衰竭，才能延年益寿。

《礼记·内则》中曾记载了中国古人对男女性生活频度的要求。"夫妇之礼，唯及七十，同藏无间。故妾虽老，年未满五十，必与五日之御。"（《礼记·内则》）即"五日之御"是夫妻性生活的正常频度。如此高的频度似乎并不能为董仲舒所同意。董仲舒提出："是故新牡十日而一游于房；中年者，倍新牡；始衰者，倍中年；中衰者，倍始衰；大衰者，以月当新牡之日。而上与天地同节矣，此其大略也。"（《春秋繁露·循天之道》）这里，董仲舒首先肯定了性生活的正当性，以为它是人生生活的正常需求，甚至是养身的一个组成部分。其次，相对而言，《礼记·内则》"五日之御"的规定，过于笼统、粗略而显得太教条化，既缺乏对象的针对性，又缺乏足够的科学性。

董仲舒根据人在新婚青年、中年、中老年、老年、晚年等各个不同年龄段上的不同生理特征，提出了具体的性生活周期。尽管不一定完全符合现代性科学的理论原理，但至少在他的养身观念中已经具有了开展性引导的精神理想和实施性控制的基本要求，更何况他的提法还能够充分照顾到古代中国人的身体素质。"天地之气，不致盛满，不交阴阳。是故君子甚爱气而游于房，以体天也。气不伤于以盛通，而伤于不时、天并。不与阴阳俱往来，谓之不时；恣其欲而不顾天数，谓之天并。"（《春秋繁露·循天之道》）性生活应该充分体现出阴阳之道。阴阳之气只有在运行到极盛状态的时候，才能够交汇、通合。男女交媾也当在生理条件成熟的情况下进行。无论在性生活频度的掌握上，还是在性生活进行的过程中，男子精满就应该泄发出来，不处于亢奋状态也不要勉为其难；女子情至也应该求得媾合，没有进入高潮也不要强行作事。不符合阴阳法则的性行为，叫作"不时"；过度的性解放，则叫作"天并"。二者都不是科学的、正常的性生活。董仲舒关于性的认识应该来源于道术家的房中术。

开展性引导、实施性控制的目的是要"积精"或"致精"。董仲舒认为，"治身者以积精为宝，治国者以积贤为道。身以心为本，国以君为主。精积于其本，则血气相承受。贤积于其主，则上下相制使。血气相承受，则形体无所苦。上下相制使，则百官各得其所。形体无所苦，然后身可得而安也。百官各得其所，然后国可得而守也。夫欲致精者，必虚静其形；欲致贤者，必卑谦其身。形静志虚者，精气之所趣也；谦尊自卑者，仁贤之所事也。故治身者，务执虚静以致精；治国者，务尽卑谦以致贤。能致精，则合明而寿；能致贤，则德泽洽而国太平"（《春秋繁露·通国身》）。与道家养身思想相统一，董仲舒也以为，精是人之本，是支撑身体的最为重要的成分，是生命得以维持的本质性要素。积精是治身的第一法则。如果身体中的精力十分充沛，那么，人的血气的运行就可以达到顺畅成熟的状态。于是，形与体都不会有所损害，这样，身也便可以维持自己存在并获得圆满和安详。所以，能够积精于身的人，一定可以成为人瑞，既通达又长寿。至于致精的办法，董仲舒提出，应该"执虚静"，即认为人应该守持着一颗宁静之心，养护出一身清虚之体。

气是中国哲学里的一个复杂概念，既关乎世界本体，又涉及精神境界，更与养身之道相联系。关于气、养气对于治身的重要性，董仲舒坚持，养身之大在于爱气。董仲舒说："凡养身者，莫精于气。"（《春秋繁露·循天之道》）气是养身的基本内容，养气与养身是统一的。"民皆知爱其衣食，而不爱其天气。天气之于人，重于衣食。衣食尽，尚犹有闲。气尽而立终。故养生之大者，乃在爱气。气从神而成，神从意而出。心之所之谓意，意劳者神扰，神扰者气少，气少者难久矣。故君子闲欲止恶以平意，平意以静神，静神以养气，气多而治，则养身之大者得矣。"（《春秋繁露·循天之道》）气是人体自然存在的根据，而气以"神"为本根，神又以心意或意念为主宰。如果心意劳顿，则必然导致神情紊乱，于是气也会处于相对匮乏的状态。气是如此重要，然而却不易被一般人所意识到，一般人只知道偏爱有形的物质利益，却很少珍惜自己身上的无形之气。其实，有形的物质利益消耗完了以后，还可以再生、再补充，但是无形之气一旦失去了却再也不可挽回，人的生命也就会立即终止。

既然气是与神、意联系在一起的，那么，养气就应该从闲欲、止恶做起，只有这样才能够使心意平和，心意平和则必然神情宁静而安详。在这种状态下养气，气力必然充沛丰足，身也就会处于一种"天地泰"的境界，也可以称之为身之"治"了，那么，完全可以说已经抓住了养身的根本要领。值得注意的是，气在董仲舒这里似乎还与体、身的因素相关联，但到了宋明理学那里，则几乎完全抛弃了身的关怀或体的观照，养气变成了单一的养心、正志。程颐说："君子莫大于正其气，欲正其气，莫若正其志。"（《二程遗书·伊川先生语十一》）养气已与道德心性的培养走到了一起，养心取代了养身，人的道德性、社会性也就必然要高于或大于人的生存性。这应该是儒学在脱开原始性、生活性而实现理论化、意识形态化后的必然结果。

四

孔子曾说过，"死生有命"（《论语·颜渊》），人的寿命的长短似乎完全决定于天或命，人在天或命面前，是被动而无能为力的。但董仲舒却以为，对于身，养与不养不一样，有没有人积极地参与不一样。他似乎更强调"自行"的因素。《春秋繁露·循天之道》说："短长之质，人之所由受于天也。是故寿有短长，养有得失，及至其末之，大卒而必雠于此，莫之得离。故寿之为言，犹雠也。天下之人虽众，不得不各雠其所生，而寿夭于其所自行。自行可久之道者，其寿雠于久；自行不可久之道者，其寿亦雠于不久。久与不久之情，各雠其生平之所行，今如后至，不可得胜。故曰：寿者，雠也。然则人之所自行，乃与寿夭相益损也。其自行佚，而寿长者，命益之也；其自行端，而寿短者，命损之也。以天命之所损益，疑人之所得失，此大惑也。是故天长之，而人伤之者，其长损；天短之，而人养之者，其短益。夫损益者皆人。人其天之继欤！出其质，而人弗继，岂独立哉?"董仲舒认为，一方面，从根本大体上看，寿由天赐，命的长短在根本上是由天所决定的。另一方面，从生活的具体细节上看，寿命的损与益还得依赖于人。董仲舒甚至把"寿"诠释为"雠"。雠，有符合、报酬、偿付、应对、买卖及怨恨、仇视等含义。这里可以延伸为同等价值的交换。人的寿命就是天对人的行为所做的回报。

董仲舒以为，表面上看，天下人群芸芸众多，寿命长短似乎没有规律可循，但实际上，却存在一个最为基本的法则，那就是天根据人在世间的所作所为即"自行"来予以合理安排。如果人的所作所为取法于"可久之道"，那么天则必然赐予长寿。如果人的所作所为，取法的是"不可久之道"，那么，天则必然赐予短命。长寿与短命，完全由人的生平所行来决定。假如天所给人的寿命是一个定数，并不意味着人就一定可以尽享这个天年。人的所作所为，可以对天所给定的寿夭长短有所益加、也可以有所损缺。以为人的所作所为与天命长短没有实质性的联系，这是一种错误的想法。即使天赐予长寿之命，但人在后天却过于损缺，那么也不可能享得延年；同样，如果天安排短夭之命，但人却能够在后天中进行很好的蓄养，那么，也可以弥补先天的不足。所以说，天命的损与益，都在于人自己。寿即雠，寿是天对人所作所为的酬付和回报。

治身，直接关乎人的生存，原本是儒学哲学的应有组成部分，孔子的观念中还保留有对身的关怀，如对疾病的慎重态度（《论语·述而》），对饮食、吃酒、睡眠的讲究（《论语·乡党》）。但孔子以后，从孟子开始，这方面的内容却逐渐从儒学哲学中消失殆尽，个中缘由似乎很值得追究。为儒家所放弃的养身观念似乎在道家那里得到了充分的发展，成为道家学术思想的一个极为突出的方面。

深受黄老哲学的强烈影响，汉代思想家对养身问题又投入了较多的关注。王充的《论衡》辟《气寿》一篇，《白虎通》中也有《寿命》、《嫁娶》二章。贾谊的《新书》甚至还专门讨论了《胎教》。董仲舒说："孔子谓冉子曰：治民者，先富之而后加教。语樊迟曰：治身者，先难后获。以此之谓治身之与治民，所先后者不同焉矣。《诗》曰：'饮之食之，教之诲之。'先饮食而后教诲，谓治人也。又曰：'坎坎伐辐，彼君子兮，不素餐兮！'先其事，后其食，谓治身也。"（《春秋繁露·仁义法》）治身与治国不仅被放在同等重要的位次上予以了考虑，而且，治身应该比治国更为迫切紧急，因为治身首先应该是治国、教化的前提。

参考文献：

1. 康有为：《春秋董氏学》，见《康有为全集》，第二集，上海古籍出版社，1990 年.
2. 朱熹：《四书章句集注》，中华书局，1983 年.
3. 董仲舒：《春秋繁露》，上海古籍出版社，1989 年.
4. 《礼记》，岳麓书社，1989 年.
5. 《荀子》，见《百子全书》，第一册，岳麓书社，1993 年.
6. 程颢、程颐：《二程遗书》，上海古籍出版社，1989 年.
7. 余治平：《唯天为大——建基于信念本体的董仲舒哲学研究》，商务印书馆，2003 年.

原文载于《江苏教育学院学报》2000 年第 2 期。

余治平（1965－），男，江苏洪泽人，上海社会科学院哲学研究所研究员，哲学博士、博士后。

董仲舒与现代社会研究

以德为本，知行合一
——培育践行社会主义核心价值观的理论思考

吴 光

一、提出社会主义核心价值观的时代背景

1. 是全球化时代文明互动的需要

我们现在所处的时代，是经济全球化、社会现代化、政治民主化潮流席卷世界的时代，在这个既充满竞争又需要合作的时代，我们拿什么与世界各国进行文明对话？我们能对世界文明的发展做出怎样的贡献？如何才能问心无愧地立于世界文明之林？恐怕最有说服力和影响力的莫过于传承与弘扬五千年中华优秀文化，特别是孔子思想与儒家文明。习近平总书记在2013年11月考察曲阜的讲话中说："这些年来，西方资本主义动摇了，他们出了一些问题，社会主义的中国却越来越好。他们也在反省……我们是马列主义中国化，他们不承认我们的马列主义，却承认中国文化。这就是我们中国的软实力。非常好。"又说："我接待过许多国家元首，他们总是

谈到孔子思想，说孔子思想怎么好，怎么适合当代社会，他们一个个简直是'言必称孔子'。这说明孔子在世界上已被许多人认可。在世界上，应该传播儒学，伊斯兰教、基督教人家传播，我们也应传播。"党的十七届六中全会决议提出了"文化强国"战略。实现这个战略的中心任务是提升文化软实力。而文化软实力中最核心最具凝聚力的东西是核心价值观。所以，党的十八大政治报告明确提出倡导社会主义核心价值观的论述，而培育和践行社会主义核心价值观正是"建设社会主义文化强国"的根本要求。

2. 是中国进入和平崛起新阶段形势发展的需要

中国自1978年实行改革开放以来经过三十多年，经济高速发展，国家实力大大增长。不但超过亚洲四小龙，而且超过了日本，自2010年起发展成为世界第二大经济体（中国2010年GDP58786亿美元，比日本多4044亿美元），从而进入了和平崛起新阶段。但经济总量位居世界第二不等于就是世界第二强国，还必须有政治军事的强大，尤其是文化软实力的强大。在这个转折关头，习近平总书记适时地提出了"实现中华民族伟大复兴的中国梦"的论述，既得天时地利，也得民心。

习总书记说："古往今来，一个国家、一个民族的强盛，总是以文化兴盛为支撑的。中华民族伟大复兴同样需要以中华文化繁荣发展为条件。"

3. 是纠正"文革"毁坏中华美德的错误、抵制外来腐朽文化的需要

"文革"虽然过去了近四十年，但"文革"对传统优秀文化、中华美德的破坏至今没有纠正与恢复，一些中老年人至今仍受"文革"遗风影响，仍在把儒家思想、儒家道德当作封建主义批判、排斥，一些年轻人根本不知礼义廉耻、孝悌忠信为何物，因此很容易

受外来腐朽文化、腐朽生活方式的影响，成了中华传统美德的"德盲"。再者，对外开放以后，大家一心搞经济，竞相发财致富，却忽略了道德修养，一些腐朽东西（如黄、赌、毒，尔虞我诈，唯利是图）也伴随着开放大潮涌进国门，造成普遍性的道德滑坡、贪腐、奢靡、欺诈之风，扭曲了社会风尚，腐蚀了人们的良知。所以，道德教育成为当务之急。所谓"八荣八耻"荣辱观与社会主义核心价值观的提出是非常适时的，正所谓"衣食足而知荣辱，仓廪实而知礼节"也。

二、社会主义核心价值观的内容与重点

十八大政治报告首次系统地论述了社会主义核心价值观的理论系统，即二十四字价值观，理论系统分为三个层面，每层面八个字：

1. 国家层面的价值目标：富强、民主、文明、和谐；
2. 社会层面的价值取向：自由、平等、公正、法治；
3. 公民层面的价值准则：爱国、敬业、诚信、友善。

只要认真分析一下二十四字核心价值体系的思想来源就可以明白，其中有十六个字是来自儒家为主导的中华传统文化的核心价值体系，即富强、文明、和谐、公正、爱国、敬业、诚信、友善。另外八个字即"民主、自由、平等、法治"则主要来自于西方文化传统的价值体系。而民主、平等、公正、法治这八个字同时也属于传统社会主义的核心价值体系。这说明中国特色社会主义的核心价值体系是吸收和综合了"全人类智慧"而形成的有别于"美国梦"的中国梦的核心价值体系，而儒家思想则是这个核心价值体系的主要思想来源。

这三个层面二十四字的核心价值体系，既体现了中华民族五千年传统所积淀的人文精神，也体现了中华民族在走向伟大复兴的历史进程中所应有的现代人文精神——民主法治精神。

其传统人文精神的重点就是"以人为本，以德为体"的仁爱德治精神。

儒家学派从孔子开始，历代大儒都把"仁爱"作为最核心的价值观念。孔子讲"仁者爱人"、"克己复礼为仁"；孟子讲"仁，人心也"、"道二，仁与不仁而已矣"；荀子也主张"王者先仁而后礼"，可见在孔孟荀那里，"仁"是最核心的价值观念，是普世性道德。韩愈所谓"博爱之谓仁"，是对孔孟"仁爱"之道的最佳阐发。宋儒程颢、程颐说"仁者，全体；四者，四支。仁，体也；义，宜也；礼，别也；智，知也；信，实也"，说明二程是将仁与其他常德提升到体用高度看待的。仁是道之体，义、礼、智、信是道之用。可见，在历代儒家那里，"仁"是根本之道，是最核心的价值观念，也是儒学传统的精神基础，其他德目诸如义、礼、智、信、勇、廉、和、敬之类都是由"仁"统率的[①]。

儒家以"仁"为根本之道，辅之以"义、礼、智、信、勇、廉、和、敬"等常用大德的核心价值体系，实际上已经成为中国特色社会主义核心价值体系的重要思想来源。且不说改革开放以来所提倡的"实事求是"、"以德治国"、"以人为本"、"小康"、"和谐"这些"中国特色社会主义"的关键词，实际上都来自儒家理想，就连胡锦涛同志提出的以"八荣八耻"为内容的社会主义荣辱观，也可以说是儒家仁、义、礼、智、信加上忠、勤、廉、耻等核心价值

[①] 关于"仁"与"义、礼、智、信"等常用大德的体用关系，可参阅拙文：《重塑儒学核心价值观——"一道五德"论纲》，载《哲学研究》2010年第6期。

观念的现代扩充版。

习近平总书记关于"中国梦"的论述，充分体现了儒家传统的民本思想与仁爱精神。例如，他在十八大闭幕当天的记者见面会上强调说："我们一定要始终与人民心心相印、与人民同甘共苦、与人民团结奋斗，夙夜在公，勤勉工作，努力向历史、向人民交一份合格的答卷。"2014年2月24日在中共中央政治局第十三次集体学习时的讲话中指出："要深入挖掘和阐发中华优秀传统文化讲仁爱、重民本、守诚信、崇正义、尚和合、求大同的时代价值。"他把"讲仁爱、重民本"放在中华优秀传统文化的第一、第二位，体现了习近平同志坚持以"仁爱"为核心价值、坚持以民为本和执政为民的思想，也揭示出儒家传统的民本思想与仁爱精神，正是习近平"中国梦"论述的思想来源之一，是中国梦的精神基础。因此，我们可以将习近平"中国梦"的核心价值观的形上道体概括为"仁爱为本"。"仁爱为本"所继承的正是中华文化传统的道德人文精神，也是儒家传统核心价值观的现代转型。这是"中国梦"区别于"美国梦"的根本所在，也是最具特色的中华民族的根本精神。

社会主义核心价值观所蕴含的现代人文精神的重点就是追求"自由、民主、平等、公正"的民主法治精神。其民主精神与中华仁爱精神是可以融合的，其法治精神即集中体现了社会主义核心价值观的现代精神。

重视"法治"建设，强调依法治国、依法执政，是习近平同志一贯的执政理念，也是他阐述"中国梦"与社会主义核心价值观时强调的一个核心理念。。根据报刊网络媒体报道的习近平同志关于"法治"思想的多次讲话，我们大致可以整理出如下要点：

第一，论述了法治建设的重要意义，指出"法治建设是政治文明建设的重要内容，法治进步是社会文明进步的重要标志，法治社会是人民梦寐以求的理想社会"①。

第二，论述了宪法的重要性和依宪执政的重要意义。他在首都各界纪念现行宪法公布施行30周年大会上说："宪法是国家的根本大法，是治国安邦的总章程，具有最高的法律地位、法律权威、法律效力，任何组织或者个人，都不得有超越宪法和法律的特权。""依法治国首先是依宪治国，依法执政关键是依宪执政。"

第三，推行廉政，惩治贪腐。他在十八届中央政治局集体学习会上说："腐败问题越演越烈，最终必然会亡党亡国！我们要警醒啊！"又在十八届中纪委第二次全体会议上说："党风廉政建设和反腐败斗争，是党的建设的重大任务。为政清廉才能取信于民，秉公用权才能赢得人心。"并说："要坚持'老虎'、'苍蝇'一起打，既坚决查处领导干部违纪违法案件，又切实解决发生在群众身边的不正之风和腐败问题。"

第四，健全法制，加强监督。他在首都各界纪念现行宪法公布施行30周年大会上说："我们要健全权力运行制约和监督体系，有权必有责，用权受监督，失职要问责，违法要追究，保证人民赋予的权力始终用来为人民谋利益。"在十八届中纪委第二次全体会议上说："要加强对权力运行的制约和监督，把权力关进制度的笼子里，形成不敢腐的惩戒机制、不能腐的防范机制、不易腐的保障机制。"

综合以上论述，我们可以将习近平论述"中国梦"与社会主义核心价值观的思想概括为"仁爱为本，法治为用"八个字，简称"仁本法用"。"仁"与"法"的关系是道、器关系，是体、用关系，

---

① 《浙江日报》2006年2月6日报道；《习近平：研究社会主义法治推进"法治浙江"建设》。

"仁"是道、是体;"法"是器、是用。它是一个观念结构,是一种理论形态,也是中国梦的根本价值导向。"仁爱为本"所继承的是中华民族优秀文化传统的道德人文精神,所体现的是从传统民本仁爱走向现代民主仁政的治国之道;"法治为用"所体现的,则是现代社会的有效治理方式。

"仁爱为本,法治为用",既是以中华民族伟大复兴为目标的"中国梦"的核心价值观,也是当代"中国特色社会主义"的核心价值观。坚持"仁爱为本",就具有了热爱祖国、热爱人民的大爱之心,就能时时处处以人民群众的根本利益为至高无上的目标追求,就能自觉实行权力在民、执政为民、取信于民的民主仁政,做一个真正的人民公仆;坚持"法治为用",就能具有"治大国若烹小鲜"的治国情怀,举重若轻,法简政清,精心治理,恰到好处,就能出以公心,善用利器,真正做到以法治国,依法行政,从而达到社会的和谐,国家长治久安,人民快乐幸福。

三、中华优秀传统文化是社会主义核心价值观的重要源泉

习近平总书记对于中华优秀传统文化与社会主义核心价值观的关系有非常精辟的论述。他于2014年2月24日在中央政治局第十三次集体学习时的讲话指出:"培育和弘扬社会主义核心价值观必须立足中华优秀传统文化。牢固的核心价值观,都有其固有的根本。抛弃传统、丢掉根本,就等于割断了自己的精神命脉。博大精深的中华优秀传统文化是我们在世界文化激荡中站稳脚跟的根基。中华文化源远流长,积淀着中华民族最深层的精神追求,代表着中华民族独特的精神标识,为中华民族生生不息、发展壮大提供了丰厚滋养。……大力弘扬以爱国主义为核心的民族精神和以改革创新

为核心的时代精神,深入挖掘和阐发中华优秀传统文化讲仁爱、重民本、守诚信、崇正义、尚和合、求大同的时代价值,使中华优秀传统文化成为涵养社会主义核心价值观的重要源泉。"这段讲话提出了三大启示:第一,培育和弘扬社会主义核心价值观必须立足中华优秀传统文化,而不应将二者分离或对立起来;第二,中华优秀传统文化是中华民族生生不息、发展壮大的精神命脉,也是中华民族自立于世界民族之林的独特而稳固的根基;第三,中华优秀传统文化在其发展长河中形成了爱国主义为核心的民族精神,形成了讲仁爱、重民本、守诚信、崇正义、尚和合、求大同的优良传统,这些思想精华,正是涵养社会主义核心价值观的重要源泉。

在12组二十四字社会主义核心价值观的核心词中,有8组十六字(即"富强、文明、和谐、公正、爱国、敬业、诚信、友善")直接来自于中华传统文化;另外4组八个字(即"自由、民主、平等、法治")主要来自西方文化核心价值词,但在中华文化传统中也有这些元素(如道家讲自由、黄宗羲讲民主、佛法讲平等、法家讲法治)。说明中华传统文化的核心价值是社会主义核心价值观的主要思想源泉。

四、培育社会主义核心价值观应以道德人文教育为中心

在当今物欲横流、熙熙争利、贪腐成风、道德沦丧的社会风气背景下,在广大干部群众中广泛开展以培育践行社会主义核心价值观为中心的道德教育已成为当务之急。

习近平总书记在多次讲话中特别强调深入开展道德教育的重要性与紧迫性。2013年11月26日,他在山东考察时的讲话中特别强调:"国无德不兴,人无德不立。必须加强全社会的思想道德建

设,激发人们形成善良的道德意愿、道德情感,培育正确的道德判断和道德责任,提高道德实践能力尤其是自觉践行能力,引导人们向往和追求讲道德、尊道德、守道德的生活,形成向上的力量、向善的力量。只要中华民族一代接着一代追求美好崇高的道德境界,我们的民族就永远充满希望。"他在2014年2月24日在中央政治局第十三次集体学习时的讲话中强调说:"中华传统美德是中华文化精髓,蕴含着丰富的思想道德资源。不忘本来才能开辟未来,善于继承才能更好创新。"

这些话,强调了道德对于国家兴旺、人格确立的强大力量,强调了道德教育的重要性与紧迫性,强调了尊崇道德与践行道德对中华民族伟大复兴的深远影响。

以儒学为主导的中华传统文化的根本精神,是确立道德主体性而以人生意义与价值的实现为终极关怀的道德人文精神。其基本特性表现为道德性、人文性、实用性、开放性、兼容性五大特性,这是中华文化的特色,也是中华文化软实力的优势所在。我们要把握优势、发扬优势,创造转化,立德兴国。

必须认识到,培育社会主义核心价值观须以道德人文教育为中心。其重点是持续开展社会公德、职业道德、家庭美德、个人品德的"四德"教育和崇尚"知行合一"的人文素质教育。

五、学习王阳明的"知行合一"论,努力践行社会主义核心价值观

习近平同志十分重视王阳明的"知行合一"思想,并号召大家学习王阳明。2011年5月9日,他在与贵州大学中国文化研究院师生座谈时的讲话中指出:"王阳明龙场悟道,就在你们贵州。不

仅中国人敬仰他、学习他，而且陆王心学传播到东北亚地区，影响日韩。王阳明一生真正做到了知行合一。他既是一个伟大的哲学家、思想家，又是一个伟大的政治家、军事家。他在龙场讲学时向学生提了'立志、勤学、责善、改过'四点基本要求，首要的是立志。他说'志不立，天下无可成之事'。对今天的学生来说，要成才，必先立志。……要自强不息，止于至善，追求永恒！"2014年3月7日，他在全国人大十二届二次会议贵州代表团审议会议的讲话中又说："明朝时，王守仁曾经在贵州参学悟道，贵州在这方面还是很有优势，希望在这方面继续深入探索。"这是对王阳明及其"知行合一"思想的高度肯定。

王阳明在被贬龙场驿的第二年，提出了著名的"知行合一"之说。《传习录》对王阳明的"知行合一"学说记载比较详细。他说："知是行的主意，行是知的工夫；知是行之始，行是知之成。""知者行之始，行者知之成。圣学只一个工夫，知行不可分作两事。""今人学问，只因知行分作两件，故有一念发动，虽是不善，然却未尝行，便不去禁止。我今说个知行合一，正要人晓得一念发动处，便即是行了。发动处有不善，就将这不善的念克倒了。须要彻根彻底，不使那一念不善潜伏胸中。此是我立言宗旨。"[①]

概括地说，王阳明的"知行合一"说有三个要点：第一，知行只是一个工夫，不能割裂。而所谓"工夫"，就是认知与实践的过程。第二，知行关系是辩证的统一：知是行的出发点，是指导行的，而真正的"知"不但能"行"，而且是已在"行"了；行是知的归宿，是实现知的，而真切笃实的"行"已自有明觉精察的

---

① 王阳明：《传习录下》，载《王阳明全集》卷三，上海古籍出版社2012年简体字标点本上册，第109～110页。

"知"在起作用了。第三，知行工夫中"行"的根本目的，只是要彻底克服那"不善的念"而达于至善。就本质而言，王阳明所说的"知"是"吾心之良知"，或曰"道德自觉"，其所谓"行"是"致吾心良知之天理于事事物物"的道德实践。但由此道德自觉行之于社会政治实践，便是《论语》强调的"修己以安百姓"、《大学》所说的"明德、亲民、至于至善"和"修身齐家治国平天下"的政治大业。王阳明的这些思想对于今天提倡清廉政治、践行社会主义核心价值观具有极为现实的启示意义。

尤其是其"知行合一"思想为我们践行社会主义核心价值观提供了科学务实的思维方法和精神动力，其"明德亲民"思想为执政者推行民主仁政、为人民谋利益指示了正确方向。现在有些官员说的是一套，做的是另一套，满嘴马列主义、"三个代表"，却满肚子贪污受贿、男盗女娼，"知"与"行"完全脱节。其结果是政府官员失去民众信任，怨声载道。在这种情况下，尤其有必要提倡王阳明的"知行合一"、"致良知"和"明德亲民"思想。我们应积极响应习近平总书记的号召，敬仰王阳明，学习王阳明，像王阳明那样真正做到知行合一，力行实践，自强不息，止于至善，为践行社会主义核心价值观、实现中华民族伟大复兴的中国梦而努力奋斗！

吴光（1944－），男，浙江淳安人，浙江省社会科学院哲学研究所研究员、浙江省儒学学会常务副会长、国际儒联理事暨学术委员。

董仲舒思想中现代公民素养教育资源的开发

高春菊　郭文飞　石柱君

一、我国公民素养教育现状

公民是构成社会的基本要素,公民素养的高低直接关系到社会的进步和文明程度。当前,在我国实施公民素养教育,对于培养合格社会成员、推进和谐社会建设,具有非常重要的意义。从另一方面说,由于受历史文化传统的影响,在我国,公民意识相对薄弱,公民素养教育相对落后,导致公民素养水平整体低下是不争的事实。

从整体上看,当前,我国公民素养教育没有得到全面、合理的实施,与文化领域其他事业相比,公民素养教育的发展呈现滞后和发展不高的特点,主要表现在:1. 公民主体意识、权利意识和责任意识不强,不能借助法律武器有效行使自己的合法权利来维护自己的各项权益;2. 各种封建思想的残余和迷信观念依然充斥着部分公民的头脑;3. 素养教育的水平高低不一,城乡差别较大。在党的十七大报告中正式提出了公民意识教育,提出"加强公民意识教育，树立社会主义民主法治、自由平等、公平正义理念"[1]30。当前，响应党的政策，要做好公民素养教育工作除应借鉴西方国家的经验外，主要还应从我国传统文化中寻求有价值的教育资源，注重优秀传统文化的弘扬和现代转换。本文选取在中国传统文化中极具代表性的董仲舒思想，具体分析其在培育现代公民的政治素养和道德素养中的借鉴意义和启示。

二、董仲舒思想中蕴含着丰厚的公民素养教育资源

董仲舒，西汉著名大儒，其思想体系博大精深。作为处在一个封建盛世的政治家、思想家，董仲舒思想中没有也不可能有"公民素养教育"的概念，其代表作《春秋繁露》中也从未出现过"公民"字眼，但无论其政治观、伦理观，还是天人观、义利观都蕴含某些精华成分，可以转变为当代实施公民素养教育的资源。

1. 董仲舒的大一统思想有利于培养当代公民国家意识、民族意识，有利于政治素养的提高

国家意识是公民对国家的认同、认知意识。董仲舒政治思想中的大一统理论、中和政治论，关于"故君民者，贵孝悌而好礼仪，重仁廉而轻财利，躬亲职此于上，而万民听，生善于下矣"、"为人君者，正心以正朝廷，正朝廷以正百官，正百官以正万民，正万民以正四方"的论述虽都是出于维护君权目的提出来的，但实施贯彻过程中，产生了重大社会价值，在很大程度上起到了维护国家统一、增强民族凝聚力、安定社会、改善国家管理的作用，并推动了社会生产力的发展。把这一思想用于公民素养教育有助于培养人们的国家意识和民族意识，增强国家和民族认同感，有利于培养公民的政治素养。

2. 董仲舒的伦理思想，有助于当代公民的道德素养的养成

董仲舒是汉代伦理思想的杰出代表，其伦理思想的核心主张是儒家的德性伦理。所主张的圣贤君子论、"性待教而善"、"显德以示民"等道德教育方法，重视伦理主体自身、内心的道德修养的见解等都彰显了中华民族宽容、包容的伦理精神。今天，我们完全可以通过扬弃，使这些思想转变为公民道德教育的重要资源。例如，董仲舒伦理思想中的"仁、义、礼、智、信"五常说，对于培养现代公民的社会公德观念和团结互助的品质有着重要意义；再如，董仲舒在有关天人关系论述中体现出来的生态哲学思想，与当代生态哲学有很多相通之处，他在天人关系中确立了人的道德责任与义务，人与自然之间存在一种和谐共生的关系，要尊重自然规律，改善人与自然的关系的主张，对于培育现代公民的生态道德意识具有重要参考价值，有助于推动当代公民勇于担当自己的社会责任，积极参与到生态环境保护的公益事业中去。

3. 董仲舒的义利观思想中蕴含对当代公民实施正确义利观教育的资源

现代公民的一个素养是要求有正确的义利观，日常工作生活中要做到崇尚道义、遵纪守法、合法取利。在这一点上，董仲舒有关"义利之辩"以及义利思想中关于修心养性的论述对我们也有很大启示。他说："天之生人也，使之生义与利。"[2]207 其中，"义"重于利，是用来修养、提高道德境界的手段，即所谓"以仁安人，以义正我"。在《春秋繁露》中许多地方也表达了"义利两有，不可偏废"的义利观念，如在《春秋繁露·立元神》中说道："天地人，万物之本也……天生之以孝悌，地养之以衣食，人成之以礼乐。三者相为手足，合以成体，不可一无也。无孝悌则亡其所以生，无衣食则亡其所以养，无礼乐则亡其所以成也。"[2]145

三、挖掘董仲舒思想公民素养教育资源的途径

正像有学者指出的,"公民教育如果和传统文化相脱离就会变成没有根的东西,没有根的东西也就没有生命力"[3]141-142。董仲舒思想中蕴含丰富的现代公民教育资源。当代,在实施公民素养教育的过程中,我们应通过扬弃这一资源,作为对当代公民进行素养教育的思想来源,发挥其育人作用。具体操作中应做到:

1. 用历史的、客观的态度看待董仲舒思想中的现代公民教育资源

恩格斯曾说过:"历史从哪里开始,思想进程也应当从哪里开始。而思想进程的进一步发展不过是历史进程在抽象的、理论上前后一贯的形式上的反应。"[4]122我们在对董仲舒思想中蕴含着的公民教育资源进行发掘时,应从其所处的时代背景、社会环境和所处的阶级立场出发,以一种客观的态度,对其进行阐释,只有这样才能准确地把握其思想、理论实质和精髓,同时将其与现代文化相融合,在当代公民素养教育中发挥应有的作用。

2. 挖掘和扬弃董仲舒大一统思想,弘扬民族精神,培养现代公民以爱国主义为核心的社会主义核心价值观,提高现代公民的政治素养

"大一统"思想是董仲舒重要思想之一。他认为:"《春秋》大一统者,天地之常经,古今之通谊也。"[5]192至于"大一统"思想的内涵,董仲舒阐释为:思想上罢黜百家、独尊儒术;经济、政治上的统一。在当代,我们继承和扬弃董仲舒这一思想,就是要把它与当代公民的信仰和价值观教育相结合,在社会意识领域,积极倡导维护国家统一和以爱国主义为核心的社会主义核心价值观,引导公民自觉提升政治素养,坚定树立爱国主义、爱社会主义、拥护祖国

统一的信念；在行为习惯上，培养公民养成符合社会发展、时代要求的基本素养。如：可以通过扬弃董仲舒的"大一统"思想和社会主义核心价值观教育，培养现代公民强烈的爱国热情，使其自觉将党的奋斗目标、国家与社会的发展、民族的振兴同自己的幸福紧密联系在一起，使每一个公民的价值观同和谐社会的价值观保持一致，并自觉将自己融入和谐社会的建设中。

3. 改造董仲舒的伦理思想，加强当代公民的社会公德、职业道德、家庭美德、个人品德教育

对于董仲舒学说中包含的"仁、义、礼、智、信"等伦理思想，在当代，挖掘其现代价值，使其在现代公民素养教育中发挥应有的作用，着力点应放在对这一传统伦理思想的现代转换和改造上，借此丰富社会主义荣辱观的内容，加强当代公民的社会公德、职业道德、家庭美德教育。

首先，社会主义荣辱观本身就是中华传统美德与时代精神相结合的产物，具有很强的民族性。如果在符合我国社会主义基本道德规范和社会风尚要求的前提下，对董仲舒学说中圣贤君子论、仁、义、礼、智、信等伦理思想经过科学的改造，给以现代转换和解读，完全可以成为开展对现代公民进行素养教育的重要资源。

其次，董仲舒的伦理学说中的某些思想本身就对现代公民提高自身修养，提高"社会公德"、"职业道德"、"家庭美德"意识具有重要借鉴意义。在董仲舒生活的年代，"修身齐家治国平天下"是君子和圣人孜孜以求的人生目标和理想，所以伦理思想在董仲舒思想中占有重要地位，董仲舒在这方面的论述很多。在当代，这一模式对当代公民提高自身道德修养同样具有说服和指导意义。今天，学习和借鉴董仲舒的伦理思想就是要使每一位公民首先要端正思想，在不断自我修养的过程中，培养自身的社会责任感和强大的使

命感，在照顾好自己家庭的同时，不断提升"社会公德"、"职业道德"意识，以社会主义国家的繁荣昌盛、民族振兴为个人奋斗目标，以为社会主义做出自己的贡献为人生追求，自觉践行"爱国守法、明礼诚信、团结友善、勤俭自强、敬业奉献"的社会主义道德基本规范，做一个具备现代素养的合格公民。

第三，借鉴董仲舒的修身方法论，引导现代公民自觉提高精神境界。修身是把一定的道德意识、道德品质灌输到人们的内心，并使之变成理想和信念的不断完善的自我过程。董仲舒重视伦理主体自身、内心的道德修养的主张对于引导当代公民注重自身修身的整个过程，从修身目标的设定到整个过程中意志的磨炼，从自我反省到自己内察，从克制自己恶的欲望到自己修身过程中的高度理性自觉境界的培养同样具有借鉴作用。另外，董仲舒主张通过教育先使受教育者明白道德规范的原则和要求，然后督促其去自觉行动，形成好的道德品质；重视言传身教的作用等道德教育方法今天仍有借鉴价值。

4. 借鉴董仲舒义利观，提升现代公民道德素养和水平

"德，国家之基也。"在当代，受市场经济和急功近利思想的影响，在很多人纷纷以"利"为人生孜孜以求的最终目标时，没有公民道德素质的整体提高，可以说就谈不上全面小康社会的建成。董仲舒义利思想中，强调通过修心养性来提高人的道德水平和境界，从严以责己、宽以待人的意义上来理解和阐释其"以义正我"的道德原则，对启发现代公民正确看待和处理义、利关系，提高自身道德素养和水平具有一定的启示。

董仲舒在论述天、人、利三者关系时，肯定人对"利"的现实需求，并把"利"理解为公利和私利，从"义"的高度来解释公利，进而主张统治者要讲仁义、讲廉洁，要"正义不要谋其利"，维护天下的公利，提倡为国家建功立业，多为老百姓做好事、谋福

利。借鉴董仲舒这一思想，对当前我党正在进行的党风廉政建设、纠正"四风"具有很强的现实意义，通过学习能够使党员领导干部更进一步坚定严于律己、正人先正己、清正廉洁、为人民服务的道德观和科学的工作目标。同时，将董仲舒义利观思想与弘扬时代精神相结合，通过宣传教育，改变部分公民身上表现较突出的拜金主义、享乐主义、极端个人主义和不讲信用、见利忘义、损公肥私的行为，以及只讲金钱、不讲道德的错误倾向，倡导文明礼貌、助人为乐，把国家和人民利益放在首位的社会主义义利观、道德观，形成与发展社会主义市场经济相适应的社会主义道德品质。

总之，董仲舒思想中蕴含丰富的现代公民素养教育资源，认真分析、科学继承这一文化资源对于当代全面提升公民道德素养具有重要参考和借鉴价值。

参考文献：

[1] 胡锦涛. 高举中国特色社会主义伟大旗帜，为夺取全面建设小康社会新胜利而奋斗 [M]. 北京：人民出版社，2007.

[2] 袁长江. 董仲舒集 [M]. 北京：学苑出版社，2003.

[3] 曹润花. 美国公民教育对我国思想政治教育的启示 [J]. 教学与管理，2007（3）.

[4] 马克思，恩格斯. 马克思恩格斯选集：第二卷 [M]. 北京：人民出版社，1995.

[5] 冉昭德，陈直. 汉书选 [M]. 北京：中华书局，1962.

原文载于《衡水学院学报》2014年第3期。

高春菊（1968－），女，河北故城人，衡水学院法政学院教授，历史学硕士。

郭文飞（1979－），男，河北武邑人，衡水学院法政学院讲师，法学硕士。

董子文化产业开发研究

曹迎春

董仲舒是西汉著名思想家,他上承孔子,下启朱熹,是儒家思想史上里程碑式的人物。他首倡的"罢黜百家,独尊儒术"为汉武帝所采纳,从而奠定了儒家学说在中国古代传统文化中的主干地位,深刻影响了此后两千年中国传统社会的政治结构和文化走向。

董子思想内涵丰富,且在其出生之地河北衡水[①]、求学之地山东德州、为官之地江苏扬州、终老之地陕西西安,都留存有独特的董子文化资源,遗迹尚存,遗风犹在,因此董子文化具有广阔的产业开发前景。本文从董子文化的研究与普及、文化遗产的挖掘与利

---

① 据《史记》记载,董仲舒为汉广川人。历史上"广川"辖区屡有变更,因此董子故里问题也多有分歧。一些曾名"广川"或曾属"广川"之地,皆尊董子为乡里先贤。光绪《畿辅通志》云:"德州、枣强、景州三处,郡名皆曰广川,祠祀董子。"但山东德州有广川之名,乃晋武帝时事,枣强、景县方为汉广川之地,且枣强县旧县村、景县大董故庄均曾有后人为纪念董子留下的文物古迹。此外,据明周士选《重修董子祠堂记》载,今故城县董学村乃董子"下帷讲诵"之处。此三地近在咫尺,实为董子出生、求学、讲诵之早期活动地。景县、枣强、故城今均属河北省衡水市,因此衡水作为董子故里是毫无疑义的。

用、产品的开发与设计、产业的区域联系与合作四个方面对董子文化产业开发作初步设想。

一、董子文化的研究与普及

文化研究与普及是产业开发的前提。董子文化只有深入研究、广泛普及，具备了雄厚的学术基础和群众基础，才能有无限的市场潜力和广阔的发展前景。

目前，衡水的董子文化研究已经取得了一定的成就。作为董子故里的唯一一所本科高等院校，衡水学院汇聚了一批活跃在董子研究领域的专家学者。他们积极投入董子研究，取得了显著的成绩。在著作方面，袁长江教授主编的《董仲舒集》（学苑出版社2003年版）荣获衡水市第七届社科优秀成果一等奖；在课题方面，完成了《传播董子文化精华优化水市湖城投资人文环境》、《董仲舒廉政思想及其现代价值》、《董仲舒生态思想研究》等课题的研究；在论文方面，发表的董子研究论文已有数十篇，而且学术内涵越来越丰富，研究面越来越广；在资料整理方面，对中国国家图书馆馆藏《春秋繁露》、中华古籍善本国际书目联合系统收藏《春秋繁露》、北京大学图书馆馆藏《春秋繁露》及美国学者桂思卓汇总的《春秋繁露》版本和日本东洋大学《春秋繁露》研究会整理的《春秋繁露》版本情况进行了调查整理。

在研究机构方面，早在2002年，衡水学院升本之前，已经有一批热心于中国传统文化和董子研究的教学科研人员组成了中国传统文化研究所，积极开展董仲舒研究。2005年中国传统文化研究所更名为董仲舒研究所。2013年河北省董仲舒研究会经省民政厅批准成立，该研究会由河北省社科院哲学研究所、历史研究所、河北师范大学历史文化学院，衡水学院等单位共同发起成立，会员主要包括河北省社科院哲学研究所、历史研究所，河北师范大学历史文化学院、衡水学院等科研院校的有志于董仲舒学术思想研究的专家学者以及景县、枣强的董仲舒研究爱好者。河北省董仲舒研究会的成立，为董子文化的研究、宣传搭建起更大的平台。

在研究阵地方面，《衡水学院学报》自2007年第3期开辟"董仲舒研究"专栏，迄今已发表董子研究的学术论文140多篇，其中一大批有精湛学术思想和创新观念的学术文章，被中国社会科学网全文转载后，在学术界激起较大反响。2013年10月28日由中国社会科学院主办，中国社会科学杂志社承办的最具权威的社会科学学术网站——中国社会科学网一次性转载了6篇由《衡水学院学报》"董仲舒与儒学研究"专栏刊发的文章。2013年由学报主编，巴蜀书社结集出版了《董仲舒研究文库》第一辑和第二辑；荟萃学界百家，全方位地展示了近年来董学研究的成果。

董子故里衡水的文化人士和民间学者在文化普及方面也做出了突出贡献。他们举办了董仲舒学术思想暨董氏渊源研讨会、国际董仲舒思想研究会等多次大型董仲舒思想研究学术会议，成立了董仲舒研究中心；出版了《董子浅论》、《哲学家董仲舒》、《董子记闻》等六部传播董子思想的书籍；举办了纪念董仲舒诞辰2200周年公祭大典，近千名海内外来宾参加了公祭活动；成立了中国·广川董子文化协会、枣强董子文化研究会；建立了中国董子网；邀请了中国教育电视台到景县录制了《董子故里行》专题片，从多角度、多侧面来宣传推介董子。

董子文化的普及和应用虽然越来越受到人们的重视，但从具体情况看，仍然存在许多问题。在今后的董子文化普及活动中，应注意以下几个方面：首先，要明确普及目的。不片面追求经济效益，而要强调社会效益，重视董子思想的精神力量和智慧价值。其次，拓宽普及途径。要对普及对象进行层次划分，针对不同层次的对象采取不同的普及方法。如针对高校，可以开设董子文化选修课，举办董子研究讲座，启动经典导读、诵读活动，设立董子研究奖学金、奖教金；面向社会，应该创作群众喜闻乐见的小说与影视，出版通俗读物，开办公益讲座。第三，提高普及质量。文化产业相对于其他产业形态的一个最大属性区别，就是它的文化性[1]64。因此，在董子文化普及中，不能丢掉文化性，必须抓住董子文化的精义，做到学术性和普及性兼备，确保社会普通民众得到的是"真知"，而非"讹传"。

二、董子文化遗产的挖掘与利用

深入挖掘董子文化遗产的特色，是董子文化产业开发的关键。董子文化遗产包括两部分：1. 非物质形态文化遗产。主要是《史记》、《汉书》中所载董仲舒的事迹、言论，现在所见的董仲舒著作《春秋繁露》和《春秋决狱》中的具体内容和思想体系；2. 物质形态的文化遗产。主要是和董子相关的遗址、遗迹以及后人为宣传、纪念董仲舒而修建的人文景观等。

董子作为中国传统政治的总设计师，其博大精深的思想体系，是董子文化产业挖掘不尽的宝藏。目前，学术界围绕董仲舒的哲学、政治、伦理、教育等思想进行的研究，已经取得了一定的成果，但在中国知网进行搜索，有关董仲舒的文章仅有789项，远少于孔子的11977项，也无法与对朱子的研究相比。这与董仲舒在中国思想史上的地位是极不相称的。因此深入挖掘董子的思想资源是一项艰巨而必要的工作。

董子文化产业开发的重点是董子思想中那些具有永恒活力的理论和观点,尤其是那些能够与现实对接的启示点和延伸点。围绕廉政建设的主题,可以挖掘董子廉政思想的内涵及特色。"正义"、"正我"、"正民"是董仲舒廉政思想中的几个重要因素,且它们之间有着明晰的逻辑关系。加强对它们的研究,对于当今社会主义核心价值观体系的构建,加强领导干部廉洁自律,以及以人为本的科学发展观实践都有着重要的借鉴意义[2]1-3。围绕建设和谐社会的时代主题,可以重点挖掘董子思想中强调人与自然和谐的"天人合一"思想、强调社会、谐和人际和谐的"五常"思想。围绕生态文明建设主题,可以挖掘董子生态哲学思想中的"天人合一"有机整体论和"阴阳五行"平衡协调论;生态政治思想中的民本思想、制衡思想和更化思想;生态伦理思想中的"爱物"、"顺时"、"节用"思想。围绕现代人关注的养生主题,可以从《春秋繁露》中的《身之养重于义》、《为人者天》、《循天之道》等篇寻找董仲舒关于如何"养义"、"养生"之说。

另外,董仲舒的勤学精神、重教思想也可以和当今衡水基础教育的发达相联系。《汉书·董仲舒传》中对董仲舒有"盖三年不窥园,其精如此"的赞誉,《太平御览》上也有所谓"尝乘马不觉牝牡,志在经传也"的记述,可见其研读经传已达到了如醉如痴的地步。在衡水董子"三年不窥园"的精神已经成为勤学励志的生动教材。古往今来的学堂老师,常以此典故树严谨治学之风,训诫学子。在勤学重教的氛围下,衡水的教育成果卓著,有全国十大名牌中学的衡水中学,高考成绩连续十多年为河北省之冠,每年为清华、北大等名校输送大批人才。如果将这些无形的、非物质形态的文化资源开发成物质形态的文化产品,并将其推向市场,既能继承和弘扬董子文化,又能够开发出具有一定历史价值、教育价值和产业价值的物品，为地方经济发展创造财富。

有关董子的物质文化资源，主要分布在山东省德州市、江苏省扬州市、陕西省西安市和河北省衡水市。山东省德州市有明代修建的董子读书台；江苏省扬州市有明代修建的董子祠，今人修建的正谊巷、正谊祠和正谊书院；陕西省西安市有董仲舒墓。而作为董子故里的河北省衡水市，董子的物质文化资源尤为丰富。据文献记载，历史上在衡水的景县、枣强、故城都曾建有董子祠和书院。董子祠最早可追溯至唐宋时期，明清之际又有重修。关于书院，据《元史·王思诚传》载，元至正三年（1337），王思诚由秘书监丞转迁为太中大夫、河间路总管时，上奏皇帝于"所辖景州广川镇，汉董仲舒之里"设立书院。此后，明清两代均于董子故里建有书院。可惜的是，这些董子祠和书院未能保存至今。目前所能见到的只有民国县志中保存的部分碑记：元参知政事曹元用写于元天历初年的《董子祠堂碑记》、明华盖殿大学士李东阳写于明正德年间的《重修董子书院记》、明兵部尚书周世选写的《重修董子祠碑记》、清名士康乃心写于清康熙四十年（1701）的《重修广川伯董子墓祠记》、清文渊阁大学士李光地写于清康熙四十三年（1704）的《重修董子祠堂碑记》、清知景州事屈成霖《重建大成殿董子祠碑记》、清代名臣景州人魏廷珍写于清雍正年间的《重修董子祠碑记》。

衡水现有董子祠三处：景县大董故庄村董子祠、故城县董学村董子祠和枣强县旧县村董子祠。这三处董子祠都是近年在旧址基础上所修[3]38-40。故里后人为纪念董仲舒，近年来新建了一些人文景观。1998年，在枣强县政府的支持下，由酷爱书画的张希敏先生策划主持，于枣强县城建成一座董仲舒艺术碑廊。2005年在景县舍利塔前建"景州塔文化广场"，塔后建景县文史馆暨"董子纪念馆"大殿。2009年5月景县广川镇启动中国（广川）董子文化园工程。董子文化园规划占地21.5万平方米,目前,董子宗祠正殿、时空台、董子舍园遗址和董仲舒衣冠冢已经建设完成。2009年11月,香港著名企业家、孔教学院院长汤恩佳博士为衡水捐赠董仲舒铜像一尊。铜像高3.3米,安放在约2米高的花岗岩底座上,矗立在衡水市休闲广场。2009年6月由衡水广播电视大学出资雕刻的董子巨型花岗岩像立于衡水市怡水园,供市民敬仰。

此外,董子故里的一些汉代遗址也是重要的物质形态的文化遗产。根据《衡水市第三次全国文物普查成果汇编》,景县广川镇现有汉代遗址四处:广川街村遗址、大枫林遗址、薛村遗址、南木客遗址;汉代墓地一处:南庄墓地。其中广川街村遗址位于广川镇广川街村内西南侧,遗址南北长80米、宽50米,发现文化层在深4.2—5.8米之间、厚1.6米,内涵遗存丰富,有陶瓦砖等器物残片。遗址东南侧有古井一口,整体砖砌。遗址西北另有一口古井。采集的文物器形有陶瓮、釜、盆、罐、磨盘、瓦、砖[①]。这些汉代广川故地遗址、墓葬是进行董子文化产业开发的重要物质资料。

三、董子文化产品的开发与设计

产品开发是尽可能地发现和利用各种文化资源,通过劳动加工,使其成为具有更高价值的文化产品[4]52。这是董子文化产业的核心内容。董子文化产品的开发与设计,就是将董子文化资源提炼出具有现代意义的标志性文化符号,并最终落实于有形载体的过程。董子文化产品的开发设计应该遵循两个原则:一是形态多样而

---

① 衡水市文物管理处2011年编《衡水市第三次全国文物普查成果汇编》,第77-79页。

有文化内涵，二是载体丰富而有地方特色。

董子文化产品形态要多样而有文化内涵。比如，可以根据搜集到的各地不同时期的董子像开发出系列的董子像、画像、纪念章；设计制作《春秋繁露》、《天人三策》等董子著作的汉简仿真工艺品，满足游客忆古、赏古的心理；创作描写董子生平事迹的小说、连环画、影视剧及动漫产品，或以董子的传说故事为内容开发出董子传说故事集；举办"中华传统文化大讲堂"，以大讲堂的形式向社区、家庭宣传中华优秀传统道德文化。还可以设计一些人文景点，如在衡水湖畔建造董子书院，设计董子经典名句长廊等。董子书院的设计要注重汉代建筑的仿建、临街建筑外貌装饰以及园林绿地风格设计等，凸显汉文化环境氛围；经典名句长廊要把《史记》、《汉书》、《春秋繁露》里董子有代表性的语句，如"正其义不谋其利，明其道不计其功"、"官不与民争利"、"善为师者，既美其道，有慎其行"等展示出来，使游客对董子文化的博大精深有更为直观的感受。另外，还可以设计一些特色文化活动，开展各种形式的传统文化演出。如汉代有祈雨风俗，汉代的画像石、砖、壁画中有很多祈雨场景的描绘，董仲舒的《春秋繁露》中有很详细的"土龙"请雨之法描写。可以根据这些素材，设计表现汉代祈雨风俗的大型歌舞表演，表达董子为民求福的精诚之心，体现董子以民为本的思想实质。总之，在文化产品开发方面要尽可能地发掘董子思想的内涵，明确董子文化的定位，打造出董子文化在影视、图书出版、文化讲座、旅游产品等方面的名牌产品。

董子文化产品载体要丰富而有地方特色。应该在充分融合本地区资源、技术优势的基础上，设计出具有地方特色和市场潜力的董子文化产品。只有这样，才能真正实现变资源优势为产业优势。比如，作为董子故里的河北省衡水市就应充分利用衡水的鼻烟壶内画、武强年画等作为董子文化产品的载体；仿照山东的"孔府家酒"等产品，利用衡水老白干自身优势，开发董子系列酒；还可以进行"衡水湖——古冀州——董子故里"旅游线路的开发，打造出"九州首——群儒首"特色旅游文化产品。

对于董子文化遗存较为集中的枣强县旧县村、王寿村，景县大董故庄村，故城董学村，可以综合设计成"董子文化旅游区"，以四个村为节点，根据四个村不同的文化遗存特色进行不同的文化定位。旧县村有明代董子石像，可定位为董子祭祀地；王寿村有董氏后人家谱，可定位为董氏后裔聚居地；大董故庄位于今广川镇，可着力打造汉广川故地文化，再现汉广川古郡风貌民俗；董学村是董子教学的地方，可定位为"下帷讲诵"地，围绕"公羊大师、谏立太学、言传身教、次相授业、桃李满汉"几个方面，以重修的董子祠庙、学堂为载体，展示作为教育家的董仲舒。这几个村方圆不过十余里，可选合适的位置建董仲舒文化展馆。

四、董子文化产业的区域联系与合作

董子文化产业的区域联系与合作，是在董子文化产业初具规模基础上，如何实现整体性产业升级的重要一环。

有关董子的遗址、遗迹和人文景观目前主要分布在衡水、德州、扬州、西安等四地，这种分散布局客观上决定了董子文化产业开发必须走区域合作之路。此外，董子是先秦孔孟之学的承继者，而作为董子故里河北衡水的近邻山东乃孔孟之乡，其儒学文化产业开发起步早、发展快，积极寻找与山东儒学文化产业的合作是必要的和可行的。

董子文化产业的区域合作方针是"远交近联"。所谓"远交"，即对于董子文化资源集中而空间距离较远的河北、江苏、陕西三地，要做到相关信息的及时交流。可以建设一个以董子文化和董子文化产业为核心内容的专业化网站，为各地董子文化旅游项目、董子文化产品开发、专家学者的研究著述、影视动漫的文艺精品等，提供交流和传播的平台。条件成熟后，可创办定期出版物《董子研究》，及时反映董仲舒研究的新成果。所谓"近联"，即对于董子文化资源集中而空间距离较近的河北与儒家文化资源丰厚的山东走联合开发之路。董子是先秦孔孟之学的承继者，而山东作为孔孟之乡，其儒学文化研究较为成熟。因此河北衡水的研究机构可以主动寻找与山东大学儒学高等研究院、山东师范大学的齐鲁文化研究中心、曲阜师范大学的孔子文化学院等科研机构的交流与合作。此外，在河北衡水区域内，要联合衡水市桃城区、景县、枣强、故城文化界的学者们，避免各自为战的分散状态和故里之争的无谓消耗，形成以高校为中心的科研合力。

综上，董子文化的研究与普及是董子文化产业开发的前提和基础；挖掘和利用董子文化资源特色，找出产业开发的重点是董子文化产业开发的第一步；文化产品的开发与设计是董子文化产业开发的核心内容；区域联系与合作则是董子文化产业实现整体性升级的重要一环。只有做好这几个方面的工作，才能加快董子文化产业的发展。

参考文献：

[1] 胡惠林. 文化产业学 [M]. 北京：高等教育出版社，2006.

[2] 李奎良，曹迎春. 正义正我正民——董仲舒廉政思想解读 [J]. 衡水学院学报，2012 (3).

[3] 魏文华. 董仲舒故里考证 [J]. 衡水学院学报，2006 (4).

[4] 程恩富. 文化经济学通论[M]. 上海:上海财经大学出版社,1999.

原文载于《衡水学院学报》2014年第6期.
曹迎春(1976-),女,河北景县人,衡水学院董仲舒研究所教授,历史学博士.

董学研究心路

我为什么研究董仲舒

周桂钿

我从1979年开始研究董仲舒,到现在三十多年了。我有一些体会与感想。现将其中最主要的列出,请方家指正。

一、汉代新儒家

秦代对儒学采取的是焚书坑儒政策,几十年后的汉朝实行独尊儒术政策。这个大变局,就是中国历史上一个大转折。对于儒学的态度,统治者(秦始皇与汉武帝)为什么会有这么大的变化?除了形势变化(从战乱到稳定)和统治者个人因素之外,我以为还有儒家与儒学的变化。哪个儒家能够看清形势,根据社会的需要,特别是统治者的需要,做出自己的努力,展示自己的才华,就可能成功立业,名垂青史,流芳百世;看不清形势,不能为社会做出贡献,那就会随草木同枯,消失于茫茫史海。

汉代新儒家参与政事,有成功者,也有失败者。如贾谊是有改革思想的大儒,却由于改革幅度大和反对势力强而遭到排挤,大谋未逞而英年夭折。晁错也是儒者，曾从伏生学习《尚书》，因建议削藩，逢吴楚七国之乱，被汉景帝所冤杀。汉武帝元年，"上郷（向）儒术，招贤良，赵绾、王臧等以文学为公卿，欲议古立明堂城南，以朝诸侯。草巡狩封禅改历服色事未就。会窦太后治黄老言，不好儒术，使人微得赵绾等奸利事，召案绾、臧，绾、臧自杀，诸所兴为者皆废"（《史记·孝武本纪》）。他们的牺牲，也算是儒学复兴的代价。

为当时统治者服务成功的新儒家主要有陆贾、叔孙通、公孙弘、董仲舒四人。

陆贾。刘邦建立汉朝以后，陆贾时时在刘邦面前称颂儒家的经典《诗》、《书》，刘邦说："乃公居马上而得之，安事《诗》、《书》！"老子骑在马上打出来的天下，还要《诗》、《书》做什么！陆贾说："居马上得之，宁可以马上治之乎？且汤、武逆取而以顺守之，文武并用，长久之术也。昔者吴王夫差、智伯极武而亡，秦任刑法不变，卒灭赵氏。郷（向）使秦已并天下，行仁义，法先圣，陛下安得而有之？"（《史记·郦生陆贾列传》）这段话非常重要。大意是：武力可以夺取天下，夫差、智伯、秦，都是只用武力而灭亡。汤、武都是用武力夺取天下，然后用文的办法顺守天下。文武并用，才是长久之术。就是说，刘邦用武力得天下，得天下后，就要改用文的办法治理天下，怎么能在马上治天下呢？刘邦听明白了，要陆贾总结历史成败的经验教训，陆贾写成《新语》十二篇。每一篇宣读以后，都得到刘邦认可，"未尝不称善"，而且"左右皆呼万岁"（同上）。这就是说，刘邦得天下以后，要用儒学治理天下。用通俗的语言讲儒学治理天下的道理，得到新统治者的认可。

叔孙通。在《史记》卷九九有传。他跟随刘邦以后，推荐了很多壮士,许多弟子有意见。他说:"汉王方蒙矢石争天下,诸生宁能斗乎?故先言斩将搴旗之士。诸生且待我,我不忘矣。"刘邦得天下后,许多功臣名将"饮酒争功,醉或妄呼,拔剑擎柱",刘邦正为这事发愁。这时,叔孙通建议征聘鲁诸生一起制定朝廷礼仪。叔孙通到鲁地招聘诸生,有两个儒生不肯来,说:"公所事者且十主,皆面谀以得亲贵。今天下初定,死者未葬,伤者未起,又欲起礼乐。礼乐所由起,积德百年而后可兴也。吾不忍为公所为。公所为不合古,吾不行。公往矣,无污我!"叔孙通笑曰:"若真鄙儒也,不知时变。"所事十主,何污之有?孔子游说诸侯,何止十主?管仲背主事仇,得到孔子的赞扬。这俩儒生何其陋矣!积德百年,礼乐可兴,这种说法,不知有何根据。周公制礼作乐,何尝积德百年?以"古"为准,不知时变,"真鄙儒"!孔子讲"权"的重要性,在那些自以为是坚定的纯粹儒者那里,成了最不重要的,甚至是背叛的表现。貌似坚定的儒者,他们只能导致儒学的毁灭,何能传承儒学?实质上是对儒学的真正背叛。没有应变创新的儒家,儒学怎么能流传至今?

叔孙通按照刘邦简单易行的要求,制定刘邦容易做到的礼仪。他真正理解了礼的精神是"因时世人情为之节文者也","颇采古礼与秦仪亲就之",将古代的礼制与秦代的礼仪进行综合创新(亲就之)。叔孙通理解儒家礼制的精神,又能从实际出发,制定适合当代的朝廷礼仪制度。效果如何?要看实施的结果。在仪式中,"自诸侯王以下莫不振恐肃敬","竟朝置酒,无敢欢哗失礼者"。刘邦很高兴,"吾乃今日知为皇帝之贵也"。叔孙通的弟子"悉以为郎",他将皇帝奖赏的五百斤金赐给诸生,诸生乃皆喜曰:"叔孙生诚圣人也,知当世之要务。"(《史记·刘敬叔孙通列传》)用儒家精神解决"当世之要务",才能实现儒学的价值,也才能发展儒学。

叔孙通知道当世最需要解决的问题是什么，应该采取什么样的方法，如何解决。叔孙通的特点就是"通"，通达，能适应变化了的形势，不同于鄙儒、迂儒、腐儒。他能随机应变，为朝廷秩序，为社会和谐，为巩固中央集权制度，做出了重大贡献，为统治者稳定统治做了必要的事情，也为自己以及弟子争得地位与荣誉。叔孙通推荐人才与制定礼仪，都是适应并服务于中央集权制度的。刘邦因此感到皇帝的高贵，群臣"振恐肃敬"、"无敢欢哗失礼"，充分体现了"君为臣纲"的中央集权制度的特点。这表明王权是社会秩序的代表，当时这是最先进的社会制度。当时不可以实行现代的民主制度，因此，有些学者根据现代化民主的观念，批判古代，包括汉代的中央集权制度，是不合时宜的，是违背历史唯物主义的。

公孙弘。他是能随机应变的人，虽然研究理论不深，但他熟悉官场潜规则，又善于以儒学包装汉武帝的决策。汉武帝非常满意，留在身边，任三公，至八十岁死于丞相任上，封平津侯。司马迁描述他的特点是"每朝会议，开陈其端，令人主自择，不肯面折廷争。于是天子察其行敦厚，辩论有余，习文法吏事，而又缘饰以儒术，上大说之。二岁中，至左内史"。他与朱买臣辩论，承认错误，说自己是"山东鄙人，不知其便若是"。汲黯批评他官高禄厚，却很节俭，是欺诈伪装的表现。汉武帝问他，他说有这回事，说管仲上拟于君，晏婴下比于民，齐国皆治。并且表扬汲黯忠。"天子以为谦让，愈益厚之。"自己节俭，钱花在宾客上，"家无所余"。他提倡："知所以自治，然后知所以治人。"（以上《史记·平津侯传》）"公孙弘以《春秋》白衣为天子三公，封以平津侯。天下之学士靡然郷（向）风矣。"公孙弘为学官，提倡儒学教化，得到汉武帝批准，"自此以来，则公卿大夫士吏斌斌多文学之士矣"。可见，公孙弘在当时影响很大，成为儒者倾慕的榜样。辕固生告诉公孙弘："公孙子，务正学以言，无曲学以阿世！"（以上《儒林列传》）所谓"曲学以阿世"，就是修改理论为政治服务，也算一种与时俱进。"无曲学"是否意味着理论僵化？那也就没有汉代新儒学了。不改，哪有什么新？

董仲舒。他的著作主要有《举贤良对策》与《春秋繁露》。主要思想是大一统论、天人感应说与独尊儒术。董仲舒这三方面的理论价值，可以说立了万世之功。大一统论，强调"屈民而伸君"，全国统一于皇帝，保证了全国政治的统一和领土的完整，维护了新创造的中央集权制度，使中国形成民族复杂、人口众多的大国。天人感应说限制了皇帝个人的私欲，达到"屈君而伸天"的作用，协调了君民之间矛盾，调整统治者与被统治者之间的关系，使矛盾尽量缓和，不使激化。在没有民权的时代，这是促进社会和谐的重要方式，具有非常巨大的意义。进入现代社会以后，西方的民主观念传入中国以后，许多人都极力批判中国古代的中央集权专制制度。但是，在两千多年前的汉代，建立与维护中央集权制度，代表着最先进的文化，也是最文明的意识形态。在以后的发展中，中国的富强无不与此相联系。独尊儒术，屈君而伸天，天又是由儒者按儒学来解释，已经暗含独尊儒术的意思。汉代独尊儒术奠定了以儒学为主干的中华民族魂。董仲舒为政治服务，不是简单地为当时的政策作论证，而是为整个民族的兴盛与发展、整个社会的长治久安作宏观长远的设计。

在这里介绍的四人中，陆贾协助陈平平定诸吕，维护汉室江山，得以寿终。叔孙通得到刘邦欣赏，"乃拜叔孙通为太常，赐金五百斤"。当时就被弟子称为圣人。后又为"太子太傅"，汉惠帝登基，他又为太常，"定宗庙仪法"。司马迁给叔孙通的总评价是："叔孙通希世度务，制礼进退，与时变化，卒为汉家儒宗。"公孙弘任相、封侯、显赫一时，在社会上产生巨大影响。司马迁专门为他单独立传，而董仲舒只是在《儒林列传》的最后挂上一号，算是绩貂而已。"汉兴至于五世之间，唯董仲舒名为明于《春秋》，其传公羊氏也。"这是司马迁对董仲舒的最高评价。按班固的说法，这四人的贡献，以董仲舒为最大。董仲舒的贡献是经过一百年以后才逐渐显现出来，因此，班固在《汉书》中为他单独立传，收入《贤良三对策》全文。并称他是"群儒首"，又为"儒者宗"。与此同时，在《汉书》中，公孙弘却与卜式、儿宽合传。前三人都是在政治上解决具体难题，为统治者排忧解难，做出一时贡献，而董仲舒则是从理论上解决了整个封建时代的根本问题，立了万世之功。

汉初新儒家各有自己的贡献，受到的礼遇是不相同的。从此可以看出两点：1. 能够为统治者服务的才能受到尊重。2. 服务方式有两种：一是为统治者排忧解难，解决实际问题；二是为统治者出谋划策，建立新的治国理念。前者是操作层面，后者是观念层面。两相比较，当时的统治者和思想界更重视前者。前者在社会上，作用明显，影响巨大。因此，叔孙通、公孙弘都受到重视，享受荣华富贵一辈子。董仲舒则属于后者，在理论上有巨大贡献，而在实际上没有太大影响，当政者也不那么重视。陆贾介于二者之间，既有操作层面的，也有理论层面的。他说《诗》、《书》，论下马治天下，著《新语》，就是理论方面的贡献。董仲舒的政治哲学理论对以后的两千多年的中国产生了巨大影响，形成中华民族的传统观念，奠定了中华民族魂。大一统论的影响，使国家统一成为民族意识的重要内容。天人感应论的影响，以至明清时代还有天坛，皇帝在正月上辛日还要到天坛祭天，起了国家宗教的作用。独尊儒术仍然是中华民族的观念，孔子成为中华文化的形象代表。

二、董仲舒的理论贡献

董仲舒的理论贡献主要有三项：大一统论、天人感应、独尊儒术。

首先，大一统论。

这一理论是董仲舒对历史经验教训的总结，也是古为今用的典型例子。此前虽有统一的思想，如周代的"溥天之下，莫非王土，率土之滨，莫非王臣"（《诗经·小雅·谷风之什》），以及春秋时代的五霸都以尊周为口号。战国时代不再尊周，各国也都想统一天下。诸子百家也都不同程度地表达了统一天下的愿望，如墨家的"尚同"思想。秦始皇用实力统一了天下，要将思想统一于法家，"以法为教"、"以吏为师"。由于"一断于法"的片面性，秦朝很快灭亡了，这也就宣告了失败。汉人总结秦亡教训，以为是好大喜功，于是反其道而行之，选择了战国时期黄老的"无为之治"。中央无为，诸侯觊觎。贾谊提出警告，没有人相信，几十年后，终于暴发吴楚七国之乱，晁错提出削藩，不幸冤死。如果说秦朝好大喜功，偏左，那么汉初无为之治，则过右。董仲舒总结历史教训，认为乱世产生于君权旁落。周天子权威衰微，出现礼崩乐坏，诸侯纷争，有了数百年的春秋战国的乱世。实现大一统，才能免除战乱，人民得以安居乐业。于是董仲舒提出"屈民而伸君"，民主要指诸侯王，要服从皇帝，才能实现大一统；诸侯王如果各行其是，就会出现分裂割据的局面，陷于战乱。远的有春秋战国的大乱，近的则有景帝时代的吴楚七国之乱。都说明统一的重要性。

秦朝统一了，却也乱了，为什么？君主如果任意胡来，权力不受制约，这也会导致混乱。西方讲权力不受制约会导致腐败，中国历史上也是这样,"尧为匹夫,不能治三人;而桀为天子,能乱天下"(《韩非子·难势》引《慎子》言)。如何防止桀之类的人当天子,如何使天子不敢纵欲,或者不能乱天下?这自然是复杂的问题。过去,周朝敬天保民,以天命论使天子不敢胡来。天命论经过荀子批评以后,特别是经过秦王朝不信天命的观念的影响,如何才能让后人相信天命,就增加了不少难度。但是,皇帝只怕天命与祖先,还得搬出天命来。董仲舒对天命进行了一番加工,重新加以论证,强调"屈君而伸天",给有至高无上权力的皇帝加上"天"这副精神枷锁。这就演绎出天人感应理论。"屈民而伸君"加上"屈君而伸天",就可以维护统一大业,又不会由于权力不受制约而产生动乱。董仲舒用解释《春秋》经典的办法,强调天子要谨慎语言,不能随便乱说。董仲舒在对策中说:"《春秋》大一统者,天地之常经,古今之通谊也。"大一统的实现必须从皇帝自己做起,董仲舒对汉武帝说:"臣谨案《春秋》谓一元之意,一者,万物之所从始也,元者,辞之所谓大也。谓一为元者,视大始而欲正本也。《春秋》深探其本,而反自贵者始。故为人君者,正心以正朝廷,正朝廷以正百官,正百官以正万民,正万民以正四方。四方正,远近莫敢不壹于正,而亡有邪气奸其间者。是以阴阳调而风雨时,群生和而万民殖,五谷孰而草木茂,天地之间被润泽而大丰美,四海之内闻盛德而皆徕臣,诸福之物,可致之祥,莫不毕至,而王道终矣。"(《汉书·董仲舒传》引董仲舒对策文)从此以后,历代统治者都重视维护统一的政治局面,谁为统一做出贡献的,就是民族英雄,名标青史,流芳百世;谁破坏统一,搞分裂,就是卖国贼、民族败类,奇耻大辱,遗臭万年。南宋著名诗人陆游在临死前留下遗言,表达自己的心愿:"死去原知万事空,但悲不见九州同。王师北定中原日,家祭无忘告乃翁。"这一首诗传颂长久,也说明它反映了中华民族的传统精神。

大一统有一个中心,这个中心就是天子。全国人都要服从天子,天子就必须首先"正心",正心才能正身,"其身正,不令而行",这样才能正朝廷、正百官、正万民、正四方。天下都正了,人类社会和谐了,人与自然界万物也和谐了,那么,天地之间就成为极乐世界。天子要成为臣民的榜样,那就要对天子的思想有所制约,不能随心所欲,言行都要谨慎。他在《春秋繁露·立元神》中说"君人者,国之元,发言动作,万物之枢机,枢机之发,荣辱之端也,失之毫厘,驷不及追。故为人君者,谨本详始,敬小慎微……累日积久,何功不成?"君就是国家的本,他的言行影响极大,一旦失误,就无可挽回。所以要非常谨慎小心。道理讲了,皇帝听不听则另说。因此需要找一些让他敬畏的东西,董仲舒找到的就是天。于是他在对策与著述上,利用最新的研究成果,重新论证天人感应。

其次,天人感应。

1. 董仲舒提出天人感应是有基础的。周代敬天保民,虽经荀子批判,天论仍然深入人心,高水平的思想家对此还有相当浓厚的兴趣。集天下高明人士集体编撰的《吕氏春秋》,在《应同篇》中说:"凡帝王者之将兴也,天必先见祥乎下民。……类固相召,气同则合,声比则应。鼓宫而宫动,鼓角而角动。平地注水,水流湿。均薪施火,火就燥。……祸福之所自来,众人以为命,安知其所。"五行相胜说在春秋时代就已经流行,《孙子兵法》就有"五行无常胜"的说法。邹衍用五行相胜解释朝代更替,形成"五德终始"说。秦始皇不相信天,对五德终始说却很相信,他认为周朝是火德,秦朝胜周朝,是水胜火,于是认为秦朝是承水运,色尚黑,数用六,改黄河为德水。我们可以从《史记》中看到,秦代及汉初，天命论相当流行，秦将蒙恬临死，喟然长叹曰："我何罪于天，无过而死乎？"(《蒙恬列传》)他受迫害，就想到是否得罪于天。项羽战败，自刎乌江时说："此天之亡我，非战之罪也。"(《项羽本纪》)刘邦患病，吕后要请医生看病，刘邦说："吾以布衣提三尺剑取天下，此非天命乎？命乃在天，虽扁鹊何益？"(《高祖本纪》)公元前181年发生一次日食，日是阳，日食是阴袭阳，吕后认为这是上天对她严厉的谴责。《吕太后本纪》载："己丑，日食，昼晦。太后恶之，心不乐，乃谓左右曰：'此为我也。'"汉文帝二年发生日食，他就下诏说："人主不德，布政不均，则天示之以灾，以诫不治。"(《孝文本纪》)政治家信天，理论家也讲天，如陆贾说："治道失于下，则天文变于上。"(《新语·明诚》)社会有这种心理，董仲舒自然可以利用这种心理，来构建自己的理论体系。

2. 要制约皇帝至高无上的权力，就要论证天人感应。天人为什么会感应？是如何感应的？怎么知道天人是相互感应的？天子如何应对？这些问题都解决了，统治者才能相信，天人感应说才能确立起来。

天与人为什么会感应？董仲舒根据当时最新的研究成果，同类相感。董仲舒在《春秋繁露》中提出："天者，万物之祖，万物非天不生。"(《顺命》)"为人者，天也。"人是天所创造的。因此天与人是同类的，"以类合之，天人一也"(《阴阳义》)，有数量的，天与人相合，如天有12个月，人也有12个大骨节，天有366天，人有366个小骨节，这叫"人副天数"。人有喜怒，天有阴阳，人有五脏，天有五行，如此一一对应。从天生人到人副天数，说明天人同类，于是根据天人同类与同类相感，自然推出天人可以感应。董仲舒也举出共鸣共振现象来说明同类相感。阴阳相感的例子很多，日月是天上的阴阳，天上的月是阴之宗，对地面的阴性类事物就有影响，如《吕氏春秋·精通》载："月也者，群阴之本也。月望则蚌蛤实，群阴盈。月晦则蚌蛤虚，群阴亏。夫月形乎天，而群阴化乎渊。"父母与子女"一体而两分，同气而异息"，也会"忧思相感"，"两精相得"。董仲舒根据这些认识，做出理论分析："此物之以类动者也，其动以声而无形，人不见其动之形，则谓之自鸣也。又相动无形，则谓之自然。其实非自然也，有使之然者矣。物固有实使之，其使之无形。"董仲舒根据看不见的相动关系，认为是相动无形，否认自然、自鸣的说法。天与人是怎么感应的？同类相感，阴类与阴类相感，阳类与阳类相感。同样道理，善类与善类相感，恶类与恶类相感。皇帝做了好事，上天就会降下瑞物，表示嘉奖；皇帝做得不好，上天就会降下怪异灾祸，表示警告与惩罚。这就是灾异谴告说。因此，一旦出现灾异，皇帝就要自省，看有什么事处理不当，给予纠正。天人会有感应，为什么许多人看不到，那是因为相动无形，一般人不了解，聪明的人可以从许多现象中体会出来。对于如何应对，董仲舒认为皇帝要学习儒家经典，特别是《春秋》，可以从中了解圣人的意思，而圣人的意思代表了上天的意志。

很显然，董仲舒这个说法是有合理性的，他以此推论出天人感应也是相动无形的，不能否定相互感应的关系。这就未必是科学的。有的人也许坚持科学观特别彻底，认为应该全盘否定董仲舒的天人感应论。实际上，人在地球上生活演化发展了千百万年，人与自然环境关系密切，毋庸置疑。有一些现象也确实存在，如月的运行与地球海洋的水有密切关系，与人体的血液循环也有关系。女人属于阴，月经来潮与月相应。中国古人认为这也是阴类同性相感。天的昼夜寒暑对人体也有周期性的影响，科学名词叫"节律"。当然还有一些当时科学水平解决不了的现象，董仲舒也用来说明还有很多不理解的现象，现代科学也未必都能解释。如他在《郊语》中说："人之言：酝去烟，鸥羽去昧，慈石取铁，颈金取火，蚕珥丝于室，而弦绝于堂，禾实于野，而粟缺于仓，芜荑生于燕，橘枳死于荆，此十物者，皆奇而可怪，非人所意也。夫非人所意而然，既已有之矣，或者吉凶祸福、利不利之所从生，无有奇怪，非人所意如是者乎，此等可畏也。孔子曰：'君子有三畏：畏天命，畏大人，畏圣人之言。'彼岂无伤害于人，如孔子徒畏之哉！以此见天之不可不畏敬。"这十种现象，"非人所意"，不是人所能理解的。它们确实存在，究竟吉凶祸福，会产生利不利，不得而知，因此非常可怕。孔子说畏天命，天命如果不会伤害人类，孔子为什么害怕。他的结论是：不能不敬畏天。任何对大自然的重大改造，都会招来大自然的报复。这也是可怕的。无数事实已经如此，改造大自然不可不慎重。人们已经觉醒，过去打虎是英雄，现在打虎是犯罪。这就是觉醒的一种表现。保护环境，保护生态，保护大自然，都是当今世界性的课题。

3. 天人感应对后代皇帝有很大的影响，汉代皇帝，汉武帝以后的各代皇帝（宣、元、成、哀），遇到日食、地震等自然现象，就要下诏罪己，免收或减收赋税，采取一些措施安抚灾民，虽然不是重大改革，有些具体措施，对于安定民心，也起了不小的作用。东汉光武帝所下此类诏书最多，例如建武五年夏四月发生旱灾和蝗灾，光武帝下诏说："久旱伤麦，秋种未下，朕甚忧之。将残吏未胜，狱多冤结，元元愁恨，感动天气乎？"（《后汉书·光武帝纪》）同时下令减罪赦囚。建武六、七年下过类似的诏书。建武十一年二月下诏说："天地之性人为贵，其杀奴婢，不得减罪。"（同上）十年间下过六次诏书，再三强调要释放奴婢。建武二十二年九月，河南南阳地震，光武帝下诏曰："日者地震，南阳尤甚。夫地者，任物至重，静而不动者也。而今震裂，咎在君上。鬼神不顺无德，灾殃将及吏人，朕甚惧焉。"(《后汉书·光武帝纪》)同时令南阳地区免租、减罪等措施。这对灾民渡过难关是有帮助的。以后历朝历代的皇帝不断有祭天的活动，说明"天"成为中国传统的崇拜对象。这不仅在统治者那里，而且在民间也很有市场。至今有的地方结婚仪式仍然有拜天地这一节目，说有过结婚仪式，就说"拜过天地"。在思想家那里，董仲舒的天人感应论，也是可以理解的。王充是反对天人感应的，但他对董仲舒却另眼看待。他说："六经之文，圣人之语，动言'天'者，欲化无道、惧愚者。"圣人所说的天，"及其言天犹以人心，非谓上天苍苍之体也"(《论衡·谴告》)。他认为董仲舒也像古代圣人，"言君臣政治得失，言可采行，事美足观……虽古圣之言，不能过增"(《论衡·案书》)。董仲舒设土龙致雨，王充是不同意的，但他却为董仲舒辩护，说"仲舒用之致精诚，不顾物之伪真也"(《论衡·死伪》)，认为董仲舒设土龙，其中包含合理性与政治意义，"览见深鸿，立事不妄，设土龙之象，果有状也"(《论衡·乱龙》)。汉代学者如司马相如《封禅文》、刘向《洪范五行传》、扬雄《剧秦美新》、班彪《王命论》、班固《典引》等都讲"符瑞之应"(见柳宗元《贞符》序及韩醇注)。南宋赵彦卫在《云麓漫抄》中说："董仲舒、刘向于五行灾异，凡一虫一木之异，皆推其事以著验。二子汉之大儒，惓惓爱君之心，以为人主无所畏，惟畏天畏祖宗，故委曲推类而言之，庶有警悟。学者未可遽少之也。"(《云麓漫抄》卷一四)清代学者皮锡瑞在《经学通论·易经》中说："古之王者恐己不能不失德，又恐子孙不能无过举也，常假天变以示警惕……后世君尊臣卑，儒臣不敢正言匡君，于是亦假天道进谏，以为仁义之说，人君之所厌闻，而祥异之占，人君之所敬畏。陈言既效，遂成一代风气。故汉世有一种天人之学，而齐学尤盛。"他在《经学历史·经学极盛时代》中说:"当时儒者以为人主至尊,无所畏惮,借天象以示儆,庶使其君有失德者犹知恐惧修省。此《春秋》以元统天、以天统君之义,亦《易》神道设教之旨。汉儒借此以匡正其主。其时人主方崇经术,重儒臣,故遇日食地震,必下诏罪己,或责免三公。……后世不明此义,谓汉儒不应言灾异,引谶纬,于是'天变不足畏'之说出矣。近西法入中国,日食、星变皆可预测,信之者以为不应附会灾祥。然则,孔子《春秋》所书日食、星变,岂无意乎?言非一端,义各有当,不得以今人之所见轻议古人也。"近代学者梁启超曾说:"民权既未能兴,则政府之举动措置,既莫或监督之而匡纠之,使非于无形中有所以相慑,则民贼更何忌惮也。孔子盖深察夫据乱时代之人类,其宗教迷信之念甚强也。故利用之而申警之……但使稍自爱者,能恐惧一二,修省一二,则生民之祸,其亦可以消弭。此孔子言灾异之微意也,虽其术虚渺迂远,断不足以收匡正之实效。然用心良苦矣。江都最知此义,故其对天人策,三致意焉。汉初大儒之言灾异,大率宗此旨也。"(《饮冰室丛著》第二卷)现代新儒家徐复观先生也承认汉儒用天人感应说"控制皇帝已发生相当的效果"(《两汉思想史》卷二《王充论考》)。如何定性天人感应论的哲学性质?按过去的两分法,当然可以定为唯心主义。很明显,这种哲学是为当时的政治服务的,它的性质也应该由政治的性质来定。当时地主阶级是上升时期的进步阶级,所实行的是当时先进的封建制度,为这种封建制度服务的当然就是先进文化。说天人感应论有进步性、合理性,自然也不为过。皮锡瑞的"言非一端,义各有当"说法,值得思考。从不同的角度审视一种理论,可以得出不同的结论。理论是复杂的,社会也是复杂的,怎么可以只有一条线索、一个标准呢?董仲舒探讨的是政治哲学,要从政治角度来评价,才是适当的。它不是宇宙论哲学，用唯物主义与唯心主义来定性，就是张冠李戴。实践是检验理论的标准。在两千多年的中国政治实践中，许多政治家奉行之，获得好效果，许多思想家给予理解与好评。我们据此对董仲舒政治哲学的历史地位，给予适当肯定，是可以成立的，对于张冠李戴者给予纠正，也是有意义的。

第三，独尊儒术。

关于天人感应，天是什么？需要儒家进行解释，儒家当然按儒学来解释。于是天就变成了儒学的代表。皇帝要敬天，自然就要独尊儒术。董仲舒的天人感应与独尊儒术都是为政治服务的，就是政治哲学体系中重要的构成部件。

独尊儒术以后，儒家的几本教材就成为经典，《诗经》、《尚书》、《礼》、《周易》、《春秋》这五经成为天下士子努力学习、注释、讲授的教材，形成一门特殊的学问——经学。汉代的学术特点是经学，各家各派都是通过注经、讲经，发挥自己的思想，创立新的思想体系，形成各种经学派别。而这些经书在两千多年中被反复研究、讨论过，每一时代都有所发现，更加丰富。西方哲学的发展，是推翻前人的体系，建构自己的新体系。中国传统哲学是继承前人的思想，加入自己的新思想。虽然有时也讨论经书真伪问题，而他们的基础仍然是经学。有了经学的权威性，思想的统一性就具有了超稳定性。经学还是以理性为主，崇经过头，就出现了谶纬，毕竟缺乏理性，虽然盛极一时，不久就消沉了。而经学则历久弥新，对社会理解的深刻性，令人信服。经书不断增加，后来有九经、十一经，最后，清代阮元编了《十三经注疏》，算是固定下来，增加进去的是在历史上经过检验被认可的儒家典籍如"三礼"：《仪礼》、《周礼》、《礼记》，以及《春秋》三传，《论语》、《孟子》、《孝经》、《尔雅》等。

中国历来有追求思想统一的传统，墨子讲"尚同"，"凡里之万民，皆尚同乎乡长，而不敢下比。乡长之所是，必亦是之；乡长之所非，必亦非之……凡国之万民，上同乎天子，而不敢下比。天子之所是，必亦是之；天子之所非，必亦非之。去而不善言，学天子之善言；去而不善行，学天子之善行。天子者，固天下之仁人也。举天下之万民，以法天子。夫天下何说而不治哉？"（《墨子·尚同中》）墨子要求万民统一于乡长，乡长统一于国君，国君统一于天子，天下都统一于天子。墨子所讲的"尚同"就是"上同"，要求天下万民上同于天子，以天子之是非为是非。"尚同"就是统一思想、统一是非的典型说法。荀子也有统一思想的愿望，他在《非十二子》中批评了六派十二子，包括子思、孟子那一派儒家，认为以孔子、子弓为代表的那一派儒家应该成为统一的核心。韩非主张"以法为教"、"以吏为师"，实际上就是用法家思想来统一天下的思想。由于秦王朝很快就灭亡了，法家思想也就成了殉葬品。虽然法家思想不时髦了，但是，"圣人不能无法以治国"，"徒善不足以为政"，法是治国的必要工具，法家的思想仍然在新统治者中实际运用着。汉朝建立时，吸取秦朝教训，采取了无为而治，崇尚黄老道家的自然无为的治国方针。汉景帝时出现吴楚七国之乱，这才放弃无为而治的方针，转而崇尚儒学。由于儒学在稳定社会、缓和矛盾、恢复秩序方面有特殊的作用。统治者希望实现和谐秩序，维持长治久安，选择了儒学。独尊儒术就是在这样的条件下提出来的。这个儒学是汉代新儒学，是汉代新儒家吸收先秦诸子百家的思想精华，重新建构起来的能够适应新时代的新儒学。从思想理论方面说，董仲舒政治哲学可以说是集大成者。班固因此称他为"儒者宗"、"群儒首"。从此以后，在两千多年中，历朝历代基本上以儒学作为统一思想的基础，迄今为止，孔子仍然是中华传统文化的形象代表。

有的学者提出,汉武帝并没有独尊儒术,因为当官的未必都是儒家。这就将独尊儒术作了绝对化的理解。司马迁生活于汉武帝时代,《史记》著成于汉武帝时代。《史记》以皇帝作为"本纪",诸侯为"世家",公卿大夫以及各色突出人物归入"列传"。以儒家创始人孔子入"世家",为孔子弟子立《仲尼弟子列传》,为历代儒家作《儒林列传》,其他学派如道家、墨家、法家、阴阳家都没有享受这种规格。如果没有独尊儒术,那么,如何解释这种现象呢?

班固在《汉书·公孙弘卜式儿宽传》赞中说:"汉之得人,于兹为盛。儒雅则公孙弘、董仲舒、儿宽,笃行则石建、石庆,质直则汲黯、卜式,推贤则韩安国、郑当时,定令则赵禹、张汤,文章则司马迁、相如,滑稽则东方朔、枚皋,应对则严助、朱买臣,历数则唐都、洛下闳,协律则李延年,运筹则桑弘羊,奉使则张骞、苏武,将率则卫青、霍去病,受遗则霍光、金日䃅,其余不可胜纪。是以兴造功业,制度遗文,后世莫及。"汉武帝所立的丰功伟业,与这些贤才的奉献和创造分不开。汉武帝时代人才最盛,汉宣帝时代也很盛,"孝宣承统,纂修洪业,亦讲论六艺,招选茂异,而萧望之、梁丘贺、夏侯胜、韦玄成、严彭祖、尹更始以儒术进,刘向、王褒以文章显,将相则张安世、赵充国、魏相、丙吉、于定国、杜延年,治民则黄霸、王成、龚遂、郑弘、召信臣、韩延寿、尹翁归、赵广汉、严延年、张敞之属,皆有功迹见述于世。参其名臣,亦其次也"。为什么会如此之盛呢?班固又说:"汉兴六十余载,海内艾安,府库充实,而四夷未宾,制度多阙。上方欲用文武,求之如弗及,始以蒲轮迎枚生,见主父而叹息。群士慕向,异人并出。卜式拔于刍牧,弘羊擢于贾竖,卫青奋于奴仆,日䃅出于降虏,斯亦曩时版筑、饭牛之朋已。"天下太平,需要人才来参与政治,帮助建立制度。汉武帝虚心诚敬,以蒲轮迎接枚乘,见到主父偃,十分感慨,相见恨晚。汉武帝这种求贤的态度,对贤才具有强大的吸引力。"群士慕向,异人并出。"汉武帝又从社会最底层发现、提拔一些优秀突出的人才。如果没有汉武帝的积极态度,那么,他们就不可能得以发挥自己的才华,创立丰功伟绩。"公孙弘、卜式、儿宽皆以鸿渐之翼困于燕爵,远迹羊豕之间,非遇其时,焉能致此位乎?"选择这些人才不拘地位,就像过去殷代武丁从傅险版筑中发现傅说,"举以为相,殷国大治"(《史记·殷本纪》)。也像齐桓公将饭牛于车下的宁戚提拔出来当大夫,"任之以国"(《史记·鲁仲连邹阳列传》及《集解》)。古代统治者能够从地位很低的人群中选拔优秀人物,委以国政,就是非常不容易的事情,也是被传为美谈的英明之举。汉武帝也能这样发现贤才,选拔杰出人物,当然也是英明之举。汉武帝的英明,众多贤士才有机会充分发挥自己的才华。众多贤士的才华的充分发挥,才有汉武帝时代的盛世。当政者与贤才互相配合,共同努力,是建功立业的保证。君臣之间,君应该是主导方面,因此,司马迁说:"士贤能而不用,有国者之耻。"(《史记·太史公自序》)

  以上五十多人是史家认定的杰出人物,我们查他们的传记,他们出仕的方式主要有因父亲而出仕的、明经的、被当政者发现提拔的、当官推荐的、自荐的、参加对策的、察廉的、奉献财物任官的。因父亲而出仕的,称为"任子",共有12名;明经出仕者有9名,"萧望之、梁丘贺、夏侯胜、韦玄成、严彭祖、尹更始以儒术进";被当政者发现并提拔的和对策的,各有5名;推荐的、察廉的、捐钱的各3名;自荐的有2名。还有个别是积功劳的、经商出身的、靠外戚关系的、好黄老之言的各一人;还有6名情况比较复杂,难以归类的。"任子",占四分之一强。明经加上对策,最多,14名,也占四分之一强。提拔、推荐、察廉,这三种方式,都是政府通过规范形式选拔的有11名,也是四分之一强。明经与对策,主要是儒家学派的。其他学派只有一名是好黄老之言的,其他形式选拔的也多是学习过儒学的人。在《史记·儒林列传》中,而董仲舒的弟子当了大官的(遂者)就有兰陵褚大、广川殷忠、温吕步舒。任大夫、郎、谒者、掌故者还有数百人。董仲舒的子孙也都由学问而当了大官。

在《汉书·儒林传》中载胡毋子都。文中又提到董仲舒。"而董生为江都相,自有传。弟子遂之者,兰陵褚大,东平嬴公,广川段仲,温吕步舒。大至梁相,步舒丞相长史,唯嬴公守学不失师法,为昭帝谏大夫,授东海孟卿、鲁眭孟。"

这段话,《汉书》基本上是抄《史记》的,只是"殷忠"变"段仲",形近音近而误。另外,《汉书》增加一个东平嬴公。开始,嬴公学守师法,进行教学,没有当官,因此,司马迁没有将他列入"遂者"。后来,嬴公当了昭帝时代谏大夫,可能司马迁并不知道。嬴公当了谏大夫,他的学问又影响了几代人,在班固看来,嬴公则是董仲舒的高足弟子,不能不加上。从《史记》、《汉书》来看,董仲舒的弟子、后学、子孙当了大官不少,也都是学了儒学的。这显然是"独尊儒术"的结果。

三、总评董仲舒

首先,我将董仲舒与孔子、朱熹并列为中国历史上对全社会影响最大的三大思想家。孔子是儒学创始人,董仲舒是经学大师,汉代新儒学的代表,朱熹是理学大师,宋代新儒学的代表。以后虽然也还有一些大师如元代的吴澄,明代的王阳明、黄宗羲、王船山等,影响都不及前三者久远广大。孔子的影响是无与伦比的,朱熹的《四书集注》作为科举考试的必读书。而董仲舒承前启后，起了关键的作用。孔子儒家在先秦只是百家中的一家，虽是显学，却没有独尊的地位。从汉代开始升到独尊的地位，奠定了中华民族的精神主干。李英华2009年6月17日下午在德州召开的董子文化研讨会上提出要增加周公。周公确实是大思想家，因为材料不足，胡适的《中国哲学史大纲》、毛泽东讲中国传统文化，都从孔子讲起，可能也是这个原因。

其次，董仲舒哲学是典型的政治哲学。哲学可以分为三大类：求真的科学哲学、求善的政治哲学、求美的艺术哲学。宗教哲学也属于善的范围。过去根据董仲舒讲天人感应，说他是神学目的论的唯心主义哲学家。董仲舒不探讨宇宙本原问题，只研究社会治理问题，是政治哲学，不属于宇宙论哲学中的唯心主义。董仲舒虽讲"天不变，道亦不变"，在《春秋繁露》中可以看到他的许多说法是富有辩证法的。他借用《春秋》与阴阳五行理论，开发自己的政治哲学。同时也融会先秦诸子百家的优秀成果，根据汉代的社会实际，构建适应汉代社会的儒学体系。因此，董仲舒哲学体系具有综合创新的意义。孟子说孔子是集大成者，董仲舒同样也是集大成者。孔子、董仲舒、朱熹都是求善的政治哲学家。

第三，研究董仲舒思想要摆脱疑古思潮的影响。在疑古思潮影响下，中国古籍几乎都不可信，随便找一点理由，便轻易加以否定。例如有人根据《史记》没有记载"天人三策"，就说"天人三策"是班固伪造的。董仲舒三策与汉武帝策问相联系，班固敢伪造汉武帝的策问吗？有的说《春秋繁露》不是董仲舒的著作，而是后人伪造的。理由是汉代没有这个书名，后代才有。汉代也没有《史记》，只有《太史公书》，难道《史记》也不是司马迁所著，而是后人伪造的？这种怀疑在疑古时代十分流行，由此影响到日本以及西方各国学者。这是需要纠正的。我们对经典要有崇敬的心态。席泽宗院士回忆,他的老师叶企孙对他说:"写文章要经得起时间的考验,一篇文章30年以后还站得住,才算过硬。"如果一本书三百年以后还站得住呢?那一定是文化精品!三千年后还站得住呢?那就是经典!我们读经典著作的时候,要怀着崇敬的心态,同情的理解,采取学习的态度,而不是轻蔑的心态,挑刺的眼光,否定的观念。如果不是要继承什么优秀成果,那我们为什么要读它呢?有的说"二十四史"都是为帝王将相树碑立传的,都是文化垃圾,应该抛入历史垃圾堆。我问他看过"二十四史"没有,他说没有。这说明忽视历史是无知的表现。杜甫有诗句曰:"尔曹身与名俱灭,不废江河万古流。"轻蔑古籍的人都在历史中被淘汰了,古籍仍然不断流传下去。谈儒色变,是从"五四"到"文革"批儒积弊的后遗症。有一些人蔑视古人经典,一味地"创新",经过炒作,有时也产生轰动效应,时髦一时。这些都只能是速生速灭的文化垃圾,不到三十年,就都被淘汰了。每一个人都可以去查三十年以前发表的东西,看还有多少东西还站得住。要知道,创新要以继承为基础。继承包含批判。无产阶级不批判继承资产阶级的,如何创新?

第四,读书要有"皓首穷经"的精神。古籍流传久远,由于时代的变迁,读起来不容易理解。如果不能细心阅读,深入思考,那就难以领会其中深意。正如司马迁所说:"好学深思,心知其意。"汉代有些人读儒家的书,头发白了才弄懂一本经书。我们现在不必那样,但是还需要这种精神。有一个青年学者花了六年时间埋头读《周易》经传,写出两本专著,都获得全国性大奖。另一青年学者花六年时间细读《全宋文》,也写出两本获奖的专著。还有学者也是花六年时间潜心研究,写出颇有影响的大部头专著,确立了自己的学术地位。也有一些人急功近利,想走捷径,下载资料,拼凑文章,忙碌十年，却写不出高水平的论文，这叫"欲速则不达"。投机取巧，自作聪明，最后，"聪明反被聪明误"。书要自己一个字一个字地读，谁也代替不了，什么条件也改变不了。有钱可以雇人扫地，不能雇人代替读书。学问是积累的过程，不断读书，是积累的过程。不断思考，也是积累的过程。做学问是细水长流，厚积才能薄发。

第五，富而后教正当时。《论语·子路篇》载："子适卫，冉有仆。子曰：'庶矣哉！'冉有曰：'既庶矣，又何加焉？'曰：'富之。'曰：'既富矣，又何加焉？'曰：'教之。'"这段记载的大意是：孔子到卫国去，他的弟子冉有为他赶车。孔子说："人真多呀！"冉有问："人已经很多了，又该怎么办？"孔子说："使他们富裕起来。"冉有问："已经富裕了，又该怎么办呢？"孔子说："对他们进行教化。"后人对这段话归纳为"富而后教"，是孔子儒学的重要思想。富以后，如果不进行教育，那就会堕落、腐败。君子富起来后，不能骄傲，"富而无骄"，还要"富而好礼"。如果富裕了，不能及时给予教育，新富起来而又缺乏教育的人容易骄横为暴，严重危害社会。按孟子的说法，这种人就跟禽兽差不多。"饱食暖衣，逸居而无教，则近于禽兽。"（《孟子·滕文公上》）富而不教，将"为富不仁"。

综合起来，汉初的数十年，正好经历了孔子所说的三个阶段：就是巩固政权，安定社会；恢复生产，发展经济；加强教育，繁荣文化。汉初数十年的发展历程，是否有规律性？后代是否可以从中吸取经验教训？值得研究。

原文载于《中国文化》2010年第2期。

周桂钿（1943—），男，福建长乐人，北京师范大学哲学与社会学学院教授、博士生导师。国际儒联顾问中国哲学史学会副会长、中华孔子学会副会长、朱子学会副会长、中国政法大学国际儒学院副院长、衡水学院特聘教授。

董仲舒故里研究

董仲舒故里乃河北省枣强县考证

张希敏

笔者几十年来查阅大量有关史料，深入现场调查、座谈，实证考察，挖掘民风民俗，反复论证，董仲舒家的老宅院董子庄园就在今枣强县前后王寿至后旧县村一带，证据资料今略举一二。

一、县志记载清楚有序

查阅存世的所有《枣强县志》，都把董仲舒作为枣强县历史人物第一名登录，每部县志中都有多处歌颂、介绍董仲舒的功德文章、建筑、纪念物等。如：

民国二十一年（1932）《枣强县志》卷一六"人物篇"曰："枣强人文以董子为首，出由汉迄宋光于史册者凡四姓，明以前见诸方志者其行谊难多失考，而职官科目可知者将三十人。明以上有考之荐绅表：汉董仲舒孝景时博士，武帝以贤良对策为江都相又为胶西王相。孟坦以易太子门大夫均见《汉书》列传。"

卷四"古迹篇"："《董子祠》任志据单志云：旧县村即隋城西

有董子祠石像也，相传所建祠自西山制石像，至村西忽重，不可举置之，于其地建祠以为故里之验说近神怪而……而祠乃实有，今仍标《董子祠》，从其质也。"

卷一九"人物篇"，文林列传、朴学文苑曰："汉董仲舒广川人也，少治春秋，孝景时为博士下帷讲诵。……在汉儒中闳识伟论得未曾有，武帝之表章六经罢黜黄老实自仲舒发之。"

卷二五"金石篇"上，《大原书院记》嘉靖三十年知县罗廷唯撰："枣强古棘津地，按《史记·游侠传》曰：吕尚困于棘津。徐广注云：棘津在广川。后汉《地志》亦云：广川旧属信都，有棘津城，今县北十里许李仓口，即古之棘津。《春秋传》所谓，晋荀帅师涉自棘津者是也。在秦属钜鹿郡。汉高帝初置广川县于此，属信都国。……武帝至宣帝甘露四年广川国除复广川为枣强属信都国，而后汉则又复枣强为广川属清河国是则，终两汉之世，广川枣强本为一也，离合废置有不同焉耳。"

卷二七"金石篇"下，《正谊讲舍记》，同治十二年，知县方宗诚撰："枣强古广川地，大儒董子实生是邦，予时为诸生诵董子之言曰：正其谊不谋其利，明其道不计其功，是为学之正轨也，今因取正谊二字以名，斯舍愿学者时思其意……"

卷二七"金石篇"下，《创建敬义书院记》，同治十三年，知县方宗诚撰："枣强汉属清河郡广川县。今犹称古广川，大儒董子盖生是邦，今县城中有董子祠、旧县村、王善友村多姓董氏者，亦有董子祠三焉。"

卷二五"金石篇"上，汉至明。《董子祠记》，万历二十九年，何尔健撰："枣强在汉为广川郡，乃董子故里。旧有书院奉祀事，久之废为公署，而移祠于城之西南隅，湫隘殊甚。"

嘉庆八年癸亥《枣强县志》阳湖杨元锡，萧县任衔蕙（枣强知县)同纂。卷四"沿革表"详细列出了从虞、夏、商、周、秦、汉、魏、晋至明清(卷三有枣强县境全图东西广四十五里,南北袤九十里,凡大小五百九十二村庄。)枣强县名的沿变转换。分别列出了朝代、统部、州郡、县名,今选汉、魏依次顺序原文录之:"汉,冀州、清河郡、枣强县;汉,冀州、信都国、广川县;东汉,冀州、清河国、广川县;魏,冀州、清河国、广川县。"从以上汉至魏的枣强县名沿革表可清楚看到,汉广川乃今枣强。

卷七"地理志":"董子故里(胡志)广川旧城东即董子下帷讲诵处,明知县罗廷唯考曰:汉世广川枣强本为一也,离合发置有不同焉耳,董子生于文景之间实此邦之产,故汉儒序《董子集》曰:清河广川人。则董子所生之地,即属清河之广川,而未曾属于他郡尤为确证矣。"

卷八"建置志":"董子祠在县治西,案顺治十七年,知县何之图置祭田六十亩,乾隆十一年,知县赵杲重修……嘉庆八年,知县任衔蕙即旧址重建。"

卷一〇"学校志":"先儒董仲舒广川人汉景帝时为博士,武帝时为江都相……元至顺元年从祀,明成化二年追封广川伯,嘉靖九年改称先儒。"

卷一三"史传",《汉书·董仲舒传》曰:"董仲舒广川人也,少治春秋,孝景时为博士下帷讲诵。"共17页,3900多字的记述。

卷一四"列传":"先儒汉董仲舒见史传。"

卷一八"艺文录"上制铭。《董子祠记》:"万历二十九年,何尔健撰。枣强在汉为广川郡,乃董子故里。旧有书院奉祀,事久之废为公署,而移祠于城之西南隅。"

卷一九"艺文录"下有赞,宋刘丁的《董子赞》文,明胡翰的《吊董子文》来纪念董仲舒。

光绪二年正月出版的《枣强县志补正》卷五,知县方宗诚正谊讲舍记中曰:"枣强古广川地,汉大儒董子实生是邦,正谊明道,不谋利,不计功,深通乎道之大原,实足为后世师表。旧有大原书院。"

后经翻阅乾隆、康熙县志有关董仲舒的记述与以上两志相同。乾隆县志卷之七艺文,载有康熙三年至七年(1664—1668)枣强知县胡梦龙(贡生,江南宣城人)以《董子故里》为题写的一首五言古诗,共216字:"自有生民来,至圣惟孔子。二百四十年,千古成信史。世道不可极,倏焉七雄峙。郡县祖龙兴,诗书一炬死。帝王自由真,丰沛汉高起。铁马耀金戈,治术非尽美。萧曹任刀笔,良平用奇诡。惠文迄景武,微言安所倚。天未丧斯文,先生振菱靡。贤良策尔咨,阐发天人旨。反复数千言,匡君致上理。公孙尚曲学,远做江都使。寓意托繁露,虽工不吾以。抱志郁郁终,千秋存庙祀。巍巍恒山颠,悠悠滹沱水。徘徊山水间,感遇何时已。余也宛陵客,吏积基于此。登堂拜遗像,向往思仰止。"还有编修陈孚以《董子故里》为题写的两首七言绝句:"俯窥人情仰宪天,素王心事第三篇。大夫不向江都死,换尽炎刘四百年。""义利从来界限殊,大夫一语破昏愚。平生最笑秋风客,只爱黄金灶鬼书。"来颂扬先儒董仲舒。因老县志都是按上届原县志史料传续,故不再重述。

二、地域称谓史料记载明确,民间流传至今

董仲舒里籍最早的记载见于司马迁著作《史记》,称"广川人也"。真定、冀州二县志俱记载汉广川废城即今之枣强故县村(今王均乡东西故县村处),而直书董子为枣强人。

据明嘉靖年间《枣强县邑略》记载,明嘉靖三十年,知县罗廷唯撰《大原书院记》曰:"汉高帝初置广川县于此,属信都国。景帝前二年始分广川置枣强县,属清河郡。……是则经两汉之世广川枣强本为一也,离合废置有不同焉耳。……董仲舒生于文景之间,仕于武帝之时,实此邦之产。故汉儒序董子集曰清河广川人,则董子所生之地即属清河之广川,而未尝属于他郡尤为确证。"譬如景县广川镇是在董仲舒去世后四百多年的晋所置,今广川镇何能与汉广川县相并论。质之史志,验之封疆皆明确无可疑者(原载明嘉靖三十四年(1555)版《枣强县邑略》)。

罗廷唯,进士,四川永川县人。明嘉靖年间(1554—1557)任枣强知县。此人学识渊博,尊崇儒学,敬仰董子,故建"大原书院"。撰文《大原书院记》,书院遗迹在今县城西街原政府旧址处。

"汉广川即今之枣强",现老县城北口(因没北门只一出口)有"汉广川"之匾额,枣强县老百姓民间背的褡裢上皆有广川字样。枣强的文人政客,多书里籍为古广川。如直隶督军李景林(恩察镇西七吉村人)自称古广川人,蔡锷在书信中称国会议员贺培桐(新屯乡贺家屯村人)为古广川人。当代著名书画家周如谦先生(王均乡王均村人)、孟宪才先生(枣强镇大王村人)落款都写古广川人。当代著名武术家刘凤鸣先生(枣强镇前旸谷庄村人)自称古广川人。

史志验之封疆皆明确无疑。争议者主要是时代界限的错觉。董仲舒生于文景之际,仕于武帝之时,汉儒序《董子集》称董子为"清河广川人"。即董子存世之时,广川属清河郡(国)。属他郡(国)所辖之说,是以现名附会之谈,均非西汉董子时代之事。

三、国家正史类的主要工具书、学生教材明注董仲舒为枣强人

譬如：1997年经国家教委中小学教材审定委员会审查通过，九年义务教育五年制、六年制小学试用课本《社会图册》第28页"文化名人"，在董仲舒像旁文字注述曰："思想家董仲舒：董仲舒（前197—前104）河北枣强县人，西汉时期思想家、哲学家。潜心钻研孔子学说。"

1995年河北省教育委员会和河北少年儿童出版社联合组织撰写出版的《新编三字经》，以中小学生为主要读者对象。在第68页，哲学家、董仲舒的像下文字注曰："董仲舒，河北枣强人，西汉时的哲学家，潜心钻研孔子学说，建议汉武帝'独尊儒术'。"

《前汉书》卷五六"董仲舒传"考证述曰："董仲舒广川人也。臣召南按志，广川属信都国，今直隶枣强县即汉广川故县。"

《三教慧海》在阐道醇儒"董仲舒"第171页文曰："董仲舒生于公元前179年，死于公元前104年，广川（今河北枣强）人。"

1986年由南京大学历史系《中国历代名人辞典》编写组、江西教育出版社出版的《中国历代名人辞典》第54页说："董仲舒（前197—前104）西汉思想家，广川（今河北枣强）人。"

1997年版《辞海》"董仲舒"条："（前179—前104）西汉哲学家，今文经学大师。广川（今河北枣强东）人。"

四、董氏家庙、家谱、谱书、祭祖铁证如山

枣强县前后王寿村是董仲舒嫡传后裔聚居地之一，世代居此无

变。董仲舒出仕、赴任时留在老家的一个儿子名叫符起，依靠挚友王善友教养。董符起为报答王善友教养之恩将村名定为王善友村（据《世说新语》），后来因村名的谐音演变，董氏后代中的哥俩又分为前王寿村、后王寿村，如今两村90%以上的人为董氏同宗。

前后王寿村80岁以上的老年人座谈家庙情况：昔日，前王寿村有董氏家庙及祠堂，位于村南，始建年代无考。占地20亩左右，四周环以高墙，歇山大门，上刻"董子祠"三个大字。院内有前后殿两座，前殿三间，灰瓦覆顶，饰有脊兽，前出报厦，花棂门窗。二柱书对联"书受秦烧十三经重阐奥义，策承汉诏四百载广开文明"。门上悬木匾"汉代鸿儒"。大门至前殿，砖铺甬道，两旁翠柏参天，数十株。殿中央有一木阁，高3米，董仲舒泥塑彩绘像端坐其内，形如旧县董子祠石像，头戴九流冠，串珠以垂，手执躬圭，左右分立一书童。像前供桌，香炉灶台摆列于上。壁饰书画，画彩色，字清秀。其中一副对联为"龙吞江水月，虎啸海山风"。时有外迁后裔寻根祭祖来此。后殿三间二楹，同样灰瓦盖顶饰有脊兽，花棂门窗，壁悬家谱（10×6米），前置香案烛光报影，香烟缭绕。东西厢房各一大间，西厢房存放祭器，南端一古柏，挺拔参天，树围双人合抱有隙。东厢房守庙者以居。

后王寿村亦有同样的家庙一座，建筑风格同前王寿的基本相似，门楣刻"董子祠"三个大字，前殿祠堂三间。上悬"慎终追远"匾额，黑底金字，出厦，花棂门窗，二柱对联"才贯天人共仰廷陈三策，文兼敦化永传学富五车"。灰瓦盖顶，脊似龙背，饰兽，殿内绘壁，太始祖董仲舒泥塑彩像，端坐中央，左右各立一童。像前置长方供桌，上摆香炉烛台供品。院内古柏数株，苍翠葱郁，枝丫盘曲如龙飞凤舞。祠东侧悬挂一铸铁古钟，高五丈，围九尺，敲击声闻数里。后殿三间，悬挂家谱（8×3米），安置形式、祭祠方式和前王寿的一样。

前王寿村至今仍保存有清嘉庆二十五年十二月董贞志、董德普、董德彰、董德华、董又醇、董英达、董耀亭、董心毅等重修的家谱。清光绪八年，后裔董心善、董心洁、董清泰、董春山、董景富、董景发、董正富、董正万重修，董心泼、董正身敬书的家谱。记载着明洪武元年（1368）至1963年约六百年间，从董仲舒58代孙至75代孙，4000多人。清晰记录着明初董氏八兄弟迁留情况。董士明留前王寿村，董士敬留后王寿村，其他六兄弟董士能、董士诚、董士廉、董士安、董士宽、董士新分别迁居山东。每年除夕，前后王寿将族谱悬挂于家庙内，悬挂之前先将当年故去者名字写上。供品盈桌，一应俱全，香烟袅袅，烛光煌煌，数只各异的灯笼挂于柏树，奇妙多姿，上香者不断，三拜九叩，祈祷自语。初二上坟回来，两村凡董氏子孙齐聚家庙，先拜太始祖董仲舒，再拜已故先人，最后按辈分依次相拜。拜毕将当年新生男性载入谱书。故两村董氏族人某属某支，某为某后，一目了然，世代有序。

据前后王寿村现存的光绪三十四年《董氏族谱序》记载："吾族世居枣邑城东王善友村，太始祖仲舒贤良对策，汉代鸿儒。"王善友村即今枣强县唐林乡前后王寿村。

千年传承的独特祭祀活动。在前后王寿村西北四五里处，是董仲舒的先祖及后裔董氏坟茔，地敞道宽，千年柏树数万株，古柏森森，石碑林立，庄严肃穆。20世纪40年代土地改革中树木被两村董氏族人平分，每户五株，之后陆续伐掉。石碑于20世纪50年代烧了白灰。上老坟祭祖两村分别进行，后王寿村为正月初十，前王寿村为正月十一。外迁后裔也有数人前来参加，祭祖隆重。全村所有大小车辆全部出动，光双套骡马大车就数十辆，任人乘坐，只有抬食盒（盛贡品）者步行。锣鼓喧天，爆竹声声，神枪轰鸣，纸火烈烈，在吹鼓手吹奏的乐曲声中，由司仪者主持，一齐叩拜。然后向西方，意对长安下马陵董仲舒墓，行三拜九叩大礼。祭毕回村，吹鼓手各于两村棚内吹唱一天，三里五乡前来观者如潮，犹如庙会。

五、董仲舒故乡的人民群众对前哲世代景仰

走进董仲舒故里枣强县，即会感知到故乡人民对先贤董仲舒的敬仰、爱戴、歌颂、保护之氛围。枣强人世代把董仲舒奉为先祖、先贤，并口传心授发自内心的景仰之情，全县人民普称董仲舒为"董二圣"，尤其是在旧县村、前后王寿村，从古至今男女老幼皆称董仲舒为"董子爷"。董仲舒敏而好学、诲人不倦、助人为乐、救死扶伤、独尊儒术、积贤为道的动人故事，世代流传。

为纪念先贤董仲舒，枣强县从古至今曾修建多处纪念物。在县城建有明嘉靖年间的大原书院；明万历年间的董子祠；20世纪90年代的董仲舒艺术碑廊；在董仲舒生地前后王寿村建有家庙董子祠；后旧县村明万历三十年重修董子祠等。

20世纪70年代，全国在枣强县后旧县村召开"批林批孔批董大会"后，指令把董仲舒石像销毁，为了保护董仲舒石像，晚上老百姓偷偷深埋，明万历年间的董仲舒石像才保留至今。重修董子祠，像前桌上供品和香火不断。在20世纪破"四旧"、"四清"期间，各村谱书、家谱全部烧毁，但董子故里前王寿村有识之士，董仲舒76代孙董金荣先生，藏埋了董氏家谱50多年。董关孚先生珍藏了董氏谱书。直到今日社会和谐、国强民富，他们方献出这些珍贵历史文物。

笔者在反复深入群众调查、座谈中深深感悟到人民群众是创造

历史的主人，是历史的见证者、维护者，是真正的英雄。布衣百姓那种朴实、纯真的诉说，尊哲敬贤护宝的行动，默默奉献的精神，对先贤的敬畏崇拜之情，感天动地。只要深入此景，了解此情，会深深感染你、打动你，有疑难走到人民群众当中去，一切迎刃而解。

原文载于《衡水学院学报》2014年第5期。

张希敏（1946－），男，河北枣强人，枣强县董子文化研究会常务副会长。

董仲舒籍里辨析

官瑞华

西汉大儒董仲舒的籍贯究竟是哪里？目前笔者见到的有四说：一说是河北枣强①，一说是河北景县②，一说是山东德州[1]，还有的干脆笼统的称其为河北衡水市人[2]3。

董子故里之所以出现多个版本，关键的问题在于"广川"这个地名。最早说董仲舒是广川人的，是西汉时期的史学家司马迁。司马迁在《史记》说："董仲舒，广川人也。"司马迁是董仲舒的学生，他的说法不会有错。之后，班固也说董仲舒是广川人。

近日，笔者读了王桓、刘鸿玉先生主编的《董仲舒记闻》一书，更是把董仲舒说成是枣强县旧县村人，其理由是汉广川故城在今枣强县王均乡旧县村，既然《史记》说董仲舒是广川人，那么枣强旧县村就是董仲舒的故里，且言之凿凿，"证据"累累，似乎

---

① 杨宪邦《董仲舒记闻·序》说："董仲舒（前149－前104年），广川（河北枣强县）人。"
② 李东阳《重修董子书院记》："景州之西南六十里有镇曰广川，汉大儒子江都伯实居之，镇有董家里。"

"铁板钉钉"了。持董仲舒是德州人观点的，则是因为德州历史上也曾有过广川县的称谓，并举证旧时学宫有董子读书台，城西有广川桥。此说早在明代即被否决了。明学者马伟（故城县人，马中锡之父）说："曰'读书台''广川桥'，皆后人慕其名而好为之地。"[3]史料也记载德州建广川县是在隋朝，其地与汉广川无关，因此，说董仲舒是德州人是站不住脚的。

那么，董仲舒果真就是枣强人吗？

一、董仲舒应是景县人

要回答这个问题，我们必须弄清楚广川的来龙去脉，方可真正确定董仲舒的籍里。那么，西汉时的广川包括现在的哪些地方呢？

广川，古地名，因县中有长河为流，故名广川。据《太平寰宇记》记载，汉广川故城在德州西七十里，东为历县，西为信都县，北为观津县，南为枣强侯国。考其范围，汉广川县应在今枣强县境内，包括枣强县东部、北部、西部大部分地带，因此便有了广川即是枣强、枣强即是广川的断言。

事实上，西汉时期的广川县按今天的版图来看，不仅仅是包括了枣强县的大部，而且还有今景县的西南角和今故城县的西北角，而广川镇正处于枣强、景县、故城三县的交界处。这在《景县志》和《故城县志》都有表述。

1998年编纂的《景县志》明确记述："西汉时，境内有脩县、条侯国、脩市县、龙额县和广川县。"又说："广川县，位于今境西南部，故治在今广川，属信都国。"之后，广川县归属废置多有变化，东汉时广川县属清河国，三国时属魏，北魏时属长乐郡，元时枣强县之广川镇划归脩县。在"广川"条目中，进一步阐释："广川,系古地名,西汉初,于此置广川县,属信都郡。景帝前元二年(155),属广川国。东晋十六国时,后燕在此设广川郡。北魏太和时,为广川县。北齐时,为广川镇,属枣强县。元时划归景州之脩县。"这段历史变迁清楚地说明西汉设广川县时广川镇即在景县境内,特别是元朝以后一直隶属于景县无疑,而不像有些人说的广川的"离合废置"仅与枣强有关。

至此我们明白了今景县的西南隅曾是昔日广川一角,那么董仲舒又具体是哪个村子呢?乾隆十年《景州志》载:"广川南十三里土人呼为董家庄,即……董子生于是庄。"明确标定董家庄是董仲舒故里。董家庄人引以为荣,曾易名为"董子故里",近代村人简称为董故庄,后又分为大小两个董故庄行政村。大董故庄有董子祠,不幸毁于元代,明代重修,1958年又被拆毁,现遗有《景州重修董子书院记》碑首、龟座残件等。也就是说,古人认为董仲舒籍贯为今河北省景县董故庄人士。在历次景县志编修中都证明了这一点。援引如下:

明隆庆六年(1572)景州知州罗许为《景州志》作序称:"吾故尝登董子书台,适出夫正谊明道之心。"

康熙四十二年(1703)五月,景州知州周钺到密云献诗,请皇帝题写董子祠匾额。诗中言:"汉代推儒者,醇乎董仲舒。……广川今故宅,條地昔幽居。……"康熙"览其诗,大悦",特赐"阐道醇儒"四字,周钺归来后,将四字刻碑立于城内广川书院(广川书院从一个侧面又印证了景县与"广川"的历史渊源)。

康熙十九年(1680)景州知州张鸣珂续补《景州志》序称:"式董子之闾……心窃向慕之。"乾隆十年知景州事屈成霖为《景州志》作序言道:"两汉一降,醇儒若江都……霖愿此邦人士,体《三策》之言,以端学术;……"

民国二十一年（1932）时任景县县长耿兆栋在《景县志》序中写道："汉魏以还，人才辈出，董江都之正谊明道；……勋业谟猷，昭然在人耳目。"

前所说的汉广川"东为历县"，历县即今故城县境，属信都国。光绪十一年《故城县志》记载："汉广川，今景州、枣强地。"也说明广川并非独枣强县所属，而是与景县交叉。而且明确记载董故庄时属故城县上乡，"距城（故城县城，今故城县故城镇）五十里，庄北半属景州，西属枣强"。也就是说，董仲舒故里也曾归属过故城县。当然，笔者也不想打笔墨官司，再弄出个"董仲舒故里故城县"来，以混视听。

至此，笔者不想多说了。以《景县志》、《故城县志》来判断，董仲舒故里就在景县广川镇董故庄。

二、不支持董仲舒是枣强人的理由

为什么我不赞成董仲舒故里为枣强县之说呢？根据王桓、刘鸿玉先生主编的《董仲舒记闻》（以下简称"董文"）驳回，理由有三：

1. "董文"援引《大原书院记》："终两汉之世，广川枣强本为一也，离合废置有不同焉耳？"意思是除了枣强与广川有"离合废置"，别的地方有吗？发出了质问。既然别处没有，进而他又进一步论断："董子……实此邦之产……则董子所生之地即属清河之广川，而未曾属于他郡，尤为确证矣！"《大原书院记》的作者是明嘉靖枣强知县罗廷唯。老先生未免太武断了，在不完全了解历史沿革的情况下，就把董仲舒的籍贯定在了枣强，贻误了多少代人！广川县域处于今枣强、故城、景县的三角地，光绪十一年版《故城县志》在说到董故庄所处的位置时是这样表述的："此乡（指故城县上乡）自大马房以西至董故庄处处与景县境犬牙交错。"怎么能说广川就是枣强一县所属呢？

2."董文"引证枣强县有个王寿村，王寿村里姓董的多，有董氏家庙，更重要的是有家谱，尊董子为太始祖。因此证明董仲舒是枣强县人。可是，该文又接着说，传说董仲舒有个儿子不孝，被逐出家门，来到王寿村定居。这就有疑问了。既然是被逐出家门，当然就不在原处，因此以王寿村董姓来佐证枣强就是董仲舒故里，纯属无稽之谈。这条资料只能证明董仲舒的后裔现居住枣强，并不能说明董仲舒故里的问题。

3."董文"中提到董仲舒石像，以此佐证董仲舒故里就在枣强县旧县村。文中述说村民曾在西山凿刻董子石像，运至枣强旧县村石像落地，再也走不动了，村人便建了祠堂供奉，因此断定旧县村就是董仲舒的老家。这种说法带有浓重的迷信色彩，不足为信。董仲舒号称"二圣人"，在封建社会知名度甚高，读书人没有不知道的。为体现对董二圣的尊崇，各地建祠立像是很正常、很自然的事。就在这座石像背面刻有"万历三十六年十月旧县村施财弟子管正尊韩安甫妻姚氏"字样，从这条信息我们得知石像是明代由旧县村村民出于对董仲舒的尊崇出资刻成的，并不能说明什么。"董文"特别提到"明《冀州志》载：旧县村西有一座'四明寺'……相传，其前身为董仲舒当年的讲学堂……"云云。仅以一座寺庙即证明这儿是董仲舒故里，实在不能令人信服。其实这个问题，故人早已破解了。明朝兵部尚书、故城籍人周世选在为故城县修建的"二贤祠"碑记中说："二先生（指澹台灭明和董仲舒）之祀，无论故城，在景（今景县）、德（今德州）、冀（今冀州）三州，枣强、武城二县皆然，二百来年不废也。"[6]可见，旧时为董仲舒立祠不是一州一县的事,怎么就能说董仲舒的家就是在旧县村呢?若照此说,故城县旧时也有董仲舒的祠堂、董仲舒的塑像,那么是否就可以说董仲舒是故城人呢?

4."董文"说枣强县旧县村即是汉广川县城,因此确定董仲舒故里就是旧县村的。可是,接着在董仲舒年谱上又写道:"董仲舒家广植桑园,其姐率女工养蚕缫丝……大量销往临淄、巨鹿丝绸商贾……"那么,既然是富家,广植偌大一片桑园,区区一个县城可能吗?在那个年代,能缫丝,能织布,而且销往远方,桑园的面积肯定小不了,这样的桑园只能种在乡下。而旧县村距董故庄一里之遥,我觉得董仲舒就是生活在董故庄,在县城里(旧县村)开个店铺或购处房产也未曾不可,所以,即便旧县村有董氏宗祠也不足为怪,况且其遗物都是宋代以后的东西,历史变迁这么多年,有董家后人搬至县城内居住是有可能的,但绝不能把旧县村说成是董仲舒的故里。

所以,我认为董仲舒是枣强人的理由不成立。

三、董仲舒与故城县的历史渊源

前已叙述,董仲舒故里董故庄曾属故城县,证据确凿。清光绪十一年版《故城县志》明确记载其时董故庄、董学村俱属故城县上乡管辖。后来,董故庄分为大、小董故庄两个行政村,大董故庄属景县,小董故庄属故城,据《景县志》记载,直到"1956年7月5日……将故城县的万庄、小贾庄、小董故庄划属景县"。而董学村一直属于故城县管辖。

我们毕竟无法篡改前人的历史。

清光绪十一年版《故城县志》记载:"故老所传,董墓董园俱移入故城。"甚至传说现坐落在枣强县旧县村的董仲舒石像本是运往故城县董墓的,因遇雨路滑不能前行,于是建祠留在旧县村。但还是这版《故城县志》断然否认了这一说法,"语甚无徵",即没有根据。它解释道董仲舒"家徙茂陵寿终,于家辩墓,不在景州至故城,原无董墓之说"。这和董仲舒举家迁往西安,死后葬在茂陵的史实是相吻合的。笔者认为,《故城县志》的编纂者尊重事实,不人云亦云,不牵强附会,治学严谨,资料是可信的。

但是,在故城确有很多董仲舒的祭祀之所,在董学村建有董子祠,在县城建有"二贤祠"。所谓"二贤"指的就是孔子高徒澹台灭明和被尊为"二圣"的董仲舒。古今圣贤多的是,故城县为什么要单为这二位立祠呢?原来,先人传说澹台灭明和董仲舒都是故城人,澹台灭明的故里在今故城县大坛村(澹台灭明实为今山东费县人),而董仲舒的故里董故庄曾归属过故城县。二贤祠约建于南宋庆元(1200)年间,故城籍明朝兵部尚书周世选在《二贤祠碑记中写道:"穆庙时,山西李侯绍先来令此邑,始书'董子故里',勒石竖通衢,以为一邑光。"永乐三年(1405)贵州人李承露来故城任县令,重修"二贤祠","复树丰碑于道左,书'澹董故里',以为往来轺舸之所瞻仰"[4]。看来,有宋以来,人们都把故城认作董子故里。

根据史料记载,董仲舒45岁之前主要是在家乡附近讲学课徒。光绪十一年版《故城县志》记载:"董学村相传为董子下帷处,即董园。"董学村距董故庄村十多华里,董仲舒在故里兴办学堂,广收弟子,讲授《春秋》。为了研习学问,他专心致志,心无旁骛,几乎到了废寝忘食的地步。学校附近有个花园,他在此教书三年,竟然没迈进园子一步,更甭说看上一眼。董子"三年不窥园"的故事至今在故城民间广为流传。为了传播知识,他非常敬业,常常是讲学到半夜才回家。有一次他打着灯笼回家，道路凹凸不平，半路上跌了一跤，把随身携带的文具撒了一地，其中一个铜笔帽找不到了。董仲舒眼神又不好，趴在地上摸。恰巧有人路过问他干什么呢？他连声说："找吾帽也！找吾帽也！"那人见路边长了很多梧桐树，以为他是说梧桐树长得茂盛，后来盛传开去，这儿有了村落，人们便把此村叫作梧茂村。当然，这只是一个传说，但也足以证明董仲舒对故城人的深远影响。

《史记》记载董仲舒"进退容止，非礼不行，学士皆师尊之"。他的高尚的德行和渊博的知识吸引了很多人前来听他讲学，甚至连一些牧羊人和聋哑人也都来了。清同治九年在董学村建董子祠，正中为董子像，左右分立两个聋哑人（左聋右哑），庙宇遗迹尚存。2005年，董学村在天津工作的一位王姓退休工人出资15万元，又新建了一座董子祠，样式完全依照旧制。董子祠为何要立有聋哑人呢？有人解析，一是寓意董仲舒"罢黜百家，独尊儒术"的建言振聋发聩，名声远播；二是寓意董仲舒"通五经，能持论，善书文"，讲解的内容连聋哑人也能听得懂。

董仲舒故里究竟在哪里？相信读者阅读此文以后即很清楚了。国务院《地方志工作条例》第三条规定："地方志书，是指全面系统地记述本行政区域自然、政治、经济、文化和社会的历史与现状的资料性文件。"第六条规定："编纂地方志应做到存真求实，确保质量，全面客观地记述本行政区域政治、经济、文化和社会的历史与现状。"以上两条强调的是"本行政区域"的"历史与现状"。据此，可以这样理解：不管是哪个朝代的历史名人，只要是其原籍在今哪里，即是那个地方的名人。董仲舒故里既然在董故庄，那么按照属地他就是名副其实的景县人。

参考文献：

[1] 水畔杉，潘晓泉. 历史上的德州"三董"[M]. 德州晚报.

[2] 魏彦红主编. 董仲舒研究文库：第一辑[M]. 成都：巴蜀书社，2013.

[3] 资料来源于. 景县志.

[4] 资料来源于清光绪十一年版. 故城县志.

宫瑞华（1951—），男，河北故城人，古城县人民银行经济师。

国际董学研究动态

日本的董仲舒否定论之批判

(日本) 邓　红

所谓董仲舒否定论，指从怀疑"天人三策"的个别语句开始，逐渐怀疑整个"天人三策"的存在，断定这是班固的捏造，最后发展到否定董仲舒建言的、汉武帝期间实行的、被表述为"废黜百家、独尊儒术"(日本称"儒学国教化")这一历史事件之论调。

无独有偶，在日中两国学界都存在着这样的董仲舒否定论，而且观点和展开轨迹都令人惊讶地相似。

中国学界的董仲舒否定论，全部来自南京市市委党校的孙景坛氏。1993年孙氏发表《汉武帝"罢黜百家，独尊儒术"子虚乌有》(《南京社会科学》1993年第6期) 一文。这篇文章以《史记》没有明确记载为由，否定《汉书·董仲舒传》的"天人三策"。孙氏1995年发表的《董仲舒非儒家论》(《江海学刊》1995年第4期)，首次提出了"天人三策为班固捏造说"。2000年孙氏的《董仲舒的〈天人三策〉是班固的伪作》(《南京社会科学》2000年第10期)，对"班固捏造说"进行了更为详细的论述①。

其实,董仲舒否定论并不完全是孙景坛的原创。董仲舒否定论,滥觞于1941年日本东京教育大学平井正士氏发表的《关于董仲舒的贤良对策的年次》②一文。该文从"天人三策"第二策中的"夜郎康居"一语的时间问题着眼,开始怀疑整个第二策,并暗示是班固的捏造。这篇论文发表当初,因为观点过于奇特,没有得到日本学界的任何反应。直到1967年,早稻田大学的福井重雅氏发表了《儒教成立史上二三问题——有关五经博士设置和董仲舒事迹的疑义》③,将平井氏的第二策怀疑论发展为第二策全盘否定论,在此基础上否定汉武帝乃至整个西汉时期的"儒教国教化"。

孙氏的董仲舒否定论文群,发表以来不断受到严肃的批评,如今也没有被中国学术界接受④。

在日本,福井氏的论文"自发表以来至今,围绕它的赞否两论源源不绝",福井氏如是自赞。福井1967发表当年,东北大学佐川

---

① 同样的论文,还有《再论董仲舒非儒家》(《当代中国改革与发展的思考》,河海大学出版社1999年版)、《班固董子观献疑》(《岭南学刊》2002年第1期)、《汉史研究中的几个重要问题新探》(《南京社会科学》2005年第6期)等。而且,日中两国董仲舒否定论者之间的关系不太明了。从论文发表的时间来看,日本方面否定"天人三策"在先,班固捏造说则是孙氏的首创。孙氏懂不懂日语不太清楚,平井氏和福井氏能读懂中文的文章。

② 《董仲舒の賢良対策の年次に就いて》,《史潮》一一-2,1941年。以下称"平井1941"。

③ 《儒教成立史上の二三の問題——五経博士の設置と董仲舒の事蹟に関する疑義一》,《史学雑志》七六-1,1967年。以下称"福井1967"。

④ 批判孙氏的论文很多,主要的有管怀伦《汉武帝"罢黜百家,独尊儒术"确有其事——与孙景坛同志商榷》(《南京社会科学》1994年第6期)、吴九成《略论董仲舒的儒家属性——兼与孙景坛同志商榷》(《江海学刊》1996年第4期)、杨生民《论汉武帝是否独尊儒术——也谈思想方法问题》(《中国社会科学院研究生院学报》2004年第2期)、晋文《也谈"汉武帝尊儒问题"——与孙景坛教授商榷》(《南京社会科学》2005年第10期)等。

修氏就撰写了《武帝的五经博士和董仲舒的天人三策——对福井重雅氏〈儒教成立史上的二三问题〉一文的质疑》[1]一文，对福井的董仲舒否定论进行了全面商榷。福井氏在受到佐川氏的批判后，一直保持沉默而没有提出反驳。自那以来日本的中国哲学思想史学界，大多认为福井的沉默意味着败北。

然而，三十八年后的2005年，福井重雅氏出版了《汉代儒教史研究——对儒教官学化固有说法的再检讨》[2]（以下称"福井2005"）一书。这本书的第二篇《董仲舒研究》，由福井1967第三节《关于董仲舒的再考察》大幅度改写改订补正而成。第三篇的《班固〈汉书〉研究》，则提出了不但班固捏造了"天人三策"，而且整个汉代的儒学官学化都是班固的捏造之惊人论点。

福井2005发表时，佐川修氏已经去世，以后日本也没有学者站出来正面反驳过福井他们的董仲舒否定论。为此笔者特撰此文，先介绍日本的董仲舒否定论的主要观点，然后对其做一些方法上、逻辑上的分析。

一、日本的董仲舒否定论观点介绍

由于平井氏和福井氏的董仲舒否定方面的文章很多，本节主要介绍其中一些重要文章的主要观点。

1. 平井1941

平井1941的主要观点如下。

---

[1] 《武帝の五経博士と董仲舒の天人三策について——福井重雅氏『儒教成立史上の二三の問題』に対する疑義》,《集刊东洋学》1967年。以下称"佐川1967"。
[2] 《漢代儒教の史的研究——儒教の官学化をめぐる定説の再検討》,汲古书院2005年。以下引用时称"福井书"，只记页数。

(1)"天人三策"的年代不同。第一和第三策的对策年代应为元光元年,第二策为元光五年。

(2)第二策和第一、第三策相比,内容不相关、性质也不同。特别是"康居夜郎,殊方万里,说谊归德"这一句,如果说是元光五年的作品则年代不合,因为"康居的事情为汉朝所知,是在张骞归还之年的元朔三年(前126)以后",可以推测应该是更后来的元朔或元鼎时期的作品。

(3)"康居夜郎"一句,也可看成是后代的窜入,但第二策的内容非常繁杂,如果看成是元光五年的作品的话,则董仲舒作了两次对策,会造成对第二策的全面怀疑,所以不加以深究。也就是说,有伪作的嫌疑,但不想往下怀疑。

(4)班固为何要在和第一、第三策之间嵌入一个内容不一样的第二策呢?这和班固的编纂手法有关。班固在"编辑董仲舒的对策和奏议时,主要是要发挥其精神,不太注重精确年代"。也就是说,不能说班固故意捏造,但事实上捏造了。

上记的平井1941发表以后,在日本学界没有引起任何反响。只是佐川1967在指出福井1967的董仲舒否定论的来源之际,曾经批判道:"平井说从对'康居'之类的个别词语发出疑问,就去全盘否定第二策,是否做得太过?"

2. 福井1967

首先想指出的是福井1967和平井1941的关系。无疑福井1967年的构思(idea)受了平井1941的启发。对此,佐川1967曾指出说福井1967第三部分《关于董仲舒的再考察》部分,受到平井1967"示唆甚多"。不单是构思,福井1967第14页将《史记》嵌入《汉书》的关联部分,也抄袭了平井1941。(平井1941第81页)

有了上述踏袭，福井1967只用了一句"只要承认（平井1941）的出色的文献批判成果，以第二策为董仲舒的原文已经在事实上不可能"，没有作自己的论证，就将平井1941的第二策部分怀疑论发展成了全面怀疑论。

其次，福井氏认为第一策也非建元元年的作品。其理由如下：

理由一，武帝的策问有"今临政愿治七十余岁"一句。汉高祖元年开始算起的话，到建元元年只有六十六七年的时间，和"七十余岁"一句不符合。

理由二，建元元年时窦太后的势力还很强大，儒者受到弹压，此时提出儒学独尊的对策似乎不太可能。

理由三，《汉书·严助传》有"郡举贤良，对策百余人，武帝善助对，由是独擢助为中大夫"，严助也成为了中大夫，不单单是董仲舒。

理由四，《对策三》有"民日削月朘，寖以大穷。富者奢侈羡溢，贫者穷急愁苦；穷急愁苦而上不救，则民不乐生；民不乐生，尚不避死，安能避罪！此刑罚之所以蕃而奸邪不可胜者也"，这样的切迫穷困并非汉武帝即位初年的状态，因为武帝初年经过文景之治是平安丰盛的，这一句没有体现时代的气氛。

值得瞩目的是，福井1967虽然否定第二策，但肯定第一、三策，认为是建元五、六年时的作品，并认为其"有儒教一尊的建言"包含在内。

3. 福井2005的主要内容

（1）对"天人三策"内容的考察

福井2005第二篇《董仲舒研究》，对"天人三策"内容作了如下理解。

第一，将第一策分割成八个部分，二、三、四、五、八部分从内容来看和董仲舒的对策不是没有关系。第一、六、七部分从"臣谨案"开始，先引用特定的经书，再陈述自己的意见。认为"这样的答问，在汉代的对策文中是很少见的变则式的体裁"。至于为何是"汉代的对策文中是很少见的变则式的体裁"，则没有论证。而且一、六、七部分没有有关的策问；和其他策问也没有关联性。再加上前面提到的七十余岁的问题。第一策的问题，大概集中在这三部分。

第二，第二策的问题，也主要是"夜郎康居"一语。这一节对后世窜入和"拟作"两个角度进行了论述，认为都不太可能，揭示只有班固的捏造了。

第三，第三策的问题点在于一、二、三部分可能是董仲舒的东西。本来董仲舒的对策应该在此结束。第四部分"然而臣窃有怪者"以下，没有武帝的策问，所以值得怀疑。

（2）全三策的问题及其形成

对策的内容在《汉书·杨恽传》和《后汉书·桓谭传》都有引用。《汉书》成立之前不应该见到，为何会被引用呢？他认为，在此之前，有一些被说成是董仲舒的文章存在并流传甚广。

（3）董仲舒的对策、"董仲舒书"和班固捏造说

福井认为，《汉书·董仲舒传》成立以前，可以推测有一个作为母胎的祖本存在。根据福井氏的推测，当时世间存在一个多达123篇的《董仲舒书》的书物，班固将之选择取材编集成了如今《董仲舒传》，这就是"班固捏造说"的根据。

这是一个非常惊人的观点，但福井氏手中却没有任何证据能证明这一点。为此，在这一段中，福井氏发明运用了一个叫作"根据推论的考证"或者是"掺杂推论的考证"的手法来论证。关于这个论证法，以后设专章讨论。

（4）班固捏造说

第三篇《班固〈汉书〉研究》，对班固捏造说作了详尽的论证。

4．福井 2005 和福井 1967 的关系

福井在福井 2005《后记》里说，福井 1967 是"和本书最有关联的主要原始论文"，所以对之进行了"大幅度的改写、改订和补正"，但没有指出改正的具体点。

本来，两篇文章都是福井自己的作品，大幅度改写本是自己的自由。但是从学术规范的视角来看，尽管都是本人的作品，经过了三十八年的岁月，思想不可能一成不变。改写时，如果不说出改写的理由、前面的论文有什么不恰当之点、其本人的思考变化轨迹有何变化、新论文和旧论文相比有什么新材料、新观点等等的话，改写没有任何意义。

经过仔细检证，我们发现福井 1967 和福井 2005 有许多不同乃至矛盾之处，甚至根本观点也有篡改之嫌。下面只想指出三点不同之处。

第一，对"天人三策"的矛盾观点。福井 1967 虽然否认第二策，却承认天人三策的第一策和第三策是董仲舒的，而且明确指出是建元五六年前后的文章。反之，福井 2005 认为三策都是班固的捏造。

第二，福井 1967 认为第二策可能是后世的窜入，福井 2005 则对后世窜入说进行了批判，认为不可能窜入。

第三，对王充《论衡》的矛盾看法。福井 1967 说："即使到了东汉时代，以正史的《后汉书》和王充的《论衡》为代表的儒家文献中，关于董仲舒的对策和与之密切相关的有关儒教的确立之类的事件都没有明确的记载，实在令人惊奇。"（福井书第 12 页）

然而，福井 2005《董仲舒研究序章》（福井书第 247 页），对

董仲舒的对策和王充的关系，却有如下记述："最后考察和《汉书》同时代的东汉初期编纂的王充的《论衡》，发现里面有关董仲舒有三十来条记事。这些记事的共通特色，在于都将董仲舒说成是儒学的"大人物"。譬如，"董仲舒虽无鼎足之位，知在公卿之上"（《别通篇》），"仲舒之道德政治，可嘉美也"（《案书篇》），还说"若仲舒之言，孟子见其阳，孙卿见其阴"（《本性篇》），和前面提到的刘向同样，以董仲舒来比附孟子和孙卿（荀子）的文章很多。而且说"孔子生周始其本，仲舒在汉终其末尽也……孔子终论，定于仲舒之言"（《案书篇》），同样，"推《春秋》之义，求雩祭之说，实孔子之心，考仲舒之意。孔子既殁，仲舒已死，世之论者，孰当复问？唯若孔子之徒，仲舒之党，为能说之"（《明雩篇》）。可见此时董仲舒已经和孔子比肩并称的存在而神圣化了。

自己对福井1967进行了否定，认为《论衡》有三十多条董仲舒的记事，而且王充还成了董仲舒神话的作俑者之一。

根据以上理由，依照学术惯例，本文将两者作为单独的论文看待。

二、关于董仲舒否定的证据

1."硬伤"和"软伤"

董仲舒否定论的学者们有个共同特点，就是他们带着先入为主之见，用鸡蛋里找骨头似的方式，从历史资料中找出一些有关董仲舒的史料性错误，拿来作为否定董仲舒、整个"天人三策"乃至儒教国教化（中文叫"独尊儒术"）的证据。我们认为，这些证据有的属于"硬伤"，有的属于"软伤"。所谓"硬伤"，确实是史料性错误，但要做具体分析。至于"软伤"，则属于主观判断问题。

2. 董仲舒传记史料的"硬伤"

（1）班固的《汉书·董仲舒传》对董仲舒对策的年代没有明确交代，所以早在宋代司马光就发出了"然仲舒对策，不知果在何时"的叹息之硬伤①。

其实这个"硬伤"，不来源于班固的《汉书》，而来自于董仲舒否定论者们绝对信赖的《史记》。《史记·董仲舒传》有"今上即位，为江都相"，既没有说是哪一年，也没有说董仲舒被任命为"江都相"的理由。继承《史记》，《汉书·董仲舒传》说"对即毕，天子以仲舒为江都相，事易王"。而《汉书·武帝纪》元光元年武帝诏贤良对策，有"于是董仲舒，公孙弘等出焉"的字样，于是《汉书》顺理成章地将对策之年定为元光元年，任命的理由说成是对策之功。司马光在编撰《资治通鉴》时，没有采取元光元年说，反而定对策之年在建元元年，但自己也不太相信，才发出了"不知果在何时"的叹息。

《史记》和《汉书》都没有记载董仲舒被任命为江都相的"年份"和"理由"，当然是这个史实的"硬伤"。但是这个"硬伤"的始作俑者是司马迁，董仲舒否定论者只怀疑《汉书》而不去怀疑《史记》，以《史记》否定《汉书》，不知是否公平？

（2）第二策有"康居夜郎，殊方万里，说谊归德"，如果是元光年间的作品的话则年代不合，应该是以后的作品之"硬伤"。

根据平井氏的说法，"康居的事情为汉朝所知，是在张骞归还之年的元朔三年（前126）以后"（平井1941第108页）。如果说法属实的话，有"康居夜郎，殊方万里，说谊归德"一句的第二对策应该是元朔三年（前126）以后的作品，所以是第二策的"硬

---

① 福井1967和福井2005，频繁引用司马光的这个叹息。

伤"。

关于这个"硬伤"，佐川 1967 认为这一句是"后人的窜入"（佐川 1967 第 67 页）。对此福井 2005 从"后人的窜入"和"拟作"两个角度加以了批判，认为不能作如此"否定性的处理"，而只能是班固的捏造。

笔者认为，这个"硬伤"的问题在于，平井、佐川、福井三氏都没有真正理解到"康居"一句的真实含义。"康居"作为固有名词在史籍上最早登场，不是平井氏所说的《史记·大苑列传》，而是《史记·司马相如列传》。元光五年（前 130）司马相如向巴蜀之民发出的檄文有"康居西域，重译请朝，稽首来享"的字样。

换言之，平井氏说的"康居的事情为汉朝所知，是在张骞归还之年的元朔三年（前 126）以后"，不是事实。平井氏指的是元朔三年（前 126）张骞归还之时，将康居的事情向汉武帝作了详细报告。在此之前虽然不知"康居"的详细情况，但《史记·司马相如列传》元光五年司马相如既然说"康居西域，重译请朝，稽首来享"，至少证明元光五年（前 130）前汉朝知道康居的存在，只是不知详情而已。

也就是说，"康居"一句不能成为董仲舒否定的证据，反而是第二策至迟是元光五年（前 130）以前的作品的傍证。

而且还有一个重要问题需要解决，那就是"说谊"、"重译"是什么意思，"康居"为何会在元光五年以前来朝过？对此不但平井、佐川、福井三氏没有提及，以往也没有任何人研究过。

有研究表明，当时康居领有"索格底亚那"（Sogdiana，汉语名"粟特"），索格底亚那商人世界闻名，在汉朝初年就来通商过，史载的康居使者，或许就是有关这些商人的记录①。

所以，"康居"一句最多只能作为判断第二策的时间的参考材料，而不能作为第二策的证据，更不能以此来否定整个天人三策。

（3）"今临政愿治七十余岁"之"硬伤"。

第一策武帝的策问里有"今临政愿治七十余岁"。而从汉高祖元年起算的话，到建元元年只有 63 年，到元光元年只有 68 年，和"七十余岁"不符合，所以否定论者认为这也是一条"硬伤"②。

数字不相符合当然是"硬伤"。问题在于"今临政愿治"之汉朝的起算点从何时数起。董仲舒否定论者的平井氏和孙氏都从汉高祖元年开始数，所以有了如此疑问。

其实，刘邦当汉王是在公元前 206 年，当皇帝是在公元前 202 年。从前 202 年起算的话，数字可能凑不上，但从前 206 年起算的话，到前 134 年元光元年有 72 年，刚好符合"七十余岁"的说法③。

那么汉代人是如何计算的呢？《史记·高祖本纪》记载前 206 年刘邦首先进入关中的记事是"汉元年十月，沛公兵遂先诸侯至霸上"，记刘邦当皇帝那年为"五年"。可见当时的人是从汉王元年开始起算的。

如果将对策之年定在元光元年的话，刚好符合"七十余岁"的说法。所以连福井 1967 也承认"天人三策"的第一策和第三策是建元五六年前后的文章，依据的就是这一条理由。

---

① 余太山著《两汉魏晋南北朝与西域关系史研究》"西汉和西域"注 11，第 84 页，商务印书馆 2011 年出版。

② 平井 1941、福井 1967 以及福井书第 343 页，对这一点进行过质疑。

③ 以下的计算法参照前面提到的张进（晋文）氏的《也谈"汉武帝尊儒问题——与孙景坛教授商榷"》一文。

2. 董仲舒否定的"软伤"

(1) "文气"问题

本文所谓董仲舒否定的"软伤"，指董仲舒否定论者从"天人三策"或《汉书·董仲舒传》中找到一些和自己的观点不相符合的史料，于是对之进行主观解释，认为是有问题的材料。这样的"软伤"，构成平井氏、孙氏、福井氏的董仲舒否定论的第二手资料。

前面已经说过，董仲舒否定的"硬伤"都有问题，那么"软伤"的话，充其量只是解释者的主观解释不同而已。

譬如福井1967提到第三策有"民不乐生，尚不避死，安能避罪！此刑罚之所以蕃而奸邪不可胜者也"，认为这样的语言"没有反映经过文景之治平安丰盛的汉武帝即位初年的状态，也就是感觉不到时代的文气"。这里，所谓"软伤"，实际上就是解释者的"文气感觉"，也即主观感觉的问题。

中国的孙景坛氏也曾说过，"天人三策"第三策有"今世废而不修，亡以化民，民以故弃行谊而死财利，是犯法而罪多，一岁之狱以万千数"，认为汉武初年经过"黄老之治"，一年的犯罪者超过一万数千人是难以想象的[①]。可见这个软伤不超出解释者的"想象"。因为对于这个"软伤"也可以如下解释：到景帝晚期，社会秩序已经开始混乱，统治支配阶级和民众的对立已经激化。譬如《汉书·景帝纪》有"今岁或不登，民食颇寡，其咎安在？或诈伪为吏，吏以货赂为市，渔夺百姓，侵牟万民"；《汉书·杜周传》有"廷尉及中都官诏狱逮至六七万人，吏所增加十有余万"的记录。也就是说，首都长安就有六七万民众被投入监狱。所以"一岁之狱

---

① 孙景坛2000、平井1941和福井1967也谈到这个问题。同时这段话和汉武帝晚年的《轮台罪己诏》相符合，也有人说第三策为武帝晚期作品。

以万千数",在开始使用酷吏的武帝初期,是理所当然的。所以第三策才说"民不乐生,尚不避死,安能避罪!此刑罚之所以蕃而奸邪不可胜者也"。

总之,"文气"和"想象"之类的"软伤",完全属于主观的解释问题。

(2)"臣谨案"问题

福井氏(第341页)说:(第一策的一、六、七部分)从"臣谨案"开始,先引用特定的经书,再陈述自己的意见。认为"这样的答问,在汉代的对策文中是很少见的变则式的体裁"。至于为何是"汉代的对策文中是很少见的变则式的体裁",则没有论证。

如果我们不去查整个《汉书》,这简直就是个"硬伤"。其实不然。

经过我们的详细核对,《汉书》以"臣闻"、"臣谨案"开头的策文,有如下几个例子。

1)《汉书·魏相丙吉传》有"臣闻明主在上,贤辅在下,则君安虞而民和睦",同传还有"臣谨案王法必本于农而务积聚,量入制用以备凶灾,亡六年之畜,尚谓之急"。

2)《汉书·外戚传》有"后数月,司隶解光奏言:臣闻许美人及故中宫史曹宫皆御幸孝成皇帝,产子,子隐不见",同传还有,"臣谨案永光三年男子忠等发长陵傅夫人冢。事更大赦"。

3)《汉书·韦贤传》有"臣闻祭,非自外至者也,繇中出,生于心也",同传还有("臣"字缺)"谨案上世帝王承祖祢之大礼,皆不敢不自亲"。

4)《汉书·儒林传》有"谷永上疏曰:臣闻圣王尊师傅,褒贤俊,显有功,生则致其爵禄,死则异其礼谥",同传公孙弘的对策有"臣谨案诏书律令下者,明天人分际,通古今之谊,文章尔雅,训辞深厚，恩施甚美"。

加上董仲舒传，如此用例共有5处。有5处也还是"很少见的变则式的体裁"吗？是承认它们和董仲舒传的用例一样，都是常用的事例呢，还是都和董仲舒传用例一起，当作班固的捏造而加以否定呢？恐怕就不只是解释者的主观感觉问题了。然而完全否定是不可能的，因为第四个公孙弘的对策"臣谨案诏书律令下者，明天人分际，通古今之谊，文章尔雅，训辞深厚，恩施甚美"一文，来自于《史记·儒林传》！

(3)《董仲舒书》的引文问题

福井氏说，《汉书》卷六六《杨恽传》所载私信的一文有"董生不云乎：明明求仁义，常恐不能化民者，卿大夫之意也"，这一节文章见于第三策。《后汉书·桓谭列传》有"昔董仲舒言，理国譬若琴瑟，其不调者则解而更张"，这一句见于第一策。

福井对此提出如下疑问：《后传》（班彪）、《汉书》（班固）在东汉前期才写成。"西汉末期和东汉初期的人们不可能直接从《后传》（班彪）《汉书》（班固）中的记事引用董仲舒对策中的文辞"，"但是被引用了，说明董仲舒的文章已经存在于世，而且一部分流布很广"。

福井想说的是，董仲舒没有上过"天人三策"，《汉书》完成之前曾经有一本被称作"董仲舒书"①的书物存在，上述的文章就在"董仲舒书"中，班固以此为基础捏造了董仲舒传和"天人三策"。

---

① 《春秋繁露》确为后人加的书名，《汉书·董仲舒传》提到"董仲舒"一书时举出了《玉杯》、《竹林》等，这些都是《春秋繁露》现存的篇名。《董仲舒》一书有《蕃露》之篇名，应该和《春秋繁露》有关。但是福井氏忽视这些历史记载，一方面承认《董仲舒书》的存在，但又完全否定被当作是董仲舒著作的《春秋繁露》的存在（福井书第385页注35）。

也就是说，福井氏的说法，依据于"班固捏造说"的假说，也即建立在假说上的假说。

反之我们认为，董仲舒确实在汉武帝时对策过，这个对策逐渐为世人所知，于是被以后的一些文献所引用。我们的这个假设比福井的"建立在假说上的假说"，真实性更大一些吧！

董仲舒对策的文章流传于当时的世间的，其实并不止这两条。《论衡》的作者王充之所以说"孝武之时，诏百官对策，董仲舒策文最善"（论衡·佚文篇），"董仲舒虽无鼎足之位，知在公卿之上"（论衡·别通篇），就是这个原因[①]。

三、关于"根据推理的考证"

福井氏对董仲舒否定的最大贡献，其实不在于他指出、鉴定了"天人三策"和《汉书·董仲舒传》的几处"硬伤"和"软伤"，也不在于将这些"硬伤"和"软伤"发展成为班固的捏造，因为这些都不是他的原创[②]。

福井氏对董仲舒否定论最大的贡献，在于将"硬伤"和"软伤"发展成为班固捏造说时，使用了一个叫"根据推理的考证"的方法。本节想对这个"根据推理的考证"方法进行考察。

根据科学研究的常识，推理和考证，是逻辑学上完全不同的方

[①] 关于王充和董仲舒的关系，可参见拙文《王充和董仲舒》（《大分县立艺术文化短期大学研究纪要》第47卷，2009年）。

[②] 福井氏的董仲舒否定的构思来自于平井氏，班固捏造说的原形也来自于平井氏。但是正式提出这一观点的是孙景坛氏1995年发表的《董仲舒非儒家论》（《江海学刊》1995年第4期），比福井氏的《董仲舒对策的基础性研究》（《史学杂志》一〇六-2，1997年）早两年。

法。所谓"推理"是一种演绎法,其根据既知的事情,推论未知的事情。也就是说,从一些命题(前提)出发,推论出别的命题(结论),也称推测、推量等。所谓"考证"是对一些传承和二手资料或某些事件,运用客观证据,通过对一些古文献或器物进行的详细调查,搞清楚这些事件实际上是如何发生的,其中有些什么情况出现。在"考证"时,对作为客观证据的一些古文献或器物等进行详细调查是最重要的,也就是用客观证据说话。没有这样的证据的话,考证就不成立。

综上所述,推理和考证是完全不同的,甚至是相互对立的研究方法和手段。在做科学研究时人们往往交错使用这两种方法。

当想从一个命题(事物)发展到另一个命题(事物)时,如果没有客观证据的话,通常使用推理法。但是推出来的结论,只能称作"假说"。反之,如果拥有客观证据的话,通常使用考证法。所谓历史的考证,就是根据新掌握的客观证据来进行,有时也会再次考究传承而来的古文献和器物,或者是鉴察出土文物乃至流失于外国的文献器物。

可见"根据推理的考证"并不是逻辑学上固有的研究方法,而是福井氏自己的发明。为何会发明如此荒唐的方法来呢?那是因为包括他在内的董仲舒否定论者们,要从《对策》或《董仲舒传》的一些"硬伤"和"软伤"出发,说是来源于当时存在着的一个叫"董仲舒书"的书物,最后得出班固根据这个书物捏造了"天人三策"乃至整个《汉书·董仲舒传》这样的结论,但是苦于没有任何"客观证据"。

没有"客观证据",却要强词夺理得出想要的结论,于是不得不发明出"根据推理的考证"之方法!

从福井书第 372 页"从而以下的文章,不得不使用"一句,到第380页"以上，加以推论的考证"这一段里，福井氏的"根据推理的考证"或"加以推论的考证"，有如下一些例子：

373页第5行："可以推测"。

373页第13-14行："想要证明这个问题尽管没有证据"，但是有."董仲舒书"断片的存在一事，是完全可以"想定的"。

374页第2行："作这样的推测是可能的。"

374页第7行："可能是体现了某种盖然性的东西吧。"

375页第13行："恐怕可以作这样的想象吧。"

375页第15行："从常识来考虑。"

376页第13-14行："从这里开始推论，就可以作如下考虑……"

376页第17行："据说当时好像存在着一个被称为董仲舒'党'的思想家集团。"

377页第13-14行："从这样的书名推论，无疑会……"

377页第17行："可作如此推理……"

378页第6行："不能否定这样的盖然性。"

378页第14行："从这里看出不可解、不合理的疑念，也毫不足奇。"

这一节有关班固捏造说的关键性讨论，全是使用的如此"根据推理的考证"或"加以推论的考证"方法。

使用这样的方法和语言来进行推论的话，没有任何客观证据也可以得出自己需要的结论，用福井氏的话说，"不能否定这样的盖然性"，结果都"可以如此想象"。这样的推论没有超出推理法的范围，想象出来的结论只能是"假说"或建立在假说上的假说，而不是真正的考证。考证是要拿"客观证据"说话的，而福井他们没有任何"客观证据"！

推理是以"无（证据）"来推论假说，考证是对"客观证据"

进行考察得出"有"之结论。"根据推理的考证"无异于"根据无的有",从"无"中求"有"。这个方法和中国那句"无中生有"的成语倒是相符合的,但绝非慎重的、科学的历史研究方法。

四、董仲舒否定论的逻辑错误

我们说过,没有根据的结论属于逻辑学的假说,"根据推理的考证"方法不是逻辑推理的固有方法,倒是和诡辩法的"强辩"法相近。也就是说,有必要对以福井为代表的董仲舒否定论,从逻辑学的角度加以考察①。

1. 含糊其辞

"含糊其辞"是诡辩术的主要手法之一。诡辩者的论点含混暧昧,似是而非,于是制造各种不同的假象,企图在不同的情况下作不同的解释,为自己的某种目的辩护。其特征是对学术性、现实性都有疑问的理论进行论说时,使用大量"恐怕"、"大概"、"似乎可以如此考虑"之类的暧昧用词。

上面论述过的福井氏的"根据推论的论证"时使用的"不能否定这样的盖然性",结果"可以如此想象"之类含混暧昧、似是而非的手法,完全符合典型的诡辩术的"含糊其辞"的特征。

为了达到否定董仲舒的目的,而不厌其烦地去寻找各种可以作不同解释的"硬伤"和"软伤",也符合制造各种不同的假象,做出各种主观的解释,达到论证自己的观点的目的之"含糊其辞"、混淆视听的特征。

---

① 以下文章使用的逻辑学知识,除了逻辑学的一般教科书以外,特别参考了野崎昭弘著《诡辩逻辑学》(中公新书448)。

特别是当他们的说法遭到别人反驳时，他们又会提出更多的、至今为止谁也没有提到过的所谓新的证据。如福井提出的"臣谨闻"和"臣闻"问题，就是谁也没有想到过的疑问。最典型的是中国的孙景坛氏，他在《"董仲舒的天人三策是班固的新作"新探》一文的第二节中，为了反驳晋文的商榷，一口气重新指出了《天人三策》另有8个漏洞，诸如"三策不都是儒学策问"、"三策对历史背景的描绘迥异"、"三策在风格上也不同"等等。这些其实也还是一些主观解释不一样的问题①。

2. 轻率的归纳（hasty generalization）

诡辩法中有一种叫作"轻率的归纳"的方法。这种做法企图以少数的例子得出一般化、普遍化结论。用公式来表现的话，则为"局部是X=整体都是X"。

具体到董仲舒否定，以一句"夜郎康居"的时间有问题就去否定整个"天人对策"的第二策，便是一个典型例子。上面我们提到过，佐川1967曾经批判道："平井说从对'康居'之类的个别词语发出疑问，就去全盘否定第二策，是否做得太过？"实际上就是对这种逻辑错误的批判。

福井氏以及孙氏以对董仲舒个别史实的"硬伤"，去全盘否定武帝时期的"独尊儒术"之儒教国教化，也是在这个逻辑问题犯了错误。因为即使把董仲舒个人否定掉，武帝时期"绌黄老，刑名，百家之言，延文学儒者数百人"② 这样的兴儒政策的历史事实是否定不了的。所以即使是福井1967，虽然否定第二策，对武帝期的

---

① 《南京市委党校学报》2009年第2期。
② 《史记·儒林列传》有"及窦太后崩，武安侯田蚡为丞相，绌黄老，刑名，百家之言，延文学儒者数百人"。

"儒教一尊"的史实也是持肯定态度的。

3. 合成的误谬

和"轻率的归纳"类似的是"合成的误谬"。用公式来表现的话，都可以说是"局部 X=整体 X"，但针对整体而言，无数的局部并不等于整体，这是和"轻率的归纳"不一样之处。

譬如福井2005（第32页）在介绍儒教国教化论争时，引用了渡边义浩的一段话来概括福井1976："福井重视五经博士的设置以及董仲舒对策的史料，只在《汉书》出现，没有在《史记》出现一事。而且《汉书》是受以董仲舒为"儒者之宗"的刘向、刘歆父子思想上的影响的书物，班固于是以董仲舒为汉代儒教的确立者。……关于'天人三策'，也继承平井说，以第二策为后世的窜入，其他对策也没有得到具体的实现。也就是说，武帝的儒教政策仅在即位当初十余年间暂时施行，以后便没有实行而凋落下去。"

这个场合下福井氏想要证明的整体问题，是武帝期儒教国教化的说法是错误的。福井氏的论证法，针对"武帝期儒教国教化是错误的"这个整体，用了几个"部分是 X=整体是 X"，于是陷入了"合成的误谬"。

具体而言，福井用了"只在《汉书》出现，没有在《史记》出现"之 X、"第二策是后世的窜入"之 X，"其他的对策也没有得到具体实现"之 X，"武帝的儒教政策只在即位当初十余年间暂时得以实施"之 X，去证明"武帝儒教国教化的说法是错误的"这个整体问题也是 X。我们已经说过，针对整体而言，无数的局部并不等于整体，所以说福井犯了"所有的这些局部是 X，于是整体也就是 X"的，被称为"合成的误谬"的逻辑错误。

另外，根据这个逻辑学原理，如此论证的结果一定不是真，但也未必是假。

所谓"结果一定不是真",指的是"第二策是后世的窜入",指的仅是"天人三策"的第二策的真伪问题;"其他的对策也没有得到具体实现",指的仅是第一、第三策有没有实现的问题,"武帝的儒教政策只在即位当初十余年间暂时得以实施",指的仅是武帝的兴儒政策的实施时期问题,即使在这三个问题上福井说的都对,得到的结果也一定不是真,因为这些都不足以否定整体问题,即否定掉武帝时期的儒教国教化。

"也未必是假",指的这些个别观点本身倒是有成立的可能性。但是问题在于,福井氏只是提出了观点,而没有论证过。

4. 捡樱桃(Cherry Picking,任意挑选)

所谓"捡樱桃",指的是在众多事例中,只挑出对自家论证有利的事例来论证命题。中文成语即"掩耳盗铃"。

前述福井氏的董仲舒否定论"福井重视五经博士的设置,以及董仲舒对策的史料,只在《汉书》出现,没有在《史记》出现一事(渡边语)",也即仅重视《史记》而轻视《汉书》的手法,就是犯了典型的"捡樱桃"的错误。

同样,以《汉书》有记载而《史记》没有记载为理由,否定《汉书》记载的"天人三策",也犯有同样的逻辑错误。

前面提到的福井氏对待王充《论衡》的态度,即福井1967否认、福井2005肯定的手法,也犯了同样的逻辑错误。

因为如果使用同样手法,我们也可以反之只相信《汉书》,不信任《史记》。就信古式的学者而言,史料越古可能越接近历史事实;对疑古式的学者而言,史料越古越值得怀疑,倒是离自己越近的史料,越值得信赖,因为其有可能包含新发现的资料。譬如这样的可能性非常大:司马迁当时没有见过《天人对策》,班固却看到了。且不说原来的《史记·孝武本纪》早已失传。

5. 错误的二分法（false dilemma，假两难推理）

福井氏在福井 2005《董仲舒研究》一节中（第 267 页），曾要求学者们研究董仲舒时，在《史记》和《汉书》之间"两者择一"，并提供了选择的方法。那就是对《史记》和《汉书》的董仲舒记事进行"吟味"、"比较对照"。但是，"吟味"、"比较对照"也仅只是学者的主观判断而非证据证明。

更重要的是，福井氏要求的在《史记》和《汉书》之间"两者择一"的方法，犯有"错误的二分法"的逻辑错误。所谓错误的二分法，指人们依照一个预先决定好的原理性基准而进行两难判定。

具体而言，判定《史记》和《汉书》二分法方程式如下：

前提 1：（有关董仲舒对策的史料）《史记》没有记载；

前提 2：只有《汉书》才有；

结论：所以《汉书》不是真实的。

这个推理的原理性基准是：《史记》和《汉书》一个是善，一个是恶，必然分出善恶，《史记》是"好的史书"（离董仲舒近），《汉书》是"恶的史书"（班固捏造）。

要对这样的理论进行反驳太容易了：

（1）不见《史记》的历史太多了，难道那些都不是事实吗？这是最基本的常识。且不说"难道司马迁死后的历史书都不可信用吗？"《汉书》和《史记》的重复度大约只有 1/3，那么其他的 2/3 都是班固的捏造吗？佐川 1967 批判福井 1967"仅以现存的孝武本纪没有五经博士的记录，就否定这件事（设五经博士），是不是太性急了呢"，就是这样的批判。

（2）《史记》也有许多错误。在中国，针对孙景坛 1993，管怀伦 1994 曾做过如下反驳：《史记》是中国最初的通史性著作，固然值得信赖，但也不能将《史记》绝对化。《史记》错误也不少，譬如"采经抵牾"、"论大道先黄老而后六经"、"编次同类，不求年月"，而且重要的内容（譬如《孝武本纪》）欠缺。

譬如就本文讨论的董仲舒否定论而言，不正是《史记·董仲舒传》关于董仲舒的记事仅有"今上即位，为江都相"、"不求年月"才引起了今天的董仲舒否定论和肯定论争执的吗？

（3）《汉书》也有值得信赖的部分。这是理所当然的。平井氏、福井氏、孙氏都在不同的场合大段引用过《汉书》。

五、关于董仲舒否定论的哲学史方法问题

那么，犯有那么多错误的董仲舒否定论，到底出了什么方法论上的问题呢？佐川1967曾如此批判过福井1967：关于董仲舒学说及其价值，无疑应该对包含《春秋繁露》在内的所有史汉关系资料进行精细的考察才能得出结论，这也只能是福井氏所说的"哲学史的方法"。如果不做这方面的考察，就去否定董仲舒的学说，诋毁其价值，是否太速断了些？

那么，福井氏是怎样认识"哲学史的方法"的呢。福井1967"结语"部分，认为"以往的哲学史式的方法论"是"对思想内容进行详密的分析评价，重视在此之上的体系性把握"。而自己的研究方法"与之不同，将对象限定于汉武帝的史实真伪之考证学方面视野，追求具体的事实"的"历史学的方法"，从而将自己的"历史学的方法"和以往的"哲学史的方法"对立起来。

笔者认为，"历史学的方法"和"哲学史的方法"不是对立的而是相辅相成的。具体而言应该有这么几个方面的内容：

1. "义理之学"和"考据之学"

将"哲学史的方法"和"历史学的方法"对立起来"两者择

一",其实也犯有"错误的二分法"之逻辑错误。对此,只要一句"两者都是《史》,总有共通性吧"这样的反问就足够了。

而且必须指出的是,就在董仲舒的西汉时代,儒学研究朝两个方向发展开来。一个是"义理之学",一个是"考据之学"。"义理之学"重视"微言大义",从理论的角度系统把握儒学思想内容。这类似于福井所说的"对思想内容进行详密的分析评价,重视在此之上的体系性把握"之"哲学史的方法"。"考据之学"讲究"名物训诂",也就是重视古典的文字、音义、文物以及典章制度,从文化学的角度来把握儒学。这类似于福井氏所说的"重视史实真伪之考证学方面视野,追求具体的事实"之"历史学的研究方法"。

在儒学发展史上这两种研究方法交错进行,相辅相成,在各个时代都取得了丰富的成果。既然"义理之学"和"考据之学"都不是相互对立的,"哲学史的方法"和"历史学的方法"更不应该是相互对立、相互矛盾的方法。

2. 关于哲学家个人生平的史实和他的哲学思想的关系

在中国哲学史上,个人生平史实不详不明的哲学家非常多,譬如先秦的老子、列子、墨子,汉代的陆贾,隋代的王通等等。

哲学家的一生默默无闻,去世后其著作出世,受到重视,但是其生平还是迷雾一般,充满疑窦,诸如庄子、王充之类,董仲舒就是一个典型。

一部分著作冠以人名,但是和这个人物的个人生平没有多大关系。譬如《管子》、《吕氏春秋》、《淮南子》之类。

著者不明的哲学书也不少。诸如《尔雅》、《尉缭子》、《九章算术》等。

哲学史研究并不会故意放弃自己的责任。搞清楚这些史实当然是最理想的了,但是因为史料方面的原因,弄不清楚的场合非常多。

在这种场合下,大多运用"义理之学"的方法,与其说弄清哲学家个人的史实,毋宁"对思想内容进行详密的分析评价,重视在此之上的体系性把握"。

换言之,"义理之学"式的哲学史的研究方法,最重视什么样的时代出现了什么样的思想。就董仲舒思想而言,为了适应汉武帝皇权专制、大一统政治,提出了要求思想一统的"独尊儒术"的建言。这样的思想与其说是属于董仲舒一个人的思想,还不如说是儒家思潮中的一个波浪,一个标识"a mark"。

"考据之学"当然最重视搞清哲学家个人的史实了,但整不明白的地方比比皆是,此时采取的方法就是暂且存疑。但历史上从没有学者像董仲舒否定论者那样,专门去找某个思想家的"碴",也就是鸡蛋里挑骨头似的去寻找这个思想家个人史料的"硬伤"或"软伤",然后去质疑这个思想家的生平的每一个环节,最后达到否定这个思想家的思想之目的。

以老子为例。关于老子生平的历史资料最为混乱,除了《史记》有几处记事外,没有确切的传记,有的只是许多真伪难定的传说假说。但是,从来没有人专门去寻找老子史料的"硬伤"或"软伤",以此否定老子的生平,再对老子思想本身加以否定。

要专门去"找碴"也不是不可以,但一定要以史料说话。"根据推理的考证"是行不通的。

3. 整体性和个性的区别

哲学史的研究方法,重视研究对象系统性、整体性、必然性。不孤立地看待某一个历史事件,而是将之放在历史的潮流中去做综合性的、系统性的考察。

就董仲舒研究而言,哲学史的研究方法注目于汉武帝时期出现的"独尊儒教"的思想潮流。这一思潮从汉武时代的"绌黄老,刑名,百家之言,延文学儒者数百人"(《史记·儒林传》)开始微澜,中间虽然有许多起伏,到 20 世纪初,儒学都是中国皇权统治意识形态中的重要部分。对这一历史现象如何命名,哲学史家的智慧不同而名称各异。日本的某些学者称之为"儒教国教化",福井称之为"儒学官学化",中国学者有人用"废黜百家,独尊儒术"来形容,使用《史记》的原话叫"绌黄老,刑名,百家之言"也未尝不可。

但是,董仲舒否定论者们,对此却不感兴趣,只知道用否定先行之有色眼镜,去寻找有关董仲舒资料的破绽。譬如福井 1967 有如下一节:

(董仲舒的对策)献言独尊儒教,但武帝究竟接受了多少,其直接影响不太明了。《史记》说"对(策)既毕",董仲舒只被任命为了一个地方职务的"江都相",要实现献策的话,这样的职位似乎不太相称。总之董仲舒的对策即使很详细,也意味着马上得到了采纳。

而且对策一事,如前记所述,《汉书·严助传》有"郡举贤良,对策百余人,武帝善助对",《东方朔传》有"四方士多上书言得失,自炫鬻者以千数",当时的学者都趋之若鹜,不能只夸大对董仲舒的评价。这样的事迹不被《史记》重视大概是理所当然的吧。

从以上的情况来看,"董仲舒献策促成了儒教官学化"之命题,是难以成立的。

按照福井的说法,董仲舒的对策献言"独尊儒教"虽然不错,但汉武帝并不一定接受并立刻实现了。也即汉武帝实行没实行的责任,应该由董仲舒来负。

董仲舒的进言固然很好,但并没有得到武帝的重赏,只得到了一个地方官位，而且得到奖赏的并不止董仲舒一个人。

哲学史的研究法，决不对哲学家个人提出如此刻薄的要求，因为思想家只负责思考和进言，实施与否是皇帝的责任。诸如"儒教国教化"、"儒学官学化"之类，只是日本的一些学者对儒教服务于汉朝君主专制制度乃至两千年来的皇帝专制制度的体制、形态、形式进行表述的一个形容词，一种表现方式而已。在这样的形态中，主导权捏在专制君主的皇帝手中。专制君主是主人，儒学是被利用的奴仆。维护皇权大一统政治才是"独尊儒术"的原动力。

用佐川氏的话说，"对策从理论上支持儒家一尊的政策，并担任了更积极的推进作用，这就达到了天人三策的思想史使命"（佐川1967第68页）。

4. 正确的考证方法

在进行哲学史研究时，遇到和自己的思考不相符合的历史资料时，一般不轻率认定其为"硬伤"或"软伤"，也就是说，没有证据时不说那些是误写、窜入、后人的添削乃至捏造。因为考据的论证方法，最重视客观证据，没有考证学的视野，没有发现新的资料（包括出土文书等），不能轻易否定历史传承下来的，经过两千年历史洗礼的，班固那样以慎重而闻名的历史学家留下来的史料。这些资料都经过两千年历史的洗练，有明显破绽的话在历史上至少被人质疑过，怀疑论者最多只是两千年来质疑者中的一个而已。譬如对董仲舒否定论而言，最重要的硬伤"康居"一句，其实也不是那么不堪一击①。

至于"软伤"那样的资料，更要慎重。譬如改变解释的，最重要的是从反面加以检验。譬如"臣谨闻"问题就是一个典型。

再就是检验国内外的其他学者的意见如何。譬如福井氏的董仲舒否定论中，可以看出其注目过孙景坛氏观点，但是对孙氏反对方的管怀伦、晋文等学者的意见，似乎没有怎么参考过。如果参考过的话，可能就不会对孙氏发明的"班固捏造说"去那么热心地诡辩，甚至发明"根据推理的考证"那样荒诞的方法去加以论证了。

5."班马异同"

研究对比《史记》和《汉书》的异同，论述司马迁和班固的区别差异，被称之为"班马异同"，很早就存在于中国传统史学研究中，即使在现代史学史研究中也是热门。

中国史学史上所谓"班马异同"，指对班固的《汉书》和司马迁《史记》进行的比较研究，研究对象包括二者的文字异同、体例异同、风格异同、思想异同之类。研究的目的在于搞清异同的内容和原因，取长补短、互相验证。

在各个时代，"班马异同"之研究有时出现"扬班抑马"的倾向，有时出现"扬马抑班"的倾向，但从来没有见过以《史记》来否定《汉书》，以司马迁来批判班固的。为什么呢？除了刚才我们提到的，这样的"二者择一"犯有"错误的二分法"的逻辑错误之

---

① 作为补足，"康居"这个固有名词在中国史上疑窦非常多，处理时要特别注意。日本学者白鸟库吉著有《康居考》、《粟特国考》（《白鸟库吉全集第六卷》，岩波书店1969年版）。中国学者岑仲勉著有《汉书西域传地理校释》（中华书局1981年初版，2004年再版），对"康居"一词著有专门论文。根据岑氏的说法，"康居"这个地名，早在被认作是战国时代的著作《列子》中就已经出现过（前引再版书第239页），在《穆天子传》中也有类似的地名出现。

外，你在这样做之前，还得先证明《史记》比《汉书》更有价值、理论道德水平更高。不然的话，人们也可以《汉书》来否定《史记》，以班固来批判司马迁。真正的"哲学史的研究"或者是"历史的研究法"，都不会有意地去和传统的史学方式作对，更不用说以班固的增添补遗为"捏造"的了。

由此可见，董仲舒否定论者们从"重视五经博士的设置，以及董仲舒对策的史料，只在《汉书》出现，没有在《史记》出现一事"（前引渡边义浩语），从出发点和着眼点上就开始犯错误了。

六、结语

本文以福井说为中心，介绍了日本的董仲舒否定论的主要观点，并从方法论和逻辑学的角度对它们进行了分析和批判。他山之石，可以攻玉，相信我们的批判，也适用于中国的董仲舒否定论。

原文载于《衡水学院学报》2014年第2期。

邓　红（1958－），男，重庆人，日本北九州市立大学研究生院社会系统研究科教授，哲学博士。

揭开全方位、高水平董学研究的大幕
——评《董仲舒研究文库》

余治平

在中国思想史上，汉代的地位颇像一个漏斗，先秦的百家思想在这里汇聚、整合，后世的各派学术又从这里发源、流出。汉初大儒董仲舒的哲学非常明显地表现出这样的特征。

司马迁《史记·儒林列传》说："董仲舒，广川人也。以治《春秋》，孝景时为博士。下帷讲诵，弟子传以次相受业，或莫见其面。盖三年董仲舒不观于舍园，其精如此。"广川，今河北景县。虽然《汉书·匈奴传》称"仲舒亲见四世之事"，但其一生的主要活动应在景、武两朝，历任江都王、胶西王之相国，《汉书》评价说："凡相两国，辄事骄王，正身以率下，数上疏谏争，教令国中，所居而治。"此间，曾参与或主执过听讼事务，所以《汉书·艺文志》称"《公羊董仲舒治狱》十六篇"。董仲舒的事迹，在当时比较有影响、能够引起后世所重视的，当数他三答武帝的策问，即所谓"天人三策"。

班固《汉书·董仲舒传》说："仲舒所著，皆明经术之意，及上疏条教，凡百二十三篇"，但至今大部分均已失传，一些思想资料散见于《史记·儒林列传》，《汉书》的《五行志》、《艺文志》、《食货志》、《匈奴传》等史籍中。《艺文类聚》卷三〇收有《董胶西集》。《全汉文》辑录董仲舒之文两卷。《后汉书·应劭传》记载："故胶西相董仲舒，老病致仕。朝廷每有政议，数遣廷尉张汤亲至陋巷，问其得失。于是作《春秋决狱》三百三十二事。"清代学者黄奭也曾编撰过《董仲舒公羊决狱》一书。但是，能够较为全面、系统地反映董仲舒思想风貌的文献，主要是为《汉书》所记载的"天人三策"和由后世学者（至少不晚于隋朝）辑录而成的《春秋繁露》。

尽管在许多学人的眼中，董仲舒可以与孔子、朱熹并称中国古代思想巨擘，但历代治董学之队伍却并不庞大，更不壮观，究其原因，虽有很多，譬如，外部的政治体制塑型已经完成，便把董仲舒冷落一旁。经学自身无法融合更多的时代生活内容，而走向没落，少有问津，董子首当其冲，然而，更重要的一个原因则可能是董仲舒思想中的感应、灾异之说惹出了祸害。研究天人在内心本体处的彼此感应一旦渗透到现象世界，就不得不与现实的政治活动相联系。感应之学可以因为政治炒作而显赫一时，范晔《后汉书·方术列传》记录了董子在世的情景，曰："士之赴趣时宜者，皆驰骋穿凿，争谈之也"；但也可以因为现实利害而陡然衰微，历代朝廷的不断禁谶之后，中国古代的绝大多数文人士大夫都"不敢复言灾异"，甚至连在学术层面上议论感应问题的也寥若晨星。

近代以来，即便有学者公然研治董学，但也不乏非常功利的动机，康有为因变法改制的政治需要而重新包装一番董仲舒，其对待往圣之态度、为学之方法已被许多后人所指责和诟病。而1949年以后，国内董仲舒思想研究的状况更为悲惨、凄凉，一方面，学界对董仲舒的关注和重视不够，论作著述的数量显然偏少，而与董仲舒在中国哲学史上的地位形成鲜明的反差。另一方面，质量也不能令人满意，在研究路数上，陈陈相因的东西太多。"文革"期间，人们多以政治挂帅而评判董仲舒，董仲舒或被棍打成"封资修"的腐朽残余，或被扣上"神学目的论"的大帽子。

而改革开放后的研究，也不尽人意，因为大多没有弄清楚董仲舒究竟是如何利用阴阳五行学说来对儒学进行改造、更新的，总习惯于用宇宙论、人性论、目的论、辩证法、伦理学、社会政治思想的框框来肢解董仲舒的哲学体系。研究董仲舒却不讲"天"，不讲"阴阳五行"，不讲"感应"，或只讲"天人感应"而不及"物莫无邻"、"以类度类"，忽略了董仲舒的感应学说与中国哲学性情形而上学的关系，根本就没有发觉感应问题对中国哲学形而上学的深层决定作用。把董仲舒的哲学，降格为一种只讲经权、常变的纯粹方法论。而把董学的天，理解成神学目的论，简直就等于混淆了信念本体与宗教信仰的界限。敢于对董仲舒的伦理纲常大发议论，却始终没有明白董仲舒道德哲学、政治哲学的理由和根据出自何处。一般都以为董仲舒只讲"外王"而少讲或不讲"内圣"，更不可能把作为信念本体的天理解为董学对公羊学的独特发明。甚至始终把"罢黜百家、独尊儒术"政治决策的起因强加在董仲舒的头上，连最基本的史实都还没搞清楚。对董仲舒于儒学发展的作用、于后世中国哲学和中国社会的影响估计不足，更没有注意到董仲舒对重构今日中国哲学的启示意义。

如何有效改变董学研究现有的状况？如何使董仲舒研究走上一个健康、理性的轨道？如何以一种客观、公正的心态挖掘董仲舒的思想资源？如何使董学研究进入一个大发展、大繁荣的时期，以与其在儒学史、中国思想史、文化史的重要地位相对称呢？最近，衡水学院魏彦红教授主编的《董仲舒研究文库》（第一辑、第二辑）（巴蜀书社，2013年）的出版、发行，无疑给黯淡的董学界稍许带来了一抹亮色。

早在2007年初，守望于董子故里的河北衡水学院学报编辑部，审时度势，盘活地方文化资源，在地方大学文科学报极其难办的艰难困境中，在篇幅、版面都非常紧张、有限的情况下，勇敢地打出了一张"董仲舒"的牌，在海内外学术刊物中率先开辟"董仲舒与儒学研究"专栏。可以说，这一招在当时无异于一步险棋，因为接下来的问题便接踵而至，稿源哪里来，稿件质量能不能得到保证，作者队伍如何建立，能不能在学界打出影响、做出品牌，等等。好在经过这么多年的摸索、坚持和经营，海内外各路学者终于可以在这个栏目里交流切磋，沟通砥砺，精进学问，提升思想境界，使得原本并非显学的董仲舒研究开展得红红火火，有声有色，赢来儒学界、国学界的一片赞许。实践证明，《衡水学院学报》的"董仲舒与儒学研究"栏目办得非常成功，已经为海内外董学研究提供了一个极好的学术平台。

汲取《衡水学院学报》"董仲舒与儒学研究"栏目之精华作品的《董仲舒研究文库》（第一辑、第二辑），荟萃了学界百家，全方位呈现了近七年来董学研究的各个层面，可以说是当下中国董子研究的集大成之作。许多文章纵横捭阖，说古论今，多维度展示出这位汉初新儒家思想的博大与精深。

研究董仲舒不能不懂经学，甚至，唯有从经学理路来解读《春秋繁露》和《汉书·董仲舒传》，才是治董学的正途。四川师范大学特聘教授黄开国是治经学的资深专家，其《董仲舒的奉天法古》一文从公羊学的理路揭示了董仲舒之所以把"奉天"与"法古"并提，目的就是为了给他的奉天的形而上理论找到理想的蓝图，或者为汉武帝提供一幅虚构的图画。中国青年政治学院刘国民教授的《董仲舒解释〈春秋〉〈公羊传〉的方法》,借鉴西方的哲学解释学而分析出董仲舒公羊学"见其指者,不任其辞"、"推见至隐"、"原心贵志"三种基本方法,读来的确有趣。

上海社会科学院余治平教授的《孔子改制与董仲舒的春秋法统论》一文则把董子研究直接带入传统的经学理路。历代公羊家都坚信,孔子依托夏商周之礼法资源,著《春秋》而改制,行天子褒贬进退之权柄,属于继周而王,或直接代周而王,独成一王之法。所以《春秋》之于周礼,并非追随、顺从,而有突破和创新。三代礼法虽不同,但它们在适应、适用于当时的社会生活与有效规范当时人们的日常行为进而维护当时的社会秩序方面却是统一的。该文聚焦于《春秋繁露》之《三代改制质文》篇,而指出,文的礼仪、形式都必须依附于质的内在基础,质、文二元互变,礼的产生依赖于质、文共同作用,这一切又都明显区别于《汉书·董仲舒传》中的忠、敬、文谱系及其交替、流转作用之理势。秦汉知识分子颇热衷于把质、文逻辑关系直接与夏商周三代历史与礼制相匹配。

阴阳五行之学是董仲舒构建自己儒学思想体系的重要资源,不懂阴阳五行之学,就难以进入董仲舒核心秘地。董仲舒是中国哲学史上极少具有论证气质的思想家之一,他抛出的每一个命题都是经过严密推演的。而这个推演的逻辑前提和方法基础就是阴阳五行之学。《文库》中专辟"董仲舒阴阳五行学研究"一栏,所刊载的《董仲舒阴阳思想论》、《董仲舒五行学说论》、《董仲舒对阴阳五行之学的整合》、《〈汉书·五行志〉所载董仲舒说灾异八十三事考论》、《论董子之阴阳出入》等五篇论文,显然不再门外议董,而能够深入董子阴阳五行学说之内里,探究原委,颇值得一读。实际上,在《春秋繁露·官制象天》中,董仲舒通过阴阳、五行内在机制的运行、转换，第一次对"天之十端"进行了整合，具有非常重要的学术价值。五行之中，土为至尊，金、木、水、火之行，各以自身本性为本质，始终拥有自己的立场和位次，同时也接受、服从阴阳二端的遣动，五行与阴阳协调运作，共同发生效用。阴阳因金、木、水、火之行而兴起并分别对之予以帮助和辅佐。阴、阳，甚或阴阳的兼合，都不可能成为宇宙演进的唯一力量源泉，只有在阴阳、天、地三种因素共同作用的条件下才能有世界万物的发生和形成。经由阴阳的天人整合，既统一了天与人，又使天、人与阴阳之间实现了联体互动。董仲舒对天、地、人以及阴阳五行所做的整合与统一，给原先刻板、呆滞、僵死的阴阳机制，增添了生机与活力，使阴阳五行周行运转的图景不再呈现单调、枯燥的色彩，儒学的人类主体情怀和人性价值被有机地渗透到阴阳五行的机制结构中，促使阴阳学整个系统能够喷发出人性的味道和日常生活的气息。

至于"董仲舒哲学与宗教学思想研究"中收入的19篇论文，集中体现了学界近七年来董仲舒研究的深度。河北师范大学历史文化学院秦进才教授的《董仲舒"正其谊不谋其利，明其道不计其功"管窥》一文，清楚明确地辨析了《春秋繁露·对胶西王越大夫不得为仁》与《汉书·董仲舒传》所记载之不同，考察了后人对其所做的不同评价，探寻其语用本义，阐发其在当代社会所具有的独特价值。山东大学曾振宇教授《"仁者安仁"：儒家仁学从孔子到董仲舒的思想衍变》一文强调，在孟子以心性论仁的基础上，董仲舒继而以气论仁，从阴阳气论高度论证了仁观念的缘起及其存在之正当性，儒家仁学由此又跃上了一座新的形而上"山峰"。扬州大学吴峰教授的《董仲舒孝道伦理的逻辑向度》一文，澄清了孝道与天道、与王道、与人道的关系，指出在尊崇儒术的背景下，董子一方面以天道阐发人伦之中的孝悌，阐发了孝道之于王道政治的意义，另一方面更要求人们能在遵守孝道人道主义原则的基础上变礼守孝，这在理事上是具有重要的思想价值的。刘国民《悖立与整合：论董仲舒对孟子、荀子之人性论的解释》、李佳哲《董仲舒宇宙本体思想探析》、刘明菊《论董仲舒天的哲学》、聂萌的《董仲舒人性论探微》、王俊梅《董仲舒义利观辨析》等论文聚焦于董仲舒的天道、人性、仁义等思想层面，都具有很强的哲学性，对相关问题的探究都能够鞭辟入里，直指要害。

实际上，相比于孔孟，董仲舒的仁义学说很特别，值得作深入的探讨和研究。在董仲舒看来，仁的根据不在人自身，无法在现世生活的既定秩序中去寻找，而在于天，人的血气在禀受了天的意志之后而形成了仁。因而仁是天的意志与人的血气相结合的产物。仁是天之心，是天所具有的一种内在化、本质化的倾向。因为仁同时为天、人所共有，所以，仁也可以成为沟通天、人的枢纽或中介。从仁义的功能、作用对象方面看，仁人之爱的对象主要指主体之外及亲情血缘之外的更为广大的人群。而作为外在原则规范的义，在要求别人、他者严格遵循之前，我自己也应该首先无条件地予以接受与奉行。仁往人去，义向我来。远近之分，就是仁义之分、往来之分、内外之分。

传统中国儒学哲学里的任何一派几乎都与国家政治有脱不开的关系，董仲舒的哲学尤为如此，甚至，它在根本上就是一种政治哲学。董仲舒之学，尽管把天确立为人的终极的信念本体，经由性情与感应而建构起阴阳五行的形上形式，再向伦常生活世界渗透，但是，真正的兴趣和最终的指归都集中在国家的政治生活上。于是，《董仲舒研究文库》"董仲舒政治思想研究"中所收录的24篇论文就更加体现了近七年来董仲舒研究成果的丰富性，可谓硕果累累。

洋洋大观。

　　董学立论的首要目的是要为汉帝国的社会管理和君王的行政统御提供哲学支持与现实服务，其余的一切理论形态都得围绕这一目的来开展，都不过是实现这一目的过程中的附带产品。长期以来，由于政治生活中意识形态需要，董仲舒政治哲学往往被一种概念化、程式化甚至妖魔化的理解所束缚，几乎始终处于被误解的情形。站在21世纪之初，本文从王者配天、德治刑治、经权辩证、治国路线等四个层面入手，努力挖掘出董学政治哲学未曾被发现过的鲜活内容。"王者配天"是董仲舒政治哲学的一个核心观念，从超越于人的先验之天中寻找君王产生和存在的终极根据，从而为王者对民众的绝对统治寻找了合法性和权威性。但是，"则天之子"也得"以身度天"，王道应与天道相通汇。

　　董仲舒用天道的必然性推论出德大于刑、德高于政，所以人君国主在施政时应该"任德而不任刑"。德治与刑治之间，德治是经、是本，而刑治仅为德治之权，是必然要从属于德治的。"任德而不任刑"是董学的政治本体论。天的阴气之行可以演绎出权、变的法则，而阳气之行则可以推证出经、常的定律。"天以阴为权，以阳为经。"并且，"经用于盛，权用于末"。经权是天、人世界同有的规律，权的存在是正当的、必需的。对权的极大强调，将刻板化的行政实施打开了一个面向事件实情的缺口，政治哲学被注入了鲜活的内容与力量。

　　"先富之而后加教"是董仲舒力倡的治国路线，不妨视为对法家耕战思想及孔子"安百姓"政治理念的有效继承。董学强调应该首先满足人群民众最基本的生活需要，必须让他们先富裕起来，然后才能够对之施行必要的仁义礼乐的教化。这对现今时代的国家治策仍具有一定的参照价值。

中国孔子研究院杨朝明教授、曲阜师范大学孔子文化学院胡培培研究生的《从德性政治到威权政治》一文,论述了董仲舒在儒学从先秦到汉转型代时期的学术地位和思想作用,作者描述了处于秦汉之交、皇权初定之际的叔孙通选择"可事之君","极力寻找儒家与皇权的结合点"的过程,并且指出,如果没有叔孙通等人的"变通"或"圆通",儒家也许将永远摆脱不了孔子那种"丧家之狗"(《史记·孔子世家》)的命运,儒学成为官学更无从谈起。衡水学院党委书记李奎良教授一向热心于传统国学,始终助推董学研究活动的开展,其与曹迎春博士合作的《正义、正我、正民:董仲舒廉政思想解读》一文则别出心裁,把董仲舒的"正义"当作"廉政的基础",把"正我"当作"廉政的方法",把"正民"当作"廉政的目的",深入挖掘出董仲舒之学对于政治操作层面的现实价值。浙江省社会科学院吴光教授的《董仲舒的思想命题及其当代价值辨析》、上海社会科学院华友根研究员的《大政治思想家董仲舒的思想及其意义与影响》、海南大学李英华教授的《董仲舒的"三维一体"之政治哲学理念及其现代意义》等论文在深究董仲舒政治思想的学术义理之同时,都能够阐发出其对于当代中国社会实践的巨大参考价值,因而具有很强的时代感和现实感。

　　研究董仲舒不能脱离他所处的时代与社会,不能割裂董学发生、发展的原生态。北京师范大学李祥俊教授在《董仲舒与秦汉初期体系化思想的建构》一文中指出,董仲舒的"大一统"理论体系,将秦汉初期以《吕氏春秋》为代表的"天道体系"与以《春秋公羊传》为代表的"王道体系"合而为一,真正达到了司马迁理想中的"究天人之际,通古今之变,成一家之言",为秦汉以降统一的大帝国勾画了较为完备的世界图景,在当时和后世都产生了巨大影响。这无疑已经把董仲舒的所作所为还原到属于他自己的时代背景与生活环境中而加以考量和忖度了。河南许昌学院牛秋实教授《董仲舒与汉代的〈春秋〉学》则试图把祥瑞灾异之说上溯到《春秋》感应论，董仲舒将其"理论化"，因而为研究帝王、人事之得失提供一套完整的"因果解释"，这乃符合整个汉代的学术性格。

难得的倒是《文库》中收录了两篇关于董仲舒思想艺术与方法的论文。北京师范大学周桂钿教授在《董仲舒论学习态度与方法》一文中，总结出所谓"连贯法"，即"得一端而多连之，见一空而博贯之"（《春秋繁露·精华》），很值得身处信息爆炸时代的当下人们所借鉴和参考。山东滨州学院邢培顺教授在《论董仲舒的散文艺术》一文中以为，董仲舒用"以类相推"的方法构筑自己的思想体系，其行文已经把类比、推理的说理方法发挥至极。湖北省宜昌市教育局高级教师田苹就中学教育中董仲舒"春秋大一统"、"罢黜百家、独尊儒术"以及对董仲舒的评价问题，做了非常有益的探讨，而形成《董仲舒核心思想在高中教材中的诠释》一文，不妨看作董仲舒思想普及过程中遭遇问题后的一次积极解决。

河北省社会科学院王永祥研究员撰写的《董仲舒依"三统、三道"不管更化的辩证进步历史观》、衡水学院周建英教授之《董仲舒与春秋决狱》、《董仲舒法律思想简论》都能够有效开拓出董仲舒思想中的社会视野与法律视野，无疑是在经学、哲学、宗教、政治学等学科领域之外的一个补充和丰富。曲阜师范大学冯蔚宁博士《〈春秋繁露〉引〈诗经〉特点初探》、吉林大学徐栋梁博士后《〈春秋纬〉对〈春秋繁露〉天人理论的继承和发展》等都能够做到以经解经，强调对文本的语境研究，其治学方法值得提倡和鼓励。

这次出版的《董仲舒研究文库》（第一辑、第二辑），煌煌88万字，尽管收录的许多论作都很有水平，很有质感，但相比于董仲舒在儒学史、中国思想史和文化史上的卓越地位，这无疑还仅仅是一个阶段性成果，时间跨度也非常小，只有短短七年。但通过这些成果的集中展示，至少可以说明当下的董学研究已经走上了一个健康、理性的轨道，全方位、高水平地研究董仲舒的大幕已经悄然拉开。有当下治董学人矢志不移学术理想的无限激励，有老中青三代学人的不懈坚守，再加上河北省、衡水市地方政府、院校的大力支持和热情助推，我们完全可以相信，未来的董学研究一定会呈现出崭新的局面，一定会取得令人鼓舞的成果。

余治平（1965—），男，江苏洪泽人，上海社会科学院哲学研究所研究员、哲学博士、博士后。

2013 年董仲舒研究综述

曹迎春

2013 年董仲舒研究结出了累累硕果。据笔者统计，2013 年出版的董仲舒研究著作 5 部：吴龙灿的《天命、正义与伦理：董仲舒政治哲学研究》（人民出版社 2013 年 5 月版）、余治平的《董子春秋义法辞考论》（上海书店出版社 2013 年 6 月版）、聂春华的《董仲舒与汉代美学》（广西师范大学出版社 2013 年 6 月版）、黄朴民的《天人合一：董仲舒与两汉儒学思潮研究》（岳麓书社 2013 年 6 月版）、崔涛的《董仲舒的儒家政治哲学》（光明日报出版社 2013 年 7 月版）。通过对中国知网检索可知，2013 年在各类期刊发表的董仲舒研究论文、硕士论文 45 篇，其中在《衡水学院学报》"董仲舒与儒学研究"专栏发表的文章 20 篇，占到了 44%。不仅如此，作为董仲舒研究主阵地，《衡水学院学报》还结集出版了论文集《董仲舒研究文库》第一辑和第二辑（巴蜀书社 2013 年 6 月版）。

学者们从经学、哲学、史学等不同角度阐发了董仲舒的思想与学术，很好地推动了董学研究的发展。

一、经学角度的研究

从经学角度研究董仲舒的思想学术,是董仲舒研究方法上的创新。上海社会科学院余治平在这一方面做出了突出的贡献。他的专著《董子春秋义法辞考论》[1]从董仲舒真实所处的经学内部去寻找思想的内在发展脉络、问题意识、话语系统及叙述结构,围绕董学诠释《春秋》的辞、法、义三大方面,努力把董仲舒归于春秋学的谱系中,尽可能用董仲舒的话语系统来呈现其运思,提出了一些有价值的新观点。

余治平的几篇论文也是从经学角度研究董仲舒的新成果。《孔子改制与董仲舒的〈春秋〉法统论》[2]9-15[3]1-7一文围绕着《春秋繁露》中的《三代改制质文》篇,深入研究董仲舒《春秋》法统的架构、谱系,指出文的礼仪、形式都必须依附于质的内在基础,质、文二元互变,礼的产生依赖于质、文共同作用。

《论董仲舒的"三统"说》[4]67-72一文认为董仲舒把"三统"直接与夏、商、周三代历史与礼制相匹配的最初目的只是为汉德从夏、取法《春秋》而重建新王道统奠定理论基础。尽管最终并没有对武帝太初改制产生任何实质性的影响,但通过一种循环论历史观、以经学权威的形式规劝乃至制约了那些为所欲为的集权者。

《董仲舒"四法"考论》[5]31-36一文分析了《春秋繁露》之《三代改制质文》篇中商、夏、质、文四者的特征和功能,认为"四法"流转将历史伦理化、自然伦理化,蕴含着丰富的人类学内容,充斥着丰富的礼制规定,为现世帝王增添了神性权威。

此外,黄开国的《董仲舒的奉天法古》[6]5-8一文指出奉天法古是董仲舒《春秋公羊》学的重要内容。奉天法古的根本是奉天,奉天是说天子受命于天，当以天意为其行动准则，而《春秋》就是天意的体现，王道则是《春秋》的中心，这是从天意的高度，对王道的合法性做出论证。奉天法古有王权绝对化的一面，也有儒家王道政治的内容。

二、哲学角度的研究

从哲学的角度挖掘董仲舒思想的深刻精髓，仍是学者研究的重点。这部分论著占到了40％左右。

1. 董仲舒政治哲学研究

吴龙灿的《天命、正义与伦理：董仲舒政治哲学研究》[7]一书从参通天命（天）、正义（地）和伦理（人）三个维度的儒家王道观诠释董仲舒政治哲学。以天命为政治正当性根据，以正义为政治运行原则，以伦理为社会行为规范。

崔涛的《董仲舒的儒家政治哲学》[8]一书从对《春秋》的政治哲学解读、对儒家政治理念的历史性言说、儒家政治理念的形上诉求、世俗君权的合法性与儒学制度化四个方面阐述董仲舒的政治哲学，认为董仲舒的政治哲学着眼于国家政治的高度，一方面在汉代为儒家争得了政治话语权，另一方面也不可避免地使儒家陷入了体制化、官僚化。

周桂钿《董学与盛世文化》[9]1-4一文指出，儒家政治哲学分两个状态：治世与乱世。治世的最高代表是盛世。研究盛世文化，对于当今中国走向小康社会有重要的参考价值。董仲舒是汉代盛世文化的代表人物，因此董学研究将是一个有广阔前景的学术课题。

李英华《董仲舒"三维一体"的政治哲学理念及其现代意义》[10]6-11一文认为董仲舒的政治哲学有一个核心理念，即"三维一体"。其中,"三维"是指"奉天"、"法古"和"爱民","一体"是指"大一统"。"三维"是"一体"的基础与手段,而"一体"则是"三维"的目的与结果。

张平《政统与道统之间:董仲舒思想探要》[11]21-41一文认为董仲舒对原始儒学损益的根本旨意在于,通过儒学自身的转化,使其更契合时代精神之需要,实现儒学之道向行政的落实,实现理想企划与实际运作的沟通,从而将儒家终极价值关怀贯彻到具体的政治设计、规划和安排之中,切实达到道统对政统的统摄、整合。

兰州大学高晓峰的硕士论文《董仲舒天论架构对汉代政治正当性的辩护》[12]认为,董仲舒将西周天命观与儒家天论结合起来,一方面重视儒家的成德修教,赋予人君以"德"的正当性意义,一方面则发挥天的监视作用,限制王权的绝对性,完成了汉代大一统模式下"天-君-德"的政治正当性建构。

郭敬东《儒家星象政治哲学分析——以董仲舒之〈春秋繁露〉为中心的考察》[13]117-123一文认为董仲舒通过星象学的在野象物、在朝象官、在人象事三个层面,构建了系统的星象政治哲学。

邢培顺《董仲舒的政治理想和人生命运》[14]28-33一文认为董仲舒理想的政治模式是分权的政治模式,而这种消解专制政治的思想决定了他对汉朝采取批评甚至否定的政治态度、遭遇坎坷的人生命运。

杨德春《董仲舒思想外儒内法考论》[15]18-22一文认为董仲舒《贤良对》、《灾异对》、《春秋繁露》所言表面上是儒家的思想,其本质上皆为法家之思想。董仲舒思想的本质是儒法合一、外儒内法,在"义"和"权变"的借口之下可以不择手段、为所欲为。

张树业的《"三代改制质文"的政治哲学意蕴——董仲舒文质论的理论渊源与历史效应》[16]20-26一文认为董仲舒在政治哲学领域

力倡"文德为贵"、"任德不任刑",为儒家文治、德政主张寻求天道观和经典论说的支持。在强调"质文两备"的前提下,更突出"先质后文"、"承周文而反之质"的时代文化精神走向和政治变革要领。

2. 董仲舒"天"哲学研究

白奚《儒家天人合一思想开展的向度——以〈易传〉、思孟学派和董仲舒为中心的考察》[17]24-29一文认为董仲舒的天人合一思想主要是从神学的向度展开的,大量吸取了阴阳五行学说和道家黄老之学的理论,通过天人感应来实现天人之间的贯通,其"天"主要是主宰之天,天人相类是其主要的思维方式。

刘明菊《论董仲舒天的哲学》[18]32-34一文认为董仲舒的"天"哲学理论系统中"天"有三层含义:自然之天、神灵之天和义理之天。

蒋雪群、程建文《论董仲舒"天"的思想及其影响》[19]78-80一文认为董仲舒以"天"为万物之创造者,君主的主要责任是"事天",以"天"来制约君主的无限权力。董仲舒"天"的思想为中国古代政治社会秩序提供了新的理论基础,缓解了中国古代社会矛盾,维护了汉朝社会稳定。

刘敏《阐释的自然——论董仲舒的儒教自然观》[20]22-26一文认为自然是董仲舒"天"的哲学的基础。经过董仲舒阐释的自然,不是对客观自然的认知,而是人的情感意志的体现和天道秩序的浓缩。

路高学《董仲舒神学化自然观的逻辑进程》[21]20-24一文认为董仲舒把当时社会上普遍流行的"自然主义"思想与儒家"人本主义"精神结合起来,形成了独特的"天人合一"、"天人感应"的神学化自然观。

3. 董仲舒人性论研究

黄开国、苟奉山《董仲舒的人性学说并非是"中民之性"》[22]1-5一文是一篇针对"董仲舒的人性论是中民之性"观点的驳斥性文章。该文认为董仲舒的人性论并不存在所谓"人之性"与"民之性"两类文字的区分,更没有以"人之性"即为"圣人之性"的观念。董仲舒的人性论处于儒学人性论"性同一说"向"性品级说"转变的逻辑关节点。

聂萌《董仲舒人性论探微》[23]23-26一文指出董仲舒的人性论是在天人感应的基础上提出来的,并渗透到社会政治、教育等各个方面,是为政治服务的理论工具,是儒家思想成为正统思想的主要理论原因。

4. 董仲舒美学思想研究

聂春华《董仲舒与汉代美学》[24]一书对董仲舒的美学体系作了整体性勾画。该书认为董仲舒的美学体系由美的信仰、自然美论、礼乐美论和经学诠释美学四个方面构成。董仲舒所讲人格神的天,是集真、善、美于一体的存在;董仲舒的自然美是天意的显现,是政治社会良善的显现,是自然本身气化和谐的显现;礼乐美论是董仲舒美学体系的核心;董仲舒关于《春秋》的辞与指的研究对中国美学的隐显论产生重要影响,并且是中国美学中的意境理论走向成熟的重要一环。

三、史学角度的研究

哲学角度的研究侧重对董仲舒思想内在机理与逻辑的挖掘,史学角度的研究侧重对董仲舒思想产生的原始生态和来龙去脉的探索。这一部分的论著也为数不少。

黄朴民的《天人合一：董仲舒与两汉儒学思潮研究》[25]是在其原著《董仲舒与新儒学》（台北文津出版社1993年版）基础上扩充完成的一部新作。该书探索了董仲舒新儒学产生的历史背景与思想渊源及其占据汉代思想界主导地位的原因，考证了《春秋繁露》的真伪及体例问题，指出"天人合一"与"天人感应"是"体""用"关系，总结出董仲舒思想的双重性特色，并对儒学思想与汉代政治和军事的关系、《白虎通义》对董仲舒儒学的继承和发展、东汉中晚期董仲舒新儒学的困境进行了评析。

李祥俊《董仲舒与秦汉初期体系化思想的建构》[26]3-8一文认为董仲舒在吸收前人思想的基础上，将天道论、王道论体系合而为一，建构了一个天人合一的大一统的思想体系，在当时和后世都产生了深远的影响。

何中华《董仲舒德治思想的社会和学理基础》[27]41-47一文指出董仲舒德治思想的产生，有其特殊历史语境，即汲取秦亡的历史教训，一反秦代严刑酷法，凸显道德在政治生活中的主导地位；也有其一般历史原因，即农业文明及其基础上的宗法社会对于道德的格外依赖。

周沫《论董仲舒政治理论形成的时代背景》[28]17-19一文指出董仲舒所处的时代是社会逐步由凋敝走向复苏、统一的过程。董仲舒倡导的"罢黜百家、独尊儒术"政治学说充满了必然性和适时性，满足了社会与时代发展的需要。

程世和《论"天人三策"的思想意义》[29]152-160一文指出汉武帝与董仲舒分别作为政统与道统的领袖人物，翻卷起一次激发民族思考力与知性力的思想浪潮。该文认为"在决定民族发展的关键时期，我们民族必须建立一种兼有正义性与法理性的政治信仰与文化信仰"。

华友根《大政治思想家董仲舒的思想及其意义与影响》[30]8-19一文指出董仲舒的思想内容十分丰富,包括了哲学、经学、政治法律、伦理道德、文化教育、社会经济、历史与民族等各个方面。他的思想在当时以及后世都有极其深刻的影响,促进了汉民族的形成与奠定了中华民族融合之思想基础,开创了中国哲学史上的经学时代。

还有一些文章从更微观的角度入手研究董仲舒思想学术在特定领域的影响。如徐栋梁的两篇文章《〈春秋纬〉对〈春秋繁露〉天人理论的继承和发展》[31]27-31和《〈春秋纬〉对〈春秋繁露〉阐释模式的继承和发展》[32]12-14都是研究董仲舒著作《春秋繁露》对《春秋纬》的影响;李现红、黄雁鸿的《重新审视董仲舒在"孝"传播过程中的作用》[33]15-19研究了董仲舒以五行释"孝"对汉代统治政策的影响;聂春华的《汉代话语专制与儒家诗学之命运——从董仲舒治学的主观动机和客观后果谈起》[34]1-6研究了董仲舒的道德政治理想对汉代学术性格和儒家诗学命运的影响;李勇强的《先秦两汉时期的中国生态智慧》[35]20-28研究了董仲舒生态思想在先秦两汉生态思想中的地位;常会营的《祭孔释奠"改制"思想研究》[36]9-17.34-38研究了董仲舒所提"改正朔,易服色"对祭孔释奠改制的启示。

此外,姜淑红的《改良到革命——清末董子学研究的历史考察》[37]34-38一文对清末康有为、章太炎、刘师培等学者的董子学研究进行了学术史考察。

总体来看,2013年董仲舒研究平稳推进,经学角度的研究取得了可观的成果,哲学角度的研究更加细致深入,史学角度的研究与哲学研究相互借鉴,取长补短,很多高质量的成果都是二者结合的产物。这些都为董仲舒研究的进一步开展打下了坚实的基础。董仲舒思想博大精深，还有很多领域值得进一步地探索与研究。我们期待通过学者们的共同努力，将 2014 年的董仲舒研究推向新的高潮。

参考文献：

［1］余治平．董子春秋义法辞考论［M］．上海：上海书店出版社，2013．

［2］余治平．孔子改制与董仲舒的《春秋》法统论（上）［J］．衡水学院学报，2013（2）．

［3］余治平．孔子改制与董仲舒的《春秋》法统论（下）［J］．衡水学院学报，2013（3）．

［4］余治平．论董仲舒的"三统"说［J］．江淮论坛，2013（2）．

［5］余治平．董仲舒"四法"考论［J］．深圳大学学报，2013（3）．

［6］黄开国．董仲舒的奉天法古［J］．衡水学院学报，2013（2）．

［7］吴龙灿．天命、正义与伦理：董仲舒政治哲学研究［M］．北京：人民出版社，2013．

［8］崔涛．董仲舒的儒家政治哲学［M］．北京：光明日报出版社，2013．

［9］周桂钿．董学与盛世文化［J］．衡水学院学报，2013（2）．

［10］李英华．董仲舒"三维一体"的政治哲学理念及其现代意义［J］．衡水学院学报，2013（6）．

［11］张平．政统与道统之间：董仲舒思想探要［J］．社会科学论坛，2013（7）．

［12］高晓峰．董仲舒天论架构对汉代政治正当性的辩护［D］．兰州：兰州大学哲学社会学院，2013．

［13］郭敬东．儒家星象政治哲学分析——以董仲舒之《春秋繁露》为中心的考察［J］．船山学刊，2013（3）．

［14］邢培顺．董仲舒的政治理想和人生命运［J］．衡水学院学报，2013

(2).

[15] 杨德春. 董仲舒思想外儒内法考论 [J]. 衡水学院学报, 2013 (5).

[16] 张树业. "三代改制质文"的政治哲学意蕴——董仲舒文质论的理论渊源与历史效应 [J]. 衡水学院学报, 2013 (3).

[17] 白奚. 儒家天人合一思想开展的向度——以《易传》、思孟学派和董仲舒为中心的考察 [J]. 社会科学战线, 2013 (6).

[18] 刘明菊. 论董仲舒天的哲学 [J]. 衡水学院学报, 2013 (3).

[19] 蒋雪群, 程建文. 论董仲舒"天"的思想及其影响 [J]. 武汉冶金管理干部学院学报, 2013 (1).

[20] 刘敏. 阐释的自然——论董仲舒的儒教自然观 [J]. 四川师范大学学报, 2013 (3).

[21] 路高学. 董仲舒神学化自然观的逻辑进程 [J]. 衡水学院学报, 2013 (6).

[22] 黄开国, 苟奉山. 董仲舒的人性学说并非是"中民之性"[J]. 衡水学院学报, 2013 (6).

[23] 聂萌. 董仲舒人性论探微 [J]. 衡水学院学报, 2013 (5).

[24] 聂春华. 董仲舒与汉代美学 [M]. 桂林: 广西师范大学出版社, 2013.

[25] 黄朴民. 天人合一: 董仲舒与两汉儒学思潮研究 [M]. 长沙: 岳麓书社, 2013.

[26] 李祥俊. 董仲舒与秦汉初期体系化思想的建构 [J]. 衡水学院学报, 2013 (5).

[27] 何中华. 董仲舒德治思想的社会和学理基础 [J]. 山东社会科学, 2013 (1).

[28] 周沫. 论董仲舒政治理论形成的时代背景 [J]. 哈尔滨师范大学社会科学学报, 2013 (4).

[29] 程世和. 论"天人三策"的思想意义 [J]. 北京大学学报, 2013

(1).

[30] 华友根. 大政治思想家董仲舒的思想及其意义与影响 [J]. 衡水学院学报, 2013 (3).

[31] 徐栋梁. 《春秋纬》对《春秋繁露》天人理论的继承和发展 [J]. 衡水学院学报, 2013 (3).

[32] 徐栋梁. 《春秋纬》对《春秋繁露》阐释模式的继承和发展 [J]. 衡水学院学报, 2013 (6).

[33] 李现红, 黄雁鸿. 重新审视董仲舒在"孝"传播过程中的作用 [J]. 衡水学院学报, 2013 (6).

[34] 聂春华. 汉代话语专制与儒家诗学之命运——从董仲舒治学的主观动机和客观后果谈起 [J]. 聊城大学学报, 2013 (4).

[35] 李勇强. 先秦两汉时期的中国生态智慧 [J]. 衡水学院学报, 2013 (2).

[36] 常会营. 祭孔释奠"改制"思想研究 [J]. 衡水学院学报, 2013 (5).

[37] 姜淑红. 改良到革命——清末董子学研究的历史考察 [J]. 衡水学院学报, 2013 (2).

原文载于《衡水学院学报》2014年第2期。
曹迎春（1976－），女，河北景县人，衡水学院法政学院教授，历史学博士。

图书在版编目（CIP）数据

董仲舒与儒学研究. 第三辑 / 魏彦红主编. —成都：巴蜀书社，2015.2
ISBN 978-7-5531-0511-6

Ⅰ.①董… Ⅱ.①魏… Ⅲ.①董仲舒（前179~前104）—哲学思想—思想评论—文集②儒学—研究—文集
Ⅳ.①B234.55-53②B222.05-53

中国版本图书馆CIP数据核字（2015）第050255号

董仲舒与儒学研究（第三辑） 魏彦红 主编

责任编辑	陈亚玲
出　　版	巴蜀书社
	成都市槐树街2号　邮编610031
	总编室电话：(028)86259397
网　　址	www.bsbook.com
发　　行	巴蜀书社
	发行科电话：(028)86259422　86259423
经　　销	新华书店
照　　排	四川胜翔数码印务设计有限公司
印　　刷	成都翔川印务有限责任公司
版　　次	2015年2月第1版
印　　次	2015年2月第1次印刷
成品尺寸	210mm×148mm
印　　张	20.375
字　　数	520千
书　　号	ISBN 978-7-5531-0511-6
定　　价	66.00元

本书若有印装质量问题，请与工厂调换